"十二五"普通高等教育本科国家级规划教材

网络营销导论

（第3版）

刘向晖 著

清华大学出版社
北　京

内 容 简 介

本书是"十二五"普通高等教育本科国家级规划教材。全书分为三篇：基础篇从描述当今时代的主要特征入手，分析了当代网络营销所面临的市场环境，阐述了网络营销的理论基础和现实基础；方法篇详细介绍了网络营销实践中的各种策略和实战技巧，同时论述了网络营销伦理对网络营销实践的重要意义；应用篇着重探讨了网络营销的理论和方法在几种重要场合的具体应用，突出了现实问题的多样性和复杂性。本书理论和应用并重，并且兼顾了内容的权威性和体系的开放性，除了网络营销课程中的基本内容，还包含了大量具有一定特色的内容，如网络营销的十大理论基础、网络营销的伦理问题、非传统网络营销、国际网络营销以及网络营销在创新型创业中的应用等。

作为一本导论性著作，本书对网络营销的各个方面几乎都有涉及，而且还推荐了大量的参考文献和在线资源以便读者对各个专题做深入的研究。同时，本书包含了大量的图表并配有复习思考题，还有电子教案和虚拟社区支持，特别适合大学电子商务、市场营销及相关专业的师生作为教材，也适合网络营销的理论和实务工作者研读，还可以作为一本实用手册随时备查。

本书封面贴有清华大学出版社防伪标签，无标签者不得销售。

版权所有，侵权必究。举报：010-62782989，beiqinquan@tup.tsinghua.edu.cn。

图书在版编目(CIP)数据

网络营销导论 / 刘向晖 著. — 3 版. — 北京：清华大学出版社，2014（2023.3重印）
ISBN 978-7-302-34907-5

Ⅰ. ①网… Ⅱ. ①刘… Ⅲ. ①电子商务—市场营销学—高等学校—教材 Ⅳ. ①F713.36

中国版本图书馆 CIP 数据核字(2013)第 317796 号

责任编辑：崔 伟　马遥遥
封面设计：周晓亮
版式设计：方加青
责任校对：成凤进
责任印制：宋 林

出版发行：清华大学出版社
　　　　网　　址：http://www.tup.com.cn，http://www.wqbook.com
　　　　地　　址：北京清华大学学研大厦 A 座　　邮　编：100084
　　　　社 总 机：010-83470000　　邮　购：010-62786544
　　　　投稿与读者服务：010-62776969，c-service@tup.tsinghua.edu.cn
　　　　质 量 反 馈：010-62772015，zhiliang@tup.tsinghua.edu.cn
　　　　课 件 下 载：http://www.tup.com.cn，010-62796865
印 装 者：天津鑫丰华印务有限公司
经　　销：全国新华书店
开　　本：185mm×260mm　　印　张：24.75　　字　数：647 千字
版　　次：2014 年 3 月第 3 版　　印　次：2023 年 3 月第 9 次印刷
定　　价：79.00 元

———

产品编号：054038-03

序言

互联网已经彻底改变了营销的方式。

首先，互联网确实无疑地创造了一个全球市场。这意味着中国以外的公司开始关注对中国顾客的营销，这同时也意味着中国的公司可以通过互联网向美洲、欧洲和世界上其他地方的顾客展开营销。

其次，互联网开创了新的与过去截然不同的营销技巧。如今，营销者不仅要关注网站和电子邮件，而且还要关注网络日志、维基百科、社交网站和在线社区这样新的在线领域，以便更广泛地传播他们的营销信息。这意味着网络营销不是市场营销教科书中的一章，而是一个独立的课题。那些认真看待营销的学生都应该阅读手上的这本书来了解网络营销的新世界。

再次，互联网彻底改变了公司对顾客的了解。公司可以根据他们所了解的消费者行为以及消费者的社会—人口特征资料来展开个性化的营销攻势。利用数据挖掘技术，在线商店不仅能够识别购买行为(例如，谁买了小汽车)，而且还能够识别过程(例如，一个人花了多长时间浏览一个网页，有没有把信息转发给其他人)。这创造了非同寻常的选择目标市场的机会，这样的机会在现代史上还从来没有过。当然，这也意味着公司在开展营销攻势的时候必须极度重视消费者的隐私和安全问题。

最后，作为一种营销媒介，互联网对于网络公司和那些只存在于有形世界的公司同等重要。即便你已经拥有了一个店面或者发行了邮购目录，互联网对你构建能够引起潜在目标顾客共鸣的可信赖的品牌仍然非常重要。互联网可以成为瞄准潜在顾客的媒介，你的网站便是你的网上名片，人们根据网站来判断你是谁。所以，即使你没有在线商店，互联网仍将毫无疑问地影响你的营销战略。

这本书是那些有志学习网络营销的学生的一个绝佳的入门教材。我希望它会成为这些学生漫长而又富有成果的求学之旅的开端。

萨蒂普·克里希纳默西博士
华盛顿大学巴塞尔校园市场营销与电子商务教授
企业管理学程主任

PREFACE

The Internet has completely changed how marketing works.

First, the World Wide Web has truly created a global market. This means that companies outside China are interested in marketing to Chinese customers. It also means that Chinese companies can use the Internet to market to customers in America, Europe or any other part of the world.

Second, the Internet has created new marketing techniques that are completely different. Nowadays, marketers have to focus not just on web sites and email, but on new online spaces such as blogs, wikis , social networks and online communities to get their message across. This means that Internet marketing is a separate topic rather than another chapter in a marketing textbook. Students who are serious about marketing should read this book to understand this new world.

Third, the Internet has revolutionized what companies know about customers. It is now possible to create not just one store, but millions of stores online. Companies can create personalized marketing campaigns that are built on knowledge of consumer behaviors as well as their socio-demographic profiles. Using data mining techniques, an online store can identify not just purchase behavior (e.g. who bought a car), but also process (e.g. how much time did a person look at a page, did a person forward information to others). This allows ultra-targeting opportunities that were not present at any time in modern history.

Of course, this also means that companies must be very respectful of customer privacy and security when conducting marketing campaigns.

Finally, it is important to realize that the Internet is important as a marketing medium to online companies as well as those that only have a physical presence. Even if you have a store or catalog, the Internet is very important for you to build a trusted brand that resonates with your target audience. The Internet can be a medium you use to target potential customers. Your web site is your business card online. People decide who you are based on the web site. So, even if you do not have an online store, the Internet will certainly have an impact on your marketing strategy.

This textbook is an excellent starting point for a student interested in learning about Internet Marketing. I hope this is the beginning of a long and productive educational journey.

Sandeep Krishnamurthy, Ph.D.
Director, Business Administration Program
Professor of Marketing and E-Commerce
University of Washington, Bothell

第3版前言

每一种管理学类的教科书,只要还有人用,就要不断地更新,推出新版,以防误人子弟,网络营销类的教科书尤其如此。据我所知,美国主流的网络营销书,很多都是每一到两年就出一个新版。从需求角度讲,我国也应该如此。可是,我国几乎没有一本教科书能以这样的速度改版,技术上的原因只是一个方面,国情不同恐怕是更重要的原因。中国的教科书作者总会有更重要或者更紧急的事情要做,所以书的改版只能是一拖再拖,一直拖到非改不可的时候。本书在2005年首版,出第2版是在4年之后的2009年,这次出第3版,又是在4年之后。4年时间是一个不短的间隔,它足够一个人完成大学学业,也足够一个运动员等到下一届奥运会或者世界杯。毋庸置疑,这4年当中,网络营销领域和普通高等教育领域都发生了一些重要的甚至是革命性的变化。

我国网络营销领域这四五年来最重要的一件事,当属网上购物的普及。2012年,我国网络购物用户规模达到2.42亿,网络购物市场交易金额达到12 594亿元,较2011年猛增66.5%,占到了当年社会消费品零售总额的6.1%,一举超过美国成为世界第一网购大国。在网络购物完成的销售额中,虽然大部分是替代性消费,但是也有相当一部分——接近40%——属于新增消费。有意思的是,由于线下的商业经济不够繁荣,小城镇或者乡村里的消费者对网络购物比大城市里的消费者更为热衷。在福建省清流县,人均网络购物花费占其人均收入比达到了惊人的72.55%。

我国网络营销领域另一件值得关注的变化是社会化媒体和移动应用的强势崛起,包括了网络日志、维基百科、微博、SNS等多种应用的社会化媒体在近几年得到了迅速普及。2012年年底,新浪微博、腾讯微博的注册用户数双双突破5亿。微信的迅猛发展更是移动应用强势崛起的一个写照——微信从2011年1月21日上线,到2012年3月用户量即已破亿。2013年8月,微信用户数已突破4亿大关。如今,社会化媒体营销和移动营销已经成为了网络营销中堪称主流的两大重要分支,大有赶超搜索营销之势。

在普通高等教育领域,也有两大趋势值得注意。一是创业教育的兴起,二是大规模在线开放课程(MOOCs)的兴起。此前,我国的本科教育一直是侧重理论知识的教学,与高等职业教育以及社会上各种职业培训更重视职业技能的培训形成了鲜明对比。随着我国高等教育进入大众教育时代,本科毕业生在就业市场上受到了高职高专学生、研究生、海归学生甚至是农民工的多重挤压,就业日渐困难,起薪多年停滞不前。在此背景下,鼓励大学生创业被视为既可以缓解就业压力又可以创造就业岗位的上佳对策,于是,创业教育开始受到前所未有的重视,创业管理之类的课程开始大举进入管理类学科的培养计划。的确,创业的成败不论对社会还是对创业者都关系重大,通过创业教育来提高创业的成功率可谓利国利民。但优秀创业者的培养显然不是一两门课程所能解决的,列入商科培养计划中的各门课程都应担负起相应的责任,传授知识、训练技能、提升素质乃至注入资源。另一方面,MOOCs运动近几年在西方一路高歌猛进,大获成功,并且已经开始向我国渗透,在MOOCs模式下,每一个人都有机会在线学习全球精英大学最优秀的教师开设的几乎每个学科各种层次的课程。在这种模式下,学生们既能掌握自己学习的步调,还有机会同教师与同学交流,而且，非常重要的一点是，MOOCs的课程学习完全免费或者只收取低廉的考试管理费用。MOOCs对传统的教育模式特别是高等教育的模式提出了巨大的挑战，高等教育管理部门、学校乃至每一位教师都需要认真思考我们的每门课程乃至每一节课到底要向学生提供什么价值。当然，作为教科书作者，我也在思考，在这本书里放进什么样的内容才更有价值。

第3版的《网络营销导论》在改版时对以上变化做出了回应，相对于第2版而言，本书的新颖之处主要表现在：

- 以方便学生就业和创业为导向，增强了内容的实用性，向学生详细介绍了大量的网络工具和网上资源。
- 在应用篇增加了新的一章——网络营销助力创新型创业，旨在探讨网络营销能为创新型创业带来哪些帮助，引导读者应用所学到的网络营销知识和技能来提高创新型创业的成功率。
- 对一些相关技术的最新进展做了评述，这些技术包括云计算、大数据、二维码以及3D打印等，这些技术的发展将会对网络营销产生深刻的影响。
- 加强了社会媒体营销的内容。在第2版中，社会媒体营销是作为无网站网络营销中的一节来处理的。在第3版中，不仅社会媒体营销一节增添了微博营销这一小节，而且包括基于网站的网络营销、网络营销中的广告、网络营销公关关系、城市网络营销在内的很多章节也都渗入了社会媒体营销的内容。
- 加强了移动营销的内容。移动营销本来不是互联网营销的基本内容，而是相对独立的一个领域，但是考虑到移动营销日益上升的重要性，本书在网络营销的技术基础一节扩充了对移动商务技术的介绍，并在第7章增添了移动广告的内容。
- 专门为本书开通了微博"@网络营销导论"，用来支持本书平时的更新，增强与读者的互动。
- 本版书新增添的章节有网络营销的职业前景、数字化制造和3D打印技术、淘宝开店入门、微博营销、利用开源软件快速建站、微博以及网络水军在网络公关中的运用、通过全球速卖通外销产品、城市的微博营销以及网络营销助力创新型创业。同时，本版书还删掉了上版书中网络营销项目管理和中小企业的网络营销这两章内容。

需要指出的是，本版书虽然和第2版在章节上做了较大的调整，但仍然保留了此前的分篇。

在基础篇、方法篇和应用篇三篇之中，应用篇的体例与前两篇有所不同，主要原因是这部分内容属于超出教学大纲的拓展内容，教师可以配合前两篇的课堂教学指导学生在课后阅读这部分材料中的相关内容。另外，第2版书中被删减掉的大部分内容其实并未完全失去意义，有兴趣的读者仍然可以继续参考。

当然，尽管本人做出了一定的努力，但由于水平有限，本书欠缺之处仍在所难免，希望广大读者能把好的意见和建议随时通过微博反馈给我，我会及时做出回应。我不仅会转发好的建议，而且会在下一版书中吸纳这些建议。另外，我还有一个设想，就是能在下一版《网络营销导论》改版时，邀请新人加入，组成作者团队，来为读者献上更好的作品，努力打造国内堪称精品的网络营销教材。

刘向晖

目录

第一篇 基 础 篇

第1章 绪论 ················· 2
本章学习目标 ················· 2
1.1 营销的新时代 ················· 2
　1.1.1 后工业社会论 ················· 3
　1.1.2 体验经济论 ················· 4
　1.1.3 消费者社会论 ················· 7
　1.1.4 注意力经济论 ················· 8
　1.1.5 网络经济论和新经济论 ················· 10
　1.1.6 信息经济论、知识经济论和大数据时代 ················· 11
　1.1.7 信息社会主义 ················· 15
　1.1.8 自助经济 ················· 20
　1.1.9 我国的国情 ················· 21
　1.1.10 时代前进的动力 ················· 24
　1.1.11 新时代的营销 ················· 25
1.2 网络营销概述 ················· 27
　1.2.1 网络营销的概念 ················· 27
　1.2.2 网络营销的范围 ················· 29
　1.2.3 网络营销的内容和体系 ················· 30
　1.2.4 网络营销的特点 ················· 31
　1.2.5 网络营销与相关概念的关系 ················· 32
　1.2.6 关于网络营销的误解 ················· 34
　1.2.7 修炼网络营销的方法 ················· 36
　1.2.8 网络营销的职业前景 ················· 37
本章内容提要 ················· 37
复习思考题 ················· 38
网上资源 ················· 38
参考文献 ················· 38

第2章 网络营销的理论基础 ················· 40
本章学习目标 ················· 40
2.1 电子商务经济学 ················· 40
2.2 消费者行为理论 ················· 43
　2.2.1 个人用户的网络使用行为 ················· 43
　2.2.2 网络用户的网上购物行为 ················· 45
　2.2.3 网上消费者行为对企业网络营销战略的影响 ················· 47
2.3 整合营销传播理论 ················· 49
　2.3.1 互联网传播的特点 ················· 49
　2.3.2 IMC的要点 ················· 50
2.4 直复营销理论 ················· 53
　2.4.1 直复营销的概念 ················· 53
　2.4.2 数据库营销 ················· 55
　2.4.3 直复营销的策略组合 ················· 56
2.5 关系营销理论 ················· 56
2.6 企业对企业营销理论 ················· 60
2.7 全球营销理论 ················· 62
　2.7.1 全球营销的利益和战略考虑 ················· 62
　2.7.2 数字鸿沟 ················· 64
2.8 服务营销理论 ················· 64
　2.8.1 服务营销的发展阶段 ················· 65
　2.8.2 服务的特性和分类 ················· 66
　2.8.3 服务的营销策略 ················· 67
　2.8.4 服务的质量 ················· 67
2.9 高科技营销理论 ················· 68
　2.9.1 高科技产品的特点 ················· 68
　2.9.2 高科技营销的断层模型 ················· 69
2.10 网络营销伦理学 ················· 71
本章内容提要 ················· 72
复习思考题 ················· 73
网上资源 ················· 73
参考文献 ················· 74

第3章 网络营销的现实基础 ················· 75
本章学习目标 ················· 75
3.1 网络营销的技术基础 ················· 75

3.1.1 互联网技术 75
3.1.2 移动商务技术 95
3.1.3 数字化制造和3D打印技术 98
3.1.4 网络营销技术条件评述 100
3.2 网络营销的制度基础 101
3.2.1 网络营销的伦理制度 101
3.2.2 网络营销的法律制度 104
3.3 网络营销的配套服务市场基础 108
3.3.1 网上支付服务 109
3.3.2 第三方认证体系 110
3.3.3 物流服务 112
本章内容提要 112
复习思考题 113
网上资源 113
参考文献 114

第二篇 方 法 篇

第4章 网络营销决策支持系统及网络市场调研 116
本章学习目标 116
4.1 网络营销决策支持系统 116
4.1.1 网络营销中的信息 116
4.1.2 营销信息系统和网络营销决策支持系统 117
4.2 网络市场调研 120
4.2.1 间接网络调研 120
4.2.2 直接网络调研的手段 134
4.2.3 选择网上调查方法时要考虑的因素 141
4.2.4 网上市场调查和传统市场调查的比较 141
4.3 网络营销环境监测技术 142
4.3.1 推式技术 142
4.3.2 竞争情报技术 143
4.4 互联网上重要的营销信息资源 144
4.4.1 互联网环境信息 144
4.4.2 个人信息 145
4.4.3 宏观环境信息 145
4.4.4 消费者信息 146
4.4.5 竞争情报 147
4.4.6 国际市场信息 148
4.5 网络市场调研的伦理问题 149
4.5.1 网络市场调研中不道德行为的表现 149
4.5.2 网络市场调研不道德行为的危害 150
4.5.3 企业的应对措施 151
本章内容提要 151
复习思考题 151
网上资源 151
参考文献 152

第5章 无网站的网络营销 153
本章学习目标 153
5.1 电子邮件营销 153
5.1.1 电子邮件营销概论 154
5.1.2 电子邮件营销的策略和技巧 160
5.1.3 从垃圾邮件营销到许可营销 164
5.1.4 电子杂志营销 169
5.1.5 电子邮件和传统邮件的协同营销 173
5.2 虚拟社区营销 174
5.2.1 虚拟社区的基本概念 174
5.2.2 虚拟社区营销的作用 180
5.2.3 虚拟社区营销的方法 180
5.3 电子商城营销 183
5.3.1 加盟电子商城的利弊 183
5.3.2 加盟电子商城的策略 184
5.3.3 淘宝开店入门 185
5.4 网上拍卖 185
5.4.1 网上拍卖的适用范围 186
5.4.2 网上拍卖主要的管理问题 187
5.5 社会媒体营销 188
5.5.1 社会媒体营销的概念 188
5.5.2 社会媒体营销的步骤和方法 190
5.5.3 微博营销 191
5.5.4 案例：柯达的社会媒体营销 193
5.5.5 社会媒体的死穴问题 194
本章内容提要 195

复习思考题 ……………………… 195
网上资源 ………………………… 196
参考文献 ………………………… 196

第6章 基于网站的网络营销 …… 198
本章学习目标 …………………… 198
6.1 网站的基本概念 ………… 198
6.1.1 网站的概念 …………… 198
6.1.2 企业网站的分类 ……… 199
6.1.3 网站的功能 …………… 200
6.1.4 企业拥有网站的利弊 … 201
6.2 企业网站的建设 ………… 202
6.2.1 企业网站建设的利益相关者分析… 202
6.2.2 投资预算 ……………… 205
6.2.3 网站的内容设计 ……… 205
6.2.4 网站的结构和导航设计… 206
6.2.5 网站的美学设计 ……… 207
6.2.6 组建团队 ……………… 208
6.2.7 选择域名 ……………… 209
6.2.8 选择服务器 …………… 210
6.2.9 选择虚拟主机服务商 … 212
6.2.10 利用开源软件快速建站… 213
6.2.11 优秀网站的标准 …… 213
6.3 企业营销网站的测试和发布 …… 214
6.4 测试站点的使用 ………… 217
6.5 企业网站的推广与搜索引擎营销… 219
6.5.1 吸引流量的策略 ……… 219
6.5.2 保留顾客的策略 ……… 224
6.5.3 搜索引擎营销 ………… 225
6.6 在线销售 ………………… 235
6.6.1 在线销售的产品 ……… 236
6.6.2 在线销售的定价模式 … 237
6.6.3 网站直销的利弊 ……… 238
6.6.4 网上销售的赢利模式：戴尔和亚马逊的案例 ……… 239
6.7 企业营销网站的运营 …… 241
6.7.1 技术性维护 …………… 241
6.7.2 网站的内容管理 ……… 241
6.8 提供个性化服务的企业网站 …… 242
6.8.1 个性化网站的适用范围 …… 242
6.8.2 网站个性化的类型 …… 243
6.8.3 网站个性化中的管理问题 …… 243
6.9 基于网站的网络营销与无网站网络营销的配合 ………… 244
6.9.1 与电子邮件营销的配合 …… 244
6.9.2 与虚拟社区营销的配合 …… 244
6.10 基于网站的网络营销与传统营销的配合 ………………… 245
6.10.1 案例1：思达普斯的多渠道销售… 245
6.10.2 案例2：Weetabix网站对销售促进的支持 …………………… 245
本章内容提要 …………………… 246
复习思考题 ……………………… 247
网上资源 ………………………… 247
参考文献 ………………………… 247

第7章 网络营销中的广告 ……… 249
本章学习目标 …………………… 249
7.1 广告基础 ………………… 250
7.1.1 广告的目的 …………… 250
7.1.2 受众对广告的态度 …… 250
7.1.3 广告作用的模型 ……… 251
7.1.4 四大传统广告媒体 …… 251
7.2 利用传统广告推广电子商务 …… 252
7.2.1 案例1：AOL利用传统广告推广其网络业务 …………… 252
7.2.2 案例2：QXL使用广播广告提升在线品牌并间接增加网站流量 …… 253
7.3 网络广告概述 …………… 254
7.3.1 网络广告发展简史 …… 254
7.3.2 网络广告的基本概念和重要术语… 256
7.3.3 了解网络用户 ………… 257
7.3.4 网络广告的主要类型 … 257
7.3.5 网络广告的计费模式 … 270
7.3.6 网络广告的优缺点 …… 272
7.4 网络广告从创意到评价 … 275
7.4.1 网络广告的创意 ……… 275
7.4.2 网络广告的制作和发布 …… 276

7.4.3 网络广告的评价 …………… 276
7.5 网络广告的法律和伦理问题 …… 279
　7.5.1 网络广告的法律问题 …… 279
　7.5.2 网络广告的伦理问题 …… 280
7.6 案例分析：网络广告与传统广告整合 ……………………………… 281
本章内容提要 ……………………… 281
复习思考题 ………………………… 282
网上资源 …………………………… 282
参考文献 …………………………… 283

第8章 网络营销公共关系 …………… 284
本章学习目标 ……………………… 284
8.1 网络公共关系的概念 ………… 284
8.2 公共关系和营销的关系 ……… 285
8.3 公共关系的工具 ……………… 286
8.4 互联网对公共关系的影响 …… 287
8.5 网络公共关系的内容 ………… 289
8.6 网络公共关系的过程 ………… 289
　8.6.1 调研 ……………………… 290
　8.6.2 计划 ……………………… 290
　8.6.3 执行 ……………………… 291
　8.6.4 评价 ……………………… 291
8.7 基于互联网的事件营销 ……… 291
　8.7.1 事件营销 ………………… 291
　8.7.2 基于互联网的事件营销 … 292
8.8 危机管理 ……………………… 293
8.9 微博以及网络水军在网络公关中的运用 ………………………… 294
本章内容提要 ……………………… 297
复习思考题 ………………………… 297
网上资源 …………………………… 297
参考文献 …………………………… 297

第9章 网络营销的伦理问题 …………… 298
本章学习目标 ……………………… 298
9.1 网络营销伦理问题的重要性 … 298
9.2 网络营销伦理的源流 ………… 300
　9.2.1 营销伦理概述 …………… 300
　9.2.2 计算机伦理概述 ………… 300

　9.2.3 知识经济时代的营销伦理 … 301
9.3 网络营销伦理的内容 ………… 302
　9.3.1 网络营销企业的道德义务 … 302
　9.3.2 不道德网络营销的表现 … 303
　9.3.3 不道德网络营销行为的危害 … 303
　9.3.4 网络营销伦理的复杂性 … 304
　9.3.5 网络营销中不道德行为的治理 … 304
9.4 网络营销伦理战略 …………… 306
　9.4.1 网络营销伦理和在线品牌 … 306
　9.4.2 网络营销伦理水平的评价 … 308
　9.4.3 网络营销伦理水平和企业赢利水平 ……………………………… 310
　9.4.4 网络营销伦理的战略选择 … 312
　9.4.5 影响企业网络营销伦理战略选择的因素 …………………………… 313
　9.4.6 案例1：惠普公司的伦理领先战略 ……………………………… 314
　9.4.7 案例2：亚马逊公司一次失败的差别定价试验 ………………… 316
本章内容提要 ……………………… 319
复习思考题 ………………………… 320
参考文献 …………………………… 320

第三篇 应用篇

第10章 企业间的网络营销 …………… 322
10.1 B2B网络营销的特点 ………… 322
10.2 B2B电子邮件营销 …………… 322
　10.2.1 列表策略 ………………… 322
　10.2.2 目标锁定和跟踪 ………… 323
　10.2.3 电话营销支持的电子邮件营销 … 324
　10.2.4 赞助行业电子杂志 ……… 324
　10.2.5 给订户选择权 …………… 325
　10.2.6 内容策略 ………………… 325
10.3 B2B虚拟市场 ………………… 326
　10.3.1 B2B虚拟市场的优缺点 … 326
　10.3.2 B2B虚拟市场的商务功能 … 326
　10.3.3 B2B虚拟市场的分类 …… 327
　10.3.4 企业选择B2B虚拟市场的标准 … 328

10.3.5 企业参与虚拟市场的最佳数量…329
10.3.6 阿里巴巴的B2B虚拟市场简介…329
10.4 B2B网站营销…330
10.5 B2B广告和公共关系…331
10.6 白皮书营销…332
10.7 政府采购…332
   10.7.1 政府采购的特点…332
   10.7.2 政府采购的程序…333
   10.7.3 成功投标政府采购的要点…333
   10.7.4 主要政府采购网站简介…333
10.8 案例分析：美国国家半导体公司针对一线工程师的网络营销…334
网上资源…335
参考文献…336

第11章 服务行业的网络营销案例…337
11.1 案例1：鞋匠兵败赛博空间…337
11.2 案例2：浪漫红虾——海鲜餐馆的网络体验营销…337
11.3 案例3：匹兹堡物流系统公司依据7P来设计网站…338
11.4 案例4：捷旅公司的搜索引擎营销…339
11.5 案例5：迪斯尼在线的网络营销之道…340
   11.5.1 迪斯尼在线简介…340
   11.5.2 迪斯尼公司的联合品牌策略…340
   11.5.3 迪斯尼在线的网络营销伦理战略…341
11.6 案例6：网络游戏的营销策略…341
   11.6.1 对网络游戏产品属性的认识…342
   11.6.2 网络游戏的营销策略…342
参考文献…344

第12章 国际和全球网络营销…345
12.1 全球网络营销的意义…345
12.2 全球网络营销的问题…346
   12.2.1 语言障碍问题…346
   12.2.2 互联网发展水平问题…346
   12.2.3 文化差异的问题…347
   12.2.4 市场基础设施问题…347
   12.2.5 法律问题…347

12.3 全球网络营销的要点…348
   12.3.1 全球网络营销调研…348
   12.3.2 多语言电子邮件营销…348
   12.3.3 基于网站的全球网络营销…349
   12.3.4 通过全球速卖通外销产品…350
参考文献…351

第13章 非传统网络营销实例：城市网络营销…352
13.1 城市营销的概念…352
   13.1.1 城市营销的历史发展…352
   13.1.2 城市营销的意义…353
13.2 城市营销的挑战和对策…353
   13.2.1 经费问题…353
   13.2.2 城市产品的复杂性…354
   13.2.3 城市营销传播的复杂性…354
   13.2.4 政治问题…355
   13.2.5 差别化问题…355
13.3 城市网络营销…356
   13.3.1 城市品牌的建立…356
   13.3.2 无网站的城市网络营销…356
   13.3.3 城市的微博营销…357
   13.3.4 基于网站的城市营销…358
参考文献…363

第14章 网络营销助力创新型创业…364
14.1 创业的基本概念…364
   14.1.1 创业的概念和分类…365
   14.1.2 创新型创业的一般过程…368
   14.1.3 创业的机会与风险…368
14.2 创业过程中的网络营销…369
   14.2.1 创业机会的识别与测试…369
   14.2.2 撰写商业计划书…372
   14.2.3 组建创业团队…372
   14.2.4 创业的融资…372
   14.2.5 创业中营销成本的控制…375
   14.2.6 互联网创业的两大机会…377
14.3 创业的网上资源…379
参考文献…380

后记…381

第一篇 基础篇

温故而知新。
———孔子

B2B的意思是回到基础上去(Back to Basics)。
———佚名

第1章 绪论

> **本章学习目标**
>
> 在学过本章之后,你应该能够:
> - 理解后工业社会、体验经济、消费者社会、注意力经济、信息经济、知识经济、网络经济、新经济、信息社会主义以及自助经济等概念的基本含义,能够运用这些概念来描述我们所处时代的特征。
> - 理解当今时代对网络营销提出的要求。
> - 了解中国的基本国情和市场特征。
> - 掌握网络营销的定义、范围和特点,了解网络营销的基本内容框架体系及其与相关领域的关系。
> - 了解学习网络营销的有效方法。

1.1 营销的新时代

中国人做事讲究"天时、地利、人和",这是非常了不起的哲学。的确,管理人审时度势的能力对企业经营的成败是至关重要的,营销经理在从事营销管理时也不例外。西奥多·莱维特(Theodore Levitt)在1960年提出的"营销近视症"概念也说明营销经理必须有长远眼光,眼睛只盯着产品本身而忽视市场环境变化和企业长期发展的营销经理必定会遭受挫折。网络营销是在数字革命的过程中出现的新的营销方式,要把握网络营销的特点和规律,就先要认识我们所处时代的特点以及未来一段时间内社会经济发展的趋势。因此,对网络营销的研究将从分析我们所处时代的特征和我们所在国家的国情入手。

我们所处的时代是一个伟大的时代,在历史的长河中这样的时代并不多见,除了中国的春秋战国时期以及古希腊的鼎盛时期,只有文艺复兴时期和工业革命时期可以和今天相媲美。今天,激动人心的事情随时随地都会发生,给我们带来机遇,也向我们提出挑战。许多人感觉到难以跟上时代的节奏,对新的潮流难以适应,这一现象就是所谓的"未来冲击"。营销大师菲利普·科特勒(Philip Kotler)曾经这样描述"未来冲击",他说:"未来并不遥远,它已经来临。"的确,我们周围的一切都处在快速的发展变化当中,唯一不变的只有变化本身。如果不能把握变化、驾驭变化,就可能会在变化中迷失方向。把握变化的科学方法就是去发现和把握变化中的不变性,比如说,位置变化的物体其速度可能是不变的,这是匀速运动的情况;速度变化的物体其加速度也可能是不变的,这就是匀加速运动的情况……所以了解时代变化就是要了解时代变化的不变的趋势(或者趋势的趋势),因为只有了解时代变化趋势的人才能够更好地适应时代的变迁。在一个社会巨变的年代,适应变化的能力本身就足以成为一个企业的核心竞争能力。对于那些更富创新精神的企业家而言,准确把握时局还能帮助他们实施更积极的环境管理战略，有目的地推动环境朝着更有利自己组织的方向演进。

为了弄清楚我们时代的来龙去脉，包括经济学家、社会学家、未来学家、文学家在内的学者们从各种角度对此进行了研究，提出了许多新奇有趣而又富有启发意义的见解。在阐述理论的同时，他们为我们的时代贴上了五花八门的标签：知识经济时代、信息经济时代、网络经济时代、新经济时代、数字经济时代、大数据时代、后资本主义时代、后现代主义时代、后工业社会、体验经济、消费者社会、第$N(N=3，4，5\cdots)$波、注意力经济等，林林总总，不一而足。它山之石，可以攻玉，考察其中一些有代表性的看法将有助于我们更好地把握时代的特征。

1.1.1 后工业社会论

早在20世纪60年代末期，法国社会学家阿兰·杜罕(Alain Touraine)就提出了后工业社会的概念。1971年，他还出版了名为《后工业社会》的著作，不过，后工业社会理论最知名的代表人物却是著名社会学家哈佛大学教授丹尼尔·贝尔(Daniel Bell)。1973年，丹尼尔·贝尔出版了《后工业社会的来临：社会发展的大胆预测》[1]一书，书中他详尽阐述了"后工业社会"的概念。1980年，美国著名社会学家兼未来学家阿尔文·托夫勒(Alvin Toffler)在他的名著《第三次浪潮》中对后工业社会做了深入细致的描述，提出人类社会出现了一种不同于工业经济的新的经济形态。此后，后工业社会的提法不胫而走，成为经济学和社会学中一个时髦的词汇。后工业社会论按照人类社会占主导地位的产业形态将人类社会历史划分为不同的阶段，依次是前工业社会、工业社会和后工业社会。前工业社会和工业社会占主导地位的产业分别是以农业为代表的第一产业和以制造业为代表的第二产业。在后工业社会中，服务业取代工业成为社会上占主导地位的产业，所以后工业社会又被称为服务社会。

后工业社会的说法虽然由来已久，但它的理论思想在今天仍焕发着活力。1998年出版的《服务管理》[2]中就仍然采用这一说法，而贝尔的经典作品《后工业社会的来临：社会发展的大胆预测》也在1999年获得再版机会，并且新版本中还增加了长达3万字的前言。20世纪50年代，美国率先进入后工业社会，从20世纪70年代开始，美国以外的其他主要资本主义国家也相继进入后工业社会。其标志为工业在国民经济中的份额持续下降，第三、第四产业[3]的比重持续上升并超过了国民生产总值的50%，与此同时，第三、第四产业吸引的就业也超过了在第一、第二产业中的总就业量。这种发展并非偶然，而是反映出一种社会发展趋势。一方面，正像柯林·克拉克(Colin Clark)在1957年所观察到的，当一个行业的生产率提高时，劳动力就会流入另一个产业，这一观察后来以克拉克—费歇尔假设(Clark-Fisher Hypothesis)著称。按照这一假设，农业生产率的提高使劳动力从农业中解脱出来进入其他行业，而工业生产率的提高又使劳动力离开工业进入服务行业。克拉克—费歇尔假设从供应角度解释了后工业社会产生的原因。另一方面，从需求的角度看，农业和工业的产出都是有形的产品，而人对有形产品的需求是很容易趋向饱和的，第三产业的产出则是无形的服务，对它

---

[1] Daniel Bell. The Coming of Post-Industrial Society: A Venture in Social Forecasting, Basic Books, Inc., New York, 1973. 该书有中文版，[美]丹尼尔·贝尔. 后工业社会的来临. 北京：商务印书馆，1984。

[2] [美]詹姆斯·A. 菲茨西蒙斯. 服务管理(英文版). 北京：机械工业出版社，1998。

[3] 服务业有时候被统称为第三产业，但更新的趋势是将其进一步分为第三产业和第四产业。第三产业指金融、运输、旅店等传统的服务行业。第四产业则包括信息产业、知识产业、艺术产业、伦理产业四部分。信息产业包括调查、出版、广告、新闻、信息处理行业及相关软硬件设备的生产行业。知识产业包括律师、会计、研发、教育等同知识密切相关的行业及其设备生产业。艺术产业包括文学、音乐、电影、电视、歌剧、体育等行业及其设备生产业。伦理产业包括宗教、哲学、瑜伽、志愿者行动等方面的内容。

的需求有着很大的增长空间。恩格尔定律(Engel's Law)实际上反映了人对食品的需求会趋向饱和的事实。因此有理由相信，后工业社会的理论对包括发展中国家在内的其他地区今后的发展也将适用。因为后工业社会的理论对此后类似的研究产生过显著的影响，所以深入理解后工业社会的概念框架对我们理解其他一些概念有很大帮助。

后工业化导致的一个重要结果是社会财富中物质财富的比重逐步降低而精神财富的比重却持续上升。根据丹尼尔·贝尔的论述，后工业社会具有以下3个主要特征。

(1) 后工业社会最基本的特征就是大多数劳动力不再从事农业、采矿业、建筑业和制造业，而是从事服务业。服务业指的是除第一、第二产业之外的商业、财经、交通、卫生、娱乐、科研、教育和行政工作等。

(2) 后工业社会的第二个特征是技术阶层的崛起。随着服务型经济的发展，工作的主要场所从农田、车间或者工地转向了办公室和实验室，这自然引起职业从"蓝领工人"向"白领职员"转移。以美国的职业结构为例，到1956年，白领职员总数历史性地超过了蓝领工人总数。同样引人注目的一个变化是专业技术职员比重的不断增长，这部分职员的增长率是从业人员总数增长率的2倍，而科学技术人员的增长率则是劳动力总数增长率的3倍。

(3) 理论知识日益成为创新的源泉和制定社会政策的依据。在后工业社会中，理论知识逐步占据主导地位，成为制定决策和指导变革的决定性力量。当今社会依赖于创新和对变革实行社会控制，这就需要计划和预测。在这里，理论知识变得无比重要。在现代社会中，一个领域的发展日益取决于理论工作的进展，理论和知识日益成为社会的战略资源，而学校、研究所和其他智力部门也正日益成为新型社会的轴心机构。

后工业社会的提法使人们开始认识到服务行业在国民经济中的重要地位，营销理论界更是深入研究了服务营销的特殊性，构建了营销学一个庞大的分支学科——服务营销。关于服务营销的理论，我们将在第2章中做较详细的讨论，此外，我们在第11章还将用一章的篇幅介绍服务行业的网络营销案例。

1.1.2 体验经济论

后工业社会的说法虽然有很多合理之处，但也有一个很大的缺点，即前、中、后三段式的划分方法关闭了社会向前发展的大门。显然，社会的发展不会停留在某一个阶段，所以人们还需要把后工业社会这个阶段划分得更加精细，体验经济便是这种精细划分的一个产物。

阿尔文·托夫勒在《第三次浪潮》中考虑过服务社会之后是什么社会的问题，他当时的答案是"体验生产将超过服务业"，这被认为是对体验经济的最早预言。2001年12月2日，托夫勒在中央电视台《对话》节目现场明确提出：服务经济的下一步是走向体验经济。不过，体验经济说法的真正走红应该是从1999年两个哈佛大学教授B.约瑟夫·派恩二世(B. Joseph Pine II)和詹姆斯·H.吉尔摩(James H. Gilmore)合著的《体验经济》[①]出版后开始的。

服务的一个特性就是生产与消费的同时性，所以当企业提供服务时，接受服务的一方在获得某

---

① B. Jospeh Pine, James H. Gilmore. The Experience Economy : Work is Theater and Every Business a Stage. Harvard Busienss School Press, 1999. 有中译本, B. 约瑟夫·派恩, 詹姆斯·H. 吉尔摩著. 夏业良等译. 体验经济. 北京：机械工业出版社，2002.

些利益让渡的同时，会在心中留下服务过程的印记，这就是体验经济论者所强调的体验。当然，体验经济论者往往强调体验所具有的令人难以忘怀的特性，用派恩二世的话说，"体验就是企业以服务为舞台，以商品为道具，引领消费者历经一系列值得回忆的活动"。体验经济论者认为，在越来越多的商品逐渐变为标准化的产品后，企业间的竞争将进入为顾客提供体验的层次。

因提出"营销近视症"而名闻天下的营销学大师西奥多·莱维特在一次演讲中曾经提醒与会的经理们思考一个严肃的问题：经理们所在的公司处于什么行业？5到10年后它们又应该处于什么行业？派恩二世区分了以下5种不同类型的行业。

① 大宗商品行业：处于该行业的公司主要依靠原材料获得利润。
② 普通商品行业：处于该行业的公司主要依靠有品牌的有形商品获得利润。
③ 服务行业：处于该行业的公司主要依靠提供服务获得利润。
④ 体验行业：处于该行业的公司主要依靠企业和顾客共同度过的时间获得利润。
⑤ 塑造行业(transformation business)[①]：处于该行业的公司主要依靠顾客所取得的卓著的成果获得利润。

体验经济论者最喜欢用咖啡这一经典比喻来阐释他们的观点，该比喻对于我们把握体验经济的思想要领很有帮助。大宗商品时代的咖啡是没有经过加工的咖啡豆，用咖啡豆煮一杯咖啡大约只需要一两美分，这一两美分主要是原料的成本。商品时代的咖啡是经过研磨和包装的品牌咖啡，如雀巢和麦氏咖啡，用它们冲调一杯咖啡大约需要5~25美分，这中间就包含加工、制造和部分营销服务的成本。在咖啡店中调制好的咖啡每杯通常卖一两美元，因为其中包含了更多的服务；在有气氛的咖啡屋中则可能会卖到每杯5美元；而在威尼斯圣马克广场上的弗里安咖啡屋，每杯咖啡的价格则为15美元，因为它给了顾客难忘的回忆。有调查表明，目前人们每饮用3杯咖啡中，只有一杯是自己调制的，而另外两杯都是同服务一起消费的。7-11便利店中热咖啡的价格是人们在家自己调制咖啡所需成本的3倍，所以很简单的服务也能创造很高的附加值，但体验的价值又较服务高出许多，如颇受人们喜爱的星巴克咖啡每杯卖3美元，是7-11便利店咖啡价格的4倍。这是因为星巴克咖啡屋的外观、播放的爵士音乐和专业的服务都会给人留下难忘的回忆，以至于有人说：99%到星巴克的顾客是去喝"情调"的，这就是体验的价值。用体验经济论者的话说：星巴克用咖啡做道具，用服务做舞台，给顾客创造了喝咖啡的体验。

大宗商品业者关心的是原材料的采集和提炼；商品业者关心的是产品的性能；服务业者关心的是给顾客让渡的价值；体验业者关心的是顾客的体验。体验经济论者认为随着市场竞争的加剧，产品和服务日趋雷同，因此前三种行业的利润空间日益减少，只有进入体验行业，才有机会获取超额利润。

体验经济的鼻祖派恩二世和一些体验经济的狂热倡导者甚至认为，体验经济的提法比知识经济的提法更可取。姜奇平就曾说过："如果把第三次浪潮比作一枚硬币，知识经济是朝上的一面，体验经济就是朝下的一面。上面代表生产，下面代表需求；上面代表产业结构升级，下面代表需求结构升级。……市场经济条件下的新经济，必须上下翻个，从以生产为中心，转向以需求为中心；从以厂商为中心，转向以用户为中心。"[②]对此，汪丁丁也持类似看法。然而我认为，虽然体验经济的提法有许多合理之处并且能够为营销实践提供某些启发，但体验经济注定只能是一种边缘经济，

---

① 国内有学者将transformation翻译为"转型"，但"转型"一词通常和国家并用，指经济体制发生重大转变的国家，所以我认为"塑造"更为贴切。
② 姜奇平. 矫正知识经济的体验经济. 见http://tech.sina.com.cn/it/m/2002-06-10/119701.shtml。

而不能成为经济的主流。原因如下:

　　体验的一个基本特征是给当事人留下的难以忘怀甚至是刻骨铭心的记忆,这就注定了被体验的事在消费者的生活中不可能反复发生,因为再激动人心的体验——如一个人第一次看到大海时的体验——如果一再发生,当事人也会习以为常。所以,人们对体验的需求实际上是非常有限的。实际上,许多被体验经济标榜为典范的活动,体验过一次的消费者大多不愿意尝试第二次,如蹦极运动、野外生存、冬泳等。当然,有些体验会使人上瘾,如赌博或者玩电子游戏。许多人在体验过多次之后,最终会从内心中悟出一个道理:平平淡淡、从从容容其实才是最真的体验。正因为人们对体验的需求非常有限,所以一些体验行业成功的经验是无法复制的,很难想象,每个州都有一个拉斯维加斯的美国会是什么样的情形。因此,靠尝鲜客获利的体验行业不仅永远无法取代大宗商品行业、商品行业和服务行业,而且体验行业的份额永远都不会超过主要为回头客服务的商品行业和服务行业。商品行业和服务行业永远都会是一个社会的中坚行业,体验行业注定只能是主流以外的边缘行业。体验行业永远只能在创新中获得生存的权利,失去新鲜感的体验行业将会沦为普通的服务业,例如一旦星巴克的服务成了一种行业标准,那么在星巴克喝咖啡就不会被认为是一种非凡的体验,星巴克也就成了一个提供普通服务的企业了。从张璠、张吉宏、朱琦文等人的研究(见表1-1)中也可以看出,正如森林小学、户外教学只能成为传统课堂教学的补充一样,体验经济只能作为服务经济的补充。

表1-1　不同经济发展阶段中若干生产及消费领域的表现

发展阶段	农业经济	工业经济	服务经济	体验经济
食(蛋糕)	以自家农场生产的面粉、鸡蛋等材料,亲手做蛋糕	从商店购买混合好的蛋糕粉,自行烘烤	在面包店订购做好的蛋糕	过生日不再是以蛋糕为主角,更强调以生日派对等方式创造难忘的体验
衣(服饰)	自己织布及缝制衣服	买成品布请裁缝做衣服	在服饰店购买适合自己尺寸的衣服	服饰店不再只提供衣服销售,更强调卖场的整体搭配,并推出旗舰店以凸显品牌特色
住(房屋买卖)	买卖房屋靠口耳相传	以刊登广告达到宣传的目的	委托专业的房屋销售(中介)公司负责,且上门服务	透过样品屋及房屋特色的建立,如网络建筑、养生建筑等,加强消费者的想象空间及注意力
行(汽车)	汽车仅为少数人能拥有,且被定义为代步的交通工具	强调汽车的安全性	建立汽车的销售网络,以提供完整的售后服务	可从汽车工业的销售广告知悉,除注重汽车的性能外,更强调汽车与生活、休闲及个人色彩的结合,透过感情及联想的诉求,提供给驾驶者更多的体验空间,以达到销售的目的
育	以学校教育为主			校舍不再只是上课的唯一场所,以森林小学、户外教学方式提供学生直接的体验,更可建立双向的互动关系
乐	休闲娱乐活动多属单一性且单调			强调亲身体验的旅游特性,因此藉由高科技造就了各种主题乐园,同时新兴的旅游形态(如亲自动手的休闲农场、SPA、度假村等)亦应运而生

资料来源:张璠,张吉宏,朱琦文.体验经济时代来临对工业区域发展之影响

在体验经济理论的指引下，体验营销应运而生。体验营销从服务设计、服务接触(service encounters)、服务环境等方面丰富和发展了服务营销理论，促进了心理学对市场营销更深层次的介入。目前，在虚拟现实技术的支持下，体验营销在旅游业网络营销、网络游戏以及社会交往网站等方面得到了应用。

顺便提一下，塑造行业是依靠提升消费者本身能力和品质来获得利润的行业，从这个意义上讲，教育行业、美容行业、培训行业、医疗卫生行业、宗教事业都可以被纳入塑造行业。有迹象表明，随着社会的进步，这些行业的份额的确是在不断扩大。例如，根据中投顾问公司发布的《2013—2017年中国美容市场投资分析及前景预测报告》，改革开放以来，我国美容行业发展极其迅猛。到2011年，全国约有250万家各类美容美发机构、6000多家美容美发培训机构，全国美容从业人员总数约1500万人。美容行业营业收入的年增长速度平均在35%以上，增长率在各行业中名列前茅，远超同期我国GDP的年平均增长速度。该报告同时预测，美容产业在"十二五"期间的年平均增长率仍有望达到15%以上，预计美容行业的营业收入到2015年将达到7700亿元。因此，我们有理由相信，建立在塑造行业基础上的塑造经济倒是比体验经济更加可信的一种经济形态。

1.1.3 消费者社会论

后现代理论大师让·布希亚(Jean Baudrillard)从消费文化的角度将我们的社会冠名为"消费者社会(consumer society)"。他认为，在物质文明高度发达的西方，消费者基本的生活需求已经不成问题，社会正进入一个张扬个性化消费的时代。消费符号化是这一时代最重要的特征，与此同时，越来越多的消费品转变为文化产品。

布希亚认为，商品不仅具有使用价值和交换价值，还具有符号价值。例如，结婚戒指的符号价值显然高出它的使用价值和交换价值。别人几乎不可能仅仅凭其交换价值，就把它从主人手上交换过来；而一旦丢失，它对于主人的损失也绝不仅仅限于它的市面价值。

人们为消费者社会归纳出了以下特征：
- 人主要通过物来表现自我。
- 享受生活主要表现为对商品和服务的消费。
- 实现个人幸福、社会地位和国家成功的最可靠的路径就是消费。
- 随着家庭的主要角色从生产转向消费，一些从前属于家庭范围的活动正逐步移交给市场，例如对孩子的教育、烹饪、清洁、器具维护等。
- 人成了移动的广告。
- 商品具有符号价值。
- 社会以休闲为中心进行重组，消费成为社会追求的中心和社会关系的基础。
- 消费者成为国王。
- 出现了休闲商业化和家庭机械化的过度商品化的趋势。
- 营销试图管理需求。
- 不可修理的一次性商品泛滥。
- 商品在物理上损坏先于在心理上过时。
- 商品间表面的区别超出了真实的区别。

> 拜物主义风行，人的价值通过其拥有物体现，似乎拥有的越多就越幸福。
> 消费取代了生产成为人生意义的中心。
> 希望用消费来排解空虚。

需要注意的是，消费者社会是对过度富裕的西方社会所出现的一系列社会现象的高度概括性的一种描述。消费者社会的特性有许多消极的方面，这已经引起了众多西方学者特别是环境保护主义者的高度关注。但不容否认，布希亚的理论对营销者有很大启发，《网络网际关系营销》(罗家德，2001)一书就采纳消费者社会理论作为其理论的基础。的确，消费者社会理论对消费者行为——特别是新生代消费者的行为——研究得十分深入透彻，而对消费者行为的理解则是制定营销策略的基础。我们将在第2章对消费者行为理论做比较深入的探讨。

按照阿兰·杜宁(Alan Thein Durning)在《多少才够：消费者社会和地球的未来》[①]中的定义，只有居民的年均收入超过了7500美元才有资格被称为消费者，年均收入在700～7 500美元之间的称为中等收入者，年均收入在700美元以下的称为穷人(见表1-2)。美国从1950年开始进入消费者社会，《中华人民共和国2012年国民经济和社会发展统计公报》显示，2012年我国农村居民年人均纯收入7917元，城镇居民年人均可支配收入24 565元，约合4000美元。可见，我国人民目前总体上仍属于中等收入阶层，但根据尼尔森公司(ACNielsen Media International)在1999年发布的一份市场研究报告显示，中国已开始具有某些消费者社会的特征。实际上，因为中国人口众多并且贫富悬殊严重，中国实际上早就出现了一个庞大的消费者阶层，而且伴随着中国经济的高速发展，中国的消费者群体还在迅速成长壮大。根据中国社科院发布的《汽车社会蓝皮书——中国汽车社会发展报告(2012—2013)》数据显示，2013年第一季度，中国私人汽车拥有量已经破亿，未来10年我国每百户汽车拥有量将达到或接近60辆。虽然我国消费者阶层零散地分布在以东南沿海城市为主的广大地域中，但通过网络还是可以服务到这一人群的。由此可见，即便是在中国市场，了解消费者社会的特征对企业开展网络营销也是很有帮助的。

表1-2　1992年的世界消费阶层

消费类型	消费者阶层(11亿)	中等收入阶层(33亿)	穷人(11亿)
饮食	肉类、包装过的食品、饮料	谷物、清洁水	不充足的谷物、不清洁水
交通	私家车	自行车、公共汽车	步行
用品	一次性用品	耐用品	当地的材料

资料来源：阿兰·杜宁.多少才够：消费者社会和地球的未来

1.1.4　注意力经济论

注意力本来是心理学上的一个术语，但注意力经济的提出却使它成了经济学家和企业家们热衷的一个概念。

注意力经济的概念可以上溯到诺贝尔经济奖获得者赫伯特·西蒙(Herbert Simon)于1971年提出的有关信息和注意力关系的言论，他说："信息占用的资源是显而易见的，它占用的是信息接收者

---

① Alan Thein Durning. How Much Is Enough? : The Consumer Society and the Future of the Earth. W. W. Norton and Co., New York, 1992. 在环保人网站上有中文版可供查阅和下载，网址为http://www.epman.cn/book/ how_much/index.htm.

的注意力。因此,信息的充足带来了注意力的匮乏,这就要求人们要把注意力有效地分配到占用注意力的过于丰富的信息上。"[①]1996年,英特尔公司前总裁安德鲁·葛鲁夫(Andrew Grove)提出"争夺眼球"的竞争。他认为,整个世界将会展开眼球争夺战,谁能抓住更多的眼球(注意力),谁就能成为21世纪经济的主宰。因此可以说"眼球经济"是"注意力经济"的前奏,而"注意力经济"这一概念本身则是由美国经济学家迈克尔·戈德海伯(Michael H. Goldhaber)于1997年在美国著名的《热线》杂志上发表的一篇文章《注意力购买者(Attention Shopper)》中正式提出的。他认为,在新经济时代,最重要的资源不再是传统意义上的货币资本,也不是信息本身,而是注意力。

所谓注意力,是指人的心理活动指向并集中在一个特定对象上的能力。对每一个人来说,注意力是一种无形的、有限的、不可替代和不可分享的心理资源,人类从事任何有意识的活动都必须投入注意力这一要素。当前,相对于呈指数增长的信息而言,人类的注意力越来越不堪重负,注意力成为远比信息稀缺的资源。互联网的商业化和万维网的出现使得对注意力的争夺愈演愈烈,注意力的价值被越来越多的人所认同。注意力经济的概念提出后受到了人们的普遍关注,许可营销的创始人塞特·戈丁(Seth Godin)也对这一概念大加赞赏,注意力经济理论甚至一度成为电子商务行业的正统思想,但是,2000年纳斯达克(NASDAQ)股市网络股泡沫的破灭使人们认识到注意力经济概念的先天不足之处。

在戈德海伯看来,注意力本身就是财富。他说:"获得注意力就是获得一种持久的财富。在新经济下,这种形式的财富使人们在获取任何东西时都能处于优先的位置。财富能够延续,有时还能累加,这就是我们所谓的财产。因此,在新经济下,注意力本身就是财富。"[②]但是,人们的注意力并不会长久停留,今天是明星,明天可能就会无人问津,因此吸引注意力并非一劳永逸的事,维持人们的注意力需要不断的投入。同时,注意力维持的根本在于信息的价值,哗众取宠只能得逞一时。有人做过一个很有意思的调查,结果显示当用户对网站内容不满意时,他在6个月内将不会再访问该网站。根据当时国内8700万(截至2004年6月底)上网人数来测算,对于半年内没有"回头客"的网站来说,每天50万的访问量意味着该网站受关注的时间最多超不过一百多天。可见,注意力带来的不仅仅是机会,如果在网站质量上不付出努力的话,注意力就会变成对网站品牌的杀伤力。

有一个经典的广告术语叫做AIDA,即注意力的吸引(attention)、兴趣的激发(interest)、需求的唤起(demand)以及行动的引发(action),吸引注意力不过是广告发生作用过程中的一个环节。从传统的市场营销理论来说,成功的市场营销不仅要获得知名度(即注意力),同时还要获得美誉度,成功的品牌不仅要具有高的知名度,也要具有高的美誉度。在品牌推广的过程中,企业应努力沿着提高品牌美誉度的方向发展,而不能只片面地强调品牌的市场知名度。如果美誉度沦为了负值,那么品牌的知名度越大,企业受到的负面影响也就越大。

针对注意力经济的种种不足,人们提出应该用"大拇指经济"替代"眼球经济"。这一概念强调的意思是引人注目不是营销的全部,吸引人试用产品是营销的开始而不是终结,营销的目的在于使顾客在用过产品后都会翘起拇指表示赞赏,从而成为企业的忠实顾客。

---

① Herbert Simon. Designing Organizations for an Information-rich World [A]. Computers, Communications and the Public Interest[C]. Martin Greenberg ed. Baltimore: The Johns Hopkins Press, 1971 pp 40-41。
② 摘自戈德海伯1997年在哈佛大学召开的"数字信息经济学"会议上的发言。全文见http://www.firstmonday.dk/issues/issue2_4/goldhaber/。

姜旭平教授是我国注意力经济的倡导者之一,他认为:"从企业经营的角度来看,市场营销的本质就是要吸引公众的注意力,传播商品信息,实现促销的目的。"[①] 对这一观点你赞同吗?

1.1.5 网络经济论和新经济论

网络经济和新经济是两个紧密相关的概念,它们之间的区分可以被认为仅仅是表达上侧重点的不同。在许多时候,这两个词可以相互替代使用,这里主要考察这两个术语的来龙去脉和各自的侧重点。

国际数据公司亚太区副总裁皮苏新认为,网络基础设施加上电子商务就是网络经济。网络基础设施包括信息科学基础设施(如计算机技术、软件技术、咨询设备等)和商业基础设施(市场与销售、专业服务、内容制作、教育与培训、研究与发展等因素)。电子商务则是指利用网络实现各种业务流程的电子化。随着互联网在全球的迅猛发展,网络经济作为一种最具传奇色彩的经济形态,已成为当今全球经济发展的一大亮点。在1995—1998年间,美国的互联网产业以每年1.74倍的速度增长,1998年互联网产业的销售收入达3014亿美元,1999年达5070亿美元,首次超过汽车、电信、民航等传统产业,而且还在以68%的年增长速度飞速发展。20世纪90年代末期,网络股在美国股市上成为被爆炒的对象,它创造了许多穷学生一夜暴富的神话,网络股的走红使网络经济的概念开始深入人心。

网络经济的主要特点如下:

> 信息技术等高科技的进步和互联网的繁荣是网络经济的基础,基础数据与信息的收集和整理是网络经济的基本活动之一。
> 网络效应普遍适用于大多数经济活动,梅特卡夫定律(Metcalfe's Law)是网络效应的集中表现。
> 网络经济的发展需要充分发展的资本市场的支持。
> 网络经济通过重组传统的供应链,极大地提高了劳动生产率,降低了交易成本,促进了世界市场的形成,加快了全球经济一体化的进程。
> 网络经济中人才是关键,谁拥有高素质的人才,谁就能抢占发展的制高点。
> 网络经济运行的特点是虚拟经济和现实经济相结合,其基础仍然是现实经济。
> 网络经济的发展有赖于市场信用体系的建立。

小资料   什么是梅特卡夫定律?

梅特卡夫定律也被称做梅特卡夫法则,它断言一个网络的价值与该网络包含的结点数的平方成正比。该定律得名于以太网的发明人罗伯特·梅特卡夫(Robert M. Metcalfe),它同时适用于有形的和虚拟的网络。网络效应、网络外部性和需求方规模经济都是梅特卡夫定律在不同场合下的别称。

梅特卡夫定律是互联网革命的内在原因之一,它对企业组建虚拟社区和销售具有网络效应的产品具有重要的指导意义。

"新经济(the new economy)"的说法是由美国1996年12月30日发表的《商业周刊》(Business

[①] 姜旭平.网络营销.北京:清华大学出版社,2003

Week)上的一组文章最早提出的,意思是以经济全球化和信息技术革命为基础的经济。1997年第17期《商业周刊》上的一篇文章指出:"谈'新经济'时,我们的意思是指这几年已经出现的两种趋势。第一种趋势是经济全球化,第二种趋势是信息技术革命。"按照经合组织(OECD)的理解,新经济可以被看成信息技术、互联网与知识创新的结合。其中,信息技术是基础,知识创新是驱动力,互联网是基本生产工具。2000年4月5日,克林顿在白宫召集部分企业家、经济学家和政府官员共同举办了一次关于"新经济"的研讨会,使"新经济"成为全球瞩目的焦点,也随之成为继信息经济、网络经济后又一个被媒体热炒的时髦概念。

新经济之"新"主要表现在三个方面:一是经济呈现长期增长趋势(trend growth)而不是周期性增长(cyclical growth)趋势;二是没有通货膨胀压力;三是经济增长的源泉扩大。为了解释为什么会出现新经济,经济学界甚至开始着手建立一套新的经济学理论。然而,历史的发展证明,新经济是一个过于乐观的概念,随着NASDAQ股市泡沫的破灭,美国经济开始增长乏力,2008年更是遭遇了罕见的金融危机,所谓的新经济并没有使人们摆脱无情的经济周期。现在,越来越多的人开始把今天的新经济同从前铁路网和高速公路网大发展时期的经济相提并论,人们开始认识到,互联网技术并没有为人们带来一个全新的经济。不过,对网络经济的研究加深了人们对电子商务经济学的理解,而后者构成了网络营销的理论基础之一,我们将在以后对其做较深入的介绍。

1997年9月的《热线》杂志发表了该杂志执行编辑凯文·凯利(Kevin Kelly)的一篇文章,题目是《新经济的新规则》①。凯文·凯利在文章中归纳出了网络经济时代出现的12条新的经济法则,虽然这些法则中的大多数在今天看来都相当片面,但该文刺激了人们对网络经济特征的研究,这些研究则直接成为网络营销的理论基础。

1.1.6 信息经济论、知识经济论和大数据时代

信息经济的概念由来已久,信息经济一词最迟在1977年就已经被提出,当时,波拉特(M. U. Porat)发表了《信息经济:定义和度量》一书的第一卷。他把第一、第二、第三产业中的信息与信息活动分离出来构成独立的信息产业,并对美国信息经济进行了定量测算。根据波拉特的测算,1967年时,美国信息经济的规模占本国国民收入(GNP)的46%,劳动收入则占到了总劳动收入的53%。波拉特的这一著作引起了人们的普遍关注和重视。

法国社会学家阿兰·杜罕也是最早研究信息社会的学者之一,他在1971年的著作《后工业社会》中首先提出了"信息的经济"(economy of information)。不过无论是杜罕还是波拉特都是从产业部类的角度去考察信息经济的,后来人们才开始发现信息对社会经济的影响其实是无处不在的,很难将其完全隔离出来。1989年,巴伊(Antoine S. Bailly)在其著作中提到的信息经济则完全把信息当成了一个在所有部门中发挥作用的一种生产要素。信息社会的一个外在特征是工业部门的衰退和与信息生产、存储、传输和管理相关服务的扩张。

中国社会科学院研究员李琮在1995年1月9日的《人民日报》上发表的文章《西方经济向信息经济转变》将信息经济的特点归纳如下:

---

① http://www.wired.com/wired/archive/5.09/newrules_pr.html

- 信息技术产业正在取代传统产业,成为经济的主导部门。信息产业超过汽车工业和钢铁工业成为国民经济的最大产业。信息技术还将对传统产业进行改造,使其面貌全新。
- 信息技术将使企业的组织和经营管理发生重大变革。企业的管理机构将精简,组织向扁平化发展,经理人员管理的宽度将加大。
- 信息技术装备的使用,新的高技术产品的生产,要求劳动者具有更丰富的科学知识和文化、技术素质。
- 劳动生产率将提高到一个新水平,是一种高效益的经济。1990年以来,美国劳动生产率平均每年以2.5%的速度增长,是1970—1990年平均增长率的两倍多。
- 单位产值所消耗的原材料和能源将进一步减少,产品的科学技术含量将大大增加。生产领域也将从宏观上扩大到海洋深处和宇宙空间,在微观上深入到生物基因和物质构造的更深层,以获得新的资源和能源,生产出更新、质量更高、性能独特的新产品。
- 信息经济是全球性经济。信息高速公路在全球范围的建设、跨国公司的蓬勃发展,将把各国经济更紧密地联系在一起。各国经济之间的相互依赖关系将进一步加深。

我国著名经济学家乌家培先生在1998年3月6日的光明日报发表了《论信息经济及其管理》一文,介绍了信息经济的概念、特点及其管理。文章提出,信息经济是继农业经济、工业经济之后一个新的经济发展阶段。一般认为,人类社会经历了三次重大的技术革命,即农业革命、工业革命和信息革命,这三次革命开创了人类历史的新阶段,使人类社会从游牧社会过渡到农业社会,从农业社会过渡到工业社会,再由工业社会迈进信息社会[①]。按乌家培先生的分类法,信息经济似乎只是后工业社会的另一表述而已,最多在开始的时间上稍有区别。

基于知识经济的提法比信息经济更早,它可以追溯到20世纪50年代,马克卢普(Fritz Machlup)在对美国工人分类时提出将"生产和传播知识"的人作为新的一类,这包括那些从事教育、媒体、研究和开发、信息服务以及信息机器(计算机)操作的人员。在1962年出版的《美国知识的生产与分配》一书中,马克卢普首次提出了"知识产业"的概念,分析了知识生产的机制,并对美国的知识产业进行了测算。马克卢普把30个产业部门的知识生产与分配活动分为教育、研究开发、通讯媒介、信息设备、信息服务五大类,具体测算出1958年美国知识产业的产值占国民生产总值的29%(约1364.36亿美元),大约有31%的劳动力参与知识部门的工作。1990年,联合国的一个研究机构明确提出了"知识经济"(the knowledge economy)的概念并定义了这种新经济的性质。1996年,世界经济合作与发展组织(OECD)明确定义了"以知识为基础的经济"并第一次提出了知识经济的指标体系和测度。1997年2月,美国总统克林顿在演说中采纳了知识经济的提法,世界银行1998年版的《世界发展报告》选择《发展的知识》(*Knowledge for Development*)作为标题。从此,更多的知识界人士接受了知识经济的提法,在他们的努力下,知识经济的概念很快便开始深入人心。

小资料

信息革命

信息革命发端于20世纪中期,一直延续到今天,它由一系列次一级的革命组成,即数字革命、PC革命、电子商务革命和互联网草根革命。

数字革命:数字革命萌芽于里夫斯(Alec H. Reeves)在1937年的一项发明——脉冲编码调制

[①] 当然,还有人提出,在这三次革命之外还应该加上更早的工具制造革命,工具制造使人类从动物中分化出来。不论如何,信息革命是大家所公认的。

(PCM)。该项技术在"二战"期间首先被用于电话加密系统，它的商业应用则始于1962年，这主要归功于集成电路的出现大大降低了使用该技术的成本。4000HZ电话带宽上的模拟波形被转变为每秒8000个的数字脉冲进行传递。1946年，美国统计学家约翰·图基[①](John W. Tukey)在一次数学学术会议上将二进制(binary)和数字(digit)两词结合起来创造出比特(bit)这一数字时代的基本词汇。数字革命使得任何信息均可以用数字形式来表示，极大地提高了人类的信息处理能力，使信息成本大幅下降。数字革命包括了生产和生活领域的众多发明，如数控车床、条形码技术、传真机、CD、VCD、游戏机、数字电视等，这些技术改变了人们生活和生产的方式。到目前为止，数字革命仍在蓬勃开展当中，数字电视正在驱逐我们现在使用的基于模拟技术的传统电视，数字化制造开始进入3D打印时代，所以数字革命的潜力还有待进一步发挥。

PC革命：1977年，世界上第一台个人电脑(PC)AppleⅡ的问世揭开了计算机应用的一个新篇章。个人电脑进入家庭首先应该归功于电脑制造成本持续的大幅下降，这可以用摩尔定律(Moore's Law，详见下文)来说明。当然，电脑软件方面的一系列进步也使得电脑操作越来越容易，尤其是图形用户界面(GUI)的出现更是对计算机的迅速普及功不可没。

电子商务革命：电子商务革命始于20世纪60年代末EDI和EFT的出现，但直到20世纪90年代初互联网商业化后，电子商务才开始了真正的大发展。世纪之交电子商务的狂热客观上对电子商务的普及起到了重要作用。电子商务改变了企业的业务流程，使企业大幅度降低成本、提高效率成为了可能。

互联网草根革命：2003年社会交往网站Myspace的横空出世标志着信息革命迎来了又一次新浪潮——互联网草根革命，这将是信息革命的最后一次浪潮。在这次浪潮中，广大网络用户(网民、互联网草根)取代科学家、发明家和企业家成为革命的主力军，互联网成了普通民众生活中不可缺少的一部分，普通民众也成了塑造互联网面貌的根本力量。这时，企业的成败直接取决于它能不能得到大众的承认和支持。

小资料 何谓摩尔定律？

1965年，戈登·摩尔(Gordon Moore)在准备一个演讲的时候发现了一个具有历史意义的现象。当他开始制作图表来表示内存芯片性能增长数据时，发现了一个惊人的增长趋势：芯片的容量每18~24个月增加一倍。他据此推理，如果按照这一趋势发展下去，在一段时期内计算能力将呈指数规律增长。

摩尔的发现，即现在人们所熟知的摩尔定律，揭示了一个趋势。这个趋势一直延续至今，并且事实证明相当准确。它是许多计划者做芯片性能价格预测的基础。在26年的时间里，芯片上的晶体管数量增加了3200多倍，从1971年推出的第一款4004的2300个增加到奔腾®Ⅱ处理器的750万个。

资料来源：http://www.intel.com/cn/museum/mpuhistory/hof/moore.htm

同信息经济相比，知识经济的提法强调的是知识本身的价值。在当代社会，知识已经取代了土地、资本成为最重要的生产要素。经济学诺贝尔奖得主哈耶克(Friedrich August von Hayek)曾经把存

---

① 图基还是"软件(software)"这一词汇的发明人。

在过的经济制度区分为两类,一类是"权"能买"钱"的经济制度,另一类是"钱"能买"权"的经济制度。知识经济的拥护者认为,现在出现了第三类制度,即智能或者知识既可以买"钱"也可以买"权"的制度,这就是知识经济制度。知识经济的其他一些特征包括:

- 典型产品的绝大部分价值可以归结为知识的价值,例如,汽车价值的60%可以归结为所用材料的价值,但计算机芯片的价值只有5%可以归结为所用材料的价值。
- "知本家"成了这个时代的英雄。
- 知识工人的队伍不断壮大。

菲利普·科特勒和赫马万·卡塔哈亚(Hermawan Kartajaya)曾模仿爱因斯坦(Albert Einstein)质能变换式提出了一个公式:$E=kMc^2$,式中E表示公司的能量或者价值;k表示公司学习和利用知识的能力;M代表公司广义的营销能力;c^2表示公司利用计算机技术和通讯技术建立竞争优势的能力,这一公式说明了知识经济对企业管理提出的新要求。对营销而言,最重要的知识是有关客户的知识和对于市场环境的知识,前者可以通过数据库营销加以管理,而后者则可以通过营销决策支持系统加以管理,我们对数据库营销和决策支持系统都会做专门的讨论。

此外,知识经济的一个显著特征是基于知识的组织数量迅速增加,这些组织以高素质的人才为中坚,在研发等创新活动中投入很多,向市场提供知识密集型的产品和服务,这对营销提出了新的挑战,我们将在高科技营销一节中对此做更多介绍。

进入21世纪以后,在信息技术的推动下,数字革命不断走向深入,在近几年开始进入一个崭新的阶段。在这一阶段,新数据产生的速度、历史数据积累的规模以及数据类型的丰富程度都达到了一个前所未有的水平,特别是人们面对的数据量之大简直令人震惊。敬畏之余,越来越多的人开始把这个时代叫做大数据时代(the age of big data)。

大数据(big data)是指那些大小已经超出传统尺度,一般的软件工具难以捕捉、存储、管理和分析的数据。大数据之大体现在以下三个方面。

- 规模。有人估计,自从人类有印刷术以来,过往上千年所有的印刷材料的数据量只有200PB[①],而在2012年,平均每天新产生的数据量为2500PB或者说是2.5EB[②]。
- 速度。大数据的产生和传播都能在瞬间完成,而大数据的价值也有明显的时效性,如果不能及时处理这些数据,这些数据的价值就会大打折扣。
- 种类。大数据的来源非常广泛,形式也很多样,有用户在社交网络平台上发布的文字和多媒体信息,有各种传感器捕捉到的数据,有手机传递的GPS信号,还有电子商务网站记录的用户行为的数据等。这些信息既有结构化的数据,也有半结构化的数据,但更多的还是以文本、视频、音频等形式存在的非结构化的数据。

大数据的产生有明显的加速趋势,IDC在研究中发现,全世界的数据量每两年就会增加一倍,这一发现的重要性被认为可以同摩尔定律相提并论,所以被称为新摩尔定律[③]。

大数据时代的来临对管理将产生巨大的影响,甚至可以说将会引发一场管理革命。大数据的采集、整合和精炼将会改变人们决策的方式,极大地提高决策的质量。大数据时代的来临使网络营销更加精准化,但消费者隐私也受到了前所未有的威胁,网络营销的伦理战略对企业变得更为重要。

---

① PB是petabyte的简写,汉语音译为拍字节,代表2^{50}或10^{15}字节。
② EB是exabyte的简写,汉语音译为艾字节,代表2^{60}或10^{18}字节。
③ John Gantz, David Reinsel. Extracting value from chaos. IDC iView (2011): 1-12.

1.1.7 信息社会主义

在人类社会的发展开始超越工业社会阶段迈入信息社会之际,许多思想家和学者开始了对人类命运的严肃思考:资本主义的所有制关系以及它的种种痼疾是否会万世长存,在新的信息社会中继续占统治地位?在20世纪初已登上历史舞台的社会主义制度将会随着苏东剧变一蹶不振还是可能在今后以新的形式得到复兴?20世纪80年代,美国学者威廉·哈拉尔(William E. Halal)从政治经济学的观点研究了信息社会的本质与社会特征,指出信息革命引发了生产要素从资本向知识的转变,与信息社会对应的社会形态应该是"新资本主义社会"或"后资本主义社会"[1]。我国著名学者乌家培先生在《信息社会与共产党的任务》一文中考察了信息社会和社会主义社会以及共产主义社会间可能存在的关系,提出了社会主义可能会在信息社会实现的洞见。本节将沿着乌家培先生的思路探讨信息革命是否会催生一种新的经济制度,如果是,这种新社会的特点又有哪些?这一社会将通过何种方式来实现?在本小节的最后,我们还将讨论信息社会主义运动对网络营销的意义。

1. 信息资本主义的难题

随着信息革命的深入发展,现行的资本主义制度在组织信息的生产和消费方面暴露出了越来越多的问题。

(1) 信息霸权问题

在信息生产行业有一种被通俗地概括为"赢家通吃"的现象,意思是在此行业中早期进入市场的大企业能快速形成垄断并能长久地保持其垄断地位,出现这种现象的原因是因为同物质生产相比信息生产具有以下特点。

> 在投入产出关系中边际效益递增成为规律性现象。
> 生产的产品具有网络效应,导致需求方规模经济的形成。
> 顾客被高昂的系统转移成本锁定。

垄断的出现给垄断者带来了高额的垄断利润,但是垄断压制了市场竞争,阻挠了技术创新,阻碍了生产力的发展和人民生活水平的提高。

(2) 社会不公问题

在信息资本主义社会中,知识资本和金融资本的结合在分配领域造成了严重的社会不公,数字革命在资本主义国家既造就了比尔·盖茨(Bill Gates)这样富可敌国的大贾,又在社会上形成了一大批物质短缺、精神匮乏的弱势群体。社会不公是社会动荡、恐怖活动、刑事犯罪、流行疾病、吸毒等一系列社会问题的根源。

(3) 法权基础动摇问题

资本主义社会的本质特征和法权基础是生产资料和社会产品的私人占有,然而在信息社会中,信息成为了主要的生产资料和社会产品,而信息的使用不仅没有排他性,而且还会在共享中增加价值。塞夫(Vincent Cerf)定律告诉我们多个数据库的共享和互联可以创造出前所未有的新的价值。而且,即便在物质生产领域,知识产权保护在鼓励创造的同时其实也迫使人类进行大量的没有成效的重复开发工作。因此,资本主义国家试图用保护实物产权的方式保护知识产权必然会损害社会整体的利益。曾经使资本主义社会高速发展的知识产权保护在信息社会将成为社会进步的桎梏。

---

[1] William E. Halal. The New Capitalism. New York: Wiley, 1986

(4) 市场低效问题

在信息私有的社会中，信息的利用必须首先要被交易，但交易信息的市场却是低效率的市场，因为信息的市场交易伴随着极高的交易成本，这主要表现在以下两个方面。

首先，产品质量的评估成本过高。信息产品属于体验产品，人们很难在试用产品前对产品质量作出恰当评估，但如果不对质量进行评估，交易就不会发生。对这一问题，人们难以找到妥善的解决方法。目前通用的做法都存在明显的不足，如通过强化品牌靠信用达成交易的方法实际是效率低下的方法，这是因为信息产品的质量并不具备稳定性。例如，软件商经常通过向用户提供功能受限的试用版的方法来帮助用户评估软件质量，但试用版同正式版毕竟不是同一种产品，能够生产出没有问题的试用版软件的公司未必能生产出功能更强的正式版。

其次，保护信息产权措施的成本过高。信息产品的特点是可以数字化并且可以被重复利用，这使得信息产品的复制变得非常简单和普遍。虽然资本主义国家都试图通过法律来保障信息产权的私有，但是实际效果却差强人意，原因在于拥有信息产品副本(购买了信息产品使用权)的用户根本没有维护该产品产权的积极性，相反他们通常还会主动把产品与他人分享，因为分享价值本身可以给他们带来价值，而保护该产品的产权只能给他们带来成本。部分信息生产商试图通过技术来维护他们知识产权的作法同样效果不彰，这不仅会在增加破解者成本的同时也增加他们自己的研发成本，而且还会显著降低数字产品本身的质量。

由此可见，资本主义赖以兴旺发达的两大制度法宝——知识产权保护和市场机制，在信息社会中已经遭遇到了无法克服的难题，要解决上述问题就需要更大胆地进行制度创新，在信息生产和使用的范围内重新引入公有制。

2. 信息社会主义的特点

(1) 生产者的主体是知识工人

在信息社会主义社会，社会财富中一个主要的部分是由信息产业和知识产业的产出构成的，信息社会中的教育产业、咨询产业、软件产业、艺术产业、娱乐产业、研发产业、广告行业和媒体行业构成了一个庞大的产业群。这些产业中的一线工人多数属于知识工人，知识工人一般都受过大学以上程度的教育，具有旺盛的创造力。他们在生产中虽然也有合作，但大部分时间都需要独立工作，所以他们需要有可以自主安排的工作时间，并且工作地点也不再局限在办公室中，他们甚至可以在自己家中完成大部分工作。显然，知识工人具有同马克思时代的工人阶级明显不同的特点。

(2) 信息生产能力普遍共享

信息生产的基本工具是各种计算机软件工具和硬件设备，PC革命已经使计算机走进了千家万户，互联网又将成千上万的计算机连成了一体，云计算日益成为标准的计算环境，这是信息生产能力共享的前提。随着科学技术的不断进步，人们会面临越来越艰难的科学挑战，如寻找外空生命、攻克癌症、设计新一代的航空发动机等，许多种挑战需要人们进行规模庞大的科学计算，面对如此艰巨的计算任务，任何机构拥有的超级计算机都会力有未逮，这时利用网络上冗余的计算能力从事规模庞大的并行计算就成为解决问题的有效方法。由加州大学洛杉矶分校发起的寻求外空生命的项目(SETI@Home, Search for Extra-Terrestrial Intelligence)就为并行计算提供了一个绝佳样例，截至2004年3月4日(北京时间)，世界上至少有490万台计算机志愿者参加了这一项目，计算占用CPU总时间超过了183万年(如表1-3所示)。英特尔公司的癌症研究计划也准备动用社会上的计算资源。

表1-3　SETI项目的进展情况

参　　数	总　　量	过去的24小时内
用户	4 904 448	1622(新增加)
取得的结果数	1 274 680 651	1 779 078
占用CPU总时长	1 836 533.770年	1509.757 年
完成的运算数	4.555 439e+21	6.938 404e+18

资料来源：http://setiathome.ssl.berkeley.edu/totals.html，统计时间：当地时间2004年3月3日22:21:46

在计算机时间的共享之外，大量志愿者还为许多信息生产项目贡献了自己的创造性劳动，例如，全世界参与了Linux测试和开发的程序员数量大约有1000万之多[①]。

(3) 信息产品充分共享

信息生产能力的共享决定了信息产品的普遍共享。可以设想，如果英特尔公司的癌症研究计划在公众的参与下取得了成功，他们获得的药物配方自然也应该为社会共享。实际上，开放源代码软件运动大力提倡的一个许可协议——公众许可授权协议(General Public License)——就规定所有利用开放源代码软件开发的软件，其代码也必须向公众开放。信息产品的共享已经在软件开发领域获得了巨大成功，人们开始考虑把自由软件运动引进其他的知识生产领域，在这方面麻省理工学院(MIT)为人们做出了榜样。2001年4月，MIT提出他们将把该校开设的所有课程的课件在网上向公众免费开放，截至2013年6月，MIT已经开放了其所有学科领域中2169门课程的课件(ocw.mit.edu)。在MIT等著名学府的带领下，大规模在线开放课程(massive open online courses，MOOC)已经演变成了一场席卷世界的声势浩大的运动，《纽约时报》因此把2012年命名为"大规模在线开放课程年(The Year of the MOOC)"。人们预见，MOOC的蓬勃发展将会带来一场教育革命。

(4) 精神激励排挤物质激励

知识产权的拥护者们一定会提出质疑：如果信息产品共享，那么谁还会去从事信息产品的生产呢？这是典型的信息资本主义的思维方式，这一思维忽视了物质生产和信息生产的区别。的确，如果信息生产者从事的是既辛苦又枯燥无聊的体力劳动，生产者从劳动中获得的是纯粹的负效用，他们就必须要求超过这种负效用的物质激励作为补偿。但是，信息生产者从事的是富有创造性和挑战性的工作，生产者本人从生产过程中可以获得成就感，所以生产本身无须物质激励来补偿。而且，非常重要的一点是，物质生产者生产的产品归资本家所有，信息生产者的生产成果归包括生产者在内的社会所共有，并且首先归生产者所有，因为社会对该成果的利用的一个前提是承认该成果创造者的功劳。其次，信息社会已经是一个接近丰裕的社会，从事信息生产的知识工人不会为温饱担忧，他们更关心更高层次需求的满足，即对自我实现的追求，而自我实现是通过社会承认来实现的，这样精神激励就可能比物质激励更有效。最后，在信息社会，知识工人由精神激励获得的声望等价值可以比较容易地转化为物质利益，使得那些追求物质利益的知识工人也能得到满足。所以，信息社会主义的一个典型特征就是精神激励排挤物质激励成为生产者从事知识生产的主要动力。

3. 信息社会主义与工业社会主义的区别

在西方国家，一些人排斥信息社会主义的提法，原因是他们无法将信息社会主义和传统的社会

[①] Utpala Anand. The Charge of the Linux Brigade[J]. Siliconindia, February, 1999. 见http://www.siliconindia.com/magazine/display_back_issue.asp?article_id=521.

主义区分开来，实际上，信息社会主义同产生于工业时代的社会主义(有人称其为政治社会主义)有许多不同。

信息社会主义中的普遍共享是建立在自觉自愿的基础上的。知识工人可以选择是否将他们冗余的计算能力或者知识成果与社会共享，并没有任何政府的强制力量要求他们。但是问题在于，即使从他们自己利益的角度来考虑，大多数知识工人也会同意参与共享。

共享的发展是有层次和分阶段的。因为信息社会主义的共享是建立在自觉自愿的基础上，所以共享不可能一天内在知识生产的所有领域、在地球的每个角落同时实现。实际情况是，有些行业甚至早在信息资本主义社会以前就实现了知识共享，如基础研究领域；有的行业却至今仍由专利产品占主流。但是，即便是受知识产权保护最严密的领域，如今共享的理念也开始被接受。例如，现在网络上广泛流传着许多版权开放的电影作品，许多医药也开始公开其制造方法。当然，现阶段的共享可能是有条件的，比如说，著名的PGP加密软件在美国是为社会共享的，但美国政府却禁止将此技术同美国以外广大地区的人民共享。由此可见，信息社会主义社会也将经历一个由低级向高级发展的过程，它的高级阶段也许可以称为信息共产主义社会。

4. 浮现中的信息社会主义

在西方发达的资本主义国家，作为一种思潮和社会运动的信息社会主义已经兴起，并且开始向包括中国在内的社会主义国家扩展，这表现在以下三个方面。

(1) 自由软件和开放源代码软件运动

自由软件和开放源代码软件运动是在软件生产领域的一个产品共享运动。自由软件运动的许多产品为我们今天的网络社会奠定了基础。世界上最流行的服务器软件不是出自微软，也不是出自其他软件公司，而是来自自由软件运动，这就是"Apache"。Apache的本意是"满是补丁的百衲衣"，这一名称形象地说明了该软件是众多自由软件运动的参与者集体智慧的结晶。除Apache外，奋起挑战微软霸权的Linux操作系统、Firefox浏览器软件、苹果机的操作系统Darwin、支持整个域名服务器的软件BIND、电子邮件软件Sendmail等都是自由软件运动的产物。自由软件受到人们追捧的原因不仅是成本低廉，关键还在于它毫不逊色甚至更加优越的产品性能，多数网络管理员认为Apache同其他商业软件相比运行速度更快、更加可靠并且更新速度更快。自由软件运动的蓬勃开展还受到了许多国家政府的支持，例如，我国就有专门推广Linux的Linux办公室，阿根廷还在酝酿通过一个规定所有政府部门必须使用自由软件的法律。

(2) 对等系统

对等(Peer-to-Peer，P2P)系统是指两个或两个以上实体，如PC机或其他设备，在Internet上直接通信或协作，经过或不经过服务器的协助，彼此共享包括处理能力(CPU)、程序以及数据在内的共用资源。对等系统可以使用户像使用自己的计算机一样使用对等的计算机而不需通过Web站点或电子邮件。在对等系统中，每个计算机既是服务器，又是客户机，或者说都是对等的，无所谓C/S系统中的服务器和客户机之分。对等系统在2000年开始流行，英特尔公司的首席技术官帕垂克·盖尔辛格(Patrick Gelsinger)认为对等系统对互联网的重要性将可以和浏览器相匹敌。对等系统的重要性不在于成千上万的人每天使用它来共享音乐和其他文件，更重要的是基于对等系统的众多应用：分布式计算、文件共享、带宽共享、智能代理、实时信息等。

前文中提到的寻找外空生命项目"SETI@Home"实际上是P2P分布式计算的一个典型应用，共享带宽是P2P应用的另一个范例。通过P2P进行带宽共享是在网上迅速传播大文件(如视频文件)的唯一可行的方法,许多人从有限的服务器上同时下载大文件势必会引起网络拥挤,而利用P2P方式则是下载人数越多,下载速度越快。因为每台下载的计算机都同时为别人提供下载,P2P就是这样一种"我为人人,人人为我"的社会主义应用。

(3) 创新性公产运动

创新性公产(Creative Commons)是网络上的数字作品(文学、美术、音乐等)的许可授权机制,它致力于让所有创新性的作品都有机会被更多人分享和再创造,共同促进人类知识产品在其生命周期内实现最大效益。创新性公产运动由CreativeCommons.org发起,并在全球越来越多的地区被广泛采纳。2003年11月,中国继巴西、芬兰与日本之后,成为了第二批正式加入Creative Commons公共授权条款的国家。创新性公产是知识工人自愿参加的一个运动,知识工人可以自主设置共享的水平,参与共享可以促使知识作品的更快传播,使其发生更大的社会效益,当然知识工人的成果就可以更多更快地获得社会承认。创新性公产运动的大潮正席卷而来,吸引了越来越多的知识工人的参与。

在工业社会主义进入低潮后,信息社会主义正稳步向我们走来,势不可挡,表现出了信息社会主义无可比拟的优越性。有理由相信,信息社会主义运动还会不断发展下去,最终改变现行的资本主义知识产权制度和其他基本制度。

5. 信息社会主义运动对网络营销的影响

信息社会主义运动的蓬勃开展对企业的网络营销策略会产生重大影响。

首先,免费策略将成为企业常用并且可行的价格策略之一。过去,曾经有许多互联网内容提供商(Internet Content Provider,ICP)尝试通过发展收费订户来获得收入的经营模式,但许多这样的尝试都以失败而告终,这中间也包括大英百科全书(www.britannica.com)和SLATE(www.slate.com)网上杂志这样内容质量无可挑剔的商家。电子邮件服务也经历了从免费到收费再到免费这样的发展过程。最初,网络公司为吸引用户竞相推广自己的免费电子信箱服务,后来,大部分公司又在盈利压力下,宣布关闭掉原来提供的免费电子信箱服务,结果绝大部分免费电子信箱用户宁愿付出高昂的转移成本(通知亲友自己的新信箱、转移信箱中的资料、重新学习新信箱的使用方法等)也不愿意留下来做缴费用户。后来,以Google为代表的互联网企业不仅恢复了免费电子信箱服务,还在服务质量上有了明显提高。根据第13、14次中国互联网络发展状况统计报告,没有收费电子信箱的用户肯定会在下一年申请收费账号的比例从4.4%下降到了2.9%,而肯定不会申请的用户比例从17.2%上升到了29.9%。可见,喜欢享受免费的信息和服务是互联网用户的行为习惯,企业没有力量改变这一习惯,只能顺势而为,为用户提供免费的内容或者服务,转而从其他方面(销售广告、开展病毒营销等)获得收益。另外,我们还可以预见,依赖严格的版权保护获得利润的公司将遭遇到挑战。我们知道,用户可以利用P2P网络来相互交换有版权的数字产品,这对唱片、电影行业是一个很大的威胁。进入21世纪后,不断有唱片公司和电影公司控告提供P2P服务的公司纵容侵犯版权的行为,但最近的判例显示,美国法院开始支持P2P服务商经营的合法性。这意味着为信息共享提供便利条件的公司可以放心大胆地去经营,而电影公司和唱片公司则必须考虑改变原先的经营方式。

其次,企业可以利用以提供精神激励为主的方法来募集志愿者为企业提供多种服务。例如,主题目录网站经常依靠志愿者来管理和更新某一个主题的网站目录;软件公司经常借助志愿者为用户提供技术支持服务;Amazon网站上大部分的书评都是出自志愿者之手;为旅游服务网站添色不少的旅游目的地游记也是志愿者无偿提供的。另外，在网络营销中占有重要地位的虚拟社区中的版主也大多由志愿者出任。志愿者不仅可以为网络营销企业节约大量的人力成本，显著提高服务质量，企业还可以以志愿者为骨干组建虚拟社区，发展同顾客的长期关系。

再次，网络营销企业应该充分利用信息社会主义运动的一些成果，如各种开源软件，来支持自己的网络营销活动，许多这类成果不仅成本低廉，而且性能卓越，可以帮助企业提升竞争力。2001年，Amazon全面转向Linux操作系统，这使Amazon节省了数以百万计的技术成本，操作平台的转换和通信费用的降低使Amazon的技术支出从此前的7100万美元降低到了5400万美元。Linux的优越性还使Google在其上万台服务器上都安装了这一属于自由软件的操作系统。表1-4列举了几个早在2001就已经大规模部署了Linux操作系统的国际知名公司，其中单单日本的Lawsons就配备了超过15 000台的Linux服务器。

表1-4 大规模部署Linux操作系统的部分知名公司

公司	IBM	Lawsons	Shell Oil	Deutsche Telecom	Telia	Dresdner Bank	Weather.com
国别	美国	日本	荷兰	德国	瑞典	德国	美国
行业	信息技术	连锁商店	石油	电信	电信	银行	气象服务

最后，网络营销企业还可以考虑使用P2P系统来承担如产品研发、数字产品发布、营销信息发布以及客户服务之类的营销任务，恰当使用P2P系统可以达到节省费用和改进服务质量的目的。

1.1.8 自助经济

自助经济或者DIY(Do it Yourself)经济是从个人对服务介入程度的提高以及愈演愈烈的顾客授权角度提出的。在传统的服务社会中，消费者仅仅是服务的接受者，但服务本身通常要求高度的顾客参与，如果能够克服技术和管理上的难题，允许顾客参与服务的设计不仅可以提高顾客的满意度，还可以缓解服务高峰期服务能力不足的瓶颈问题。

实际上，向顾客授权、允许顾客参与价值创造的自助运动早在20世纪70年代已开始勃兴。当时，自测怀孕器具一上市便风靡欧洲，这种器具中包含的技术允许妇女以自助的方式来测试自己有没有怀孕，而此前，她们必须到医院购买专门的测试服务。再如，瑞典家具零售商宜家公司开创了一种新的经营方法：如果顾客愿意，他可以购买家具零件，自己组装成品。不仅如此，他还可以提出自己的设计要求，企业按此提供零件。由于最后的组装是顾客自己完成的，因此整套家具的价格可以比竞争对手便宜25%。在这里，消费者已由过去的单纯消费者变成了价值的共同创造者，阿尔温·托夫勒在其名著《第三次浪潮》中专门发明了一个词叫"产销者"(prosumer)来突出自助经济条件下的消费者角色。再如在大规模定制生产模式中，顾客可以对产品进行重新组合设计以实现特定的功能：戴尔计算机公司可以按照顾客的要求，为个人定制电脑；在丰田公司，汽车也可以个人定制。顾客可以根据自己的喜好提出不同部件的组合，一个牌号的车型可以多达300种。至于相对简单的产品，如服装、皮鞋，国外许多公司都已经实行了个人定制。

除了以上种种提法外，姜奇平还从戴尔模式得到启发提出了"直接经济"，麦齐本(Bill McKibben)则提出了"深度经济"(deep economy)的构想，有的媒体作家还根据家庭医生一类的个人服务的增多，提出了"个人经济"之说。以上种种对我们社会的解说都有其合理之处，相互间也并无矛盾之处，与其与这些词汇纠缠不清，还不如以一种兼听则明的态度对其兼收并蓄。但是，需要注意的一点是，这些说法大都是源自发达资本主义国家的理论，是对发达经济的近似描述，我们万万不可将其生吞活剥地搬到中国，要正确运用这些成果，还需要我们对中国的国情有一个基本的了解。

中信出版社引进了在美国很畅销的《支持型经济(The Support Economy)》一书，一对美国夫妇肖沙娜·朱伯夫(Shoshana Zuboff)和詹姆斯·马克斯明(James Maxmin)在该书中提出了"支持型经济"的概念，请阅读该书的有关章节并思考"支持型经济"的合理性、对我国经济发展的适用性以及这一概念对网络营销的意义。

1.1.9 我国的国情

中国是一个具有悠久文明历史的国家，但在近代，积重难返的封建文化和根深蒂固的封建政治制度阻碍了我国经济、文化和社会的发展，外族入侵和长期内战使国家一度到了灭亡的边缘。新中国成立初期，"政治挂帅"的错误又使我国在经济发展方面同世界先进水平的差距越来越大，幸好20世纪70年代末，中国共产党在关键时刻做出了改革开放的正确抉择。

中国自改革开放以来，在经济建设方面取得了举世瞩目的成就，在社会、经济、文化、科技等方面都取得了长足的进步，但是，从绝对水平上看，我国仍处在发展中国家的水平上，离世界平均水平还有明显的差距。我国目前最重要的国情有以下几点。

(1) 我国市场经济仍不发达，整体社会发展水平不高，但改革开放后我国经济增长速度较快(见表1-5)，人民生活有明显改善，经济总量也已达到相当规模。据国家统计局统计，2012年我国国内生产总值519 322亿元，从经济总量看，我国仅次于美国，位居世界第二。但从人均水平看，2012年，我国人均GDP仅为6091美元，而当年的世界平均水平为10 139美元。分产业看，第一产业增加值52 377亿元，比2011年增长4.5%；第二产业增加值235 319亿元，增长8.1%；第三产业增加值231 626亿元，增长8.1%。全年社会消费品零售总额210 307亿元，比2011年增长14.3%，扣除价格因素，实际增长12.1%。从数据可以看出，我国尚未进入后工业社会。

表1-5 我国GDP、人均GDP、GNI、人均GNI的增长情况

项目	1980年	1985年	1990年	1995年	2000年	2005年	2010年	2012年
GDP/十亿美元	189	307	357	728	1198	2257	5930	8358
人均GDP/美元	193	292	314	604	949	1731	4448	6188
GNI/十亿美元	189	308	358	716	1184	2241	5905	8204
人均GNI/美元	220	280	330	530	930	1740	4230	5680

*本表根据世界银行数据整理，GDP、GNI指标按现价计算。

(2) 各地区、各产业部门发展很不均衡。不仅中国的东部和西部、城市和农村存在着巨大的差距，甚至同一个地区也存在着发展上的巨大反差。"陕西现象"是我国经济社会发展普遍存在的不均衡现象的一个缩影。

> **小资料**　　　　　　　　　　**什么是"陕西现象"？**
>
> "陕西现象"是指在一个地区社会经济发展的过程中，出现了本应协调发展但实际却不协调发展的现象。在陕西，高新科技与比较滞后的经济并存，先进的文化与保守的思想观念并存，蓬勃发展的高等教育与落后的基础教育并存，经济发达的关中地区与贫穷的陕南、陕北并存，实力雄厚的国防工业与薄弱的中小工业并存，部分高收入阶层与广大城乡居民的低收入并存，全国综合竞争力评价中，知识化、网络化的高名次与经济发展指标的低名次并存等。陕西是全国有名的科技大省、教育大省、文化大省、资源大省和旅游大省，具有发展经济的得天独厚的优势，但偏偏不是一个经济大省。中国科学院《中国现代化报告2003》指出，2001年以工业化、城市化和民主化为主要特征的第一次现代化的评价中，陕西排序位于上海、北京、天津、辽宁、广东等省市之后，居全国第13位。在以知识化、网络化和全球化为主要特征的第二次现代化的评价中，陕西位于北京、上海、天津、辽宁四省市之后，居全国第5位，已进入了全国初等发达地区，其分值远远高于人们普遍认为条件不错的一些东部和中部的发达省份。北京大学的一些经济学家在最近推出的我国首部《区域新经济指数报告》中，运用知识职业、全球化、经济动态和竞争、向数字经济转型、创新能力等5大类15个指标进行评价，结果表明，陕西新经济指数仅次于北京、上海、广东、天津、福建、浙江、江苏，居全国第8。其中，在5大类指标中，知识工作岗位和创新能力居前5位之内，在15个细分指标中，研发民间投资额比例、科学家和工程师占总从业人员的比重、办公室职位比重居前4位以内。但反映经济发展的关键指标——人均GDP，却仅高于广西、云南、贵州、甘肃4省区，居全国第27位。
>
> 资料来源：陕西省信息中心

(3) 大陆、港澳和台湾两岸三地的经济共同发展。两岸三地同属一个中国，由于历史原因，三地的政治制度各不相同，但经济上的往来不断加强。随着《内地与香港关于建立更紧密经贸关系的安排》《海峡两岸经济合作框架协议》《两岸服务贸易协议》等协议的签署，两岸三地经济一体化的进程将进一步提速。目前，台湾以及港澳地区的经济发展水平遥遥领先于大陆，但大陆在产业规模和资源成本方面具有优势，所以随着经济一体化程度的提高，两岸三地的经济将取长补短，共同发展。

(4) 中国"世界工厂"地位面临世界挑战。改革开放以后，在外资的推动下，中国制造业蓬勃发展，并在世纪之交开始奠定了中国"世界工厂"的地位。在美国商业界有广泛影响的耶鲁大学商学院院长杰弗里·加滕(Jeffrey Garten)在2002年6月17日的《商业周刊》上撰文指出：中国正在变为制造业的超级大国。《财富》杂志也发表文章：《现在一切都是中国制造》，《华盛顿邮报》载文题目干脆就叫《中国已成为世界工厂》。中国的"世界工厂相"体现在以下4个方面。

第一，从1978年到2012年中国经济连年高速成长，在2012年GDP突破50万亿大关，人均GDP超过6000美元。居民消费结构持续得到改善，在未来20年内，中国市场将是巨大的消费品、工业、航空、消费者融资、医疗保健业和清洁能源市场。中国的市场规模优势使许多工业国艳羡不已，一个企业家曾经说，在中国生产消费品，很容易做到产量世界第一。产量第一不仅意味着规模效益，还意味着有条件把产品线拉得更长，更高程度地满足顾客需要。

第二，中国目前已经形成了一批有比较优势的工业产业，许多有一定科技含量和附加值较高的重要产品的产量已经居世界前列。2012年年底,中国210种重要产品的产量已跃居世界首位,中国制造业产出在全球的比例也已经超过20%。据统计,2010年中国汽车产量1826.47万辆,超过美国,占世界总产量的25%;船舶产量占世界41.9%;工程机械占世界43%。中国还为世界生产了68%的计算机、50%的彩电、65%的冰箱、80%的空调、70%的手机、44%的洗衣机、70%的微波炉和65%的数码相机。除此之外,中国在小家电、家具、玩具、纺织品等传统产品领域继续在世界保持领先地位。

第三,跨国公司的制造环节以惊人的规模和速度向中国转移。在《财富》500强中,已有400多家在中国投资了2000多个项目。包括微软公司、英特尔公司、戴尔公司、摩托罗拉公司、通用汽车公司、三星物产公司、美国电话电报公司和德国西门子公司在内的许多世界知名大公司已经在中国设立了生产制造基地。生产基地的转移将拉动生产服务行业的转移,我们已经注意到,世界上一些顶尖的物流服务公司、金融公司、咨询公司以及研究和开发中心也开始在中国加大了投资。

第四,中国制造业逐步向特定地区集中。同行业企业的集聚使中小企业通过专业化实现成本的进一步降低,使生产规模进一步扩大。这种区域比较优势有可能形成某一行业的世界制造业中心。以华侨大学所在的福建省泉州市丰泽区为例,泉州丰泽区是有名的树脂工艺之乡,据不完全统计,全球有70%的树脂工艺品来自泉州地区,而丰泽区占了泉州52.5%的份额。

近年来,在中国制造业还在高歌猛进之际,我们注意到中国"世界工厂"的地位正受到包括传统制造强国(如美国)、新型经济体(如印度)以及低收入国家(如越南)在内的全世界众多国家的挑战,"中国制造"的地位开始动摇。2008年席卷世界的金融危机使以美国为首的发达国家启动再工业化战略,力图重新振兴实体经济。发达国家掌握先进的科学技术,工业有强大的生产者服务业的支撑,唯一的弱点是劳动力成本较高,但是,以工业机器人、3D打印为标志的新一轮产业革命的到来将会大大提高制造业的劳动生产率,使发达国家制造业的优势重现。印度对中国制造的挑战来自另一个方向,印度和中国都是发展中大国,拥有庞大的国内市场,经济上有很多相似之处,但也有各自不同的比较优势。当前,印度最大的优势来自其人口结构,正当中国大步迈入老龄化社会的时候,印度却有大量的年轻人开始进入劳动大军。联合国预测,2010—2020年间,印度将新增1.2亿劳动人口,而同一时期,中国仅能提供1900万新劳动力,中国曾经的人口红利正在成为人口负债。此外,相对发达的生产者服务业、劳动者运用英语的熟练程度、众多科学和工程人才以及对教育的高度重视也是印度发展制造业的优势。2005年,印度出台了《印度制造业国家战略》,彰显了其打造世界制造业强国的决心。毫无疑问,印度将会首先从具有规模优势的劳动密集型产业对"中国制造"发起冲击。在中国工资成本和生产成本持续攀升的态势下,亚洲、拉美、非洲的一起低收入国家在劳动密集型产业上也开始表现出较强的竞争力。以东盟国家为例,根据英国经济学人智库(EIU)的数据,中国的劳动力成本2000年以来大幅增长近4倍,单位小时劳动成本由2000年的0.6美元增加至2011年的2.9美元,已相当于泰国的1.5倍、菲律宾的2.5倍、印度尼西亚的3.5倍。结果,东盟国家对外资的吸引力开始增强。根据《世界投资报告2012年》可以看到,2011年流入东盟国家的外国直接投资为1170亿美元,比2010年增长26%,而同期中国的增长率只有8%。2000年,全球40%的耐克鞋产自中国,产自越南的只占13%,2009年双方产量各占36%,2010年,越南生产了37%的耐克鞋,而中国的份额下降到了34%,越南已取代中国成为世界最大的耐克鞋生产国。

在当前的条件下，中国要想保持世界制造强国的地位，必须把勇于创新的精神发扬光大，高等院校、科研机构和企业要在研发上开展更紧密的合作，在控制成本的同时不断提高中国制造产品的性能和质量，并且还要在服务方面狠下工夫，打造一批可以让国人引以为豪的世界级品牌。

总之，中国经济不但有耀眼的亮点，也存在许多亟待解决的问题，我国经济和社会生活中比较突出的问题有以下9个方面：①中国经济增长过分依赖于对外出口，人民有效需求增长乏力。人民币外升内贬的走势将不断削弱中国产品在国际市场上的竞争力，出口企业面临严峻考验。②"三农问题"亟待解决。农村、农民和农业问题是一个在我国有着特殊重要性的问题，因为在当前城镇化率的水平上，我国还有6亿人生活在农村，农村隐性失业的问题不仅是经济问题，也是严重的社会政治问题。③中国当前的计划生育政策已经实施了30多年，带来的副作用已开始显现，计划生育政策调整的时间和效果使中国经济未来的发展带有一定的不确定性。④市场经济发育不够充分，生产要素甚至产品在地区和行业间的流动方面有时还存在着人为设置的障碍。⑤我国经济已经显现出过度工业化的症状，这突出地表现为资源能源消耗惊人、环境污染严重、农民工短缺以及大学生就业困难。⑥一个能够维持公正公平的社会秩序的法治体系仍有待建立，政治领域的民主化也需要完善。⑦贫富分化的现象比较严重，改革开放既为我国造就了一批富豪，也在社会上形成了一个低收入的贫困阶层。按照"2012胡润百富榜"，中国1000位上榜富豪的总财富达到了5.5万亿元，相当于当年GDP的九分之一。另一方面，按照我国2011年提高后的贫困标准(农村居民家庭人均纯收入2300元人民币/年)[①]计算，中国还有1.28亿的贫困人口。⑧我国的金融体系十分脆弱，特别是银行体系中巨额不良资产的积累，蕴藏着极大的经济风险。⑨国有经济的改革尚未到位，许多大型国企的运营缺乏效率，仍然要靠国家赋予的垄断地位生存，这限制了相关领域民营经济的发展。中国共产党在2003年十六届三中全会上提出了被概括为"科学发展观"的指导思想，对中国经济社会的发展提出了更高要求，我们希望"科学发展观"的贯彻和落实可以解决以上提到的部分问题。

相对于中国的"世界工厂"，印度正在努力成为"世界的办公室"，两国的策略哪一个更为可取？中国是不是在补工业化的课？美国为什么提出要"再工业化"？

1.1.10 时代前进的动力

一名合格的经理人不仅要了解其所处时代的现状，还必须对它的发展趋势有一个合理的预期，这就要求对引起时代迅速变化的原因有一个基本认识。按照马克思的观点，社会的进步归根结底都是生产力的进步引起的，分析起来，当代社会进步的动力主要源自以下几个方面。

(1) 社会财富的积累。从原始社会末期开始，人类生产的产品在满足最基本的生存需要以外就有了剩余，随之便出现了社会积累，社会积累的出现使人不再满足于生存，而开始追求各方面的发展。随着生产力水平不断的提高，人们不仅能维持更多人口原来的生活水平，还有条件追求更进一步的发展。在发展——积累——发展这一良性循环的作用下，人类社会进步的步伐整体上呈逐步加快的趋势。这一趋势虽然会因政治等因素出现暂时的波折，但加速前进的总趋势却不会以任何人的意志为转移。

---

① 我国的这一标准稍低于当前世界银行采用的每天支出不足1.25美元的贫困线标准。

(2) 信息化的发展。计算机和互联网的出现使人类储存、传递、处理信息的能力大为加强，人类所获得的数据量的爆炸性增长以及对信息控制能力的提高使人类预测、计划、协调、控制、组织的能力大为增强，这不仅使人类因为减少了盲目性和摩擦节约了大量的资源，还使人类能携手从事从前所无法从事的巨型项目。马克思曾经认为不可避免的经济危机可能因信息化的不断发展而被人类所克服。

(3) 经济自由化和经济全球一体化的发展。信息化的发展同时促进了人类相互间更为广泛的交流，人类的理念因为交流而日趋统一，在这种背景下，各个国家曾经为自我保护而在经济领域设立的各种壁垒逐渐失去了存在的必要。因此，各种规模的自由贸易区在不断发展，这种经济自由化的燎原之势使人们看到了世界各国间完全取消关税和非关税壁垒的美好前景。

以上各点是社会发展的潜在动力，这些动力将在长时间内起作用，它们的效果不仅不会消失，反而会日渐增强，所以一个企业必须做好迎接未来将要出现各种变化的准备，从中寻找新的发展机遇。

1.1.11 新时代的营销

时代的变化不可避免地会反映到营销领域，营销人员将在新的环境下，使用新的手段，去实现新的营销目标。

1. 市场的变化

经济的发展和社会的变迁不可避免地要通过市场表现出来，如今的市场无时无刻不在变化当中，市场变化的趋势表现在以下几个方面。

(1) 市场规模的扩大。今天的市场充满活力，市场的总规模在不断地成长，中国的市场尤其如此，中国的经济正处在高速成长时期，多年的增长率都保持在7%以上，人民的购买力大约每10年就会翻一番。对于局部市场而言，信息技术的广泛应用、运输效能的不断提高以及市场自由化程度的提高都使局部市场持续不断地膨胀。市场的扩张给企业发展既带来了机遇又带来了挑战，经济的普遍增长给企业发展创造了很好的外部环境，但同时，在全球经济普遍增长的背景下，如果一家企业的业务不增长，相对其他企业来讲可能就意味着衰退，由此将引发企业竞争力的下降。需要注意的是，随着市场规模的扩大和居民可支配收入的提高，市场需求的结构会不断改变，对一些产品的需求会增长强劲，对另一些产品的需求可能会保持不变，而对一些产品的需求还会逐步减少。所以一个企业要想持续发展，成为长盛不衰的百年老店，就需要对市场变化的趋势进行不断的跟踪，并加强企业学习和创新的能力。

(2) 市场提供物更为多样。首先，随着市场规模的扩大，产品的品种会不断增多，因为经济学分析的结论告诉我们，一个大的市场有条件支持更深入的分工。例如，在小的市场上，普通的外科医生可能会做所有类型的外科手术，但在大的市场上，则会分化出心外科、脑外科等专门的外科医生。在小的市场上，婴儿的纸尿裤可能不分性别，但在大的市场上，就会出现分性别使用的婴儿纸尿裤。从营销学的角度讲，大的市场可以划分出更多的具有经济价值的细分市场，每个细分市场都有着不尽相同的需求。其次，在生产力高度发达的消费社会中，人们开始重视商品使用价值以外的符号价值，对个性化消费的追求会促使市场提供物的多样化。最后，改革开放以来，我国贫富分化日益明显，甚至超过了许多资本主义国家的贫富分化水平，社会的多层化催生出远比从前为多的细分市场。据有关研究，在改革之初，中国的基尼系数只有0.23，到20世纪90年代初期刚刚超过0.3，而2007年已达到0.49。与此相比，美国20世纪70年代为0.36，90年代初期才超过0.4，90年代末期才达到0.45，而在这个水平，美国只占5%的少数富人已经集中了三分之二以上的社会财富。贫富差距拉大会引起一系列的社会问题，但它对市场经济也会产生积极影响。全球第二大市场调研和咨询公司索福瑞集团(Taylor Nelson Sofres，TNS)在2011年所做的一项调查显示，除住房之外可支配资产超过10万美元的家庭数量在中国大约有300万户左右，已经超过了英国、德国和法国。这些高收入家庭拉动了中国对汽车、住宅和品牌产品的消费，使中国的产业不断升级，由此看出"让一部分人先富起来"口号的远见卓识之所在。经济自由化和全球经济一体化的发展将使企业面对比原来更大的市场，所以企业必须调整自己的产品，使产品更具特色。

(3) 市场竞争更趋激烈。自由化和全球经济一体化的发展把企业投进了更大的市场，也使企业面临比从前更激烈的竞争，从前靠特殊政策和特定的地理位置维持生计的企业的生存将受到威胁。中国的企业尤其要提高忧患意识，应始终记得竞争对手中既有财大气粗的跨国公司，也有富于进取精神和创新意识的新生企业，面对竞争必须发展自己企业的核心竞争优势，中国企业在一定时期靠廉价的劳动力在国际市场上取得了一定成绩，但这一优势在逐步消失，最可靠的竞争力还是员工的素质和创新的能力。

(4) 消费者行为出现变化。随着社会的发展，新一代的消费者日渐成长起来，他们的价值观同老一代人有许多差异，许多年轻人开始重视商品的符号价值。作为个人，管理者当然可以对这种变化持不同的看法，甚至还可以抱怨世风日下，但在商言商，管理者必须要正视现实，重视年轻人的追求，当然对于一些不健康的要求，管理者也不能一味迎合，因为企业还需要承担相应的社会责任，这样我们的社会才会越来越美好。

2. 营销的变化

市场变化了，那么满足市场需求的方法也必须改变，营销上的变化表现在以下几个层次。

1) 理论层次

市场营销学自创立以来从来没有停止过理论创新，几乎每个年代都会出现好几个重大的理论创新，并且20世纪后期营销理论创新的一个新特点是理论和实践轮番领跑。有时候营销理论比较超前，现实中却因为缺乏必要的技术而无法将其付诸实施；有时候实践又比较超前，现行理论对实践中出现的一些新做法的合理性无法做出满意的回答。目前对营销实践影响最大的两个营销理论当数整合营销传播理论和关系营销理论，在今天从事营销必须熟悉和掌握这两个理论。

2) 战略管理层次

随着营销理论的日渐完善和计算技术的不断发展，用于营销管理的模型越来越具有可操作性，信息技术也使营销决策支持系统的使用日渐广泛。在这一背景下，营销管理方面出现的一个趋势就是管理决策更加科学，经验在营销管理中的作用日趋减少，新知识在同老经验的竞争中开始占据上风。与此同时，管理的一些新理念也进入营销管理领域，如知识管理的理念，知识管理的一个重要对象是公司拥有的客户资源，如何对其进行有效管理、发挥这一资源的最大效益是目前营销管理必须重视的一个问题。

3) 运作层次

营销技术和手段的进步使完成各营销任务的方法有了更多的选择，营销人员必须了解和掌握这些技术手段,才可以更快、更好、更省地完成特定的营销任务。例如,在传统市场上,市场价格调查是一件费时费力的工作,但在网上,要调查某类产品的价格可以说是轻而易举,网络营销人员可以借助比较购物代理或者搜索引擎在瞬间完成。另外,项目管理方法的引入有望提高网络营销项目实施的成功率。

正如斯坦福大学的沃德·汉森(Ward Hanson)在他所著的《网络营销原理》所说:"这是研究市场营销的一个伟大的时代。革命并不经常发生,而即使发生了也未必会创造一个产品更精美、顾客更满意、公司更赚钱的世界。但这恰好就是正在发生的事,就在眼前,在网上。"

网络营销概述

1.2.1 网络营销的概念

随着企业网络营销和电子商务实践的发展和人们对相关理论研究的逐步深入,人们对网络营销的认识也日趋深入。但是,迄今为止,人们在网络营销的概念上仍然存在着分歧,因为网络营销的定义需要建立在对营销概念达成共识的基础上,所以以下将从几个最有代表性的营销定义入手,随后将考察几个当前国内外出现的较新的网络营销定义,最后将在前人研究的基础上提出本书采用的一个定义。

1. 营销的概念

菲利普·科特勒的《营销管理》和杰罗姆·麦卡锡(Jerome McCarthy)的《基础营销学》是当今世界上流传最广的两本营销学教科书,而美国营销协会则是世界上最大的营销学专业团体,我们看一下他们给营销下的定义。

菲利普·科特勒(2003):从社会角度看,营销是个人和组织通过生产、供应以及与他人自由交换有价值的商品和服务来取得他们所需之物的社会过程。

杰罗姆·麦卡锡(2002):微营销(micro-marketing)是通过预测顾客需求,引导可以满足需求的商品和服务从生产商流向顾客来实现组织目标的活动;宏营销(macro-marketing)是在一个经济体中引导商品和服务从生产商流向顾客,从而有效地撮合供求达成社会目标的社会过程。

美国营销协会:从管理角度看,营销(管理)是为达成满足个人或组织目标的交换所做的创意、商品和服务的构想、定价、促销以及分销的计划和执行的过程。

我们看到,营销的概念有微观和宏观之分,微观上的定义就是我们通常所理解的营销管理的概念,强调营销活动的具体环节,而宏观上的定义则从整体上阐述了营销所承担的社会功能。除了以上三种定义,还有两段话被营销教科书广泛引用,其中之一是彼德·德鲁克(Peter Drucker)对营销目的的阐述,即"营销的目的在于深刻地认识和了解顾客,从而使产品或服务完全适合顾客的需要而形成产品的自我销售。理想的营销会产生一个已经准备来购买的顾客。剩下的事就是如何便于顾客得到这些产品或服务",这段话揭示了营销和推销的区别;另一段话被认为是营销的一个最简短的定义:"营销就是有利益地满足顾客的需要",这一定义是由菲利普·科特勒给出的,它极其精练地概括了营销对顾客和对企业的功能。

2. 网络营销的概念

以下是从当前流行的网络营销教科书中找到的几种网络营销的定义。

杨坚争(2002)：网络营销是借助于互联网完成一系列营销环节以达到营销目标的过程。

姜旭平(2007)：从理论和一般意义上讲，网络营销是企业利用当代网络环境来展开的各类营销活动，是传统市场营销在网络时代的延伸和发展。从实践和具体操作上，网络营销是企业利用当代网络技术来整合多种媒体，实现营销传播的方法、策略和过程。

冯英健(2007)：网络营销是企业整体营销战略的一个组成部分，是为实现企业总体经营目标所进行的，以互联网为基本手段营造网上经营环境的各种活动。所谓网上经营环境，是指企业内部和外部与开展网上经营活动相关的环境，包括网站本身、顾客、网络服务商、合作伙伴、供应商、销售商、相关行业的网络环境等。

以上定义虽然都强调了互联网在网络营销中不可或缺的作用，但也各有特色：杨坚争的定义言简意赅，但过于依赖营销的定义，要以读者对营销的环节和目标有清楚的认识为前提；姜旭平和冯英健的定义则强调了企业的营销，无形中将企业之外的营销活动排除在外。

我在前人工作的基础上提出了网络营销的以下定义。

简单地说，网络营销就是用互联网在更大程度上更有利润地满足顾客需求的过程。一个更严格的定义则是：网络营销是依托网络工具和网上资源开展的市场营销活动，是将传统的营销原理和互联网特有的互动能力相结合的营销方式，它既包括在网上针对网络虚拟市场开展的营销活动，也包括在网上开展的服务于传统有形市场的营销活动，还包括在网下以传统手段开展的服务于网络虚拟市场的营销活动。

在国外，同网络营销相关的表达有许多种，如电子化营销(electronic marketing)、数字化营销(digital marketing)、互联网营销(Internet marketing)、万维网营销(Web marketing)、在线营销(online marketing)、虚拟营销(cybermarketing)等，虽然这些近义词经常被人们交替使用，但实际上它们之间存在着差别。电子化营销和数字化营销的意义较其他术语更为广泛，它不仅把互联网作为营销的手段，还强调EDI技术、条形码技术和无线上网技术的应用。这些术语经常可以混用的原因是，互联网营销是电子化营销的一个最重要的子集，而万维网营销又是互联网营销中最重要的一个子集。在线营销和虚拟营销一般特指在线销售，应该与其他几个概念区分开来。准确地说，本书讨论的网络营销基本上属于互联网营销，因为作为电子化营销的核心内容，互联网营销的范围大小比较适中。

值得强调的一点是，像市场营销一样，网络营销的主体并不局限于企业，市场营销在企业之外也有着极其成功的应用，包括人物营销、地方营销、理念营销(cause marketing，又称善因营销)、事件营销以及非营利组织营销。网络营销在所有这些非传统营销领域都大有用武之地，由此派生出人物网络营销、地方网络营销、理念网络营销、事件网络营销以及非营利组织网络营销这样的网络营销分支。本书讨论的重点是企业网络营销，但对企业外的网络营销也有涉及，在本书最后，我们还将特别介绍互联网在地方营销上的一个应用——城市网络营销。

在全面讨论网络营销之前，我们先看一个非常简单的例子。在美国，一个装修工可以给servicemagic.com(见图1-1)支付99美元注册成会员，这样，他就可以从该网站取得工程订单。实际上，加入到该网站的专业装修工、家电维修工、钟点工等已经超过了45 000人，这些人每月可以得到10万次询盘，据统计，注册成为该网站会员可以使专业工人每年的业务量增长28%。

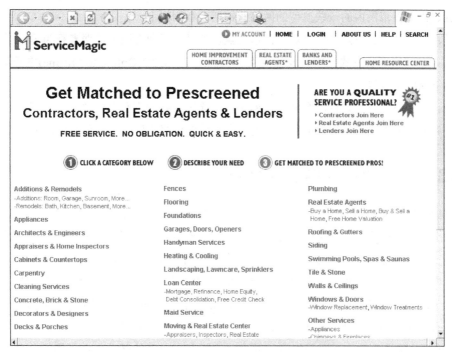

图1-1　www.servicemagic.com的主页

在上面的例子中，装修工在注册成ServiceMagic会员时就已经在从事网络营销了，这名装修工可以没有自己的网站，甚至连自己的电子信箱也可以没有。不过，一般而言，网络营销要比这复杂一些。

1.2.2　网络营销的范围

正如营销不同于销售一样，网络营销也并非是网上销售的同义词。因为企业的目标市场可以划分为传统有形市场和网络虚拟市场两块阵地，而企业的营销手段也可以分为传统的营销手段和基于互联网的营销手段，我们可以根据由此产生的4种不同组合将网络营销的范围表示出来(见表1-6)。

从表1-6看到，网络营销的范围涵盖了区域Ⅱ、Ⅲ和Ⅳ，常见的问题是将网络营销理解成纯网络营销(区域Ⅳ)，这种狭义的理解不仅会限制网络营销的施展空间，影响网络营销同传统营销的整合，而且还会引起许多中小企业对网络营销的误解，以为网络营销是大企业和网络企业的专利。被标注为部分网络营销的两个区域实际上是网络营销与传统营销相连接的过渡部分，这两个部分不仅从量上要超过纯网络营销，而且处理起来也更有难度，所以部分网络营销是网络营销研究不容忽视的重要领域。

表1-6　网络营销的范围

营销	市场	传统有形市场	网络虚拟市场
网下		(区域Ⅰ) 传统市场营销	(区域Ⅱ) 部分网络营销
网上		(区域Ⅲ) 部分网络营销	(区域Ⅳ) 纯网络营销

区域Ⅱ、Ⅲ和Ⅳ范围内的一些典型的网络营销活动举例如下。

区域Ⅱ：以传统广告方式推广企业的营销站点、通过电话调查网上消费者行为等。

区域Ⅲ：以网络广告方式推广企业在网下经营的产品、O2O(Online to Offline)电子商务、通过网络调查网下品牌形象等。

区域Ⅳ：以网络广告方式推广企业的营销站点、通过网络调查网上消费者行为等。

以上是针对企业网络营销所做的划分，对于非传统的网络营销也可以做类似的分析。

1.2.3 网络营销的内容和体系

根据以上对网络营销的理解，将网络营销的主要内容框架勾勒如下。

(1) 网络营销的决策支持系统和网络市场调研。电子商务为营销决策提供了强有力的支持，网络营销决策支持系统包括内部记录系统、营销环境监测系统和网络市场调研3个子系统。其中网络市场调研以网上调查为主，但也包括在网下展开的对网络虚拟市场特征的调查以及为提高网上调查可靠性在网下所作的辅助性的调查。随着网上调查结果可靠性的提高，网上调查会成为市场调查的重要手段。有专家预测，在10～20年以内，网上调查将会占据市场调查的半壁河山。

(2) 无网站的网络营销。开展网络营销并非一定要拥有自己的网站，在无网站的条件下，企业也可以开展卓有成效的网络营销。无网站网络营销的主要手段有电子邮件营销、社会媒体营销和虚拟社区营销。

(3) 基于网站的网络营销。这是网络营销的主体，主要问题是网站的规划、建设、维护、推广以及与其他营销方法的整合问题。如果是电子商务型网站，基于网站的网络营销还会涉及产品、价格、渠道和促销等传统营销要考虑的各类问题。

(4) 网络营销传播。包括网络广告和网络公共关系。网络营销传播是网络营销对营销最大的贡献，企业可以运用网站、电子邮件、论坛、网络寻呼等技术有针对性地同网络用户建立双向的传播渠道，在宣传企业及其产品和服务的同时，也听到外部利益相关者的声音。

(5) 网络营销的伦理问题。网络营销的开展为传统的营销伦理学提出了许多新问题，研究这些问题对于企业制定恰当的网络营销战略并以此获得竞争优势有重要意义，本书将用一章的篇幅来讨论网络营销伦理问题的范围及网络营销伦理战略的运用。

(6) 网络营销的特殊问题。我们还将有选择地考察企业开展网络营销时可能会碰到的一些特殊问题，包括企业间的网络营销、服务的网络营销、全球网络营销和中小企业的网络营销。

(7) 非传统的网络营销。非传统的网络营销泛指互联网在包括人物营销、地方营销、理念营销、事件营销和非营利组织营销中的应用，本书会选择地方营销中的城市营销来进行讨论。

在网络营销体系如何构建方面，存在两种相互竞争的观点。一种观点是沿袭市场营销自20世纪60年代以来的以4P为主线安排内容的体系，一种观点是围绕互联网对网络营销活动的介入程度和方式来架构体系。前者的优点是结构比较严谨，容易为熟悉传统市场营销体系的人所接受；问题是互联网对4P的影响有深有浅，差别很大，所以以4P来展开内容会显得各部分轻重不协调。后者的优点则是抓住了网络营销与传统营销的差别，各部分较为平衡，但有一些细节问题难以妥帖处理。从实际效果上看，网络营销管理适合采用前一种体系，而网络营销实务则最好采用后一体系。当前我国流行的网络营销著作大多采用第一种路线，而国外著作两条路线几乎平分秋色，但似乎后一体系稍占上风。本书因为在论述理论和管理问题的同时，较多地涉及了实际操作问题，所以在内容安排上采用了第二种结构。

另外，同市场营销一样，网络营销活动也可以划分为三个层次：战略层次、管理层次和运作层次。

战略性的问题是最高层次的问题，它决定公司努力的方向。例如，公司在营销领域应该如何迎接电子商务的挑战？要不要改变现有的产品线？要不要改变现有的销售方式？要不要进入新的市场？

管理层次的问题居于中间层次，它关心如何实现公司选定的目标。例如，公司应该采取什么策略进入特定的市场？网络广告要不要委托专门的广告公司？

运作层次则关心具体操作中的一切细节问题的解决。例如，哪个销售代表负责同哪几个重点客户联系？调查数据的具体采集方案等。

本书对以上三个层次的问题都有涉及，其中基础篇主要侧重于战略问题的解决，该部分通过对当今市场营销环境的解读和基础理论的阐述帮助读者发展审时度势、运筹帷幄的洞察力；方法篇则涉及了网络营销实务的方方面面，重点是运作层次的方法和技巧，也包含了一些营销管理的内容；应用篇主要关心的是管理层次上的问题，该部分运用大量实例说明了如何把网络营销的理论和方法运用到各种不同的场合。

1.2.4 网络营销的特点

网络营销具有以下优点。

(1) 着眼于新生的网络虚拟市场。同传统的有形市场相比，虚拟市场有以下优势：在撮合买卖上有更高的效率，从而可以大幅降低交易成本；同时，虚拟市场上的商品种类远超出传统的有形市场，所以虚拟市场更加繁荣；虚拟市场的消费者可以随时随地订货，所以购物更加方便；对容易配送的商品，如数字产品和某些服务，买卖双方还可以突破距离的限制在网上直接完成交易的全过程。因此，虚拟市场是一个高速成长的市场，它不但从有形市场上抢夺份额，而且还能满足有形市场无法满足的消费者需求。网络营销的一个重要阵地就是正在高速成长的虚拟市场，因此有着良好的发展前景。

(2) 依托互联网的资源和技术优势。互联网上有着无尽的信息资源，其中相当一部分还是免费向公众开放的。利用搜索引擎等信息服务，企业可以迅速地从互联网上找出有商业价值的信息，从中发现新的市场机会。除了信息资源，互联网上的资源还包括丰富的人力资源和计算机资源，企业可以让这些资源为自己所用，建立自己的竞争优势。另一方面，互联网还是一种新型媒体，利用它可以实现同互联网用户的高效沟通，这种沟通方式被专家们称为非线性沟通和多对多沟通。当然对商业利用而言非常重要的一点是，互联网通信的费用较传统的通信方式大为降低，这在远距离通信的情况下表现得更为突出。借助互联网的资源和技术优势，网络营销可以实现多种营销方式的创新，如一对一营销。

(3) 吸收了营销理论的最新成果。营销理论的最新发展为网络营销的实际运用指明了方向，如服务营销理论使网络营销者认识到服务的特殊性，全球营销理论则为网络营销者考虑商业网站在全球范围的效果提供了框架。互联网技术的运用使一些原本超前的营销理论切实可行，例如，关系营销理论使用传统的营销手段可能很难实施，而网络营销则普遍采用了顾客关系管理的技术和理念。

网络营销除了具有以上优点之外，至少在目前以及可以预见的未来还具有以下局限性。

(1) 网络营销伦理还有待完善。网络营销的许多活动要远程进行，所以必须要建立诚信的市场环境，而这需要从制度上来保证，同法律规范相比，营销伦理是更重要的制度保证。

(2) 电子商务法制有待健全。尽管要保持电子商务市场的活力，尽可能地提倡行业自律，减少政府的干预。但现实中网络犯罪仍然很猖獗，如果不从法制上对这些违法行为进行打击，虚拟市场的正常秩序就无法保障。

应该承认，随着我国社会经济的不断发展，中国网络营销的环境不断在改善，为网络营销的发展创造了广阔的空间。

1.2.5 网络营销与相关概念的关系

1. 同电子商务的区别和联系

经常会有一些人错误地以为网络营销是电子商务的初级阶段，这些人显然把网络营销理解成了利用网站来开展宣传或者销售。其实，网络营销与电子商务的关系大体上类似于市场营销和企业管理的关系，网络营销并非是电子商务的一个阶段，而是一个组成部分，并且是非常重要的一个组成部分。

因为当今的企业经营活动是市场导向的，越来越多的企业开始了全程营销或者全员营销，这一倾向模糊了营销和管理的界限。不过，某些专门的经营活动虽然和营销关系密切，但在习惯上仍然不被包括在营销的范围之内，如人力资源管理、财务管理、战略管理、物流管理等。

2. 同市场营销的区别和联系

网络营销是市场营销这一企业管理领域的一个有机组成部分，虽然它的地位会逐步上升，但一些传统的营销方式却将会与它长期共存，正如虽然电子邮件在不断排挤传统邮件的使用范围，但两者仍将长期共存一样。

实际上，虽然有人将我们的时代称为网络社会，但我们的许多活动仍要在真实的世界发生，许多市场行为仍要在传统的市场上进行。所以，网络营销永远也不会取代传统的营销，市场营销永远都会包含比网络营销更丰富的内容。网络营销不应该同市场营销割裂开，因为离开了传统营销配合的网络营销还不如离开了网络营销的传统营销。

3. 同电子政府的关系

电子虚拟市场是企业开展网络营销的主要阵地，而电子政府在虚拟市场上扮演着极其重要的角色。

首先，电子政府是虚拟市场的高效管理者。虚拟市场也像传统有形市场一样存在着市场失效问题，而放任市场失效将会导致社会资源的不良配置，因此政府需要通过颁布行政法规和颁发许可证等手段来纠正市场失效的问题。虚拟市场上依然存在着侵害消费者权益的商业行为，例如，美国在线(American Online, Inc.)在1996—1998年间就曾3次被消费者推上法庭，3次事件累计损失达3400万美元。美国著名经济学家、2008年诺贝尔经济学奖得主保罗·克鲁格曼(Paul Krugman)曾尖锐地指出："信息时代已经失去了它的纯真；它成了大生意，它的隐含规则实际上鼓励了像价格歧视和掠夺这样有害社会的行为。"电子政府对虚拟市场的规范有三方面的目的：保护公司不受不公平的竞争；保护消费者不受不正当商业行为的损害；保护社会利益不受失去约束的商业行为的损害。传统的政府因为置身于虚拟市场之外，很难针对虚拟市场的特殊情况进行有效的管理。例如，武装警察在地面上是威武之师，但在网络上却无从施展，为了打击网络经济犯罪，维护虚拟市场正常经营秩序，就需要建立起高效率的网络警察队伍。由此可见，电子政府的构建在保证虚拟市场的运行效率方面发挥着重要作用。

其次，电子政府是虚拟市场的重要参与者。一方面，电子政府是虚拟市场上的最大买家。电子商务专家温斯顿(Andre Whinston)曾指出："G-to-B(政府对企业)的市场会变得非常巨大。就拿政府采购来说，在网上就可完成向合同商拍卖程序，进行产品开发、交货，甚至可以完成航天企业与国防部之间搭卖产品的关联交易。政府采购可能成为世界上最大的电子商务市场。"美国政府联邦预算管理局在2001年10月提出"联邦电子政务预算"，规定联邦政府各部门凡2.5万美元以上的项目采购，必须使用联邦政府统一的电子采购门户平台，并逐步使电子采购成为联邦政府采购标准，到2010年以前政府会把绝大多数业务和交易搬上网。其他国家也把政府采购网络化作为其构建电子政府的突破口，因为电子政务的开展，并非要靠花哨的"面子工程"来捞取政绩，而是要给纳税人带来实实在在的好处，而网络采购恰好能够明显地(幅度达10%～20%)节省采购成本，从而先得到纳税人的全力支持，为电子政府的进一步开展创造条件。在当前世界经济总体低迷的态势下，全球采购(指非企业行为的"官方采购"，如联合国、各种国际组织、各国政府等机构，为履行公共职能，使用公共性资金对货物、工程和服务的采购)市场却能保持7%至8%的年增长率，2011年的采购量已高达6万亿美元，在未来几年，这些采购的大部分都将在虚拟市场上进行。自《中华人民共和国政府采购法》(以下简称《政府采购法》)2002年颁布以来，我国政府采购规模不断扩大，到2011年已经达到11 332.5亿元，约占当年全国GDP的2.4%，占全国财政支出的11%，加上教育、卫生、保障性住房以及铁路、交通、能源等，则超过5万亿元，成为全球最大公共采购市场。根据《政府采购法》，我国将逐步实现政府采购的网络化，以政府采购带动中国电子商务市场。另一方面，电子政府还是虚拟市场上重要的服务提供者。我国政府部门掌握着社会资源中80%有价值的信息以及3000多个信息数据库，但其中大部分信息资源长期得不到充分利用，大部分数据库也"深藏闺中"，没有在市场上发挥应有的增值作用。与此同时，我国的信息市场长期处于混乱状态，垃圾信息、失真信息随处可见。这种局面将随着电子政务的实施而彻底转变。作为虚拟市场上最大的信息提供商，电子政府将为社会提供丰富、快捷、可靠、经济的相关市场信息，推进社会经济的全面发展。电子政府不仅为虚拟市场提供信息服务，而且还是最适合的信用提供商。市场经济的本质是信用经济，虚拟市场上信用尤为重要，政府可以利用自己的各种公共资源为虚拟市场提供信用服务，例如对市场参与者的资质进行认证，促进网上信用经济的建立等。此外，电子政府还为虚拟市场提供治安服务，打击各种网络犯罪，保障网上交易的顺利进行。

电子政府将对企业网络营销会产生以下影响。

首先，电子政府通过巨额的网上采购大大增强了虚拟市场的吸引力。电子政府的网上采购显著扩大了虚拟市场的规模，政府的买单会吸引众多供应商参与网上市场，供应商的聚集丰富了虚拟市场上的商品供应，进而吸引众多采购商的加入，引发聚敛虚拟市场人气的良性循环，最终形成虚拟市场的需求方规模经济。另外，政府采购项目往往对本国企业尤其是本国的中小企业有特殊的优惠政策，这对国内中小企业上网更是一个促进。

其次，电子政府在网上提供的各种服务降低了网络营销的成本和难度。电子政府作为政府在虚拟空间上的延伸，不仅信誉好，服务的质量高，而且电子政府在网上提供的各种服务通常免费或者只象征性地收取部分费用，这对网络营销企业极其可贵。在信息过载问题严重的今天，企业要想获得高质量的信息十分不易，电子政府作为信息服务提供者的介入在很大程度上解决了这一问题。现在上网企业通过电子政府提供的资源可以很容易地获取宏观经济运行、国际贸易机会等商情信息。不仅如此，政府的工商管理部门在实施电子政务推进信息化建设时，还会对企业上网在技术和人员培训方面提供支持，这些无疑会降低企业上网开展营销的成本和难度，推动企业上网。

再次，电子政府为企业网络营销创造了良好的市场环境。互联网本来是一个无须集中管理的自由开放的交互式信息平台，但互联网的商业化使现实世界中一些不道德的甚至是违法的行为渗透到网上，结果网上侵权、网络犯罪事件屡屡发生，使在虚拟市场上合法经营的企业和广大消费者心有余悸，影响了虚拟市场的健康发展。在这一背景下，针对电子商务进行立法并通过电子公安在网上打击犯罪就十分必要，电子公安为企业开展网络营销创造了良好的软环境，对吸引企业上网必将起到积极的作用。另外，电子政府本身的需求也对电子商务法规的完善起到了巨大的推动作用，例如，我国一部重要的电子商务法规《中华人民共和国电子签名法》就是在电子政府的有力推动下才得以快速出台的。

最后，电子政府通过示范工程增进了社会对电子商务和网络营销的认识。电子商务出现的时间还不长，受过正规电子商务教育的人才还非常缺乏，企业对电子商务的认识大多来自媒体的宣传报道，而一些媒体的失实报道或夸大宣传客观上造成了许多企业对网络营销的误解。在一些企业眼里，网络营销就是亚马逊书店的股市神话，在另一些企业眼里，网络营销就是建立企业网站。如果这些误解继续下去，势必会给企业成功实施网络营销战略带来不良影响，幸而，企业上网示范工程是工商管理部门实施电子政务的一个组成部分，通过政府示范，企业和消费者对电子商务和网络营销有了更深入的理解，这势必会对企业网络营销的成功开展产生积极影响。

● 1.2.6 关于网络营销的误解

在电子商务的诸多分支中，网络营销可谓是误解最多的一个领域。这一现象说明网络营销的理论还有待深入研究，实践方面的好的经验还有待积累，同时也说明了网络营销教育的重要性。在这里，我仅仅收录了一些流传最广并且影响最坏的有关网络营销的误解。

1. 误解一：网络营销不需要专门的研究和学习

这一见解实际上是在否认网络营销作为一门学科存在的合理性，这一误解的根源可能出自以下观察，即目前我国从事营销的人员背景非常复杂，最成功的营销人员并不一定是营销专业科班出身。实际上，我国营销人员背景五花八门的原因是营销专业科班出身的人员供不应求，非科班出身的人员也可以在营销领域成功的原因则应该归结为市场的不成熟和可能会影响市场竞争成败的偶然因素。正如许多成熟的学科一样，网络营销学科也凝聚着前人大量的心血，有些结论是前人付出了惨重的代价才得到的，如果对这些成果不闻不问，而凭主观想象，靠临时拍脑袋找灵感，则势必会在实践中走弯路，甚至一败涂地。

一些人可能认为营销知识属于软的知识，营销工作人人都可以做。的确，营销工作人人都可以做，不过工作的效果可能会有天壤之别。这好比下围棋，人人都懂得走棋，不过专家和新手行棋的位置、先后顺序会有不同，所以每步棋的效力也就不同，那么最终胜负就不同。网络营销中的一些决策实际是很微妙的，例如，同样是在网上卖书，为什么Books、Amazon和Barnes & Noble的发展却完全不同？毫无疑问，研究这些案例将会提高网络营销决策的能力。

2. 误解二：快鱼吃慢鱼

达尔文提出了适者生存的学说，一些网络公司由此受到启发提出了快者生存的新见解，遗憾的是，和达尔文同义反复的论断不同，这一见解是可以被证伪的。实际上，在虚拟市场先发优势固然明显，但后发优势也同样不容忽视。既然有两种力量在起作用，那么到底要先发还是后发，那就要具体问题具体分析，根本就不存在一个绝对的准则。实际上，Barnes & Noble对Books的兼并就是慢鱼吃快鱼的经典案例，国内赢海威公司的悲壮历史也值得持这一观点的人坐下来认真研究。

3. 误解三：赢家通吃

这一观点强调了网络效应下规模效益的重要性，但是规模效益也只能在一定范围内表现出来，超出了这一范围，就可能显现出规模不经济。因为反托拉斯法可能会容许在规模优势明显的产业形成垄断，所以我们这里姑且不去讨论赢家通吃是否合法的问题。但即使从纯经济的观点看，网络时代的公司依然有它的边界，而且纵使不断有大型的并购案在吸引人们的目光，企业通过将非核心业务外包以达到瘦身目标的趋势也从来没有停止过。实际上，随着市场规模的不断扩大，细分市场也会越来越多，小的公司在小的细分市场上完全可以同大公司竞争并且获得竞争优势。所以说，有一点在将来还会像从前一样，就是小公司仍然会有它生存和发展的空间。强者恒强只能是现在强者的一个不切实际的梦想，一般而言，小公司在创新意识上要领先于大公司，这会对大公司造成真正的威胁。

4. 误解四：中介将会消失

中介会消失的观点源自一些人以为中介机构除了传递信息外不能创造任何价值的偏见，"互联网经济是直接经济"就是持这种看法的人的一个口号。实际上，中介对交易的发生提供多重的支持功能，如提供信用认证和担保的功能，中介存在的理由就是他们会降低市场上的交易费用而不是增加。即便是主要从事分销的中间商也不会消失，因为从电子商务的角度考虑，信息技术可以很方便地实现制造商到客户间信息的直接传递，但物流却不能缺少一个支持的网络，靠制造商包揽全部物流活动不仅是不现实的，而且还是不经济的。因此，网络营销的渠道职能通常只能作为传统渠道的一个补充来发挥作用，许多制造商甚至为了避免与传统渠道发生冲突宁可放弃网上直销渠道。所以网络营销的出现和发展不仅没有消灭中介，而且还产生出更多的中介，如认证机构、搜索引擎提供商、电子货币提供商等。需要指出的是，从经济学的观点来考虑，中介的增加并不意味着交易费用的增加，相反，满足市场需求出现的中介一定是有助于整体交易费用的减少，否则，中介就不可能出现。

5. 误解五：虚拟市场的竞争会引发残酷的价格战

许多人认为，虚拟市场较传统市场是一个更完备的市场，因为搜索成本的降低，供应商之间的价格竞争会导致供应商利润空间日趋缩小。实际上，虚拟市场的价格离散程度比传统市场更大，原因是虚拟市场上人们要考虑更多的价格以外的因素，如商家的可靠程度。顾客更换供应商绝非像某些人想象的那样只需点击一下鼠标，而是存在可观的转换成本，他们需要把自己的支付信息在一条并不熟悉的通路上传递，这其中隐藏着风险。因为，虚拟市场的进入成本很低，所以该市场上的商家资质良莠不齐，这里，商家的品牌将发挥更大的作用，可靠的品牌当然就可以得到更高的溢价。

除了上面谈到的五种误解外，还有很多其他误解的例子，因为篇幅关系，这里不再罗列，不过读者可以自己考虑以下见解的正确性。

考虑以下见解是否正确，理由何在？

见解1：网络营销可以把任何公司的市场扩展到全球。

见解2：网络商店的经营能比传统商店的经营节省大量费用。

见解3：互联网时代的经济规律会发生改变。

● 1.2.7 修炼网络营销的方法

网络营销是一个发展变化很快的学科，所以必须不断学习才有可能跟上时代前进的步伐。根据网络营销的学科特点，学习网络营销必须抓住以下6个环节。

(1) 要多读经典的营销学论著，提高理论修养，这样可以提高适应环境变化的能力。要坚决反对将营销和网络割裂开的做法，网络营销归根结底还是营销。网络营销领域至今尚未形成公认的传世之作，在这种背景下，更应该将主要精力放在阅读营销学论著上。本书每章之后都向读者推荐了一些参考书，这些书中不乏经典之作，希望读者能有选择地阅读其中的几种。

(2) 要多上网，特别是要经常光顾世界上网络营销做得最好的公司网站和一些营销咨询公司的网站。上网时不仅要留意最新出现的网络营销方法和技巧，对可行的方法择善而从；还要留意最新调查研究获得的数据，了解网络营销环境的实际状况。此外，还可以订阅相关的电子刊物，通过RSS订阅网络营销方面的网志和新闻，关注一些网络营销专家或者机构的微博，从中了解网络营销的最新发展。本书中收录了大量的网站、网址，其中的每一个都值得读者去访问和研究。

(3) 要多参加实践。在课本之外要有选择地阅读一些实务操作指导类型的网络营销书，并按照书上的指导上网实际操练。在条件许可的情况下还可以参与实际的网络营销实践，如在淘宝商城开一家网店，进行实战演练，进一步提高自身的实务操作能力。提高操作能力的最好方法莫过于亲自参与实践，从做中学。

(4) 要多与同行交流。闻道有先后，术业有专攻，多与同行交流是增长见识、提高才干的好方法。与同行交流的机会很多，如参加学术会议或者培训班，虚拟社区也为我们提供了接触更多同行的机会。

(5) 要多读实际案例，通过研读案例开阔自己的视野，体会现实营销问题的复杂性，积累营销的间接经验。有价值的案例既包括国外知名公司的案例，也包括国内同类公司的典型案例。本书收录有大量的案例，但案例研究是多多益善，希望读者能举一反三，主动去涉猎更多的案例。

(6) 要多涉猎相关学科的知识。营销学和电子商务本身都是交叉性很强的学科，而网络营销的交叉性又较它们更强，它需要从管理信息系统、企业管理、管理会计、互联网地理学(Internet geography)、经济学、社会学、心理学、计算机科学、伦理学等众多学科中不断汲取养分才能发展。广泛涉猎这些外围学科，对在网络营销领域作出创新性的成果会有很好的启发作用。

新浪微博(www.weibo.com)是目前国内最有影响力的社会媒体，为了与读者互动，作者特地为本书在新浪微博上开通了专门的微博账号以及同名微群：网络营销导论。注册并登录自己的新浪微博账号，关注@网络营销导论(weibo.com/emarketing123)，同时加入新浪微群——网络营销导论，查看本书的最新更新，参与网络营销的探讨，体验微博营销的魅力。

1.2.8 网络营销的职业前景

近年来,随着互联网经济的不断发展,电子商务日益成为商务的日常运作模式,企业对网络营销专业人员的需求畅旺,各种网络营销岗位也成为了时下人才市场上的热门岗位。中国社会科学院发布的《2011社会蓝皮书》预测,网络营销岗位在待遇和发展前景上绝不逊于公务员,并将成为未来10年最火爆的岗位之一。

网络营销人员的就职岗位可以分为技术、市场、运营以及销售与服务四类,各类中又包含有若干不同的岗位(见表1-7)。

表1-7 网络营销岗位分布

技术类	市场类	运营类	销售/服务类
网站模板/网页设计	网站推广	网络渠道	网上/网络业务代表
搜索引擎优化(SEO)	网站策划	网络商务拓展	网上/网络销售
搜索引擎营销(SEM)	策略/分析	网站维护/管理	网站/网络商务
		网站策划/文案	网站/网络客服

根据前程无忧和百度公司在2012年7月联合发布的《2012中国互联网营销职业发展白皮书》,企业对网络营销人员的需求量在2012年会达到116万,较2011年增加约94%,而2012年中网络营销岗位的求职者数量只有48~52万,人才供求比高达1:2.4,人才缺口约为55~65万。前程无忧公司预测,至少在未来3年中,企业对网络营销人员的需求每年还将以30%左右的幅度增加,因此,未来几年中,网络营销岗位人才紧缺的状况仍然难以缓解。

可见,掌握网络营销知识和技能的人才在未来一段时间仍然会在职场上走俏。不过,除了就业,学习网络营销还有另一种职业生涯可以选择,那就是创业。我们将会在本书的最后一章讨论网络营销对创业的支持。

前程无忧网(www.51job.com)是中国最大的人才招聘网站之一,访问该网站,利用网站的搜索功能查询近1周内发布的网络营销相关岗位的招聘信息。注意岗位的职位描述和职位要求,思考什么样的人才是社会需要的网络营销人才。

本章内容提要

网络营销是用互联网在更大程度上更有利润地满足顾客需求的过程,是在数字革命过程中出现的新的营销方式。认识所处的市场环境和时代特征有助于把握网络营销的特点和规律,制定出更成功的网络营销战略。人类社会从20世纪开始进入到一个新的历史发展阶段,在这一阶段,服务业成为占主导地位的产业部门,体验行业和塑造行业高速发展,消费成为了社会生活的中心和社会关系的基础,注意力成为比信息更为稀缺的资源,知识取代资本、土地成为最重要的生产要素,产品和服务的科学技术含量大大增加,人们熟知的一些经济法则开始受到挑战,在生产和消费领域的大规模的共享日渐进入主流。作为世界上最大的经济体之一,我国仍然在工业化的道路上大步前进,但为了解决持续发展问题,我国已经把适度工业化和新工业化提到了战略高度,中国活跃的市场经济为网络营销创造了大量的商业机会。网络营销是依托网络工具和网上资源开展的市场营销活动,是将传统的营销原理和互联网特有的互动能力相结合的营销方式,它既包括在网上针对网络虚拟市场开展的营销活动,也包括在网上开展的服务于传统有形市场的营销活动,还包括在网下以传统手段开展的服务于网络虚拟市场的营销活动。网络营销同电子商务、市场营销以及电子政府有着紧密的联系。要学好网络营销课程必须多读营销学经典著作、多上网、多动手实践、多与同行交流、多研究实际案例,还要广泛涉猎相关学科的知识。

复习思考题

1. 仔细阅读"信息社会主义"一节,深入了解信息社会主义的含义,然后根据自己的理解谈谈该学说有哪些不足之处。
2. 利用本章所学的概念分析一下自己家乡的社会发展特征,说说这些特征对营销的意义。
3. 查找资料,并利用本章所学的概念分析一下同我国相邻的印度(或者俄罗斯)的社会发展特征,并对其未来发展做一简单预测。
4. 参照servicemagic.com的例子,自己给出一个网络营销的例子。
5. 世界上最早一批网络营销专家是如何学习网络营销的?
6. 为学好网络营销,应该怎样改进自己上网的习惯?
7. 如果要在网络营销领域就业或者创业,你需要掌握哪些理论和技能?

网上资源

营销术语网(www.marketingterms.com):该网站不仅收集了大量的网络营销术语并给出了比较详细的解释,而且还分门别类地整理了很多网络营销站点和文献的链接资料,对网络营销学习者和实践者有重要的参考价值。

威尔逊当代万维网营销网(webmarketingtoday.com):始建于1995年,是业界很有影响力的网络营销先驱网站。该站收集的网络营销文献资料数超过了19 000件,从这里不仅能找到经典的参考文献,而且还可以读到网络营销最新的进展情况。

参考文献

1. 乌家培. 信息经济与知识经济. 北京:经济科学出版社,1999
2. 罗家德. 网络网际关系营销. 北京:社会科学文献出版社,2001
3. 吴季松. 21世纪社会的新趋势——知识经济. 北京:北京科学技术出版社,1998
4. 章铮. 新经济:一场伟大的争吵. 北京:西苑出版社,2002
5. 张铭洪. 网络经济学教程. 北京:科学出版社,2002
6. [美]托马斯·达文波特,约翰·贝克. 注意力经济. 第2版. 北京:中信出版社,2004
7. [美]菲力普·科特勒. 新千年,新营销. 中国名牌,2001(01)
8. [法]让·波德里亚著. 刘成富,全志钢译. 消费社会. 南京:南京大学出版社,2000
9. [美]沃德·汉森著. 成湘洲译. 网络营销原理. 北京:华夏出版社,2001
10. 姜旭平. 网络营销. 北京:清华大学出版社,2003
11. 姜旭平. 网络整合营销传播. 北京:清华大学出版社,2007

12. 冯英健. 网络营销——基础与实践. 第3版. 北京：清华大学出版社，2007

13. 杨坚争. 网络营销教程. 北京：中国人民大学出版社，2002

14. 孔伟成，陈水芬. 网络营销. 北京：高等教育出版社，2002

15. Philip Kotler. Marketing Management(11th edition). Upper Saddle River: rentice Hall，2003

16. [美]小威廉·D.佩勒尔特，E.杰罗姆·麦卡锡. 市场营销学基础——全球管理视角(英文版·原书第14版) 北京：机械工业出版社，2002

17. [美]卡尔·夏皮罗，哈尔·瓦里安. 信息规则——网络经济的策略指导. 北京：中国人民大学出版社，2000

18. 刘向晖. 论电子政府对企业网络营销的影响. 商业时代(理论版)；2004(06)

19. [美]肖沙娜·朱伯夫，詹姆斯·马克斯明. 支持型经济. 北京：中信出版社，2004

20. [美]丹尼尔·贝尔. 后工业社会的来临. 北京：商务印书馆，1984

21. [美]詹姆斯·A.菲茨西蒙斯. 服务管理(英文版). 北京：机械工业出版社，1998

22. [美]B.约瑟夫·派恩，詹姆斯·H.吉尔摩著. 夏业良等译. 体验经济. 北京：机械工业出版社，2002

23. [美]肯·萨可瑞著. 岳心怡译. 注意力行销. 汕头：汕头大学出版社，2003

24. 刘向晖. 互联网草根革命：Web 2.0时代的成功方略. 北京：清华大学出版社，2007

25. [加]唐·泰普斯科特，[英]威廉姆斯著. 何帆，林季红译. 维基经济学：大规模协作如何改变一切. 北京：中国青年出版社，2007

26. 黄升民，刘珊. "大数据"背景下营销体系的解构与重构. 现代传播，2012(11)

27. Ward Hanson，Kirthi Kalyanam. Internet Marketing and e-Commerce. Mason: Thomson South-Western，2007

28. F. Gerard Adams. The E-Business Revolution and the New Economy: E-Conomics after the Dot-Com Crash. Mason: South-Western，2004

29. Kenneth C. Laudon, Carol Guercio Traver. E-commerce: business, technology, society (8th edition), Upper Saddle River: Prentice Hall，2012

第2章　网络营销的理论基础

> **本章学习目标**
>
> 在学过本章之后，你应该能够：
> - 熟悉电子商务经济学、消费者行为理论、整合营销传播理论、直复营销理论、关系营销理论、企业对企业营销理论、全球营销理论、服务营销理论、高科技营销理论和网络营销伦理学的基本概念及理论要点，理解它们对网络营销的指导意义。
> - 掌握应用电子商务经济学、消费者行为理论、整合营销传播理论、直复营销理论、关系营销理论、企业对企业营销理论、全球营销理论、服务营销理论、高科技营销理论和网络营销伦理学的概念及方法解决网络营销问题的思路。

网络营销虽然是一个比较新的学科分支，但它毕竟已经超越了倡导试错法的阶段，而且目前也基本上不存在实践走在理论前边的问题。同其他许多学科一样，网络营销也有着广泛而深厚的理论基础，忽视基本理论的唯一结果只能是在付出昂贵的学费后重新注意到前人的理论。我们承认，网络营销的环境日新月异，但越是如此，便越要重视理论，因为理论阐明的正是变化中的不变量。

网络营销作为电子商务和市场营销的交叉学科，必须从这两个母学科中吸收一切相关成果，将其作为本学科进一步发展的基础。网络营销的理论基础主要包含10个部分，分别是电子商务经济学、消费者行为理论、整合营销传播理论、直复营销理论、关系营销理论、企业对企业营销理论、全球营销理论、服务营销理论、高科技营销理论和网络营销伦理学理论。以下我们将逐一考察这些理论，考虑到所有这些理论本身都是自成体系的庞大学科分支，我们不可能也没有必要在这里涉及关于这些理论的过多细节，将把重点放在这些理论的基本概念、原理、框架体系及其对网络营销的理论指导意义上。为了方便读者根据需要进行深入的学习，我们还有选择地向读者推荐了一些这些领域中重要的参考读物和网上资源。熟悉营销学理论的读者也许会有跳过本章的冲动，不过，阅读本章绝不会是耽误工夫，哪怕仅仅是快速浏览也会对理解网络营销的实质有所帮助。孔子曰："温故而知新"，况且，本章还会涉及电子商务经济学以及经典的营销理论同网络营销的关系。

2.1　电子商务经济学

电子商务经济学是研究因电子商务而引发的各种经济现象及其规律，从而为电子商务实践提供理论指导的一门经济学分支学科，它主要讨论同电子商务有关的重要的微观和宏观经济学问题。电子商务经济学是电子商务专业的核心课程之一。

电子商务经济学领域最有代表性的经典著作之一是得克萨斯大学奥斯汀分校电子商务研究中心的崔顺英(Soon-Yong Choi)教授及其合作者出版的《电子商务经济学》。随着电子商务的滥觞，电子商务经济学吸引了一批有才华的经济学学者。1999年，卡尔·夏皮罗(Carl Shapiro)和哈尔·瓦里安(Hal Varian)出版了《信息规则：网络经济的策略指导》，该书深入浅出地介绍了电子商务经济学的基本概念，成为学习电子商务经济学颇受欢迎的一本经典读物，该书问世不久就被介绍到中国，成为中国学生学习电子商务经济学的一本重要读物。近年来国内也相继有一系列题为电子商务经济学的教材和专著问世，如2002年6月，芮廷先编著出版了《电子商务经济学》，随后，中山大学的谢康等人(2003)以及南京理工大学的李莉等人(2007)也编著出版了同名的著作。谢康教授曾经在华侨大学大胆预言，在不久的将来将会有学者因为对电子商务经济学的研究问鼎诺贝尔经济学奖，这一将来有多久，让我们拭目以待，不过，如果真有这样级别的成果问世，该理论必然会对我们理解电子商务的本质有很大帮助。

作为一种思维方式，经济学分析首先把现实的经济问题抽象成一个优化问题，然后求解这一优化问题，最后把答案重新解释为具有经济意义的解决方案。抽象和求解的过程往往会依赖一系列的经济学假设。如果由此获得的解决方案被证明有误，经济学家通常能通过检查所依据的假设和推导过程来发现问题所在。电子商务经济学就是要建立适合电子商务条件的经济学假设，然后依据这些假设来建立模型解决实际问题。擅长处理理性人假设条件下竞争和合作问题的博弈论已经成为电子商务经济学研究的主要工具之一。

电子商务经济学研究的问题涉及的范围很广，但从大的方面可以分为微观经济学问题和宏观经济学问题两类。前者主要涉及消费者和企业在电子化市场和传统市场(跨市场)上的行为，后者主要关心电子商务对一个经济体在宏观上的影响。属于前者的例子有：电子商务的基本模式；电子化市场的各种形式及其特点；动态定价的优点和局限性；消费者和厂商上网交易的经济学原因；网上交易对消费者和厂商的影响；个性化技术和智能代理技术对厂商和消费者的影响；价格歧视、产品差异化、一对一营销和批量定制对厂商和消费者的影响；各种B2B的交易模式，如一对一模式、一对多模式和多对多模式的比较；谈判理论在电子商务中的应用等。属于后者的例子有：电子商务对经济周期的影响；电子商务对通货膨胀和就业的影响；电子商务对经济增长的贡献；税收政策对电子商务的影响等。

谢康教授认为，电子商务经济学研究大体由以下三类基本问题构成。

一是将电子商务作为一个市场和一种数字服务产品而展开的研究，包括电子商务市场的形成、电子商务市场规模的测度与分析(如数字商品市场的测度与分析等)、市场构成、市场的演化和发展以及电子商务对企业和消费者福利的影响等内容。

二是着重研究在线市场如何影响离线市场的竞争和发展，或者研究离线市场的竞争如何影响在线市场的结构，包括在线市场价格离散和灵敏度等内容的分析、数字产品定价与价格歧视、中介作用、垄断与竞争分析、知识产权管理、企业盈利模式与商业模型等。此外，还包括电子商务如何创造市场价值，特别是离线市场价值与在线市场价值之间如何相互转移等问题的研究。电子商务的价值创造和价值转移问题构成了电子商务经济学研究的基本问题，甚至可以说这个问题始终贯穿于电子商务经济学研究和发展的全过程。

三是侧重于研究电子商务的宏观经济影响，包括电子商务对国家福利的短期与长期影响，电子商务对技术进步、市场效率、就业、税收、金融、投资和国际贸易以及国际关系等方面的影响等内容。

显然，三类问题中同网络营销关系最直接的是前两类问题，不过，第三类问题对网络营销者分析市场环境的变化也有指导意义。例如，电子商务的出现被证明对商业周期、通货膨胀率和就业率等都有影响，而这些构成了市场环境的重要方面。经济工程(包括市场工程)是经济理论到企业经营管理之间的一个桥梁，电子商务(包括网络营销)是实践经济工程的理想领域。

> **小资料**　　　　　　　　　　　　**经济工程**
>
> 经济工程(economic engineering)是设计企业与顾客互动规则的工具，电子商务是实施经济工程的理想领域，原因是电子商务中的互动方式的种类已经为软件使用的通讯协议所制约，这就使得博弈规则的设计相对容易。市场工程(market engineering)是经济工程的一个重要应用，主要用于市场交易模式的设计，如拍卖或者交易所的交易规则的设计。阿里巴巴(www.alibaba.com)依照信息发布人的信用等级高低对商家发布的信息进行排序的做法可以被认为是市场工程应用的一个实例。

关于电子商务经济学在概念上或者基本原理上是否与传统经济学存在着根本区别的问题，不同学者有着不同的看法。以瓦里安和夏皮罗为代表的一批经济学家的观点是：虽然在网络经济时代，从事商务活动的方式和依赖的技术改变了，但商务活动背后的经济规律却没有变，所以传统的经济学分析工具完全可以用来分析和解决电子商务经济学的问题。但是也有一些学者认为：正如信息技术在经济领域掀起了一场声势浩大的革命一样，电子商务经济学也是经济学领域里的一场革命，网络经济的基本原理和规律都与传统经济不同。比较而言，一种折中的观点似乎更为可取，网络经济是一种新的经济现象，传统的经济学理论在解决网络经济的实际问题时可能会暴露出一些原来就有的缺陷，所以对网络经济的研究必然会推动经济学理论的发展。但同时，新旧时代基本的经济学的分析方法应该是一致的，能分析没有网络经济时的经济现象的理论也一定能分析网络经济，传统经济学(包括广告经济学、管理经济学等专门分支)中的许多结论可以直接适用于网络环境，华人经济学家杨小凯就持最后一种观点。

因为网络营销是电子商务的重要组成部分，电子商务经济学理所当然地也把有关网络营销的经济学问题作为研究的一个重点，我们从以上罗列的电子商务经济学研究的主要问题中就可以清楚地看到这一点。例如，电子商务经济学研究的数字产品的定价问题就对网络营销实践具有头等的重要性。电子商务经济学中有关网上广告特点和规律的理论对网络营销也有直接的指导意义。再如，我们知道，软件产品是网上交易的主要品种之一，可以想象，假如我们对软件产品的成本特性及软件使用所具有的锁定效应和网络效应一无所知的话，我们将很难理解捆绑销售的重要意义，当然也就无法为软件企业制定出最强有力的产品和价格策略。

经济学和行为科学被称为营销学的父母学科，可见经济学理论对营销学的介入之多，贡献之大。作为研究电子商务这一全新商业模式的经济学理论，电子商务经济学是网络营销10大基础中理论性最强的一个，它对网络营销的指导意义也最大。有理由相信，网络营销领域中的重大理论创新将源自对电子商务经济学规律的透彻理解。值得注意的是，电子商务经济学对网络营销的指导集中在战略层次而不是操作层次，所以研究电子商务经济学对网络营销战略的制定最具意义。许多时候，电子商务经济学的原理会明白无误地向我们指明，在网络营销领域哪些事情可为，哪些事情不可为。当然，我们对电子商务经济学的作用也不能过分夸大，因为现实市场中的人不能被简单地抽象为经济人，某些消费者行为是非经济理性的，这些行为只能用消费者行为理论去描述和解释，因此，消费者行为理论构成了网络营销的另一个理论基础。

2.2 消费者行为理论

消费者行为理论是市场营销的基础理论之一,但最早开始研究消费者行为理论的专业群体却是经济学家。不过,经济学家的研究仅局限于消费者行为的经济学分析,并且使用了过多的理想化假设。要全面理解消费者行为必须同时考虑问题的经济、社会和心理方面,20世纪60年代后,消费者行为理论发展成了市场营销的一个独立分支。从定义上看,消费者行为理论是研究个人、群体或者组织为满足自身需要而选择、获取、使用和处置产品、服务、体验或者观念的过程以及该过程对顾客和社会的影响的学科。从该定义可以看出:

(1) 消费者行为理论既涉及个人行为也涉及群体行为,即不仅要研究个人自身的行为也要研究人与人之间行为相互影响的机制。

(2) 消费者行为理论不仅关心消费者的商品购买行为,还关心消费者使用和处置商品的行为。一般的企业往往强调前者而忽略了后者,但是孤立地研究顾客购买行为只能形成对消费者的不完全的了解,并且处置商品的方式还可能对人类生存环境产生长期影响,所以一个有社会责任感的企业应该鼓励顾客正确地处置因使用自己售出的商品而产生的各种垃圾。

(3) 消费者行为理论不仅研究实物商品的选购和消费,还研究数字产品、服务和观念的选购和消费。

(4) 消费者行为对社会的影响也是消费者行为理论要研究的一个问题,因为有社会责任感的企业不是要鼓励或者利用消费者不理智的消费行为,而是要引导其向理性的方向发展。

(5) 消费者行为理论又称为买方行为(buyer behavior),因为它不仅研究最终消费者的购买行为,也研究企业的采购行为。消费者行为理论研究的核心问题是消费者如何进行购买决策,即消费者为什么会购买、何时购买、向谁购买、怎样购买的问题。对于网络营销而言,消费者的网络使用习惯也是研究者关注的一个焦点。

本节主要讨论个人用户的网络使用和网上购买行为,企业购买行为将会在2.6节中介绍。

2.2.1 个人用户的网络使用行为

个人用户的网络使用行为包括网络空间中的认知行为和网络服务的使用行为。我们分述如下。

1. 网络空间中的认知行为

对网络用户而言,认知网络空间是利用网络从事其他活动的前提,消费者对网络信息空间的认知活动有以下4种方式。

(1) 冲浪(surfing):指无目的地对网上内容进行比较随意的查看。冲浪可以提高消费者对网络的熟悉程度,从而增进消费者对网络的信心。同时,消费者在浏览过程中如果发现特别的商机,也会加以收藏以便以后再次光顾,对于冲动性的顾客甚至可能触发购买。网络用户冲浪的起点一般是他熟悉的某个门户网站,如美国在线、雅虎或者新浪。

(2) 浏览(browsing):利用主题目录有意识地查找有关信息。

(3) 搜索(searching):利用搜索引擎有针对性地寻找特定项目并迅速实现信息定位。

(4) 社区互动(interacting):在特定的虚拟社区中征求或者发布意见,网络用户在社区互动时会比进行前三种活动时表现出更强的主观能动性。以网络日志、维基和社会交往网站为代表的Web 2.0应用的迅猛发展显著提高了普通网络用户参与社区互动的积极性，使互联网向参与型网络(participative web)转变，同时在网上增添了大量的用户创作内容(user-created content，UCC)。

2.网络服务的使用行为

网络服务的使用行为是指网络用户利用网络完成特定任务的模式，包括用户上网的目的和对各种互联网服务的使用情况。在中国互联网络信息中心发布的各次《中国互联网络发展状况统计报告》(以下简称《统计报告》)中可以了解到中国网络用户使用网络服务的行为模式及其演变情况。表2-1是第12次和14次《统计报告》(报告期为2003年6月30日和2004年6月30日)所显示的用户上网的主要目的。表2-2是第32次《统计报告》(报告期为2013年6月30日)所显示的中国网络用户最经常使用的各类网络应用情况。

表2-1　中国网络用户上网的主要目的

用户上网最主要的目的	2003年/(%)	2004年/(%)
获取信息	46.9	42.3
休闲娱乐	28.6	34.5
学习	7.2	9.1
交友	7.5	5.5
获得各种免费资源(如免费邮箱、主页空间、软件等)	1.7	2.7
对外通讯、联络(如收发邮件、短信息、传真等)	3.2	1.8
学术研究	0.4	1.1
炒股	2.1	1.0
情感需要	0.1	0.9
追崇时尚、赶时髦、好奇	0.6	0.4
网上购物	0.2	0.3
商务活动	0.4	0.2
其他	1.1	0.2

表2-2　中国网络用户经常使用的网络服务

应用	2012年12月		2013年6月		半年增长率/(%)
	网民规模/万	使用率/(%)	网民规模/万	使用率/(%)	
即时通信	46 775	82.9	49 706	84.2	6.3
搜索引擎	45 110	80.0	47 038	79.6	4.3
网络新闻	39 232	73.0	46 092	78.0	17.5
网络音乐	43 586	77.3	45 614	77.2	4.7
博客/个人空间	37 299	66.1	40 138	68.0	7.6
网络视频	37 183	65.9	38 861	65.8	4.5
网络游戏	33 569	59.5	34 533	58.5	2.9
微博	30 861	54.7	33 077	56.0	7.2
社交网站	27 505	48.8	28 800	48.8	4.7
网络购物	24 202	42.9	27 091	45.9	11.9
网络文学	23 344	41.4	24 837	42.1	6.4
电子邮件	25 080	44.5	24 665	41.8	-1.7

(续表)

应用	2012年12月		2013年6月		半年增长率/(%)
	网民规模/万	使用率/(%)	网民规模/万	使用率/(%)	
网上支付	22 065	39.1	24 438	41.4	10.8
网上银行	22 148	39.3	24 084	40.8	8.7
论坛/BBS	14 925	26.5	14 098	23.9	-5.5
旅行预订	11 167	19.8	13 256	22.4	18.7
团购	8327	14.8	10 091	17.1	21.2
网络炒股	3423	6.1	3256	5.5	-4.9

在各次《统计报告》中还包括其他一些有关网络用户行为的信息。例如，网络用户上网的时间、地点、用户得知新网站的途径、用户对主要互联网服务的满意程度、对互联网基础设施的满意程度、用户通过网络获取信息的方法、用户获取信息的种类、用户浏览网站的地理分布和语种等，这些信息对于企业的网站设计和推广、网络广告的发布等网络营销活动具有重要的参考价值。

中国互联网络信息中心还会针对一些重点问题或者社会上关注的热点问题展开调查研究，并不定期地发布专门的研究报告，为我们更深入地了解这些问题提供了数据支持，这类报告包括《2013年中国网民搜索行为研究报告》《2012年中国网民社交网站应用研究报告》《2012年中国网民在线旅行预订行为调查报告》等。

2.2.2 网络用户的网上购物行为

购物者在网上购物常常出自不同的动机，了解他们的动机对于在线商家有针对性地制定营销策略很有帮助。对于在网上销售的企业或者网店店主而言，了解网络用户的网上购物行为更加重要。国内外许多研究机构或者咨询公司做过网上消费者行为的研究，如ZDC互联网消费调研中心、Media Metrix公司、McKinsey公司和皮尤互联网项目等。以下我们着重介绍哈里斯互动公司(Harris Interactive)、Media Metrix公司、McKinsey公司和中国互联网络信息中心的研究结果。

1. 哈里斯互动公司的结果

2000年，哈里斯互动公司受在线零售商ebates.com公司的委托对网上消费者的购买动机和消费习惯进行了研究，他们根据消费者对网上购物体验的满意度区分出了6类网上消费者(见图2-1)。

(1) 初来乍到型：这类人大约占网络消费者的5%，他们上网不久，并且用于上网的时间也不多，对于网上购物的体验评价最低。他们对网络上发生的事情仍然充满好奇，条幅广告对他们的影响是对单身的网络痴迷者影响的3倍。

(2) 时间敏感型：这类人大约占网络消费者的17%，他们网上购物的主要原因是节约时间和方便，他们一般不看其他用户对产品的评价，也不去比较价格或者使用优惠券。

(3) 网上网下双栖型：这类人大约占网络消费者的23%，他们光顾网上商店，但通常会在网下完成购买，这类消费者中许多是对信息隐私和网络安全比较看重的家庭主妇。

(4) 单身的网络痴迷者：他们通常是年轻、高收入的单身男性，他们痴迷于上网，常利用网络来玩游戏、下载软件和使用银行服务，他们在网上购物的频率最高(平均每月1次，平均消费120美元)，对优惠券和折扣的兴趣也最高。

(5) 养家糊口型(hunter-gatherers)：这类人大约占网络消费者的20%，通常是已婚、有两个孩子、年龄在30～49岁的男士，他们喜欢在提供价格比较信息和商品评论的网站上购物。

(6) 品牌忠诚型：对网上购物体验满意程度最高的群体是品牌忠诚型消费者，这类人大约占网络消费者的19%。他们在网上购物时通常会直奔熟悉的商家，在网上消费的数量是各群体中最多的，他们在网上购物的频率也可达每月一次，但平均消费高于单身的网络痴迷者(平均每次消费150美元)，另外他们还是在网上购买礼物最多的群体。

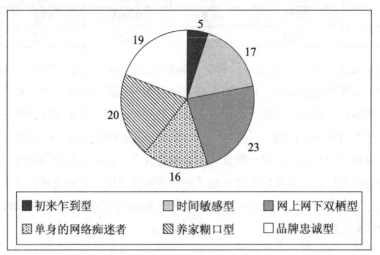

图2-1　哈里斯互动公司对网上消费者类型的划分

2. Media Metrix公司和McKinsey公司的结果

根据Media Metrix和McKinsey公司在2000年对网络用户所做的一项调查，网络用户可以分成以下6类，如图2-2所示。[①]

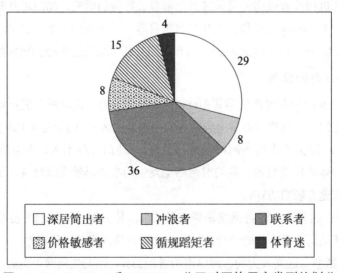

图2-2　Media Metrix和McKinsey公司对网络用户类型的划分

(1) 深居简出者(simplifiers)：占网络用户的29%，这类消费者不喜欢在逛街或者网上冲浪上浪费时间，他们逛街或者上网都有明确的目的。他们一个月只上网7小时，但交易量却占网上总消费的

---

① Sandeep Krishnamurthy. E-Commerce Management:Text and Cases. (英文影印版). 北京：北京大学出版社，2003

一半。他们不是非常在意商品的价格，但对方便却非常看重。

(2) 冲浪者(surfers)：这类人仅占网络用户的8%，可以被认为是真正的"网虫"，因为他们将大约1/3的时间都花在上网上，阅读的网页数是其他人群的4倍以上。他们特别看重新鲜的内容和功能，所以他们最喜欢光顾经常更新并且与众不同的网站。

(3) 联系者(connectors)：占网络用户的36%，这类消费者上网年资短，上网的主要目的是同其他人交往，喜欢使用聊天室和免费的电子贺卡服务，不太喜欢在网上购物。他们更信任传统的网下品牌。

(4) 价格敏感者(bargain shopper)：占全体网络用户的8%，这类人热衷于寻觅价廉物美的商品，喜欢上eBay类型的拍卖网站，喜欢看分类广告，懂得使用价格比较代理网站。这类人通常也喜欢加入网上社区。一半以上的eBay用户都属于这一类型。

(5) 循规蹈矩者(routine followers)：占网络用户的15%，这一族群主要通过网络获得资讯，他们最喜欢新闻和财经资讯网站。吸引他们的最好方法是提供最快捷的新闻报道和实时股票信息。

(6) 体育迷(sportsters)：占网络用户的4%，他们也喜欢通过网络浏览新闻，不过他们最关心的体育和娱乐新闻。

3. 中国互联网络信息中心的结果

中国互联网络信息中心发布的《2012年中国网络购物市场研究报告》对网络消费者选择购物网站时要考虑的因素进行了研究，结果发现用户评价是他们非常看重的一个因素(见图2-3)。

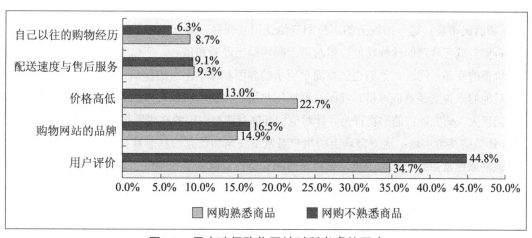

图2-3 用户选择购物网站时所考虑的因素

2.2.3 网上消费者行为对企业网络营销战略的影响

一些营销学的典籍把消费者粗略地区分为功利型(理智型)和快乐型(情感型)两种，前者购买是为了达到某种目的和完成某种任务；后者则能从购买过程本身享受到乐趣。功利型购买行为通常与逻辑推理以及特定需求联系在一起，具有较强的针对性并讲求效率，强调的是购物的结果——即最终获得的商品的特性及交易的条件。快乐型购买者追求购物过程的娱乐性和刺激性，具有一定的冲动性，购物者从购买过程中体会超越现实的满足感，购买到的商品反倒成了购买过程的副产品。人们通常认为网上消费者中功利型购买者占绝大多数，所以网络营销企业往往会对功利型购买者给予更多的关注，而对快乐型购买者的需求考虑得不够充分。实际上，根据美国范得比尔特大学

(Vanderbilt University)的多娜·霍夫曼(Donna Hoffman)和托马斯·诺瓦克(Thomas Novak)的研究，网络用户在上网时可以进入一种在心理学上被称为"入定(flow)"的状态，具体表现如下：

- 具有一连串由于机器互动性而产生的反应。
- 本质上令人愉快。
- 伴随着自我意识的丧失。
- 自我强化刺激。
- 对时间的感觉扭曲。

这一研究表明上网本身可以带来忘我的愉悦感，这意味着虚拟市场在吸引快乐型购买者方面同样拥有巨大的潜力，娱乐(如网络游戏)市场的经营者已经认识到了这点，但其他市场上的商家对此似乎仍然重视不够。

此外，以上几家公司的研究表明，网上购物者可以分为许多种类型，不同类型的网上购物者虽然有他们共同关心的问题，如网上商店导航性的好坏和网站下载速度的快慢等，但他们的偏好也表现出了明显的区别。网络营销企业需要对网上购物者进行细分，然后针对各个细分市场确定不同的营销策略。一般而言，营销者应该把目标锁定在一两种重点类型上，避免到处撒网、全面开花的做法，这样可以集中资源提高自己在重点市场上的竞争力，否则可能会因为要吸引次要顾客而怠慢了主要顾客，在各个细分市场全面失利。以下我们简要讨论一下企业对不同细分市场顾客应当采取的营销策略。

(1) 新网民市场：这一市场上的用户刚开始使用互联网，对互联网了解不多，却充满好奇，他们非常希望尝试互联网的种种功能，但对网上购物缺乏经验和信心，所以往往首先会试探性地购买一些低价值的商品，同时，他们也需要简单明了的界面和详尽无遗的提示。当然，社区中上网前辈的指点对他们来说更是难能可贵。我国互联网用户增长很快，所以可以归为新网民中的网上消费者数量相当巨大，研究他们的购物行为并针对他们开展营销对中国的在线销售商是很重要的。

(2) 谨慎购买者市场：这一市场上的用户对网络安全和信息隐私非常担忧，所以，他们通常只使用互联网来搜索商品和市场信息。简明易懂的安全性说明和隐私政策都会缓解他们的不安。要对他们进行销售需要传统手段的配合，如允许他们使用传统的方式付款，货到付款或者通过邮局汇款等。当然，高质量的顾客服务也能增强他们的信心。

(3) 便宜追求者市场：这一市场上的用户会经常比较购物网站来寻找最低的价格，他们不会是任何商家的忠实顾客，哪里便宜，他们就会到哪里购买。对这些人进行现金折扣促销是非常奏效的策略。

(4) 理智型购物者市场：这一市场上的用户购物一般都有非常明确的目标，而且他们对所购商品都具有一定知识，他们最关心的是有关商品准确的参数，当然，他们有时也需要向销售人员或有经验的顾客咨询某些关于产品的知识。企业需要为这一市场上的用户准备详尽无遗的产品资料，最好能同时开办以产品选购和使用为主题的虚拟社区。

(5) 购物热衷者市场：这一市场上的用户希望从购物中享受到乐趣，他们购物的频率高，是最有价值的顾客。为了吸引这些人，企业可以设法增添网上购物环境的娱乐休闲价值，如提供在线娱乐或者其他趣味性强能吸引他们参与的节目(参见第11章浪漫红虾餐馆的案例)。

(6) 时间短缺者市场：这一市场上的用户选择在网上购物往往是迫不得已，因为他们没有时间去商业中心寻找所需的商品，这些人最看重的自然是网站的导航功能、下载速度、能提供的便利服务的多少，他们通常不是很看重价格，对他们来讲，方便和可靠才是第一位的。为该市场提供服务的企业应该把重点放在网站的功能和可靠性方面。

网上消费者行为的有关研究对提高网络营销决策的成功率有重大参考价值，例如，Forrester公司在2002年所做的一项研究表明，美国和加拿大的男女网络用户对电子邮件营销的反应模式有明显不同。大约10%的女性消费者会时常根据网上零售商Barnes & Noble的电子邮件广告购物，而男性消费者中经常根据Barnes & Noble的电子邮件广告购物的比例只有大约7%，女性消费者对Circuit City、Hallmark、Payless ShoeSource、Wal-Mart等公司的电子邮件广告的兴趣也明显强于男性消费者，这说明电子邮件营销对女性消费者市场会更加有效。不过，网络营销不仅要求了解网上消费者的行为模式，也要求了解消费者在传统市场上的行为和跨市场(虚拟市场和传统市场)的行为。Shop.org与BizRate.com在2000年所做的一项研究结果表明，有将近一半的受访者在到实体店面消费或以邮购方式购买之前，会先上网搜寻产品信息，但是有45%的受访者却相反，他们会先去实体店家寻找信息之后再上网进行消费。这个研究所包含的对象有1215个在线购买者与80家网络零售商，这一研究充分说明了研究跨市场行为的重要性。

按照哈里斯互动公司、Media Metrix公司和McKinsey公司对网络用户的分类，考虑自己属于哪一类的网络用户。

2.3 整合营销传播理论

整合营销传播理论(Integrated Marketing Communications，IMC)又被简称为整合营销理论，因为整合营销传播理论的名称很容易让人误解为这仅仅是有关营销传播的理论，而实际上它却是一种相当系统的营销理论。整合营销传播理论的倡导者有句格言："营销就是传播"，同时，他们认为当前能为企业带来竞争优势的领域只有两个，一是传播，二是物流。这一貌似极端的看法其实大有深意，商务最重要的流程可以被分成4类：物流、信息流、资金流和商流，其中又以物流和信息流最为基本。营销传播理论就是有关营销的信息流的理论。

2.3.1 互联网传播的特点

互联网是影响力直追报纸杂志、户外广告、广播和电视4大传统媒体的又一大媒体，具有信息容量大、覆盖地域广、交互性强、费用低廉、适合程序处理等优点。但互联网在整合营销传播中的作用又不限于单纯地充当媒体，它还可以有力地支持销售，充当一条新的营销渠道，网上直接销售本身也是消费者了解企业营销信息的一个重要途径。同传统媒体相比，互联网传播具有以下5个特点。

(1) 非线性传播。互联网传播最重要的一种方式是基于超文本文件的传播，而超文本的特点是信息的组织可以超出线性的结构，即浏览者可以通过跟随超链接实现在文档间和文档中不同位置间的跳转。这种结构特别适合表达逻辑关系复杂的主题，所以互联网传播在传递复杂信息的效率上高于其他媒体。同时，这表明信息结构对互联网传播的极端重要性，因为离开了简单有效的导航，网络用户很容易迷失在信息的海洋中，而无法全面把握传播者希望传达的信息的要领。

(2) 互动的双向传播。互联网传播不像广播、报纸杂志或者电视那样只能够进行单向传播，而是可以像电话一样实现双向互动的传播，这一特性对于营销非常可贵，因为公司非常需要了解客户的反馈信息。在传播信息方面，互联网可以进行用户拉动的传播：许多网页内容都被搜索引擎编制了全文索引，用户借助搜索引擎可以很快地进行信息定位，然后有针对性地查看自己感兴趣的内容。除了搜索引擎，用户还可以通过订阅电子期刊、RSS伺服[①](RSS feed)或者关注特定微博等方式来获取自己感兴趣的主题的最新情况。

(3) 支持多对多的传播。在网上，能够对大众说话的不仅是营销企业，用户也可以通过论坛、网志等社会媒体进行公开的发言。营销企业可以利用这一特性建立虚拟社区，来构建和发展同顾客的关系。

(4) 费用低廉。同其他传播方式相比，互联网传播的费用比较低廉，尤其是在传播范围广、传播信息量大的时候，互联网传播的成本优势可以更好地体现出来。但是因为互联网传播的费用低廉，所以通过互联网传播的信息五花八门、良莠不齐，既有高质量的学术研究成果，又有无意义的信息垃圾，甚至还有各种违法或者违反道德的信息。这降低了互联网传播的可信度和可见度，但同时也说明了互联网品牌对于有效的互联网传播的重要性。

(5) 个性化传播。互联网传播不仅可以用作大众传播(或称广播，broad casting)的工具，还可以进行针对性强的小众传播(或称狭播，narrow casting)，即对不同的群体传递不同的信息，比如说可以允许消费者自行选择所订阅的电子杂志的内容，或者设定只包含自己喜爱栏目的个性化网站界面，这可以替消费者过滤掉无关的或者用户反感的信息，改善消费者的浏览体验。

● 2.3.2　IMC的要点

IMC是一个很新的理论，学者们仅仅在IMC的重要性上达成了一致意见，毫不奇怪，IMC还有许多其他的名称，如整合传播理论、最大化营销理论、全整合营销以及整合品牌传播等。

IMC理论的发源地——美国西北大学新闻学院给IMC所下的定义是："IMC是对有关一个产品的所有信息来源进行管理的过程，它促进顾客的购买行为并保持顾客忠诚。"[②]在今天的西北大学新闻学院的网页上，IMC的定义已经演变成了："对机构旨在建立同潜在顾客以及利益相关者——包括雇员、立法者、媒体、金融机构等——积极关系的传播的管理。"这是第一个把对所有利益相关者的传播包括进来的IMC的定义。

许多人把整合营销传播理论简单地理解成由4P到4C的转换，实际上，4C的概念并不是整合营销传播理论的核心内容，更不是整合营销传播理论的全部，按照科特勒(Philip Kotler)的理解，4P到4C的转换其实只是一种视角的变换，营销者一方的4P组合从消费者的角度看就转变成为4C组合，4P和4C具有一一对应的关系，如表2-3所示。

---

① 国内也有人把RSSfeed翻译为"RSS喂送"。
② Caywood, Ph.D., Clarke L.,The Handbook of Strategic Public Relations & Integrated Communications. New York: McGraw-Hill, 1997.

表2-3 4P与4C的对应关系

由内及外的4P	由外及内的4C
Product(产品)	Customer(顾客的需要)
Price(价格)	Cost(对顾客而言的成本)
Place(渠道)	Convenience(便利性)
Promotion(促销)	Communication(传播)

有人把IMC的传播协同概括为各种传播渠道"用同一个声音说话",这是一种过分简单的表述,实际上,各种传播渠道可以传达不同的信息,只要这些信息相互补充而不相互矛盾。并且,IMC还意味着在传播管理中更强调从顾客的角度考虑传播效果,因为所有的传播最终必须作用于顾客。

有整合营销传播之父之称的美国西北大学教授舒尔茨(Don E.Schultz)为了强调IMC的顾客导向和互动特征,特地将进行整合营销计划的要点总结为5R[①]:第1个R是及时回应(responsiveness),也就是说对客户的需求和愿望,企业应当以快速而高效的方式做出回应,企业不仅要向顾客传递信息,还要注意倾听顾客的声音,还有人因此把整合营销传播(IMC)翻译为整合营销沟通;第2个R是关联(relevance),也就是说企业的营销传播计划要和受众的利益密切相关,占用受众的注意力资源去传播不相干的信息既是无效的也是不道德的;第3个R是接受(receptivity),也就是说要选择在顾客需要信息、愿意接受信息时去发布信息,而不是单方面决定营销传播的时机。第4个R是认知(recognition),也就是说企业要把品牌当成最重要的资产,因为顾客更信任他们熟悉品牌的公司传达的信息;第5个R是关系(relationship),也就是说公司要力争在互利的基础上建立和发展与顾客的长期关系。

IMC的关键是灵活运用以广告、销售促进、公共关系、人员推销和直接销售为主的各种传播渠道,通过妥善安排各次传播的渠道、预算、内容和启动时间,使其相辅相成,以获得最佳营销效果。我们注意到互联网的介入会影响营销传播组合中的全部传播渠道:广告攻势可以在网上或网下展开,销售促进和公共关系也可以使用网络工具,而在线销售更是直接销售中的后起之秀,即使对人员推销,网络资源也可成为推销人员的得力助手。我们看到,网络营销大大地增加了整合营销传播管理的难度,但同时也提高了它潜在的威力。因此,从事网络营销必须要重视整合营销传播理论的运用。

1. 品牌和整合营销传播

在当今的营销理论中,营销的对象可以是企业的商品或者服务,也可以是地方、人物、事件、非营利组织的服务或者某种观念,在大多数场合,可以把营销的对象归结为品牌。

按照美国营销学会的定义,品牌指的是旨在将一个或一批商家的商品和服务与其竞争者区分开的名称、术语、标记、符号、设计或它们的组合,一切机构和商品都可以被视做品牌。按照以上定义,具有专属性的互联网域名也是品牌。品牌在今天的市场竞争中发挥着非常重要的作用。

(1) 品牌可以为消费者提供符号价值,使企业具有某种程度上的垄断地位,优势品牌可以为企业的产品带来更多溢价。

---

① Schultz, Don E. "Marketing Communication Planning in a Converging Marketplace". Journal of Integrated Communication, 2000-2001. http://journalism.medill.northwestern.edu/imc/studentwork/pubs/jic/journal/2000/schultz.htm可以找到全文。

(2) 品牌可以降低消费者搜索成本,并在产品质量方面为消费者提供信心保证,企业因此可以赢得消费者忠诚,并在一定程度上阻止新的竞争者进入市场。

在网络经济的条件下,品牌比从前更为重要,原因如下。

(1) 网络经济条件下消费者的信息搜索成本大为降低,无品牌的大宗商品的竞争将空前激烈。

(2) 网络市场对信任提出了更高的要求,品牌溢价效应更为显著。人们已经观察到,网络市场上价格离散程度比传统市场更高,这主要是网上品牌作用更强的表现。

(3) 网络用户对自己喜欢的品牌具有很高的忠诚度。哈里斯互动公司受Ebates.com委托在2000年所做的一项调查表明,60%的网上购物者会直奔他们熟悉的在线商家的网站上采购需要的商品。

(4) 在网络经济的条件下,商家有可能在很短的时间内建立强有力的品牌,如Google只用了不到5年的时间就打造出当今世界上最有影响力的品牌,这在传统经济的条件下是很难想象的。

可以理解,品牌对它的拥有人而言是一种非常重要的资产,表2-4罗列了2012年世界上最有价值的10个品牌。

表2-4　2012年世界上最有价值的10个品牌

品牌	可口可乐	苹果	IBM	谷歌	微软	通用电器	麦当劳	英特尔	三星	丰田
品牌资产/亿美元	778.4	765.7	755.3	697.3	578.5	436.8	400.6	393.9	328.9	302.8

资料来源:Interbrand

品牌价值主要表现在品牌知名度和品牌形象两个方面,而整合营销传播在扩大品牌知名度和建立品牌形象方面都可以发挥很重要的作用。一般认为,受众获得的品牌信息有以下4个来源。

(1) 计划内信息:指公司通过传统营销传播方式向目标受众传递的经过精心计划的品牌信息。

(2) 产品负载信息:指通过企业产品的款式、性能、价格和销售渠道向目标受众传递的品牌信息。

(3) 服务负载信息:目标受众从自己同公司的客户服务人员、前台、秘书、送货人员及其他能代表公司的人员的接触中获得的品牌信息。

(4) 计划外信息:指通过新闻报道、口碑效应、第三方调查报告、同行或者竞争对手评议传递的品牌信息。

以上通过不同渠道传递的品牌信息通常会杂乱无章,相互抵触,不仅影响传播的效率,而且还可能会影响传播的效果,影响品牌的形象,因此,公司必须以IMC理论为指导,了解不可控制的信息,并利用可以控制的信息引导或者平衡不可控制的信息,达到最佳的传播效果。

2. 实施整合营销传播的难点

企业实施整合营销计划并非轻而易举,它除了要求营销经理观念上的更新,更大的障碍来自企业的组织结构设置。很多大公司都会采用以职能为基础来划分部门的组织结构,而IMC必须依赖跨部门的合作才能完成。因为每个职能部门都有各自局部的利益,而使公司利益最大化的整合营销策略未必会使每个部门的利益最大化,所以如何协调各个部门克服来自内部的反对变革的阻力是很关键的一步,这会牵扯到如何用协同工作获得的超额收益对个别局部利益受损的部门进行补偿的转移分配问题。当然,要完成部门间的协调,企业最高管理层的全力支持是必不可少的。许多企业为了更好地实施整合营销,还特别设置了首席传播官(chief communications officer,CCO)这一职位,负责整合营销传播计划的制订和实施。

将广告、公关、直销、促销业务外包给其他机构的企业面临着更大的问题，因为目前的营销服务机构通常都专攻一项业务，因此，企业的营销传播工作就经常由几个不同的机构去分别完成，这些机构很难开展有效的协同工作，这势必会增加整合营销传播的难度。

2.4 直复营销理论

有人习惯把直复营销(direct response marketing)简称为直销，但为了将其与直接销售(direct selling)相区别，本书还是统一将其称为直复营销(中国台湾地区称其为直效行销)。直复营销是一种有着悠久传统而又随着信息技术的进步在当代重新焕发出无穷活力的营销方式。

2.4.1 直复营销的概念

像营销中的大多数术语一样，直复营销也有多种不同的定义，我们这里选取几例。

我们经常可以看到的一个定义是美国直复营销协会(Direct Marketing Association)所下的定义："直复营销是使用一种或多种广告媒体在任何地点达成交易或者可以度量的回复的一个互动的营销系统。"这个定义说明了直复营销不同于普通营销的三个特性。第一，互动性。直复营销中的营销传播是双向的传播，不仅要说，而且还要听，所以直复营销不论采用什么媒体都要给受众一个便捷的反馈渠道。第二，可测性或者说可度量性。直复营销对获得的反馈必须能精确地测量，使营销者能够了解反馈来自于哪次传播。第三，地点消失。在传统的营销特别是传统的销售中，地点选择是至关重要的，但在直复营销中，双向传播可能在任何地点发生，在顾客家中、在公共场合或者在工作场所。

英国直复营销研究所的定义是："为了将来制定可以达成长期顾客忠诚的营销策略并保证持续的业务成长，在一段时期内对顾客直接回复行为所做的有计划的记录、分析和跟踪。"

科特勒和阿姆斯特朗的定义是："为获取即时的回复并发展持久的顾客关系同精确选定的顾客个人做直接的营销传播。"

仔细比较后可以发现，以上三种定义其实是相互补充的关系。例如，科特勒和阿姆斯特朗突出了直复营销中回复的即时性，因为它才是直复营销与其他营销方式的显著差别所在，如果忽略了这点，那几乎所有的营销行为都可以算做直复营销。例如，有人会把在闹市区设一块大广告牌的做法也当成是直复营销，因为如果有必要，广告主也可以使用受众调查的方法来了解这块广告牌所发挥的效力。英国直复营销研究所的定义则更多地强调了直复营销的目标和具体操作。

虽然直接销售通常是直复营销，但直复营销未必是直接销售，因为直复营销可以有渠道经销商的参与，未必都是直接面向终端顾客的直销。即使某些极端依赖渠道的产品依然有实施直复营销策略的可能性。例如，百事可乐在1993年遭遇到一次品牌危机事件，事件的缘起是某地有人往可乐罐里恶意投毒。为挽回影响，百事可乐在全美大量投放了印有1美元折价券的报纸广告，消费者在使用该券购买24罐装的百事可乐产品(原价大约为7美元)时可以省1美元，同时，零售商可以凭收到的每张折价券向百事可乐报销折让的1美元外加8美分的处理费。百事可乐在这次直复营销活动中从全国各地回收了大量的折价券，根据折价券的编号体系，百事可乐获得了宝贵的全国报纸媒体的业绩比较表，同时对于每一种零售业态销售百事可乐产品的能力也一清二楚，更重要的是，百事可乐成功地挽回了危机事件对于公司销售的影响。可见，直复营销并非直销企业的专利，几乎任何企业都有发展该策略的可能性。

企业既可以单一地使用直复营销，也可以将其作为企业整体营销战略的一部分，直复营销普遍适用于产品或者服务导向的公司，甚至还适用于非营利机构的营销。当然，它也不仅适用于消费品市场的营销，而且还适用于产业市场的营销。

根据所选择的主力传播媒体的不同，直复营销可以分为许多不同的形式，目前最重要的7种形式为人员直接销售、目录营销、直邮营销、电话营销、直复广告营销、订购终端营销和网上营销。随着社会的不断进步，有些直复营销形式已经风光不再。例如，直邮营销曾经是一种非常重要的直复营销形式，但是随着回复率的不断降低(从前几年的5%以上降低到目前的不足1%)，它开始逐步让位给具有明显成本优势的电子邮件营销。目录营销的载体也有了变化，印刷精美的产品目录开始让位于成本低廉的CD-ROM，面向产业市场的产品目录更是如此。

在线销售(online marketing)是直复营销的一种新形式，也是网络营销的一个重要组成部分。它指利用互联网向特定用户销售产品或者服务的营销方式，同其他直复营销的方式相比，它更灵活、更迅速、更容易评价也更加具有成本效率。对于可以数字化的产品或者服务，在线销售尤其具有优势，我们将在第6章对在线销售进行更深入的讨论。

在线销售实际上是订购终端营销的一个自然的发展，订购终端不同于自动贩卖机，因为它只有订购的功能，而不能立即给顾客交付商品。同时，因为订购终端是一种专用的设备，所以它通常安装在专营店铺内部供光临店铺的顾客预订短缺的商品，用户通过订购终端一般只能向特定的商家预订商品。

直复营销的形式虽然在不断变化，但它的原理是一致的，所以使用一种直复营销形式的经验可以很容易地移植到另一种直复营销方式当中。从现有的案例来看，已经从事过一种直复营销形式的企业再从事在线销售比没有过直复营销经验的企业更容易获得成功。其中的原因有两个，一个是不同形式的直复营销的某些流程和设施可以共用(如配送服务或者仓储中心)，更重要的一个原因是企业积累的一些直复营销经验(如何扩大客户基础)可以很容易地移植。我国直复营销的发展较美国滞后许多，这对我国发展在线销售是个不利因素。不同的直复营销方式通常各擅胜场，企业如果能灵活运用直复营销的不同形式，必能起到事半功倍的最大效果。

直复营销最大的优势在于供求双方的直接互动，营销者可以从互动中深入了解客户的真实需求，从中把握新的市场机会，并通过提供周到的服务同客户建立持久的关系。直销理论的主要分析方法是顾客生命期价值(lifetime value，LTV)分析，即通过贴现顾客在未来的购买来估计该顾客对公司的价值。直销战略的绝大部分是以LTV分析为基础的，例如：

> 制定获取新顾客的投入预算。
> 确定有价值的核心顾客的范围。
> 制定挽回流失的老顾客的方略。
> 评估营销数据库的资产价值。

数据库营销就充分利用了LTV方法的威力。

2.4.2 数据库营销

数据库营销最早是作为直复营销的一种形式出现的，但今天，数据库几乎成了所有直复营销形式中一个不可缺少的要素，所以，在许多人看来，数据库营销就成了直复营销的另一种说法。例如，王汝林说："数据库是直复营销的技术支撑系统，所以有人把直复营销也叫做数据库营销。"[①]台湾学者黄复华也说："其实Relationship Marketing(关系行销)、Direct Marketing(直复行销)、Database Marketing(资料库行销)或Loyalty Marketing(忠诚度行销)、Dialogue Marketing(对话式行销)、One-on-One Marketing(一对一行销)，尽管名称各异，但实质上，其核心理念全属一致，均是以行销资料库为核心基础，开展行销活动，只是切入的角度或关注的领域不同而已。"[②]的确，要在今天从事直复营销的研究和实践必须掌握数据库营销的方法和技巧。

关于数据库营销的概念，按照数据库营销之父弗瑞德里克·纽威尔(Frederick Newell)的说法，"资料库行销是一套中央资料库的系统，用来储存有关企业与顾客间关系的所有信息，目的不在于获得或是储存，而是用来规划个人化的沟通，以创造销售业绩。"[③]科特勒的定义是："数据库营销是为了同顾客联系并达成交易而建立、维护和使用顾客数据库和其他数据库(产品、供应商、分销商)的过程。"[④]

成功直销的关键首先在于能否建立起一个具有一定规模的顾客数据库，顾客数据库的内容比普通的顾客列表要丰富得多。顾客数据库中的资料不仅要包含顾客的联系方法、人口统计数据和心理学统计数据，还要包括顾客的购买行为资料，如顾客的购买频率(frequency)、购买额(monetary value)和最后购买时间(recency)的数据。实际上，RFM分析法是数据库营销中识别有价值顾客的最常用也是最有效的工具。当然，数据库中的资料是由少到多逐步积累起来的，对一些顾客，企业掌握的数据较多，而对另一些顾客，就可能只掌握极其有限的数据。一般而言，对于越重要的顾客，企业越需要掌握更多的信息。

通过对数据库中的潜在客户进行LTV分析，就可以确定出有商业价值的目标客户，再经过小规模的试销，找出最有效的营销组合并将其付诸实施，最后还要对营销效果做出分析评价，并依据最新获得的销售资料对顾客数据库进行更新，这才完成一个直复营销循环。对直复营销而言，一次成功的交易与其说是营销的终点还不如说是起点，直复营销的目标是通过持续地、最大限度地满足顾客的需要以赢得顾客的忠诚，并通过忠诚顾客找到新的顾客。

虽然数据库营销已经成为了席卷全球的一股潮流，但数据库营销尤其适合于满足以下条件的公司。

- ➢ 公司的目标市场可以被划分成可以识别的部分，每个部分都可以独立而且有效地投放广告。
- ➢ 公司产品的生命周期较短，公司可以通过周期性的销售来保留顾客。
- ➢ 产品的范围容许进行交叉销售(cross-selling)和深度销售(upselling)。
- ➢ 在顾客分布地区无法设立销售网点。
- ➢ 公司的竞争对手的广告经费占压倒优势。
- ➢ 缺乏经济并且有效的大众广告媒体。

[①] 王汝林.网络营销战略.北京：清华大学出版社，2002.
[②] [美]F.纽威尔著.王泱琳，黄治苹译.21世纪行销大趋势：创造高业绩的一对一行销新法则.北京：世界图书出版公司，2001.
[③] [美]F.纽威尔著.王泱琳，黄治苹译.21世纪行销大趋势：创造高业绩的一对一行销新法则.北京：世界图书出版公司，2001.
[④] Philip Kotler, Gary Amstrong. Principles of Marketing. 9th ed. 北京：清华大学出版社. 2001.

2.4.3 直复营销的策略组合

普通营销策略的制定可以从产品、价格、渠道和促销4方面来考虑,而直复营销的策略组合也有一个包含5个要素的框架体系。这5个要素是广义产品、创意、媒体、频次和客户服务。

① 广义产品除了指产品或者服务本身,还包括产品的价格、交货条件,直复营销虽然适用于几乎所有的产品种类,但仍然有些产品类别比其他类别更适合直复营销方式,同时,交货条件中应该包含有适当的风险降低条款,如退货条款。

② 直复营销的创意体现在传播的文案设计、图形设计、个性化实施方案等方面。

③ 直复营销的媒体策略指在各种不同的传播媒体间做出选择。

④ 直复营销的频次策略指涉及传播次数、时间间隔安排等方面的决策。

⑤ 客户服务的主要内容有快速而准确的订单履行、对顾客问讯和投诉的快速响应以及对退货条款的履行。提供24小时客户服务电话、接受信用卡付款、提供明确的退款保证都是极其有效的成功要诀。

我们看到,网络营销为高效率的直复营销提供了良好的条件,直复营销则为网络营销指明了一条成功的路线。

2.5 关系营销理论

关系营销理论起源于20世纪70年代一批北欧学者对服务营销和B2B营销的研究,它强调建立、增进和发展同顾客长期持久的关系。引进关系营销概念的学者认为传统的营销理论依赖于多种来自美国消费品市场的假设,而这些以短期交易为原型的假设明显不适用于企业对企业的市场营销和服务市场营销,在这两种营销中,与客户建立长期的关系是很重要的。如今,关系营销理论早已超越了企业对企业的市场营销和服务市场营销的范围,一些学者甚至认为关系营销标志着营销理论和实践的一个新时代。例如,邦内和库茨在他们久负盛名的著作《当代营销》第9版中就把营销的历史分为以下4个时代。

(1) 生产时代:该时代对应着1925年前的漫长时期。在该时期,即使最发达地区的企业也以生产作为企业经营唯一最重要的任务,这一时期一个有代表性的口号是"酒香不怕巷子深",人们普遍认为,好的产品绝不会没有销路。

(2) 推销时代:该时代从1925年开始,结束于20世纪50年代早期。这一时期企业开始强调雇佣能干的销售人员来推销产品,企业开始相信,消费者不会购买他们认为没有太大用处的产品,所以公司需要靠好的推销人员和广告来劝说人们购买这些产品。

(3) 营销时代:该时代对应着从20世纪50年代早期开始到20世纪90年代结束的一段历史时期。在该时期,发达国家的市场由卖方市场变成了买方市场,人们不再认为营销是从属于生产的一个次要活动,营销人员要在产品计划上发挥牵头作用,营销和推销被人们明确地区分开。

(4) 关系时代:该时代开始于20世纪90年代,我们目前仍处于这样一个时期,我们把这一时代的营销理念称为关系营销,它强调对顾客关系和供应商关系的管理。

这一划分充分说明了关系营销在今天营销理论中的重要地位。

按照芬兰营销学大师格鲁乌斯(Christian Grönroos)的定义，关系营销是"在有利润的前提下识别、建立、保持、提升以及终止同客户以及其他利益相关者的关系，从而使相关各方的目标得以实现，这通过相互交换并履行承诺来完成"。[①]

邦内和库茨给关系营销所下的定义是："为了共同利益建立、培育和维持与顾客、供应商、雇员和其他伙伴的长期的合算的关系。"[②]

可见，关系营销理论要解决的核心问题是如何建立和发展长期的互利关系，关系营销中的关系可以分为4类。

- ➢ 同供应商的关系。
- ➢ 横向关系，指与同行企业、政府部门以及其他有关组织的关系。
- ➢ 组织内部关系，指企业与员工的关系以及企业各部门间的关系。
- ➢ 同客户的关系。

在建立和维系与客户的关系一点上，关系营销与直复营销基本上是一致的，但关系营销理论还强调发展同供应商甚至竞争对手的良好关系，将结盟作为取得竞争优势的手段，这一思想在组织间电子商务中得到了贯彻。

建立和维系与客户的关系是关系营销要考虑的一个主要问题，而建立这种关系的基础是做出承诺、落实承诺和履行承诺。做出承诺主要靠网络营销传播来实现，而落实承诺则主要靠内部营销来实现。

内部营销本来是服务营销的一个概念，但如今它已随着关系营销理论渗透到了当代营销理论的许多方面。内部营销将员工视为企业内部的顾客，公司将服务提供给外部顾客之前需要把服务工作首先出售给员工。内部营销的主要工作包括招募到有才干的员工并为他们提供所需的工具、培训和激励，支持他们高效能地完成工作。内部营销的着眼点是以下因果链条：

内部服务质量——员工满意度——员工留置——外部服务质量——顾客满意度——顾客留置——利润

虽然内部营销工作主要是人力资源部门的职责，但人力资源部门要成功地完成这项工作，必须和营销部门以及运作部门协同工作。互联网和企业内部网的运用可以显著提高内部营销的效率。例如，人员招聘、员工培训等都非常适合在网上来进行。由此可见，网络营销并非总是面向外部市场的工作，在企业内部也有许多工作需要完成，只有内外协调工作，才可以最大限度地实现互联网为营销提供的潜在利益。

成功的关系需要考虑以下4个方面的问题。

(1) 纽带。建立关系的双方必须有共同关心的问题，并且在某些方面具有共同的目标。买卖双方之所以会考虑发展彼此的关系是因为他们都希望从关系中获利，对于买方而言，同少数卖主建立关系可以保证商品的稳定供给，降低搜索成本和采购商品质量的不确定性，还有可能获得卖主回馈；对于卖主而言，保持同顾客的关系可以节省营销费用，降低交易成本和市场的不确定性，甚至还可能得到满意顾客的正面宣传。

---

① Keith Blois(ed.). The Oxford Textbook of Marketing. Oxford: Oxford University Press, 2000.
② Louis E.Boone, David L.Kurtz. Contemporary Marketing Wired(9th ed.). Fort Worth: The Dryden Press, 1998.

(2) 移情。所谓移情就是站在对方的位置上考虑问题。虽然建立关系的双方有共同利益,但必定还有各自关心的问题和各自的利益,所以要建立关系不仅要考虑如何促进共同利益的实现,还要设身处地为对方着想,使对方的利益得到保障。

(3) 互惠互利。互惠互利是建立和发展关系的一个前提。这种关系要求将双方放在平等的地位上,一方利用自己在关系中的优势地位对另一方实施剥削必然会破坏双方关系的基础。

(4) 相互信任。在发展关系的过程中,双方的了解逐步增进,在此基础上可以建立起彼此信任,这对双方完成交易是非常有帮助的。某些企业为了提高所谓的顾客忠诚度,单方面采用锁定顾客的策略,靠提高顾客转移成本来保持顾客,这种做法是非常短视的,它即使得逞一时,最终也会永远失去顾客。不过,如果在相互信任的基础上,顾客自愿进行业务流程改造或者进行某种专用设施投资,来提高与卖方企业交易的效率,则是另一回事,这其实就是后面提到的结构层次的关系。

关系的维系可以分为三个层次(见表2-5)。

表2-5 关系的层级

关系层级	第一层	第二层	第三层
主要联系纽带	经济因素	社会因素	结构因素
顾客定制化程度	低	低到中	中到高
形成可保持的竞争优势的潜力	低	中	高
营销组合中的主要因素	价格	个人交流	服务
实例	www.buy.com	www.haier.com.cn	www.fedex.com

第一层:经济层次。这是最低级的一个关系层次,它通常出现在关系建立阶段,因为这时买卖双方彼此还缺乏了解,所以在建立关系时主要考虑的是在经济上获得利益,这一层次上的关系比较肤浅,并且相当脆弱,因为竞争者随时可以通过提供更优惠的条件来夺走顾客。www.buy.com(见图2-3)是靠价格吸引消费者的一个公司,它的价值主张是"地球上最低的价钱"。它不仅这样说,而且也这样做,通过一个自动程序不间断地搜索竞争对手的价格,一旦发现更低的价钱,它就会把自己的价格调低,所以,它的毛利只有1%~2%,公司必须靠广告收入的贴补才可以维持。www.buy.com和顾客建立了一种关系,但它的做法可能被竞争对手模仿,所以不能够为它带来持久的竞争优势。我们注意到,www.buy.com公司如今已经破产,这说明了经济层次关系的脆弱性。不过,直到今天,依靠比拼价格开展恶性竞争的电子商务企业仍然有很多,这类网站不仅包括了很多淘宝网网店,而且还包括了很多返利网和团购网,这类网站的商务模式是很难持续的。

第二层:社会层次。因为考虑到了消费者对社会交往的需求,所以社会层次的关系比经济层次的关系更加牢固。顾客俱乐部便是该层次关系的产物。例如,海尔公司(www.haier.com.cn)为了在给老顾客提供更好服务的同时也吸引新顾客,从2000年1月30日起组建了海尔俱乐部。俱乐部成员可以享受多种权益和亲情服务。到2008年5月,海尔俱乐部的正式会员数已经超过了72万人。

第三层:结构层次。结构层次的关系比社会层次的关系又前进了一步,在这一阶段,买卖双方真正结成了命运与共的合作伙伴关系。一般而言,这种关系在服务市场和组织市场上才能形成。买卖双方为了适应彼此更紧密的合作通常在业务流程以及组织结构上做出了变革,从而形成了一种彼此依赖的共生关系,关系破裂会对双方造成损害。买方如果要寻找新的供应商会付出高昂的转移成本。

图2-4　www.buy.com的低价保证条款

关系营销可以分为企业网营销、互动营销和数据库营销三种形式。

(1) 企业网营销(network marketing)同时也是B2B营销的一个分支,它重视与处于一个价值网中的企业发展双边或者多边的关系。在该理论中,企业网占据核心的位置,作为一个从属的概念,关系用来解释企业发展和管理企业网的过程。

(2) 互动营销指通过建立买卖双方人际关系的方法来实现企业营销目标的营销方式。

(3) 数据库营销是指利用数据库寻找目标顾客并留住顾客的营销方式。

关系营销的概念提出后,人们把与之相对的传统营销理论称为交易营销理论。如果说营销的目的是赢得顾客并保有顾客,那么交易营销更重视赢得顾客,而关系营销更注重保有顾客;交易营销更看重产品的技术质量,而关系营销更重视服务的运作质量。同交易营销相比,关系营销并不过分计较一次交易的得失,而是注重同客户建立持久的伙伴关系,它尤其适合服务以及工业品的营销。关系营销和交易营销的一个简单对比如表2-6所示。

表2-6　交易营销与关系营销的对比

关系营销	关注保持顾客	重服务	重过程	重价值转移	追求顾客基础	全面质量管理
交易营销	关注一次性交易	重产品	重结果	重价值创造	追求市场占有率	局部质量控制

需要注意的是,传统的交易营销理论并非一无是处,它毕竟经过了消费品市场的考验。在特定的时期或者在特定的市场上,交易营销导向的企业可能比关系营销导向的企业更有竞争力,仓储式超市冲破街头便利店围堵胜利进军的事例充分说明了交易营销理论旺盛的生命力。不过,随着服务贸易和企业间交易的不断增长,关系营销的地位日益上升已是不争的事实。因此,作为对交易营销观念的重要补充,关系营销理论对我们拓展网络营销的思路有着重要的指导意义。此外,关系营销理论还为客户关系管理提供了观念基础,客户关系管理(customer relationship management,CRM)是电子商务三字经中非常重要的一个,这一术语指的是公司确定、吸引、区分和留住客户的一条龙过程,它意味着通过供应链的整合向客户提供更好的服务。CRM和关系营销具有很密切的关系,后者

可以被看做是前者的观念基础，前者则可以看成是依靠信息技术手段对后者的具体实现。

关系营销理论还在企业公共关系特别是营销公共关系领域得到了很好的应用，我们在第8章会专门讨论互联网对企业公共关系的影响。

2.6 企业对企业营销理论

企业对企业(business to business)营销有时又被称为产业营销(industrial marketing)、组织营销(organizational marketing)、商务营销(commercial marketing)或者B2B营销。企业对企业营销理论起源于20世纪60年代末的美国，它的核心内容是组织采购行为模型(organizational-buying-behavior model)，企业对企业营销目前已成为现代市场营销理论不可或缺的重要组成部分。虽然基本的营销学原理同时适用于企业对企业营销和消费品市场营销，但企业用户的采购行为却有着与个人消费者购买行为迥然不同的特征，这些特征使企业对企业营销成为一个相对独立的营销领域。弗来彻(Keith Fletcher)用表2-7概括说明了组织市场和消费者市场的主要区别。

表2-7 组织市场和消费者市场的特征

比较项目	组织市场	消费者市场
需求	派生需求	直接需求
位置	集中并且可以识别	融合在一处
知识	懂行、专业	知识有限或者"非理性"
决策	涉及多人	个人或家庭
决策过程	时间较长	一般较短暂
忠诚	追求长期关系	常变换品牌，少有承诺
产品	技术含量多，服务很重要，可以指定产品规格	标准产品形式，服务需求少
价格	价格可谈判，有多种折扣	标准价格
促销	人员销售为主	广告为主
渠道	短而直接	经常存在中介

资料来源：Keith Fletcher. marketing management and information technology，1995.p44)

实际上，以上表格只是对组织市场的一个简单化描述，因为组织市场本身也不是一个单一的市场，而是可以区分为商务市场(commercial market)、贸易市场(trade market)、政府市场和机构市场。商务市场上的购买者都是企业用户，他们会把采购来的产品或服务用来为自己的顾客生产产品或提供服务；贸易市场上的购买者是各种各样的中间商，他们把采购来的商品直接销售给自己的顾客；政府采购的目的则主要是为公众提供服务；机构采购的目的则是为了机构本身的日常运转。不同组织市场上的购买者一般会有自己特殊的需求，并且要遵守不同的采购程序。例如，同样是采购食品，航空公司就会注重采购食物的质量和口味，而学校在采购食物时则会对价格更加关注。另外，同样是政府市场，不同国家、不同级别的政府机构的采购程序也会有较大的区别，而机构的采购行为也会随着机构规模、性质(私立机构还是公共机构)的不同而不同。即使是同一个机构采购，采购行为也可以按情形不同区分为以下3种。

(1) 简单重购：用户对质量满意的商品按照原先的购买条件重新订购。

(2) 修正重购：用户不完全满意从前订购产品的质量或者购买条件，要求重新商议商品的质量或者购买条件。

(3) 头次购买：用户对采购的商品以及潜在的供应商都缺乏了解，需要周密的调研才能做出购买决策。

企业在不同的采购情形有着不同的采购程序(见表2-8)，因此，营销者不仅需要针对不同的组织用户而且还需要针对同一用户不同的购买情形有针对性地制订营销计划。对于最重要的两种组织市场——商务市场和贸易市场，采购越来越多地和供应链管理联系在了一起，这就迫使组织市场上的营销者也要变换视角，更紧密地同供应链下游的商业伙伴开展合作。有时候，在这两个市场上，企业不仅要针对组织客户购买中心(buying center)的成员发动营销攻势，而且还需要直接向最终用户发动营销攻势，这就是所谓的合作营销策略(co-marketing)，"奔腾的芯(Intel inside)"便是大家熟知的一个合作营销的例子。

表2-8 企业在不同采购情形下的购买程序(选自科特勒《营销管理》第11版)

阶段		购买情形		
		头次购买	修正重购	简单重购
购买过程	问题识别	有	也许	无
	需求描述	有	也许	无
	产品规格	有	有	有
	寻求供应商	有	也许	无
	询盘	有	也许	无
	选择供应商	有	也许	无
	采购事项说明	有	也许	无
购后评价		有	有	有

在我国，因为改革进程等方面的原因，人们对B2B营销的特殊性和重要性普遍认识不足。李桂华在一篇文章中写道："西方发达国家非常重视企业对企业(B2B)营销理论的研究与应用，而我国只是近来在发展电子商务过程中才开始使用B2B营销这个术语，关于这方面的理论研究还很落后。"网络营销当然不局限于消费品营销，实际上，电子商务最早也是最成熟的应用是企业对企业的电子商务而不是企业对消费者的电子商务。B2B市场电子商务的销售额通常是B2C市场的5到10倍，因此将企业对企业营销理论应用到网络营销中是非常自然的，可是虽然美国已经有多本B2B网络营销方面的专著问世，而我国的绝大多数网络营销著作却对B2B网络营销视而不见，更不用说出版B2B网络营销方面的专著了。这种认识上的偏差曾经使我国在B2B电子商务的实践中走了不少弯路。例如，因为组织市场上的需求是派生需求，这种需求的短期价格弹性并不高，并且对组织买家而言，谈判成本、物流成本等交易成本在总成本中占有相当的比例，而如果供求双方能建立长期的伙伴关系，则非常有利于降低谈判成本，所以组织买家并不十分看中每次采购商品本身的价格高低，他们更关心长期的总的采购成本，另外组织买家非常看中降低采购行为中的各种风险。因此，组织买家对于主动寻找要价更低的新供应商并不热心，忽略了这一点正是国内某些B2B市场的造市商(market maker)遭受挫折的原因。

由此可见，在网络营销中吸收B2B营销理论的相关成果是我国深化网络营销理论研究的当务之急。我们将在第10章中专门来讨论B2B营销理论在网络营销中的应用。

2.7 全球营销理论

互联网的无处不在,使我们的世界比从前任何时候都更像一个地球村,随着欧元的正式启用以及我国与俄罗斯等重要经济体先后加入WTO,全球经济的一体化开始驶入快车道。全球营销理论试图解决以同一方式向全球提供同一商品的成本优势与营销策略按区域差异化的高效率之间的两难冲突,它的基本思想是要确定向不同地区提供的产品或者服务必须做出哪些调整并设法将这些必要调整的数量减到最少。

不同的营销传播方式适合于不同的地理跨度范围:如果企业的市场仅仅是一个社区,那么店面和户外广告效率最高;如果市场是一个城镇,那么最适合的传播媒体就是地方性的报纸;如果企业面对的是全国性的市场,最有效的传播渠道就是可以覆盖全国的电视频道;只有当企业的市场是全球性的市场时,互联网才最能显示出它无远弗届的优越性。

因为我国地域辽阔,人口众多,许多企业便因此满足于国内市场,这无疑是井底之蛙的思考模式。实际上,世界上发达国家的人口总量虽然不及中国,但他们的购买力却比中国高许多倍,考虑到发达国家网络基础设施完善于我国,网上市场几乎就是发达国家居民的俱乐部。按照国际数据公司(IDC)在2000年的估计,2003年美国占据了网上市场34%的份额,欧洲和日本则占到了47%,包括我国在内的所有其他地区则只占到19%的份额。这表明了国际市场对我国企业开展网络营销的重要性。入世给我国企业带来了进军国际市场的机遇,也迫使我国企业必须在国内市场迎接国外公司的竞争,在这种条件下,互联网对企业发展绝对具有战略上的重要性。企业网站是企业向世界打开的窗口,互联网常常为企业带来"出乎意料的国际业务"。位于美国宾夕法尼亚州的一家小公司——利海安全鞋业公司为扩大在本地区的销售而建立了企业网站,没料到网上的第一个订单竟来自印度尼西亚,随后还收到了来自韩国、中国和菲律宾的订单。又如位于我国西安的一家网上手机销售店——2000通移动网本来只打算服务于西安本地的客户,但有一天竟然接到了来自加拿大的询盘,令人惊异的是,2000通的网站是全中文的,而加拿大的那位客商并不会讲中文,他是通过在搜索引擎上搜索Siemens(西门子)发现了2000通网站,然后通过网站上的联系电话同2000通建立了联系。所以说,所有的企业网站都是国际性的站点,不论网络营销的主体是否愿意或者有没有心理准备,他都必须要考虑自己在网上的一举一动所可能产生的国际影响,必须考虑网站区域化和全球化结合的问题,在这里全球营销理论便成为行动的指南。

2.7.1 全球营销的利益和战略考虑

随着科技的进步,交通通信的发展,各国之间交往日益频繁,世界经济一体化趋势进一步加强,各国人民的需求和生活方式日趋相同,各国市场表现出了越来越多的一致性。就某些产品而言,各国市场间的差异甚至完全消失,形成了统一的全球市场,在这种背景下,西奥多·莱维特(Theodore Levitt)于1983年提出了全球营销理论。全球营销与传统的国际营销(international marketing)不同,国际营销是根据不同国家市场的不同需求制定不同的营销策略,而全球营销则把整个世界市场视为一个整体,以标准化的营销策略销售标准化的产品,将规模优势转化为全球性的竞争优势。

全球市场的出现表现在以下方面。
- 消费者趋同。国别因素对消费的影响未必比国家内部差别的影响大。法国上流社会的消费习惯更类似纽约的上流社会而与法国贫民显著不同。
- 人口结构趋同。许多国家都进入了老龄化社会，妇女就业成为普遍现象。
- 社会结构趋同。核心家庭衰落成为普遍现象。
- 生活水平的普遍提高。许多发展中国家开始出现了中产阶级，购买力大幅提高。
- 文化融合现象。例如，在北美、西欧及远东(日本)三大市场上的青年人具有相似的受教育程度、收入水平、生活方式及休闲追求等。

因为全球市场的形成，企业可将不同国家相似的细分市场看做一个细分市场，向其提供标准化产品或服务。在一国市场畅销的产品同样也会在世界市场上畅销。可口可乐、麦当劳快餐、好莱坞电影、丰田汽车的消费者遍及世界各国。

全球营销策略具有以下好处。

首先，企业可以通过产品标准化降低成本。因为产品标准化可以实现批量生产，取得规模经济，大幅降低原材料、机械设备和其他生产成本。大批量生产还可以降低单位产品的开发研究费用，包装、广告标准化也可以节约成本。在各国市场采用同一包装，要比在不同国家采用不同包装节省大量包装费。可口可乐公司采取的标准化广告策略在过去20多年中为其节约了大约9000亿美元的广告费。

其次，产品标准化有助于企业树立统一的品牌形象。同一品牌的商品应当具备同样的特征，因此只有那些在全球市场上提供同一产品的企业才可能拥有真正全球性的品牌。

最后，消费者也需要企业提供标准化产品或服务。例如，IBM在世界各地的子公司需要当地银行提供相同的服务。工程师、化学家、医生等科技工作者举行国际会议、出版国际期刊也需要标准化的产品及服务。

产品标准化是全球营销的重要手段，但是全球营销并不等于标准化。企业只对核心产品及其生产技术实行标准化，而不是对产品全部标准化。例如，个人电脑的元器件可以实现大规模标准化，但其外观却应根据各种不同的要求设计和制作。IBM公司仅为欧洲市场就提供了20多种不同的电脑键盘款式供用户选择。此外，为了迎合当地消费者特殊的偏好，企业还可以在产品促销、服务等方面作适当的调整。

全球营销战略能否成功取决于涉及的产品和服务的属性，一般而言，全球营销策略更适用于以下几种商品市场。

(1) 市场需求与文化因素无关的商品，包括大多数工业品以及主要在外地使用的消费品，如信用卡、旅行设备、笔记本电脑等。

(2) 原产地生产优势明显的奢侈品。某些奢侈品的声誉是以原产地出产为基础的，如中国的茶叶和丝绸、瑞士的军刀、法国的香槟、苏格兰的花呢等。

(3) 技术标准化，规模优势明显的商品，如汽车、电视机、收音机、录像机、音响等产品。

(4) 研究开发成本高的技术密集型产品。这类产品必须通过全球标准化来补偿初期的巨额研发投入，如飞机、超级计算机、药品等产品。

2.7.2 数字鸿沟

在数字革命方兴未艾的今天，我们也需要注意到，各地区的发展是不平衡的，数字鸿沟就是这种不平衡的一个形象描述。数字鸿沟表示发达国家和发展中国家在信息技术使用方面的巨大差距，这表现在计算机的拥有率、上网人口的比率和计算机知识的普及程度等方面。数字鸿沟问题会影响经济、社会和政治的方方面面，对网络营销企业而言，数字鸿沟的问题也是不容小看的。

尽管对数字鸿沟的范围及今后的发展专家们还有不同的看法，但数字鸿沟的存在却是不容置疑的。根据Internet World Stats最新发布的数字，2012年6月底，世界上有24.1亿人口上网，这代表了34.3%的世界人口。虽然有44.8%的网络用户居住在亚洲，但互联网在亚洲的渗透率并不高，只有27.5%，低于世界平均水平的34.3%。北美的互联网渗透率居于世界领先地位，达到了78.6%，远远高于非洲的15.6%。表2-9是Internet World Stats公布的统计数据，我们注意到，非洲、亚洲地区的成长还有很大潜力，而北美目前已趋于饱和。

表2-9 全球网络用户的分布

地区	网络用户数量/百万	人口中的渗透率/(%)	占世界份额/(%)
非洲	167.33	15.6	7.0
亚洲	1076.68	27.5	44.8
美国/加拿大	273.79	78.6	11.4
欧洲	518.51	63.2	21.5
拉丁美洲	254.92	42.9	10.4
中东	90.00	40.2	3.7
大洋洲	24.29	67.6	1.0
世界	2405.52	34.3	100

(数据来源：Internet World Stats，2012年6月30日，http://www.internetworldstats.com/stats.htm)

其实，数字鸿沟不仅存在于地区之间，也存在于不同的人群中间，不同收入水平、教育水平的人群中互联网用户的比例差距也很大。不过，数字鸿沟问题已经引起了人们的注意，人们开始采取积极的措施促进发展中国家和地区的信息化进程，所以，发展中国家加入全球化的虚拟市场仅仅是时间早晚的问题。

我们将在第12章中具体讨论全球网络营销的策略问题。

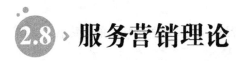

2.8 服务营销理论

随着社会的进步，服务业在各国国民经济中的重要性日益增加，许多国家已经进入了贝尔所说的后工业社会或者服务社会。在美国，服务业产值占总产值的比例已稳居七成以上，就业人数的比例更是接近八成，在其他发达国家，服务业的产值也占了总产值的六成以上，就连发展中国家的服务业产值平均也超过了总产值的一半。

实际上，产品和服务的区分是相对的，服务的提供经常伴随着产品的消费，提供产品的公司也需要提供相关的服务。对于一个大公司而言，在产品制造之外提供服务往往是其开展多元化经营的上好的选择。例如，通用电气公司(GE)发展最快的业务部门是GE Capital，这一主要推销金融服务和保险的事业部每年给通用电气带来327亿美元的营业收入，占GE总收入的39%[①]。实际上，市场提供物(产品及服务)构成了一个不间断的连续统，这就是所谓的产品—服务连续统(goods-services continuum，见图2-5)。这一概念的意思是：市场上的所有提供物都是介于纯粹的产品和纯粹的服务之间的服务和产品一定比例的组合。不过，市场营销学的研究表明，随着产品生产技术的不断提高，产品质量的差异逐渐缩小，当今市场竞争的焦点逐步转向了产品和服务组合的服务层次。在这种背景下，研究服务的特征和服务的营销策略就极为重要。虽然服务营销并不局限在服务行业，但为了论述上的方便，在本书中将主要讨论服务行业的服务营销。

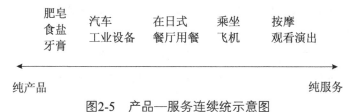

图2-5　产品—服务连续统示意图

目前，在电子商务的不同应用中，提供客户服务是同跨组织系统(interorganizational systems，IOS)以及电子交易(electronic markets)相并列的第三种应用。我们可以看到，在公司网站中除了交易站点和信息发布站点，最常见的类型就是提供客户服务的站点，尤其是计算机软件公司的站点大多属于顾客服务型站点。因为相当一部分服务属于可以数字化的信息服务，通过网络提供这些服务属于纯电子商务[②]，因此服务的交易在电子商务交易中也占据着显要的地位，旅游是网上销售的最大宗的品种之一，网上拍卖公司本质上也属于提供服务的公司。人们还盛传当前网上最成功的行业其实是网络色情业，这也属于服务行业。另外，其强劲的增长势头已经引起了许多国家政府注意的网络游戏业也属于典型的服务业。因此，研究网络营销原理或者从事网络营销实践的人都需要掌握服务营销的基本原理。

2.8.1　服务营销的发展阶段

服务营销理论产生的时间并不长，它的发展经历了三个阶段。

- 第一阶段(20世纪60年代—70年代)：服务营销学的初创阶段。
- 第二阶段(1980—1985年)：服务营销的理论探索阶段。
- 第三阶段(1986年以后)：理论突破及实践阶段。

1977年，当时任美国银行副总裁的列尼·萧斯塔克(Lynn Shostack)在《营销学杂志》上撰文指出，普通的营销理论已经不适应于对服务的营销，服务营销的成功需要新的理论来支撑；如果不对产品营销理论进行全面的拓展，服务营销的问题将无法解决。

在第一阶段，人们总结出了服务的4大特征，即无形性、不可分离性、差异性和不可存储性。服务的这些特征是研究服务市场上消费者行为和制定服务营销策略的基础。

在第二阶段，人们深入研究了服务的特征对消费者购买行为影响的方式，尤其集中于消费者

[①] [美]迈克尔·R.辛科塔等.营销学：最佳实践.北京：中信出版社，2003
[②] 崔顺英等人在《电子商务经济学》中提出的概念，即产品、过程和执行者都是数字化的电子商务形式。

对服务的特质、优缺点及潜在的购买风险的评估，西斯姆(Valarie A. Zeithaml)1981年在美国市场营销协会学术会议上交流的论文《顾客评估服务如何有别于评估有形产品》为该时期的代表之作，这项实证研究肯定了服务特征对消费者购买行为的影响，极其雄辩地说明了服务营销不同于传统的市场营销，它需要新的市场营销理论的支持。在该阶段，不少营销学者还探讨了服务的分类问题。例如，萧斯塔克根据产品中所包含的有形商品和无形服务的比重的不同，提出了其著名的"从可感知到不可感知的连续谱系(即商品—服务连续统)理论"(服装—化妆—空中旅行—教育)，并且指出在现实经济生活中纯粹的有形商品或无形服务都是很少见的。威斯则根据顾客参与服务过程的程度把服务区分为"高卷入服务(high involvement service)"和"低卷入服务(low involvement service)"。尽管人们对服务有不同的分类方法，但营销学者一致认为，针对不同类型的服务，营销人员需要采用不同的营销战略和战术。

在第三阶段，市场营销学者们集中研究了服务营销的营销组合策略，提出传统营销的4P组合应该被发展为7P组合，即在传统的产品、价格、分销渠道和促销组合之外，还应增加"人"、"服务过程"和"有形证据"3个要素，从而形成了服务营销的7P组合体系。

20世纪80年代下半期，营销学者逐步认识到了人的因素在服务的生产和推广过程中所具有的作用，在管理中更加强调员工的满意，认为员工的满意同顾客的满意直接相关。对人在服务中作用的研究衍生出了另两大领域，即关系市场营销和服务系统设计。

杰克逊提出要与不同的顾客建立不同的关系。约翰·塞皮尔(John A.Czepiel)强调了关系营销是服务营销人员应掌握的技巧。以萧斯塔克等为代表的营销学者则对服务系统设计的研究做出了重要贡献。萧斯塔克于1984年、1987年和1992年发表多篇论文，阐述了"蓝图技术"在分析、设计和提供的过程中的作用。大卫·鲍文(David E. Bowen)和葛莱特·琼斯(Gareth R. Jones)在1986年利用交易费用理论研究了顾客在何种情况下愿意参与服务生产过程的问题。

● 2.8.2 服务的特性和分类

同产品相比，服务具有4大特征。

(1) 无形性：消费者在购买服务前无法看到、听到、闻到、尝到或者触摸到服务。

(2) 不可分离性：服务的不可分离性体现在3个方面：其一，服务同服务的提供者无法分离；其二，消费者要参与服务的生产过程；其三，其他消费者也要参与服务的生产和消费过程。

(3) 差异性：服务质量的好坏取决于提供服务的人和提供服务的具体场景，服务的消费者本人在服务提供的过程中也发挥着重要作用，所以服务是很难甚至根本无法标准化的。

(4) 不可存储性：人们无法把服务储存起来供将来销售或者使用。

依据不同的标准，我们可以对服务做不同的分类。

- 按照顾客在服务过程中的参与程度不同，可以将服务分为高接触性服务、中接触性服务和低接触性服务。
- 按照服务人员介入程度的不同，可以把服务分为基于设备的服务和基于人员的服务。
- 按照服务的专业程度不同，可以把服务分为非技术性服务和专业服务。
- 按照提供服务的主体的不同，可以把服务分为政府服务、非营利性服务和营利性服务。
- 按照接受服务对象的不同，可以把服务分为个人服务和企业服务。

此外，还可以按照服务企业与顾客的关系是否正式、提供的服务是否连续等标准对服务进行分类。不同类型的服务往往具有不同的特性，这就要求提供服务的企业在营销策略上做相应的改变。

2.8.3 服务的营销策略

服务与产品相比具有许多不同的特征，这就导致了服务的营销与产品的营销也产生了若干重要的区别。一般认为，服务营销的营销组合至少要增加了三方面的内容，即人的因素(people)、有形证据(physical evidence)和服务过程(process)，这三个因素同产品营销的4P组合一起统称为服务营销的7P组合，简述如下。

服务的产品策略：服务产品包括核心服务、便利服务和支持服务，其中核心服务是为顾客提供核心效用的服务，如航空公司的空中运输服务；便利服务是为推广核心服务而为顾客提供便利的服务，如航空公司的送票服务和接站服务；支持服务是为提升核心服务价值而设计的相对次要的服务，如航空公司提供的空中无线通信服务、餐饮服务和影视服务。

服务的价格策略：虽然服务产品定价的基本原理同实物产品的定价并无二致，但服务的差异性却决定了服务可以在更大程度上使用价格歧视策略，服务的不可存储性则要求服务定价在时间上必须具有更大的灵活性。影响服务定价的主要因素有成本因素、市场需求因素和市场竞争因素。

服务的渠道策略：服务产品既可以由服务企业直接销售，也可以由中介机构进行代理。一般而言，差异性较小的服务比较容易通过中介来分销，差异性大的服务则适合直接销售。

服务的促销策略：服务的促销主要应考虑服务的不可存储性，提高服务能力的利用率。同时，在服务旺季，为了达到持续经营的目标，还需要实施低营销(demarketing)的策略，即主动限制顾客的数量，以保证服务的质量或者避免服务设施资源的超常规损耗。

服务的人员、过程和有形证据策略：在交易之前，营销者需要用有形的证据向客户传递服务质量的信息，提供服务(相当于产品交付)的过程中，员工与客户的交互作用对客户的满意度贡献很大，因此服务营销特别强调一线员工(产品生产者)在营销中的作用。格鲁乌斯还特别提出了内部营销的概念来强调树立一线员工营销意识的重要性。生产服务的过程通常就是消费服务的过程，所以服务质量的好坏反映在服务过程的每个环节上。

服务的网络营销策略也可以从以上7个方面去考虑，我们在第11章将会通过一些案例对这一问题做更具体的讨论。

2.8.4 服务的质量

在服务质量方面，人们对服务的技术质量和功能质量做出了区分，然后又在预期质量和感知质量的基础上提出了服务质量模型。服务的技术质量主要表现在结果方面，功能质量则体现在服务的过程当中，前者强调顾客得到了什么服务，后者则强调顾客如何得到了这些服务，格鲁乌斯在1990年提出了以下的服务质量模型(见图2-6)。

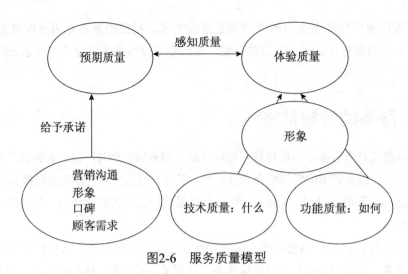

图2-6 服务质量模型

服务质量的管理虽然困难,但却是服务企业的生命线。服务质量的评价和改进往往要从以下方面入手。

(1) 可感知部分:这是服务产品的外在体现部分,如服务的环境、服务的设备、服务人员的仪表等。

(2) 可靠性:指服务方不折不扣地兑现服务承诺的能力,这要求避免服务过程中的差错。

(3) 敏感性:指服务方随时准备为顾客提供快捷、有效的服务,包括迅速改正差错和恰当处理顾客投诉的能力。

(4) 保障程度:指服务人员的敬业精神和胜任工作的能力。

(5) 移情性:指服务方真诚地关心顾客,设身处地地为顾客着想,使整个服务过程富有人情味。

综上所述,服务营销理论在网络营销中大有用武之地,研究网络营销必须借鉴服务营销的成果。

2.9 高科技营销理论

知识经济的一个特征就是高科技产品的充斥,一方面,平板电脑、智能手机、3D打印机、磁悬浮列车等高科技开始进入人们的日常生活,另一方面,原本是我们熟悉的传统产品,也可能因为增添了高科技的功能或者使用了高科技的材料而成为高科技产品。例如,普通的家用电器是一件传统产品,而智能家电则成了高科技产品。企业间的竞争使企业管理者认识到了服务的重要性,所以有人预言今后的企业都将成为提供服务的企业,同样,企业间的竞争迫使企业不断地进行技术创新,所以,未来的企业也很可能都是高科技企业。高科技产品同人们习以为常的传统产品相比具有许多鲜明的特点,需要特殊的策略来营销,为此人们提出了高科技营销理论。

2.9.1 高科技产品的特点

虽然高科技产品并不具备一个准确的定义,但人们对高科技产品所具有的以下特征仍然表示出普遍的认同。

第一，高科技产品使用了尖端的技术和科学成果，如基因工程、等离子体技术、核技术等，通常这些技术仍然在快速发展当中，但已经开始了商业应用。

第二，高科技产品的开发速度和更新速度都较传统产品快许多，关于这点最经典的一个例子就是微处理器的发展历史。根据摩尔定律，芯片的处理速度每18个月提高一倍，这一定律已经成立了数十年，并且仍然在起作用。

第三，高科技产品的推出将对原有的市场结构形成巨大冲击，这经常表现为高科技产品将替代某些传统产品并把它们逐出市场。例如，录音机的出现排挤了留声机，计算机排挤了打字机。电子行业的一个例子可能还要典型，20世纪50年代最基本的电子元器件是电子管，到了60年代，电子管开始被体积更小、工作更可靠并且更便宜的晶体管所取代，随后，电器行业开始普遍使用集成电路和大规模集成电路。到了80年代初，微处理器技术又开始崛起，目前，微处理器技术也似乎发展到了一个极限，人们开始考虑应用超导技术或者生物工程技术来把信息处理的速度提高到一个新的水平。一种高科技产品的问世引发了社会各方面全方位变革的事例在历史上发生过不止一次，如电、火车、电话、晶体管、机床、计算机、互联网等。这些产品后来构成了整个行业的基础，创造出了一个巨大而崭新的市场。

第四，高科技产品的面市依赖高额的研究开发投入，例如，根据Ernst&Young的统计，美国127家生物技术行业的公司一年用于研发的花费高达56亿美元，欧洲的716家同行的花费也达到了13.3亿美元。更有说服力的数字应该是研发费用占公司总销售的比例，高科技企业的研发费用平均占销售收入的4%~5%，在研发支出最多的20家法国公司中，研发费用超过总销售收入5%的公司全部是高科技企业，美国企业的情况也大体相同[①]。

此外，高科技产品还有显著的行业特征。一般而言，高科技产品都集中在生物、材料、信息技术和能源4大领域，这些领域正处于革命性的进步当中，每年在这些领域都能出现大量的高科技产品。

应该注意，高科技产品和传统产品的区分是相对的，并不存在绝对的界限，从最成熟的传统产品到最尖端的高科技产品中间存在了一个几乎连续的谱系。有时，政府对高科技企业的认证可以帮助我们把高科技企业同传统的企业区分开来，但政府对高科技企业的界定标准也有一定的随意性。

2.9.2　高科技营销的断层模型

尽管高科技产品的营销同传统的营销具有诸多相似之处，高科技企业的营销经理同传统企业的营销经理有着相同的目标，他们可以用来实现这些目标的手段也没有差别，但是，高科技营销却不能不考虑高科技产品的特点。例如，高科技产品的一个基本特点是产品的市场潜力和技术成熟程度具有高度的不确定性，高科技产品被市场接受有一定困难，一些顾客担心高科技产品操作困难，另一些人担心高科技产品可能会很快过时，甚至还有顾客对新事物有本能的抵制倾向；高科技产品的另一个特点是产品生命周期短，所以高科技产品的营销对时间特别敏感，营销活动必须遵循严格的时间计划，营销人员必须对市场动向做出敏捷的反应。另外，高科技产品的创新性要求强大的研发

---

① Eric Viardot. Successful Marketing Strategy for High-Tech Firms. 2nd ed. Boston: Artech House, 1998

服务和技术支持服务的配套,以便随时处理市场中发现的问题。

因为高科技产品的市场潜力具有不确定性,所以成功的营销显得更为重要。在高科技产品营销理论中有一个关键的概念是描述高科技产品扩散过程的断层(chasm model)模型(见图2-7),该模型从经验上描述了高科技产品市场上的一个常见现象,即一个高科技产品推出后,先是有个别人试用,然后又有少数人跟进,就在市场要打开之际,销售却出现了长期停滞,仿佛在产品的早期采用者和早期多数采用者间有了一个断层。所以高科技营销的基本任务就是填补这一断层,如果不能成功地将产品销售给早期多数采用者,新产品就会在市场上失败。

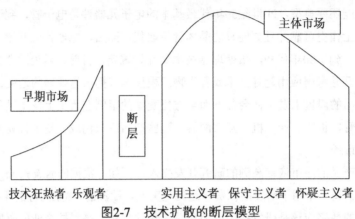

图2-7　技术扩散的断层模型

跨越断层需要着重考虑产品以下几方面的特征:产品的价值、与现有体系的兼容性、复杂性、可尝试性、可见度、网络效应以及风险。

- ➢ 产品的价值:高科技产品必须为消费者提供实实在在的价值,不能只充当一件摆设。
- ➢ 与现有体系的兼容性:高科技产品最好能兼容上一代产品,以免为用户造成过高的转移成本。
- ➢ 复杂性:高科技产品的选购、使用和维护应该是简单易懂的。
- ➢ 可尝试性:一件好的高科技产品不应该因为用户偶尔的操作不当而损坏。
- ➢ 可见度:如果高科技产品的使用对其他人是可见的,该产品便会增添引领潮流的符号价值。
- ➢ 网络效应:产品用户群体的扩大可以增添使用该产品的价值。
- ➢ 风险:使用高科技产品必须是安全的,这不仅指人身安全,也指没有经济风险和社会声誉风险。

小资料　　断层模型

埃弗雷特·罗杰斯(Everett Rogers)最早出版于1962年的著作《创新的扩散》(*Diffusion of Innovations*)是研究新科技传播的奠基之作。1973年,他和休梅克(F. Shoemaker)对这方面的研究做了有代表性的综合和分析。他们认为创新扩散的过程至少包含4个环节:知晓、劝服、决策和证实。罗杰斯将创新扩散的受众分为5类:创新者(innovator)、早期采用者(early adopters)、早期多数采用者(early majority)、晚期多数采用者(late majority)、落后者(laggards)。他的这个理论直接为杰弗里·摩尔(Jeffrey Moore)提供了基础,摩尔经过修正和发展,将其应用于高科技营销方面,成就了《跨越鸿沟》(*Crossing the Chasm*)这本杰作,并以"鸿沟理论"成为高科技营销领域最具影响力的人物。

高科技产品营销同网络营销有很强的相关性,原因有以下几个方面。

> 高科技产品的特征多属于可以用文字说明的可检索特征,而网络营销的一个优势就是可以提供详尽的产品说明,并且该说明非常适合潜在用户检索。
> 网络用户的特征和高科技产品早期采用者的特征重叠较多。例如,两个群体的收入较高、受教育程度较高、年轻、喜欢新奇事物并富有冒险精神。
> 高科技产品一般更容易远距离配送。高科技产品中知识要素的比重远远超过了材料要素,因此单位重量高的科技产品往往价值较高,比较容易负担产品的运输费用。
> 利用网络为高科技产品的用户提供服务带来的新价值显著。
> 虚拟社区可以发挥高科技产品技术热衷者(创新采用者)的意见领袖作用。

所以,我们毫不奇怪,在实施网络营销最成功的公司中高科技公司占很大比例。

2.10 网络营销伦理学

网络营销伦理学是由两条不同的应用伦理学研究路线汇流而形成的一个崭新的学科领域,其一是营销伦理学,其二是信息伦理学。

营销伦理学是对于如何将道德标准应用于营销的决策、行为和组织当中的系统研究,西方发达国家对营销伦理的研究已经有了大约30年的历史,我国也在引入市场营销学后不久就引进了营销伦理学。从20世纪末开始,营销学界对营销伦理的兴趣有了明显的升温,国家自然科学基金和社会科学基金均为营销伦理的研究提供了资助,而且还出现了一系列以营销伦理为题的著作,如寇小萱的《企业营销中的伦理问题研究》(2001)和王淑芹的《市场营销伦理》。营销伦理不仅从理论上探讨营销实践中的道德规范问题,还试图为营销人员提供实际情景下的道德解疑指南。营销伦理学的议题涉及几乎所有的营销环节,其中最受关注的环节包括市场细分和产品定位、市场调研、产品开发、定价、分销、直复营销、广告和国际营销。

计算机伦理研究开始于20世纪60年代中期。1968年,唐·帕克(Donn Parker)发表了《信息处理中的伦理规则》一文,阐明了建立计算机伦理规则的必要性,他还牵头制定了第一个计算机学会的职业守则,该规则于1973年被美国计算机协会所采用。70年代中期,瓦尔特·迈纳(Walter Maner)开始使用计算机伦理学一词专指研究由计算机技术引发、激化、转变了的伦理学问题的学科领域。70年代末期,计算机伦理学进入了许多美国大学,这标志着该学科的最终确立。1991年,全美计算机与伦理大会对计算机伦理学做了更为广泛的界定,提出计算机伦理学是运用哲学、社会学、心理学等学科的原理和方法探讨计算机及信息技术应用对人类自身价值所产生的影响的学科。这种更为宽泛的定义为计算机伦理学的发展拓展了空间,并且鼓励具有不同学科背景的专家来共同关注这一领域。

互联网和电子商务的发展给人们带来了一系列新的道德难题,美国著名经济学家克拉克奖章获得者保罗·克鲁格曼(Paul Krugman)在评论夏皮罗(Carl Shapiro)和瓦里安(Hal R. Varian)的畅销著作《信息规则:网络时代的策略指导》时说:"夏皮罗和瓦里安的成功像微软的崛起一样,标志着信息时代已经失去了它的纯真;它成了大生意,它的隐含规则实际上鼓励了像价格歧视和掠夺这样有害社会的行为。"对这些问题如果视而不见,任其发展,必然会破坏网络虚拟市场的正常秩序,使电子商务无法开展。需要注意，网络营销伦理理论与所谓的"软营销"理论绝不能画等号，两者的区分就如同讲道德修养与讲礼貌的区别，营销伦理的内容较之"软营销"要远为深刻和丰富，有社会责任感的网络营销绝非只有讲究网络礼仪这么一点点内涵。

企业伦理学的研究表明，企业的伦理优势在一定条件下可以转化为竞争优势。过去，因为忽视营销伦理而在国际市场上碰壁的例子在我国时有发生。前不久，有报道说由于来自中国的垃圾邮件日趋泛滥，欧美的网络服务商正在全面屏蔽中国电子邮件服务器的IP地址。因此，在网络营销中迅速引入营销伦理的观念并建立起网络营销伦理学已经成为我国网络营销界的当务之急。

随着企业伦理学的发展，社会营销(societal marketing)的观念日益深入人心，社会营销要求营销企业考虑营销行为对顾客以及社会公众的长远福利产生的影响并承担一定的社会责任，在社会营销理念的影响下，人们开始了对营销伦理的系统研究。如今，营销伦理已经成为市场营销学不可缺少的一部分，伦理策略也已成为营销策略的一个重要方面。越来越多的企业开始把恰当的伦理策略作为他们建立和发展同顾客长期关系的重要手段。我们将在第9章中深入探讨网络营销伦理理论及其应用。

以上十个方面的理论都是经济学或者市场营销理论的先进成果，选择它们作为研究网络营销的基础，研究它们对网络营销的指导意义，将对我们拓宽视野、丰富和发展网络营销理论产生积极作用。

本章内容提要

网络营销是电子商务和市场营销的交叉学科，它的理论基础包括10个部分：电子商务经济学、消费者行为理论、整合营销传播理论、直复营销理论、关系营销理论、企业对企业营销理论、全球营销理论、服务营销理论、高科技营销理论和网络营销伦理学理论。电子商务经济学主要研究同电子商务有关的微观和宏观经济学问题，对网络营销的指导意义主要体现在战略层面。消费者行为理论是研究个人、群体或者组织为满足自身需要而选择、获取、使用和处置产品、服务、体验或者观念的过程以及该过程对顾客和社会的影响的学科。它弥补了经济学把厂商和消费者描述为纯粹经济人的不足，从行为科学角度拓展了我们对厂商和消费者的认识。整合营销传播理论是以营销过程中的信息流为主要研究对象的一种相当系统的营销理论，其目的是通过各种营销传播渠道的整合，促进顾客的购买行为，增进顾客忠诚，实现最大化的营销效果。直复营销是一种有着悠久传统而又随着信息技术的进步在当代重新焕发出无穷活力的营销方式，具有互动性、可度量性、与地点无关、回复及时等特性。在线销售是直复营销的一种形式，也是网络营销的一个重要组成部分。数据库营销的说法强调了现代直复营销对数据库的依赖。关系营销理论是目前占主导地位的一种营销理论，它强调对企业与顾客、供应商、雇员和其他商务伙伴的关系的管理，关系营销理论尤其适合服务的营销以及B2B市场上的营销。企业对企业营销理论起源于20世纪60年代的美国，它的核心内容是组织采购行为模型。全球营销理论强调国际市场的同一性，其目的是以标准化的营销策略在全球销售标准化的产品和服务，将规模优势转化为全球性的竞争优势。服务营销理论强调了服务不同于有形商品的4种特性：无形性、不可分离性、差异性和不可存储性，并且在营销策略方面强调了人的因素、有形证据以及提供服务的过程。高科技营销理论则强调了高科技产品与普通产品的不同特性，其核心内容是高科技产品扩散过程中的断层模型以及相应的跨越断层的营销策略。网络营销伦理学实际上是营销伦理学与信息伦理学两种理论的一个汇流，网络营销的伦理策略构成了网络营销策略的一个重要方面,关注网络营销中伦理问题的妥善解决不仅关乎企业营销目标的实现,而且关乎全社会市场机制的公正和效率。

复习思考题

1. 研究几家网上零售企业的网站(如当当网和亚马逊网),判断他们主要面向的是哪一类细分市场,并据此对其销售策略做一简要点评。
2. 舒尔茨总结的整合营销计划的5R指的是什么?
3. 说一说直接销售和直复营销的区别和联系。
4. 直复营销策略组合的5个要素是什么?
5. 自己查找资料比较一下山姆俱乐部(www.samsclub.com)和沃尔玛(www.walmart)不同的营销策略。
6. 分析一下我国企业对企业营销理论发展相对滞后的原因。
7. 全球营销的理想在现实中会遇到哪些问题?
8. 服务营销的7P组合指的是什么?
9. 高科技营销中的断层模型指的是什么?
10. 如果要你为网络营销增添一个理论基础,你会增加哪一个理论?说明理由。

@ 网上资源

得克萨斯大学奥斯汀分校电子商务研究中心(http://cism.mccombs.utexas.edu):该机构是世界顶尖的电子商务研究机构,网站上收录有大量的经典文献,包括本书前面提到的崔顺英等人所著的《电子商务经济学》全文。

顾客行为和营销——顾客的心理学(www.consumerpsychologist.com):是丹麦裔美国营销学学者拉斯·泊讷(Lars Perner)博士创办并维护的顾客行为主题网站。该站点包含了大量有关消费者行为的信息,此外还提供该主题的电子刊物供访问者订阅。

营销专家的营销资源(www.marketingprofs.com):是一个内容全面的营销资源网站,提供的资源包括实务类文章、营销案例、营销文摘、资料下载、研究报告等。这些资源几乎涉及营销的所有领域,如广告、品牌管理、电子邮件营销、搜索引擎营销、B2B营销等。该网站是营销人拓展知识的一个不错的入口网站。

价值与生活方式(www.sric-bi.com/VALS/):是著名咨询机构SRI在1978年所开发的按心理学统计数据对市场进行细分的系统,该系统的基础假设是态度决定行为。访问该网站可以了解行为科学在营销学中的应用。

iUserTracker网民行为研究(www.iresearch.com.cn/data/iusertracker/):艾瑞公司的网民行为研究部门利用安装在网民客户端的软件iUserTracker对中国网络用户的网络使用行为进行了持续的跟踪研究,并把部分结果发布在其网民行为研究网站上,这些结果经常能够反映网络应用的最新热点问题,对我们了解中国网络用户行为有重要参考价值。

赛博风中华网络伦理学网(www.chinaethics.org):该网站开设有网络伦理理论、网络传播伦理、电子商务伦理、网络安全伦理、网络知识产权、网络隐私伦理以及数字生存伦理等众多专栏,收录了大量相关理论文章、新闻、案例和其他对研究有帮助的资源。

参考文献

1. [美]Soon-Yong Choi，D O Stahl, A B Whinston著. 张大力等译. 电子商务经济学. 北京：电子工业出版社，2000

2. Keith Blois(ed.). The Oxford Textbook of Marketing. Oxford: Oxford University Press, 2000

3. 李桂华. 论企业对企业营销的模式和特征. 现代财经，2000(09)

4. [美]劳利·温厄姆，乔·萨姆塞著. 胡开宝译. 网络困境与商务新规则. 北京：华夏出版社，2001

5. [美]卡尔·夏皮罗，哈尔·瓦里安著. 张帆译. 信息规则——网络经济的策略指导. 北京：中国人民大学出版社，2000

6. Louis E.Boone, David L.Kurtz. Contemporary Marketing Wired(9th ed.). Fort Worth: The Dryden Press，1998

7. [美]迈克尔·R.辛科塔，帕翠克·邓恩等著. 李占国译. 营销学：最佳实践. 北京：中信出版社，2003

8. Eric Viardot. Successful Marketing Strategy for High-Tech Firms. 2nd ed. Boston: Artech House, 1998

9. 谢康，肖静华，赵刚. 电子商务经济学. 北京：电子工业出版社，2003

10. 李莉，杨文胜. 电子商务经济学. 北京：机械工业出版社，2007

11. 罗家德. 网络人际关系营销. 北京：社会科学文献出版社，2001

12. [美]詹姆斯·A.菲茨西蒙斯. 服务管理(英文版). 北京：机械工业出版社，1998

13. [美]戴维·刘易斯，达瑞恩·布里格. 新消费者理念. 北京：机械工业出版社，2002

14. [美]乔治·邓肯著. 杨志敏，杨建民译. 直复营销：互联网、直递邮件及其他媒介. 上海：上海人民出版社，2003

15. William J.McDonald. Direct Marketing: an Integrated Approach(第2版，英文影印版). 北京：机械工业出版社，1999

16. [美]雅基·莫尔著. 胡奇英，杜荣等译. 新产品与创新的营销. 北京：机械工业出版社，2002

17. [英]马丁·克里斯托弗等著. 李宏明等译. 关系营销：如何将质量、服务和营销融为一体. 北京：中国经济出版社，1998

18. [美]克里斯托弗·H.洛夫洛克. 服务营销. 北京：中国人民大学出版社，2001

19. [美]沃伦·J.基坎，马克·C.格林著. 傅惠芬等译. 全球营销原理. 北京：中国人民大学出版社，2002

20. [美]E·G.布莱尔蒂等著. 李雪峰等译. 商务营销(第3版). 北京：清华大学出版社，2000

21. Terence A. Shimp. Advertising & Promotion: Supplemental Aspects of Integrated Marketing Communications(5th ed.). Fort Worth: The Dryden Press, 2000

22. 李伦. 鼠标下的德性. 南昌：江西人民出版社，2002

23. Judy Strauss, Adel El-Ansary, Raymond Frost. E-Marketing(3rd ed.). 北京：中国人民大学出版社，2004

24. F. Gerard Adams. The E-Business Revolution and the New Economy: E-Conomics after the Dot-Com Crash. Mason: South-Western, 2004

25. 刘向晖. 关系营销失败案例剖析. 商业时代，2006(07)

第3章 网络营销的现实基础

本章学习目标

在学过本章之后，你应该能够：
- 熟悉互联网的主要应用，掌握常见软件工具的操作。
- 对互联网的一些新应用、特色服务和移动商务技术有基本的了解。
- 了解数字制造和3D打印技术的发展情况及其对网络营销的意义。
- 理解网络礼仪、网络道德和相关法律制度的区别和联系。
- 了解我国网络营销配套服务的发展状况。

网络营销的产生和发展需要一定的前提条件，这既包括计算机网络技术、无线通信技术和其他相关信息技术的大发展，也包括相关法律制度、伦理制度的基本完善，还包括配套服务市场的充分发育。以上构成了网络营销的现实基础，我们分述如下。

3.1 网络营销的技术基础

网络营销的技术前提是互联网技术、移动商务技术、数字化制造技术、数据挖掘技术等有关信息技术的大发展。要掌握好网络营销，就必须对这些技术有基本的了解。本节主要介绍同网络营销有关的技术背景知识，主要着眼于这些技术在网络营销中的意义。

3.1.1 互联网技术

1. 互联网的各种应用

互联网是人类历史上继印刷机、蒸汽机和电话机之后又一个伟大的发明，它有着极其广泛的应用。互联网诞生以后发展极其迅猛，20世纪90年代初期的互联网商业化更使互联网成为包括网络营销在内的各类电子商务应用的最重要的基础设施。

Internet向用户提供的各种功能通称为"Internet的信息服务"，其最基本的应用有电子邮件(E-mail)、文件传输(file transfer)、远程登录(Telnet)、电子公告板(Bulletin Board System，BBS)、新闻组(usenet)、邮件列表(mailing list)、聊天室(chat rooms)、即时传信(instant messaging)、Gopher和万维网(World Wide Web，WWW)等。为了帮助用户从浩瀚的信息海洋中便捷地获取信息，人们又开发了一系列信息检索服务，如Archie、Veronica、WAIS和适用于检索WWW的搜索引擎。2003年以后，以网络日志(blog)、维基(Wiki)和SNS为代表的Web 2.0技术发展迅猛，将互联网的发展带到了一个新时代。我们将首先对上面列举的一些技术做一简要评述，然后介绍对网络营销具有重要意义的其他几种互联网技术,分别是签语块技术(cookies)、软件代理技术(software agent)、大众分类法(folksonomy)和基于互联网的电子数据交换技术。

1) 电子邮件

电子邮件是通信技术与计算机技术相结合的产物,它是互联网上的一种人际异步通信手段。互联网问世后最早的一个杀手级应用(killer application)就是电子邮件。今天,互联网的应用虽然较二三十年前有了极大的拓展,但电子邮件仍然是互联网上最受欢迎的应用之一。据Radicati公司统计,2012年全球使用电子邮件的用户有22亿之多,而每天发送的电子邮件数量为1440亿件。

使用电子邮件,一个网络用户可以很快地将数字化信息传送给另一个或者多个用户。电子邮件正文通常以文本或者超文本形式显示,但多数系统允许用户以附件形式发送任何格式的文件。现在已出现了语音邮件和视频邮件。电子邮件跟通常的信件相比,具有快速、方便、经济和信息量大的优点。不过,电子邮件的广泛使用也使它成为互联网上病毒传播的重要途径之一。

电子邮件系统是一个采用SMTP(simple mail transfer protocol)邮件服务器发送邮件,并采用POP(post office protocol)服务器接收邮件的系统。SMTP服务器是在信件发送时,电子邮件客户程序所要连接的系统,它的任务是将待发送的邮件转移到一个POP服务器上,该服务器将信息存储并转发给接收者。当用户检查所接收到的电子邮件时,用户的电子邮件客户程序登录到POP服务器上,并请求查看存放在邮箱中的信件。SMTP和POP服务都很简单而且可靠。

电子邮件是网络营销最重要的工具之一,电子邮件营销的详尽介绍见本书第5章。

2) 文件传输

文件传输是指用户从一个地点向另一个地点传送数字文件。用户可以把当地的文件传送到远程计算机上,也可以从远程计算机上取得自己所需要的文件,还可以把文件从一台远程计算机传输到另一台远程计算机。因为这种服务使用的协议是文件传输协议(File Transfer Protocol,FTP),所以该服务通常被称为FTP服务。

FTP采用客户机/服务器结构,即使用该服务既需要客户机软件,也需要服务器软件。FTP客户机程序在用户计算机上执行,服务器程序在宿主计算机上执行。用户启动FTP客户机程序,通过输入用户名和口令,客户机就会尝试同安装有FTP服务器的远程主机建立连接,一旦连接成功,在客户机和服务器之间就建立起一条命令链路(控制链路)。用户可以通过它向FTP服务器发送命令,如进行文件查找、下载或上传等,FTP服务器则返回执行每条命令的状态信息。

FTP可以进行任何文本和二进制信息的双向传输,二进制信息包括程序、图像、声音、动画等文件。用FTP传输文件,用户必须进行系统注册,提交用户名和口令,这种访问方式可以使用户向远程计算机上传文件或从远程计算机上下载文件。在大多数情况下,用户使用下载服务来获取文件,但如果用户在网页制作或更新完毕后,需要将网页文件上传到远程的服务器上去,这时就要用到上传功能。此外,FTP还允许用户把文件直接从一台远程主机传送到另一台远程主机。FTP的软件有很多种,目前最经常使用的FTP软件当首推Cuteftp。

互联网上有许多FTP服务器被设置为"匿名"FTP服务器,这类服务器的目的是向公众提供文件拷贝服务,因此不要求用户事先在该服务器进行登记。与这类匿名FTP服务器建立连接时,一般在"用户名"栏填入anonymous,而在"口令"栏填上用户的电子邮件地址,这也是大多数FTP客户程序的默认设置。

现在应用最多的当数匿名文件传输服务。在互联网上存在着大量的匿名FTP服务器，这些服务器中存有大量允许人们自由复制的各类资料，如各种自由软件和技术文档，甚至还有音像资料、电子杂志和归档的新闻组。许多正在开发的互联网软件的中间版本往往由匿名FTP服务器向公众发布，供大家测试。这些服务器中蕴藏了互联网上大量的信息资源，并且允许任何人以"无名氏"的身份匿名访问。不过，匿名访问实际上并不匿名，因为用户已经向匿名FTP服务器提交了自己最重要的识别信息——电子邮件地址。

FTP的主要特点如下。

(1) 无论用户及服务器在何位置，使用何种操作系统，采用何种方式连接，都可以进行文件传输。

(2) 互联网上每时每刻都有大量的匿名FTP服务器正在运行，为用户提供上传下载服务，它们对用户下载几乎没有什么限制，但一般而言，匿名FTP服务器出于安全方面的考虑对上传会有某些限制。

(3) 使用FTP服务是获得软件和技术文档的重要方式，许多程序是通过匿名FTP服务器发布的，因此用户随时可获得新的软件和技术文档。远程计算机目录中通常都会有以readme命名的文本文件，可以帮助用户了解目录中的文件内容。用户可以通过专门的FTP搜索引擎实现文档的定位。

网络营销人员经常使用FTP来下载自己所需要的软件和文档，发布自己的网页。有时，网络营销企业还建立自己的FTP服务器供客户下载软件或文档，顺便收集下载用户的电子邮件地址，扩充自己的邮件列表。

3) 远程登录

Telnet协议是TCP/IP协议族中的一员，是Internet远程登录服务的标准协议和主要方式。远程登录功能可以使用户的计算机变成网上另一台计算机的远程终端。网络上的超级计算机往往用这种方式供大家共享，只要用户有网上那台计算机的账号，就可以登录到该计算机，使用该计算机上的各种资源，如查询数据库或者运行应用软件完成某项特定工作。如果远程计算机是一个开放的系统，那么任何用户都可以用指定的某个公用名登录。国外许多大学的图书馆都提供对外联机检索服务，一些政府部门或科研机构也建有对外开放的数据库，互联网上的用户可以通过Telnet访问这些信息资源。尤为重要的是互联网上Unix操作系统下的一些应用工具本身也是通过Telnet来访问的，如BBS、Archie等。有了Telnet之后用户不必局限在固定的地点和特定的计算机上工作，通过网络随时可以使用任何地方的任意计算机联网。今天，网络营销人员或者网络技术人员仍会使用该功能来完成某些任务，如使用BBS或者管理被托管的服务器等。不过，由于Telnet联机会话是在不加密的情况下传输的，包括账号和密码在内的数据都容易被人窃听，存在着巨大的安全隐患，所以Telnet正在被其他更完善的协议(如SSH)所取代。2008年9月24日，世界上最早的在线社区网站Well(www.well.com)不再支持Telnet远程登录，而是转为SSH，因为这样它才能通过支付卡行业数据安全标准(Payment Card Industry Data Security Standard)的认证，才能成为信用卡公司的特约商家。同时，微软的Vista版已不再预装Telnet客户端，用户要手动从程序集里激活才可以使用。

4) 电子公告板

电子公告板又称电子布告栏系统，是早期互联网用户交流信息的一个重要场所。世界上第一个公共电子公告牌系统是沃德·克里斯藤森(Ward Christensen)于1978年在芝加哥开发的。1994年5月，国家智能计算机研究开发中心开通的曙光BBS站则是中国内地的第一个BBS站。早先市面上架设的BBS是通过调制解调器并使用电话拨号方式连接的。互联网上的BBS与通过拨号方式接入的BBS不同，它直接使用互联网上的连接，硬件一般是用Unix工作站，再配置BBS服务软件。一般情况下，同时联机的人数可以多达成百上千人。用户只要通过Telnet登录到远程主机内的BBS，即可使用该电子公告牌系统。大多数BBS站点每天定时与其他站点交换信息，以便更多地为各地用户提供服务。有的BBS站点还可到其他BBS站点上访问。用户在BBS中可以张贴文章或进行实时讨论，BBS上的各种资料都按照主题内容做了归类整理，查找起来非常方便。此外，BBS还支持文件的上传下载和电子邮件功能。BBS发展出了一套独特的BBS文化，这包括各种特有的缩略语及网络表情符号的广泛使用。

讨论区是BBS最主要的功能之一，包括各类学术专题讨论区、疑难问题解答区和闲聊神侃区等各种领域的讨论主题。目前国内的BBS站点上常设有数十个各具特色的分类讨论组，如站内管理、网络资源、学术科学、人文社会、经济杂谈、用户闲聊、软件讨论、硬件讨论、互联网技术探讨、Windows 探讨、电脑游戏讨论，以及校园信息、体育健身、休闲娱乐等，用户可以选择适合自己的主题浏览或参与讨论。

如今，BBS在万维网的挤压下已经失去了往日的繁荣，逐渐演变成了老网民怀旧和新网民猎奇的地方。不过，国内外都仍然有一些BBS保持着一批忠实的用户，这些用户虽然数量不多，但很多都是在特定领域中有着不小影响力的意见领袖，BBS仍然是接触这些人的一个渠道。

中国科学技术大学的瀚海星云(http://bbs.ustc.edu.cn)是国内现存的为数不多的BBS站，看看BBS都有哪些功能，体验一下中国科学技术大学的网络文化。

5) 新闻组

新闻线也叫做Unix用户网络(unix user network)，它是互联网上数以万计的各种主题的新闻组(newsgroup)的总称。新闻组于1979年出现在美国北卡罗莱纳州立大学，创建者最初的想法是为对某个主题感兴趣的人提供一个相互交流的途径。usenet也采用客户机/服务器结构，服务器负责存储和分发新闻组讯息，用户通过在客户端安装的新闻阅读器软件参与新闻组(阅读和发布讯息)，不过，现在的浏览器软件大都集成了新闻阅读器的功能。网络上有许多新闻服务器允许公众匿名使用，但也有很多新闻服务器需要密码才能登录，在新闻服务器索引网站上可以查找到新闻服务器的地址和简评。新闻组的主话题(顶级话题)被分为以下8大类：

> comp——包括计算机硬件和软件。
> humanities——人文艺术。
> misc——杂项，包括五花八门的各种话题。
> news——新闻。
> rec——兴趣、爱好和娱乐活动。
> sci——科学研究实践。
> soc——社会问题，文化。
> talk——辩论。

每一个主话题又会被进一步划分为许多针对性更强的小话题，并按照特定规则加以命名。例如，大多数主题的新闻组都有以下3种不同风格的子新闻组。

(1) 标准新闻组(standard newsgroups)。标准新闻组又被称为世界新闻组，这类新闻组用于对比较严肃的问题进行高质量的讨论，建立这类新闻组要经过严格的审核程序，但一旦获准成立，这类新闻组的内容一般都会被全世界的新闻服务器转载(除了talk主题下的部分新闻组)。

(2) 另类新闻组(alt newsgroups)。任何人都可以凭兴趣设立这类新闻组，所以这类新闻组质量参差不齐，新闻服务器自主决定是否要转载这类新闻组。

(3) 商业性新闻组(biz newsgroup)。这类新闻组专门用于商业目的。

从新闻组的主题可以看出，usenet在网络营销中也有许多种应用，网络营销者可以通过新闻组搜集信息，还可以通过商业性的新闻组发布营销信息。不过，虽然发达国家仍然存在着大量的usenet用户，但国内的usenet用户却极其有限，所以usenet更适合有国际业务的企业使用。一个主题鲜明的新闻组实际上已经形成了一个虚拟社区，而虚拟社区的网络营销我们将在第5章中详加讨论。

到新闻服务器索引网站www.newzbot.com上找一个好用的新闻服务器订阅一个营销主题的新闻组，了解最新的新闻组话题。

6) 邮件列表

邮件列表提供了一种通过电子邮件参加讨论组的方式。用户通过向邮件列表管理服务器发送主题为subscribe(unsubscribe)的邮件向一个专用地址订阅(退订)一个邮件列表。多数邮件列表是公开的，但也有一些专用邮件列表不允许随便加入。最常用的一种邮件列表管理系统叫邮件列表服务器(Listserv)，需要有关订阅一个邮件列表的基本信息，可以向该邮件列表管理服务器发送主题为help的邮件。用户通过向专题讨论组发邮件，邮件列表服务器会自动地将信息发给同一组的每个人。人们可以通过此方法进行交谈和共享信息，任何人发出的信息会到达同组的每个人，这样就实现了讨论功能。

邮件列表与usenet都为用户提供了多对多交流的工具，它们的不同之处在于：usenet新闻组必须使用新闻阅读器程序(newsreader program)，而邮件列表则通过发送和收阅电子邮件实现讨论；Usenet的加入与退出非常机动，而且可以很容易地、快速地变换新闻组。对于邮件列表，需要用发送专门电子邮件的方式来加入或退出。

7) 聊天室

聊天室是一种网上实时通信工具，允许多人参加实时讨论，有的聊天室不仅支持文字聊天，还支持语音甚至视频聊天。常设的聊天室一般都有固定的主题，许多网站还允许用户自己临时设立聊天室，聊天室经常有主持人监视聊天进程，他们有权把不遵守规则的人赶出聊天室。聊天室可以作为在线组织焦点小组访谈的工具。

8) 即时传信

即时传信是非常受欢迎的一种互联网应用，在中国它的普及程度甚至超过了电子邮件。即时传信允许同时在线的网络用户实时交换信息(聊天，包括语音和视频聊天)和文件。目前流行的Skype、QQ、MSN Messenger和阿里旺旺等都是提供即时传信服务的软件工具，即时传信兼具电话和电子邮件的特征，在网络营销上有许多应用，既可以充当市场调查和客户服务的工具，也可以支持一对一的网络营销。

很多即时传信软件还支持群组功能，这使即时传信成为了营造网络社区的一种强大工具。根据某数据显示，截止到2013年腾讯QQ群的数量已达到了7000多万个，国内的一些网络营销者还因此提出了QQ群营销的概念，这说明了即时传信在营销领域有着广阔的应用空间。

9) 万维网

万维网(WWW)是"跨越世界的网(world wide web)"的缩写，有时还被简写为Web或W3。万维网服务主要采用统一资源定位符(uniform resource locator，URL)的命名约定和超文本文档传输协议HTTP来标识、表达和传递信息。

WWW最初是由位于瑞士日内瓦的欧洲粒子物理实验室的蒂姆·伯纳斯·李(Tim Berners-Lee)等人于1989年开发的，其目的是为研究人员查询信息提供方便。万维网不仅可以利用超文本标记语言(HTML)把各种类型的信息(图形、图像、文本、动画等)有机地集成起来，供用户查询使用，使互联网具备了支持多媒体应用的功能，而且它还可以调用其他Internet 服务，如E-mail、远程登录、FTP等，使这些应用服务都集成到被称为万维网浏览器的软件中。1993年，马克·安德列森(Marc Andreessen)及其学生编写出了第一个浏览器软件Mosaic，此后有许多不同版本的万维网浏览器问世，目前世界上最流行的万维网浏览器是谷歌公司的Chrome浏览器、微软公司的IE浏览器(Internet Explorer)以及Mozilla的开源浏览器火狐狸(Firefox)。2013年中期，大约有80%的网络用户使用这3种浏览器访问万维网。

在WWW 出现以前，使用互联网需要掌握基本的计算机语言知识和比较复杂的操作指令。如今，通过浏览器访问万维网仅需要少量的计算机知识和使用经验，使得没有受过专业训练的用户也能轻松上网，这加快了互联网的普及。万维网浏览器软件使用了一种非常直观易用的操作界面，统一了包括FTP、News、E-mail在内的各种应用功能，使整个互联网变成了一个超媒体的信息资源的集合。

万维网用户使用的统一资源定位器命名约定包括2～4个部分。一个简单的两部分URL的前一部分表示访问互联网资源时采用的协议名称，后一部分表示资源位置。一个典型的URL的格式是：通信协议(Protocol)：//主机名或IP地址/路径/文件名。

常用的通信协议有HTTP、FTP、Telnet、News(代表访问网络新闻服务器)、File(访问本机文件)等几种。URL冒号后的双斜杠和第一个单斜杠之间的部分是服务器的主机名或IP地址。单斜杠后面是信息资源在服务器上的存放路径和文件名，也就是文件在互联网服务器上的位置与名称。在路径和文件名缺省的条件下服务器就会给浏览器返回一个系统默认的文件。例如：http://www.microsoft.com/windows/ie/default.htm表示用HTTP协议访问微软公司www服务器的子目录windows/ie/下的文件default.htm；ftp://ftp.isi.edu/表示用FTP协议访问美国南加州大学信息科学学院的FTP服务器。

在万维网上看到的文件很多是用超文本标记语言编写而成的，文件的扩展名为htm或html。超文本是一种描述信息的方法，其中文本中的词或者图片可以在任何时候被扩展，以提供该词或者图片所关联的其他信息，即把这些词或者图片"链接"到其他文献上，这些文献可能是以文本、图片或其他形式存储的文件。所谓超文本技术，简单地说就是在一篇文档中的某些词组或图片后暗藏着与其他文档的链接，用户用鼠标点击这些词组或图片就能够找到与其相关的文档，并把它调来阅读或进行其他处理。这些被调阅的文档可以位于远程计算机内，用户完全不必关心这些文档实际放置的地点。

如今，万维网是互联网上最流行的一种应用，正因为这个原因，万维网几乎成了互联网的代名词。不过，我们也不应该夸大万维网的重要性，毕竟万维网不是互联网的全部。我们将在第6章详细讨论万维网网站在网络营销中的应用。

WWW的技术发展很快，要了解最新的进展情况，可以访问万维网协会(www.w3.org)的网站。万维网协会成立于1994年，其主要任务是维护WWW的标准和公用的协议，并促进它们的开发和兼容。HTML语言的各种版本都是由万维网协会正式对外发布的。

10) 检索服务

Internet上的信息浩瀚如海，分布在世界各地数量众多的服务器中，要想有效地利用这些信息必须能实现信息的快速检索，这就必须借助于各种检索服务系统。目前最常用到的检索服务系统有搜索引擎服务、数据库检索系统、主题索引系统等。除了国际上著名的搜索引擎谷歌、必应和雅虎外，我国的百度(www.baidu.com)、搜狗(www.sogou.com)以及2012年刚刚上线的360搜索(www.so.com)等也能提供不错的中文资料检索服务，避免了中文搜索引擎被外国企业垄断的局面。搜索引擎在网络营销中占有特别重要的地位，网上市场调研离不开搜索引擎，网站推广也离不开搜索引擎。我们将在第4章介绍有关搜索引擎的更多知识，还将在第6章中讨论搜索引擎营销的内容，另外，第7章也会涉及有关搜索引擎广告的内容。

11) 网络日志和RSS

网络日志简称网志，它的英文名称blog来源于web log或weblog。在我国，也有很多人称其为博客[①]。网络日志发端于20世纪90年代末，1998年，第一个披露"一个白宫实习生与美国总统有染"丑闻的不是传统媒体，而是网志。2001年，网络日志名声大噪，因为"9·11"事件最权威的资料来源竟然不是《纽约时报》，而是幸存者和目击者的网络日志。如今，网络日志已经成为了一种非常普及的网络应用。根据eMarketer公司在2010年作出的统计，美国活跃的博客数量达到了2800万人，而至少有12 300万美国网络用户阅读网络日志。中国互联网络信息中心的第32次《中国互联网络发展状况统计报告》显示，中国在2013年中期拥有个人博客/个人空间的网民比例达到了68%，用户规模已经突破4亿人关口，达到40 138万人。

作为一种如此普及的网络应用，网络日志其实并不神秘。本质上，网志不过是一种类型的网页，它通常由一系列简短且经常更新的帖子所构成，这些帖子按照发布时间由新到旧排列。网志可以分个人网志(personal blog)和公司网志(corporate blog)两种：个人网志往往记录着博客个人的喜怒哀乐，但它与纯粹的个人主页又有区别，它更关注内容，而不是形式，网络日志通过一定的模板将表现形式固定下来，使博客可以专注于内容创作；公司网志既可以是用于增进公司人员彼此交流的内部日志，也可以是用于营销、公共关系等目的的外部日志。

(1) 网络日志的特征
- 每条记录(帖子)均会自动附加上发布的日期和时间。
- 多数记录会包含指向其他网络资源的链接。
- 记录中向外和向内的链接都会被软件记录，使得用户可以扩展他的兴趣社区。
- 网志可以被标记为私人用途，不向公众开放。
- 网志的主页经常会列出博客频繁使用的新闻资源或者其他相关网站。
- 网志本质上是博客自主选择的那部分万维网，绝大部分好的网志都包含以下要素：对网上公开信息的引用、向外的链接、博客本人的意见和评论。

---

① "博客"准确的意思应该是blogger，即写网络日志的人。为严密起见，本书对博客和网络日志的用法做了区分。

网志是一种非正式的文体，非常适合用来展现博客人性的一面，人性的软弱，人类理智的局限，甚至个人道德上的弱点。网志的作者经常使用真名，这同其他网络文体有着显著不同，此前的网络是匿名占上风的，使用实名对唤起人们相互间的尊重、信任和认真参与具有重要的意义。网志非常适合作为测试新观点的工具，人们在这里对不成熟的观点已经习以为常，有趣的观点一般都会吸引读者发表中肯的意见。博客可以根据测试结果修正自己最初的观点或者表达方式，这样可以获得更理想的效果。

网志最大的优势是可以帮助博客零成本、零维护地建立自己的网络媒体，随时把自己的思想火花和灵感记录下来，并通过互联网广泛传播。现在许多图书的作者通过自己的网志与读者保持互动，对读者而言，这大大提升了书的价值，延长了书的寿命。

网络日志与一般商业站点相比的一个突出优势是它对搜索引擎极其友好，就是说，网志不仅容易被搜索引擎收录，而且通常比商业站点有更好的排名。这是因为网络日志是当前网络信息的扩展，并且一般由基于文本并且具有众多链接的静态页面所组成。这点无疑在网络营销方面极具商业价值(至少在搜索引擎优化方面)。

最后，网络日志因为采用了RSS技术编写，所以可以让用户使用博客工具或者RSS阅读工具订阅，让用户随时了解网络日志的最新更新情况，取得最好的传播效果。

虽然网志在技术上并非革命性的成就，但它的意义却非同凡响。如今，人们已经开始把blog看做是继电子邮件、电子公告板、即时通信之后的第四种互联网传播工具。网络日志目前的应用非常广泛，从个人日记到虚拟社区，从个人到企业甚至是政府和军队都可以有效地利用它。博客中既有大名鼎鼎的学术泰斗，也有刚开始接触网络的学童。随着家用数码影像技术和宽带接入的普及，网络日志已不再局限于单调的纯文本形式，声像并茂的视频网志(video blog，vlog)开始日益流行(见图3-1)。如今，大多数博客网站都支持视频内容的嵌入。

网络日志的盛行使原先并不起眼的RSS技术受到了人们的关注，RSS不仅可以用于网络日志，而且在网络营销上还有着更广泛的应用。

图3-1　Steve Garfield的视频网络日志

(2) RSS技术简介

网络日志技术的核心是RSS技术，该技术最早由UserLand软件公司开发，并在1997年被网景公司用于向用户定制的个性化站点"我的网景(My Netscape)"发送新闻摘要。在一批技术专家的不懈努力下，RSS技术在最近确立了其作为互联网主流技术的地位，RSS甚至还被一些人称为互联网上的又一场革命。有趣的是，RSS至少有三种不同的英文全称，其一是简易信息聚合(really simple syndication)，其二是丰富网站概要(rich site summary)，另一种名称是资源描述框架网站概要(RDF site summary, resource description framework site summary)。实际上，这几种不同的名称代表着各自不同的技术路线，因而对应着RSS的不同版本，例如，丰富网站概要就对应着RSS的0.9x和2.0版，资源描述框架网站概要则对应着RSS的0.9和1.0版。不过，所有版本的RSS都是一种为了共享新闻、网络日志和其他万维网内容而设计的扩展标记语言(XML)格式的通信标准。RSS技术最早主要用于网络日志和新闻站点，如今，使用该技术的网站越来越多，几乎包含了所有的站点类型。用RSS技术发布的站点内容及其结构可以被特定的计算机程序理解和消化，这就使得用户可以将这些内容打包到自己的站点或者本地计算机硬盘上。用户使用称为RSS集成器(RSS aggregator)或者伺服阅览器(feed reader)的软件来预订和接收自己选择的RSS频道(用户预订的支持RSS的内容)，这些软件会首先下载更新过的内容的日期、摘要和链接，用户根据这些信息进一步下载自己感兴趣内容的全文。目前市面上的RSS集成器种类很多，有的只适用于特定的操作系统(如FeedDemon)，有的则可跨平台使用(如RSSOwl)，还有的专门供移动网络用户使用(如Opera Mobile)。除了专门的集成器和阅览器软件，目前一些主流的浏览器和电子邮件软件(如IE、火狐、Outlook和Thunderbird)也支持RSS订阅功能。除了使用客户端软件查看RSS频道(见图3-2)，用户还可以使用专门的网站(如www.feedly.com，www.digg.com等)来查看RSS频道(见图3-3)，后者的使用很像是基于万维网的电子邮件服务。

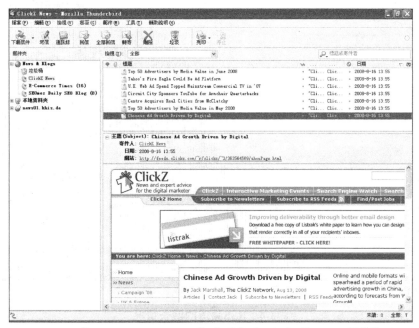

图3-2 使用Thunderbird RSS集成器查看已订阅的ClickZ的新闻

预订RSS频道最大的好处是为用户节省时间，用户可以很快了解感兴趣的网站的最新更新，而不需要到这些站点一一查看。营销企业可以使用这一工具进行环境监测。

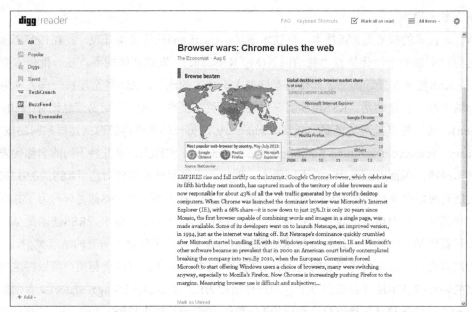

图3-3　通过Digg网站的阅读器查看已订阅的网络营销伺服

对于企业而言，增添RSS功能可以把企业网站更新的内容"推"给感兴趣的利益相关者，收到更好的传播效果。鉴于RSS技术为企业和用户提供了众多的利益，使用该技术的企业和用户像滚雪球般猛增，图3-4是2001年9月到2008年9月RSS频道逐月增长情况。

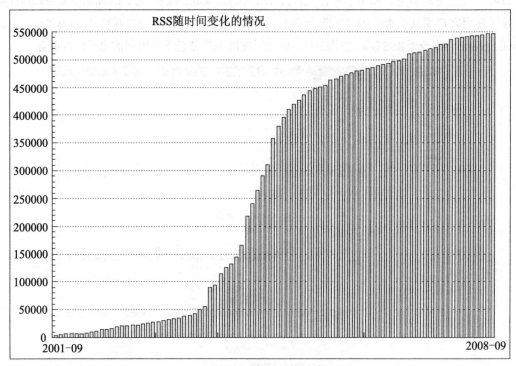

图3-4　RSS频道的增长情况

资料来源：www.syndic8.com

(3) 网络日志和RSS的区别

我们已经看到，网络日志和RSS有着很密切的关系，因为这种联系，人们很容易把两者混淆起来，其实，两者之间仍然存在着很大的差别。

RSS是网络日志使用的一种技术，不过，网络日志不是唯一使用RSS技术的应用，许多其他类型的网站也使用这一技术，同时，RSS不是网络日志使用的唯一技术，除了RSS，网络日志还使用了活字(Movable Type)技术。后者支持向后追踪(TrackBack)功能，通过该功能，许多网络日志连接在一起，最终形成了独有的blog文化。

作为一种新型的互联网传播方式，网志目前已经成为公共关系的重要工具。网络日志的人性化和平民化特征使它提供的消息更受大众欢迎，网志上发布的新闻资料大多是第一手资料，网志的评论大多反映了博客们内心深处的真实感受。媒体记者们已经习惯了从网志上发现和追踪新闻线索的工作方式，在2001年的"9·11"事件中，上百个个人网志网站成为了传统媒体和在线媒体的消息来源。一些主流的媒体站点也纷纷推出了自己的网络日志服务，如华尔街杂志的www.opinionjournal.com/best等。

另外，网志还为虚拟社区的组建提供了又一种重要的交流工具。微软公司就利用网络日志组建了一个面向精通技术并且勇于创新的青年领导人的社区——TheSpoke.net。该博客站点为社区成员提供协作、讨论和争辩技术未来的交流工具，该社区的目的是培养新一代软件开发人员对微软公司的亲近感，避免这些有才华的年轻人投入与Microsoft竞争的项目——如Mac、Unix和Linux。

---

(1) 上网查看以下博客站点，总结网志具有哪些特征和优势。
➢ 朱比特调研分析家(Jupiter Research Analyst Weblogs)的网络日志，见http://weblogs.jupiterresearch.com。
➢ 许可营销作者Seth Godin的网络日志，见http://sethgodin.typepad.com/。
➢ 3D打印社区的博客栏目，见http://www.shapeways.com/blog/。
(2) 利用搜索引擎查找其他与网络营销有关的博客站点。
(3) 使用RSS集成器软件、浏览器或电子邮件软件订阅《纽约时报》的RSS频道，体会RSS的优点。

小资料　　**网络营销人员的职业前景：博客也赚钱**

安德鲁·苏里文(Andrew Sullivan)曾经当过《新共和国》的编辑，"9·11"事件后，其博客站点(www.andrewsullivan.com)的访问量暴涨，从而成为了一名超级博客。他的站点访问量平均可以达到每月50万人次，2002年1月甚至达到了每月80万人次。当然，同马修·德拉吉的博客站点——德拉吉报告(www.drudgereport.com)每月上亿次的访问量相比，苏里文站点的访问量还只能算是一个小数字。苏里文勤耕不辍，每天都要两次更新他的站点，他的努力当然会有回报，苏里文的部分收入来自充当亚马逊联属网站所得的佣金。苏里文曾经在他的站点上发起了一场针对某一流行书的读书评书活动，在这次活动中他为亚马逊卖出了1000本书，按照规定，他获得了占销售收入15%的佣金。

根据TechnoratiMedia在2013年发布的调查结果，大约有三分之二的意见领袖承认他们从撰写网络日志中获得了报酬，但其中只有11%的人承认他们1年之中赚到了3万美元以上的收入。

12) 维基

维基源于夏威夷土语wiki-wiki,意思是"快",最早把该词引入现代英语的是沃德·坎宁瀚(Ward Cunningham)。1995年,为了支持程序员在自己的网站——波特兰模式知识库(Portland Pattern Repository)上更好地交流与协作,坎宁瀚发明了一种新的服务器软件,该软件允许任何用户自由地编辑网站上的任何页面,他把他的这一发明叫做Wiki。可见,Wiki其实是一种基于万维网的新技术,该系统支持面向社群的协作式写作,同时也包括一组支持这种写作的辅助工具。在Wiki页面上,每个人都可以浏览、创建和更改文本,系统可以对不同版本的内容进行有效的控制与管理,所有的修改记录都会被保存下来,人们不仅可以事后查验历次所做的修改,而且还可以很容易地恢复到早期的版本。Wiki最奇妙的地方在于它可以支持数量庞大的人群在一起有效地开展合作,并且可以通过大量用户对内容的持续编辑和修正达到内容的不断完善。同一Wiki网站的写作者自然地组成了一个维客(wikier,wikipedian)社群,而Wiki正是这个社群相互交流的基本工具。

Wiki出现之初,热衷Wiki的人主要来自自由软件和开源软件开发者的圈子,因为这些人最富有团结协作的精神,而且开源软件的开发模式本来就是合作开发的模式,与Wiki的工作方式非常吻合。维基百科全书(Wikipedia.org,见图3-5)的出现才使Wiki进入了普通百姓的视野,许多人正是通过维基百科全书第一次接触到Wiki这一新技术,在许多人眼里,Wiki甚至成了维基百科全书的简称。维基百科全书为人们汇编了人类迄今掌握的各个学科门类的权威知识,根据权威杂志《自然》上发表的一篇研究报告,维基百科全书的词条质量可与大英百科全书的词条质量相媲美。可见,维基百科全书为全世界的网络用户提供了一个免费的高质量在线知识库,网络营销者必须善于使用这一宝贵资源。

图3-5　维基百科全书的首页(2013年8月16日截图)

在维基百科全书的示范作用下,各种支持Wiki的站点大量涌现,如产品维基(www.productwiki.com)、百度百科(www.baike.baidu.com)、搜搜百科(www.baike.soso.com)和互动百科(www.hoodong.com)等。除此之外,一些为Wiki应用提供平台的网站也应运而生,这些被称为维基庄园(wiki farms)的站点为中小企业利用维基工具提供了便利。当然,想要自己架设维基服务器的企业也有很多自由软件可以利用,如MediaWiki、TikiWiki和DokuWiki。

维基百科具有社会媒体的属性,并且相关维基条目在几乎所有搜索引擎的查询结果中都可以获得非常优先的排名,营销者因此可以通过有目的地参与相关维基条目的创建与编辑,建立和维护自己的品牌。因此,维基百科站点为企业的社会媒体营销提供了又一个平台。

13) SNS和微博

(1) SNS

SNS是网络日志和维基之外的第3种典型的Web 2.0技术,它对应的英文全称是social networking software(社会交往软件)、social networking service(社会交往服务)、social networking sites(社会交往网站)或者social networking systems(社会交往系统)。SNS的基本功能是支持用户同亲朋好友保持联络以及结识新朋友。Web 2.0时代的SNS不论在外表和功能上都比传统的交友网站有了显著的改进。首先,新一代的SNS融合了更多的多媒体内容,使网站的每个页面都生动活泼,个性十足,这一变化同存储空间价格的下降、互联网带宽的提高以及多媒体设备的普及密切相关。在MySpace上,人们可以欣赏到世界各地的充满异域风情的音乐、照片以及视频,让人仿佛置身于异国的土地上。其次,在新的SNS网站上,每个用户都有自己个性化的空间,这个空间不是用户从无到有创造的空间,而主要是用户借助混编技术(mashup)援引外部的数据和程序为自己搭建的一块天地。在互联网草根革命时期,每个参与SNS的用户都有自己的网络日志或者自己制作的社会化书签,这些内容很容易被他的朋友所援引,通过这种内容的交互援引,一个联系紧密的大型的社会交往网络就形成了。最后,实名文化的复兴对SNS网站的大发展功不可没。网络日志的大发展使互联网的实名文化得以复兴,越来越多的人认识到实名是建立信任的前提条件,而没有了信任,任何社交网络都只能是空中楼阁。据估计,在中国、韩国、美国、日本拥有上百万青少年注册用户的赛我网(www.cyworld.com)上有70%的人选择了使用真实姓名,活跃用户使用实名的比例更高。

除了像Facebook和Myspace这样综合性的SNS,还有一些定位比较特殊的SNS。例如,面向中国职业精英的天际网(www.tianji.com)和专门服务于旅游爱好者的虚拟旅游者(www.virtualtourist.com)等。如今,SNS已经变得如此重要,以至于几乎所有的门户网站都增添了SNS的功能。

(2) 微博

微博(microblog)是微型博客的简称。顾名思义,和传统的网络日志相比,微博短小精悍,字数限制在140字以内。微博的篇幅限制很像是我们熟悉的手机短信服务(SMS),实际上,微博和短信确有渊源。2006年2月,美国ODEO公司的格拉斯(Noah Glass)和多尔西(Jack Dorsey)在公司内部开发了一个名为Twttr的项目:用户向某一个号码发送短信,其内容就会被自动发布到网络上和一群好友分享。因为微博和短信有着这样的联系,微博也有"互联网版的短信息"之称。2006年3月21日美国太平洋标准时间晚上9时50分,多尔西发布了历史上第一条微博:"just setting up my twttr"。2006年7月,Twttr正式版对公众开放并更名为Twitter,很快,Twitter的微博服务像野火一样在网络用户中蔓延开来。2012年6月,Twitter的注册用户超过了5亿人,其中1.4亿为美国用户,这些用户平均每天发布3.4亿条微博,查询微博16亿次。

Twitter的成功引起了其他公司竞相仿效,到2007年5月,世界上就出现了至少111个类似Twitter的网站。自然,中国的创业者也不甘落后,2007年5月,王兴创建了国内第一个微博网站——饭否网,8月,腾讯版的Twitter——腾讯滔滔正式上线。2009年8月,新浪推出了"新浪微博"内测版,成为国内提供微博服务的第一家门户网站,此后,微博在中国的发展开始进入快车道,搜狐网、网易网、人民网等门户网站纷纷开启微博功能,吸引了众多社会名人、娱乐明星、企业机构和草根网民加入,微博成为2009年热点互联网应用之一。截至2013年3月,新浪微博注册用户数突破了5亿大关,成为中国首屈一指的微博网站。2013年4月,阿里巴巴宣布以5.86亿美元购入新浪微博公司约18%的股份,按此估价,新浪微博公司的价值超过了32亿美元。

微博最大的优势在于它的灵活性,用户可以通过多种方式使用微博服务,如SMS、IM、电子邮件、网站或客户端软件(如Twitter客户端软件Twitterrific)。微博的这种灵活性使用户可以在很多场合利用碎片时间发布颇具时效性的信息或者查看所关注的微博的更新。这使得微博特别适合在现场第一时间做第一手的报道,例如,济南中级人民法院就在2013年8月22日公审薄熙来时使用其在新浪的官方微博"@济南中院"对审判进程进行了实况直播,成为薄熙来案最权威的官方消息来源。

(3) 微博和SNS的区别

由于微博应用的初衷就是为了能更方便地在好友圈子分享内容,而SNS通常也都支持微博,所以微博和SNS有着天然的联系。不过,两者相比,微博的媒体属性更突出,而SNS则更像是一个强关系的好友网络平台。在微博用户关注的目标中,名人、新闻媒体、行业专家比例靠前,而SNS用户大都以与自己关系比较亲密的朋友、同学、同事、亲戚为主要联系对象。显然,对企业而言,微博比SNS更适合作为社会媒体营销的平台。

14) 特色服务

互联网还有以下几种特殊服务在网络营销中得到了普遍应用。

(1) 签语块

签语块是由网站服务器发出的一个小型文本文件,由浏览器自动储存在用户的硬盘上。这种文件能够包含站点设计者想要的任何信息,如时间/日期标记、IP地址、所访问的页面或用户ID等。一旦浏览器接收了签语块,只要浏览器向服务器发出访问某个网页的请求,浏览器都会在请求时将签语块包含进去。不过,浏览器只给原先发来签语块的服务器发去签语块,这样网站就不可能看到其他网站的签语块。根据签语块包含的信息,网站可以识别注册用户,跟踪用户访问的次数及访问网站的路径,了解用户在某个网站的浏览和采购行为,帮助网站或广告主定制用户在这个网站的体验。如果网站把签语块中的信息与用户注册时提供给网站的数据结合起来,就可掌握关于用户年龄、性别、职业、购买偏好等方面的信息,这对试图开展一对一营销的网站无疑具有很大的吸引力。

另外,因为签语块是没有任何保护或者加密的普通文本文件,有时候,一些缺乏商业道德的网站也可能会篡改由竞争对手网站发出的签语块内容,或为了掌握用户的行为特征、购买特征而读取用户存储的其他网站的签语块,侵犯用户的隐私权。

鉴于签语块技术的使用可能会侵犯用户隐私或者给用户造成不便,所以签语块会受到某些用户的抵制。由于签语块是存在于用户硬盘上的文件,用户对其有绝对的控制权,可以拒绝、改写或者删除某些他不喜欢的网站的签语块。这些操作都会影响签语块中所包含的数据的价值。

在浏览器中将隐私策略设置为接受cookies要提示,然后访问一些新网站,感受网站使用签语块技术的普遍性。

(2) 软件代理

软件代理又称智能代理(intelligent agent)，是可以代替用户完成一些琐碎的常规任务的软件程序，这些任务的完成有时候甚至需要一定的"智能"。例如，一种软件代理可以监视用户在网站上的行为，当它"觉察"到用户"不知所措"(如反复尝试无用的操作)时，它会弹出一个帮助页面向用户提示当前可行的操作。

软件代理可以支持用户完成诸如搜索、监视、谈判或者交易之类的任务，随着软件代理智能化程度的提高，它们在电子商务中的应用越来越广泛。例如，购物代理是一种比较常见的智能代理，它可以在在线零售网站中搜索某类商品的价格和供货信息反馈给用户，更新代理可以代替用户监视信息的更新情况，当用户指定的网站有更新时，更新代理就可以通过电子邮件通知用户。新闻代理可以从不同的新闻源中检索数据，为用户创建一份定制的报纸。表3-1中列出了一些常见智能代理的类型。

表3-1 智能代理程序的类型

类 型	实 例
搜索代理	Altavista.com, Webcrawler.com
购物代理	Mysimon.com, Shopzilla.com, Shopping.com, Orbitz.com, TripAdvisor.com
更新代理	WebSite-Watcher, TimelyWeb.com
新闻代理	Webclipping.com
聊天代理	Anna(IKEA), Virtual Advisor (Ultralase)

资料来源：Kenneth C. Laudon, Carol Guercio Traver. E-commerce: business, technology, society.2012

智能代理在电子商务中的应用会对营销产生深刻的影响，改变企业从事市场调研、定价、谈判、提供客户服务的方式。

(3) 大众分类法

"大众分类法"一词由大众(folks)和分类法(taxonomy)组合而成，它还有一个比较通俗的名称叫做社会化标注(social tagging)。瓦尔(Thomas Vander Wal)首创的大众分类法是一种自下而上的非正式的分类方法，与诸如杜威(John Dewey)分类法这样的自上而下正规的分类法有着根本的区别，它允许用户用自己随意选择的关键词标签(tag)对信息进行归类。大众分类法之所以可行，是因为人们似乎随意选取的标签其实具有很高的稳定性，这些标签反映了大众对信息进行组织归类的内在逻辑。事实证明，大众分类法是一个非常有效的分类方法，它利用大众的力量以一种人们喜欢的方式将网络上杂乱的信息分类组织在了一起。大众分类法造就了一批耀眼的Web 2.0明星网站，如Flickr(www.flickr.com)、Delicious(www.del.icio.us)、豆瓣(www.douban.com)等。在大众分类法中，每人都可以使用一系列的标签来标注某一项信息资源(如照片、网页、视频等)，每一个标签都是某个人用来描述该信息资源的关键词，而所有人为该项资源标注的标签的集合构成了人们对它的分类。大众分类法的主要价值在于人们既可以看到某一观念延伸的范围，也可以看到人们观察世界、诠释世界的概念框架。例如，人们可以通过查询Web 2.0这一标签来了解普通大众心目中的Web 2.0究竟指什么以及Web 2.0是否已经成了深入人心的概念。同时，因为人们对许多问题的看法经常会是"仁者见仁，智者见智"，所以通过对标签的查询还可以帮助人们找到"性相近，习相似"的知音。另外，同Google公司用来衡量网页相关性的指标页面等级(pagerank)相比，大众分类法提供了更丰富的信息，这些信息用从0到10中间的一个数字(页面等级的可能值)是无法概括的，所以大众分类法提供了更精细的页面评价手段。

大众分类法为网络用户提供了搜索引擎之外的又一个发现网络信息资源、开展网络营销调研的有效方法,鉴于大众分类法目前已经拥有了一个庞大的用户群体,网络营销者可以利用这一工具提升自己的营销传播效果。

(4) 基于互联网的电子数据交换(EDI)

EDI是电子商务最早的应用之一,该应用允许企业与其商业伙伴高效率地交换格式化的商业文件,极大地优化了发生在商业伙伴间的常规商务流程。不过,早期的EDI使用专用网络连接来传输数据,要求企业在技术设施上做很大的投入,所以基于专线的EDI只有业务量足够大并且财力雄厚的大型企业才有资格使用。但是随着互联网技术的进步,通过互联网安全传递数据不再成为问题,企业开始使用互联网来交换格式化的商业文件,这就是基于互联网的EDI。这一技术的费用较专线EDI的费用大为降低,小企业也完全有条件部署这一技术。EDI连接是企业业务关系结构化的体现,是B2B关系营销的至高境界,基于互联网的EDI因此成为所有B2B营销企业都必须考虑的一种互联网应用。

2. 网络安全和电子商务安全

互联网的各种应用为电子商务(包括网络营销)的开展提供了众多的可能性,不过,要使互联网成为电子商务可靠的基础设施,网络安全必须有充分保障。

互联网的各种应用都涉及比较复杂的信息系统,系统安全问题从互联网产生之初就引起了人们的关注,不过,早期互联网使用的范围非常有限,所以安全问题尚不突出。互联网商业化之后,其本身的跨国界、无主管、不设防和缺少法律约束等特性带来了巨大的安全隐患。网络的电子商务应用更因为关系巨大的经济利益,所以安全问题尤其重要。营销者和广大网络消费者对电子商务应用及其基础设施的信任乃是建立在以下安全技术的基础上。

1) 公开密钥基础设施

公开密钥基础设施(Public Key Infrastructure,PKI)是一种以公钥加密技术为基础技术手段实现安全性的技术体系。这一体系能够为所有采用加密服务的网络应用提供必需的密钥和证书管理,并支持SET和SSL协议。PKI由认证机构、证书库、密钥生成和管理系统、证书管理系统、PKI应用接口系统等基本部分组成。

公开密钥基础设施的优点很多,主要有:

① 透明性和易用性。PKI可以向应用系统屏蔽密码管理的细节,使密码服务对用户简单易用,同时便于企业或其他机构完全控制其信息资源。

② 可扩展性。PKI的证书库及其他系统具有良好的可扩展性。

③ 可操作性强。PKI建立在标准之上,这些标准包括加密标准、数字签名标准、密钥管理标准、证书格式、文件信封格式、SSL、SET协议等。

④ 支持多种应用。PKI能面向广泛的网络应用,提供文件传送安全、文件存储安全、电子邮件安全、电子表单安全、Web应用安全等安全保障。

⑤ 支持多平台。PKI应用接口系统是跨平台的,可以支持目前广泛使用的各种操作系统平台。

总之,作为网络环境的一种基础设施,PKI具有良好的性能,是一个成熟的安全体系。电子商务建设过程中涉及的大多数安全问题都可在PKI框架下解决。

2) 防火墙技术

防火墙是在内部网和互联网之间构筑的一道屏障,用以保护内部网中的信息和其他资源不受来自互联网上(内部网外)非法用户的侵犯。具体来说,防火墙是一类硬件及(或)软件,它控制内部网与互联网之间的所有数据流,控制和防止内部网中的有价值数据流入互联网,也控制和防止来自互联网的无用垃圾和有害数据流入内部网。

防火墙主要包括安全操作系统、过滤器、网关、域名服务和电子邮件处理5部分。防火墙本身必须建立在安全操作系统所提供的安全环境中,以免防火墙的代码和文件遭受入侵者攻击。这些防火墙的代码只允许在给定主机系统上执行,这些限制可以减少非法穿越防火墙的可能性。

防火墙具有高度安全性、高度透明性及良好的网络性能,而这些特性本身相互制约、相互影响。它有着一系列的功能,也存在不足之处。

(1) 防火墙的主要功能

① 保护易受攻击的服务。防火墙能够过滤不安全的服务,只有预先被允许的服务才能通过防火墙,这样可以防止用户的非法访问和非法用户的访问,从而降低内部网受到外部非法攻击的风险,大大地提高了企业内部网的安全性。

② 控制对特殊站点的访问。防火墙能控制对特殊站点的访问,如有些主机允许外部网络访问而有些则要被保护起来,防止未被授权的外部访问。一般而言,内部网中只有电子邮件服务器、FTP服务器和WWW服务器允许外部网访问,而对其他主机的访问则被防火墙禁止。

③ 集中化安全管理。对于一个企业而言,使用防火墙比不使用防火墙可能更加经济一些。这是因为如果使用了防火墙,就可以将主要的安全软件都放在防火墙上集中管理;如不使用防火墙,则必须将这些软件部署到各个主机上。

④ 集成了入侵检测功能,提供了监视互联网安全和预警的方便端点。

⑤ 对网络访问进行日志记录和统计。如果所有对互联网的访问都经过防火墙,那么防火墙就能记录下这些访问,并能提供网络使用情况的统计数据。当发生可疑操作时,防火墙能够报警并提供网络是否受到监测和攻击的详细信息。

(2) 防火墙的不足之处

尽管防火墙有许多防范功能,但由于互联网的开放性,它也有一些力不能及的地方,主要表现在:

① 防火墙不能防范不经由防火墙(绕过防火墙)或者来自内部的攻击。

② 防火墙不能防止感染了病毒的软件或文件的传输。

③ 防火墙不能防止数据驱动式攻击。当有些表面看来无害的数据被邮寄或复制到互联网主机上并被执行时,就会发生数据驱动式攻击。

3) 反病毒技术

计算机病毒出现以来,其种类以几何级数增长,受害的计算机数量也逐年增加。同时,病毒机理和变种不断演变,为病毒检测与消除带来很大的难度,病毒因此成为计算机网络的一大公害。幸好,水涨船高,反病毒技术也在不断进步。

网络反病毒技术包括防毒、查毒和杀毒3种技术。

① 防毒技术:该技术通过常驻系统内存的程序,优先获得系统的控制权,监视和判断系统中是否有病毒存在,进而阻止计算机病毒对系统进行破坏。这类技术有加密可执行程序、引导区保护、系统监控与读写控制(如防病毒卡)等。

② 查毒技术：该技术通过计算机病毒的静态或者动态特征来识别病毒。

③ 杀毒技术：该技术通过对计算机病毒的分析，利用软件删除病毒程序并恢复原文件。

除了上面提到的加密、防火墙和反病毒技术外，企业保障系统安全还经常采用访问权限控制和数据备份等措施。当然，网络安全的实现不能单纯依靠技术手段，制度和组织保障也必须同步跟上。我国公安部在1997年就发布了由国务院批准的《计算机信息网络国际联网安全保护管理办法》，1998年还正式成立公共信息网络安全监察局，负责组织实施维护计算机网络安全和打击网上犯罪。另外，我国在2001年还组建了中国计算机网络应急处理协调中心(CNCERT/CC)，负责紧急网络安全事件的协调处理。应该说，如果安全措施到位，今天的电子商务环境在安全性方面比传统商务环境已经毫不逊色。

3. 中国互联网的发展情况

网络营销的一大特点就是放眼新生的网络虚拟市场，网络营销的成功与否在很大程度上取决于虚拟市场的规模，而虚拟市场的规模又取决于互联网的普及和发展状况，取决于上网用户的数量多寡。互联网在世界各国的发展很不均衡，发达国家的互联网普及程度要明显高于发展中国家。这里主要介绍互联网在我国的发展情况。

中国互联网的起步比西方滞后了大约20年，1986年，北京市计算机应用技术研究所实施的国际联网项目——中国学术网(Chinese Academic Network，CANET)启动，其合作伙伴是德国卡尔斯鲁厄大学(University of Karlsruhe)。1987年9月，CANET在北京计算机应用技术研究所内正式建成中国第一个国际互联网电子邮件节点，并于9月14日发出了中国第一封电子邮件(见图3-6)：“Across the Great Wall we can reach every corner in the world(越过长城，走向世界)”，揭开了中国人使用互联网的序幕。这比伊丽莎白女王发送她的第一封电子邮件的时间恰好晚了10年。

(Message # 50: 1532 bytes, KEEP, Forwarded)
Received: from unika1 by iraul1.germany.csnet id aa21216; 20 Sep 87 17:36 MET
Received: from Peking by unika1; Sun, 20 Sep 87 16:55 (MET dst)
Date: Mon, 14 Sep 87 21:07 China Time
From: Mail Administration for China <MAIL@ze1>
To: Zorn@germany, Rotert@germany, Wacker@germany, Finken@unika1
CC: lhl@parmesan.wisc.edu, farber@udel.edu,
jennings%irlean.bitnet@germany, cic%relay.cs.net@germany, Wang@ze1,
RZLI@ze1
Subject: First Electronic Mail from China to Germany

"Ueber die Grosse Mauer erreichen wie alle Ecken der Welt"
"Across the Great Wall we can reach every corner in the world"
Dies ist die erste ELECTRONIC MAIL, die von China aus ueber Rechnerkopplung in die internationalen Wissenschaftsnetze geschickt wird.
This is the first ELECTRONIC MAIL supposed to be sent from China into the international scientific networks via computer interconnection between Beijing and Karlsruhe, West Germany (using CSNET/PMDF BS2000 Version).

University of Karlsruhe	Institute for Computer Application of
-Informatik Rechnerabteilung-	State Commission of Machine Industry
(IRA)	(ICA)
Prof. Werner Zorn	Prof. Wang Yuen Fung
Michael Finken	Dr. Li Cheng Chiung
Stefan Paulisch	Qiu Lei Nan
Michael Rotert	Ruan Ren Cheng
Gerhard Wacker	Wei Bao Xian
Hans Lackner	Zhu Jiang
	Zhao Li Hua

图3-6　从中国向外发出的第一份电子邮件的影印件①

① 本邮件副本由CNNIC高级顾问安·玛莉·普鲁贝尔(Ann Marie Plubell)从本邮件的接收者之一德国佐恩(Zorn)教授处获得。值得一提的是，本信中的德语部分包含了一些语法错误和拼写错误，这说明任何事情在最初都很难十全十美。另外，该封邮件从发出到收到经过了近1周时间。

此后，中国互联网缓慢发展，直到1994年4月20日，中关村地区教育与科研示范网络经美国Sprint公司连入Internet的64K国际专线开通，实现了与Internet的全功能连接。从此中国被国际上正式承认为真正拥有全功能Internet的国家，我国网络也成为接入国际互联网的第71个国家级网。此事被中国新闻界评为"1994年中国十大科技新闻"之一，被国家统计公报列为"中国1994年重大科技成就"之一。1994年5月15日，中国科学院高能物理研究所设立了国内第一个Web服务器，推出中国第一套网页，内容除介绍中国高科技发展外，还有一个栏目叫"游在中国(Tour in China)"。此后，该栏目开始提供包括新闻、经济、文化、商贸等更为广泛的图文并茂的信息，并改名为《中国之窗》，这比世界万维网技术的出现仅仅晚了三五年时间。

1995年以来，互联网在我国飞速发展，相继有十大骨干网络在我国建成，它们分别是中国卫星集团互联网、中国科技网、中国公用计算机互联网、中国教育和科研计算机网、中国金桥信息网、中国联通公用计算机互联网、中国网通互联网、中国国际经济贸易互联网、中国移动互联网和中国长城互联网。这十大骨干网的竞相发展促进了中国互联网服务的繁荣，但是它们之间的互通互联问题曾经一度制约着中国互联网的发展。例如，2000年以前，受中国公用网和教育网间连接带宽的限制，我国众多的校园用户访问公用网上站点的速度极慢，许多企业为了同时争取校园用户和社会用户，不得不在公众网和教育网上建立互为镜像的站点。2000年3月30日，北京国家级互联网交换中心开通，使中国主要互联网网间互通带宽由原来的不足10MB/s提高到100MB/s，提高了跨网间访问速度。2001年12月20日，中国十大骨干互联网签署了互联互通协议，这才真正解决了中国互联网四分五裂的局面。

1999年开始，我国先后启动了政府上网工程、企业上网工程和家庭上网工程，这几个工程的实施加快了互联网在我国的普及和发展。2013年7月，中国国家互联网络信息中心发布的第32次《中国互联网络发展状况统计报告》显示，截至2013年6月30日，中国互联网络的域名总数为1469万个，网站总数为294万个，第31次《中国互联网络发展状况统计报告》还统计了2012年年底网页的数量，为1227亿页。

据第32次《中国互联网络发展状况统计报告》，2013年6月底中国互联网网民人数达到5.91亿人，互联网普及率达到了44.1%，使用手机上网的网民数量达到了4.64亿，占到了全部网民的78.5%，手机超过台式电脑和笔记本电脑成为了最重要的上网设备(见表3-2)。

表3-2 中国互联网接入设备的使用比例

上网设备	台式电脑	笔记本电脑	手机
2010年12月	78.4%	45.7%	66.2%
2011年6月	74%	46.2%	65.5%
2012年12月	70.6%	45.9%	74.5%
2013年6月	69.5%	46.9%	78.5%

资料来源：第28、32次《中国互联网络发展状况统计报告》

在上网设备悄悄发生改变的同时，互联网接入的技术也在不断进步，使得上网的带宽大幅提高，而费率则持续下降。互联网发展早期人们普遍采用的电话线主叫接入方式几乎已经完全退出，宽带接入开始普及，并且朝着高速宽带不断迈进。2013年上半年，我国互联网宽带接入用户达到1.81亿户，高速率宽带接入用户占比明显提高，2MB以上、4MB以上和8MB以上宽带接入用户占宽带用户总数的比重分别达到95.1%、72.3%、17.2%。随着光纤入户工作稳步推进，当前宽带接入用户已呈现出"家庭客户为主、企业机构为辅"的特点，2013年上半年家庭宽带接入用户达到1.51亿户，占宽带用户总数的83.5%。互联网安全服务提供商360公司发布的《2013年第一季度中国互联网上网测速报告》显示，2013年年初我国平均带宽已达3.14MB/s，这意味着我国整体上已进入宽带互联网时代[①]。在全国省级行政区中，网速最快的上海平均网速为4.7MB/s，网速垫底的内蒙古平均网速也达到了2.3MB/s。我国宽带接入的费用会因城市的不同以及服务提供商不同而有差异，但总体下降趋势明显。2013年，中国移动北京分公司推出的10MB光纤入户服务，一年的费用仅238元，平均每月不到20元。

2013年8月，国务院发布了"宽带中国"的战略实施方案，将"宽带战略"从部门行动上升为国家战略。"宽带中国"战略所制定的宽带发展目标为：到2015年，城市宽带接入速率达到20MB/s，农村达到4MB。到2020年，城市宽带接入速率达到50MB/s，农村达到12MB/s。

不过，从国际比较看，我国的互联网发展在世界上充其量只能算是中等水平。按照国际电信联盟(ITU)的统计资料，中国2012年有线宽带的渗透率在参与排名的将近200个国家中排名第66位，无线宽带的渗透率排名为75位[②]。

各国信息基础设施的快速改善有力地推动了全球网络经济的发展，促进了信息消费，为网络营销的发展创造了条件。

小资料　　互联网不只一个

在英语中，互联网的英文拼写Internet中的"I"一定要大写，意思是互联网就像太阳、地球和月亮一样，只有唯一的一个。不过，因为信息技术基础设施以及社会、经济、政治环境的差异，世界各地感知到的互联网其实并不相同，谷歌公司的透明性报告[③]近乎实时地监测着谷歌公司旗下的各个站点在世界各地的数据流量情况，以此反映信息服务在世界各地的发展不均衡情况。

在全球市场上开展网络营销的实务工作者一定要注意到各个国家的网络用户访问到的互联网可能并不相同，这种不同增加了全球网络营销的复杂性。

4. 下一代互联网技术的出现和发展

经过几十年的发展，第一代互联网的潜力已经发挥到了极限，但仍然不能支持一些很重要的应用，如远程教育、远程医疗、虚拟实验室、环境监测等。因此，针对第一代互联网在带宽、协议、体系结构和程序语言等方面的局限，美国在1996年启动了Internet2项目，开始了对下一代互联网技术的研究和开发。Internet2的核心组织由330多个大学、政府研究机构、非营利组织和私营企业组成，外围成员则包含了来自世界50多个国家的6万多家机构。Internet2最新的一个计划是开始于2011年的第4代网络，该计划将建成覆盖全美的100GB/s的高速网络，该网络将进入美国各个社区的枢纽机构，如学校、图书馆、博物馆等，为当地提供远程医疗、远程教育等高级网络服务。此外，美国国家科学基金会(NSF)在2007年还启动了一个名为全球网络创新环境(Global Environment for Network Innovations，GENI)的计划，旨在为大规模研究未来互联网提供一个虚拟实验室环境，推进学术机构和企业界对网络科学、安全技术和各种应用的研究。

我国在下一代互联网的研究方面也不甘落后。2003年，我国启动了CNGI项目，2005年，我国

---

① 360公司的统计数据与美国著名互联网技术公司Akamai公司的统计数据有较大出入，按照Akamai公司的统计，我国在2013年1季度的平均网速为1.7MB/s，低于全球平均的3.1MB/s，在全球有统计数字的127个国家和地区中排名第98位。
② 详细统计数字见http://www.itu.int/en/ITU-D/Statistics/Documents/statistics/2012/ITU_Key_2006-2013_ICT_data.xls。
③ http://www.google.com/transparencyreport/。

第一个下一代互联网CNGI-CERNET2宣告建成，该网络使用了我国自主研制的用于下一代互联网的IPv6路由器，连接了我国20个城市中的200多所大学和科研院所。这一成就标志着我国互联网技术已经达到了国际先进水平，摆脱了网络核心技术依赖国外的被动局面。为了布局对未来互联网的研究，占领未来信息技术的制高点，我国2013年开通了首个未来网络小规模试验设施，该设施覆盖南京、北京、西安、重庆4个城市，包括南京未来网络谷、中国科学院计算技术研究所、北京邮电大学、中国联通研究院、西安交通大学、翠屏研发中心、重庆邮电大学等7个核心节点。网络管控中心设在南京未来网络谷，通过联邦机制实现与美国GENI、欧盟OneLab的互联。这一试验平台为我国开展未来网络创新研究提供了一个试验环境。

访问www.internet2.edu和www.ipv6.com追踪下一代互联网的最新发展情况。

5. 云计算

传统的集中式的C/S(客户端/服务器)架构存在着资源利用率低、重复建设、应用缺乏整合、建设周期长、管理低效等种种弊端。随着网络带宽的快速提升，一种新的计算模式应运而生，这就是云计算的模式。

按照美国标准与技术研究所(National Institute of Standards and Technology，NIST)的定义，云计算是这样一种计算模式，它支持用户按其需要轻易地获取一系列共享的可配置的计算资源(如网络、服务器、存储、应用和服务)，整个资源获取过程快速便捷，管理活动以及服务提供商干预都被保持在最低限度。云计算模式有5个本质特点：按需提供服务、支持大范围的网络访问、资源共用、可快速伸缩以及服务可以测量。云计算有三种不同的服务模式，分别是软件即服务(software as a service，SaaS)、平台即服务(platform as a service，PaaS)以及基础设施即服务(infrastructure as a service，IaaS)。在最高级的IaaS服务模式下，用户不仅可以使用服务提供商通过云计算基础设施提供的各种应用软件，也可以在云计算基础设施上部署和运行自己的应用软件和操作系统软件，甚至还可以对某些网络组件(如主机防火墙)进行某种程度的控制。

云计算不是一种新产品，也不是一种新技术，甚至在概念上也不新颖。真正促使云计算成为当前主流计算模式的是包括Amazon、Google、IBM、Microsoft、Sun、Alibaba在内的世界领先的互联网企业纷纷向公众推出了各自的云计算平台，而各国政府也先后推出了各种推广云计算的政策——如美国的"云优先政策"。

对社会而言，云计算模式的普及大大提高了社会信息技术资源的利用效率，降低了社会在信息技术上的花费，使社会能够使用更优质的信息服务。对大多数企业而言，各种云计算平台的出现为企业信息化提供了新的选择，企业可以更快速、更廉价地部署更先进、可靠的电子商务应用系统。同时，云计算平台的使用还显著降低了企业部署新系统的风险，企业会更积极地投入到各种信息技术的创新上。

3.1.2 移动商务技术

计算机网络并非电子商务的唯一平台，随着移动数据业务的蓬勃发展，移动商务技术成了电子商务的又一个重要支撑。所谓移动商务(mobile commerce, mobile business)是指借助手机、笔记本电脑、平板电脑、个人数据助理(PDA)等移动上网设备完成部分或全部交易的商务形式，而移动商务技术包括移动设备、网络基础设施以及相关的软件技术。

根据国际电信联盟(ITU)在2013年2月发布的统计资料，截至2012年年底，全球手机订户数已经超过了68亿，相对于全球71亿的总人口而言渗透率已达到96%。在发达国家，手机订户的渗透率达到了惊人的128%，发展中国家手机订户的渗透率也达到了89%。随着手机用户的不断增长，手机上网渐成潮流，并且使用移动宽带网络(mobile broadband)的用户也在不断增长，2012年年底全球使用移动宽带网络的用户已达到21亿。同时，我们还注意到，带有多媒体功能的智能手机开始日益普及，Gartner公司在2013年2月预计，全球智能手机的销量在2013年将达到10亿部，占到当年销售手机总量的53%。智能手机和无线宽带上网催生了一大批移动电子商务应用，特别是基于手机应用程序的应用，如各种手机网络游戏、手机网上银行、OTT即时传信(over the top instant messaging, OTT IM)等。移动商务技术的进步使移动电子商务在近两年出现了爆发性增长。

我国无线通信及移动互联网的发展基本上与世界同步，根据中国电信、中国移动和中国联通提供的数据，截至2013年4月，我国有手机订户11.553亿，在总人口中的渗透率为85.9%，其中3G和4G订户为2.93亿，渗透率为21.8%。从我国手机以及3G、4G手机订户的渗透率、手机上网的网速以及手机上网的费用等多项指标来看，我国还比较落后，没有达到世界平均水平甚至是发展中国家的平均水平，但从总量上讲，我国在手机订户，3G、4G手机订户，移动宽带网络用户等指标上均已成为世界上第一大国，这为移动商务在中国的大发展奠定了用户基础。

相对于传统电子商务而言，移动商务具有无所不在、无时不在的便利性以及移步换形的地点敏感性和准确到人的个性化潜力等优势，这使移动商务的前景一片光明。举一个例子，在香港有一家花店，虽然店面不大，但生意却非常红火。原来，该花店利用多通道网关建立了一个小型移动商务系统，随时将花店的各种优惠促销信息通过手机短信息发送出去，投资不多但收效显著。当然，移动商务的应用远不止如此，它可以广泛应用于金融、物流服务、交通运输等领域。因此，移动商务的发展前景极为乐观。目前，支撑移动商务的最成熟的应用仍然是短信息服务(short message service, SMS)，但是，移动应用程序、无线上网已经开始对SMS的霸主地位发起了挑战。

短信息服务：短信息服务又称文本传信(text messaging)，传统的SMS内容大小限制在70字(140字节)以内，主要以手机端对端方式收发，还可以在手机与互联网之间进行传输。从技术角度而言，SMS并无奇特之处，但它却因操作简单、方便实惠等原因得到了广大手机用户的青睐。根据Portio Research公司在2012年2月发布的统计数字，2011年，全世界发送的短消息数量多达7.8万亿条。SMS一直是移动通信的杀手级应用，在移动应用程序和无线上网的挑战下，SMS的地位开始被撼动，OTT即时传信将在未来两三年内全面超过SMS(见表3-3)。

表3-3 短信、彩信、OTT即时传信的现状和未来发展

年份	短信(SMS)条数/亿	彩信(MMS)条数/亿	OTT信息条数/亿
2011年	78 440	2070	34 920
2012年	86 000	2280	58 460
2016年	95 540	2770	202 930

资料来源：Portio Research，2012年2月

智能手机：智能手机具有独立的操作系统，用户可以在此操作系统上自行安装软件、游戏等

第三方应用程序。当前，智能手机主流的操作系统包括：Android、iOS和Blackberry OS，三者之中，Android的份额又遥遥领先。2012年，超过90%的智能手机安装了这三种操作系统，而使用Android的就超过了68%。智能手机已不再是传统意义上的移动电话，而成为了一台个人信息终端和娱乐中心。

移动应用程序(mobile applications，APP)：移动应用程序也叫手机应用程序，就是可以在手机终端运行的应用程序。智能手机用户安装APP后，可以点击该软件图标来运行该程序以执行某任务，如查看天气、交易股票等。2013年5月，微软的视窗电话软件库提供的APP超过了14.5万种，黑莓(BlackBerry)的软件库提供的APP也有12万种，当然，最大的APP库还是苹果的APP Store软件库和谷歌的Google Play软件库，它们提供的APP种类都超过了80万种。种类繁多的APP使智能手机的功能空前强大，第三方服务提供商可以通过APP在手机运营商的平台上实现多种应用，OTT IM就是这样一种应用。微信是腾讯公司开发的一款用于即时传信的移动应用程序，但它同时还有网络游戏、社会交往软件、二维码扫描、导航等功能。由于功能实用、费用低廉，微信受到了中国用户的热捧，从2011年1月21日推出，截至2012年12月，微信注册用户已达2.7亿，而且用户数量继续保持着快速增长的态势。OTT IM因为费用低廉，功能强大，对传统的SMS和MMS构成了巨大挑战。

二维码：顾名思义，二维码较传统的条形码多出一个信息存储维度，所以信息存储量大为增加。传统的一维码最多只能存储30个数字，而二维码可以存储7089个数字。最早的一种二维码是丰田公司的子公司Denso Wave公司在1994年发明的，用于在汽车制造过程中追踪汽车零件，但二维码的流行是从智能手机具备了条码扫描功能之后才开始的。二维码的存储量使二维码可以存储如文本、超链接、电话号码、短信之类的信息，而二维码又可以出现在很多传统媒体如报纸、传单、海报、电视节目上，甚至还可以出现在蛋糕的糖霜上。因此，二维码可以充当将智能手机用户从现实世界引入网络世界的入口，这就使得二维码在移动营销中具有了特别重要的意义。更美妙的是，由于二维码有高达30%的容错功能，营销者可以利用这一功能设计出别具一格的二维码，使广告创意有了更大的发挥空间。

用你的手机扫描图3-7中的二维码，查看该网址微博(weibo.com/emarketing123)最近的更新。

访问网站http://qrcode.kaywa.com，为你的微博网址创建QR二维码，考虑一下这个二维码图像可以用在哪些场合。

图3-7　QR二维码的例子：《网络营销导论》微博的网址

移动电子邮件(mobile E-mail)：我们都知道电子邮件是互联网最早而又持久不衰的杀手级应用之一。在欧洲和日本，许多人是通过他们的蜂窝式移动电话获得的第一个个人电子邮件地址。对于许多消费者来说，智能手机已成为主要的E-mail设备。

多媒体传信服务(multimedia messaging service,MMS):新一代的短信服务称为多媒体传信服务,俗称"彩信"。MMS虽然在使用上同SMS别无二致,但它在采用的技术上却有了实质性的突破。MMS是在GPRS网络的支持下,以WAP 2.0协议传送图像、声音和文字等多媒体信息,可见,MMS实际上是在SMS外衣下的WAP(wireless application protocol)应用。

MMS和SMS相同的地方是:它们都非实时传送,而是采用存储/转发机制,因此需要短信中心的配合。在接收MMS时,手机会先收到一个采用WAP推式技术发送到手机上的SMS通知,里面包含有存储MMS内容的WAP网址。手机收到SMS通知后会自动链接到这个网址来收取MMS,而用户察觉不到这个过程,收MMS的过程就像SMS一样。当然,用户也可以设置成收到SMS通知后需要自己先确认再收MMS。MMS并不依赖于哪一种指定的网络技术和载体,它可以运行在GPRS和3G等具有较高带宽的数据网络上。MMS可支持jpeg、gif、txt、amr voice、mpeg-4、mp3、flash、midi、wav、rm等多种格式的文件传输。

和传统的短信一样,随着OTT即时传信的异军突起,MMS的发展空间受到了很大的挤压,估计将会和传统的功能手机一样逐步退出历史舞台。

无线局域网技术(wireless LAN):常见的无线局域网技术有两种,一种是美国电气与电子工程师协会开发的WiFi(wireless fidelity)或称802.11技术,另一种是由3COM、IBM和微软等公司组成的企业联盟支持开发的蓝牙(Bluetooth)技术。两者相比,WiFi因为具有连接速度高(可达到每秒11M)和通信有效距离长(户外可达到92米,使用天线后通信有效距离还可以大幅提高)的优点而得到了广泛的应用,被普遍地部署在大学校园、办公楼、饭店、咖啡屋和机场等地。今天,WiFi功能已经成为了笔记本电脑、平板电脑和智能手机的一项标准配置。蓝牙技术的通信距离限制在10米以内,所以一般用于无线个人局域网(personal area network,PAN)的搭建,用来连接电脑主机和外围设备,但如果多个蓝牙站点组合起来使用,蓝牙也可以支持室内空间或庭院空间无线局域网的架设。虽然蓝牙通信的空间范围非常有限,但它能持续不断地搜索周围的蓝牙设备,并随时形成联接,因此蓝牙可以支持很多新奇有趣的应用,如类似于蓝劫(bluejack)和微信"摇一摇"这样的SNS应用。与WiFi一样,蓝牙也是当前主流移动设备的一种标准配置。无线局域网使网络用户可以通过自己的移动设备快捷地实现高速上网,使互联网真正变得无所不在,也使网络营销进入了移动营销时代。

3.1.3 数字化制造和3D打印技术

数字化制造是数字革命进入制造领域的产物,它是制造技术、计算机技术、网络技术与管理科学等诸多领域交叉融和的结果。

从历史发展看,数字化制造并非一种新技术,它发端于MIT在1952年研制成功的三坐标数控铣床。如今,数字化制造已经发展成为一系列范围广泛的开发与制造技术,如计算机辅助制造(computer aided manufacturing,CAM)、计算机辅助设计(computer aided design,CAD)、计算机辅助工程分析(computer aided engineering,CAE)、计算机辅助工艺规划(computer aided process planning,CAPP)和产品数据库管理(product data management,PDM)等。这些技术相互融合极大地提高了制造企业新产品开发、仿制、精密制造和柔性制造的能力,缩短了产品上市的提前期(lead time),降低了大规模定制(mass customization)的成本。这些制造技术进而与企业资源规划、供应链管理、客户关系管理等信息系统结合,为制造业带来了革命性的进步。

近年来，3D打印(3D printing)技术的产业化使数字化制造进入一个新的发展阶段。3D打印或者说三维打印，能够像打印机打印文稿一样把一件三维的物件"打印"出来。同传统制造工艺相比，3D打印的特点在于通过逐层堆积材料的方式实现物品快速成型，而不是通过切削、打磨等工艺去除多余的材料来进行加工，因此，这项工艺也被称做"增材制造"(additive manufacturing，AM)或"添加制造"。3D打印的概念由来已久，它可以追溯到美国发明家查理斯·哈尔(Charles Hull)在1984年提出的立体打印术(stereo lithography)，这一快速成型技术以数字模型文件为基础，运用金属或塑料等可粘合材料，通过紫外线逐层固化的方式来构造三维物体。哈尔在1986年开发出了第一台3D打印机，并在1988年推出了第一款在市场上销售的型号。在哈尔之后，很多机构和发明家对立体打印技术进行过一系列改进，但直到2010年，3D打印技术才真正打印出了外形、功能兼备的三维物体，为3D打印技术的产业化应用打开了大门。今天的3D打印技术综合应用了CAD/CAM技术、激光技术、光化学以及材料科学等多方面的技术知识，取得了数字化制造技术的一次革命性突破。3D打印机可以使用不同的材料进行打印作业，如玻璃、高分子材料、金属材料等。目前，人们已经使用3D打印机打印出了可以穿的衣服、可以吃的蛋糕、可以射击的手枪以及可以飞的飞机。

3D打印作为一种新的加工工艺，将改变第二次工业革命以来的以装配生产线为代表的大规模生产方式，使产品生产向个性化、定制化转变，实现生产方式的根本变革。3D打印具有以下优点：

(1) 可以大幅降低小批量产品或样品的制作成本，显著提高设计的效率和成功率。在流水生产线时代，小批量样品的制作成本很高，但3D打印机可以在批量生产前有成本效率地打印出许多消费品、机械零件和建筑模型的样品，供工程师、设计师和客户评估效果。一旦对样品的设计做出改动，新的样品可在几个小时后重新打印出来，而不用花上几周时间到工厂制作新模型。如今，已经有服装设计师开始让模特穿着由塑料和尼龙材料"打印"的服装和鞋帽上T台向公众展示。另外，在如航天飞行器、深海探索或极地探索设备这样一些特殊的长尾市场，由于产品需求量很小，工厂加工的成本很高，用3D打印加工可以大幅降低成本。

(2) 可以降低产品创新的风险，为产品创意和创新提供更广阔的空间。一些奇思妙想的新产品虽然可能有很好的市场前景，但同时也蕴藏了较大的市场风险。使用3D打印，企业有可能先生产小批量产品试销，如市场反响好，再开始大规模制造；如市场反应不好，就调整设计方案。这就大大降低了创意产品的门槛，令创意产品的风险大为降低，更易实现产业化生产。

(3) 可以缩短产品进入市场的提前期。产品的三维设计图完成后，3D打印机在数小时内就能将产品"打印"出来，实现"熄灯制造"，而无需事先构建大规模生产线，也不需要大量库存原材料和零部件，更不需要聘用和培训大量的流水线工人。

(4) 可以提高产品的结构强度和制造零件的制造精度，提升产品质量。由于3D打印制品能实现产品的无缝连接，从而达到传统制造工艺(如焊接、铆接)所无法达到的结构稳固性和连接强度。在对零部件重量要求很高的飞机制造领域，3D打印制造可以在减轻40%原材料重量的情况下达到传统工艺可以达到的强度。同时，相对于传统的铸造和锻造而言，3D打印在成型复杂部件时可以达到与成型简单部件时一样的精度。因此，3D打印已成为如航空航天飞行器等高端制造领域的关键技术。

(5) 可以大量节约原材料，降低生产成本。在制造复杂部件时，传统的切削加工会浪费大量的原材料，对于如钛合金这样的高价值材料而言，会造成惊人的浪费。有数据表明，如果用传统工艺加工制造F-22战机零件，95%的原料会被作为废料切掉，而使用"增材制造"工艺则可以节约90%

的原材料，再考虑到新工艺不需要制造专用的模具，原本相当于材料成本一至两倍的加工费用现在只需要原来的10%。例如，加工1吨重量的钛合金复杂结构件，粗略估计，传统工艺的成本大约是2500万元，而激光钛合金3D快速成型技术的成本仅需130万元左右，成本仅是传统工艺的5%。

(6) 能够制造传统工艺无法制造或者很难制造的特殊部件。例如，锻造件的尺寸会受到水压机加工能力的限制，3万吨的大型水压机只能锻造不超过0.8平方米的钛合金零件，即使世界上最大的8万吨水压机，锻造的零件尺寸也不能超过4.5平方米，而我国使用激光钛合金3D快速成型技术已经能够制造出12平方米的复杂钛合金零件。另外，如果零件非常复杂，或者形状非常特殊，传统的制造工艺(包括使用了数字车床的切削加工)就很难制造，而3D打印却可以很容易地"打印"出这类零件。

(7) 使产品修复更为容易。3D打印的部件在出现问题后，可以使用同样的技术进行修复，而无需重新制造，从而能够节省大量用于更换受损部件的费用。

(8) 应用领域非常广泛。3D打印可以广泛地应用在生物医学、科学技术实验、建筑设计、机械制造、玩具、珠宝业、服装设计、工艺美术、航空航天、汽车制造、汽车维修等诸多领域。

尽管3D打印的产业化才刚刚开始，它的应用目前还有很多限制，但它必将给人类的生产、生活方式带来翻天覆地的变化，在各国政府的大力推动下，以3D打印为核心的一场新的工业革命已经是呼之欲出。2011年，全球3D打印市场(包括产品和服务)的销售额为17亿美元，美国3D打印市场资深分析专家沃勒斯(Terry Wohlers)在2012年3月的《福布斯》杂志上预测：全球3D打印市场规模到2016年将达到31亿美元，到2020年将达到52亿美元。笔者认为，即便只是对低端3D打印市场而言，沃勒斯的预测也太过保守，至少没有充分考虑技术突破的可能性。随着UPS等著名企业进入3D打印服务市场以及3D打印的材料日渐丰富，3D打印店也许很快就会出现在街头巷尾，之后，普及型的3D打印机又会出现在书桌上，成为个人电脑的一种常用外围设备。

美国是最早开发3D打印技术的国家，目前仍然保持着在该领域的全球领导地位，当今世界上最大的几个3D打印机制造商都是美国公司。2012年，美国奥巴马政府已经把3D打印列入重振美国制造业必须重点发展的11项重要技术之一。我国自20世纪90年代初开始追踪3D打印技术，已取得了一定成果，在个别领域(如钛合金激光增材制造领域)已经达到世界领先水平。2013年，我国首次将AM技术列入863计划和科技支撑计划项目指南。

数字化制造尤其是3D打印技术使电子商务的信息流和物流有了一种新的结合方式，将给网络营销的产品策略带来深刻的影响，同时也会影响营销的渠道策略和促销策略，包括创业企业和财富500强企业在内的很多企业已经开始在这方面做出了有益的尝试，而别的企业也必须认真关注3D打印的兴起给他们带来的机会与威胁。

3.1.4 网络营销技术条件评述

在信息技术革命的大背景下，支持网络营销的技术处在快速变化当中：旧的技术(如Gopher)不断地被较新的技术(如WWW)取代，保留下来的技术通常在性能上也比先前有了很大改进；同时，更新的技术还在不断地进入人们的视野。即使那些常年埋头在实验室的技术专家也很难全面掌握这些技术的最新进展，那么，网络营销人员应该如何对待这些技术呢？

首先，网络营销人员是决定营销成败最关键的因素，营销技术再先进，也必须通过人来发挥作用,所以要提高网络营销技术的生产率,必须加强营销人员的网络营销技能培训,使营销人员能够熟练掌握基本的网络营销技术,这些技术包括计算机硬件的基本知识、常用软件的应用和基本的网络技术知识。网络营销技术通常都有比较陡峭的学习曲线,这意味着在人员技术培训上投资可以获得很高的收益。

其次,最好的技术往往是成熟的技术。技术对网络营销而言只是实现营销任务的工具和手段,技术的选择必须服务于特定的营销目标,一味追求高新技术的做法在营销实践中是不可取的。新技术不仅综合成本(软硬件成本和人力成本)高,而且不确定性大,所以不宜在实战中过早部署。成熟的技术则相反,综合成本低,其安全性和可靠性也经过了时间的考验,更重要的一点是,网络营销技术通常都具有明显的网络效应,成熟技术拥有足够大的用户群,而新技术的用户通常都还没有达到经济规模。

再次,网络营销企业还要密切关注同网络营销相关的新技术,今天的前沿技术明天可能会成为适用技术,今天的成熟技术明天也可能会被新技术取代。同时,许多网络营销技术具有明显的锁定效应,过晚部署新技术会失去赢得客户的最有利时机。所以,企业应该监视新技术的发展状况,对有潜力的新技术要尽早展开应用研究和初期培训。

最后,网络营销企业还要关注技术发展对企业营销带来的威胁。技术从来都是把双刃剑,可以造福于民,也可以危害社会,安全技术同黑客技术和病毒技术从来没有停止过"道高一尺,魔高一丈"的较量,如果不了解破坏性技术的进展情况,就不能对它们进行有效的防范,就有可能给破坏分子造成可乘之机。

网络营销的制度基础

IT技术的进步为网络营销的开展创造了条件,但是,网络营销成为一种可行的营销方式还有赖于某些市场制度的建立和完善,网络营销必需的市场制度主要有两方面:伦理制度和法律制度。

● 3.2.1 网络营销的伦理制度

广义的网络营销伦理制度包括网络礼仪和网络道德规范两类,分述如下。

1. 网络礼仪

顾名思义,礼仪指的是礼节和仪式,它是人们从事特定活动时需要遵守的规矩和约定。网络礼仪是人们在网上从事各种活动时要考虑和遵守的规矩,如参加虚拟社区要遵守虚拟社区礼仪,使用电子邮件要遵守电子邮件礼仪,使用聊天工具要遵守网上聊天礼仪。

1) 网络礼仪的性质和作用

有人认为网络礼仪是网络道德规范的一种简单、低级然而重要的表现形式,另外也有人认为礼仪规范是同道德规范和法律规范并列的一种行为规范,我比较同意后者的观点。毫无疑问,礼仪是一种行为规范,它虽然符合通行的道德规范,但是同道德规范相比,礼仪往往更注重特定的形式,这种形式上的要求经常是极其具体甚至相当繁琐,人们经常说的"繁文缛节"便是就此而言。一般而言，选择一种礼仪而非另一种礼仪经常带有一种偶然性，所以世界各地虽然主要的道德规范大体相同，但礼仪却可以变化万千。

不过，礼仪一旦形成，便会在人们的社会生活中发挥重要作用，成为人们社会交往的重要润滑剂。在网络上，因为人们往往无法观察到交往对象的其他外在特征，如姓名、性别、年龄、着装打扮等，网络礼仪就成了人们判断对方可信度的首要依据。网络礼仪的作用体现在以下方面。

首先，网络礼仪是保障网络社会正常交往的简单准则。在一些简单的网络应用场合，网络礼仪可以充当网络道德规范的替代品，成为人们在特定场合下的行为准则。例如，在虚拟社区中应当避免用激烈言辞进行人身攻击是一条虚拟社区礼仪，该规则包含了基本的道德原则，一般来说，违背这条礼仪就会违背基本的道德原则。

其次，网络礼仪是衡量网络用户修养的外在尺度。一个网络用户不遵守网络礼仪的事情本身虽然并不能说明该用户道德水准低下，但可以说明该用户不懂得或者不愿意遵守约束，在行为上缺乏自律，这种用户要么是刚开始接触网络的新用户，要么是喜欢突出自我而不惜藐视社会的道德意识的人。可以想象，前者尚情有可原，而如果是后者，则必然会受到网络社会的普遍排斥。

最后，网络礼仪是保障网络社会相互理解的统一标准。在网络环境下，人们为了减少误解，渲染气氛，提高沟通效率，约定了许多表示特定含义的符号和简写，如经典的:-)表示善意的微笑，这一简单的符号可以有效化解对方的猜疑，拉近彼此的距离。

2) 网络礼仪的分类

网络礼仪可以分为四种类型：招呼礼仪、交流礼仪、表达礼仪和特殊礼仪①。

招呼礼仪指在网上向他人第一次问候时需要遵守的规则，包括称呼对方的规则和礼貌的问候方式。例如，要使用大写表示对方名称(即使是假名)以表示对对方的尊重，小写则是不礼貌的行为。同别人招呼，没有收到对方的回应，不可贸然开始攀谈。

交流礼仪指已经使用各种网络工具与他人交流需要遵守的礼仪，这包括不滥用大写字母、不做人身攻击等。

表达礼仪指表达特定意思时可以使用的格式，表示友善的笑脸:-)或者☺就是网上表达格式的代表，恰当使用表达礼仪可以减少交流中的误解，提高交流效率。网上表达方式的发展形成了生动活泼多姿多彩的"颜文字"文化，有趣的"颜文字"处处凝结着网络用户的创意，如表示拜托或者臣服意思的"Orz"符号，很像是一个人跪下来的姿势。

特殊礼仪指在特定网络应用中需要遵守的礼仪，如电子邮件礼仪、虚拟社区礼仪等。

3) 网络礼仪资源

网上有许多好的网络礼仪方面的参考资源，我特别推荐其中的一种。

弗吉尼亚·希亚(Virginia Shea)完成的著作《网络礼仪》的在线版本可以在http://www.albion.com/netiquette/book/index.html找到，这是一本公认的讲述网络礼仪的经典著作，内容包括网络礼仪的基本原则、电子邮件礼仪、新闻组礼仪、商务礼仪、社会礼仪等。

2. 网络道德规范

网络道德规范是人们使用计算机网络时需要遵守的道德规范。不过，虽然人们普遍认可一些基

---

① 网络礼仪的分类还有其他方法，如刘云章等人在《网络伦理学》中将网络礼仪分为心理素质类、招呼问候类、礼尚往来类、表达情感类等4种。

本的道德原则，但世界上却没有一个统一的网络道德规范，不同人群和不同团体的网络道德规范有着不尽相同的内容，以下介绍比较典型的几种。

总部设在华盛顿特区的美国布鲁金斯计算机伦理协会(The Computer Ethics Institute of the Brookings Institution)为计算机用户、程序员、系统设计师制定了十条戒律，具体内容如下。①

(1) 您不应该用计算机去伤害他人。

(2) 您不应该干预他人的计算机工作。

(3) 您不应该窥探他人的文件。

(4) 您不应该应用计算机去偷窃。

(5) 您不应该用计算机作伪证。

(6) 您不应该使用或复制没有付钱的专有软件。

(7) 您不应该使用他人的计算机资源，除非您得到了准许或作出了补偿。

(8) 您不应该剽窃他人的智力成果。

(9) 您应该考虑到您正在编写的程序或者您正在设计的系统的社会后果。

(10) 您应该以尊重和体谅他人的方式来使用计算机。

美国计算机协会(Association for Computing Machinery，ACM)为协会会员制定了以下行为守则。②

(1) 为社会和人类福利做贡献。

(2) 避免伤害他人。

(3) 要诚实可信。

(4) 要公正并且不因种族、性别、信仰、年龄、残疾或者国籍而歧视他人。

(5) 尊重包括版权和专利在内的财产权。

(6) 援引他人知识成果时要说明出处。

(7) 尊重他人的隐私权。

(8) 保守秘密。

此外，美国南加利福尼亚大学网络伦理声明指出了六种网络不道德行为类型：

(1) 有意地造成网络交通混乱或擅自闯入网络及其相连的系统。

(2) 具有商业性或欺骗性地利用大学计算机资源。

(3) 盗窃资料、设备或智力成果。

(4) 未经许可而阅读他人的文件。

(5) 在公共用户场合做出引起混乱或造成破坏的行动。

(6) 伪造电子邮件信息。

2000年6月，复旦大学学生向上海市大学生发出了"争做网络道德人"倡议，倡议书提出了以下网络道德规范：

(1) 大学生在论坛上发表言论时应真实地表达自己的观点，但不违反国家法令，不违背社会公德。

---

① 译自Bryan Pfaffenberger. Computers in your future. 4th ed. Upper Saddle River: Prentice Hall, 2002.

② 译自Bryan Pfaffenberger. Computers in your future. 4th ed. Upper Saddle River: Prentice Hall, 2002.

(2) 不散发反动的、迷信的、淫秽的内容，不散布谣言，不搞人身攻击。

(3) 提倡网络文明用语，要注意语言美，不谈论庸俗话题，不使用粗俗的语言。

(4) 严格自律，用审慎的态度对待网络，不看暴力或色情的网络内容。

(5) 自觉抵制任何利用计算机技术损害国家、社会和他人利益的行为。

(6) 培育知识产权意识，不盗用或抄袭他人的程序，不使用盗版软件。

此后不久，我国共青团中央、教育部、文化部、国务院新闻办公室、全国青联、全国学联、全国少工委、中国青少年网络协会于2001年11月联合召开网上发布大会，向社会正式发布《全国青少年网络文明公约》，内容如下：

要善于网上学习，不浏览不良信息；

要诚实友好交流，不侮辱欺诈他人；

要增强自护意识，不随意约会网友；

要维护网络安全，不破坏网络秩序；

要有益身心健康，不沉溺虚拟时空。

以上是不同的人群或者团体以成文形式明确表述的网络道德规范，一般都能代表这些人群或者团体主流的道德追求，并且往往具有较强的约束力，机构颁布的行为规范的约束力尤其强。此外，一些人群或者团体中还存在着大量约定俗成的不成文的道德规范，这些规范仍然会影响人们的网络使用行为，对企业的网络营销产生影响。

3. 网络营销企业的伦理规范

网络营销企业自身也有自己的伦理规范，这些规范可以以行为规则的形式出现，也可以在企业的各种文件或者经营方式中得到体现。一些行业组织或者专业团体还对成员企业的伦理规范做出了统一要求，如中国互联网协会2002年在北京发布的《中国互联网行业自律公约》[①]，该公约的第2章《自律条款》实际上是中国互联网行业自愿遵守的道德规范。

企业自身的伦理规范、企业商业伙伴或者竞争对手的伦理规范都会影响企业网络营销方式的选择。这点我们会在第9章中详细讨论。

3.2.2 网络营销的法律制度

1. 电子邮件作为法律证据的效力问题

电子邮件往来是否具备法律效力？电子邮件在诉讼过程中能否作为法庭证据？类似问题的答案取决于当地的法律规定和具体判例。

案例分析

2002年年末，围绕福建省厦门市一家IT企业与该企业原首席执行官之间的经济纠纷案件，当地两审法院在审理时，做出了截然不同的判定。

当事人庄振宁系厦门精通公司的原首席执行官。精通公司诉称，2000年年底庄以"个人借款"名义向公司借款10万元，并开立借据，但一直不归还借款。庄则辩称，10万元系精通公司

---

① 《公约》全文见http://www.ccnt.com.cn/newccnt/document/2002.03/001_2002.03.27.1017202927.php。

支付其并购风云网的款项，不是个人借款。庄还向法院提供了公司股东葛福生向其发送的经过公证的电子邮件作为证明。

厦门市开元区法院在一审时认为，精通公司没有证据证明邮件来源信箱非葛福生所使用，在没有相反证据的情况下，对庄提供的数据邮件的真实性，法院予以认定，判定精通公司败诉。

精通公司不服一审判决。其向二审法院提交的由公证机关出具的两份公证书称，电子邮件是可以通过技术手段被修改的。

厦门市中级法院审理认为，电子邮件是可以被修改的，显然其证明力要低于借条这一原始凭证。判决撤销一审判决，重新判定庄振宁应向精通公司归还所借的10万元，并支付逾期利息。

在以上例子中，二审法院以电子邮件可以被伪造的事实认定即使经过公证的电子邮件也不具备足够的证明力。实际上，在网络营销过程中，许多合同要通过电子形式来订立，如何签订的合同才具有法律效力，这在不同的法律制度下有不同的规定。此外，网络广告、网上市场调查、域名注册、直接销售、内容审查、安全保护、保密管理、知识产权等无一不需要相关法律的保障，如果缺少这些法律，市场的正常秩序就不能确立，电子市场就会发生巨额的交易成本，网络营销就无从开展，所以法律制度环境构成网络营销的一个重要前提条件。

2. 网络营销法律制度评述

道德与法律是维持市场运行的两大制度机制，在目前人们的思想觉悟还没有普遍提高以前，法律制度尤其重要。在电子商务发展早期，电子商务的市场环境很少受法律约束，人们希望靠电子商务企业的自我约束来维持一个有序的市场环境。但是，1998年以后，世界各国的立法、执法和审判机构开始对互联网和电子商务进行直接的控制，电子商务从此进入了政府规范发展的新阶段。在这一阶段，大量法律法规纷纷出台，对电子商务行为施加各种限制，这时，了解这些法律就成为了网络营销企业必修的一课。

法律制度要达到预期效果，至少要满足两个基本条件：一个是"有法可依"，即在电子商务领域不能存在有法律空白，让不怀好意的人有机可乘；另一个是"有法必依"，即规范电子商务的法律法规必须具有足够的约束力，政府可以用强有力的措施来保证人们遵守这些法律制度。

就第一个方面而言，目前我国电子商务领域的立法工作还处于起步阶段，2001年官方第一次出台了电子商务政策法律环境报告《2000—2001年度中国电子商务政策法律环境研究报告》，说明我国目前还处在电子商务立法的初期。与全国性的法规相比，地方性的法规建设倒是起步较快，我国电子商务基础较好发展较快的北京市和广东省已经制订出了各自的电子商务法规。由于电子商务相关法律法规的不健全，导致目前我国电子商务企业整体上还只能停留在"网上恋爱，网下成婚"的阶段，即信息发布、信息交流在网上完成，而合同的签订则需要转到网下完成。

必须指出的是，即使在美国，网络交易法也很难像网下法律法规那样健全与可靠。原因主要有三点：第一，信息技术更新速度和电子商务发展速度太快，法律几乎不可能跟上它们的步伐。所以，法律制定者不得不选择等待或观望市场与技术的走向，从而确定最佳的法律法规约束。第二，即使电子商务立法达到了相当完善的程度，在执行上也会打一些折扣。第三，像知识产权、税收、争执解决等电子商务中的重要问题，还不能在一国的电子商务法的框架下解决。一个国家很难在没有其他国家配合的情况下保证电子交易法规的实施。所以，网络法的制约作用仍是有限的。

就第二个方面而言，即使相应的电子商务的法规已经出台，在实践上这些法规的规范效果也普遍不理想，反映出电子商务法规在实施方面存在着诸多困难。我们来看一个美国的例子：美国在2004年1月1日开始生效的《控制色情及营销侵袭法案》(the Controlling the Assault of Non-Solicited Pornography and Marketing Act，CAN-SPAM)是一个受到世界广泛关注的重要法案，但是，它的效果却几乎为零。美国MX Logic公司所做的一项调查表明，2004年4月该公司收到的未经许可的商业电子邮件中只有3%遵守了CAN-SPAM法律的规定，而在5月这一比例更是降低到了可怜的1%。鉴于MX Logic公司是一家从事电子邮件安全和防护系统业务的公司，人们完全有理由怀疑以上数据存在着夸大的成分，但以上数据却足以反映出电子商务法执法难的问题。

3. 规定网络营销企业权利和义务的法律法规

网络营销企业首先必须了解自己在网络营销活动中的权利和义务，有多种法律涉及了网络营销企业的权利和义务，这些法律大体可以分成以下几类。

(1) 知识产权法

这主要包括版权法、专利法和商标法。网络营销过程涉及大量与知识产权相关的问题，如注册网站域名、设置网页元标签或者与其他网站链接时都可能会侵犯到其他公司的商标权，公司自己或者公司网站的用户在公司网站上发布内容时可能会侵犯他人的版权。为了在网络上加强知识产权的保护，美国在1998年颁布了《数字千年版权法案》(Digital Millennium Copyright Act)，我国也在2001年10月修订了《中华人民共和国著作权法》，将网络传播环境下的著作权列入保护范围。在商标保护和专利保护方面，则有大量的判例值得营销企业关注，如美国联邦上诉法院在1998年的一个判例为电子商务业务方式专利的申请打开了大门，这使得电子商务中的一些常见的业务方式(如联属网络营销)在美国成了某个公司的专利。在我国，有关域名注册方面的法律问题可以依据信息产业部在2002年颁布的《中国互联网络域名管理办法》和同年中国互联网络信息中心(CNNIC)发布的《域名注册实施细则》《域名争议解决办法》《域名注册服务机构认证办法》等文件。

(2) 消费者保护法

网络营销企业除了要遵守原先的各类旨在保护消费者权利的法律法规，还要特别注意有关保护消费者隐私的法律法规。数据库营销的发展促使企业大量收集消费者数据，对消费者隐私造成了威胁，在这一背景下，西方发达国家都着手制定了大量旨在保护消费者隐私的法律，如欧盟的《欧盟数据保护指令》(European Commission's Directive on Data Protection)和美国的《电信隐私法》(Electronic Communications Privacy Act)等。我国对隐私保护的力度不如西方国家，这导致了我国企业在西方的一些网络营销活动经常受到抵制，我国一些ISP的电子邮件服务器一度被西方国家全面封杀就是一个例子。

(3) 网络安全法

网络安全也是需要国家法律大力介入的一个领域。美国1996年通过的《国家信息基础设施保护法》规定拒绝服务式攻击和病毒传播在全美范围属于犯罪行为，根据该法，美国可以要求把破坏美国信息基础设施的国际黑客引渡到美国追究刑事责任。我国1997年修订的新刑法也增加了计算机犯罪的条款，将非法侵入计算机系统、破坏计算机系统功能(或者数据、程序)以及制作传播计算机破坏程序定性为犯罪行为。

(4) 信息服务法

我国对网站利用互联网从事信息服务的监管较许多国家严格。2000年9月，国务院公布施行《互联网信息服务管理办法》，2000年11月，国务院新闻办公室、信息产业部又发布了《互联网站从事登载新闻业务管理暂行规定》，此外，信息产业部在2000年11月发布的《互联网电子公告服务管理规定》和2002年6月新闻出版总署和信息产业部联合出台《互联网出版管理暂行规定》也都对网站的信息服务做出了规定。此外，如果发布的信息涉及药品等特殊商品，还需要遵守更多的规定，如提供药品信息服务就必须遵守国家药品监督管理局在2001年1月公布的《互联网药品信息服务管理暂行规定》。

除了上面提到的规范公司行为的法律法规，营销者还要了解自己的潜在客户面临的法律约束条件，当客户为商务客户时尤其如此。例如，如果一个企业想成为美国政府的供应商，该企业就需要对《联邦采购法规》(Federal Acquisition Regulation)有所了解，这一长达2200多页的法律文件规定了联邦政府采购时必须遵守的规则。我国的《政府采购法》也从2003年1月1日开始施行，它不仅规范政府机关的采购行为，对事业单位、团体组织的采购也做了明确的规定。

网络营销的法律环境极其复杂，网络营销企业在处理一些微妙的法律问题时最好还是寻求专业律师的帮助，不过，在许多问题上，先从网上寻求答案也是不错的方法，本章章后的网上资源部分汇集了若干有关网络营销法律的有用网站。

4. WTO和网络营销

加入世界贸易组织是中国经济与国际接轨过程中的一个里程碑，它将对我国未来经济的发展产生重大影响。从整体上看，加入WTO对我国经济发展肯定是利大于弊，它可以使我国GDP增长速度加快，并创造数以百万计的就业机会。具体来看，加入WTO对企业网络营销会有以下几方面影响。

(1) 推进我国直销走向规范化，为我国制造企业开展网上销售创造良好环境。按照世界贸易组织的要求，我国已在2005年8月出台了《直销管理条例》，允许企业通过合法的直销方式销售产品或服务。

(2) 推进我国网络基础设施进一步完善。我国加入WTO后，对主要信息技术产品将实行零关税进口，这样一来，我国信息技术市场的竞争将更趋激烈，这将推动信息技术产品价格的进一步下降，加快我国网络基础设施的建设步伐，为网络营销的发展铺平道路。

(3) 金融业的开放将改善我国的网上支付条件。我国入世后将不断推进金融业对外开放，外资银行的进入将为我国银行业带来先进的技术和管理经验，促进银行之间的良性竞争和金融创新，提高银行的服务水平，加快我国国有银行的商业化进程，推动以信用卡为主的网上支付方式的发展。同时，我国网络营销商还可以利用国外知名银行的发达网络开辟一条开展全球网络营销业务的网上支付途径。

(4) 电信业的开放将大幅度降低网络营销的成本。外商全面投资我国互联网市场将导致互联网接入、服务器空间租赁等服务的价格大幅度降低，这将鼓励更多的企业和个人上网，繁荣我国的网络市场。

(5) 物流服务行业的开放将吸引更多的国外物流企业进入中国市场，参与市场竞争，他们将带进先进的物流技术设备和物流管理经验。这些都将促进中国目前落后的物流业的发展，为网络营销的顺利开展创造条件。

此外，加入WTO会吸引更多的外国企业在商业服务领域投资，这将提高我国企业的经营管理水平，提升我国企业的国际竞争力，加入WTO后我国会有更多的企业涉足国外市场，并且，随着同世界各国交流的增多，我国居民的消费观念也会潜移默化地发生变化，逐步适应以信贷消费为特征的新的购物支付方式，使网上销售可以大行其道。

3.3 网络营销的配套服务市场基础

是不是有了先进的网络技术和良好的市场制度，网络营销就万事无忧了呢？我们首先看一个案例。

 案例分析　　　　　　北京图书大厦的网上销售

北京图书大厦电子商务网站的建设是首都电子商务示范工程的重点项目，该项目有市政府的经费支持和首信公司的技术支持，而且入市的时机似乎也恰到好处，在北京图书大厦电子商务网站正式开通的1999年3月，电子商务的形势正是一片大好的时候，那么这样一个项目能否成功呢？由于该项目是政府的电子商务项目，所以有比较齐备的运营记录，这为事后的研究提供了宝贵的资料。

从1999年3月9日至4月10日这一个考察期内，北京图书大厦电子商务网站实际有效开展业务的时间为29天，在此期间，网站访问量达到68 152人次，申请会员4644个，完成交易共1256笔，其中境外102笔，销售额为6007美元；国内1154笔，销售额为57 193元人民币，按当时美元大约1∶8.3的汇率，实际完成销售100 540元。按照姜旭平教授的估算，这一销售的利润还不足支付当时租用中国电信128K的DDN专线费用。我们同时还注意到，在海外的成交相对来讲比较活跃，完成的销售占到了总销售的大约43%，那么背后的原因是什么呢？经分析研究原来是支付方式的问题。

北京图书大厦电子商务网站当时提供4种支付方式。

(1) SET-CA方式：这是一种当时比较先进的网络安全支付方式，为开发这套支付系统，电子商务网站的建设者投入了大量的精力，他们甚至为了这套系统专门开发了一种具有自主知识产权的加密算法。

(2) 普通国际信用卡支付方式：使用国际流行的信用卡(如Visa、MasterCard、AmericaExpress)在网上支付。

(3) 使用国内银行卡在网上支付。

(4) 通过邮局汇款方式支付。

在网站为消费者提供的4种支付方式中，利用情况却并不平均，其中两种支付方式最受欢迎，一种是国际信用卡支付，一种是邮局汇款支付，另外两种支付方式却几乎没有人使用。不用说，使用信用卡支付的主要是海外用户，这些用户拥有信用卡，并且有使用信用卡购物的习惯。国内用户使用最多的是传统的邮局汇款方式。初看起来，似乎是消费习惯的问题，但深究起来，国内用户偏爱邮局汇款方式跟我国银行卡网上支付仍然不成熟有很大关系。实际上，我国网上支付业务在

1999年已经开始，但这一业务到2000年仍然不能保证支付的安全性。笔者的一位朋友曾经在2000年试着用某银行的借记卡在网上支付其购买的互联网服务，在点击转账确认键的刹那，网络的某一部分发生了故障，本来应该返回"转账成功"信息的页面显示出了HTTP404号出错信息，即"未找到文件"，不祥的预感涌上了我这位朋友的心头，果然，检查操作结果时发现，100元的款项已经转出，但并没有到达目的地，100元钱从此人间"蒸发"，基于投诉成本等方面的考虑，我这位朋友选择了自认倒霉，他很诚恳地跟我说："幸好，我懂得先用100元钱试试。"同使用借记卡相比，在邮局汇款最大的好处就是在一定时期内可以提供查询，绝对不会出现钱不知下落的情况。但是，不论如何，如果使用邮局汇款才能在网上购物，那么网上购物方便的优势便无从谈起，这会极大地限制网上销售的市场。

可见网络营销要充分发挥其效力，除了需要具备成熟的信息技术支持，还需要网上支付、物流、信用体系等一系列的配套服务做基础。遗憾的是，目前，我国这些方面的发展都要滞后于技术的发展，成为了制约网络营销进一步发展的瓶颈环节。不过反过来，这些方面的任何进展都会解放网络营销的潜能，为企业带来新的市场机会。所以，网络营销企业必须时刻关注这方面的最新发展。

3.3.1 网上支付服务

网上支付业务的发展为网络营销特别是在线销售提供了便捷的支付和结算手段。所以，网上支付的充分发展为网络营销的发展创造了条件。

中国的网上支付起步于1998年，当时，招商银行推出"一网通"网上支付服务，使其成为了国内首家提供网上支付服务的银行。之后，其他银行纷纷跟进，但真正推动中国网络支付大发展的事件是网上支付业务对民间资本的开放。2011年5月18日，中国人民银行下发首批27张第三方支付牌照，从此，民营第三方支付企业正式纳入央行金融机构监管范围，第三方支付的身份问题得到圆满解决，使第三方支付的金融风险大大降低，第三方支付开始进入大发展时期。截至2013年7月底，中国获得央行颁发第三方支付牌照的企业已有7批，数量达到了250家，业务涉及预付卡发行、互联网支付、移动支付等多个领域。获颁牌照的企业中既有新浪、网易、腾讯、百度、阿里巴巴这样的互联网巨头，也有名不见经传的中小型电子商务企业，甚至还有几家纯外资企业也获得了在中国内地从事第三方支付业务的牌照。我国第三方支付服务的繁荣不仅表现在参与企业数量的增加，还表现在层出不穷的产品创新上。以支付宝为例，支付宝不仅为用户提供有安全保障的网上支付服务，而且还有信用支付功能，可以为消费者提供小额消费贷款。另外，支付宝还有余额理财功能，可以让用户的资金余额产生堪与银行存款相比的收益，而支付宝的二维码、声波支付等产品则为移动支付提供了便利。

2001年，中国网上支付市场的规模不过9亿元，在2007年也不过976亿元，但在2013年第2季度一个季度单是由第三方支付完成的互联网支付业务的交易规模就达到了1.34万亿。

2012年，在我国网络购物者使用的支付方式中，网上银行支付和第三方支付账户余额支付的使用最为普遍(见表3-4)，考虑到快捷支付和卡通支付也属于第三方支付，第三方支付实际上已超过网上银行成为我国最重要的网上支付方式。

表3-4 网民网络购物使用的支付方式

网络购物支付方式	所占比例/(%)
网上银行支付(含借记卡、信用卡)	63.1
第三方支付账户余额支付	61.6
货到付款	32.4
快捷支付和卡通支付	18.5
邮局汇款或银行柜台转账/汇款	4.8

资料来源：中国互联网络信息中心发布的《2012年中国网络购物市场研究报告》

在用户选择的第三方支付产品中，阿里巴巴旗下的"支付宝"的份额遥遥领先(见表3-5)。

表3-5 网络购物使用的第三方支付产品

第三方支付产品	所占比例/(%)
支付宝	93.9
财付通	11.5
银联在线	10.9
快钱	2.7
汇付天下	0.6
易宝支付	0.4

资料来源：中国互联网络信息中心发布的《2012年中国网络购物市场研究报告》

3.3.2 第三方认证体系

虚拟市场的参与者数量众多，资质也相差悬殊。企业当然可以通过建立强势品牌的方法来赢得利益相关者的信任，但对于大多数企业而言，建立一个用户可以信赖的品牌并不容易。一个更简单易行的方法是借助信用中介，信用中介公司可以代表企业广大利益相关者审核其他企业的资质，然后利用自身品牌为通过审核标准的企业提供信用担保。在电子商务应用方面，信用中介通常会向符合标准的企业颁发电子证书，目前世界上有名的电子保障项目有TrustE体系、BBBOnline体系等，在这些体系中，信用中介负责制定电子商务公司在诸如系统可靠性和顾客隐私保护等方面应该遵循的标准。电子商务公司在满足了这些标准后，可以向电子保障公司提出认证申请，通过认证的公司将可以在他们的网站上放置相应的标志，部分认证机构的标志见图3-8。不过，即便在美国这样的发达国家，目前这一解决方案还存在着一些问题，这突出的表现在主动加入电子保障项目的公司并不很多，例如，截至2013年8月，只有5000多家公司加入了TrustE体系。其原因有以下几个方面。

图3-8 部分认证机构的认证标志

(图中标志依次为BBBOnline的隐私戳和可靠性戳、TrustE的隐私认证标志、ScanAlert的黑客安全戳、北京工商局的红盾认证标志以及阿里巴巴的诚信通认证标志)

首先，电子保障公司收取的认证费用和管理费用过高。据统计，网站通过主要认证的花费一般都在299～4999美元间。这对刚起步的小公司是笔不小的开支。

其次，一些知名的电子商务公司对电子保障项目并不热衷。例如，著名的亚马逊公司没有参加任何认证体系，这些认证对这些大牌公司而言基本上是多余的，但这些认证离开了他们却会缺少代表性。

最后，通过电子保障公司认证的效果比较可疑。例如，Microsoft、Deja和RealNetworks等网站都通过了TrustE的认证，但是1999年它们都被指控有侵犯用户个人隐私的行为。诸如TrustE这样的电子保障公司虽然会定期对获得其认证资格的网站进行审核，但是他们的审核一般并不深入，不会去查看网站的财务账簿以确定网站是否出售过用户个人资料，也不会去检查这些网站的程序源代码中有没有监视用户行为的语句。同时，电子保障公司认证的标准似乎偏低，例如，在TrustE成立以来的3年时间中，TrustE没有撤销过一个认证，并且在所有申请认证的网站公司中，只有不到2%的申请被拒绝。

案例分析　　　　　　　阿里巴巴"诚信通"认证

阿里巴巴是国际知名的B2B交易场，它在2002年3月推出的"诚信通(TrustPass)"认证是目前国内最成功的一种电子商务认证。阿里巴巴2012年1季度报表显示，截至2012年3月31日，阿里巴巴拥有65.9万名中国诚信通会员。目前，阿里巴巴的诚信通认证分为两种：企业身份认证和个人身份认证。企业身份认证通过第三方认证的方式来操作。

企业身份认证指的是由具有独立资质的认证公司对申请诚信通服务的会员进行"企业的合法性、真实性"的核实以及"申请人是否隶属该企业且经过企业授权"的查证。目前与阿里巴巴合作的第三方独立认证机构有华夏邓白氏、上海杰胜、澳美资讯、杭州中德信息技术、北京中诚信征信有限公司。

企业身份认证的信息主要内容如下。

- 工商注册信息：包括名称、注册号、注册地址、法人代表、经营范围、企业类型、注册资本、成立时间、营业期限、登记机关和最近年检时间。
- 认证申请人信息：包括认证申请人姓名、性别、部门和职位。
- 个人身份认证是指经过支付宝实名认证，在认证日对申请诚信通服务的会员进行"个人身份准确性和真实性"的核实。支付宝认证服务的具体程序包括身份信息识别和银行账户识别。

获得诚信通认证的机构和个人同时为自己建立了诚信档案，档案的内容有资信参考人以及诚信通指数。获得诚信通认证的机构和个人不仅可以在自己的页面上放置诚信通标志(见图3-8)，而且诚信通会员发布的信息在搜索结果页面上可以优先显示。根据阿里巴巴所做的研究结果，有85%的买家更愿意从诚信通会员那里采购，而且诚信通的会员获得的询盘比普通会员多12倍，这正是企业和个人愿意付费申请认证的原因。按照当前企业和个人诚信通会员每年2800元和2300元的认证费用(国际诚信通会员每年的费用为600美元)估算，诚信通业务每年就能给阿里巴巴带来超过7亿元的营业收入。

2008年开始，随着中国电子商务的蓬勃发展，我国的第三方认证服务进入了一个新的发展期，涌现出了提供"可信网站"身份验证服务的中网(knet.cn)、提供网站信用评级服务的中国互联网协会(www.itrust.org.cn)以及提供"诚信网站"认证服务的中国电子商务协会(www.szfw.org)等一批认证机构。在这些机构的推动下,越来越多的企业开始接受认证。以下是万表网(www.wbiao.cn)获得的部分认证的戳记(见图3-9)。

图3-9　万表网(www.wbiao.cn)获得的部分认证

3.3.3　物流服务

　　高效的物流服务对从事网上直销的企业意义重大,因为同快捷的信息流相比,物流往往构成所有商务流程的瓶颈,物流服务的质量和价格取决于物流基础设施的完善程度、物流技术装备的先进程度、第三方物流的发达程度、物流行业的信息化程度以及政府对物流行业的支持和扶植力度。

　　近年来,我国以干线铁路、高速公路、枢纽机场、国际航运中心为重点的物流基础设施在迅速走向完善。截至2012年,我国运输线路中,铁路营运里程9.8万公里,公路通车里程423.75万公里,其中高速公路通车里程达到了9.62万公里,沿海港口万吨以上泊位1517个,民航机场183个。货运量总计412亿吨,货物周转量总计173 145亿吨公里。在物流技术设备方面,通过引进国外技术和自主开发,我国已可以制造自动化仓库、自动导向车(automated guided vehicle, AGV)、搬运机器人等产品。国外一些物流技术设备厂商(如西门子、大福等)的进入更使我国物流中心或自动化仓库的装备达到了国际水准。随着我国对物流投入的增加和物流基础设施的不断完善,我国物流行业完成的产值也不断增长。2012年,我国社会物流总费用为9.4万亿元,同比增长11.4%,实现的增加值为3.6万亿元,同比增长9.1%,占到了服务业增加值的15.3%和GDP的6.8%。

　　在物流行业中,快递业务和网络零售的关系最为密切。近年来,随着民营资本的大规模进入,我国快递业有了突飞猛进的发展,国有的中国邮政速递物流(EMS)和顺丰、圆通、中通、申通、汇通、韵达等民营企业在快递业务上展开了激烈的竞争,快递市场一派繁荣,结果,快递服务质量不断提升,而服务价格却能长期控制在相当低廉的水平。以淘宝商城订单为例,EMS的价格普遍在15～20元之间,而通达系快递的价格却能做到每件在5～10元之间。目前,网络零售和快递业务已形成良性互动的大好局面,快递行业和网络零售行业近年来都保持了高速的增长。国家邮政局公布的数据显示,2012年,全国规模以上快递企业投递邮包56.9亿件,同比增长54.8%,实现业务收入1055.3亿元,同比增长39.2%。

　　尽管改革开放后我国的物流业取得了不少成绩,但仍然存在着市场化程度不够和物流成本偏高的问题。在国外,物流市场化的比例已相当高。如在日本已达80%,美国已达57%,英国为34%,而我国物流市场化的比例仅为18%左右。另一方面,我国社会物流总费用与GDP的比例常年保持在18%左右,这一比例比发达国家差不多高出一倍。可见,中国物流业发展水平仍有提升空间,它的持续发展将为网络营销创造更好的环境。

本章内容提要

　　网络营销的现实基础包括技术基础、制度基础和配套服务市场基础三个方面。

网络营销中使用最多的三种技术是电子邮件、搜索引擎和万维网网站，其他一些传统的互联网应用还有用武之地，这些应用包括文件传输、远程登录、电子公告版、新闻组、电子邮件列表、聊天室、即时传信，近年来，网络日志、维基、社会交往系统、微博、大众分类法等被称为Web 2.0技术的应用迅速崛起，为网络营销人员增添了强有力的新工具。此外，签语块、软件代理和基于互联网的电子数据交换可以支持网络营销的一些高级技巧。数字制造特别是3D打印技术的大发展给网络营销带来的影响特别值得关注。移动电子商务技术的发展也为网络营销提供了无穷的创新机会。在安全方面，公开密钥基础设施、防火墙技术和反病毒技术为网络营销提供了保障。随着互联网技术的进步，宽带上网和无线接入将成为主流，这将为网络营销带来深刻的变化。作为一种技术密集型的营销方式，网络营销人员应当对所要采用的技术有一种系统的思维。

网络营销的制度基础包括伦理制度和法律制度两个方面，网络礼仪在对网络行为的规范方面也能起到显著作用。网络营销活动涉及的法律名目繁多，但从实践上看，网络法的执行效果并不理想。

银行金融服务、第三方认证体系和物流服务体系构成了网络营销配套服务市场的主体。这些服务市场的发育将会推动网络营销的发展。

复习思考题

1. 比较电子邮件(含邮件列表)、电子公告版、新闻组、聊天室、即时传信(含群组)、网络日志(含RSS伺服)和社会交往系统作为通信工具的优缺点。
2. 从营销管理(利用4P框架)的角度说说3D打印技术的发展会给网络营销带来哪些影响。
3. 说一说宽带上网和无线上网的普及对网络营销的影响。
4. 请你为中国网络消费者拟订一个简单的道德行为守则。
5. 你认为中国当前的网络购物环境是否安全和方便，说明理由。

@ 网上资源

中国电子商务法律网(www.chinaeclaw.com)：作为我国第一家专业的电子商务法律网站，中国电子商务法律网由北京德法智诚信息科技公司于2000年7月创立，拥有深厚的中国电子商务政策法律立法、研究和实务的背景及资源，定位于全面、深刻、及时、权威地关注中国电子商务的政策、立法、司法、行政与实务。经过这些年的发展，该网站基本确立了其国内权威的电子商务法律平台的地位，成为了政府电子商务立法与调研的窗口、学术界研究与交流的平台、企业解决实际问题及反映立法呼声的重要渠道。该网主要提供三大类的信息：一类是电子商务与网络及其相关领域关系到政策法律的最新动态，以新闻、案例、法律法规和立法动态为主，并保持一定比例的翻译过来的新闻；第二类是中国电子商务法律网自主编辑的信息，如热点专题、合同范本、案例选编、登记许可实务等，这类信息对产业界的实际操作很有价值；第三类是中国电子商务法律网原创的内容，主要对电子商务法律领域的焦点问题进行深度分析、判断、比较和研讨。该网的一些特色专栏包括电子签名法专栏、案件追踪、法律博客、应用研究、电子商务法律在线咨询等。

赫伯克教授(Dale Herbeck)的网络法课程网站(www2.bc.edu/~herbeck/ cyberreadings2007.html)：该网站是波士顿学院的赫伯克教授为其在2007年开设的网络法课程准备的阅读资料，该网站系统地收录了大量的网络法读物和法庭案例，涉及了电子商务法律问题的方方面面。例如，版权法、通信正直法(Communications Decency Act)、儿童在线保护法(Children's Online Protection Act)、电信法(Telecommunications Act)、电信隐私法(Electronic Communications Privacy Act)等。

法律引擎(www.legalengine.com)：为律师、学生和公众提供了全面的法律在线资源，包括美国联邦及州县法律、国际法和美国高等法院判决，当然，也包括大量网络法的内容。

寻找法律(www.findlaw.com)：是一个与法律引擎类似的网站，并且还有法制新闻的内容，而且搜索功能也更为强大。

中国物流与采购网(www.cflp.org.cn或www.chinawuliu.com.cn)：该网站由中国物流与采购联合会主办，发布有大量的物流新闻和较高质量的物流理论文章，是物流行业权威的门户网站。中国物流与采购网的主要栏目有联合会快讯、行业资讯、物流专家、论文荟萃、政策法规、统计数据、企业案例、培训认证、会展信息、名词解释、博客论坛等。其中联合会快讯、行业资讯、物流专家、论文荟萃、政策法规等栏目在业内具有相当的知名度与影响力。

参考文献

1. 杨坚争. 电子商务基础与应用. 第4版. 西安：西安电子科技大学出版社，2004
2. [美]Kenneth C. Laudon, Carol Guercio Traver著. 劳帼龄译. 电子商务：商业、技术和社会. 北京：高等教育出版社，2004
3. [英]安德鲁·斯帕罗著. 林文平，陈耀权译. 电子商务法律. 北京：中国城市出版社，2001
4. Douglas E. Comer. Computer Networks and Internets with Internet Applications(4th ed.). 北京：电子工业出版社，2004
5. Bryan Pfaffenberger. Computers in Your Future(4th ed.). Upper Saddle River: Prentice Hall, 2002
6. [美]瑞威·克拉克特，玛西娅·罗宾逊著. 吕廷杰等译. 移动商务：移动经济时代的竞争法则. 北京：中国社会科学出版社，2003
7. H. M. Deitel, P. J. Deitel, K. Steinbuhler. E-Business and E-Commerce for Managers(英文版). 北京：清华大学出版社，2001
8. [美]德博拉·L.贝尔斯著. 赵凤山等译. 电子商务物流与实施. 北京：机械工业出版社，2002
9. 李伦. 鼠标下的德性. 南昌：江西人民出版社，2002
10. [日]伊藤敏幸著. 牛连强等译. 图说网络安全. 北京：科学出版社，2003
11. 姜旭平. 网络营销. 北京：清华大学出版社，2003
12. 唐志宏. 中国网上支付十周年纪回顾与展望. 电子商务，2008(05)
13. 孙靖萍. 浅析我国现代物流业发展的现状. 辽宁经济统计，2008(05)
14. 张际春，楚立松. 中国物流产业发展的现实问题及对策研究. 中国高新技术企业，2008(12)

第二篇 方法篇

给我一个支点，我就可以搬动地球。

——阿基米德

再疯狂的事情也有它的方法。

——莎士比亚

第4章 网络营销决策支持系统及网络市场调研

本章学习目标

在学过本章之后，你应该能够：
- 了解网络营销信息质量的评价标准。
- 了解网络营销决策支持系统的构成。
- 掌握间接网络调研的方法，熟悉主要搜索引擎和常用数据库的用法。
- 了解直接网络调研的类型，熟悉电子邮件问卷调查的基本过程。
- 了解基本的网络营销环境监测技术。
- 熟悉互联网上重要营销信息资源的种类，并能熟练地查找这些方面的信息。
- 了解网络营销调研涉及的伦理问题。

在信息革命的大潮中，信息技术影响了企业经营的方方面面，企业的市场营销是受到冲击最大的领域之一。在今天的市场竞争中，营销策略必须建立在科学决策的基础上，而营销决策支持系统是辅助企业进行科学营销决策的强大武器。对于开展了网络营销的公司而言，营销决策支持系统必须能够从网络营销活动中获取数据，并能够支持有关网络营销的决策制定，我们把这种既能从传统营销活动中获取数据又能从网络营销中获得数据，既能支持传统营销决策，又能支持网络营销决策的营销决策支持系统称为网络营销决策支持系统。网络营销决策支持系统从内部记录、市场情报和市场调研三个渠道获得原始信息并将其有序地储存到数据仓库里，营销管理人员使用专门的软件来查询数据库，获取决策所需要的信息。本章将首先讨论网络营销决策支持系统的基本概念，然后再重点讨论网络市场调研的方法。

4.1 网络营销决策支持系统

4.1.1 网络营销中的信息

市场营销中所说的信息，通常指同营销决策相关的商业信息、情报、数据、密码和知识等。互联网不仅为企业提供了极为丰富的信息资源，还为企业从事调研提供了许多强有力的手段，网络营销决策支持系统的目的就是要将高质量的信息在需要的时候送给需要的人，这首先要求输入系统的信息必须是高质量的信息。如果原始信息质量不高，无论信息系统有多么先进，都无法输出高质量的信息。对营销信息的评价，有以下4条标准。

> 高相关：信息在何种程度上满足了营销决策者的需求？信息对于营销决策是否重要？
> 高质量：见以下的REAP条件。
> 及时：信息是否已经过时？现在获得该信息是否仍有足够的时间采取相应的对策？
> 完整：决策所需要的信息是否齐备？

其中，高质量的信息是指满足以下条件的信息。

> 可靠(reliable)：信息的作者、编者或者发布者都是什么人？他们具有怎样的专业资质？信息在发布以前有没有经过专家评审？评审的标准和结论是什么？
> 有据(evidence)：有哪些证据可以对信息的真实性提供支持？文章中有没有包括参考书目？
> 准确(accurate)：统计或计算是否正确？数据间有没有相互抵触的地方？
> 可信(plausible)：信息编写或者发布的目的是什么？是否存在偏见或倾向性？

互联网上的信息鱼龙混杂，所以在利用互联网收集信息时，一定要注意信息质量的鉴别，以免被错误的信息误导。鉴别信息的基本方法是从多个来源通过多个渠道收集信息，并使这些信息相互印证。商业公司主办的调查经常会带有一定的倾向性，所以在阅读由商业公司发布的调查报告时，更要持审慎的态度，但即使是中立方提供的数据，也可能会因为统计方法上的差异或方法本身的局限性而出现不一致的结果，这时，需要企业对数据提供方采用的统计方法有所了解。例如，尼尔森和comscore MediaMetrix都是著名的市场调查公司，但他们对CNN金融网站(CNN Money)在2004年4月的独立访问者的个数存在着不小的分歧，前者报道CNN金融网站独立访问者的数量为820万，后者则称该网站独立访问者的数量仅为550万。这两个数字与CNN网站日志上记录到的数字也不相同，之所以会出现这样的分歧，主要原因是网站访问日志根据Cookies来鉴别独立访问者，而网站访问者可能会因为在两次访问期间删除掉该网站的Cookies而被误以为是新的访问者(独立访问者)，一般人认为只有3%的人会定期删除Cookies，但尼尔森却认为该比例可能会高达30%，在这种情况下，需要将从服务器访问日志中取得的数据与根据直接调查获得的数据相互印证。

4.1.2 营销信息系统和网络营销决策支持系统

营销过程的信息化使公司必须处理大量的营销信息，营销信息系统为企业完成这一工作提供了技术保障。从信息管理系统的角度看，营销信息系统可以通过不同类型的信息管理系统来实现：交易处理系统、顾客参与系统、管理信息系统、小组支持系统、决策支持系统和人工智能、执行官信息系统和组织间系统。不同的系统实现方式在功能上各有侧重，但现实中的营销信息系统通常都不会是纯粹的一种系统，而是多种系统的综合，较高级的系统常常向下包容较简单的系统。这些信息系统中的任何一个都会多多少少地涉及营销信息的捕获、创造、展示、记录和传递。这里重点介绍网络营销决策支持系统(internet marketing decision support system，IMDSS)。

1. IMDSS的组成

IMDSS由内部记录系统、环境监测系统和市场调研系统组成，分述如下。

1) 网络营销的内部记录系统

营销信息的一个重要来源是企业的内部记录。企业的生产运作部门、财会部门、客户服务部门每天都会产生出大量对企业营销决策极有价值的数据。网络营销的内部记录系统必须保证这些数据及时进入企业的中心数据仓库。在所有企业可以用于决策的信息来源中，内部记录最为详实可靠，而且也最容易获得，所以企业必须充分重视企业内部记录系统的建设。

在网络营销中，内部记录系统可以提供极为丰富的反映网络营销绩效的数据，对这些数据进行处理，可以形成对管理层制定决策极为宝贵的信息。

网络营销的内部记录系统的主要数据来源是企业营销网站的服务器运行日志(server logs)、搜索日志、库存记录、工资发放记录、日常管理费用记录、分渠道销售记录等。这里主要介绍前两者。

服务器运行日志用标准的文本文件格式详尽无遗地记录了服务器上所有的响应活动。因为每天生成的日志都包含大量的数据，所以必须依赖一些软件程序才能从日志中整理出容易读懂的报告。以下是当前较为流行的一些商业日志分析软件。

- Google Analytics (www.google.com/analytics)。
- Mint (www.haveamint.com)。
- Webtrends Analytics (www.webtrends.com)。

此外，网络管理员还可以选择以下开源软件来分析服务器运行日志。

- Piwik (www.piwik.org)。
- Webalizer (www.webalizer.org)。
- W3Perl (www.w3perl.com)。

搜索日志可以记录网站访问者使用网站搜索功能的情况，记录的数据包括用户键入的关键词、执行搜索的时间、返回的结果数、用户的IP地址或者其他标识符，一个典型的搜索日志如下所示。

Keywords: heath field; Options: All, Details; 11/26/97 4:03 PM

Keywords: us consulate in aroli; Options: All, Details; 11/26/97 4:05 PM

Keywords: aroli; Options: All, Details; 11/26/97 4:05 PM

Keywords: Czech Republic; Options: All, Details; 11/26/97 4:05 PM

Keywords: charlotte; Options: All, Details; 11/26/97 4:06 PM

Keywords: travel; Options: All, Details; 11/26/97 4:06 PM

Keywords: north arolina; Options: All, Details; 11/26/97 4:06 PM

(摘自http://tigger.uic.edu/~nrj/irb/searchlog.htm提供的搜索日志样本。)

搜索日志可以记录一些网站访问日志记录不到的宝贵的资料，这些资料对营销决策却有着重大的参考价值，搜索日志可以忠实地记录到网站访问者的原始想法，搜索日志分析的基本任务是获得以下资料。

- 最热门查询：罗列出一段时间内访问者最常使用的关键词，由此可以推断访问者该期最关心的问题是哪些。
- 零结果查询：罗列出一段时间内访问者所做的没有得到任何返回结果的查询，由此可以推断访问者对网站的预期同网站定位的差距。
- 趋势比较：通过比较两个时期的搜索模式发现异常的搜索词，如新出现的搜索词或者排名跃升很快的搜索词，由此可以及早发现市场变化露出的苗头。

网站管理员可以利用Freefind(www.freefind.com)为网站快速增添搜索功能并获取搜索日志分析报告。

2) 网络营销环境监测系统

内部记录系统可以获得企业内部的信息，但如果仅满足于此，那么必然会像《孙子兵法》中说的，只能做到"不知彼而知己，一胜一负"。要想进一步提高营销的成功率就必须对企业的营销环境进行持续的、系统的监测，随时识别环境中的威胁，捕捉稍纵即逝的商机，这样才可以在当今多变的市场左右逢源，游刃有余。网络营销环境监测系统主要靠推式技术、数据挖掘技术和竞争情报系统来获得数据。

3) 网络市场调研系统

互联网给企业提供了前所未有的极具成本效率的环境监测手段，但再好的环境监测也不能代替所有的市场调研，幸好，互联网也为市场调研提供了众多的便利。我们把借助互联网展开的市场调研活动称为网络市场调研，网络市场调研一般可以分为定性调研和定量调研两类，但也有其他的分类方法。例如，依据所要收集的数据是否为原始数据，网络市场调研可以分为直接网络调研和间接网络调研两种方式；依据调研所处的阶段，它又可以分为网络预调研和网络决定性调研。

2. 网络决策支持系统的优势和局限性

在决定建立企业的网络营销决策支持系统之前，首先要对网络决策支持系统的优势和局限性有一个全面的了解。

1) 网络营销决策支持系统的优势

网络营销决策支持系统具有以下优势。

(1) 信息获取大为快捷。商业信息有很强的时效性，网络化的内部记录、环境监测和市场调研可以大幅度提高信息收集的效率，再借助网络化运算环境强大的信息处理能力，从数据收集到生成报告的周期可以大为缩短。

(2) 信息获取的成本效率大为提高。企业不仅可以收集更全面的内部信息，在更大范围上对营销环境进行监测，而且还可以更频繁地使用营销调研，全方位地获取信息。许多从前无力负担经常性营销调研的中小企业现在也能建立自己的网络市场调研系统。

(3) 信息查询和处理更为灵活便捷。网络营销决策支持系统为信息的最终用户(各级决策者)提供友好的用户界面，而且具有很好的互动性，决策者可以独立完成特定信息的查询和处理，这使得决策者可以更快地取得更切题的信息。

(4) 网络营销决策支持系统在竞争情报、国际市场调查、宏观环境监测以及预调研方面有独到优势。

(5) 网络营销决策支持系统可以很好地包容网上交易处理、网上顾客参与等系统，自动捕获大量数据，不断更新充实企业的数据仓库。

2) 网络营销决策支持系统的局限性

当然，网络营销决策支持系统也不可能做到尽善尽美，它有以下局限性。

(1) 像大多数信息系统一样，网络营销决策支持系统不善于处理非结构化信息，而营销上的重大决策通常要依赖于对这类信息的分析。

(2) 直接网上调研的样本目前尚不具有广泛的代表性。

(3) 间接调研时信息过载的现象比较突出。

(4) 各系统的集成和数据挖掘需要比较大的投入，中小企业难以负担。

3) 提高网络营销决策支持系统效能的对策

不过，针对网络营销决策支持系统的以上局限，企业并非无能为力。企业可以采取以下措施来提高网络营销决策支持系统的效能。

(1) 通过部署网络营销决策支持系统把商情部门的工作人员从简单的信息处理活动中解放出来，使他们可以专注于非结构化信息的处理。

(2) 将市场情报工作作为日常工作，这样可以发挥间接调研的优势，并可以通过资料印证来进行研究。

(3) 将网上市场调研与传统市场调研相结合，实现优势互补，如可以利用电话确认被调查者身份，建立合格的样本库。

(4) 使用各种技术手段，如跟踪技术、数据挖掘技术、推式技术等，来完成调研任务。

(5) 永远从收集二手信息开始预调研，利用预调研获得的信息改进决定性调研的设计。

4.2 网络市场调研

营销可以被定义为有利润地识别、预见并满足顾客需求的管理过程，而识别和预测顾客需求需要通过市场调研来完成，除此之外，市场调研还可以使企业了解宏观环境的变化和竞争者的动向，使企业在竞争中处于比较有利的位置，可以说，在当今风云多变的市场上，谁掌握了信息优势，谁就会掌握主动权。

我国自改革开放以来经济发展突飞猛进，但至今在市场调研方面仍然很不发达，根据欧洲民意与市场研究协会(ESOMAR)在2012年发布的研究报告，2011年全球市场调查业的营业额为335亿美元，同年我国内地市场调查业的营业额大约为89.95亿元人民币(约14.3亿美元)，大约只有北美(112亿美元)的八分之一，欧洲(141亿美元)的十分之一。很明显，我国的市场调研发展水平同我国当前的经济总量和人均国民生产总值都是不相称的。当前，我国企业要利用我国加入WTO的契机大力开拓国际市场，并在国内市场上抵御外国企业的竞争，加强包括营销调研系统在内营销信息系统的建设可谓是重中之重。

营销调研是受互联网影响最大的营销领域之一，互联网在营销调研中的介入程度甚至超过了互联网在广告领域的介入程度。根据中国市场信息调查业协会主办的《双月通讯》第16期所引用的数字，2010年，定量研究中使用在线调查的比例，世界平均值已经达到了22%，而根据GlobalM提供的数据，全球网络广告在广告中所占的份额在2011年也不过17%。基于互联网调研的重要性，包括卡内基·梅隆大学在内的一些知名学校的电子商务专业甚至将互联网调研作为独立的课程来开设。

网络市场调研可以分为间接调研和直接调研两种，前者主要依靠搜索引擎、专用数据库和内容网站来查找已经存在的有用信息，后者则使用电子邮件、实时聊天和调查网页等工具直接向网络用户了解有关信息。本节我们将考察两种网络市场调研所使用的具体方法。

4.2.1 间接网络调研

1. 搜索引擎

对已知的信息进行有效的存储和对存储了的信息进行有效的检索是对信息进行有效利用的前

提。毫不奇怪，历史上曾涌现出了许多旨在提高人们信息检索能力的互联网应用，如对Gopher空间进行搜索的Archie，对FTP站点进行搜索的Veronica以及后来可以用来对文件进行全文检索的WAIS。今天，随着万维网搜索引擎的迅猛发展，原先那些曾经风光一时的搜索工具全成了明日黄花。

搜索引擎是最神奇的互联网应用之一，目前利用搜索引擎展开搜索是网络用户上网最经常从事的活动之一，使用率仅次于收发电子邮件。搜索引擎可以说是打开互联网信息宝库的钥匙，无疑，熟悉常用的搜索引擎并掌握基本的搜索技巧对提高检索效率有很大的帮助。

1) 搜索引擎的分类

我们通常所说的搜索引擎其实并非一种，常见的搜索引擎可以分为万维网目录、万维网搜索引擎、元搜索引擎、万能搜索引擎和特殊搜索引擎5类。

(1) 万维网目录

人工编制的分类目录类似于一本书的目录或者图书馆的分类目录，利用它可以快速查找与特定主题相关的网站名录。这类搜索引擎最大的优点是收录的网站大多经过人工查验，搜索结果通常都附有专业的图书馆馆员撰写的摘要或点评，所以分类目录收录网站的内容质量相对较高，有人因此将这类搜索引擎称为虚拟图书馆。万维网目录(web directory)的缺点是它们一般只收录人们主动提交的网站，并且因为维护目录的人员精力有限，因此分类目录在收录网站的数量方面远不如万维网搜索引擎。

目前，世界上最著名的分类目录当首推雅虎目录(dir.yahoo.com)，雅虎目录收录的网站数量巨大，在2004年就超过了250万个，这些网站被分为艺术与人文、商业与经济、计算机与互联网、教育、娱乐、政府、健康、新闻与媒体、休闲和运动、参考资料、地区、科学、社会科学以及社会与文化等14个大类，大类下分小类，小类下再分细目，据统计，雅虎目录的类目数量超过了25 000个。雅虎公司在许多国家和地区设立了专门的分支机构，通过这些分支结构，雅虎为世界各地的用户提供有地方特色的服务，深受人们喜爱，"今天您雅虎了么？"这句广为流传的口号使雅虎一度成为了搜索互联网的代名词。雅虎还有其他一些非常方便的功能，如查找人名地址、查找地图、查询股票行情等。除雅虎目录外，常用的万维网目录还有以下几种。

- 开放目录项目(open directory project, www.dmoz.com)：开放目录项目是一个由志愿者维护的免费主题目录，开放目录项目的域名DMOZ源自Directory Mozilla，这一名称表明它是一个秉承了Mozilla浏览器的开源精神的万维网目录项目。DMOZ被认为是当今唯一能同雅虎目录匹敌的万维网目录，它在2004年收录的网站数量超过了400万个。
- 馆员互联网索引(www.lii.org)：馆员互联网索引收录了2万多个站点，该索引由专业的图书馆馆员编制和维护，只收录高质量的网站，对收录的每个网站都附有可靠的评论。
- 信息宝藏(infomine.ucr.edu)：信息宝藏于1994年在加州大学河滨(Riverside)分校开通，这一虚拟图书馆性质的主题目录由加州大学、加州州立大学、底特律摩西大学(The University of Detroit Mercy)等大学的专业图书馆馆员联合编制。收录的站点在2004年9月已经超过了11万个，其中近3万个完全由人工编制而成，靠蜘蛛自动收录的网站都同这3万个网站有直接的链接。信息宝藏以高质量的信息来源以及专业可靠的网站评论著称，特别适合从事高水平研究的专业人士使用。

(2) 万维网搜索引擎

万维网搜索引擎(web search engines)同西文图书后附带的主题索引(subject index)和名称索引

(name index)有点类似，不过搜索引擎的索引要全面得多，几乎可以实现网页文件的全文检索。严格地说，只有计算机编制的索引才是真正意义上的搜索引擎，因为引擎本身就是机器的意思，而主题分类目录仍然需要人工来编制，计算机编制的索引才可以借助被称为蜘蛛(spider)或者爬虫(crawler)的程序沿着超链接不分昼夜地网上"爬行"，将新发现的网页写入数据库，因此，这类搜索引擎也可以叫做蜘蛛式搜索引擎或者爬虫式搜索引擎。蜘蛛式搜索引擎与分类目录有很强的互补性，就是说，虽然搜索引擎收录的网页鱼龙混杂，质量得不到有效保证，但在收录网页的数量上却远远超过了分类目录。

Google是当前人们公认的最出色的搜索引擎，它最大的优点是返回搜索结果的相关程度高而且搜索的速度非常快。Google的数据库非常庞大，根据worldwideweb.com在2013年7月所做的测算，Google收录的网页数量大约在400亿左右，像当年的雅虎一样，今天的Google成了搜索互联网的同义词。在上万台基于Linux的服务器的支持下，Google具有许多出色的性能，并且支持近百种文字的搜索，这些文字包括西方人觉得很神秘的汉语以及很深奥的希伯来语。对中国人而言，Google提供的最大的一个好处就是可以同时支持简、繁体中文的搜索。Google的检索界面非常简洁，没有让人眼花缭乱的无关内容，更没有旗帜广告分散人们的注意力，并且Google的检索功能也简单实用，非常容易上手，智能化程度也很高，可以满足人们的日常检索需要。comScore公司在2013年7月发布的研究结果显示，2013年6月，美国国内使用Google完成的搜索数量达到128亿次，占到了美国国内全部在线搜索总量的66.7%。

Google在今天不仅成了检索的代名词，甚至还出现了一种基于Google的游戏——Googlewhacking。该游戏的目标是找到两个词，以它们作为两个并列的关键词搜索Google时，可以得到唯一的搜索结果。

上网试玩一下Googlewhacking游戏，选定一个词为"高斯"，找出一个满足Googlewhacking条件的词。体会一下，玩这一游戏有什么益处？换一个搜索引擎，体验一下Bingwhacking、Baiduwhacking或者Sogouwhacking的感觉。

当年，同Google一起跻身搜索引擎前三甲的还有AlltheWeb(www.alltheweb.com)和Alta Vista。2013年6月，在美国排名前三位的搜索引擎是Google、Bing和雅虎。

(3) 元搜索引擎

元搜索引擎(meta search engines)可以同时在多个不同的搜索引擎数据库中按指定的条件进行搜索，优点是操作上比较方便，返回的结果更加全面，缺点是无法利用个别搜索引擎所提供的高级的功能，使用起来不够灵活。

MetaCrawler(www.metacrawler.com)是世界上最早出现的元搜索引擎。其他比较常用的元搜索引擎还有DogPile(www.dogpile.com)和Mamma(www.mamma.com)。不过，这三个元搜索引擎目前都无法处理中文搜索。Vivisimo公司的Clusty(www.clusty.com)和Surfboard控股公司的Ixquick转移搜索(www.ixquick.com)是元搜索引擎中的两个后起之秀，两者均支持中文搜索，而且各有特色，前者可以把搜索结果组织成类群(cluster)，后者则有一套自己的高级检索语言，可以利用布尔运算实现高级检索。

(4) 万能搜索引擎

万能搜索引擎(universal search engines)希望能同时具有目录和索引类搜索引擎的长处，目前有名的搜索引擎都在向这一方向上发展。例如，以人工目录而闻名于世的雅虎于2002年年底斥资2.35亿美元购并了长于搜索引擎技术的Inktomi，后来又相继收购了世界三大搜索引擎中的两家——AlltheWeb和AltaVista。而Google也开始了多元化经营，提供如新闻搜索、生活搜索、图片搜索、图书搜索、学术搜索、网志搜索、商品搜索这样的新服务，有人甚至认为Google的主题目录(directory.google.com)的质量已经超过了雅虎。希望通用搜索引擎向搜索用户提供终极的一站式服务，为用户解决所有的搜索问题是不容易做到的，特殊搜索引擎便应运而生。

(5) 特殊搜索引擎

特殊搜索引擎(niche search engines，specialty search engines)主要搜索被普通搜索引擎忽略掉的项目，或者面向某些特殊的人群提供特殊的搜索服务，如专门搜索二进制文件的FTP搜索引擎、专门搜索RSS伺服的RSS搜索引擎、专门搜索当地信息的本地搜索引擎(local search engines)以及为少年儿童提供搜索服务的少儿搜索引擎，类似于PriceGrabber(www.pricegrabber.com)这样的比较购物代理(comparison shopping engines)也是一种比较常见的特殊搜索引擎。此外，能搜索年鉴和百科全书的InformationPlease(www.infoplease.com)以及能搜索招聘广告的CareerBuilder (www.careerbuilder.com)等也都可以被称为特殊类型的搜索引擎。互联网上甚至还存在专门用于搜索育儿信息的搜索引擎KinderStart(www.kinderstart.com)(见图4-1)。

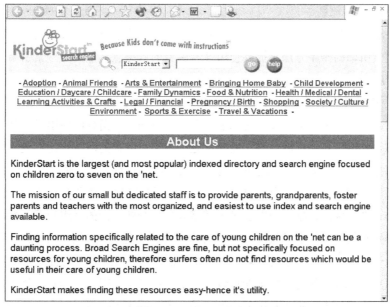

图4-1 专门搜索育儿信息的搜索引擎KinderStart

FTP搜索引擎的功能是搜集匿名FTP服务器提供的目录列表并向用户提供文件信息的查询服务。由于FTP搜索引擎针对专门面向下载的各种文件，因而同普通的WWW搜索引擎相比，FTP搜索引擎在查找程序、图像、电影和音乐等文件时更加适合。FTP搜索引擎在商业应用上有着特殊的重要性。

Filesearching(www.filesearching.com)和Globalfilesearch(globalfilesearch.com)是国际上比较流行的两个FTP搜索引擎。截至2013年9月4日，前者索引的文件数量为2 900 497个，总数据量为6.055Tb，后者索引的文件数更多，达到了133 105 963个，总数据量有222.7 Tb之多。目前国内优秀的FTP搜索引擎当首推中国科技大学开发的Grid FTP搜索引擎(grid.ustc.edu.cn)，主要搜索国内FTP服务器上的文件，2013年9月4日索引的文件数量为17 768 382个，总数据量为3.303 TB。

在满足用户的特殊检索需要方面，特殊搜索引擎往往较万能搜索引擎更胜一筹，因此，如果营销人员了解到有合适的特殊搜索引擎存在，就最好能掌握该搜索引擎的使用方法。

上网试用一下工程搜索引擎www.globalspec.com和去哪儿旅游搜索引擎www.qunar.com，说说它们的特色，体会一下特殊搜索引擎的优势。

2) 计算机编制的搜索引擎的工作方式

计算机编制的搜索引擎因为收录的网页数量远超过分类目录，所以是人们搜索互联网最得力的工具。当利用搜索引擎进行搜索时，搜索引擎并不是真正在网上检索，而是在它事先编制的庞大的索引数据库中进行搜索，因此，检索到的结果都不是最新的结果，其中的某些网页可能已经被更新甚至已经不复存在。

搜索引擎使用一种被称为蜘蛛的软件程序来发现网页，但它只能搜索到那些同数据库内的网页有链接(直接或者间接)的页面，同搜索引擎数据库内的任何网页都没有链接的页面只有靠人工提交才能进入搜索引擎的数据库。

搜索引擎利用另外的专门软件对新页面进行索引，索引的项目既包括全文，也包括页面的标题、包含的链接、图形等，因此搜索引擎可以支持高级的搜索功能。

(1) 搜索引擎的排序原则

对搜索结果进行有效排序是搜索引擎性能的重要体现，排序算法也成为搜索引擎公司重大的商业机密。了解搜索引擎的排序方法对提高使用搜索引擎的效率意义重大，搜索引擎排序的一些基本原则普遍适用于所有的搜索引擎。

位置/频率原则：搜索引擎对结果排名的一个基本原则是位置/频率原则，即按照关键词在页面中出现的位置和频率来判断页面对该关键词的相关性。例如，页面标题中出现关键词的网页比段落标题中出现关键词的网页相关程度更高，段落标题中出现关键词的网页则比在正文中出现关键词的网页更相关，同样出现在正文中，出现在页面顶部或靠前部分的关键词通常更加有用。

链接分析原则：关键词在页面中的位置和频率很容易被网站管理员人为操纵，这影响了位置/频率原则的客观公正性。因此，搜索引擎引进了链接分析来判断页面的功用和重要性，链接分析原则假定，指向一个网页的链接越多越权威，该网页的质量也就越高。当然，网站管理员也可以人为地为特定页面制造一些链接，所以搜索引擎也需要设法过滤掉一些由此产生的排序失真。

点击测量原则：该原则假定好的页面可以吸引更多的点击，因此，搜索引擎将把一些无法吸引点击的页面后置，为那些能够吸引点击的页面腾出位置。除了点击率外，有的搜索引擎还将网站的粘性作为排序的一个指标，这些搜索引擎测量搜索用户从点击一个网页链接到再次返回搜索结果页面的时间，时间越长，便认为该页面的质量越高。

尽管所有搜索引擎在决定排序时都会考虑上述标准，但因为赋予每个指标的权重不同，就形成了自己独特的排序算法。因为有了这些各不相同的排序算法，所以使用不同的搜索引擎搜索同一个关键词会返回不同的搜索结果，当然，除了排序算法的区别，搜索引擎索引数据库的大小、蜘蛛索引网页的频率等也是得到不同结果的原因，因此，调查人员在使用搜索引擎调研时通常使用不同的搜索引擎以获得比较全面的信息。

(2) 搜索引擎排序算法的局限性

搜索引擎将热门程度作为排序的标准之一在多数情况下的确可以改进搜索结果的质量，但对于从事市场调研的人员来讲，这样的一种排序算法可能会把一些新出现的站点埋藏在搜索结果的深处，因为新出现的站点通常缺乏向内的链接。另外，传播一些不受欢迎的观点的站点也会因为缺少访问而使排名受到很大影响。作为一个营销研究人员，应该对此有充分认识，并设法采取措施来降低这种排序算法的不利影响。

3) Google的使用

Google是当今世界上首屈一指的搜索引擎，如果我们只有精力熟练掌握一种搜索引擎的使用方法，那么，最好掌握Google的使用方法。这不仅可以应付日常的信息查询任务，而且还可以在此基础上触类旁通，对其他搜索引擎也能快速上手。

在Google的帮助页面(http://www.google.com/support/)上，可以找到使用Google进行万维网搜索的入门知识，还可以找到一些比较高级的技巧，熟练掌握这些技巧，可以大大提高搜索效率。

(1) Google的基本操作

① "AND"和"+"运算符等于"零(空格)"运算符

一些搜索引擎在执行逻辑并计算时，需要用户在词与词之间输入运算符AND或者加号，但在Google查询时不需要，因为Google会把关键词之间的空格默认为AND。Google将自动返回满足所有关键词条件的网页。所以，如果要缩小搜索范围，只需输入更多的关键词，并且用空格将这些关键词分开就可以了。

② 支持逻辑或查询

一些搜索引擎用OR运算符来执行逻辑或运算，但Google 在很长的一段时期不支持该功能，如果用户要查询包含关键词A或者B的网页时，就需要分别查询，并自己合并结果。幸好，Google目前已经支持该项功能了，使用的方法很简单，直接在关键词之间使用单词OR。

③ 支持"词干法"

Google最早不支持词干查询，即Google只搜索与用户键入的关键词完全一样的词。例如，查询Googles与Google返回的结果完全不同，Googles(www.googles.com)是一家内容有趣的少儿网站，因为在2004年Google上市之际控告Google商标侵权而声名大噪。

不过，现在的Google开始支持词干查询了，即用户查询一个主题词时，Google会自动判断是否返回包含与该主题词词干相同的派生词的结果。如果要特别限定搜索关键词的某一特定形式，可以在该关键词前加上"+"，如搜索"+fly"，将不会返回flies或者flying的搜索结果。

④ 忽略过于大众化的字符

为了提高检索效率，Google通常会忽略掉如"http"和"com"之类因为出现频率太高而对查询帮助不大反倒会降低查询速度的字符，数字也属于被Google忽略的符号，有时，需要强行查询某些该类字符，可以用"+"放在这些字符之前，但"+"之前必须留一个空格，如"报告 +2012"可以将结果包含"2012"强行作为搜索的一个条件。

⑤ 支持"-"功能

有时候，排除一些关键词可以实现更精确的查询。Google便支持此项功能，具体操作是在需要排除的关键词前加上减号，并且减号前需要有一空格。

⑥ 精确匹配

只要给要查询的词句加上双引号，就可以进行精确查询，这一方法在查找引文或专有名词时特别有用。此外，一些符号如"-"、"\"、"."、"="、"…"也可作为短语连接符。例如，尽管没有加引号，mother-in-law仍被当作专用语处理。近来，Google的精确匹配增添了一个通配符*的功能，这使得人们可以在记忆不十分准确的情况下查询引用语，例如"刘*晖"可以查询所有姓刘同时名字的尾字为晖的人名。

(2) 解读Google搜索结果

Google的搜索结果简明扼要，但包含若干很有用的信息。

"网页快照"——即当目标页面因为各种原因暂时无法打开时，可以通过点击该页面信息后的"网页快照"链接调用Google储存在其数据库中的网页副本。经Google处理后，搜索项均用不同颜色标明，另外还有标题信息说明其存档时间日期，并提醒用户这只是存档资料。实际上Google为其收录的所有网页都做了一张"快照"存储在自己的服务器上，这样做的好处是不仅下载速度极快，而且可以看到暂时无法接通或者已经从互联网上删除掉了的网页。

"类似网页"——点击搜索结果中标记有"类似网页"字样的链接时，Google侦察兵程序便会开始寻找与该网页性质类似的网页，一般都是同一级别的网页。例如，若该页是某大学的首页，那么Google侦察兵就会寻找其他大学的首页。但如果该页是某大学某系的页面，Google侦察兵程序就去找其他大学下属系的页面，而不是其他大学的首页。

(3) Google的一些特殊功能

Google提供一些很方便的特殊检索功能，这往往通过在一些特定词后面添加冒号来引起，以下将简要介绍Google的部分特殊功能。

① 查找和特定网页链接的页面

用link加冒号再加URL，可以查找有链接指向该URL的页面。例如，"link:www.baidu.com"可以查找与百度主页链接的网页。该句式不能与关键字查询联合使用。

② 在特定站点查找信息

单词site后面如果接上冒号再加站点网址可以将搜索限定到某个或者某类网站，注意网址部分可以仅仅是有效网址的一部分。例如，要在德国域名的站点中查找有关"internet marketing"的信息，就可以使用site:de "internet marketing"句式，其中site:de可以出现在检索式中的任何地方，如site:de "internet marketing"和"internet marketing" site:de是等价的。

③ 在特定类型网页中查找信息

使用检索式filetype：加关键词可以将搜索范围限制在特定类型的网页中，如filetype:ppt "internet marketing"可以查找包含有网络营销的演示文档。

④ 查找术语定义

单词define后面如果接上冒号再加待查术语就可以在网上查找该术语的定义，冒号与术语间不用空格。例如，在网上查找"internet marketing"的定义，就可以使用"define:internet marketing"句式，注意，internet前没有空格，"internet marketing"也无需引号。

⑤ 概念搜索

使用波浪线"~"可以查询包含检索词同义词的页面，例如，~usenet可以返回包含internet或者

news的结果。

⑥ 数字范围

数字范围可以限定返回结果页面包含指定的数字范围，指定数字范围的检索式为用两个点连接在一起的两个数字，不过还应该包含可以表示数字意义的词汇，如量词。例如，"笔记本 2..3kg"或者"笔记本￥6000..100 00"，前者用来查询重量在2～3千克间的笔记本，后者用来查询价格在6000～100 00元间的笔记本。

⑦ 查页面的快照

检索式"cache:"后接网页统一资源定位符可以查找Google保存的该页的快照，如"cache:www.hqu.edu.cn"可以检索Google保存的华侨大学主页的快照。如果在这种句式后添加一个关键词，则Google在快照页面中将加亮显示该关键词。当然，该功能也可以在结果页面中点击"网页快照"来实现。

⑧ 在标题中查询

句式"allintitle:"和"intitle:"加关键词都可以把关键词的位置限定在页面标题中，所不同的是，前者所有的关键词都必须出现在标题中，后者只有紧跟在冒号后的关键词需要出现在标题中，而随后的关键词则可以出现在页面的任何地方。例如，"allintitle:网络 营销"意思是关键词"网络"和"营销"都必须出现在标题中。"intitle:网络 营销"意思是关键词"网络"出现在标题中，而"营销"可以出现在页面的任何地方。

显然，前者的结果是后者的一个子集，后者返回的结果比前者多100多万个。

⑨ 在统一资源标识符中查询

句式"allinurl:"和"inurl:"加关键词都可以把关键词的位置限定在页面的统一资源标识符中。所不同的是，前者所有的关键词都必须出现在统一资源标识符中，后者只有紧跟在冒号后的关键词需要出现在统一资源标识符中，而随后的关键词则可以出现在页面的任何地方。例如，"allinurl:internet marketing"意思是关键词internet和marketing都必须出现在标题中。"intitle:internet marketing"意思是关键词internet出现在标题中，而marketing可以出现在页面的任何地方。

同样，前者的结果是后者的一个子集，后者返回的结果比前者多4倍多。

注意，检索式作用在关键词上，就是说，URL中常用的"/"会被Google当作空格来处理。

⑩ 查询类似页面

检索式"related:"可以检索与某一页面内容相近的页面，效果同在检索结果页面中点击"类似页面"的链接相同。

⑪ 查询页面信息

检索式"info:"可以检索Google所有的某一页面的信息，如info:www.hqu.edu.cn将返回华侨大学首页的信息。不过，在Google检索栏中直接键入网页的URL也可以得到同样的结果。

⑫ Google的高级检索页面

Google有一个功能比较强大的高级检索页面(http://www.google.com/advanced_search)，用户可以通过高级检索页面完成上面提到的几乎所有功能，还可以限定要检索网页的最后更新日期为最近24小时、1星期、1个月或者1年。Google的高级检索页面如图4-2所示。

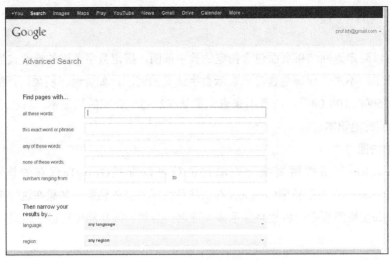

图4-2　Google的高级检索页面

4) Yahoo的高级搜索功能简介

Yahoo是最权威、最流行的搜索引擎之一，具有相当出众的高级检索功能，通过在地址栏中键入http://search.yahoo.com/web/advanced便可以直接进入Yahoo的高级检索页面(见图4-3)。

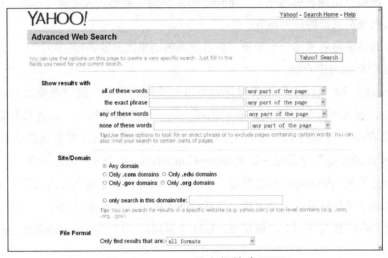

图4-3　Yahoo！的高级检索页面

Yahoo高级检索的所有功能都通过表单选项来实现，非常直观并且无须学习任何检索语法规则，以下对这些功能作一简单介绍。

Yahoo允许用户进行以下5个方面的设置。

(1) 语言设置：可以在32种语言(包括简体和繁体汉语)中进行选择，还可以同时选择一种以上的语言。因为默认时为不限制语言，即选择了所有语言，所以该选项主要用于缩小检索范围。

(2) 字词过滤器：可以指定结果中必须包括全部或者至少一个的关键词，必须包含的短语以及不允许包括的关键词，并且可以将关键词的位置定位在标题中。

(3) 文件类型：可以指定要找寻的结果为text、word、excel、html、pdf或者ppt格式。

(4) 主机、域名过滤器：可以指定主机所在的国家是美国、德国、日本、澳大利亚、中国、中国香港等近百个国家或地区中的一个，还可以指定域名的类型必须是某种或某几种，例如必须是

gov.cn型的域名，同时指定几种时必须用逗号将填入的域名分开。使用该方法还可以在指定的一个或多个网站内搜索。

(5) 对结果显示的限制：可以指定检索结果返回的项目个数，还可以选择包含或者不包含限制级的网页。

和Google一样，Yahoo大部分的高级检索功能都可以在基本检索的搜索框中靠使用特别的算子来实现，例如，检索式intitle："internet marketing"表示在查询标题中含有"internet marketing"的网页。因此，使用高级检索页面只能算是用户在不熟悉算子时使用的一种权宜的方法。

5) Google霸权的挑战者Bing

靠提供搜索服务起家的Google是网络经济时代当之无愧的王者。根据Deepfield公司提供的数据，2013年夏天，美国25%的网络流量都有Google参与，这超过了Facebook、Netflix和Twitter三大巨头产生的流量之和，一天之中会有超过60%的网络终端和网络用户访问Google的服务器。毫不奇怪，Google的成功吸引了众多的模仿者和挑战者，不过其中的大多数都以失败告终，如中国台湾的Openfind、美国本土的Cuil和Ask。最近，一个新的挑战者引起了人们的注意，这就是微软公司的必应搜索引擎Bing。根据comScore公司在2013年7月发布的最新数据，Bing于2013年6月在美国搜索引擎市场上的占有率达到了17.9%，已经明显超过了雅虎的11.4%。2012年开始，Bing发起了一场旷日持久并且声势浩大的市场推广活动，并把矛头直接指向Google，Bing邀请全球的搜索用户对Bing和Google进行盲测。为了体现公正，Bing还邀请了独立研究机构 Answers Research 组织了一次盲测，结果表明Bing的结果以2∶1的比例优于Google的结果。具体来说，在全美1000位测试者中，57.4%选择Bing；30.2%选择Google；12.4%表示二者不相上下。Bing(中文名称"必应")PKGoogle的盲测活动在2013年6月进入中国，在中国的盲测网站(www.bingpk.com)上可以看到："盲测结果显示，75%的用户首选Bing作为全球搜索引擎。"

(1) Bing特有的高级搜索功能

Bing具备若干Google所没有的高级搜索功能，对此分述如下。

① 搜索包含有指向特定类型文件链接的网站

用contains加冒号再加文件类型，可以将搜索范围限定在包含有指向特定类型文件链接的网站。例如，contains:ppt "internet marketing"，可以搜索页面上有internet marketing，同时又有对PPT类型文档链接的网页。当然，这一功能支持中文搜索如"contains:ppt 网络营销"。

② 搜索指定元数据中包含关键字的网页

Google允许用户在网页标题中搜索特定关键字，Bing支持这一功能，还把元数据的类型扩展到了定位标记以及正文，因此，使用Bing，用户不仅可以使用"intitle:网络营销"来搜索，还可以使用"inanchor: 网络营销"或者"inbody: 网络营销"来搜索。从实用价值讲，inanchor的功能更为有用，当然，同时使用这些条件效果会更好。

③ 查找特定IP地址的网站上的网页

该功能有时候比直接查找某个域名下的网站更方便，使用方法是ip加冒号再加网站的IP地址，如"ip:218.241.97.42"。

④ 通过强调某个搜索条件或运算符来限定搜索结果

使用prefer加冒号加某个搜索条件可以微调搜索结果，如"网络营销 prefer:白皮书"。

⑤ 搜索RSS或Atom源

使用feed加冒号加关键词可以搜索包含该关键词的RSS或Atom源，如"feed:网络营销"。

⑥ 查找包含符合条件的RSS或Atom源的网页

使用hasfeed加冒号加关键词可以搜索带有该关键词的包含了RSS或Atom源的网页，如"hasfeed:网络营销"。

⑦ 限制语言

方法是在language:后加语言代号，如"language:en e-marketing"或者"language:de e-marketing"。

⑧ 限制地理位置

方法是在loc:后加地理位置代号，如"loc:us 网络营销"或者"loc:gb 网络营销"。

(2) Bing的其他优势

对搜索引擎而言，允许用户按照何种条件展开搜索当然非常重要，但同样重要的是搜索引擎对搜索结果的排名算法，Bing希望能同Google一决高下的也正是搜索结果排名的相关性。Bing在排名算法上做出了自己的探索和创新，在排名时考虑了用户的决策需要，例如，Bing有时会对用户当地的信息在排名时给予一定的优先。

Bing还特别重视用户的搜索体验，在网站的可用性方面做了不少改进。例如，Bing会根据其他用户搜索的情况对用户做出一些提示，显示出一定的"智能"。

最后，由于Bing在中国大陆有自己的服务器，而Google在2010年后主要使用海外的服务器处理中国用户的搜索请求，因此对于大陆用户而言，Bing的速度更快，服务也更稳定。

需要指出的是，作为Google的挑战者，Bing并未一味模仿Google，Bing的主页没有采用Google式的非常简洁的界面，而是在默认情况下采用了一种无比华丽的桌面背景式界面。

直到2013年，Bing的中文网站上还显示着BETA测试的标志，说明Bing中文搜索的一些应用还不成熟，仍然处在不断的改进当中。

登录Bing PK Google网站(www.bingpk.com)对Google和Bing进行盲测，思考自己是如何判断搜索结果优劣的。

6) 百度搜索引擎(www.baidu.com)

百度公司是国内领先的搜索软件技术提供商和平台运营商，该公司由李彦宏和徐勇在1999年年底创立于美国硅谷，2000年百度公司回国发展。百度的起名来自于"众里寻她千百度"的灵感。该公司最初主要向其他企业提供搜索技术解决方案，2001年9月才推出了独立的搜索主页。目前，百度公司已经成为了国内最具实力的搜索引擎，该搜索引擎在界面、功能和具体操作上都酷似Google，但百度并没有满足于模仿，而是在模仿的基础上大胆创新，推出了百度贴吧、百度知道、百度百科、百度文库等一系列热门应用。另外，百度的高级搜索页面允许用户指定在国内某省的网站中搜索，这也是Google所不能的。正是因为百度公司对中国网络用户有着更深入的了解，所以百度能够在中国国内搜索市场上长期遥遥领先，使Google一筹莫展。

百度的使用很像Google，Google的多数操作可以照搬到百度上，具体的使用方法读者可以参见百度的帮助页面(www.baidu.com/search/page-advanced.html)，这里不再赘述。

除了上面介绍的搜索引擎，搜狐公司的中文搜索引擎搜狗(www.sogou.com)、腾讯公司的搜搜(www.soso.com)、Ixquick旗下的StartPage(www.startpage.com)以及2012年刚刚上线的360搜索(www.so.com)也各有特色，但更值得关注是美国的搜索引擎DuckDuckGo(www.duckduckgo.com)。DuckDuckGo支持中文搜索，并且在保护用户隐私以及提供更客观的结果方面比谷歌更胜一筹，在"棱镜门"事件后，DuckDuckGo的用户数量大增，被业界认为是谷歌未来最强有力的竞争者。

  使用Google、Bing、百度和DuckDuckGo查询自己感兴趣的资料，比较它们的优势和劣势。

7) 使用搜索引擎的建议

使用搜索引擎是每个网络营销人员都必须熟练掌握的技能，下面将对搜索引擎的使用提出几点建议。

(1) 精通两三种搜索引擎的使用，懂得另外三四种搜索引擎的使用。不同搜索引擎的数据库大小和排序算法存在很大差异，多掌握一种搜索引擎的使用方法等于多了一条找到搜索目标的门径，这必然会提高找到目标的可能性和速度。另外，精通两三种搜索引擎的使用还可以避免对某一个特定搜索引擎形成依赖，即使某一家搜索引擎运作出现异常，也不会给搜索工作造成麻烦。不过，使用搜索引擎也不能走上另一个极端，就是喜新厌旧，经常换用搜索引擎，这样做的结果可能是对哪一个搜索引擎的使用都不精通。

(2) 在挑选常用搜索引擎时，可以首先选择功能上互补的搜索引擎，如同时选择数据库庞大的Google以及收录站点质量较好的Yahoo。然后，选择几个同它们类似的搜索引擎作为替补网站，如可以考虑选择百度作为Google的替补，选择搜狗作为雅虎的替补。

(3) 可以使用浏览器的导航工具栏(navigation bar)或多功能栏来提高搜索效率。目前主流浏览器中的IE浏览器和Firefox浏览器都有导航工具栏插件，用户可以在这里直接进行搜索，Google的Chrome浏览器虽然没有专门的导航工具栏，但其地址栏为多功能栏，用户在地址栏中就可以进行搜索。和传统的搜索条不同的是，浏览器中的导航工具栏或者多功能栏允许用户对所用的搜索引擎进行管理，用户可以方便地在各个搜索引擎间进行切换，使用Google、Bing、DuckDuckGo、360、雅虎、百度、搜狗等完成搜索。另外，用户使用像Bing缤纷桌面或者中搜IG这样的桌面客户端软件也能实现高效率的搜索。

(4) 可以选择将一些好的搜索引擎门户放入收藏夹备用，如lii.org/search/file/searchtools。

(5) 不要相信使用自然语言可以获得满意的搜索结果，现在有一些搜索引擎提供所谓的自然语言支持功能，如Ask等。它们允许用户输入任意的查询语句来查找最适合的文档，输出的文档将会以分数高低顺序排列。例如，用户可以输入："消费者运动为何?"或是"优盘的价格如何?"来当作查询字串来查找相关文章。但是，搜索引擎并不能真正理解用户要查询的目标，它只能是把字串中一些常用字(如什么、如何)去除然后再用剩下来的字去查询。因此，用户搜索引擎返回的文档并不符合要求，甚至毫无关联，这是一般支持自然语言查询的搜索引擎的通病。因此，想查到真正想要的文章，用户最好还是使用关键字来检索，并配合使用各种强大的运算符来缩小或扩大查询范围。

(6) 通过搜索引擎指南(www.searchengineguide.com)、搜索引擎观察(www.searchenginewatch.com)、搜索快递(researchbuzz.me)以及中文搜索引擎指南网(www.sowang.com)等站点来了解搜索引擎行业的最新进展情况，更新自己的搜索引擎知识。

(7) 根据工作需要掌握相关的特殊搜索引擎的使用,特殊搜索引擎在完成特殊检索任务时所具有的效率是通用搜索引擎所无法匹敌的。

2. RSS搜索工具

如今,RSS和网志已经成为人们获取最新信息的重要手段,从事网络调查必须掌握搜索网志和其他RSS伺服的方法。普通的大型搜索引擎通常会收录网志的内容,特别是对那些著名的已经在搜索引擎上登录过的网志更是如此。并且,像Yahoo、Google、Baidu这样的大型搜索引擎还推出了自己的网志搜索服务。不过,使用一些专门的搜索工具来搜索网志和其他RSS伺服往往会更有效率。下面是几种常用的网志和RSS搜索或排名站点。

- ➢ 亿腾网(portal.eatonweb.com)是世界上最早的网志主题目录,它支持对目录的关键词检索,并且允许用户按照网志的热门程度、上升势头以及综合实力对搜索结果进行排序。
- ➢ Bloglines(www.bloglines.com)是一个世界领先的综合性网志服务网站,用户可以在这里搜索和订阅网志、新闻类伺服(news feeds),而且还可以在这里建立自己的网络日志。Bloglines的用户界面支持9种不同的语言显示,它的搜索结果可以按照热门度、相关性以及时间晚近来排列顺序。
- ➢ Technorati(www.technorati.com)曾经是世界上最权威的网志索引追踪网站,它在2008年追踪的网志数量达到了1.13亿个,还追踪了2.5亿条其他类型的使用了社会性标签的用户制作内容(user-generated content,如照片、视频等)。不过,从2009年开始,该网站停止了对非英语网站的索引,2013年9月,Technorati网志主题目录中收录的网志只剩下了1 333 262个英文网志。

练习RSS搜索网站的使用,比较它们与普通搜索引擎在查询网志和RSS伺服方面的效果。

3. 隐形网络和专业数据库

普通的互联网搜索引擎只能搜索到互联网上的一小部分信息,在搜索引擎的势力范围之外还存在着海量的信息,这些信息被形象地称为隐形网络(invisible web),有人估计隐形网络的规模至少在可见网络规模的两倍以上。隐形网络包含两方面的内容,其一是本身可搜索的数据库中存储的内容,但数据库的所有人不允许搜索引擎搜索这部分内容,这构成了隐形网络的主要部分。2008年9月,由于利益冲突,淘宝正式屏蔽了百度搜索引擎对其网店的索引,如果淘宝再屏蔽掉Google等其他搜索引擎,淘宝上的网店将进入隐形网络。其二是被搜索引擎的政策排斥在外的内容,搜索引擎虽然在技术上完全可能搜索这部分内容,但是认为这些内容不符合搜索引擎自己制定的收录标准。当然,不同的搜索引擎会有不同的标准,只有那些被所有的搜索引擎所排斥的内容才会成为隐形网络的一部分。需要注意的是,后一类隐形网络中的内容未必就没有价值或者质量低下,实际上,部分分类目录可以检索到的网页也因为包含可能导致"蜘蛛"陷入死循环的脚本语言而不被搜索引擎收录。例如,馆员索引(www.lii.org)的摩托车类别就曾经因这个原因而未被Google收录。与隐形网络相关的一个术语叫纵深网络(deep net),它的意思是有一些专业内容虽然通过基于网络爬虫的搜索引擎无法搜索到,但通过其他一些专业搜索引擎或者元搜索引擎仍然可以找到。CompletePlanet(www.completeplanet.com)就是一个专门搜索纵深网络的元搜索引擎,它可以同时搜索70 000多个数据库和专业搜索引擎。

使用CompletePlanet查询自己感兴趣的资料，看是否存在纵深网络。

普通的互联网搜索引擎通常无法直接检索到专业数据库中的内容，对那些需要密码才能登录的专业数据库更是如此，这种情况只能靠人工直接去登录，利用数据库中的搜索功能去查找其中的资料。网上数据库对于调查者而言是不可缺少的资源，各种各样的数据库收集了大量有价值的文献，它的总量被估计为是所有能被搜索引擎检索到的资料的两到三倍，并且，同搜索引擎能够直接检索到的内容相比，专业数据库中的资料通常要更为专业和权威，资料的组织也更系统。目前，网上数据库的发展速度很快，不仅内容更加丰富，检索功能更为强大，并且运作模式也更为合理。使用网上数据库查找商情信息已经成为企业营销人员必须掌握的基本技能之一。网上的数据库可以有不同的分类方法，例如，按数据库的所有者不同，可以把数据库区分为政府机构的数据库、企业的数据库、行业协会的数据库和学术机构的数据库等类型。按收费方式，数据库又可以分为免费的数据库、象征性收取费用的数据库和收取信息费的数据库。按资料的内容，数据库还可以被分成学术数据库、商业情报数据库、政府文件数据库等类型。互联网上的数据库种类、数量之多不胜枚举，这里主要对几个在国内比较常见的数据库做一简单介绍。

(1) 万方数据知识服务平台(www.wanfangdata.com.cn)由万方数据股份有限公司建立和运营，它集成了万方数据资源系统(数字化期刊、科技信息、商务信息)、中国学术会议论文全文库、中国学位论文全文库等多个数据库。按照资源类型来分，万方数据知识服务平台可以分为全文类信息资源、文摘题录类信息资源及事实型动态信息资源。

全文资源包括会议论文全文、学位论文全文、法律法规全文、期刊论文全文。其中会议论文全文资源是最具权威性的学术会议全文库，自1998年以来已经收集了国家级学术会议论文全文230余万篇[①]。文摘、题录以及事实类数据库资源主要包括科技文献、政策法规、名人机构、企业产品等100多个数据库，是科研机构进行科学研究，企业单位技术创新、产品研发，科技管理机构进行科研决策的信息依据。万方数据企业产品数据库(CECDB)自1998年创始以来，标准版已经收录49万余家企业及其产品的信息，成为了国内首屈一指的商情数据库，也被DIALOG联机检索系统列为国内首选经济信息数据库。事实型动态信息资源主要由科技、行业动态、公司动态等信息组成，每日滚动更新，日更新量上百条。

(2) CNKI知识网络服务平台(www.cnki.net)包含期刊数据库、学位论文数据库、报纸全文数据库、中国医院数字仓库、中国企业知识仓库、会议论文数据库和中小学数字图书馆等数据库。其中的CNKI期刊库收录有自1994年至今的大约8200种综合期刊与专业特色期刊全文，内容覆盖理工A(数理科学)理工B(化学化工能源与材料)、理工C(工业技术)、农业、医药卫生、文史哲、经济政治与法律、教育与社会科学综合、电子技术与信息科学等学科，下分9大专辑，126个专题。中国专利题录摘要数据库收录了自1985年9月以来我国所有专利文献的摘要。该数据库按照国际专利通用的分类方法被划分为人类生活必需(农、轻、医)、作业与运输、化学与冶金、纺织与造纸、固定建筑物(建筑、采矿)、机械工程、物理、电学等8个专辑。

EBSCO信息服务(www.ebsco.com)是全球领先的信息服务提供商，它的在线数据库有150多个，

---

① 截至2013年9月9日。

其中最有名的是EBSCO学术研究大全数据库(The EBSCO Academic Search Complete)和EBSCO企业资料大全数据库(The EBSCO Business Source Complete)。

EBSCO学术研究大全数据库是搜索各个学科杂志和期刊文章的首选数据库，它全文收录的刊物数量达到了5500种，其中有4600种是同行审议的学术刊物，这一数量比ProQuest研究图书馆(ProQuest Research Library)多出了1500种。

EBSCO企业资料大全数据库收录了包括《哈佛商业评论》在内的1200多种杂志，一些杂志的起始年代可以上溯到1886年。这一数据库还收录了投资研究报告、产业报告、市场研究报告和SWOT分析报告。

使用数据库查询资料的第一步是找到合适的数据库，虽然使用搜索引擎无法直接检索到数据库中的资料，但是可以利用搜索引擎很方便地找到数据库的网址。例如，可以在Google的检索框中键入"allintitle: 中国 企业 信息网"查找所有标题中包含关键词中国、企业和信息网的网页，或者键入"site:gov.cn 中国 企业 数据库"查找关键字中包含中国、企业和数据库的政府网络资源。利用分类目录寻找专业数据库也很方便，在大多数分类目录中专业数据库都是一个重要的类目，例如，在雅虎的目录下，dir.yahoo.com/Social_Science/Economics/Statistics_and_Indicators/和dir.yahoo.com/Business_and_Economy/Trade/Statistics/都收录了提供数据库服务的网站。

使用数据库的另一个不可缺少的步骤是鉴别数据库信息的质量，一般而言，政府网站、学术机构站点提供的信息通常可以信赖，商业机构提供的数据库则要用户小心鉴别。鉴别时首先可以从设立数据库的商业机构的商誉出发，看它们的从业历史是否悠久，当前规模如何；还要看客户评价如何，客户中是否有知名的大企业；最后还要自己研究公司提供的报告样例，对信息质量进行评判。

4.2.2 直接网络调研的手段

1. 在线焦点小组座谈和定性研究

美国调查研究组织协会(Council of American Survey Research Organizations，CASRO)提供的数据显示，在8年时间里，美国国内的市场研究业务总额已由1989年的21亿美元发展到1997年的38亿美元。其中，定性研究方面的增长尤为显著：从1989年的3.57亿美元增长到1997年的8.36亿美元，增长幅度达到了134%(据ARF/AMA调查数据)。与美国类似，定性调研在欧洲、拉丁美洲和亚洲也获得了长足的发展。

1941年，罗伯特·蒙顿(Robert Merton)博士和保罗·拉札斯费尔德(Paul Lazarsfeld)在美国举办了全球第一次"焦点小组座谈(focus group)"，经过60多年的发展，定性研究已经逐渐成为一种备受推崇的重要研究方法。定性研究不仅被用于挖掘消费者的深层心理，了解消费者喜爱的词汇，为调查公司激发出新的思想，它还被用来规范定量调查问卷的设计，以及更合理地解释定量研究的各种结果。因此，毫不足奇，即使是那些定量研究的中坚企业，如ACNielsen，在过去的十年里也纷纷设立了"定性研究事业部"，并将定性研究业务确定为新的利润增长点。

焦点小组座谈是最常用的定性调查方法，在美国，焦点小组座谈占全国定性市场调研80%的份额。焦点小组座谈的调查方式在美国硅谷相当流行，几乎是每个新产品上市前必须经过的一道例行程序。有多家专门的公司可以承办这样的业务，每次他们会找来15~20人担任客户/使用者，并提供一个主持人。承办公司将这群人带到一个装有单面镜墙壁的房间中举行座谈，这个时候，产品公司的代表则可以躲在单面镜的另一侧观看客户对新产品的反应情况。传统焦点小组座谈法最大的缺点是因为要召集受访对象到现场，所以花费较多，而在线焦点小组座谈则对此有所克服。在线焦点小组座谈通常是利用实时通讯软件(如NetMeeting等)或者利用聊天室与受访对象在网上就某一特定问题进行座谈。同传统焦点小组座谈一样，在线焦点小组座谈适用于对定性研究问题和答案开放问题的调查，在线焦点小组座谈的一个附带的好处是通讯软件可以忠实地记录全部的座谈内容以及发言的先后顺序和具体时间。

不过，在线焦点小组座谈在节省费用的同时也付出了相当的代价，目前许多实时通讯软件仍然局限于文本交流，这就需要参加访谈的人做大量的打字工作。虽然语音聊天会对此有所克服，但在线聊天仍然缺乏现场的气氛，不利于激发创意；最先进的视频聊天使研究者可以看到参加者的面部表情，但目前仍有许多地区的网络带宽还不支持视频资料的顺畅传播。

在线焦点小组座谈面临的另一个重要问题是对参加者的身份进行认证，有许多技术可以支持在网络上进行身份认证，但实际中最可行的方法是在离线手段的支持下建立一个常备的调研对象库。专业的调查公司往往会投入大量的人力物力来建立这样的样本库，因为好的样本库是他们竞争力的重要体现。位于美国旧金山的金、布朗及其伙伴公司(King, Brown and Partners Inc., www.kingbrown.com)是一家专门从事网络市场调查的公司，它拥有的常备样本库是美国最大的网络消费者样本库之一，收录的样本数量超过了125 000人。为了吸引人们加入它的调查对象库，它提供了极富吸引力的抽奖机会，注册为成员便有1/2的机会获得500美元的奖金，每参加一次调查还可以获得额外的抽奖机会，即便不参加调查，单纯保留调查对象身份仍然每有每月一次的抽奖机会。巨大的样本库使得金、布朗及其伙伴公司可以筛选出满足特定条件的对象开展调查，如针对老年人、老兵、葡萄酒消费者等人群的调查。

对于一般的企业而言，组建一个规模庞大的样本库似乎并不现实，但是，今天的许多企业都建有用户数据库，以此为基础可以很容易地建立起公司用户的在线调查样本库。公司用户的在线调查样本库可以使公司有成本效率地保持同顾客的联系，可以迅速获得比较可靠的顾客意见反馈，从而及时了解到公司品牌和企业形象的变化，紧跟市场节奏，随时发现新的商机。雅芳公司(www.avon.com)依托其庞大的销售代表群体组建了一个数万人的在线调查样本库，差不多每过两周就要从样本库中随机抽取一些人，用电子邮件邀请她们到网站上参与调查，参与者可以得到一些雅芳产品礼品券作为回报。

除了焦点小组，虚拟社区也可以充当定性调查的工具，这既可以是邮件列表社区，也可以是新闻组社区、博客社区或者论坛社区。在这种调查中，专门的主持人引导和组织人们就特定的话题展开讨论，与在线座谈的方法不同，这种调查通常会持续一段较长的时间。博客社区可以被用来测试新的想法，是非常方便的定性调研方法。唐·布里克林(Dan Bricklin)是微机著名应用程序VisiCalc的发明者之一，也是博客软件公司Trellix的创办人。他这样评价网志在测试新设想方面的应用："每次我发布点东西，都有机会听到读者的声音。这样我就很容易知道他们是否喜欢这一主意。他们经常修正我的错误，还会推荐一些相关资料让我参考。写作网志时，感觉就像是在同真实的人交谈。"

2. 网上观察法

观察法是常用的市场研究方法之一，它是指在不直接沟通的条件下，对人、事件或其他对象的行为特征进行观察、记录和分析的系统活动。

网上观察是指对网站的利用情况和网民的网上行为所做的观察、记录和分析。网上观察可以由经过训练的人员手工完成，也可以借助一些硬件或软件工具来完成。常见的网上观察法有网上内容分析和对网络用户行为特征的观察，举例如下。

1) 法国网络价值公司对网络用户的全景测量

法国网络价值(Net Value)公司是使用网上观察法的一个代表，该公司研究的重点是网络用户的网上行为。这一称为"基于互联网用户的全景测量"调查的主要特点是首先通过大量的"计算机辅助电话调查(CATI)"获得用户的基本人口统计资料，然后抽取合格的被调查对象，从中招募自愿受试者，这些自愿受试者需要在自己的电脑中下载并安装网络价值公司提供的一种专门软件，该软件能够记录下受试者全部的网上行为。网络价值公司研究方法的独特之处在于：一方面，一般的网上观察是基于个别网站的，只能了解访问者在个别网站上的行为特征而无法了解这些访问者在其他网站上的行为特征，而网络价值公司的测量则是基于用户的，可以全面了解特定用户的行为特征。另一方面，网络价值公司的调查是基于TCP/IP进行的，即它不仅能够记录用户通过HTTP协议访问网站的情况，而且还能记录网民通过FTP、SMTP、IRC(internet relay chat)等协议进行的上传下载、收发电子邮件、实时聊天等全部网上行为，这也是该项目之所以称为"全景测量"的原因。

2) 中国互联网数据平台的全景测量

中国互联网数据平台(http://www.cnidp.cn/)由中国互联网络信息中心(CNNIC)发起并负责运营，它采用固定样本组的研究方法，通过调查客户端软件实时、连续地采集样本中中国网民的互联网使用行为数据，并对数据进行统计分析，从而客观、及时地反映中国互联网发展状况的多个侧面，为互联网经济的各种参与者提供多方面的决策支持。截至2013年9月4日，调查客户端累计安装次数达到了414 000人次[①]，中国互联网数据平台的数据就是来自对这些用户网络使用情况的实时监测。中国互联网数据平台主要设有网站分析、软件分析和媒介计划三大模块，它的统计分析数据可以帮助用户：

> 了解中国互联网及其多个细分领域的宏观发展状况和市场格局。
> 了解各种网络应用在中国的使用情况和用户特征。
> 了解国内特定人群的互联网使用行为特征。
> 制订网络广告投放计划。

中国互联网数据平台的宗旨是促进中国互联网行业的健康发展，它采用纯公益的运作模式，系统的运营费用主要由CNNIC承担，免费向企业、政府、教学及研究机构提供互联网统计数据及服务。中国互联网数据平台提供的数据非常丰富，而且是连续获得的原始数据，对研究者和实务工作者有重要的参考价值。

不过，Net Value公司和中国互联网数据平台的调查方法也存在明显的局限性。首先，所有加入样本库的受调查者都清楚他们在网上的一举一动会被观察和记录，这会影响他们的某些网上行为，使调查结果产生误差；另外，Net Value公司和中国互联网数据平台的调查使用的都是安装在电脑上的调查终端软件，这就无法调查移动用户的网络使用情况。

美国的Comscore和Netratings、韩国的KoreanClick和Metrix、中国台湾的InsightXplorer以及艾瑞公司在我国大陆推出的iUserTracker也都采用类似全景测量的方法来研究网络用户行为。

---

① 较2013年9月3日的413 203人次增加了797次。

从中国互联网数据平台获取数据，研究几大搜索引擎在我国市场份额的变化趋势。

3) 利用内容分析方法研究企业对万维网的使用

1996年开始，英国谢菲尔德大学的威尔逊(T.D. Wilson)等人利用网上观察法和电子邮件问卷调查法对企业利用万维网的情况进行了长期研究，其结果形成了在业界有一定影响的调查报告《企业对万维网的应用》[①]，其研究的主要方法是网上观察法。该观察法的操作如下：利用雅虎的主题目录做分类随机抽样，在不同的行业中共选出300家公司的网站进行仔细观察，观察者按照以下标准对网站内容进行了分类记录：

- 网站上只有公司的信息，但没有任何公司提供的产品和服务的信息。
- 网站上只有公司及其提供的部分产品和服务的信息，但没有价格信息。
- 网站上有公司信息、产品和服务的信息以及价格信息，但访问者只能通过传统方式向企业订购产品。
- 网站上有公司信息、产品和服务的信息以及价格信息，访问者可以通过电子邮件向企业订购产品，但支付只能通过传统方式来完成。
- 网站上有充分的公司、产品和价格信息，访问者可以在网上完成订购和支付。
- 网站上有充分的公司、产品和价格信息，访问者可以通过预先用传统方式注册信用卡获得的账号来完成更安全的支付。
- 网站提供公司信息和免费的产品或服务。

观察者用类似的方法研究了网站使用多媒体的情况。研究者使用如此简单的观察法对企业网站进行了较长时间的跟踪调查，获得了大量有价值的信息，如不同行业对万维网的利用情况、企业利用网站的主要目的、企业网站利用电子邮件的情况、企业网站使用多媒体的情况等。

同传统的观察研究方法一样，网上观察具有操作简单、花费低廉、执行快捷和结果客观的优点，但是观察研究法不能观测人们的内心世界，无法解释观察到的行为发生的原因，因此，观察法往往和其他研究方法联合使用。传统的观察法持续的时间跨度通常非常有限，网上观察法在这方面有很大的改进。

3. 电子邮件问卷调查

电子邮件问卷调查可以通过现有的邮件列表或者电子期刊进行，也可以通过已有的顾客数据库或者专业调查公司后备样本库中的电子邮件地址来进行。当然，如果经费许可并且调查的精度要求较高，企业还可以委托专门的调查公司负责问卷调查，提供电子邮件问卷调查服务的公司都准备有大型的样本库，从中可以筛选出足够数量的满足特定条件的调查对象。只要不使用垃圾邮件扰民的不道德作法，通过电子邮件开展的问卷调查就可以获得与普通邮件问卷调查大致相同的回复率。和传统的直邮问卷调查一样，抽样人群回复的百分比与被调查人群对调查课题的兴趣有直接的关系。

使用电子邮件做问卷调查也应该遵循许可营销的原则，不要使用垃圾邮件来邀请人们来参加问卷调查，尤其是不要不经邀请直接把问卷发给潜在的被调查对象。可以想象，如果潜在的调查对象认为一个企业是不负责任的营销者，他们就不会与这家企业合作。即便企业许诺为参与调查的人提

---

① 报告全文见http://www.informationr.net/ir/3-4/paper46.html。

供很大的好处，他们也会因为不信任企业的承诺而拒绝参加，即使参加也不会为该企业提供负责任的回答。因此，尊重被调查对象永远是调查成功的一个必要条件。

问卷的格式可以是普通的文本格式，也可以是HTML格式，甚至还可以考虑使用Word文档格式。被调查人对企业的信任程度越高，企业越有机会采用精细的应用来方便受访人作答和对回收问卷的统计，因为，警觉的被调查人为安全起见，经常会选择不打开陌生邮件所带的附件，更不会去执行陌生邮件所带的程序。同时，受访人对计算机的熟悉程度也是确定调查问卷格式应该考虑的因素之一，许多受访人并不清楚应该如何恰当地回复和编辑HTML邮件。不过，如果开动脑筋，也可以找到解决问题的巧妙方法。例如，1995年，专门从事市场调查的FIND/SVP公司在设计问卷时在每道问题后增加了两个*号，要求答卷人将答案写在两个*号之间，这个简便易行的方法极大地减少了数据的读写误差。

有些专家认为在在线问卷调查的竞争下，电子邮件问卷调查的使用会日趋减少。实际上，电子邮件问卷调查同在线问卷调查相比有许多可贵之处。首先，进行电子邮件问卷调查的公司在选择样本方面具有很强的控制能力，根据数据库中的资料可以准确地选择出满足条件的被调查对象，而在线问卷调查则是由被调查对象自告奋勇地参加，这样取得的样本往往不具有很好的代表性。其次，除非调查公司可以提供很有吸引力的物质激励，愿意参加在线市场调查的人在网站访问者中所占比例并不高，这就要求调查公司必须在访问量很大的网站上来发布问卷或者邀请，这需要一笔不小的费用，具体费用与在同样网站上发布网络广告的费用相当。最后，对于被调查对象来讲，答复电子邮件问卷可以在离线的状态下比较从容地作答，而在线答复则可能会有时间压力，影响答复的完成率和完成的质量。因此，电子邮件问卷调查至少可以和在线问卷调查长期并存，取长补短。

电子邮件问卷调查的匿名性较在线问卷调查低，因为调查人至少可以知道参与人使用的邮件地址。但匿名性的减少对调查的影响实际是两方面，一方面，参与人可能会在敏感问题上隐瞒自己的真实看法，但也会使其在回答问题时更有责任感。电子邮件因为降低了匿名性还得到一个好处，就是可以避免重复答卷的出现，因为可以简单地阻止使用同一个电子邮件地址发送两份以上的答卷。

一次典型的电子邮件问卷调查包括以下5个步骤。

(1) 测试阶段：在开始大规模调查以前，通常需要在样本集合中抽取若干个体进行预调查或者试调查，目的是发现问卷设计和路线设计中的问题，并根据回复率等指标评价调查计划的可行性。例如，问卷中问题是否会引起误解？在问卷设计方面，除了对内容进行测试外，还要考虑问卷的长度是否恰当和格式是否妥当的问题。

(2) 取样阶段：在电子邮件用户中选择准备调查的对象。取样时不仅要考虑样本的代表性问题，还要考虑获得邮件地址的可行性。获得邮件地址可以利用寻人搜索引擎，目前最主要的寻人搜索引擎是创建于1996年的Whowhere(www.whowhere.com)，另外，企业通过类似于LinkedIn这样的大型SNS网站也可以找到感兴趣的调查对象。一般在开始调查以前，需要搜集到足够多合格的E-mail地址。例如，如果测试出该电子邮件问卷调查的回复率为23%，按照公式计算出符合置信度要求(如95%)的样本大小为23，那么需要搜集的邮件地址就是100个左右。

(3) 邀请阶段：与传统的直邮问卷调查不同，在寄发正式电子邮件问卷以前，需要先向合格被调查对象发出参加调查的邀请，这可以通过电子邮件发出，也可以使用其他通讯方式发出邀请，如实时通讯工具OICQ等。直接发出电子邮件问卷的邮件会被认为是垃圾邮件，所以先发出邀请是必须遵守的网络礼仪。

邀请信的内容不宜太长,示例如下。

您好!我是某机构的某某,目前正在从事一项有关城市营销的调查,我想邀请您参加您对3个城市了解程度的问卷调查,估计完成问卷需要3~5分钟的时间。我们保证您的资料不会被用于任何商业用途,问卷上关于这点有更详尽的说明。如果您愿意考虑参加调查,我会立即给您指定的电子邮件地址发出问卷,当然,在您看到问卷后,您仍然可以选择退出,我们对您的关心表示感谢。

——某机构某某

(4) 调查执行阶段:考虑到被调查人如果用回复邮件的方法答复问卷,则调查人将会失去对于电子邮件的匿名性,对于希望保持匿名的被调查人,应该允许他们用其他方式答复问卷,如使用普通的匿名邮件,或者换用其他的免费邮件。调查执行阶段要随时监视回复率情况,这对于顺利完成调查是很重要的。根据需要,问卷在回收后可以打印出来,也可以在统计后保存到软盘上,在调查结束后一段时间,可以销毁这些问卷。

(5) 提醒阶段:在问卷上应该注明回复问卷的时间,如果在期限结束前还没有收到回复,可以考虑发出提醒信息。席翰(Sheehan)和豪伊(Hoy)两人在1997的研究表明,及时提醒可以把回复率提高25%。

4. 在线问卷调查

1) 在线问卷调查的优点

虽然电子邮件问卷调查可以满足多数问卷调查需要,但有时采用在线问卷调查可能效果更好。在线问卷调查的问卷不是通过电子邮件发送给被调查对象,而是以网页形式发布在网站上,以网页形式发布的问卷既适合单选题和多选题,也适合开放式的问题。答卷人通过点选单选按钮和多选按钮来答复选择题,开放式问题的答案则可以在文本区键入。在线问卷调查可以用来收集人口统计信息、心理特征信息、民意信息和消费特征信息,图4-4是一个在线调查页面的实例。

图4-4 某校研究小组使用问卷星(免费版)开展泉州创业环境调查的页面

同电子邮件问卷调查相比,在线问卷调查的优点是调查数据的录入和处理可以非常快速和准确。精心设计的问卷甚至可以根据前面问题的答案来选择后面的设问路线,这样的设计可以使问卷更加简洁,方便作答,还可以减少一些因为路线选择复杂而使答题人出现不必要的填写错误。

在线民意调查因为问题简短，并且问题通常是大众关心的热点问题，所以有相当高的回复率，一般都可以超过1%。这一回复率使得答复者作为样本对全体具有较好的代表性，而且只要发布问卷的网站有一定的访问量，如此高的回复率还可以使调查在很短的时间就能获得有意义的结果。另外，网上问卷调查的边际费用很低，而且还具有显著的学习效应，所以只要有了一次调查的经验，新的调查的费用几乎可以忽略不计。

网上问卷调查的匿名性较好，这有助于受访者开诚布公地回答问题。同时，和需要人员接触的问卷调查相比，网上问卷调查还没有因调查人员在场而引起的误差和偏差。

2) 网上问卷调查的局限性及对策

网上问卷调查虽然优点不少，但也有一些不容忽视的缺点，使用者必须特别注意。网上问卷调查最大的问题是样本的代表性问题。网上问卷调查期间，调查者为了吸引人们参与，通常会通过新闻组发送邀请，并通过网络广告来推广问卷，这样，通过不同渠道了解到调查的参与者就会具有不同的群体特征，而要比较准确地界定最终参与者的特征几乎是不可能的。另外，参与者的自荐行为也会影响调查的代表性，因为无法判定自荐者占全体的比例是多少，也无法知道自荐者的行为同非自荐者的行为有何差异。如果调查者许诺给参加调查的人一定的报酬，就会出现有人为获得报酬而多次参加调查或者不属于调查范围的人参与进来的情况，这也会使调查结果出现偏差。

针对在线问卷调查存在的弱点，调查者可以采取如下对策：

针对样本的数量和质量问题，可以利用电子邮件发送邀请函的方法来选择样本，这种方法实际结合了电子邮件问卷调查和在线问卷调查的好处。在调查对象并非发布问卷的网站的访问者时，借助电子邮件或虚拟社区甚至传统的通讯手段发出邀请更成为必须的一步。这时，网站仅仅是问卷的存放处。由此可见，如果被调查对象不是网站的访问者，使用在线调查的优越性非常有限。

通过虚拟社区向人们发出参加调查的邀请对电子邮件问卷调查和在线问卷调查都适用，前者可以通过社区来收集潜在调查参与人的邮件地址，后者则可以引导感兴趣的参与人进入调查页面。不过，在社区交流区直接发布调查问卷的方法通常是不可取的，因为这违背了许可营销的原则。即使只发送调查邀请，也应该选择相关主题的社区发布。

3) 网上调查的一个实际案例

熊猫快餐(Panda Express)是美国最大的一家连锁中餐店，2007年，它在美国已经拥有了上千家分店，雇员总数达到了17 000名，实现的营业额则超过了10亿美元。包括必胜客(Pissa Hut)和红虾(Red Lobster)在内的很多美国知名的餐饮连锁企业都曾试图开办连锁中餐店，但无一例外地都遭受了挫败。熊猫快餐在美国获得成功的秘诀是什么呢？它的女老板Peggy Cherng将其总结为4好：食物好、服务好、环境好和价格好。其实，非常重要的一点就是，熊猫快餐了解顾客的口味，能根据顾客的口味来提供他们喜欢的食物。自然，要了解顾客的口味，市场调查必不可少，在今天，熊猫快餐已经把顾客满意度调查搬到了网上。

所有在熊猫快餐用餐的顾客都会得到一张付款收据，这同其他店没有什么区别，所不同的是，这张收据的背面印有请顾客在两天内到www.pandaexpresssurvey.com参加网络调查的邀请。这份邀请还同时是一张有待认定的优惠券，所有按要求完成调查的顾客都会得到一个认证号码，顾客凭这个号码和手里优惠券再次光顾熊猫快餐就能得到买二送一的优惠。由于顾客在参与调查时需要填写收据上的调查编码，这一编码与顾客在某一门店的消费信息相对应，熊猫快餐总部凭借对网络问卷调查的分析就能随时掌握顾客对不同店的评价，进而按照这一信息来对各个门店进行有针对性的指导。

熊猫快餐正是凭借有效的市场调查了解了顾客，进而征服了口味刁钻多变的美国主流中餐市场。

问卷星(www.sojump.com)是全球最大的中文调查平台，截至2013年9月已有260万人通过问卷星发布了问卷，有7300多万人填写了问卷。试通过问卷星做一次简单的网上问卷调查，了解网上调查的程序，体会网上调查的优点和局限性。

4.2.3 选择网上调查方法时要考虑的因素

网上调查方法被广泛地用于以下领域。
- 市场分析
- 新产品开发
- 顾客满意度调查
- 顾客忠诚/保持建模
- 质量评价
- 电子商务服务评价
- 员工调查
- 广告效果调查
- 需要高层管理人员反馈信息的调查环境

实践中究竟选择哪种网上调查方法取决于调查的目的、调查问题的设计、调查的对象以及调查人员的技能等几方面的因素。

首先，调查的目的决定了调查必须达到的可信程度、调查必须完成的期限，同时调查的目的还决定了该调查的预算的上限。

其次，调查对象的地理分布、人口统计特征、行为特征都可以影响调查手段的选用。

再次，问题的复杂程度、问题的类型、问题的敏感程度也会影响调查手段的选用。

最后，还应该考虑调查人员自身的技能和特长，看他们更擅长使用哪种调查方法。

在实际应用中，可以灵活使用多种方法来完成调研任务。例如，在预调研阶段采用在线焦点小组座谈法，而在正式调研时采用电子邮件问卷调查法；或者可以用传统方法建设一个合格的网上调查的样本库，而在实际调查开始时采用网上调查方法。

不论如何，都应该提高调查人员素质，使他们掌握多种调查技能，同时在实际操作中，针对所使用方法的不足，采取相应措施，提高调查的质量。

4.2.4 网上市场调查和传统市场调查的比较

随着互联网用户的日益增多，网上市场调查的优势日益凸显，当前虽然传统的调查方法仍然占据着主流地位，但此消彼长，网上市场调研将会成为直接调研的主要手段。实际上，网上市场调查和传统的调查手段各有所长，对此有一个清醒认识可以帮助营销管理人员选择恰当的调查策略。以下从几个不同的方面对网上市场调查和传统市场调查的优劣做一比较。

(1) 传统调查方法和网上调查方法都存在样本偏差问题。尤其是目前来电显示功能的普遍使用和利用录音电话等方法屏蔽陌生来电做法的盛行使得电话采访所能达到的人群也不具有普遍的代表性。

(2) 在回复率方面,邮件调查的回复率一般在1%～2%之间,电话访问的回复率则可以达到10%到15%之间。如果安排得当,网上调查的回复率(指回复人数占收到邀请电子邮件人数的比例)可以和电话访问接近,根据SuperSurvey公司(www.supersurvey.com)在2003年发布的一份白皮书,该公司为客户完成的199项网络调查的总回复率达到了13.35%,在这199项调查中,收到邀请电子邮件的总人数为523 790[①]人。

(3) 在诚实做答方面,网上调查的应答人感觉到的匿名程度较电话调查和邮件调查为高,这其实便于应答人较客观地回答比较敏感的问题。例如,笔者曾经使用问卷调查的方法研究过漳州、泉州和温州三城市的城市品牌问题,调查中我们同时使用了电子邮件问卷调查和当面问卷调查方法。调查中我们发现了一个有意思的现象:同网上调查的结果相比,接受传统调查的受访人中不知道3个城市的人的比例要明显偏低,两种调查结果中不知道温州和泉州的人的比例甚至相差近一倍。经过分析,我们认为网上调查的结果比较可信,原因是传统调查中出现了明显的调查人员在场误差,即面对调查人员,部分被调查人希望掩盖自己没听说过温州、泉州的事实,因为他们担心会给调查人留下无知的不良印象。当然,有些网上调查的应答人会故意作假,但这在电话调查和邮件调查的场合也非常普遍,例如经常有行政助理代替主管经理回答调查问题。调查人员可以采取某些措施来提高网上调查的真实性,例如如果发现应答人在可以检测的项目(如所在地区可以通过IP加以检验)上作假,则有理由怀疑该应答人在其他项目上作假,从而使该份答卷无效。

(4) 在成本方面,完成一次20分钟的电话采访的费用为30～50美元,而完成一次网上调查的成本大约只需要7～10美元。但究竟采取何种方法可以节省费用还取决于调查人员对各种调查方法的熟悉程度。

(5) 在时效方面,网上调研明显优于传统调查方法,调研报告有时可以实时生成并将结果以易读的格式直接传递给决策人员。传统调查则需要耗时的现场工作、数据录入、整理并传送报告。

(6) 在适用范围方面,虽然人们通过互联网也可以组织焦点小组座谈,但人们普遍认为网上调查更适合从事定量研究,那些难以用语言表述清楚的问题或者开放式问题还是更适合在现场进行调查。

(7) 在名单失效方面,电子邮件列表使用的名单也和其他任何名单一样存在失效问题,克服名单失效的唯一方法是经常对名单进行检验和更新。

4.3 网络营销环境监测技术

4.3.1 推式技术

推式技术(push technology)中的"推"表示"服务器推送",在这种信息传播模式中,服务器直接把特定的信息推送到用户的桌面上。在传统的"拉(pull)"式信息传播模式中,用户需要通过搜索

---

① 白皮书全文见http://www.supersurvey.com/papers/supersurvey_white_paper_response_rates.pdf。

引擎定位信息然后把信息"拉"向自己。互联网中的推式技术与传统的广播技术不同，它允许顾客自己定制自己需要的信息，有人因此把推式技术称为点播(pointcast)技术。

用户使用推式技术的目的在于可以订阅自己感兴趣的信息，减轻用人工方式进行环境监测的艰巨劳动。不过，以PointCast和BackWeb为代表的传统推式技术并没有被普及，主要原因是这些技术过度占用了计算机和网络资源。近年来，RSS技术的迅速发展使推式技术重新走到了前台。

以下是使用免费的RSS浏览器Abilon查找滚石唱片公司的最新情况(见图4-5)。

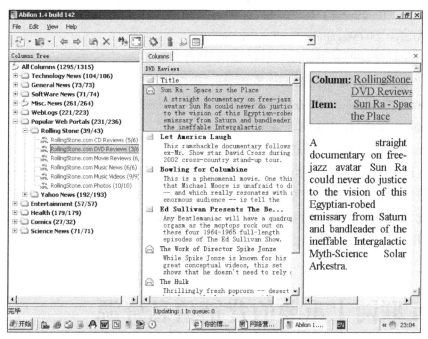

图4-5　使用Abilon新闻阅读器接收信息

● 4.3.2　竞争情报技术

竞争情报(competitive intelligence，CI)的收集对企业而言是一个重要而又繁重的工作，幸好，CI技术的发展可以显著提高企业情报工作的效率，这表现在以下几个方面。

- ➢ CI软件可以简化搜集原始信息和二手信息的工作。
- ➢ 通过电子邮件、无线通信设备等多种渠道，完成的报告可以被迅速传送到需要的地方。
- ➢ 流程和协作工具可以帮助CI人员进行异地操作或合作。

软件对数据分析的支持当然是CI系统的核心，但直到目前为止仍然是个薄弱环节，当然也有一些开拓性的工作出现，如某些软件试图利用人工智能技术从不同的非结构化的文档中发掘出内在的联系。例如，当同一个人名出现在不同的文件中时，需要软件能根据某些线索识别出这些人名代表同一个人还是同名同姓的不同的人。

另外，不同的公司对CI系统的需求差别非常悬殊，某些行业需要的信息要求用特定的技术去实现，而另一些行业可能只对原始数据有兴趣，不同的企业文化对CI系统的设计也会产生影响，因此，至今尚没有一种能够解决所有问题的方案。

目前市面上有许多CI产品，Fuld公司(www.fuld.com)为我们推荐的软件包有以下13种。

- Intelligence (Brimstone AB)。
- C-4-U Scout (C-4-U Ltd.)。
- WebQL (Caesius Software, Inc.)。
- Knowledge.Works (Cipher Systems)。
- ClearResearch Suite (ClearForest Corporation)。
- Market Signal Analyzer (Docere Intelligence)。
- BrandPulse (Intelliseek, Inc.)。
- TextAnalyst 2.0 (Megaputer Intelligence, Inc.)。
- TrackEngine (NexLabs Pte Ltd.)。
- STRATEGY! Version 2.5 (Strategy Software, Inc.)。
- PlanBee (Thoughtshare Communication, Inc.)。
- Wincite Version 7.0 (Wincite Systems LLC)。
- WisdomBuilder 3.1 (WisdomBuilder LLC)。

在我国，百度在线网络技术(北京)有限公司于2002年7月发布了我国业界首例拥有自主知识产权的企业竞争情报系统，此系统集情报计划、情报采集、情报管理和情报服务等功能于一体，能帮助企业对整体竞争环境和竞争对手进行全面监测，同时分析商业竞争中企业的优势、劣势及潜在的威胁和机会，帮助企业建立强大的情报中心。

4.4 互联网上重要的营销信息资源

营销信息按其用途的不同，可以分为互联网环境信息、个人信息、宏观环境信息、消费者信息、竞争情报和国际市场信息等类型。以下我们将分别讨论各个类别最重要的信息来源。

● 4.4.1 互联网环境信息

互联网环境是网络营销的直接环境，也是网络营销各种环境因素中最具活力的一个，及时洞悉互联网环境的发展变化是在网络市场上赢得先机的前提。互联网环境信息包括互联网的规模、性能、分布等重要信息。以下几个网站是互联网信息的重要来源。

(1) 电信产业(www.eiu.com/industry/Telecommunications)是经济学家情报部(Economist Intelligence Unit)旗下的一个免费信息网站，其目的是要为数字经济时代的企业提供具有战略意义的信息和分析。网站上的分析文章大多来自经济学家集团的出版物，如《经济学家》《CFO》《产业简报》《商务中国(Business China)》等，也会有选择地收录一些其他来源(如《金融时报》)的分析文章，当然，还有全球技术论坛分析师的一些原创分析文章。全球技术论坛大多数分析文章都是有关互联网环境变化及其战略意义的，因此，该网站对企业了解互联网环境具有重要参考价值。特别值得一提的是，该网站同IBM合作每年出版一份名叫《电子商务环境排名》的报告，其中包含有在60个有代表性的国家(包括中国)开展电子商务的环境分析。

(2) 皮尤互联网和美国生活项目(www.pewinternet.org)是皮尤慈善基金会资助的一个研究项目，

它连续性地发布了有关互联网对家庭、学校、社会、保健等各方面影响的研究报告。皮尤互联网和美国生活项目开始于2000年，已经积累了大量非常有价值的数据，它对一些最基本的数据更新得很频繁。例如，网络用户的人口统计数据以及网络用户在线活动的数据几乎每月都有更新。难能可贵的是，皮尤互联网和美国生活项目会把调查的原始数据以exel或者spss的格式向社会公众开放，让人们做更深入的研究。皮尤互联网和美国生活项目的数据和研究报告对我们了解美国互联网市场有直接的帮助，并且对我们了解全球网络营销的互联网环境也有参考价值，但了解中国互联网环境的首选站点却无疑是中国互联网络信息中心的网站(www.cnnic.net.cn)。

(3) 中国互联网络信息中心(China Internet Network Information Center，CNNIC)是经国家主管部门批准，于1997年6月组建的管理和服务机构，CNNIC负责开展中国互联网络发展状况等多项互联网络统计调查工作，描绘中国互联网络的宏观发展状况，忠实记录其发展脉络。CNNIC的传统产品是《中国互联网络发展状况统计报告》，该报告从1997年开始发布，后来每半年发布一次，截至2013年7月已发布到第32次。CNNIC的系列出版物还有每月1期的《互联网发展信息与动态》，此外，CNNIC还不定期地发布各种互联网络热点领域的调查报告，如《2012年中国网民消费行为调查报告-3C》《2012年中国网络购物市场研究报告》《2012年中国网民社交网站应用研究报告》等。CNNIC统计调查的权威性和客观性已被国内外广泛认可，得到国际组织(如联合国、国际电信联盟等)的采纳和赞誉，部分指标已经纳入我国政府年度统计报告。CNNIC的调查报告免费向全社会发布，是我们研究中国互联网环境的最好资源。

(4) Clickz统计网(www.clickz.com)以新闻分析的形式发布有关互联网环境的大量研究结果，虽然Clickz网络的研究人员一般都是利用从其他来源获得的二手数据，但他们的分析文章具有数据可靠、时效性强、内容涉及面广、洞察力强等优点，所以Clickz统计仍然是互联网环境信息的一个重要来源。

除了以上资源外，了解一些具体国家的互联网环境时可能还会用到其他一些站点，例如，英国的Hitwise(www.hitwise.co.uk)为我们提供了了解英国网络环境的绝好资料。

4.4.2 个人信息

个人信息指对个人生活和工作有价值的信息，如票务信息、天气信息、出行线路图、培训信息、招聘信息、地方新闻等。个人可以通过多种方法获得他所需要的信息，可以订阅新闻组，也可以使用主题目录式搜索引擎，还可以从地区性门户站点开始。每个地区都有自己的地区性门户站点，部分地区甚至有好几个这样的站点，在某些时候，地方性媒体的站点也具有地区性门户站点的功能。这些站点上有当地的分类广告、当地的热门服务，还有一些有用的链接。对于忙碌的企业管理人员而言，CEO快车(见本章网上资源部分)是一个获得有用信息的好地方。

4.4.3 宏观环境信息

影响企业营销决策的环境因素包括社会文化环境、政治法律环境、宏观经济环境、技术环境和自然环境，互联网上的一些站点可以帮助企业获得有关宏观环境的信息，对此分述如下。

(1) 社会文化环境。社会文化环境主要包括一个地区人们的态度、兴趣、价值观、道德规范、习俗、信仰、审美观和生活方式等。有关一个地区社会文化环境的信息散布在各种类型迥异的网站上，许多网站上举办的民意测验是营销企业了解社会文化环境的一个很好的信息来源。例如，澳大利亚的罗伊·摩根公司几乎每周都会就某一问题开展民意测验，从该公司的网站(www.roymorgan.com.au)上可以查到历次民意测验的结论，许多民意测验还是在世界范围内开展的。

(2) 政治法律环境。在网络上可以找到世界各国的法律、法规的原文以及重要案例等，中国法律资源网(www.lawbase.com.cn)是我国目前最重要的法律资源网站，除了有全国人大法律库、国务院行政法规、部委规章数据库、地方法规规章库、两高司法解释库、国际条约与惯例、经典司法判例库、最新合同范本库、规范法律文书库、全国税法数据库、高法公报数据库、高法司法文件库等数据库可供查询检索外，还有每日更新的法治新闻以及同其他重要法律资源站点的链接等内容。

(3) 宏观经济环境。企业最关心的宏观经济变量包括通货膨胀率、利率、失业率、人均可支配收入等，这些变量反映了一个地区的总体经济运行情况，宏观经济环境信息通常可以从政府统计部门和行业协会的网站上得到。我国国家统计局的网站(www.stats.gov.cn)上有大量我国宏观经济运行的统计数据和分析文章。美国的宏观经济统计资料主要集中在劳动局统计网站(stats.bls.gov)和人口普查局网站(www.census.gov)上，其中前者的数据更为全面，而后者的资料则更为权威。

(4) 技术环境。技术的进步不仅会改变市场竞争态势，而且还会改变企业营销的手段和战略，了解技术进步最基本的一个渠道是专利局(或知识产权局)网站，各国的专利文献都免费向公众提供检索。我国国家知识产权局网站(www.sipo.gov.cn)不仅提供我国专利文献的检索，还提供了大量国外知识产权文献检索网站的网址和介绍，网站上还可以看到有关重大技术进步的新闻。此外，约翰·麦卡恩(John M. McCann)教授的信息趋势(CyberTrends)网站(www.duke.edu/~mccann/q-tech.htm)也值得一看。该网站摘录有许多专家对未来一些比较重要的技术发展趋势的看法，不过，由于麦卡恩教授年事已高，该网站已经停止了更新。

(5) 自然环境：原油价格的上涨和环境问题的恶化等自然环境问题会改变企业的生产方式和消费者的消费观念，因而营销者对自然环境变化的意义也不可小觑。国际绿色和平组织的网站(www.greenpeace.org)及其在各地的分站有大量对环境问题的调查和思考。

● 4.4.4 消费者信息

营销的目的在于深刻地认识和了解顾客，从而使产品或服务完全适合顾客的需要而形成产品或服务的自我销售。借助互联网，企业可以更有效地获得消费者信息，这些信息包括：消费者是什么样的人、他们何时在何处出于什么原因购买或者消费了企业的哪些产品。当然，消费者信息不仅涉及现有的消费者，也涉及潜在的消费者。美国是一个市场经济发展相当成熟的国家，美国劳动部劳动统计局网站(www.dls.gov)为我们了解美国消费者的购物习惯和生活方式提供了可靠的数据，这些数据来自定期的消费者花销调查(The Consumer Expenditure Survey)项目和美国人时间利用调查(The American Time Use Survey)，从前一调查我们可以知道不同收入和不同家庭情况的美国消费者的花销情况，从后一调查我们则可以了解美国人在各种活动(如有偿工作、照看孩子、义务活动和社会交往等)上的时间分配情况。遗憾的是，我国目前还没有这样全面系统的消费者信息网站，营销者只能从中国统计局网站(www.stats.gov.cn)、中国人口信息网(www.cpirc.org.cn)以及中国互联网络信息中心(www.cnnic.net.cn)的网站上了解到有关我国消费者某些方面的信息。

4.4.5 竞争情报

竞争情报是对整体竞争环境和竞争对手的一个全面监测过程。在全球500强企业中，几乎所有企业都设有专门的部门负责竞争情报的收集，其中有95%以上已经建立了较为完善的竞争情报系统。20世纪末，全球竞争情报业的总产值已达700亿美元。在美国，竞争情报行业的专家们还建立了自己的专业组织——竞争情报专家协会(society of competitive intelligence professionals，SCIP)。

竞争情报在现代企业竞争中起着越来越重要的作用。比尔·盖茨在《未来时速》一书中曾说："将您的公司和您的竞争对手区别开来的最有意义的方法，使您的公司领先于众多公司的最好方法，就是利用信息来干最好的工作。您怎样收集、管理和使用情报将决定您的输赢。"所以可以毫不夸张地说，竞争情报的收集和研究是企业核心竞争力形成和发展的基础。在国内，与企业日益迫切的竞争情报需求形成鲜明对照的是，此领域还几乎是一片空白。由于缺乏科学有效的方法尤其是没有先进实用的IT技术支撑，众多企业尚未建立完善的竞争情报系统。互联网为企业获取竞争情报提供了以下方法。

(1) 监视竞争者的网站。监视竞争者的网站是收集竞争情报最基本的方法，这种非常简单省事的做法有时也可以获得比较宝贵的竞争情报。不过通过自己公司的计算机访问竞争对手网站的情况会被对手知道的一清二楚，所以企业在访问竞争对手网站时要有意识地做一些伪装，避免被对方通过分析自己站点的访问情况进行反侦察。

(2) 监视相关的新闻组和虚拟社区。社会公众会在虚拟社区上发布对某个企业及其竞争对手的看法，了解这些信息不仅有可能获得竞争对手的发展动态，还可以为公司的公关活动收集信息。更重要的是，企业的竞争对手可能会利用某些公开的新闻组和虚拟社区来发布信息或者组织调研，这些信息对企业更是不可多得。

(3) 研究相关上市公司的报告。上市公司通常是行业内较有规模的公司，在一年当中上市公司会以年报、中报、季报的形式数次向公众报告其经营情况，上市公司年报包含的内容尤其丰富，所以任何公司都必须对本行业上市公司的年报做深入细致的研究。公司年报可以从多处获得，例如从上市公司的网站上直接得到，或者从某些投资咨询公司的站点上得到，但最好的来源可能还是从证券管理部门或者证券交易所的网站上获取，因为这样获得的报告在可靠性和及时性方面都比较好。例如，在中国证券监督管理委员会的网站(http://www.csrc.gov.cn/pub/newsite/)上就可以找到所有在上海和深圳上市的公司的报告。在美国证券和交易所委员会的网站(www.sec.gov/edgar.shtml)上可以找到几乎所有美国上市公司的登记资料、公告和分期报告，这些资料供公众免费浏览和下载。

(4) 网上的专业期刊和专业会展。大多数专业期刊都以数据库的形式保存，如前面提到的CNKI期刊库和万方的数字期刊库。专业会展通常有自己的站点，对没有条件亲身到实地参加的专业会展，访问会展的站点有助于了解行业的最新动态。

(5) 行业B2B市场的站点。经常访问行业B2B站点可以了解竞争对手对各个虚拟市场的参与情况，以此来推断竞争对手的整个市场策略。

(6) 使用工具网站。Compete(www.compete.com)提供了若干种研究竞争对手网站的工具。站点分析工具可以显示竞争对手网站近一年来的访问量，尤其可贵的是，它可以以图形化的方式同时比较三个不同网站的访问量情况。图4-6就是对哈佛大学、华盛顿大学和耶鲁大学三个大学网站的访问量情况所做的一个比较。搜索分析工具可以显示对竞争对手网站最重要的关键词，推荐分析工具可以显示哪些搜索引擎或者网站给竞争对手网站带来了流量。

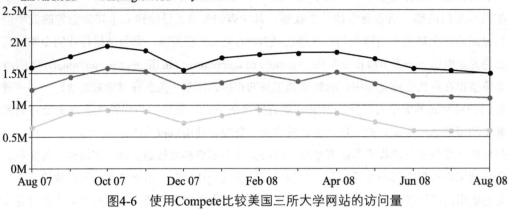

图4-6　使用Compete比较美国三所大学网站的访问量

4.4.6　国际市场信息

国际贸易可以增加所有参与方的福利，因此有许多政府部门和其他机构致力于国际贸易的促进活动，多数这类机构都会利用他们的网站向社会提供相关的信息服务，这是企业获得国际市场信息的重要途径。以下是提供这类服务的一些机构的例子。

➢ 目标市场国家在本国的大使馆以及本国在目标市场国家的大使馆。
➢ 政府的进出口管理部门。
➢ 联合国下属机构。
➢ 国际组织，如世界贸易组织(www.wto.org)、世界银行(www.worldbank.org)和国际货币基金组织(www.imf.org)。
➢ 地区性的贸易组织，如欧共体。
➢ 证券交易所或证券管理机构。
➢ 小企业促进机构。

美国中央情报局编制的《世界概况》(*The World Factbook*)是企业了解国外市场基本情况的一条捷径，网站上的版本①还处于不断的更新当中。该书的资料非常全面，并且具有相当的权威性，该书还可以从网上直接下载全文，可供下载的资料不仅有《世界概况》最新的2013年的版本，还有2000—2012年的12种版本，比较不同年份的报告可以了解目标市场的发展动态数据。

《世界概况》对一个国家的介绍通常包括概况、地理、人口、政府、经济、通信、交通、军事和国际问题等方面的内容。以下我们摘录一段《世界概况》(2004年版)对我国的邻国越南经济状况的介绍，从中我们可以了解该书的风格。

"越南是一个贫穷的人口密集的国家，它需要从战争的破坏、前苏联阵营财政支援的撤离以及中央计划经济的僵硬体制中恢复过来。它在1986—1996年间在摆脱贫困方面有了巨大的进步，1993

---

① 该书的网址为https://www.cia.gov/library/publications/the-world-factbook/index.html。

年到1997年间的年经济增长率都在9%左右。1997年的金融危机暴露出了越南经济的问题,但越南政府非但没有加速改革的步伐,反倒相信转向市场经济会招来灾难。于是GDP增长从1997年的8.5%降到了1998年的6%和1999年的5%。不过,2000年到2002年间经济增长又恢复到了6%到7%之间,这是在全球经济不景气的条件下完成的。这些数字掩盖了经济表现中的一些重要问题。包括煤炭、水泥、钢铁和造纸在内的许多国内工业都有大量的库存积压,并且面临着来自国外更有效率的生产商的有力竞争。在2001年越南选举产生了新的领导人后,越南当局重申了他们致力于经济自由化、推进结构改革以完成经济现代化并且建立更有竞争力的外向型产业。美国——越南双边贸易协定在2001年年底的生效将促进越南对美国的出口,美国将帮助越南完成协定中要求的法律改革和体制改革。"

在这段文字介绍之外,书中还列举了有关越南GDP总量、GDP实际增长率、人均按购买力平价计算的GDP(2003年为2500美元)、分产业部门计算的GDP、贫困线下的人口比例、贫富分化状况(1998年的数据是最穷和最富的10%的人口收入比例分别是3.6%和29.9%)、基尼系数、通货膨胀率、劳动力人口、劳动力按产业的分布情况、失业率、财政收支、工业门类、工业生产的增长率、发电量、电力来源、耗电量、电力的进出口情况、原油的产量和消费量、原油的进出口情况、原油的探明储量、天然气产量和消费量、天然气的探明储量、农产品类别、进出口量、进出口商品的种类、进出口的商业伙伴及其份额、外债总量、货币名称及汇率、接受或给予经济援助的情况等项目的资料。

当然,网络营销企业除了对目标国的经济状况有兴趣外,目标国的其他资料也可能很有价值。例如,在通信项目中,我们可以找到一个国家的主机数量和互联网用户数量,这两个数据反映了该国网上市场的规模。

访问《世界概况》的网站,查看中国(大陆、香港、澳门、台湾)和俄罗斯、印度、朝鲜、韩国、越南等邻国的最新概况。

4.5 网络市场调研的伦理问题

像传统的市场调研一样,在网络营销调研中也会出现有违道德规范的行为。事实上,网络营销调研中碰到的伦理问题比传统调研中更加复杂,不道德行为的危害也更为突出,如果不能妥善地解决好这些问题,那么网络调研或者会变得非常昂贵,或者无法取得可靠的结论。

4.5.1 网络市场调研中不道德行为的表现

传统营销调研中曾经碰到的不道德行为在网络市场调研中都可以碰到,然而网络市场调研的不道德行为还会有一些特殊表现。在分析营销过程中的道德问题时,人们经常按照调研各参与方具有的道德责任将问题分为3个方面,即调研委托人的道德责任、调研人员的道德责任和调研应答人的道德责任。在三者中,调研委托方和调研人员处于比较主动的地位,是矛盾的主要方面,所以主要关心的是他们所应该具有的道德责任,尤其是调研人员的道德责任。因为缺乏有效的行业自律,同西方发达国家相比,我国调研伦理的状况更令人担忧。网络市场调研中的不道德行为突出表现在以下几个方面。

(1) 变相销售。一些营销企业打着市场调研的幌子获得与网络用户搭话的机会，然后利用这一机会明目张胆地推销公司的产品，这是一种形式的变相销售。此外，有的企业还利用市场调研之机收集网络用户的地址和偏好信息，充实自己的直销数据库，这也是一种变相销售的行为。

(2) 侵犯应答人隐私。在调研中通常允许应答人匿名回答问题，但有时具名回答效果更好。例如，如果具名回答，应答者通常会更有责任感，调研人员对问卷中发现的问题也有办法补救。但是，如果应答者在调研中提供了个人信息，那么调研人员就应该保证这些资料不被用于其他用途，尤其是不被用于为应答人带来麻烦的用途。

在网络调研中，调研人员通常可以跟踪到应答人的个人信息，如电子邮件地址、QQ号码或者IP地址。调研人员经常会考虑把应答人的资料加入潜在顾客的资料库，但这是不道德的行为，如果应答人参与调研的好意给他带来的是无穷无尽的垃圾邮件时，那么谁还会参与网上调查呢？

部分企业为监测网络用户的行为还使用一种被称为间谍软件(spyware)的程序，这种软件通常打包在其他有用的软件中引诱用户下载安装。这种软件不仅会对网络用户的上网行为进行实时的监测，构成对用户隐私的巨大威胁，还会导致用户的计算机因负担过重而速度缓慢，使用间谍软件在一些国家已经被定为违法行为，其不道德程度由此可见一斑。

(3) 无视网络礼仪：利用电子邮件、虚拟社区、实时聊天工具进行调查时，调查人员需要遵守网络礼仪。利用虚拟社区进行调研时，许多调研人员为提高问卷的曝光率，将问卷反复发布，或者将问卷发布在不相关的主题社区中，这都属于虚拟社区的"死掰(spam，具体见5.1.3节注释)"行为，会引起用户和社区管理员的反感和抵制。

(4) 偷工减料行为：指调研公司为节省成本或者调研人员图方便省事而不按合同中规定的方案从事调研，导致调研结果不可信。

(5) 修饰结果：调研企业有时为了自身利益，有意向公众隐瞒部分调查结果，甚至故意歪曲部分数据，发布可能会对公众产生误导的结果，这属于严重的不道德行为。

4.5.2 网络市场调研不道德行为的危害

调研委托方和调研人员不道德行为的泛滥会带来严重的负面效应，使未来的市场调研越来越难，这表现在以下方面。

(1) 调研无人参与：被调查人如果感觉到自己填写的问卷对调查结果无足轻重，或者透露自己的信息会在今后给自己带来许多麻烦，被调查人就会拒绝参加调查。这导致网络市场调研的回复率不断下降。

(2) 调研成本增高：回复率的下降必然导致调研成本的上升，企业为了收回足够的有效问卷，必须提高激励的强度(和/或)增加发放问卷的份数，这都会导致调研成本的升高。如果用户对企业的激励承诺表示怀疑，那么企业就必须进一步提高激励的强度(和/或)增加发放问卷的份数。

(3) 调研结果失真：提高激励强度不仅会增加调研成本，而且还会增加调研误差，因为为了获得激励，一些不符合条件的人员会设法参与调查，甚至多次参加调查。同时，回复率的下降会降低样本的代表性，加大不应答误差。

在这种条件下，企业必须采取积极的措施来减少市场调研不道德行为对自己的危害。

4.5.3 企业的应对措施

调研企业可以通过强化自身品牌以及参加行业自律组织来提高自己的可信度，与不讲道德的调研公司区分开。当然如果企业委托专业的调研企业从事调研，也尽可能选择信誉好的企业来合作，因为调研企业的道德形象直接会影响调研的效率和结果。可能的话，最好是同调研行业协会的成员企业来合作，这样万一产生争议，还可以通过行业协会寻求解决。我国市场研究协会从2002年起采纳ICC/ESOMAR(国际商会/欧洲民意和市场研究协会)市场研究准则，作为全国市场研究行业的基本准则。协会要求全体会员(包括团体会员和个人会员)以书面形式正式承诺遵照实施行业准则，并将其列为成为协会正式会员的两个基本条件之首。

调研企业在选择应对措施时的其他考虑参见本书第9章。

本章内容提要

在今天的市场竞争中，营销已经演化成了一场以信息为基础的较量。高质量的信息必须是可靠、有据、准确和可信的信息。此外，营销信息还必须具有高度的相关性，并且及时和完整。营销策略必须建立在科学决策的基础上，而营销决策支持系统是辅助企业进行科学营销决策的强大武器。网络营销决策支持系统由内部记录系统、环境监测系统和市场调研系统组成。服务器运行日志和搜索日志为网络营销的内部记录系统提供了大量有价值的数据。推式技术和竞争情报技术是环境监测系统的两大工具。网络调研可以分为间接市场调研和直接市场调研，前者指利用搜索引擎、RSS搜索工具和专业数据库直接查找所需要的信息，后者则要通过观察、组织小组座谈、实施问卷调查等手段发现自己所需要的信息。网络上的营销信息资源主要可分为互联网环境信息、个人信息、宏观环境信息、消费者信息、竞争情报和国际市场信息等6大类别。网络营销市场调研中的不道德行为增加了网络调研的成本和难度，企业可以通过强化自身品牌和参加行业自律组织来提高自己的可信度。

复习思考题

1. 如何衡量营销信息的价值？按照这一标准分析从服务器运行日志和搜索日志获得的信息的价值。
2. 比较一下万维网目录、元搜索引擎和特殊搜索引擎与索引式搜索引擎的优缺点，考虑它们为什么能够长期存在。
3. 比较网上市场调研和传统市场调研在定性研究和定量研究方面的优缺点。
4. 同传统市场调研相比，网上市场调研的伦理问题有什么特殊之处？

@ 网上资源

CEO快车(www.ceoexpress.com)：是一个为忙碌的企业管理人员量身打造的个人信息门户站点，它包括的栏目不仅有每日新闻、商务研究和企管知识、办公软件工具和旅行服务资源，甚至还考虑到了CEO娱乐和休闲的需要，提供了许多同嗜好有关的网络资源，该站点是一个值得广大企业管理人员和商学院学生收藏的网站。

蜘蛛学徒(www.monash.com/spidap.html)：是一家专门介绍搜索引擎使用知识和技巧的网站。

中国市场研究协会(www.emarketing.net.cn)：网站开辟有国内外动态、会员专区、电子杂志、行业数据、操作实务、研究文章和理论文库等栏目。该站点是国内为数不多的市场调查专业网站之一，可以作为了解国内市场研究行业的一个入口网站。

中国市场信息调查业协会(www.camir.org)：网站于2006年6月6日正式开通，是中国市场信息调查业协会的官方网站。协会网站是中国市场信息调查业协会履行其行业职能的一个重要窗口，协会网站的主要栏目有：政策法规、协会要闻、调研信息、行业研究、协会刊物和论坛等，其中协会刊物提供对公众免费下载。

欧洲民意与市场研究协会(www.esomar.org)：访问者从该网站上可以阅读和下载国际商会/欧洲民意和市场研究协会关于市场和社会研究的国际准则(2007年版)的全文，了解一些行业新闻，学习到市场调查的一些基本知识，但网站上其他更有价值的资源只对协会会员开放。

市场调查门户(www.marketresearchworld.net)：由英国的一家市场调查咨询公司DJS调查公司开办，网站上收集有大量对市场调查业内人士有用的资源，这些资源包括研究文章、行业新闻、调查结果、市场调查知识以及相关网站目录。

营销图表网站(www.marketingcharts.com)：由MediaBuyerPlanner有限责任公司和Watershed有限责任公司联合开办，该网站对营销、广告和出版方面的大量信息指标进行监测。它监测的范围非常之广，从在线销售到各种媒体广告支出，从10大网络日志网站到10大地图网站，几乎无所不包。营销图表网站的数据更新的频率很快，很多数据都是逐月更新，而且每天都有新的图表和文章发布，该网站是了解营销环境和趋势的一个很好的网站。

SurveyMonkey(www.surveymonkey.com)：是一家从事网上市场调查服务的公司，它可以帮助顾客完成从设计问卷到分析报告结果的网上市场调查全过程。用户可以利用免费账户对SurveyMonkey的服务进行测试或者完成简单的调查，使用全部服务的费用为每年200美元。

参考文献

1. [澳]艾德·弗瑞斯特. 网上市场调查. 北京：机械工业出版社，2002
2. [美]C.谢尔曼，G.普赖斯著. 马费成，蔡东宏等译. 看不见的网站——Internet专业信息检索指南. 沈阳：辽宁科学技术出版社，2003
3. Stephen Haag, Maeve Cummings, James Dawkins. Management Information Systems for the Information Age(2nd ed.). McGraw-Hill Company，2000
4. [美]齐克芒德著. 吕晓娣，史锐译. 营销调研精要. 第2版. 北京：清华大学出版社，2004
5. [美]纳雷希·K.马尔霍特拉著. 涂平等译. 市场营销研究：应用导向. 第3版. 北京：电子工业出版社，2002
6. Edward Forrest. Internet Marketing Intelligence: Research Tools, Techniques, and Resources. McGraw-Hill Higher Education，2003

第5章 无网站的网络营销

本章学习目标

在学过本章之后,你应该能够:
- 熟悉电子邮件的结构和格式,了解基本的电子邮件礼仪。
- 了解电子邮件营销的作用和优势。
- 熟练使用签名档和自动应答器。
- 了解评价电子邮件营销的常用指标。
- 掌握电子邮件营销的基本策略和技巧。
- 了解垃圾邮件营销和许可营销的区别。
- 了解电子杂志营销的过程,掌握基本的技巧。
- 了解虚拟社区的概念、类型以及虚拟社区营销的基本方法。
- 了解电子商城营销的利弊和策略,了解在淘宝开店的入门知识。
- 熟悉网上拍卖的类型、适用范围和常见问题。
- 了解社会媒体营销的概念和一般步骤,了解微博营销的要点。

  做网络营销不一定非要建立网站,只要方法得当,没有网站的网络营销也一样可以做得有声有色,并取得很好的效果。建立网站当然可以增添新的营销方法,但建立和维护网站同时也意味着在资金和人力上的大量投入。无网站网络营销并不意味着不使用网站,它仅仅表示企业自己不建立独立的网站,无网站网络营销甚至比基于网站的网络营销要更多地依赖于其他机构开办的网站。无网站网络营销主要凭借两种网络工具来开展:电子邮件和虚拟社区。所以,无网站的网络营销可以分为电子邮件营销(E-mail marketing)和虚拟社区营销两种,许可营销基本上可以认为是电子邮件营销的一种改良形式,而借助电子商城或者网上拍卖市场开展的营销活动则可以被认为是虚拟社区营销的特殊形式。随着Web 2.0的兴起,无网站网络营销有了一种新的形式——社会媒体营销(social media marketing)。孤立的无网站网络营销特别适合于资源缺乏的小企业使用,但是不论企业规模大小,都可以将无网络营销同基于网站的网络营销配合使用,这样可以发挥协同作用,达到事半功倍的效果。

5.1 电子邮件营销

  电子邮件营销是以电子邮件为主要工具的一种网络营销方式。冯英健曾经给电子邮件营销下了这样的定义:"E-mail营销是在用户事先许可的前提下,通过电子邮件的方式向目标客户传递有价值信息的一种网络营销手段。"[1]该定义虽然强调了基于用户许可这一道德前提,但是将电子邮件在营销中的作用限制在向客户传递信息上却没有必要。实际上,除了电子邮件广告,电子邮件还可以用来作为市场调查、直销和网络公关的工具。从使用电子邮件的方式来看,电子邮件营销可以分为简单电子邮件营销和电子杂志营销两种类型。从目标市场看,电子邮件营销还可以分为B2C电子邮件营销和B2B电子邮件营销。本节介绍电子邮件营销的一般方法,B2B电子邮件营销的问题将在第10章中讨论。

电子邮件被用于营销的目的可以追溯到1994年4月劳伦斯·坎特(Laurence Canter)和玛莎·西格尔(Martha Siegel)的垃圾邮件营销[2]。此后不久,电子邮件的普及性和易用性就使电子邮件成了最受欢迎的网络营销工具之一。据Radicati公司统计,全球电子邮件营销在2012年的规模为81亿美元,估计到2016年将达到120亿美元的规模。

需要注意的一点是,随着微博、SNS和OTT IM在近几年的强势崛起,电子邮件营销的重要性已经大不如前。据中国互联网络信息中心发布的第32次《中国互联网络发展状况统计报告》,2013年6月,在中国5.91亿网络用户中,电子邮件的使用率只有41.8%,不仅比2012年年底的44.5%有明显下降,而且电子邮件用户的绝对数量也开始出现下降,从年初的25 080万下降到了24 665万。有鉴于此,尽管电子邮件目前仍然有广大的用户基础,商业邮件的开信率也在2012年达到了5年来的高点,网络营销者已经无法依赖电子邮件开展营销了,而应该将其视为企业整合营销策略中的一种手段。

● 5.1.1 电子邮件营销概论

1. 电子邮件的结构和正文格式

通过互联网发送的电子邮件信息由信头和正文两部分组成,其中信头部分包含发件人、收件人、信件主题、发送日期、抄送、密送等项目,正文部分是信息的主体,通常允许包含一个签名档(见图5-1)。对电子邮件营销而言,信头有着特别的重要性,如果信头不合适,收件人就不会去看信的正文。

图5-1 电子邮件一例

---

[1] 冯英健. E-mail 营销. 北京:机械工业出版社,2003
[2] 有人考证出甚至在互联网时代之前就有了垃圾邮件营销。1978年5月3日,数字设备公司(Digital Equipment Corporation,DEC)的销售人员图尔克(Gary Thuerk)为销售计算机向当时2600名阿帕网(ARPAnet)用户中的400人发送了未经许可的群发商业性电子邮件,这被认为是垃圾邮件的开始。

电子邮件的正文内容一般用两种常用的文件格式来编写——纯文本格式和HTML格式。有时人们还把包含了音频、视频、Flash或者动画的电子邮件称为富媒体电子邮件(Rich Media E-mail)。电子邮件的附件功能允许人们传送任何类型的电子文件,例如在传送较大的文件或者批量传送多个文件时,发件人经常将文件压缩成ZIP或者RAR格式的文件,这可以节省大量带宽和存储资源。近来,有人开始在邮件列表中使用了CHM(Microsoft HTML Help)格式的文件,这种从前主要用于制作软件联机帮助文件的文件形式富于多媒体的表现力,文件还经过了一定的压缩,比较适合在网上传递包含多个页面的文件,但许多用户对这种文件形式不很熟悉,对它的安全性有所顾忌,影响了这种形式文件的营销效果。

一般而言,纯文本格式的邮件不如HTML格式的邮件美观,但兼容性较好,普遍适用于各种电子邮件的客户端程序,并且文件占用的资源较少。

HTML格式的邮件可以包含多媒体元素,也可以包含链接,所以形式更美观,传递的信息也更丰富,还更便于分析邮件的效果。但同样的邮件在不同的邮件客户端程序上可能有不同的样式,这就需要营销人员了解目标市场上软件的应用情况,并对邮件在各种不同的客户端软件上的显示效果进行测试。

利用附件传送压缩文件除了可以节省邮箱空间和下载时间外,还可以利用特定应用软件本身的加密功能比较容易地实现对文件的加密,这有助于躲避邮件检查程序对邮件内容的检查,提高邮件内容的私密性。不过,因为附件是电子邮件病毒的常用载体,所以警觉的用户通常不会打开同自己无关的邮件附件。

邮件的格式会影响电子邮件营销的效果,但对于具体如何影响,不同的研究经常得到不同的结论。例如,根据Opt-In News公司在2002年所做的一项调查,62%的消费者更喜欢纯文本而不是超文本的电子邮件广告,有35%的消费者偏爱超文本的电子邮件广告,还有3%的消费者偏爱富媒体的电子邮件广告。几乎同时,朱比特通信公司(Jupiter Communications)发现HTML格式电子邮件的回复率几乎是纯文本邮件的两倍。一些专家注意到,不同的用户群对电子邮件的格式可能有不同的偏好,例如,企业客户因为接入互联网的带宽高,会比普通客户更偏爱HTML格式的邮件或者富媒体邮件,所以B2B电子邮件营销可以优先考虑使用HTML格式的邮件。不过,大部分专家的建议都是把邮件格式的选择权交给客户,企业准备两种格式的邮件,让收件人自己来选择他们喜欢的格式,如果绝大多数收件人选择了某一种格式,那么企业可以考虑只采用这一种格式。

另外,考虑到使用手机接收电子邮件的用户越来越多,营销人员有必要对营销电子邮件在手机上的显示效果进行测试,否则将会失去大量的潜在客户。

2. 电子邮件礼仪

人们使用电子邮件进行交流需要遵守一些约定俗成的规则,这些规则被称为电子邮件礼仪。利用电子邮件开展营销活动当然也需要遵守这些礼仪。

电子邮件礼仪有许多种版本,这些版本的内容大同小异,可以认为被越多种版本包含的规则就具有越强的普遍性和约束力,因此越应该注意遵守。这里介绍克里斯·皮里罗(Chris Pirillo)在《可怜理查德的电子邮件出版》(*Poor Richard's E-mail Publishing*)一书中总结的规则。[①]

① 要按照语法来使用大写字母,如用于标题、句首或者强调个别单词,滥用大写字母是非常不礼貌的行为。

---

① 原文见http://www.writerswrite.com/journal/dec99/pirillo1.htm。

② 当对某人极其愤怒时，不要写电子邮件给他，因为此时的措辞很可能过激，在商务场合只会把事情弄得更糟。

③ 保持简洁，避免冗长空洞的语言。

④ 参加新闻组的讨论时要防止离题，要提供对主题有帮助的信息，自己的产品和服务可以附带提及，不分场合地宣扬自己的网站是不礼貌的。

⑤ 签名档要控制在4～6行，一般可以包括发信人的姓名、头衔、联系方式、网址，有时还可以包含用ASCII字符创作的图画。签名档是非常有用的工具，但是要保证简洁、礼貌。

⑥ 转发信件时，要删除掉无关的信息，这可以使消息更容易阅读。

⑦ 回复信件时，要保留原先的相关内容作为上下文，使收件人无需查找原信件就可以理解回复。

⑧ 在可能引起误解的场合，可以使用表情符号对语气加以限定，如在善意的玩笑后使用":-)"表情。

⑨ 只使用通用的简称或者缩略语，在没有把握时，要在该缩略语首次出现时给出完整的名称。

⑩ 避免传播没有根据的消息，包括自己弄不懂的信息。

⑪ 尽可能使用文本格式编写邮件。

⑫ 避免使用没有标点的长句。

⑬ 用空行分隔段落，用空格分隔句子，首行缩进没有必要。

⑭ 使用附件时要注意附件文件的大小，发送较大的附件前要征得收件人的同意。

⑮ 向新闻组发送邮件时要避免使用附件，而且尽量要使用纯文本格式。

⑯ 写电子邮件时要注意文法和拼写，否则可能会破坏个人形象。

⑰ 要使用有实际内容的主题行，避免使用"您好"一类的字样。

⑱ 在无人主持的新闻组中也要避免书写没有实际内容或者含义模糊的短信息，发布这样的充数帖子是不礼貌的。

⑲ 避免用一个词或者一个问题来回复邮件，如"什么？"，"什么什么？"，这通常无助于弄清问题。

⑳ 回复邮件要及时，尽可能在24小时内。

㉑ 不要参与连锁信，即把转发给您的信继续转发给更多的人。

㉒ 不要企图在电子邮件礼仪上标新立异。

此外，著名咨询公司Gartner公司针对企业商务往来中垃圾邮件数量膨胀的问题提出了以下几条电子邮件礼仪，主要目的是消灭企业内部产生的垃圾邮件。

> 在点击"回复全部"按钮前应三思而行。
> 慎用群组发送功能，只向确实需要了解信息的人发送邮件。
> 如果收到无用的邮件，应向发件人发出礼貌的提醒，通知他以后无需再发送此类邮件。
> 发件人应明白，在得到确定结果之前，有些邮件是否真正有必要发送出去。频繁地向领导发送没有确定结果的邮件反而会给领导留下不好的印象。
> 不要发送或转发笑话、连锁信等与工作无关的邮件。
> 主动终止邮件的来往，可在文末添上以下语句："全部办妥"、"无需行动"、"仅供参考，无需回复"。

> 在远程协作等场合，使用聊天室、BBS或即时讯息等应用程序的效率比电子邮件更高，可以考虑优先使用。

最后，电子邮件营销人员还应该养成一些使用电子邮件的好习惯，举例如下。

> 分拣管理，将不同主题的信件存入不同的文件夹，以提高工作效率。
> 如果时间紧，可以使用非常简短的回复，及时回复邮件以维持联系不致中断。对需要跟踪的重要信件还要加上标注，提醒自己以后重新检查它们。
> 使用过滤功能来分拣邮件，使用简单的程序(Outlook 2000和Eudora Pro都具备这样的功能)来根据主题词对邮件进行自动回复，以提高信件处理的效率。
> 学习电子邮件的写作方法。好的邮件可以受到更多的关注并取得更好的回应。商业邮件通常可以使用模块式结构，将常用的内容制成内容模块以便随时调用，以提高写作效率。
> 其他一些因人而异的做法，如有人总结出这样一条经验，就是在发送时才填写收件人地址，这样可以避免不小心在信件完成前误发。

3. 电子邮件营销的作用

电子邮件营销可以用来实现以下营销目标。

① 直接增加销售，消费者可以通过点击促销邮件进入企业的站点订购产品。
② 进行有效的顾客关系管理，建立长期的顾客忠诚。
③ 积累用户基本数据和行为数据，展开数据库营销，实施有成本效率的深度销售和交叉销售。有网站支持的电子邮件营销更容易实现这点，因为可以通过分析网站访问日志对电子邮件的效果进行精确的测量。
④ 实现数字化产品的配送，如文件、注册码等。
⑤ 可以更有成本效率地为客户提供咨询服务。
⑥ 获得更多顾客反馈，顾客可以利用电子邮件很方便地同公司联系，提供反馈信息。

不过，研究表明，电子邮件营销最大的优势是在维系客户关系方面。表5-1是弗瑞斯特公司在2000年发布的一份研究报告的一部分，从中可以看出在获得新顾客方面，电子邮件营销同直邮营销和旗帜相比都无任何优势可言，只有在保持老顾客方面，它的成本优势才显露无遗。

表5-1 电子邮件营销最大的优势在于保持老顾客

每千笔销售成本/美元	获得新顾客			保持老顾客	
	利用租用名单直邮	旗帜广告	利用租用名单E-mail营销	利用自有名单直邮	利用自有名单E-mail营销
制作	462	/	/	462	/
中介	118	15	200	/	/
发送	270	1	/*	270	5
合计	850	16	200	686	5
点击率	/	0.8%	3.5%	/	10%
购买率	1.2%	2.0%	2.0%	3.9%	2.5%
每笔销售成本	71	100	286	18	2

资料来源：The Forrester Report: The Email Marketing Dialogue, January 2000.

*租用名单的发送费和中介费已合并计算。直邮的成本和回复率依据美国直销协会1999年统计年鉴(Direct Marketing Association Statistical Fact Book 1999)估算旗帜广告的费用和回复率由Forrester估算。

DoubleClick公司在2002年所做的一项调查也支持上述结论,该调查显示,在欧洲,使用电子邮件营销的最重要的目标是维护顾客关系和争取新顾客,其中前者占69%,而后者也占到了62%。在德国,83%的被调查企业使用电子邮件营销的目的都是维护顾客关系。

4. 电子邮件营销的两大利器——签名档和自动应答器

电子邮件营销人员必须熟练掌握两种工具的使用,这就是签名档和自动应答器。

1) 商业电子邮件的签名档

商业电子邮件的签名档在电子邮件营销中扮演着很重要的角色,从消极的方面讲,电子邮件的签名可以通过向收件人披露发件人的信息打消收件人的疑虑;从积极方面讲,电子邮件签名可以用一种很自然的、人们容易接受的方式作自我宣传。好的签名通常可以包含信件的结尾,例如:

此致敬礼,顺祝商祺!
刘向晖上

此外,签名档还应该包含一个有关联系方式、业务范围等的说明,说明必须简短,通常应该保持在6~8行以内,否则用在短小的信件后会喧宾夺主,极不协调。

以下是一个签名档的例子:

华侨大学电子商务研究中心　　　　www.hqu.edu.cn
华侨大学商学院电子商务系
电子商务和网络营销的理论、应用研究以及相关的管理培训和咨询业务
刘向晖博士　教授　　　　　　(0595) xxxxxxxx
泉州,福建362021,PRC
-------------------- webmonkey@qq.com------------------------------

企业可以准备不同版本的签名档用于不同场合的电子邮件通信,签名档还可以用于在电子论坛及新闻组发表和回复帖子,签名档中的商业信息不会被认为是同主题无关的垃圾信息。对于HTML格式的邮件,签名档中的网址和邮件地址要包含真实可用的链接,如示例中的www.hqu.edu.cn和webmonkey@qq.com。

2) 自动应答器的使用

邮件自动应答器(autoresponder)也被称为邮件机器人,它是运行在互联网服务器上的一种程序,当它收到邮件时,可以自动给发件人返回预先设定好的信息,可见它的作用其实类似一个可以自动发送特定信息的传真机,显然,使用自动应答器可以大幅提高处理问讯邮件的效率。许多问讯邮件其实问的都是同一些问题,逐一回答这些重复的提问自然是浪费时间,所以有必要建立一个详细解答常见问题(frequently asked questions, FAQ)的文件,并提醒用户可以通过发邮件给一个特定的邮件地址来获得常见问题的答案,所以说FAQ是邮件自动应答器的一种常见的应用。当然部分用户可能从自动应答器那里得不到想要的解答,会再次联系,不过这也说明了他们是企业良好的潜在顾客,

值得企业投入更多的时间。除了用于解答常见问题，自动应答器还经常被用于以下场合：

① 向顾客提供报价单和产品目录。

② 给注册用户发送确认邮件，在这类邮件中还可以附上为首次购买提供折扣的优惠券。

③ 确认用户发出的订单。

④ 对用户的参与表示感谢。

⑤ 请求用户参加有关满意度的调查。

自动应答器对于那些还没有建立网站的网络营销者尤其重要，因为营销者可以用这种方法在网上存储固定的文件供潜在客户随时查询。

由于用户无法直接回复自动应答器发送的邮件，所以自动应答器发送的信息中应该包含让顾客联系的E-mail地址和电话号码。另外，在使用自动应答器时应该尽可能地使用每个收信人真实的姓名和称谓，使信息个性化。

5. 电子邮件营销的评价

评价电子邮件营销的效果是电子邮件营销的重要环节，企业评价电子邮件营销时用到的指标主要有以下几个。

(1) 退信率(bounce rate)：即没有送达的邮件的比率，退信的原因可能是因为地址失效形成的永久退信，也可能是因为用户服务器过于拥挤导致的暂时退信。该比率是评价列表质量的一个重要指标。

(2) 开信(浏览)率(open rate，view rate)：即用户在收到信件后打开阅览的比例，这一参数不十分可靠，原因是有些电子邮件用户软件被设置为光标停留数秒钟后自动打开邮件，所以开信并不意味着被浏览。

(3) 点击率(click-through rate，CTR)：即用户收到信件后点击其中的链接进入广告主指定网页的比例。许可电子邮件的CTR可以达到10%左右，而租用名单发送的电子邮件的CTR通常在1%到2%之间。

(4) 转化率(conversion rate)：即用户收到信件后产生购买、用户注册、期刊订阅等预期行动的比例。

(5) 新顾客获得率(acquisition rate)：即收到信件的用户转化为公司新顾客的比率。该比率可用来评价列表的质量和促销的效果。

(6) 退订率(unsubscribe rate)：即用户收到了邮件但是要求退订的比率。该比率可以用来评价营销信息的质量以及发送的频率是否恰当。正常的退订率在1%以下。

除了以上指标外，用于评价传统直销活动的一些指标也适用于评价电子邮件营销。

(1) 投资回报率(ROI)：一次营销的收益与成本的比率。

(2) 每次销售成本(cost per sale)：该参数用来衡量达成一次成功销售的成本的高低，数值上等于总营销成本除以总销售数量。

(3) 每次回应成本(cost per response)：该参数用来衡量达成一次有效回复的成本的高低，数值上等于总营销成本除以总回应数量。

(4) 每条讯息成本(cost per message)：编制和发送一条讯息的成本，数值上等于总营销成本除以发送消息总量。

以上指标各有利弊，所以不同的企业采用的方法往往各不相同，目前使用最多的指标是点击率和退订率，开信率和转化率使用得也比较广泛，但是某些情况下，其他一些指标可能会更有效，所以最好能灵活运用各种方法，使多个参数相互印证。

● 5.1.2 电子邮件营销的策略和技巧

电子邮件几乎是人人会发，但成功的电子邮件营销却需要有正确的策略和一些专业的技巧。

1. 列表管理策略

列表管理是包括电子邮件营销在内的所有的直复营销方式的中心环节，再出色的营销信件如果无处投递或者投递给了无关的人群，都不会收到好的效果。

列表管理的第一个问题就是要决定选择何种列表：是自有列表还是租用列表？是直复列表还是汇编列表？选择的标准是列表与目标市场的符合程度以及价格。在B2B电子邮件营销中，列表与目标市场的符合更为关键，企业必须了解收件人所服务的机构、他的头衔和职责范围、所在机构的业务范围和经营状况、所在机构的决策过程等。对列表中的人越是了解，公司便越有可能发送特定的营销信息给列表中的人，从而取得满意的回复率。

获取目标市场人群邮件地址的方法有两种：自己积累或者租用第三方现成的邮件地址列表。两者各有优点，自己积累名单定向性好，但耗时耗力；使用租用名单可以很容易达到需要的发件规模，但定向性较差，退信率高，甚至有时还会成为垃圾邮件。根据DoubleClick在2002年所做的调查，欧洲多数企业使用自己企业内部建立的邮件名单，有自己名单的公司中的13%会把名单出租给第三方。被调查的欧洲企业中有38%租用外部名单，其中英国几乎有50%的企业租用名单，法国有39%，西班牙有29%，德国只有27%。租用外部名单的退信率为11.8%。一般而言，租用名单主要是为了获得新顾客，不过，在获得新顾客方面，使用电子邮件并不是一个好方法，因此，租用名单时要非常慎重。

使用租用列表应格外注意电子邮件的质量，要千方百计地争取收件人任何形式的回复，因为按照租用合同，公司没有同那些没有回复的人进行第二次联系的机会。反过来，公司可以保留那些回复邮件人的地址，实际上，这些人将进入公司的自有列表。

在决定租用列表前，公司必须弄清列表的来源，即列表中的人是怎么进入列表的，是被列表管理公司单方面收集的，还是自愿加入了某一列表，如果是自愿加入的，他们的目的是什么？根据经验，直复列表比汇编列表更有价值，原因是直复列表上的潜在顾客已经表现出了对直复营销比较认可的特征，所以向他们展开直销攻势更容易取得效果。

另外，在决定租用列表前，最好能让列表管理公司提供使用了这一列表的客户的联系方法，然后从客户那里了解租用列表的质量。如果没有这些细致的工作，租用列表的钱就可能不会产生效益。

有时候，购买电话号码列表是更好的选择，因为一些电话号码列表具有很高的质量。公司可以努力将这些电话号码转变为选择加入的电子邮件列表。

2. 创意策略

电子邮件的创意会对电子邮件的开信率和回复率产生很大影响，电子邮件的创意主要表现在主题行的选择、文案的撰写、版面的设计、多媒体的创作和个性化处理的运用等方面。对主题行、内容和个性化处理的问题讨论如下。

1) 主题行

可以理解,在这个垃圾信息泛滥成灾的时代,许多人会根据邮件主题决定要不要打开一封商业邮件,所以为了让收件人看到企业的电子邮件信息,精心构思电子邮件主题便必不可少。确定邮件主题的原则类似于文章标题或者关键词的选择,选择主题行时要尽量遵守以下原则。

(1) 开门见山地告诉收件人该邮件给收件人提供的利益。例如,网上市场研究公司BuzzBack招募自愿接受调查人员的信件的主题行"做20分钟调查赚US$5"就使不少人眼前一亮。

(2) 要用词准确,避免使用过于含糊的表达。

(3) 要尽可能地有创意,避免落入俗套。

此外,邮件主题的选择还应该注意以下事项。

(1) 避免可能被垃圾邮件过滤器过滤掉的词汇,如"免费"、"赠送"或者"中奖"等。

(2) 要保持简短,不要企图把所有内容都放在标题行中,要知道,超过20个字以外的部分很可能不会被收件人看到。

(3) 标题和内容要统一,不能为了吸引人而挂羊头卖狗肉。靠无关的关键词诱骗收件人打开信件的后果只能是让收件人把企业的邮件地址加入黑名单,企业将永久性地失去这名顾客。

(4) 尽可能使用个性化的标题。

(5) 必要时甚至可以选择不同的标题行进行效果测试,选择出最佳方案。克里斯托夫·耐特(Christopher Knight)在SparkLIST出版的一期电子期刊上列出了1999年最受欢迎的38个主题词,在此罗列出来供大家参考:免费;可信赖;有保证的;漂亮;最新;舒适;您的;自豪;您;健康;介绍;安全;容易;价值;钱;权利;发现;为什么;结果;奖品;被证实;娱乐;爱;建议;利润;招聘;省钱;通告;另类;人们;现在;大多;出售;有效;赢得;策略;增益;高兴。

2) 内容

邮件内容要突出公司产品的各种利益,表述要简洁,层次分明,使用分级标题,使文章适合略读。最重要的内容要在邮件的开头部分出现,可以让用户不用翻页就可以读到。重要的词可以用粗体来强调,但不要使用下划线,以免被收件人误以为是链接。将即时回复的选项放置在显要位置。如果使用HTML格式编写信件,用插图支持文字说明会提高信件的可读性。电子邮件中使用的图像要大小合适,可以快速下载,原文件最好储存在运行稳定可靠的服务器上。另外,电子邮件的内容要同企业使用其他传播渠道发布的信息以及公司的形象相得益彰。最后,在群发邮件以前,要对广告的文案、版面设计进行全面的测试,找出最适合目标市场的设计。

3) 个性化

个性化是建立关系提高回复率的有效手段,所以要力争使邮件富有个性,这可以从以下几个方面去考虑。

(1) 使问候语个性化。显然,刘老师的称呼比先生/女士的称呼要好得多。

(2) 使内容个性化。在内容中提及对收件人的了解,如公司情况、行业情况等。

(3) 邮件的署名应该是公司中一个真实的人。只签署部门名称或者头衔都会使信件带上很重的官僚气息。

3. 群发策略

包括许可电子邮件营销在内的电子邮件营销不可避免地要用到群发商业邮件,而群发商业邮件

(bulk commercial email，BCE)被认为是一种典型的垃圾邮件,许多组织正在采取各种措施来抵御BCE的侵扰。首先,电子邮件服务商将通过自动程序替用户分拣出群发邮件并将其归入专门的群发邮件收件夹,多数用户不会阅读归入这一文件夹的信件。目前大约有一半用户使用了这种自动分拣服务。其次,多数人对收到的垃圾邮件会直接将其扔进垃圾箱。那么作为营销者该如何利用好群发商业邮件呢?

最根本的一点是尽可能地控制群发邮件的数量,做一个有良知的营销人。发送垃圾邮件必须有这样做的充分理由,最好的理由自然莫过于营销者从内心里深信企业提供的产品或服务可以给顾客提供真实的价值。不加考虑地滥用群发邮件会大大增加被列入黑名单的机会。

如果确有必要使用群发电子邮件,企业就需要采取措施降低邮件的退信率,为了做到这一点,必须了解邮件服务商和垃圾邮件的接收人如何处理垃圾邮件。

首先,群发邮件必须能通过邮件服务商设置的各种检查关卡。为企业提供邮件发送业务的邮件服务商可能会因为担心受到牵连而禁止用户通过他们的服务器群发邮件,所以营销企业要做的第一件事是向自己的邮件服务商说明企业的电子邮件营销活动完全合法。这一般都可以奏效,如果没有商量的余地,企业可以选择换一家邮件服务商。在接收一方,现在许多大的邮件服务商都在使用软件自动识别收到的群发邮件并将其直接送入群发邮件文件夹。不同的软件采用的标准不同并且会不断地升级,所以企业必须针对大的服务商制定的标准采取相应措施。

此外,收件人可能还会对自己的电子邮件软件进行设置,使其过滤掉某些无聊的邮件,最可能被过滤的邮件是来自某些臭名昭著的垃圾邮件制造者的信件以及主题中有"免费"字样的信件。还有一位作者提到凡主题行中出现三个感叹号的信都会被直接过滤掉。有一家为信众提供每日祷告词的基督教电子期刊发现无法投递的电子邮件数达到了20%,后来他们在主题词中删去了常用的"上帝保佑(God Bless)"和"祷告词(prayer)"的字样,结果情况出现了好转,原来,"上帝保佑"这一字眼被许多商业邮件滥用了。

即使企业的邮件顺利到达了收件箱,收信人也可能会以批量删除来对付批量发送。收信人迅速删除群发邮件的标准有三个,一种是根据发件人信息,对不熟悉的商业信件的发件人发出的信件通常会直接删除;另一种是根据主题信息,凡带有不着边际的主题的信件会被直接删除,如"应聘"或者"Hello"等;还有一种是根据收件人信息,某些群发邮件的收件人信息只显示邮件列表的名称而并不指明个别的收件人,这种群发邮件最可能被删除。

所以好的群发电子邮件策略应该包括管理和技术两个方面,在管理方面营销人员必须了解顾客的行为特征和需要,在技术方面营销人员必须对发送和接受电子邮件的过程和使用的软件有相当深入的了解,这些都可以使企业和低素质的垃圾邮件制造者区分开,使企业的营销努力取得好的结果,而不是成为白白耗费社会资源的垃圾邮件。

最后,还要注意的一点是,在群发之前应再校对一遍信件,不仅要校对邮件的各个细节,确保拼写(如电子邮件地址)和语法的正确性,检查每个数字(如电话号码、价格、日期等)的正确性,检查信息的完整性,还要测试邮件中每个链接的可用性。否则,一旦事后发现错误再想去纠正的话,不仅还要使用群发邮件,而且对企业形象的损害很难完全挽回。

4. 频次和时机策略

频次选择是直复营销策略的一个重要方面。不论营销人使用简单的电子邮件还是电子刊物,都需要决定发送同样内容的信息给同一个人的次数和频率。

发送次数太少收件人可能不会留下任何印象；发送次数太多则会使传播的边际收益下降，甚至还可能激怒收件人，使他们退订企业的邮件或者干脆将企业加入黑名单。那么如何在多和少之间寻求最佳的平衡点呢？冯英健认为，每月2～3次为宜。[①]其实，并不存在这样一个常数，因为最佳的发送频次取决于信件的内容以及企业与收件人已有的关系。交易导向的信件的发送周期经常要和产品的更新周期相符合，品牌导向的信件则可以稍频繁一些，但不论如何，同样的内容每月2～3次都太多了。

传播的时机(timing)会影响传播的效果，整合营销传播5R中的接受(receptivity)就是说要在顾客需要信息、愿意接受信息时去传播信息。人们对发送营销电子邮件的最佳时机做过很多研究和测试，得到了一些很有指导意义的结果。研究发现，B2B的电子邮件最适合在星期二和星期三的一大早发送，B2C的电子邮件则适合在周五和周末发送。不过，由于有的研究得出了不同的结论，所以专家们建议企业应该通过测试找出自己的最佳发送时机。

5. 安全策略

许多病毒是通过电子邮件传播的，并且其中相当一部分是恶性病毒。根据计算机联合国际公司(Computer Associates International)的一份报告，2001年中90%的恶性病毒把电子邮件作为传播的主要途径。而根据计算机经济学(Computer Economics)网站提供的数据，单Sircam蠕虫病毒就给全世界的计算机用户造成了15亿美元的损失。在这种背景下，许多计算机用户对电子邮件的安全问题都非常重视。

电子邮件营销企业必须保证自己发出的邮件是安全的，并且还要使收件人相信这一点，对于陌生的收件人，尽可能使用纯文本形式的邮件，因为这种形式的邮件最为安全。电子邮件营销企业最好还能站在收件人的立场，为收件人提供安全使用电子邮件的建议，逐步赢得收件人的信任。不论如何，不要向收件人提出可能危及他们计算机安全的建议。2003年，数字制作公司(www.digitalproduce.com)在其发给用户的未经许可的商业邮件中，建议收件人将电子邮件的安全设置为支持插件和脚本，这条建议会使用户的计算机向一些病毒敞开大门，一个用户在网上揭露了该公司的不道德做法，这无疑损害了该公司的形象。

当然，作为安全策略的一个组成部分，电子邮件营销企业还要对营销人员进行计算机安全特别是电子邮件安全的培训，使他们掌握相关知识。

6. 电子邮件营销的一些技巧

一些资深的电子邮件营销人员还向营销企业提出了以下建议。

(1) 要在电子邮件中包含尽可能多的回复途径，如电子邮件、800电话、传真、地址等。

(2) 运用A/B测试(A/B testing)来改进电子邮件攻势的效果。A/B测试也叫分离测试(split testing)，是直邮营销中的一种技巧。在测试时，营销者把不尽相同的两种版本的邮件发送给两个有代表性的受众样本群体，通过对两者效果的比较，选择出更佳的一种版本来使用。A/B测试的指标可以是退信率、开信率、点击率等，根据测试结果来调整的变量可以是发件人、主题行内容、标题、广义产品、文案、版面设计、发送时间等。一般而言，如果一个样本群体的规模超过了25人，A/B测试就可以取得比较可靠的结果，因此，A/B测试的使用范围很广，中小企业也能够使用这一技巧。不

[①] 冯英健. E-mail营销. 北京：机械工业出版社，2003

过,由于在运用A/B测试时,一次只能测试一个变量,所以大的受众群体将允许营销者测试更多变量,选择出更佳方案。

(3) 在电子邮件营销中还可以运用病毒营销的技巧,在HTML邮件中加入将邮件推荐给朋友的表单有望获得0.5%以上的推荐率,如果使用一点激励手段,推荐率很容易突破到5%以上。

(4) 要找准目标市场,优先争取真正潜在顾客(而不是那些仅仅对赠品有兴趣的顾客)的回复。

(5) 善于运用软销售技巧。企业使用租用来的邮件地址时要格外小心,因为列表上的收件人对企业来讲都是陌生人,彼此之间还没有建立起相互信赖的关系,所以开始的时候,企业需要小心翼翼地去熟悉这群人的需求,设法取得他们允许企业进一步同他们联系的许可。不要一开始就唐突地去推销,这只会吓跑企业的潜在顾客。

(6) 要给顾客创造反馈的便利,直复营销的力量来源于互动、准确定位和充分的控制,因为电子邮件营销的许多沟通并不是瞄准即刻产生销售,所以要为顾客提供其他的反馈方法。例如,让收件人给某个地址发信索取更多的资料或者优惠券,邀请他们参加新产品推介会,甚至让他们来信索取免费的样品。总之,要给他们提供激励让他们与企业产生互动。

(7) 准备好应急补救方案。电子邮件营销不是解决市场问题的万灵丹,尽管企业在实施电子邮件营销前作为周密的计划和测试,因为环境的突然变化,电子邮件营销还是有可能会失败,所以事先应该对可能出现的意外情况做好应急方案规划。最可能出现的意外情况是大规模病毒侵袭造成的网络阻塞,使关键的邮件服务器无法工作,黑客针对营销企业发动的拒绝服务攻击也会使企业的电子邮件营销陷入困境。公司的IT部门要随时准备解决出现的不测情况,但最安全的办法就是在电子邮件营销无法按计划实施时及时拿出第二套行动计划。

5.1.3 从垃圾邮件营销到许可营销

依照营销企业是否取得了向收件人发送邮件的许可,电子邮件营销可以分为许可营销和垃圾邮件营销(或者无许可电子邮件营销)两种。垃圾邮件营销虽然不被一些专家学者所认可,但目前垃圾邮件已经成了一种网络社会现象,而且目前绝大部分的电子邮件营销都可以归入垃圾邮件营销一类。研究垃圾邮件营销的实践和理论就有着非常重大的现实意义,这至少可以帮助营销企业认识垃圾邮件营销的概念、实质、后果以及发展趋势,让企业充分认识到垃圾邮件营销和许可营销的利弊,然后在两者之间做出正确的选择。

1. 垃圾邮件的概念和分类

垃圾邮件是垃圾电子邮件的简称,英文叫做Junk E-mail或者Spam(死掰[①]),意思是未经许可的商业邮件或者未经许可的群发邮件。为了和合法的电子邮件相区别,许多组织对垃圾邮件下了更准确的定义。

中国互联网协会在《中国互联网协会反垃圾邮件规范》中对垃圾邮件做了如下定义:"本规范所称垃圾邮件,包括下述属性的电子邮件。①收件人事先没有提出要求或者同意接收的广告、电子刊物、各种形式的宣传品等宣传性的电子邮件。②收件人无法拒收的电子邮件。③隐藏发件人身

---

① 国内有人将spam等同于垃圾邮件,这是有失严谨的。实际上,spam的含义远比垃圾邮件要广,除了垃圾邮件,spam还可能出现在即时通信、新闻组、公告板、搜索引擎等场合,因此,本人建议将spam音译为"死掰",意思是不顾伦理道德传播无关信息的行为。

份、地址、标题等信息的电子邮件。④含有虚假的信息源、发件人、路由等信息的电子邮件。"①

中国教育和科研计算机网在《CERNET关于制止垃圾邮件的管理规定》中对垃圾邮件的定义是"垃圾邮件定义为凡是未经用户请求强行发到用户信箱中的任何广告、宣传材料、病毒等内容的电子邮件。垃圾邮件一般具有批量发送的特征。"②

国际著名的反垃圾邮件组织死瓣豪斯(www.spamhaus.org)对垃圾邮件的定义如下："一个电子邮件是垃圾邮件的充分必要条件是它是未经许可并且还是群发的。单单未经许可的邮件是普通邮件,单单群发的邮件也是普通邮件。"③

美国国会在2003年年底通过在2004年开始生效的《未经请求的色情和营销侵袭控制法案》(*Controlling the Assault of Non-Solicited Pornography and Marketing Act*,CAN-SPAM)被认为是一项垃圾邮件管制法案,该法案对垃圾邮件的界定值得我们特别注意。按照CAN-SPAM法案,垃圾邮件是满足以下条件之一的电子邮件。

> 信件正文中没有加入公司名称与邮政地址。
> 使用捏造的回邮地址。
> 主题与信件内容不符。
> 收信者无法取消订阅。

可以看出,在美国直销团体成功的游说下,CAN-SPAM立法放宽了对垃圾邮件的限制,群发和未经请求都没有构成垃圾邮件的条件。

一般而言,垃圾邮件对垃圾邮件的接收者是有害的,收到邮件的人必须承担下载垃圾邮件的通讯费及上网费,大量的或者大的垃圾邮件还可能堵塞收件人的邮箱,妨碍有用邮件的下载,而且大量垃圾邮件及其引发的收件人抗议邮件极可能导致电子邮件服务提供者的计算机系统拥堵甚至瘫痪,从而殃及更多的网络用户,以上还没有把传播病毒的垃圾邮件考虑在内。因此,垃圾邮件不仅让人厌烦,而且还让个人和社会遭受损失、付出代价。

但是,垃圾邮件的制造者却有着不同的考虑,他们认为,垃圾邮件是一种快速便捷而且便宜的传播手段,借助垃圾邮件他们可以更有效率地把营销信息传播给受众,这会给企业增加销售,给受众增添选择,因此,垃圾邮件是可以增进福利的。

基于以上考虑,有人提出可以将垃圾邮件分为善意垃圾邮件(良性垃圾邮件)和恶意垃圾邮件(恶性垃圾邮件)两类。例如,美国直销协会认为区分善意垃圾邮件和恶意垃圾邮件的标准是发信人是否讲诚信。捏造地址、使用骗人的主题行以及不提供有效的退订功能的垃圾邮件自然属于恶意垃圾邮件,而诚信经营的公司使用的垃圾邮件则可以称为善意垃圾邮件。恶意的垃圾邮件应该坚决根除,善意垃圾邮件则可以继续存在。从美国CAN-SPAM法案的精神来看,美国国会是赞同这种区分的。

不过,国内外也有许多人,包括一些反垃圾邮件组织和一些专家学者似乎并不赞成这种区分。冯英健在其著作《E-mail营销》中就认为善意的垃圾邮件也是不可接受的。④

可见,垃圾邮件的是非问题绝非一清二楚,我们看到人们即便是在垃圾邮件的定义上也尚未达成一致的看法,对不同的定义加以研究可以得出一个结论,凡被公认为是垃圾邮件的电子邮件其实

---

① 《中国互联网协会反垃圾邮件规范》,见http://www.isc.org.cn/20020417/ca134119.htm,2003-02-26。
② 曹麒麟,张千里.垃圾邮件与反垃圾邮件技术.北京:人民邮电出版社,2003
③ 见http://www.spamhaus.org/definition.html。
④ 冯英健.E-mail营销.北京:机械工业出版社,2003

是恶意电子邮件,有人认为是垃圾邮件也有人认为不是垃圾邮件的邮件一般是善意的垃圾邮件。就是说,善意垃圾邮件其实是垃圾邮件和普通邮件间存在的一个灰色地带,法律不应该禁止这部分邮件的发送,而应该把对它的处理交给良心和市场,靠伦理道德去规范,靠市场去调节。实际上,许可营销的创始人戈丁(Seth Godin)就认为垃圾邮件是不可缺少的,至少,大部分许可电子邮件是从垃圾邮件开始的。垃圾邮件在今天仍然很有市场,根据赛门铁克公司(Symantec)的研究,在2012年11月,全世界范围内68.8%的电子邮件都属于垃圾邮件。

2. 垃圾邮件营销的方法

开展垃圾邮件营销的方法其实非常简单,这大约也是垃圾邮件营销泛滥成灾的原因之一。

企业可以使用软件在网上自动"收割"电子邮件地址,也可以用极低的代价从"垃圾邮件服务商"那里购买到海量的邮件地址,当然,这些邮件地址的所有人并没有给准备发动垃圾邮件营销攻势的企业以任何形式的许可。

有了邮件地址,企业可以借助群发邮件软件通过自己的邮件服务器来发送垃圾邮件,也可以委托专门的"垃圾邮件服务商"代发这些垃圾邮件。通常情况下,这些专门的"垃圾邮件服务商"会通过开启了开放转发[①](open relay)功能的其他电子邮件服务器的转发来群发垃圾邮件,这可以隐藏垃圾邮件发送人的真实地址。不过,在垃圾邮件泛滥成灾的背景下,越来越多的邮件服务器关闭了开放转发功能,不主动关闭此项功能的邮件服务器发送的邮件也会被多数服务器拒收,因此,通过开放转发服务器发送垃圾邮件的机会正变得越来越少。

目前,市面上有多款可以收集电子邮件地址并能群发邮件的软件工具,它们的功能大同小异,这些软件主要从一些搜索引擎和商贸网站上收集E-mail地址。一些软件还可以按行业和地区划分,分门别类的收集属于某个范围的邮件地址。使用这类软件可以用极低的成本,快速地获得大量有一定相关性的邮件地址。商务快车(Infoexpress)就是一款比较有代表性的垃圾邮件营销工具。它的主要功能有:在全球上千个商业网站上同时发布供求等广告信息;它还内置了一个智能电子邮件地址搜索引擎,例如,在"邮件管理"模块中输入"电子"二字,然后点击搜索,这套软件就会自动在上百个贸易网站、搜索引擎、黄页信息网中搜集与"电子"相关的电子邮件地址并保存为邮件列表;当然,该软件有群发邮件的功能,可以将信息同时发送给列表当中的每一个地址。

3. 垃圾邮件营销的效果

在一些人的想象中,垃圾邮件营销不会取得任何效果,但如果真是这样,就不会有这么多营销者热衷于垃圾邮件营销了。幸好,垃圾邮件营销的效果不是很好,否则,我们肯定会受到更多垃圾邮件的骚扰。

垃圾邮件营销最显著的效果是在建立知晓度方面,在这点上,它的效果是许可电子邮件所无法比拟的,原因很简单,给某公司许可的用户都是已经对该公司有相当了解的用户,所以可以说,许可电子邮件在建立知晓度方面是不起作用的。俗话说:"不打不相识",使用垃圾邮件开展干扰式营销可以让人开始知道营销企业甚至还能激起用户进一步了解该企业及其产品的兴趣。用评价电子

---

① Open Relay(开放转发或匿名转发)是指由于邮件服务器不理会邮件发送者或邮件接受者是否为系统所设定的用户,而对所有入站邮件一律进行转发的功能。Open Relay在互联网起步阶段时曾经作为邮件服务器的一项重要的功能发挥过很好的作用,当时互联网中的邮件服务器不多,带宽与线路并不是很好,很多信件需要通过一个或多个中转服务器来发送,所以较早版本的邮件系统(如Sendmail的早期版本)的Open-Relay功能默认设置均是开放的。

邮件营销的指标来衡量，经过精心设计的垃圾邮件可以达到不坏的开信率甚至点击率。

在唤起行动(即使这行动是购买)方面垃圾邮件也可以收到些微效果，毕竟，在全世界近10亿的网络用户当中，仍然会有个别人社会经验不足，做事比较冲动，或者自我防范意识比较薄弱。所以，即使发送垃圾邮件的企业的销售策略并不高明，它激发购买的比率可能只有万分之几或者是百万分之几，但只要营销者发送足够多的垃圾邮件，总可以实现个别销售。

垃圾邮件营销的问题在于，在建立品牌偏好和发展与顾客的长期关系方面，它的负作用太大，那些恶意垃圾邮件尤其如此。垃圾邮件损伤品牌的机制如下：
- 使用垃圾邮件营销说明该企业是不专业的。
- 使用垃圾邮件营销说明该企业是缺乏实力的。
- 使用垃圾邮件营销说明该企业是不讲社会公德的。

4. 控制垃圾邮件营销的对策

遏制恶意垃圾邮件营销主要有三种途径：技术对抗、民间抵制和立法管制，分述如下。

(1) 技术对抗。对付垃圾邮件的技术在不断发展当中，涌现出了许多行之有效的解决方案，如对邮件服务器进行安全配置、对邮件进行过滤或者采取手段阻止邮件地址收割软件收集网上的电子邮件地址。

(2) 民间抵制。随着人们对垃圾邮件危害认识的深入，民间对垃圾邮件的抵制从自发而分散的活动日益转变成自觉和有组织的活动，世界各地都纷纷成立了反垃圾邮件的民间组织。最具影响的有防止滥用邮件系统(Mail Abuse Prevention System，MAPS)、死掰豪斯(Spamhaus)和反垃圾邮件联盟(CAUCE，www.cauce.org)等。这些组织在普及防垃圾邮件知识、推广反垃圾邮件技术、识别和追踪垃圾邮件发送者以及推进反垃圾邮件立法方面发挥着重要作用。

(3) 立法管制。世界上一些垃圾邮件问题严重的国家开始使用法制手段解决垃圾邮件问题，如美国就刚刚颁布实施了CAN-SPAM法案，我国相应的法规虽尚未出台，但有关部门已经针对此问题展开了调研。

不过，有人认为类似于美国CAN-SPAM法案的法律法规并没有真正减少垃圾邮件的数量，反倒有可能为垃圾邮件营销充当起了保护伞，各种技术方案也只能在垃圾邮件的拥护者和反对者间掀起新一轮的"军备竞赛"。在这种背景下，更为有效的方案可能是行业自律和顾客教育。一方面，行业自律可以促使营销企业不断提升自己的营销伦理水平，主动将自己同不顾营销道德的企业区分开，这即使不能完全根治垃圾邮件问题，至少可以使我们看到更多的善意垃圾邮件而不是恶意垃圾邮件；另一方面，通过加强对消费者在科学消费和自我防护意识方面的教育，提高消费者的辨别力，这样就可以降低垃圾邮件营销的经济效益，从根本上解决垃圾邮件泛滥的问题。

5. 许可电子邮件营销

"许可营销(permission marketing)"一词是由优优大娱乐公司(互联网上最大的直销公司，Yoyodyne Entertainment Inc)的创始人塞思·戈丁(Seth Godin)最早提出的，意思是只向那些明确表示过愿意接收某类促销信息的顾客发送符合条件的商业电子邮件(E-mail)的营销策略。许可营销的概念一经提出立刻受到了营销界的追捧并迅速进入电子商务和市场营销的教科书，营销学大师科特勒(Philip Kotler)和阿姆斯特朗(Gary Armstrong)也在他们第9版的《市场营销原理》中对许可营销做了专门介绍。许可营销的有效性已经被众多企业的实践所证实，根据DoubleClick和Claritas公司在2002年所做的一项调查，77%的欧洲人同意接收商业电子邮件，同意接收商业电子邮件的法国用户的比例更是高达86%,最反感商业电子邮件是西班牙人,但也有6成以上的人同意接收商业电子邮件。调查还显示,2002年,有35%的欧洲消费者在许可电子邮件的推动下做过10次以上的购买,8%的欧洲消费者在电子邮件的推动下做了离线购买。

目前,越来越多的企业正动用越来越多的资源实施他们的许可营销计划。戈丁本人也在雅虎并购优优大娱乐公司后,因其在营销理论和实践上的建树被委任为雅虎公司负责直销的副总裁。实际上,许可营销的出现不仅为企业提供了一种卓有成效的营销策略,更重要的是,许可营销的思想方法还为我们进行营销创新提供了一种新思路。

1) 许可营销概述

1999年,戈丁为了传播许可营销的新思维专门出版了《许可营销:将陌生人变成朋友,将朋友变成顾客》一书,但许可营销的原则其实可以一语道破,那就是"取得顾客的许可"。许可营销的概念脱胎于让人们爱恨交加的E-mail营销,E-mail营销曾经作为一种花费少、风险小、效果好的网络营销方式颇受营销者青睐,它最大的优点是点击率高。据统计,E-mail中链接的点击率可以高达80%,而同时期旗帜广告的点击率已经不足1%,可谓是天壤之别。然而随着E-mail营销的迅猛发展,E-mail营销逐步暴露出一个严重的缺陷:商业性质的E-mail很容易被滥用,成为人人喊打的垃圾邮件。垃圾邮件因为对公众的骚扰和对公共网络资源的过度占用受到了人们的坚决抵制,今天,使用垃圾邮件的营销者不仅会遭受愤怒的受害人的报复,还可能会受到由美国在线(AOL)等著名网络服务商组成的反垃圾邮件组织的制裁,甚至还可能根据相关法规被起诉。据2004年7月中国互联网络信息中心发布的第14次《中国互联网络发展状况统计报告》,当时中国8700万网络用户平均每人每周收到4.6封普通邮件,但每周收到的垃圾邮件数却达到了9.2封。根据赛门铁克公司(Symantec)的研究,在2012年11月,全世界范围内68.8%的电子邮件都属于垃圾邮件。台湾前20大互联网接入服务商在2008年9月的统计,台湾每个月的垃圾邮件有上百亿封,平均每个网络用户每天收到上百封垃圾邮件。垃圾邮件问题的严重性由此可见一斑。中国垃圾邮件泛滥很快就引起了国际社会的重视,欧美的网络服务商开始全面屏蔽中国邮件服务器的IP地址,连新浪、搜狐、263这样知名的邮件服务商也遭封杀。正当E-mail营销惨遭反垃圾邮件组织围剿的时候,许可营销应运而生,将E-mail营销从困境中解救出来。许可营销不仅要求营销者在发送商业E-mail之前先取得收件人的许可,而且收件人有权随时撤销自己的许可。这样,许可营销利用互联网的互动特性赋予了商业邮件的收件人选择的机会,收件人可以按照自己的喜好选择是否接收商业邮件、接收什么内容的邮件并可以随时变更自己的选择。同垃圾邮件营销相比,许可营销不仅在道德方面占尽上风,还因为有许可方积极的参与而在商业业绩上也遥遥领先。

当然,许可营销的成功并不这么简单,许可营销策略还包含着更丰富的内容,例如,为了使许可营销更有成效,营销者要做到以下几点。

第一,经许可的电子邮件必须给收件人带来真实的价值,花言巧语只能得逞一时,收件人早晚会因为厌倦而撤销自己的许可,营销者宝贵的潜在客户资源随之流失。在许多时候,用发送小礼品这样简单可行的方法来回馈顾客也会收到很好的效果。

第二,经许可的电子邮件必须给收件人提供个性化的内容,把普普通通的E-mail变成收件人眼里的me-mail(给我的邮件)。营销者要利用同顾客的交往去了解顾客的偏好,并根据特定顾客的消费习惯有针对性地发送促销信息,这样才能克服大众营销的弊病,迈入一对一营销的殿堂,得到顾客更好的回应。

第三，基于许可的电子邮件最好能给收件人提供传统直销方法难以提供的服务。许可营销者可以充分利用电子邮件成本低、传递速度快的优点为客户提供时效性更强的信息。捷旅公司(www.travelocity.com)用基于许可的电子邮件向潜在客户发送"最后一分钟"的优惠机票的信息，取得了很好的业绩回报。

总而言之，许可营销对E-mail营销的改造非常成功，目前许多用户改变了对商业电子邮件一味排斥的态度，在对许可营销者提供的增值服务有所体会后，他们甚至开始积极申请加入中意的邮件列表。

2) 许可营销成功的原因

许可营销之所以会取得成功，成为营销策略创新的一个范例，主要是因为它同时从以下三方面汲取了力量。

第一，在营销思想上借助了直复营销的力量。

第二，在营销手段上借助了E-mail营销的力量。

第三，在营销哲学上借助了社会营销的力量。

直复营销是一种古老的营销方式，但至今仍焕发着旺盛的活力。据统计，美国近5年来通过直复营销完成的销售额每年以8%的速度成长，而同期零售总额的年均增长速度仅为6%。直复营销的优势体现在四个方面：首先，在选择目标市场方面，直复营销可以在深入了解顾客的基础上将市场细分进行到底，然后针对可能只有一个人的细分市场制定最有效的营销方案；其次，直复营销能够发展同顾客持久的关系，使开发顾客的生命期价值(LTV)成为可能；再次，它可以利用同顾客的互动收集到大量有价值的反馈信息，为开发新产品等过程提供决策依据；最后，直复营销允许营销者对营销方案进行小规模的测试，然后依据测试结果选定最佳营销方案。但传统的直复营销方式也有两大缺陷，一方面，传统的直复营销形式如直邮方式、产品目录方式、电话方式、直复电视方式等，成本效率不够理想；另一方面，以干扰营销(interruption marketing)为特征的传统直复营销方式存在较大的道德风险。传统直复营销的这两个缺陷恰好可以通过采用先进的技术手段和营销哲学加以弥补，在这里E-mail营销和社会营销显示了威力。E-mail的采用显著降低了直复营销的成本，大大提高了直复营销的成本效率，特别是在地理范围跨度大的市场上更是如此；社会营销则针对直复营销的道德风险提出了解决方案。同它的许多前身相比，许可营销成本更低而效率更高，这就是它成功的原因。

● 5.1.4 电子杂志营销

电子杂志(e-zine，e-paper或e-mail newsletter)是定期向订户发送的关于某特定主题的一系列电子邮件(图5-2就是一例)，电子杂志还可以通过网站发布或者通过电子邮件和网站两个渠道发布，这里只讨论通过电子邮件发行的电子杂志，通过网站发布或者有网站支持的电子杂志将会在下一章被涉及。从许可营销的角度讲，电子杂志获得的许可要多于简单的电子邮件营销，所以它通常能收到更好的效果，电子杂志在保持同顾客的关系方面优势尤其明显。电子杂志对企业有许多潜在的好处，例如，使用电子杂志可以发布新产品或新服务；可以同客户保持经常性的联系从而提高企业的可信度；可以潜移默化地达到教育顾客的目的；可以聚集潜在顾客；可以塑造公司的专家形象并提升整体企业形象；可以帮助建立公司的顾客数据库；可以通过销售广告获得些许收益；可以支持公司的公关活动和新闻发布活动等。

1. 电子杂志的分类

电子杂志一般可以分为两种不同的形式，即公告时事通讯和内容驱动的电子杂志。

公告时事通讯的内容以产品和服务信息为主，也包括电子杂志发行商网站的更新信息，如果这类电子杂志中包含有实质性的打折信息，也会收到很好的回应。这类杂志在现实中的对应物是由企业或其他机构免费赠阅的宣传品，刊物的直接目的是向读者宣传企业文化、推荐企业的产品和服务。

内容驱动的电子杂志侧重于向用户提供免费的信息、技巧、新闻或其他有价值的内容，它们偶尔也会包括一些简短的广告来补贴费用，但更多的是靠一些引人注目的内容提要把订户吸引到电子杂志的网站上。这类杂志在现实中的对应物为收费刊物，因为电子杂志的发行费用较低，所以有相当一部分这类杂志也可以免费订阅，当然某些提供比较专业的信息服务的电子杂志仍需要有偿订阅。有偿订阅的电子杂志其实本身已经成为一种信息产品，既然是产品，那么它本身就是需要做营销的对象，在这里只讨论作为营销手段的免费的电子杂志。

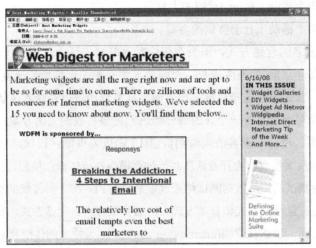

图5-2　Larry Chase的营销人网络文摘(www.wdfm.com)发行的电子期刊

2. 电子期刊服务商的选择

没有网站也没有服务器的企业开办电子杂志最好的方法是使用电子期刊服务商提供的服务。电子期刊服务商不仅提供技术平台，还可能提供一定的营销支持。

电子期刊服务商通常提供两种服务模式供用户选择，即免费模式和收费模式。免费模式中顾客虽然不需要为电子期刊服务支付费用，但电子期刊服务商通常会在客户的电子期刊中加入少许广告，并且提供的营销服务通常也较少，有时甚至不向电子期刊发行人提供订户的名单。收费模式则不会出现任何服务商的广告，并且附加的增值服务也较多。如在www.mail-list.com上创建电子期刊的设置费为100美元，每年的费用为100美元，它的系统可以随时向客户提供电子期刊的运作情况。

3. 电子杂志的创建

创建一份电子杂志的一般过程如下。

(1) 根据企业的目标市场选择电子刊物的主题。

(2) 从其他电子刊物中获得灵感，确定刊物的特色定位。

(3) 根据潜在订户的偏好和自身的内容编辑实力确定电子刊物的出版周期，一般的电子期刊为周刊或双周刊。

(4) 建立和培训电子杂志的内容编辑团队。

(5) 制定电子杂志的管理制度。规定如读者来信如何处理、订阅后给读者在多长时间内发送什么样的欢迎函等事项。

(6) 设计杂志的样式。杂志中应该有企业的签名档，鼓励订户向企业反馈信息，另外，不要忘记在刊物上标明办理订阅、修改个人信息、退订的方法。

(7) 建立样刊供潜在订户浏览以便做出订阅决定。

4. 电子杂志的内容建设

在"内容为王"的当今时代，电子杂志的内容可以说是电子杂志的生命线，电子杂志可以从以下渠道获取内容。

(1) 企业的新闻稿，介绍企业的动态、公司新上市的产品和服务以及公司网站更新的通知等。

(2) 使用免费的新闻服务，从Internet News Bureau(www.internetnewsbureau.com)或者Internet Wire(www.internetwire.com)等新闻提供商处预订一些相关的新闻服务，从中筛选出对用户最有价值的内容。尽管这些新闻服务是免费的，但最好不要原封不动地照抄，至少要进行编译，当然最好还能加入自己的评论。在订阅服务时，使用日渐流行的RSS工具有时是一个很好的选择。

(3) 订阅主题相近、读者群相同的电子刊物，从这些电子刊物的内容中获得创作的灵感。

(4) 激发读者的参与，从读者参与中选择有价值的内容在刊物上发布。

5. 电子杂志的推广

电子刊物的价值取决于它的发行量，发行量的大小则取决于刊物的质量及所做的推广工作，营销企业可以采用下列方法推广电子杂志。

(1) 告诉人们电子杂志的价值所在，例如，订户可以通过电子杂志在第一时刻知道产品的打折信息。要记住一点，满意的消费者是最好的广告。

(2) 加入电子刊物的目录。互联网上经常有公司或个人建立的资源列表，这些列表汇集了某个领域的网站名录或者电子刊物名录。电子刊物名录对于电子刊物的重要性就好比是搜索引擎对网站的重要性一样。被收入名录一般是免费的，所以要争取找到尽可能多的名录并被它们收录，这样可以提高电子杂志的可见性。

(3) 经常性地从电子刊物中选出一些有代表性的文章张贴在相关的新闻组或电子论坛上。使用邮件发行的电子刊物虽然对用户比较方便，但它的缺点是挥发性太大，用搜索引擎无法检索到。如果能从电子刊物中精选出一些有代表性的文章张贴在电子论坛中，则可以收到很好的推广效果，原因是搜索引擎可以检索到新闻组中帖子的内容。当然，绝不能忘记利用签名栏写清楚订阅电子杂志的方法。

(4) 提供离线订阅的机会，人们可以通过在企业的营业场所或者办公室中留下他们电子邮件地址的方法来订阅企业的电子杂志。这种作法可以将偶尔购买的顾客转变成经常购买的顾客。

(5) 为订户提供赠品。为订阅电子期刊的人免费提供若干本相关内容的电子图书作为赠品是吸引订户的一个行之有效的方法。

6. 选择加入和选择退出

许多电子杂志营销商为了增加发行数量，将在自己站点上购买过商品甚至询问过事项的人都列为杂志的订户，想当然地认为这些人对自己的电子杂志会很感兴趣，这些企业采用的就是选择退出(opt-out)的战略。订户要想停止收到杂志，必须通过电子邮件或者到杂志发行人的网站上办理退订。选择加入(opt-in)的策略则不同，订户必须有明确的订阅表示，才会收到所订阅的杂志，这种策略虽然获得的订户数量较前种策略为少，但却是少而精。实践表明，采用选择加入策略的电子杂志的点击率要较采取选择退出策略的杂志的点击率高出2到3倍(Brenda Kienan, 2001)，可见，选择退出策略使用的是广种薄收的智慧。笔者的建议是，企业可以采取选择加入和选择退出相结合的策略，对于那些已经表现出对企业有兴趣的顾客，企业可以大胆地将他们的名字加入订户名单，但对于那些完全陌生的顾客，企业还是应该谨慎地让他们自己选择要不要注册成订户。细心的读者可能会注意到，这条建议同欧盟已于2003年年底实施的《隐私和电子通信指导方针》(Privacy and Electronic Communications Directive)中的相关规定是一致的。

即使是那些采取选择加入策略的电子杂志经销商也要为订户提供便利的退订方法，因为订户的职业、住址、婚姻状况、兴趣等都会发生变化，给用户提供便利的退订方法反映了以顾客为导向的经营思路，只有那些处处替顾客着想的企业才会赢得顾客的信任，才能同顾客建立持久的关系，而这正是电子杂志营销的根本目的所在。

一些特别害怕收到滥发垃圾邮件指控的营销企业会采取一种被称为双重选择加入(double opt-in)的特殊程序，按照这种程序，营销企业在获得用户要求订阅的电子邮件地址后会发一封电子邮件给该地址要求订户进一步确认，只有订户完成了进一步确认的手续，整个订阅过程才算完成。引入双重选择加入的初衷是可以防止有人滥用他人的电子邮件地址订阅电子期刊给他人造成不便，但这种情况实际上很少发生，因此，双重选择加入的实际效果就是给了订阅人一次方便的退出机会，等于减少了用户订阅，而且采用这种程序获得的列表的质量也并没有提高，它并不能增加回复率[①]，所以并不建议采用这种程序。

7. 降低电子杂志的退信率

根据DoubleClick在2002年发布的一份调查报告，从2001年第三季度开始，邮件列表的退信率每个季度都在上升，到2002年第三季度，已经上升到12.6%的历史记录。根据DoubleClick的观点，电子邮件的退信率上升的主要原因在于同时发送的邮件太多、E-mail服务商缩减邮箱容量、经济状况引起人们工作变动频繁而导致邮箱更换等。

根据长期经营邮件列表的一位网络营销专业人士的经验，国内邮件列表的退信率估计在40%～60%之间，这远高于DoubleClick调查的水平。同时，在我国，导致电子杂志退信的原因也更加多样：各邮件服务商对邮件列表的屏蔽、用户废弃原来的邮箱、免费邮箱终止服务等。

营销企业可以考虑采取以下措施来降低电子杂志的退信率。

(1) 避免错误的邮件地址：在用户申请加入邮件列表时，请用户重复输入E-mail地址，就像确认密码时所常做的那样，这是减少录入错误的非常有效的方法。

(2) 改进数据登记方法：主要适用于通过接听电话人工记录用户E-mail地址的情形，必要时可对做记录的人员进行专门的技能训练。

(3) 要求用户进行信息确认：即将收到用户确认信作为加入列表的一个必要步骤，这样还可以防止有人恶意给他人订阅电子刊物。

---

① Herschell Gordon Lewis. Effective E-Mail Marketing: The Complete Guide to Creating Successful Campaigns. New York: AMACOM, 2002.

(4) 鼓励用户更新E-mail地址：对于使用无效邮件地址的用户，通过网站提醒他们使用正确的E-mail地址。

(5) 让注册用户方便地更换E-mail地址：用户邮件地址改变是很正常的，让用户可以方便地更新自己的注册信息，才会获得用户更好的回应。

(6) 保持列表信息准确：使用程序对于邮件列表中的用户地址进行分析判断，清除掉格式错误的无效地址。

(7) 弄清邮件被退回的原因，有针对性地采取措施：有的退信是因为对方邮件服务器工作不稳定引起的，有的退信则可能是被拒收，还有的就是地址错误，需要针对不同情形采取不同对策。

(8) 尽可能修复失效的邮件地址：如果用户注册资料中有通信地址等其他联系方式，不妨用其他联系方式与用户取得联系，请求他更新邮件地址。

(9) 及时从邮件列表中删除无法补救的错误地址。

5.1.5 电子邮件和传统邮件的协同营销

同为直销媒体，电子邮件与普通邮件间的相似之处多过它们的不同之处。

首先，电子邮件和普通邮件都是一种受众目标非常明确的传播渠道，所以它们都可以传送针对性很强的信息，并且允许对目标市场准确定位，同时两者的使用都非常灵活，可以对受众的反应做准确的测试，所以特别适合对营销方案的早期测试。

其次，两者都可以传递多种形式的信息，文本、图像、声音等。在这方面，传统邮件可能要稍胜一筹，因为它可以传递一些很难数字化的信息，如传统邮件可以封存香味，这是电子邮件无法做到的；而对于数字化的音像信息，传统邮件可以通过邮寄录像带、光盘或软盘等轻易实现。

电子邮件和普通邮件也有一些重要的差别。这首先表现在成本方面，一般而言，发送同样的信息，电子邮件的费用要低得多，在综合成本方面，利用普通邮件获取新顾客的成本明显低于电子邮件，但电子邮件在保持老顾客方面则有压倒的成本优势(见表5-1)。其次，在信息传递速度上，电子邮件也远为快捷，几乎可以做到瞬时到达。当然传统邮件也有它的优势，除了刚才提到的传统邮件可以发送更为多样的材料，传统邮件可以寄达的范围也比电子邮件要广，目前仍有许多人没有使用电子邮件，这在老年人和受教育较少的人中间比较普遍。另外，电子邮件的可靠性和严肃性不如传统邮件，因此电子邮件信息的法律效力要低于传统邮件，电子邮件的开信率也不及传统邮件。并且，电子邮件也不适合发送优惠券这类促销品。一些营销者还注意到，电子邮件不适宜传递较长的文件，因为在电脑屏幕上阅读很容易疲劳，那些使用移动设备接收电子邮件的人阅读长的邮件会更加不便。当然，电子邮件还要受反垃圾邮件法的制约，而传统邮件则不受此限制。

在电子邮件营销开始以前，直邮营销一直是直复营销的主要手段之一，但如今，电子邮件营销作为直邮营销的有力竞争者，大有后来居上之势。电子邮件营销排挤传统直邮营销的原因有以下几方面：首先，网络用户的人数在不断增长，越来越多的人开始习惯使用电子邮件，享受电子邮件快捷、便宜的好处。其次，转用电子邮件营销可以为营销人员节省大量的营销费用，电子邮件不仅不需要印刷费用，而且还可以节省大量的邮政资费。根据GartnerG2的估算，在美国每发送千封信件的费用为500～700美元，而发送同样数量电子邮件的费用只有5～7美元。最后，营销者使用电子邮件营销的技能在不断提高，特别是许可营销的采用使电子邮件的回应率大幅上升，可以达到

5%～15%左右，而传统邮件的回复率大约为1%～3%。但是，因为传统邮件和电子邮件各有所长，根据DoubleClick在2002年发布的一份调查报告，虽然有75%的用户首选电子邮件作为商家和他们联系的方式，但仍有25%的用户选择了信函，与此形成对照的是，没有人喜欢商家用电话向他们传递商业信息。所以电子邮件营销并不能代替直邮营销，电子邮件必须与传统邮件协同作战，才可以获得最大化的营销效果。传统邮件营销与电子邮件营销协同的优势表现在以下方面。

> 利用传统邮件获得新顾客，利用电子邮件保持老顾客，这样最有成本效率。
> 利用传统邮件覆盖范围广的优势更广泛地接触顾客，利用电子邮件成本低的优势更经常地同顾客保持联系。
> 传统邮件营销和电子邮件营销可以使用同一个顾客数据库，这样可以使数据库中的资料更丰富，利用更充分。
> 利用直邮提高开信率，增进顾客对企业的信任度。
> 利用直邮和电子邮件去完成不同的任务，例如，用传统邮件邮寄样品或者优惠券，而用电子邮件去推广一个网站。
> 直邮营销有着悠久的传统和成熟的方法，许多方法(如列表管理的方法、文案撰写的方法等)可以很容易地移植到电子邮件营销中来。

"商业信函是最好的推销员"是中国邮政商业信函服务部门提出的广告语，但现在，正确的说法也许应该改为"商业信函和商业电子邮件是最好的推销员"。的确，在电子邮件营销的兴起和传统直邮营销的衰落似乎已经不可避免的今天，一定不要忽视直邮的优点，毕竟这是一种经受了时间考验的成熟的营销方法。

5.2 虚拟社区营销

同万维网相比，虚拟社区(virtual community)有着更为悠久的历史，最早的虚拟社区是随着BBS的出现而形成的。在为客户创造和传递价值的活动中，社区(community)是其中一个重要的内容，它和协调(coordination)、商务(commerce)、内容(content)和沟通(communication)并称为5C。根据CNET的建设者网站(www.builder.com)的研究报告，当网络本身以每年50%的速度发展时，因为网络效应，在线社区会以每月20%的速度发展(Brenda Kienan，2001)。

5.2.1 虚拟社区的基本概念

虚拟社区又称在线社区(online community)、万维网社区(Web community)或电子社区(electronic community)，作为社区在虚拟世界的对应物，虚拟社区为有着相同爱好、经历或者专业相近业务相关的网络用户提供了一个聚会的场所，方便他们相互交流和分享经验。

关于虚拟社区的定义，专家们的看法不尽一致。霍华德·莱茵高德(Howard Rheingold)在1993年出版的著作《虚拟社区》[1]中首先引进了虚拟社区的提法，他将其定义为用计算机为中介在一起

---

[1] 该书的在线版本见http://www.rheingold.com/vc/book/。

讨论特定话题的一群人，他们在讨论中投入了情感并且彼此间建立起了关系。哈格尔和阿姆斯特朗(Hagel & Armstrong)在1997年的著作中使用了在线社区这一术语表示任何支持成员间相互交流的以计算机为中介的场所，在线社区以成员产生的内容为特征。伯科(Bock)认为虚拟社区必须满足3个条件：成员必须有共同的兴趣；成员间必须经常交流；成员对于群体必须有某种程度的认同。当然虚拟社区还有其他的定义，例如，沃姆斯和科斯瑞(Warms and Cothrel)将在线社区定义为有着共同兴趣的一群人可以聚会的一个以计算机为中介的交流场所，这里支持多对多的互动交流。马扎特(Uwe Matzat)则认为虚拟社区是一个网站的一群用户，他们使用这个网站提供的以计算机为中介的交流工具围绕着反映站点用户共同兴趣的至少一个主题进行互动，这个定义将新闻组排除在了虚拟社区之外。从营销的角度，我们可以把虚拟社区粗略地理解为在网上围绕着一个大家共同感兴趣的话题互相交流的人群，这些人对社区有认同感并在参加社区活动时有一定的感情投入。图5-3是一个虚拟社区的示意图。

图5-3　千龙伊氏社区的示意图

1. **虚拟社区的分类**

虚拟社区有多种分类方法。哈格尔和阿姆斯特朗将虚拟社区分为以下4类。

(1) 交易社区：这类社区主要由买家、卖家和中介商构成，社区的主要目的是为成员间的交易提供便利条件。例如，电子钢铁(www.e-steel.com)就是一个钢铁行业的交易社区。

(2) 兴趣社区：社区由具有相同兴趣的一群人组成。例如，Garden.com就是一个以兴趣社区为特色的网站，Garden.com的兴趣社区聚集了一批园艺爱好者，他们通过聊天室、讨论区交流园艺方面的技巧和经验。

(3) 关系社区：这类社区的凝聚力来自成员们共有的生活经历，这也包括一些专业人士组成的社区，如病友社区、老年人社区、女性社区、家长社区等，我们后面要重点介绍的"肝胆相照"社区就是关系社区的一个例子。

(4) 幻想社区：这类社区的成员共同营造了一个幻想中的世界，成员们经常参与角色扮演游戏并彼此交流心得体会。

2. **虚拟社区的价值**

虚拟社区的价值可以区分为对社区开办者的价值和对社区成员的价值。

1) 对社区开办者的价值

人们创建虚拟社区是因为虚拟社区能给创建人提供价值，不过，这些价值不仅仅表现为商业利益，实际上，虚拟社区可以为它的创建者创造至少3种价值：社会价值、商业价值和互动价值。

(1) 社会价值

政府机构、医疗保险公司、专业协会和一些社会团体都可能会在网上组建自助性团体以促进特定社会目标的实现。例如，单身母亲社区、残疾人社区、老年人社区、病友社区、失业者社区等都有助于缓解特定社会问题对社会的压力。小城镇的政府也可能会通过组建地区性的虚拟社区来促进当地的社会发展。

(2) 商业价值

企业组建的社区则更为看中虚拟社区的商业价值，如增进顾客的忠诚度、通过社区了解顾客的需求、提供顾客服务等。部分社区甚至还能通过提供有偿信息服务、发布广告、社区内交易提成等方法直接取得营业收入。虽然通过经营虚拟社区直接赢利的事例还不多见，虚拟社区的间接商业价值也很难准确估计，但虚拟社区在增进顾客忠诚方面的效果还是非常显著的。

(3) 互动价值

虚拟社区还可以用来促进企业员工间的信息共享以及科学研究小组或者学生在研究和学习上的互帮互学。许多跨国经营的大企业都通过建立虚拟社区以增进员工对企业的认同感，增强企业的凝聚力。虚拟企业也经常借助虚拟社区来支持来自不同公司的员工间的协作。许多大学课程也有相应的社区增进师生间的交流并在学生中建立起合作学习的机制。

2) 对社区成员的价值

虚拟社区对成员的价值可以分为两大类，关系利益和非关系利益。关系利益指从成员互动中派生出的利益，非关系利益则可以独立于成员互动。例如，可以结交有相同志趣的朋友、通过自我表现获取成就感属于关系利益，而获取信息则属于非关系利益。

虚拟社区本身的价值取决于社区的总规模、社区的历史、社区核心成员的多寡以及社区成员认同感的强弱。GeoCities曾经是世界上规模最大的虚拟社区群之一，拥有几百万的成员，它的前身是创建于1995年的数字城市洛杉矶社区，后来因为虚拟城市扩展到了洛杉矶以外的其他地区，所以更名为GeoCities，它主要通过广告来取得收入。1999年，GeoCities被雅虎以50亿美元的价格收购。其他著名的社区也被一些网络巨头收购，如Infoseek于1998年4月收购了另一个拥有数百万成员的虚拟社区网络聊天广播系统公司(Web Chat Broadcasting System, www.wbs.net)，Lycos公司则收购了Tripod社区，这些并购说明了社区巨大的商业价值。

 访问钍星车迷社区网站(www.saturnfans.com)，回答该网站是什么人建立的，它提供的价值有哪些。

3. 虚拟社区成员交流的方式

社区最本质的特征是成员间的认同感，这种认同感需要经常性的交流来维系。一个学校的毕业生如果很少参加校友会的活动，也很少与其他校友来往，他就不会被认为是校友会成员。互联网为虚拟社区成员间的交流提供了多种便捷的方式，分述如下。

(1) 电子邮件列表。社区成员可以通过电子邮件列表围绕共同感兴趣的主题展开非实时讨论。邮件列表的所有者对邮件列表拥有很大的管理权限，他可以对成员资格进行管理，还可以控制通过列表发布的内容，当然也可以选择放弃这些权力，让成员实行自主管理。作为非实时的交流方式，电子邮件列表较少受到社区规模或者容量的限制。邮件列表还允许成员向其他成员个人发送邮件，所以邮件列表的使用其实非常灵活，并不一定局限在一个主题上。

(2) 电子论坛或公告板。电子论坛也是多对多的非实时的交流工具，它同邮件列表的区别在于电子论坛采用的是用户拉动模式,需要参加讨论的社区成员必须亲自登录到论坛选择他们要阅读的消息。电子论坛通常有版主来管理,版主的职责是提出新话题来活跃论坛气氛、尽可能地去回复社员的咨询以及删除掉与主题无关的帖子。电子论坛经常允许非成员发布和浏览信息,所以电子论坛的边界没有邮件列表清晰。功能较完善的论坛允许给其他成员秘密留言,这种功能有助于成员间发展友谊。

(3) 聊天组。聊天组就是有鲜明主题的聊天室,它允许用户进行多对多的实时的交流,通过聊天组社区成员可以快速地建立起初步联系。

(4) 聊天工具。即一对一的实时交流工具,已经建立起初步联系的社区成员经常用聊天工具进一步增进友谊。

(5) 多用户虚拟现实系统。多用户虚拟现实系统简称MUDs,主要用于在线娱乐社区。MUDs用户通常对社区非常投入,所以MUDs社区有着极高的稳定性。MUDs用户间的关系要较其他联系方式更深入和广泛。

(6) 万维网网页。万维网网页对建立一个成功社区助益良多,例如,社区可以利用万维网网页介绍自己,吸引成员参加;社区可以利用万维网网页保存或者展示社区成员的讨论记录并提供方便的检索;社区成员还可以利用万维网网页发布自己的个人信息,方便与其他成员建立联系。

(7) 微博一类的Web 2.0应用。例如,维基可以支持社区成员在内容创作方面进行合作,微博(如Twitter)可以让成员发布消息和跟踪其他人发布的消息,SNS则可以让用户了解其他用户(朋友)在SNS站点上的动向。Web 2.0应用是社区成员相互交流的一种新方式,它兼具电子邮件列表、电子论坛和万维网网页交流的优越性,并且还更具人性化色彩,是虚拟社区理想的交流方式。

不同的交流工具对网站流量有不同的要求,例如,根据Forrester Research的研究结果,支持一个讨论区站点每天需要有2500人次的访问量,而支持一个聊天组则需要站点每天有55 000人次的访问量(Brenda Kienan,2001)。

4. 虚拟社区礼仪

一般而言,每一个虚拟社区都有自己特定的行为准则,参加这些社区时要仔细阅读这些规则并准备"入乡随俗",必要时还要通过观察其他成员的行为来增进对这些规则的理解。但是,社区礼仪又有许多共同之处,我们把大多数社区都能接受的网络礼仪称为虚拟社区礼仪,其要点如下。

① 谨记社区主旨,不要发布与社区主题无关的内容。
② 未经许可,不要发布受版权法保护的内容。
③ 不要发布赤裸裸的商业信息或者成人内容。
④ 应当尊重社区成员,不能对其骚扰、辱骂、威胁。
⑤ 反驳他方观点前应该肯定其可取之处。
⑥ 发表自己观点时,可以考虑使用谦虚的措辞,如"按照我的理解……"。
⑦ 改换话题时,要重新开始话题,而不要答复启发您发言的话题。
⑧ 对社区成员发布的内容要保持清醒的头脑,一些内容可能是误人子弟的,需要参加者个人具有判断力。
⑨ 如果条件允许,对其他社员的疑难要提供解答或帮助。
⑩ 不要重复发布内容,也不要用闪烁或者滚动的方式发布内容。

5. 虚拟社区举例——"肝胆相照"和"House086"

据有关部门统计，目前中国共有1.2亿乙肝病毒携带者，经常发病人群3000万，这构成了建立一个关系社区的雄厚的群众基础。

"肝胆相照"(www.hbvhbv.com)正是专门为乙肝患者及乙肝病毒携带者开办的论坛，截至2013年9月13日22时16分，该论坛共有注册会员552 914个，共发帖4 593 209件。该论坛不仅普及乙肝防治的医学知识，而且成员还可以以此为阵地彼此交流与疾病作斗争的经验。以下是该论坛"干扰贺普"子论坛中的一个帖子及其部分跟帖，帖子的缘由是一个网名为"飞龙"的社区成员第一次注射了干扰素(帖子中的拼写错误这里原样保留)。

飞龙：今天晚上开始了我第一次注射干扰素(2003-11-17 19:53:16)
今天晚上7点开始注射第一只干扰素，剂量为300万，到现在快一个小时了还没有明显的感觉。
KELL：没那么快的，一般4个小时以后才有反应的吧。(2003-11-17 20:33:06)
飞龙：现在感觉有点肌肉酸痛(2003-11-17 20:40:37)
有云：过会儿，温度会升高的！祝您干扰成功！~(2003-11-17 20:42:24)
飞龙：7点钟开始注射，11点体温开始升高到37.3度 1点升高到38度 2点升高到38.3 上半夜浑身发冷，下半夜一直出汗，也没有吃退烧药，5点以后开始退烧了.这种感觉不知道是否正常？(2003-11-18 10:26:04)
wwqm(版主)：正常.继续坚持.(2003-11-18 10:31:38)
飞龙：在打干扰之前我一直输甘利新，前两天已经到了疗程停了，然后改用甘利新胶囊，请问我现在开始打干扰了，甘利新还需要继续服用吗？在输液之前转安酶为85(2003-11-18 10:41:04)
wwqm：可以逐步停掉甘利欣.打干扰初期要注意定期检查肝功及血常规，发现问题要请医生及时处理.(2003-11-18 10:48:10)
飞龙：昨天晚上是我打干扰的第二针，4小时后感觉有点不舒服，但是没有出现感冒和发热现象，这属于正常吗？会不会是对干扰素产生耐药性了？(2003-11-19 7:36:24)
wwqm：放松一点.不要自己吓唬自己.刚刚第二针就能产生耐药？根本不可能.(2003-11-19 9:37:44)
飞龙：我已经用干扰素7天了，连续打了7针，好像也没有什么好转，就是感觉腿有点沉重，请问这是正常吗？(2003-11-24 23:08:33)
风中之子：反正干扰的副作用就是跟感冒类似，坚持吧，只要可以忍受，过一段时间之后，可能会好一些，这都是正常反应(2003-11-25 9:17:19)
飞龙：我已经连续打干扰素10天了，从第7针开始腿关节就开始酸痛，昨天晚上第10针后痛的一夜没有休息好，不过胃口还好，脸上的痤疮开始明显消退，气色也好多了.希望这是好的开始……只是浑身的酸痛不知道自己还能忍受多久……(2003-11-27 10:50:32)
cym06：飞龙：我以前也打过干扰素，只是第一天刚打完过后几个小时有感觉，发热头痛浑身出汗，第二天就没感觉了再以后一点事都没了，打完干扰素后经常喝开水，记得我第一针打下去的时候喝了三水瓶开水，我觉得喝开水应该有好处。不妨多喝喝开水。祝您成功！(2003-11-27 21:12:25)
飞龙：谢谢您的关心和鼓励，我会继续下去的。(2003-11-27 21:53:42)

从以上例子可以看出，成员间的交流是多么可贵，这种交流是其他任何东西很难替代的。

"肝胆相照"是一个相当成功的虚拟社区，它拟定了完善的会员晋级制度来鼓励成员参与，积极参与的成员可以晋升到更高级别，高级别的成员在社区中拥有更多的权限。不过，这一制度还不是该社区成功的关键所在，促使"肝胆相照"名声大振的是2003年4月3日的浙江大学学生周一超行刺国家干部案，周一超行凶的原因是携带乙肝病毒使他失去了成为公务员的权利，该案件在全国引起了很大反响。"肝胆相照"论坛以此为契机展开了公关活动，社区领导人成功地说服了社区成员对该事件给予了深切的关注，他们发起联合签名活动要求给周一超减刑，还自发地为周一超的母亲捐款以示慰问。周一超案发后的半年时间中，"肝胆相照"从一个默默无闻的社区发展壮大成为了一个有全国影响的大社区。

该论坛还提出要为乙肝病毒携带者争取工作的权利，2003年11月20日，论坛的一位网名叫"小谷子"的版主向全国人民代表大会常务委员会等单位提交了"要求对全国31省区市公务员录用限制乙肝病毒携带者规定进行违宪审查和加强乙肝病毒携带者立法保护"的建议书。该建议书征集了1611人签名，旨在争取各地政府修改录用公务员的体检标准，该事件获得了国内大量媒体的关注，又一次为"肝胆相照"社区做了很好的宣传。一年后，新的《公务员录用体检通用标准(试行)》规定，"乙肝病原携带者经检查排除肝炎的，为合格"，这在很大程度是"肝胆相照"虚拟社区的功劳。

访问"肝胆相照"社区(www.hbvhbv.com)，体会该社区的特色，思考该社区成功的原因有哪些。

2013年8月，新浪微博上的"超级大V"李开复不幸身患淋巴癌，消息传出后，引起了网民广泛关注。9月12日，一条"开复老师，同样的病痛也曾经或正在折磨我们的身体，却始终未曾撼动我们的意志！所有的苦痛都会成为遥远的过去，生命涅槃必将绽放更耀眼的光芒，战胜病魔，我们与你同在，消灭086，你不是一个人在战斗！——淋巴瘤之家小伙伴携手网易公益频道敬上"的发帖让淋巴瘤之家(www.house086.com)这一病友社区浮出水面。"086"是社区成员对淋巴瘤的戏称，这一行话既显示出病友对疾病的藐视，也展现出了整个社区乐观向上的精神风貌。House086是由一名身患霍奇金淋巴瘤的年轻人顾洪飞在2011年3月创建的，半年之内社区的成员数就突破了4000人，2013年9月，成员数达到了5959人，社区的论坛上每天都会有400条以上的发帖与回复，这个虚拟社区已经成为了激励淋巴瘤病友与病魔顽强斗争的精神家园(见图5-4)。

图5-4　媲美"肝胆相照"的虚拟社区"House086"

5.2.2 虚拟社区营销的作用

虚拟社区具有的商业价值源于社区成员对社区的忠诚，而这种忠诚又来自成员间彼此的信赖。罗家德认为，虚拟社区的经济价值体现在以下两方面。

(1) 虚拟社区创造合作经济。合作经济的基本点在于成员间的相互作用可以创造新的价值。例如，人们对刚进入市场的产品经常有不同反应，其中超前用户是这样一种人，他们需求的产生比市场上的大多数用户早，使用新产品时经常能在市场上起带头作用，这些人恰好也常常是虚拟社区的活跃分子。消费者组成的社区可以让成员彼此交流使用新产品的经验，超前用户的意见有助于其他用户发现他们自己的相同需要。厂商还能从用户的交流当中捕捉到改进产品或营销策略的思路，用户也能相互交流解决问题的经验。这些对厂商都是极其宝贵的，例如，思科公司的用户能从社区交流中学习到很多东西，他们甚至能自己解决许多使用思科产品时碰到的问题，这大大地解放了思科的工程师，可以让他们有更多的时间去做开发工作。

(2) 虚拟社区推动关系营销。关系的维系可以分不同层次，其中社会层次的关系比经济层次的关系更稳固，虚拟社区因为充分考虑到了消费者在社会交往上的需求，因此特别适合发展社区创建人与社区成员以及社区成员之间的社会层次的关系。在这种关系下，企业和消费者可以增进彼此的了解，进而相互信任，消费者便很可能会成为企业的忠实顾客，为公司带来交易额以外的价值，如推荐新顾客、为公司提供反馈意见等。

5.2.3 虚拟社区营销的方法

1. 创建虚拟社区的步骤

开展虚拟社区营销最好能够自己创建一个虚拟社区，利用他人的虚拟社区开展营销会受到他人制定的各种条条框框的约束，不能充分发挥虚拟社区的潜力。创建虚拟社区一般需要以下步骤。

(1) 确定创建社区的目标。虚拟社区可以实现不同的营销目标，例如，通过社区聚集潜在客户、直接撮合买卖、通过社区做广告或者调查、为现有客户提供技术支持、通过高质量的论坛提升企业形象等。在创建虚拟社区前，必须确定企业希望通过社区达到的目标是什么，有了目标，才会有努力的方向和考核的方法。

(2) 确定潜在客户群。建立社区之前，还需要明确社区的潜在客户是谁，将来的核心成员会是什么人，主要成员和边缘成员又是什么样的人。通过确定潜在客户群，企业实际上也界定了社区的边界。社区没有边界，就不会有中心，也就不会有凝聚力。

(3) 确定社区的主题和类型。在划定了客户群之后，企业就可以着手选定社区的主题，对同一批潜在客户人群存在着许多个主题选择，就好比同样是大学生的社团却可以有武术协会、读书会、围棋协会等名目。企业必须确定潜在用户共同的利益和兴趣是什么？如果用户的共同兴趣有好几个，也可以考虑在社区中设立若干个子讨论区。在确定社区主题时还需要考虑有没有类似的社区存在，如果有，企业还需要制定自己的竞争策略。社区成员通常有较高的忠诚度，想让他们放弃原来的家园是很困难的。

(4) 建立最初的内容：精选一些有趣的可供讨论的问题，相当数量的参考资料库等，这样，最早到来的用户才不会认为这里尚未投入使用。

(5) 社区的前期推广工作：社区建成后必须立即做一些基本的前期推广工作来启动社区，这包括通知企业的员工和已知的用户来加入社区，开始社区的运营。

2. 阻碍社区发展的因素

社区在发展过程中经常会碰到一些问题，如信任问题、机会主义问题冲突问题、忠诚问题等。

(1) 信任问题。信任问题包括社区成员和管理人员间的信任和成员间的信任两个方面，分述如下。

社区成员在加入社区时要决定是否成为注册成员。注册意味着要向管理人提供个人的电子邮件地址、人口统计资料、个人爱好等信息。提供这些资料表示出新成员对社区管理人的信任，如果这种信任没有被辜负，新成员就能获得成为社区成员的纯收益；但管理人的确可能会在利益的驱使下出卖成员的资料从而辜负成员的信任。当管理人选择对社区成员发布的内容不加管理的时候，他也表示出了对社区成员的信任，如果成员滥用这种信任在社区中发布垃圾信息甚至违法信息时，社区将会受到牵累。

成员向其他成员征求意见时，他相信其他成员会以实相告，但一些成员却会为了赚取经验积分而在自己并不熟悉的问题上比较随意地发表见解。在与其他成员发生交易时，买方相信卖方没有隐瞒产品的质量缺陷。当某些成员向另一个成员推心置腹时，他相信对方不会把自己的隐私泄露给他人。

(2) 机会主义问题。社区成员虽然有共同的利益，但为实现这些利益却需要大家付出努力，如果多数社区成员抱有不劳而获的搭便车心理，机会主义的问题就会出现。例如，在以共享信息为主要价值的社区中，社区成员都希望从社区获得有价值的信息，但社区的绝大部分信息都来自社区成员自己，如果成员只想索取，而不愿意以真知灼见回馈社区，社区就必然会萎缩。同时，每个成员在有疑难问题时都会向社区求助，但答复问题需要时间和精力上的投入，如果每个有能力解答疑难的人都指望别人去解答，则成员的疑难将得不到解答。

(3) 冲突问题。在任何社区，都会存在社区成员的利益不完全一致的情况，这样在一定条件下就可能出现利益冲突的问题。

成员因为见解不一而出现争论，最后争论升级引发人身攻击，这样的事情在社区中并不罕见。在阿里巴巴的以商会友社区中出现过社区成员因为相互猜疑而试图去攻击对方电脑的事件。

(4) 忠诚问题。大的社区中可能会出现小的派别，某些小派别还可能会希望脱离母社区另立山头。其他社区的成员可能也会进入社区来招募成员，即使被招募的成员并不脱离之前的社区，也会因精力分散减少对原来社区中的投入。

企业必须妥善解决好以上问题，虚拟社区才能不断发展壮大，最终达到可以自我维持、自我发展的临界规模。

3. 发展壮大虚拟社区的方法

企业可以通过以下方法来发展和壮大社区。

(1) 向社区提供价值。社区的组织人应当为社区成员提供真实的价值，如免费的网页空间、电子邮箱等；另外，社区的组织人还要促进客户自我服务，创造价值。网络用户通常对主题有着浓厚的兴趣并且渴望和相似的人聚堆交流，所以对社区进行必要的管理使社区主题明确，这本身都有益于增进成员的满意度。

(2) 建立激励机制，形成讨论组的核心。在一个讨论组中，会有85%～90%的用户是只浏览信息而从不发表的局外人，有10%的人会积极参与，而只有大约2%的人会成为社区讨论的核心人物。核心人物在社区中有相当的知名度，他们的帖子有很高的点击率，他们对社区相当忠诚，为社区做出贡献时很有成就感。培养这样一些中坚力量对社区的发展壮大有深远的意义，企业可以考虑以某种形式给这些人一定的回报来表彰他们对社区的贡献。例如，给他们赋予更多的管理权限，或者给他们提供一些打折的产品，甚至是直接提供某种奖励或报酬。在著名的GeoCities社区，雅虎招募志愿性的"社区领袖(community leaders)"负责监督社区网页内容，并为GeoCities社群新手提供制作个人主页的建议和指导。作为交换，雅虎为社群领袖提供更多的硬盘空间供其建构自己的网站，同时每月给他们发放吉奥分(GeoPoints)，社群领袖可以用吉奥分换购吉奥商店(GeoStore)中的商品。网易社区(club.netease.com)是中国最大的社区，它采用类似电脑游戏中给游戏人物赋予分数值的方法为社区成员提供激励，即根据成员访问次数、停留时间和参加讨论的次数来为成员设置表现值、经验值和生命值。

(3) 培养社区文化。好的社区文化会减少社区的冲突，吸引新成员的参与。为培养社区文化，管理者首先要以书面形式对一些基本的行为守则和社交礼仪做出约定，其次，还要通过积极参与和有效管理引导社区文化的形成，对不当行为要加以谴责或做出某种处罚。观察发现，社区中一些暗语对形成社区的认同感很有帮助，如一个以孕妇为主要群体的社区用"DH(darling husbands)"表示老公，儿童聊天组中用"P911"表示父母在场(parental emergency)等。

(4) 保证社区的稳定和安全。用户喜欢安全可靠的社区，只有用户觉得一个社区非常稳定，他们才会主动把该社区的地址告诉给志趣相投的人。笔者曾经在千龙伊氏网站(yesee.qianlong.com)上开设过一个名叫"电子商务第二课堂"的俱乐部，并主动邀请一些电子商务界的同好参加，但该网站的服务器在一段时间里运行很不稳定，结果许多人反馈他们经常无法登录到该网站，这样的社区恐怕内容再好也不会有很多人参加。阿里巴巴的以商会友论坛是个很不错的商人社区，但有一次服务器发生故障，导致从前存储的数据全部丢失，幸好，阿里巴巴在Google的帮助下，短时间内成功地恢复绝大部分数据，否则后果不堪设想。所以对社区的内容要进行定期的备份。

(5) 组织社员的见面会。组织社区成员见面会是增进成员间信任程度、提高社区成员归属感和社区凝聚力的极其有效的方法，一些地理分布广泛的社区常分地区组织社员见面会，使彼此邻近的社员有真正相识的机会。

4. 利用主题虚拟社区开展营销

利用商业社区开展营销有两种情况，一种是利用商业社区开展营销，另一种是利用其他社区开展营销。

网络上有很多商业社区专门为会员彼此交易提供支持，例如电子港湾(www.ebay.com)就是以拍卖为特色的虚拟社区。企业在商业社区中从事商业活动名正言顺，企业可以在所在社区规则的允许范围内，开展市场调查或者发布商业信息。商业社区又可以分为B2B、B2C、C2C和混合社区等多种类型，一些社区还允许参与者直接进行交易，稍后将讨论利用拍卖社区和电子商城进行销售的问题。

在非商业社区开展营销则需要谨慎从事，按照虚拟社区的礼仪，企业不得从事与社区主题无关的活动，在这种条件下，企业必须运用软销售的技巧来开展营销活动。软销售(soft selling)是面对面销售中常用的一种销售策略，它的出发点是销售人员并不唐突地对陌生顾客展开推销，而是按照一定的礼仪去接触对方，打消对方的戒备心理，赢得对方的信任，最终达到销售目的。可见，软销售并非网络营销的专利，许多行业的销售人员都把软销售技巧当作必学的一课。软销售并不神秘，当一个空调销售人员用一个轻松的话题同潜在顾客搭话，同时耐心等待有关空调产品的询问，他采用的就是软销售的技巧。不过，在非商业社区营销过程中，软销售几乎是唯一的选择，原因是在互联网商业化以前，互联网上就已经形成了一种独特的文化，这种文化鄙视无视网络礼仪的赤裸裸的推销行为。在许多时候，即便企业自己是社区的创建人，有权利在社区中大肆发布商业信息，但企业从自己的长远利益考虑，也会选择一种比较间接的软销售的方式。例如，照常发布与主题相关的帖子，而利用帖子的签名档发布简短的商业信息，这么做有可能取得意想不到的效果，原因是在这个过度商业化的社会里，如果人们发觉一个企业看重的是他们的需要而不是口袋里货币的时候，他们一定会对这家企业另眼看待，优先选择同这家企业做交易。

5.3 电子商城营销

电子商城(cybermall，e-mall或者Internet mall)是由第三方提供的供商家开展网上销售的一个平台。电子商城通常附属于互联网门户网站，这些网站通过提供新闻、检索、娱乐游戏、免费信箱等服务吸引着大量的访问者，如雅虎的雅虎购物(Yahoo!Shopping)、微软的电子商店(eShop)以及美国在线的"买在AOL"(Shop@AOL)都是有名的电子商城。1999年9月起，著名的亚马逊公司也推出了被称为zShops的网上商城系统。电子商城在网上销售中占有非常重要的地位，根据CNNIC发布的《2012年中国网络购物市场研究报告》以及艾瑞咨询集团发布的《2012—2013年中国网络购物行业年度监测报告》，2012年我国网络购物市场交易总额为12 594亿元，而阿里巴巴旗下的两个电子商城淘宝网和天猫的总交易额就突破了1万亿元，占到了全国网购总量的近80%。

电子商城给加盟的商家提供了交易平台和营销支持，并向他们收取服务费用。参加电子商城有两种方式，一种是在自己没有在线销售网站的条件下完全利用电子商城的设施来经营，另一种是在自有的在线销售网站的基础上通过加入电子商城扩展业务。经营电器的商店JandR就是后者的一个例子，JandR既是雅虎购物电子商城的一个加盟店，又有自己独立的网上商店(www.jandr.com)，这里主要讨论前一种情况，在第6章中将讨论独立的网上商店。

5.3.1 加盟电子商城的利弊

1.加盟电子商城的好处

同一开始就开办独立的电子商务网站相比，加盟电子商城有以下4点好处。

首先，企业加盟电子商城需要的先期投入少，可以迅速启动，并且退出容易。建立一个功能完善的电子商务站点花费不菲，所以对多数中小企业来讲，借助第三方提供的电子商城服务迅速启动业务是一个不错的选择。加盟电子商城可以给企业提供一个开展经营活动的较高的起点，例如，许多小企业不具备接受信用卡支付的条件，但电子商城可以使加盟的所有商家都可以即刻接受这一支付方式。同时，假如管理层认为所选择的项目风险较大，那么也可以考虑采取加盟电子商城的策略，加盟电子商城可以避免过多的沉积成本支出，在项目无法继续时，可以很方便地退出。

其次，电子商城服务商通常技术力量雄厚，所以交易处理系统的安全性更有保障。信息系统运行的可靠性对企业的经营业绩影响很大，斯蒂芬·朗瑟博士(Stephen Lunce)在一项研究中发现，大多数企业哪怕他们的信息系统每年停止运转的时间只有15天，他们也将为此损失一半的销售额[①]。电子商城服务商在他们的服务合同中通常会包含所允许的系统宕机时间方面的条款，多数服务商有把握把宕机时间控制在0.1%以内。

再次，电子商城的可见度高，有专业的营销支持。有的企业虽然有能力建设自己的电子商店，但其经营规模却不足以支持一系列的营销推广活动。为了能使商店有足够的客流，加入电子商城，分享服务商的营销推广支持就显得更为必要。另外，加盟电子商城的众多商家可以为客户提供一站式购物的便利，产生聚集效应，从而吸引大量的客流。

最后，加盟电子商城的企业可以依托网上知名品牌，提升自身的信用度。网上消费者非常看中商家的品牌和信用度，许多人宁愿花更多的钱也要选择在信得过的知名企业的网站上购物。建立品牌并非一朝一夕的事，而且需要很大的投入，因此，借用电子商城服务商的品牌开展自己的网上销售业务就成了大多数不知名企业的一种很现实的选择。

2. 加盟电子商城的坏处

加盟电子商城虽然有诸多好处，但从长远看，加盟电子商城对企业发展也有很多不利的影响。

一方面，企业要向电子商城服务商缴纳费用，这笔费用通常由固定费用和佣金提成两部分组成。例如，加入亚马逊的zShops商城，企业需要每月支付9.99美元的固定费用和从1%~5%不等的佣金，如果企业通过亚马逊进行交易的结算，则还要另外支付4.75%的佣金。这些费用会削弱企业商品的竞争力。

另一方面，企业在电子商城的平台上经营，不利于发展自己的客户基础，也不利于企业建立自己的在线品牌。在电子商城的平台上经营有些类似贴牌生产或者租赁柜台经营，企业虽然在短期可以获得一定的现金流入，但从长远上失去了获得品牌溢价的机会。

5.3.2 加盟电子商城的策略

企业在选择加盟电子商城时需要考虑以下因素。

(1) 电子商城的品牌。著名的电子商城虽然会收取更高的费用，但这些费用同它们提供的利益相比往往是值得的。好的电子商城不仅能够提供更全面的服务，而且还可以吸引更多的流量，网上消费者宁愿支付更高的价格，也愿意在信得过的电子商城中购物。

(2) 电子商城的入驻商家。正如传统商城中所发生的那样，电子商城中入驻的商家可以通过外部效应形成合作营销，入驻一个商城的商家越多，规模越大，便越可以聚集更多的人气，因此，企业应该优先选择规模大的商城。

(3) 合同条款。企业加盟电子商城时，双方会签订一份内容详尽的加盟合同，规定双方的权利和义务，在这里，企业应该优先选择给企业较大自由空间的电子商城加盟。如果选择正确，企业不仅可以从电子商城得到更详尽的有关信息，还可以使企业在电子商城的商店同企业的其他业务(如独立的电子商店或者在其他电子商城中的商店)相互配合。

---

① Stephen Haag, Maeve Cummings, James Dawkins. Management Information Systems for the Information Age, 2nd ed., McGraw-Hill Companies, Inc., 2000.

5.3.3 淘宝开店入门

在中国的电子商城中，阿里巴巴旗下的淘宝(www.taobao.com)可谓一枝独秀，人气指标遥遥领先于腾讯的拍拍网(www.paipai.com)、百度的有啊(youa.baidu.com)以及20世纪就已经上线的易趣(www.eachnet.com)。据统计，截至2012年年底，淘宝网店的数量超过了1000万家，而职业卖家就超过了600万家。对一些普通民众而言，在淘宝开店简直就成了电子商务的代名词。一些学校，特别是一些高职高专院校，甚至把在淘宝开店纳入了电子商务或者网络营销的教学计划，一些学校的学生还可以把所开网店积累的信誉转化为学分。久而久之，一些年轻人也形成了一个错误印象，以为在淘宝开店就是网络创业，就可以足不出户地赚大钱。实际上，淘宝不过是电子商城中的一个，在淘宝开店就是在这个商城里经营一个铺面。不过，虽然在淘宝开店充其量只能算是生存型创业，但是在淘宝开店确实可以提高学生的实务操作能力，避免理论与实践的脱节。因此，有必要对在淘宝开店的过程有一个了解。

在淘宝开店的第一步是制订一个网店经营计划，这相当于一个简单的商业计划。计划的内容应该包括经营的品种、进货渠道、营销战略、竞争战略、财务计划、人力资源计划以及发展计划等。好的计划是经营成功的关键一步，而好的计划一定要建立在大量的市场调研之上，因此，在开店之前，要先在淘宝商城"潜水"一段时间，通过间接调查和直接调查尽快熟悉市场。

有了周密的计划之后，店铺的开张是很容易的事，只需要按照网站上的说明按部就班地操作就可以完成。店铺开张后的网店装饰、网货采购、网店布货、客户服务、交易管理、订单处理以及纠纷处理等相对要复杂得多，学习曲线比较陡峭，随着经验的不断积累，处理这类事务的效率会明显提高。

网店经营过程中技术含量比较高的环节应首推网店的导流，即如何为网店获得更多的有效访问量。对新开张的网店而言，淘宝直通车是一个可以快速见效的推广工具，由于淘宝直通车实际上是淘宝站内的搜索竞价排名机制，因此搜索引擎营销的技巧在这里仍然适用，不过，淘宝直通车有自己特殊的营销工具可用，如淘宝指数(shu.taobao.com)。除了淘宝直通车，诸如返利网这样的外部导流网站也可以为网店带来部分流量，并且这种流量是按照实际产生的销售来计算费用的，所以对网店的风险更小。此外，电子邮件营销、社会媒体营销、线下广告等也能够为网店带来一些流量。当然，长期而言，网店必须不断壮大自己的忠诚客户基础，这才能降低营销成本，提高网店的竞争力。

最后，网店店主要对网店的经营情况进行持续的监控，不断地总结运营中的经验，汲取教训，做到持续地改进。

经营淘宝网店要特别注意的一点是要防止过于依赖淘宝平台从而被淘宝平台锁定。淘宝网店店主也要经营其他的通路，如其他电子商城上的网店、独立的电子商城、传统店面，有可能的话还可以逐步创建自己的产品品牌。否则，淘宝网店的成败很可能最终还是取决于进货成本和人工成本，而这些是大部分年轻大学生所欠缺的。

5.4 网上拍卖

除了加盟普通的电子商城，企业还可以考虑参与网上拍卖市场。网上拍卖市场可以被看成是一种特殊形式的电子商城，在这里，买卖双方通过竞投标来形成商品的成交价格。与传统的销售渠道相比，拍卖可以以较低的营销成本迅速出清货物，互联网为拍卖提供了一个崭新的舞台，它不仅节省了拍卖的成本，而且还提高了拍卖的效率。如今，网上拍卖不仅用于个人之间买卖二手商品，许多消费品厂商和工业品厂商也把拍卖当作一个有效的销售渠道来看待。同时，电子商城和网上拍卖市场日趋融合，许多原先开办电子商城服务的商家开始提供网上拍卖服务，而原先以网上拍卖为主业的商家也开始提供电子商城服务。因此，有必要专门考察网上拍卖的特点及公司利用网上拍卖来拓展市场时会遇到的管理问题。

5.4.1 网上拍卖的适用范围

作为传统拍卖在互联网上的对应物，网上拍卖也具有传统拍卖所具有的多种不同形式。

(1) 英式拍卖

无论在网上还是网下，英式拍卖(English Auction，Straight Auction，Yankee Auction)都是最流行的一种拍卖形式。在英式拍卖中，出价人的出价逐次上升，直到无人出价为止，最后一个出价人以他报出的价格获得拍品。英式拍卖具有出价逐步上升和公开报价的特点。目前，onsale.com网站、Yahoo拍卖网站和e-Bay网站都是以英式拍卖为主的网站。

英式拍卖有一个变种称为美式拍卖，这是当同样的拍卖品有多件时允许出价人指定购买数量的英式拍卖。在美式拍卖的出价结束后，出价最高的人得到他想要的数量，如果此时拍卖品还有剩余，剩下的拍卖品将分给出价次低的人，以此类推，直到所有拍卖品分配完为止。需要注意的是，在美式拍卖中，所有人都按可以得到拍卖品的最低出价成交。

(2) 荷兰式拍卖

荷兰式拍卖(Dutch Auction)也叫降价式拍卖，是一种比较特殊的拍卖形式。在荷兰式拍卖中，拍品的价格从一个很高的起拍价格(即拍卖的最高期望价格)开始自动向下浮动，如果在浮动到某个价格时有竞拍者愿意出价，则该次拍卖即成交。因此荷兰式拍卖的竞价是一次性竞价，即在拍卖中第一个出价的人成为中标者。网上荷兰式拍卖一般用于拍卖周期较短(如几个小时)的拍卖。荷兰的鲜花市场一直采用这种拍卖运作方式，eBay目前也支持荷兰式拍卖。 荷兰式拍卖的最大优点是成交速度极快。

(3) 密封递价式拍卖

在这种拍卖方式中，投标方只能出价一次，在整个投标过程中，投标人均不知道参与竞标的有哪些人，更不知道他们的报价情况，拍卖商是唯一能看到各投标者投标价格的人。最终标的由报价最高的人获得。封闭式拍卖(Sealed-Bid Auction)有一种改良形式，称为密封递价次高价拍卖，又称为维克瑞拍卖[①]，维克瑞拍卖的过程和普通的密封递价式拍卖类似，差别仅在于出价最高的投标人得到标的的成交价格是第二高的竞标价。维克瑞拍卖受到经济学家青睐的原因是这种拍卖形式能够鼓励投标人透露他们的真实意愿，降低了出价人串通的可能，使卖家可以获得更高回报。

(4) 复式拍卖

众多买方和卖方同时向市场提交他们愿意购买或出售某项物品的价格和数量，然后电脑对这些出价迅速进行处理，按照成交量最大的规则形成当时的成交价。复式拍卖(Double Auction)可以封闭

[①] 威廉·维克瑞(William Vickrey)因为对这类拍卖的研究获得了1996年的诺贝尔经济学奖。

进行也可以公开进行,它更适合于那些具有标准质量的拍卖品。证券市场、农产品交易所和金属交易所都是复式拍卖的典型范例。

除了上面提到的几种常见的拍卖形式外,人们还针对一些特殊的场合设计出了许多种有趣的拍卖形式,如盎格鲁-荷兰式拍卖(Anglo-Dutch auction)。这种两阶段的拍卖先采用加价式拍卖,直到剩下最后两个竞买者,然后,用密封递价式拍卖决出最终的中标者。

网上拍卖像互联网上开展的其他商业活动一样,可以有效地突破时间和地域界限,更有效地组织拍卖,使拍卖标的在更大程度上实现其价值,更好地体现公正、公开、公平的拍卖原则。在线拍卖相对于传统拍卖的优势主要体现在以下几个方面:首先,在线拍卖的参与者更加广泛。因为突破了时间和地域的限制,所以网上拍卖可以吸引更多的人员参加,这对拍卖的成功是极其重要的。其次,在线拍卖活动的组织成本显著降低,这使得更多品种的商品和服务可以成为拍卖标的,同时少量的商品也可以拿来拍卖。再次,在线拍卖可以连续进行,而传统拍卖出于成本考虑通常都有一个拍卖的间隔周期。最后,在线拍卖的信息发布更为完善,借助于智能代理软件或中介机构的服务,买卖双方都可以很方便地追踪正在发生的拍卖,所以在线拍卖会有更多的人参与,传统的拍卖则需要提前展开宣传,这需要很大的费用。

不过,在线拍卖也有自身的局限性,这主要体现在两个方面:一方面,买方无法亲临现场对拍卖标的进行审查,所以无法准确把握商品的质量。另一方面,在线拍卖中的欺诈现象比较严重,eMarketer所做的一项调查表明网上拍卖中的欺诈是最常见的在线犯罪,互联网欺诈观察组织(Internet Fraud Watch)的研究也证实了这一结果。

因为网上拍卖兼有优势和劣势,所以并非所有企业都适合参与网上拍卖,一般而言,网上拍卖尤其适用于以下几种情况。

① 网上拍卖特别适用于具有符号价值的商品,如收藏品。某些收藏品对于具有收藏爱好的少数人群具有很高的价值,但对于普通大众而言却没有什么吸引力。因为收藏爱好者广泛地分布在世界各地,所以通过网上拍卖形成一个全球的收藏品市场对实现收藏品价值至关重要。

② 网上拍卖更适用于B2B市场,B2C拍卖成功的关键是吸引到足够多的最终用户参与拍卖,这通常比较困难,但B2B则可以通过邀请到行业中的重要买主而形成市场,B2B拍卖一般经常被用来处理积压产品、闲置设备和其他呆滞资产,拍卖使得这些资产的流动性大大增强。

③ 网上拍卖还适用于不易存储的短寿产品,如生猪、生羊或者鲜花,通过拍卖销售这些产品可以加快这些产品的流通速度。

5.4.2 网上拍卖主要的管理问题

决定要把网上拍卖作为一个销售渠道的企业需要考虑以下几方面的问题。

(1) 拍卖方式的选择。作为一种主流的拍卖方式,英式拍卖可以满足大部分企业的需求,因为英式拍卖是人们最熟悉的一种拍卖方式,所以可以吸引更多的人参加,从而有助于增加拍卖商品的流动性。但是,在特殊情况下,企业可以考虑使用其他的拍卖方式,例如,在拍卖短寿产品时,可以考虑使用荷兰式拍卖,这可以最快地出清货物。在一些极端的情况下,企业甚至还可以自己专门设计一套拍卖规则。

(2) 最低保留价的设置。企业为拍品设置最低保留价通常有两个目的,一个目的是防止意外的低价出现，另一个目的是用较低的价格鼓励人们的参与。如果企业想通过保留价达到前一目的，则可以隐藏该保留价，否则，企业应该通过公布最低价来鼓励人们参与。最低保留价的水平设置不当会给企业造成损失，例如，保留价过低会给竞买者发出一个错误的信息，使他们倾向于叫出较低的价钱，这必然会使拍品以较低的价格成交。相反，如果保留价过高，会打击人们参与的积极性，降低拍品的流动性。

(3) 买断价的设置。买断价的意思是任何参加拍卖的人可以以该价格一举获得该商品，显然，买断价是拍卖人对拍品的最高期望价。对于只此一件的商品而言，该价格可以鼓励志在必得的竞买者以这一价格买下拍品；对于有多件库存的商品而言，买断价类似于"建议零售价"，企业通常会设置稍高的买断价来鼓励竞买者出价，同时，像"建议零售价"一样，稍高的买断价还可以增加中标者的满意程度。

(4) 对欺诈的防范。EMarketer和互联网欺诈观察机构(Internet Fraud Watch)的研究都表明，网上拍卖是欺诈活动最为猖獗的一个领域，因此，打算将拍卖作为销售渠道的企业必须采取措施以免成为欺诈的受害者。企业可以采取以下措施来保护自己。

① 使用有保障的支付方法，如信用卡支付或者一些流行的微支付系统，这些支付方法可以保证企业收到货款。

② 利用拍卖网站的评级系统对用户的信用进行评价，依据用户的信用记录来选择交易的方式，如对信用不良的用户一定要坚持款到发货，对新的用户则可以考虑授予小额的信用。

③ 使用担保系统或者其他中介服务，像SafeBuyer.com和Escrow.com这样的中介机构可以为拍卖的各个参与方提供保障。

5.5 社会媒体营销

2003年，社会交往网站Myspace的横空出世标志着信息革命的发展进入了一个新的时期——互联网草根革命时期。在这一时期，互联网用户的队伍空前壮大，在互联网工具和资源的支持下，网络用户释放出了巨大的能量，他们在网络空间创建了无比丰富的内容(如维基、网络日志、产品评论等)，还承担了很多极具商业价值的任务(如协同过滤、P2P分布式计算等)，同时也创造了一种前所未有的新媒体——社会媒体(social media)。经过10年时间的发展，社会媒体营销(social media markting，SMM)已经成为了一种主流的网络营销方式，大有赶超搜索引擎营销之势。根据SocialMediaExaminer公司资助的一项研究[①]，在2013年，有97%的营销者使用了社会媒体营销，有86%的营销者认为社会媒体营销对他们企业意义重大，这两个百分比都比2012年增长了3个百分点。

5.5.1 社会媒体营销的概念

社会媒体是相对于传统媒体或者大众媒体而言的，它指的是由网络用户制作并通过某些网络服务(网志空间、社会化标注、视频共享等)在一定范围共享的文本、图片、视频或音频内容。社会媒

---

① 研究报告见http://www.socialmediaexaminer.com/SocialMediaMarketingIndustryReport2013.pdf。

体的形式多样，其主要形式有电子论坛、网络日志、维基和社会化标注(social tagging)等。社会媒体和传统媒体最大的区别不在于它所使用的技术或者所采用的表现形式，而在于它的社会属性。传统媒体基本上是通过由媒体公司控制的一对多的单向传播渠道广播(broadcast)内容，而社会媒体则是通过由网络用户自己规制的多对多的交流平台来共享内容。不论是在内容的制作还是内容的传播方面，社会媒体都必须依赖于网络用户之间的相互作用。如果不强调社会媒体的媒体特性，社会媒体还可以被称为参与性网络(participative web)或社会网络(social web)，社会媒体的内容有时也被称为用户创作的内容(user-created content，UCC)或者用户制作的内容(user-generated content，UGC)。

社会媒体营销指的是运用各种社会媒体来推广自己所要传播的内容。SMM包括两个方面：一是发挥自己的创造性，制作并在社会媒体网站上发布与众不同的新鲜内容。这内容要具有类似病毒的感染力，不仅能够引起人们的注意，吸引大家来评论，而且能让读者在看过以后产生一种要把它推荐给别人的冲动；二是在内容页面上放置社会媒体服务(如Digg、Reddit或者Del.icio.us)的链接，以便让访问者能通过社会化标注等方式把它推荐给社会媒体的更多用户。

社会媒体营销可以让自己的内容在特定的人群中广泛传播，宣传自己的产品和服务，并通过互动建立与目标群体的感情纽带，巩固自己的品牌与目标群体间的关系。社会媒体营销还可以从用户那里获得意见反馈，甚至获得经营的思想和灵感。社会媒体营销还可以通过特定内容引发忠实用户的共鸣，让他们创建更多甚至更好的内容，进一步推广和强化自己的品牌。营销者认为社会媒体营销有以下作用(见图5-5)。

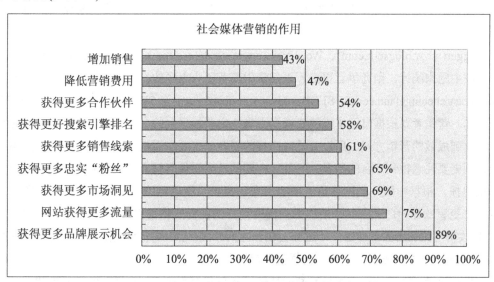

图5-5　社会媒体营销的作用

资料来源：Michael A. Stelzner. 2013 Social Media Marketing Industry Report

社会媒体营销有很多形式，起步较早、人们研究较多的网络日志营销(blog marketing)就是其中的一种，其他的形式还有维基营销(Wiki marketing)、微博营销(Twitter marketing)、社会交往网络营销(SNS marketing)和社会媒体优化(social media optimization，SMO)等。以上列举的社会媒体形式的得名基本上都来自营销所使用的社会媒体形式，只有SMO是个例外。SMO其实是社会媒体营销和搜索引擎营销的一个交叉地带，指的是利用社会媒体进行搜索引擎优化。

不论社会媒体营销营销采用哪一种形式，它们都必须依赖社会媒体，而社会媒体本质上是由一个个虚拟社区构成，因此，社会媒体营销实质上是虚拟社区营销的一种。在原理上，虚拟社区营销的一些基本原理和方法仍然适用于社会媒体营销。但在具体操作上，因为不同类型的社会媒体各有特点，所以不同类型的社会媒体营销就有各自的特殊方法。由于篇幅所限，以下先介绍社会媒体营销的一般方法，然后选择微博营销做重点考察。

5.5.2 社会媒体营销的步骤和方法

社会媒体营销的实施应该遵循一定的步骤展开，每一步都要讲究方法。

第一步：定义社会媒体营销的目标人群和社会媒体营销的目的。社会媒体的用户很多，但由于社会媒体是一个非常散乱的媒体，营销者只有弄清楚了自己的目标用户是谁以及他们使用哪些社会媒体，才有可能选择适当的社会媒体。了解目标用户所使用的社会媒体非常简单，营销者只要在各大搜索引擎和部分特殊搜索引擎(如播卡搜索引擎PodNova和网志搜索引擎Technorati)上搜索相关关键词就可以做到。当然，有时候营销者要对找到的社会媒体内容(如网络日志)进行追踪，以便发现更多更合适的内容。同样，社会媒体的选择还要充分考虑自己的营销目的，适合发布新产品和服务的社会媒体对开展消费者教育未必适合。

第二步：确定要使用的社会媒体网站。营销者要根据从第一步获得的信息对有关社会媒体网站进行评估，根据它们对自己营销目的的有效性，确定出最适合的一个或几个作为营销的主平台。社会媒体分为多种类型，如网络日志网站、播卡网站、在线视频网站、图片共享网站等，每一类网站一般都有若干竞争者。例如，热门的网络日志平台网站就有LiveJournal(www.livejournal.com)、Blogger(www.blogspot.com)、WordPress(www.wordpress.com)、Bloglines(www.bloglines.com)等。如果按主题来统计，则竞争者更多，以搜索引擎营销为主题的有影响的网志就有Search Engine Land(www.searcheningeland.com)、SEOBook(www.seobook.com) 、SEOmoz(www.seomoz.org/blog)等10多个网志。营销者要根据自己掌握的资源多少来决定营销平台的个数。社会媒体营销是必须持续投入才能收到成效的营销方式，所以开始时选择的平台一定要少而精，如果同时选择的是不同类型的平台，则更要注意控制平台的数量。另外，中国的社会媒体营销者要注意到中国网络用户使用社会媒体的习惯，根据中国互联网络信息中心发布的报告，中国网络用户比国外用户更喜欢共享视频和音乐，更喜欢使用聊天工具，所以面向国内用户的社会媒体营销者应该优先考虑视频(如土豆网)、音乐共享网站和聊天群使用，不过社会化标注网站(如豆瓣网)、百度知道和社会交往网络网站(如校内网)也有自己的忠实用户群体，同样值得营销人注意。

第三步：熟悉所选取的社会媒体网站的特性，参与其中的对话，在适当的时候创建并发布自己的有病毒感染力的内容。不同的社会媒体有着不同的特性，网络日志适合发布个人感受，推荐和共享网站(如Digg、Youtube等)适合传递热门新闻，维基则适合传播客观知识，社会交往网络网站适合举办活动。同时，不同的媒体社区还有自己特殊的文化，营销者必须用一段时间来研究该社区的礼仪和行话，从参与那里的对话开始，逐步过渡到发布自己的内容。在情况不明的时候贸然发言可能会引起反感，这种反感有可能在很长时间都不会消失。在发布内容时，创意是极其重要的，好的创意的病毒感染力可以是惊人的。例如，Blendtec公司是一家生产商用以及家用搅拌机的企业，它们的产品和中国的豆浆机看似差别不大，但其实加工能力很强，该公司利用这一点制作了一系列的视频"这个能搅拌吗"①发布在视频共享网站Youtube上。视频的构思非常简单，就是由公司的创始人汤姆(Tom Dickson)亲自出马，为人们演示公司的搅拌机能够搅碎的各种东西，这些东西有耐克鞋、高尔夫球、MP3播放机等，该系列的视频受到的欢迎远远超出了人们的预期。在2008年10月，已经有240多万人观看了这一系列的视频，并有超过11万人订阅了该频道。耐克Nike+型跑步鞋的SNS营销也极有创造性，耐克在Nike+型跑步鞋的鞋垫下放置了一种特制的感应器，该感应器可以和iPod相联，记录下每次跑步的信息，用户可以把iPod记录的信息导入电脑发布到社会交往网络网站，以便和其他人的信息进行比较。这样，使用Nike+型跑步鞋的跑步爱好者之间就建立起了联系，达到相互切磋相互鼓励的效果。使用这一手段，耐克不仅对这一革新产品进行了有效的推广，而且发展了同顾客的关系，强化了自己的品牌。

第四步：适当推广自己的内容。内容在社会媒体上的传播有很强的网络效应，营销者在开始发布消息时必须对自己的内容进行初步的推广，这时候，动员自己公司的员工乃至发动自己的亲朋好友来评论或者推荐该内容都是非常有效的方法，但这会涉及营销的伦理问题，我们将在稍后讨论。需要牢记的是，最初的竞争是排名的竞争而不是绝对数量的竞争，最初的一点点落后就会导致最后的天壤之别，所以，要对开始阶段的初步推广足够重视并投入充足的资源。

第五步：测量并评价社会媒体营销的效果。社会媒体营销的效果通常不会立刻显现出来，而是需要一个季度甚至更长的时间。但是，营销者不能坐等效果的显现，而是要运用网络工具对营销的效果进行持续的测量和评价，社会媒体本质上是可测的媒体。例如，可以用Google的Page Rank值、Alexa的Rank值、Bloglines的订户数量以及Technorati的权威值来评价网络日志的效果，社会交往网络营销的成果则可以从好友的个数进行初步判断。在这一步，营销者还要关注社会媒体用户对自己内容的反应情况，了解有多少用户注意到了营销内容，多少用户对它做出了正面的回应，多少做出了反面的回应。

第六步：分析并改进自己社会媒体营销的策略。营销者根据第五步的结果以及自己的营销目标来对自己的营销策略做出评价，并对其进行不断的改进。

需要强调的是，社会媒体营销很少孤立起来使用，将社会媒体营销同传统营销以及其他网络营销方式结合起来使用，可以起到事半功倍的效果。SocialMediaExaminer公司资助的研究显示，有79%的营销者将他们的传统营销和社会媒体营销做了整合。Emailanswers公司则发现，邮件中增添社会分享按钮可以使邮件中链接的点击率提高115%。

为了对社会媒体营销有一个更清楚的认识，下面将专门考察一种非常重要的社会媒体营销——微博营销。

● 5.5.3 微博营销

2010年开始，微博进入了一个大发展时期。今天的微博平台几乎成了一个全功能的社会化网络信息平台，在网络日志、SNS、社会化标注、照片分享等标准的Web 2.0应用之外，很多微博平台还附带有即时通讯、网络游戏、电子商城(微商城、微卖场)、虚拟社区(微群)等传统应用。同时，主流的微博平台大多实行平台开放，允许第三方软件商为微博用户开发出新的应用。如今，在世界范围内，虽然网络搜索仍然是网络用户使用最多的网络应用，但由于微博网站具有更高的粘性，网络用

---

① 见http://www.youtube.com/blendtec。

户在微博平台上花费的时间实际上已经超过了在搜索引擎网站上所停留的时间,微博平台因此成为了网络营销者的必争之地。对于营销者而言,微博是一种多功能的营销工具,可以执行多种营销任务:市场调研、产品推介、客户关系管理、品牌传播、危机公关、促销乃至直接销售。与搜索引擎营销一样,微博营销是一个技巧性很强的网络营销领域,要做好微博营销,不仅要掌握相关网络营销理论,而且还必须从干中学,通过实际操作来掌握微博营销的各种技巧。随着微博营销逐步成为网络营销中一个相对独立的重要领域,市面上有关微博营销的书籍开始大量涌现,限于本书篇幅,这里只强调微博营销的以下要点。

(1) 选择合适的微博平台。互联网上有很多不同的微博平台可供网络营销者选择,国内的新浪微博、腾讯微博、网易微博、搜狐微博以及国外的Twitter让每个网络营销者都眼花缭乱。由于微博应用有显著的锁定效应,企业一旦选择了一个微博平台,就会在这个平台上持续投入,构建和扩充内容,编织自己的关系网络。这种投入大部分属于交易专用性投资(transaction specific investment,TSI),离开这个平台,这部分投资将失去价值,因此,企业在选择微博平台时必须非常慎重。选择微博平台需要有一定的标准,这个标准当然不是个人的好恶,而是要根据微博平台的市场占有率、用户的人口统计特征、微博平台的功能以及微博平台运营商的实力等多种因素对备选的微博平台进行综合评价,再结合企业微博营销的长期战略规划慎重选择。例如,虽然从账号总数上讲,中国的腾讯微博和新浪微博可能都超过了Twitter,但如果企业主要从事外销,面对的是国外市场,那么在新浪微博和腾讯微博上开设企业微博账号就不如在Twitter上开设效果好。如果企业规模较大,条件允许,企业当然可以同时在多个微博平台上创建企业微博账号,但这样做可能会带来一些问题,企业必须对此有充分认识。可能出现的问题包括即使使用了恰当的微博管理工具,运作管理多个账号也肯定需要更多的人力投入;不同平台的多个账号之间的协同配合会有一定难度;一些账号间形成竞争,使粉丝分散,不利于形成网络效应。

(2) 熟悉微博平台提供给用户的各种功能。微博平台的功能繁多,非常复杂。单是微博的发布就不是简单的发帖,而是融入了许多有用的功能,如新浪微博就允许用户自主设定话题、发长微博、发起投票以及@特定用户。查看微博也有不少特殊功能可供用户使用,如对微博进行搜索、以特定方式显示微博、转发微博、评论微博、收藏微博等。在微博的发布和查看这两个基本功能之外,微博平台还可以提供其他的应用,而其中许多应用在营销上都能起到重要的作用。例如,新浪微博平台上就有微群、微访谈、微直播、微活动、微任务、微数据、微调研等几十种对营销非常有用的应用。熟练掌握这些微博功能的使用,对微博营销的策划以及实施都有很大帮助。

(3) 选用强大的微博管理工具。行家和生手的差异往往在于前者懂得使用恰当的工具。微博营销有很多工具可供使用,使用这些工具可以显著提高生产率,节省大量的人力。微博工具非常多样,有在移动终端使用的工具,也有在PC上使用的桌面工具,有功能单一针对特定平台的工具,也有多功能的可以跨平台使用的工具。微博工具可以帮助用户完成很多微博营销任务,如对特定主题(如企业品牌)进行跟踪、定时定期发布消息、多平台多账号管理等。目前世界上最流行的社会媒体营销工具是加拿大Hootsuite公司的Hootsuite软件,该软件功能强大,能同时管理多个主流社会媒体平台上的账号,而且支持团队工作,即使免费版的Hootsuite也允许两个人协同工作。企业在挑选微博营销工具时可以先根据专家评议意见以及用户口碑选择几种试用,根据试用结果进行最后取舍。企业在选择微博管理工具时特别要注意的是工具的伦理倾向,例如,有些工具是专门为减轻网络水军工作量而设计的(如各种刷粉丝工具),这类工具对企业微博营销帮助不大,而且还可能产生负面影响。

(4) 做好微博营销与其他营销的整合。微博是营销上的多面手，但在完成单一任务方面却可能不及其他的营销方式，这时，就需要微博营销和其他营销方式(如传统广告、电子邮件营销、搜索引擎营销、在线销售等)配合进行，以实现整合营销的效果。

5.5.4 案例：柯达的社会媒体营销

柯达公司的传统业务在数字革命中遭受了巨大打击，但柯达公司也抓住了数字革命提供的机会发展了自己的数码影像业务，为了奠定自己在新业务中的领先地位，柯达公司通过社会媒体营销发展它同数字时代用户的关系。

柯达公司的社会媒体营销开始于2006年9月，它从推出自己的网络日志"千字文"(A Thousand Words)开始，在自己的网络营销中越来越多地运用了社会媒体。这些社会媒体包括播卡、Twitter、社会交往网络系统、图片共享、视频共享以及社会化标注。柯达公司社会媒体营销的目的是传播自己公司、产品和服务的信息以及维护与发展同柯达顾客的关系。

柯达公司的社会媒体营销由詹妮·西斯尼(Jenny Cisney)负责，詹妮·西斯尼在公司的头衔是首席博客(chief blogger)，这一职位是柯达公司在2008年4月才设置的。柯达公司的品牌传播和媒体整合主管也参与社会媒体营销的管理。柯达公司还设有一个内部网络日志委员会，委员会定期召开会议，和来自柯达各个职能部门和事业部的代表讨论问题。柯达公司的员工博客来自公司的各个岗位——技术人员、研发人员、营销人员、品牌经理等。

目前，柯达公司在自己的网站上共开办了三个网志：千字文、联机(plugged in)和做大你的企业(grow your biz)。这三个网志与柯达公司的三大业务相对应，千字文以摄影和影像为中心，联机以柯达数字产品和服务为中心，做大你的企业以柯达的图像印刷连锁业务为中心。柯达公司网志的作用体现在两个方面：从内部而言，网志为员工提供了交流和分享个人经历、感受的机会，增进了员工的自豪感和敬业精神，提高了企业的凝聚力，这对吸引新员工到柯达公司工作也有积极作用；从外部讲，柯达公司的网志增进了顾客和读者对柯达的了解，不仅让他们知道柯达公司新推出的服务，学到了使用柯达产品的更多技巧，而且还让他们了解了柯达所做的创新如何改变了世界。网志让人们了解到柯达公司人性化的一面，让他们能够自由地表达自己的看法，这样，柯达还能从读者的反应中获得宝贵的信息。

如今，柯达公司已经把社会媒体营销当成了其整合营销传播策略的一个重要组成部分。每当柯达在发布新闻的时候，都会考虑同时发布网络日志、制作一段播卡或者在Youtube上发布一段视频资料，还会马上在Twitter、Facebook和其他的站点上发布这一消息，而且柯达还会用Delicious这一社会化标注工具来扩大新闻内容的影响，进一步扩大新闻传播的范围。柯达公司还把每一次重大事件的发生当成是进行社会媒体营销的绝好机会。2008年北京举办奥运会的时候，柯达的首席博客詹妮亲自出马，带着自己的柯达数码相机和笔记本奔赴现场，每天都把自己在北京的所见所闻写成网志发布在千字文上。詹妮的日志图文并茂，既有对气势恢弘的开幕式的报道，也有对自己在北京见闻的记述，通过这些日志，读者们在了解奥运会的很多幕后新闻和北京风土人情的同时，还了解到柯达在奥运会上发挥的作用——柯达不仅为摄影爱好者和专业摄影记者提供了数字冲印服务，还承担了奥运会官方证件、明信片和简讯的印刷。詹妮的网络日志不仅包含有大量的在奥运会现场和在北京旅游途中拍摄的图片和视频，而且还有拍摄这些图片和视频的技巧提示，它们生动地阐释了柯达"制作、管理和传递图片和信息"的价值主张。2008年，柯达还利用赞助全美职业高尔夫巡回赛的机会发动了一轮社会媒体营销攻势，除了召开新闻发布会和利用传统的新闻媒体发布消息，柯达还推出了若干以柯达挑战赛为主题的网络日志和播卡，在YouTube上发布了视频新闻，在Flickr和Facebook上发布了新闻图片，而且还利用Twitter和Delicious来扩大这些内容的影响力。

柯达公司在社会媒体营销上的投入获得了很好的回报，他们的社会媒体营销实践获得了专家的好评，连《商业周刊》这样的权威媒体也对他们的社会媒体营销进行了报道。柯达公司还应邀在BlogWorld和BlogHer这样高级别的社会媒体会议上发言，各种网络日志和在线文章对柯达网络日志的链接更是大量增加，他们还收到了大量读者通过网络日志和电子邮件发回的反馈信息。2008年年初，柯达的网络日志还获得了好几个奖项：美国企业奖(Stevie奖)、互动媒体奖以及美国公共关系学会颁发的Anvil铜奖。

5.5.5 社会媒体的死掰问题

社会媒体死掰(social media spam)指的是出于某种商业目的(或政治目的)隐瞒身份在社会媒体上发布带有偏见的内容并试图达到对社会媒体的某种程度上的操纵。很明显，社会媒体死掰属于对社会媒体的滥用。近来，随着社会媒体商业价值的日益突显，社会媒体死掰成为了一个不容忽视的问题。

社会媒体的价值在于众多的网络用户可以自由地表达和传播思想，社会媒体死掰则会危及社会媒体的可信性。Jupiter公司的一次调查表明有70%的用户对社会媒体上的产品信息并不信任。一些提供社会媒体死掰中介服务的网站的出现更加深了人们对社会媒体的怀疑。例如，PayPerPost(www.payperpost.com)是一个给博客付费让他们写有关某些产品的网志的中介网站，User/Submitter(www.usersubmitter.com)则是一个付费给用户让他们在Digg上推荐某篇新闻的中介网站。2008年10月5日，该网站给出的价码是每推荐3篇新闻可以得到0.5美元的酬劳，被收买的网络用户发布的内容的公平性和公正性当然值得怀疑。2009年年末，User/Submitter因为原有的商业模式在道德方面存在较大争议而停止了对有偿推荐的中介服务。PayPerPost虽然仍然在充当有偿发表网络日志的中介，但已经明确提出了企业及博客各自应当承担的道德义务，要求有偿发布网志的博客必须声明该网志接受了企业赞助，同时也要求企业不能因为博客在日志中表达了自己的真实意见(一般是对企业的负面评价)而拒绝支付已经承诺的报酬。

由此可见，开展社会媒体营销也需要考虑营销的伦理问题，有关网络营销伦理战略的问题将在第9章详细讨论。这里仅仅指出社会媒体营销的伦理底线和理想境界。

营销人的伦理底线非常清楚，就是必须遵守有关法律法规。为了避免陷入法律问题的细节，这里仅举两例。博客在发布网络日志时，他言论自由的权利会受到某些限制，例如，在大多数国家，博客都不能公开诬陷和诋毁他人，在很多国家，博客也不能传播淫秽内容。电子前线基金会(Electronic Frontier Foundation)的网站上发布有一份非常全面的《博客法律指南》[1]，而创新性公产基金会的网站上则有一份《播卡法律指南》[2]，两份指南对利用社会媒体可能涉及的法律问题做了很好的阐述。2013年，我国有一批从事社会媒体营销的网络营销企业因为在网络上造谣、传谣被提

---

[1] 全文见http://w2.eff.org/bloggers/lg/。
[2] 全文见http://mirrors.creativecommons.org/Podcasting_Legal_Guide.pdf。

起诉讼,这些企业不仅违背了行业的道德规范,也触犯了相关法律。

从事社会媒体营销经常会碰到的一个问题是公司会发动员工按照公司的社会媒体营销计划来发布或推荐内容,这虽然带有社会媒体死掰的嫌疑,但又很难说这种做法就是属于不道德的商业行为。在这种情况下,最合乎伦理的做法应该是给公司员工使用社会媒体的最大的自由。一般认为,公司只能限制员工发布泄露公司商业秘密的内容,按照这一标准,公司如果想通过员工达到预期的社会媒体营销效果,就只能通过内部营销的方式来进行而不能通过命令这样的强制手段。

本章内容提要

网络营销无需自建网站也可以进行,无网站的网络营销包括电子邮件营销和虚拟社区营销两种形式。

电子邮件营销是最常用的网络营销方式之一,它最大的优势在于保持老顾客。签名档和自动应答器是电子邮件营销的两种基本工具。电子邮件营销的常见策略包括列表管理策略、创意策略、群发策略、频次策略和安全策略,在具体操作上也有一些技巧,如A/B测试。电子杂志营销是许可电子邮件营销的一种,电子杂志的推广对电子杂志营销的成功非常重要。

虚拟社区是社群在网络世界的对应物,常见的虚拟社区有交易社区、兴趣社区、关系社区和幻想社区4种。虚拟社区营销有很多种,电子商城营销和网上拍卖都是虚拟社区营销的具体表现形式。虚拟社区的发展面临着信任不足和机会主义等问题,营销者可以通过建立激励机制、形成社区核心、培养社区文化、维护社区安全以及组织离线活动等措施来发展和壮大社区。利用电子商城开展网上销售具有进入门槛低、退出容易、能获得专业的技术和营销支持以及可信度高等优点,但从长远看费用比较高,而且对企业创建自主品牌不利。网上拍卖与传统拍卖相比有很多优势,网上拍卖市场已经成为了一个有效的常规销售渠道。参加网上拍卖的企业要选择适当的拍卖方式、设置好起拍价和买断价,还要注意防范欺诈。社会媒体营销是近年来新兴的一种网络营销方式,它在本质上属于虚拟社区营销的一种。社会媒体营销方式很多,包括网志营销、维基营销、SNS营销、微博营销、社会媒体优化等,不同的方式有各自的方法和技巧。在从事社会媒体营销时一定要注意社会媒体死掰问题。

复习思考题

1. 电子邮件营销长期以来一直是最重要的网络营销方式之一,但近年来却增长乏力,有一种观点认为电子邮件营销会被其他新兴的网络营销方式所取代,你如何看待这一问题?
2. 你认为是否存在善意的垃圾邮件,应该如何看待垃圾邮件营销?
3. 电子邮件营销是否会完全取代直邮营销?
4. 虚拟社区为什么有巨大的商业价值?
5. 在淘宝开店获得成功的必要条件有哪些?
6. 为什么网上拍卖市场可以成为一种常规的销售渠道?
7. QQ群是在中国网络用户中很流行的一种应用,试着研究一下它在网络营销中的价值以及实现其营销价值的方法。

@ 网上资源

电子邮件营销报告(www.email-marketing-reports.com)：是一个内容非常丰富的电子邮件营销资源网站，该网站收录了大量的文章、访谈录和网站链接。文章按照内容分成了54个主题领域，涉及电子邮件营销的各个方面，如反垃圾邮件法、各类案例、文稿写作、递达率、战略和战术、着陆页、电子杂志、列表管理、测量等，网站上还有RSS和电子邮件营销的关系以及移动电子邮件这样一些新鲜内容。该网站上的内容无须注册就可浏览。

电子邮件实验室(www.emaillabs.com)：是一家领先的电子邮件营销解决方案提供商，该公司的网站上开辟有一个资源栏目(www.emaillabs.com/tools)，该栏目收罗了大量电子邮件营销方面的文章、工具、统计数字、最佳实践、常见问题、出版物、参考网站、词汇表等非常有用的资源。更可贵的是，这里的大部分资源访问者无需注册就可以使用，非常方便。该网站是电子邮件营销人的一个首选参考网站。

美国直复营销协会网站(www.the-dma.org)：是我们曾经介绍过的一个网站，这里有丰富的同直复营销有关的资源。而电子邮件营销作为新近崛起的一种直复营销方式受到了该组织越来越多的重视，在这里可以找到许多权威的统计数据。

☀ 参考文献

1. [美]Brenda Kienan著.天宏工作室译. 21世纪智能商务解决方案——电子商务. 北京：北京大学出版社，2001

2. [美]阿兰·奥佛尔，克里斯托福·得希著. 李明志等译. 互联网商务模式与战略：理论与案例. 北京：清华大学出版社，2002

3. Philip Kotler, Gary Armstrong. Principles of Marketing(9th ed.). 北京：清华大学出版社，2001

4. [美]塞思·戈丁著. 罗美惠，马勤译. 许可营销——将陌生人变成朋友，将朋友变成顾客. 北京：企业管理出版社，2000

5. [美]James T.Perry, Gary P.Schneider著. 陈锡筠，刘建昌译. 电子商务新视野. 北京：清华大学出版社，2002

6. 罗家德. 网络网际关系营销. 北京：社会科学文献出版社，2001

7. 刘向晖. 从许可营销看21世纪的营销策略创新. 经济师，2003(04)

8. [美]莎侬·金纳德著. 陈铁晶译. E-mail营销. 北京：中国三峡出版社，2001

9. 冯英健. E-mail营销. 北京：机械工业出版社，2003

10. 曹麒麟，张千里. 垃圾邮件与反垃圾邮件技术. 北京：人民邮电出版社，2003

11. [美]乔治·邓肯著. 杨志敏，杨建民译. 直复营销：互联网、直递邮件及其他媒介. 上海：上海人民出版社，2003

12. 闫岩. "微力"无穷：微博时代的实时营销与公关. 北京：台海出版社，2012

13. 刘少华. 微投资，巨收益：微博营销实战手册. 北京：化学工业出版社，2012

14. 刘东明. 微博营销：微时代营销大革命. 北京：清华大学出版社，2012

15. 戴建中. 网络营销与创业. 北京：清华大学出版社，2008

16. 陈飞，彭文芳. 网上开店与创业. 北京：清华大学出版社，2009

17. Charles Dennis, Tino Fenech, Bill Merrilees. e-Retailing. New York: Routledge, 2004

18. Herschell Gordon Lewis. Effective E-Mail Marketing: The Complete Guide to Creating Successful Campaigns. New York: AMACOM, 2002

19. Larry Weber. Marketing to the Social Web: How Digital Customer Communities Build Your Business. Hoboken: John Wiley & Sons, 2007

20. Graham Vickery, Sacha Wunsch-Vincent. Participative Web and User-Created Content: Web 2.0, Wikis and Social Networking. Paris: OECD Publishing, 2007

21. Jan Zimmerman. Web Marketing for Dummies. Hoboken: Wiley Publishing, 2007

第6章 基于网站的网络营销

本章学习目标

在学过本章之后,你应该能够:
- 运用利益相关者理论框架分析网站建设目标。
- 了解网站设计的基本思路。
- 了解网站建设的基本过程和主要问题。
- 了解选择域名的主要标准。
- 运用测试站点对网站性能进行测试。
- 掌握网站推广的主要方法,熟悉搜索引擎营销的主要问题。
- 掌握常用搜索引擎营销工具的使用。
- 了解病毒营销的概念和基本方法。
- 掌握在线销售的产品选择和定价策略。
- 了解个性化网站的利弊。

在许多人眼里,电子商务就是建设企业网站,尽管这一看法过于简单化,但这恰恰也说明了企业网站在电子商务和网络营销中所具有的特殊地位。基于网站的网络营销的基本内容是建设网站、推广网站以及利用网站完成特定的营销任务。

6.1 网站的基本概念

6.1.1 网站的概念

广义的网站包括Gopher站点、Web站点和FTP站点,但现在所说的网站一般指万维网站(website或web site),是指可以通过浏览器访问的某个服务器上存储的一组文件以及附属的数据库,文件组中可能包含文本文件、多媒体文件以及应用程序文件,可以通过网页上的超链接实现文件间的跳转。不同的网站从外观、规模到功能可能会有很大差别,有的网站设计得十分考究,有的做工却极其粗糙;大的网站可以包含数万个网页,小的网站可以不足十个网页;有的网站只能发布静态信息,有的网站却可以实现在线交易,并且支持许多个性化的功能。

网站主页通常是网站域名所对应的网页,它的文件名一般为index或者default,扩展名则可能是html、htm、asp、php、jsp等中的一种。网站主页通常是整个网站的入口,因此是网站中访问量最大也是最重要的页面。不过,如果知道内容页面的URL或者通过其他页面上的链接,访问者也可以跳过主页直接进入网站的内容页面。根据Netcraft公司(www.netcraft.com)对服务器软件的调查，截至2013年8月，全世界至少有716 822 317个网站，Netcraft公司预计，全世界的网站将在2015年突破10亿个。

6.1.2　企业网站的分类

根据网站所有人的不同，网站可以分为个人网站、政府网站、企业网站和非营利机构网站等类型，我们这里最关心的当然是企业网站。企业网站可以按照不同的标准进行分类，详述如下。

1. 按照采用的技术分类

按照建设网站采用的技术不同，可以把网站分为静态网站、动态网站、移动网站和虚拟现实网站。

(1) 静态网站。在用户访问网站的过程中，服务器端没有应用程序(通用的服务器程序除外)运行的网站称为静态网站。它的特征是网站主页通常是以htm或者html为扩展名的文件。静态网站并不是所有内容都静止不动的网站，它可以包含动画，也可以包含多媒体文件，文件中甚至可以包含在客户端运行的小脚本。

(2) 动态网站。在用户访问网站的过程中，服务器端有数据库应用程序运行的网站称为动态网站。它的特征是网站主页通常是以asp、php或者jsp为扩展名的文件，网站页面通常根据指令通过调用数据库动态生成。

(3) 移动网站(mobile website)。移动网站是更适合通过手机访问的万维网站点，以前设计移动网站要使用的是一种特殊的无线标记语言(wireless markup language，WML)，随着无线通信技术的发展，新的WAP 2.0版本已经开始支持XHTML和CSS。这不仅提高了移动网站的可用性，而且还使它的设计变得更为容易。虽然更新的移动万维网浏览器已经可以支持HTML5语言，这就使用户可以用手机访问常规的网站，但建立专门为移动用户设计并进行优化的移动网站仍然是很有意义的。

(4) 虚拟现实网站。基于虚拟现实技术的网站，它使用X3D(3D computer graphics)以及VRML(virtual reality modelling language)来创建三维立体的效果。虚拟现实网站被认为在广告、产品陈列台、虚拟社区、历险游戏、虚拟旅游方面都有很大的应用潜力，但虽然宽带网络有了很大的发展，虚拟现实技术的应用目前仍然非常有限。

2. 按照功能分类

按照开办企业网站的目的和实现功能的不同，企业网站可以分为营销网站、公关网站和交易网站三大类型。其中营销类网站最为普遍，主要功能是展示公司的产品和服务、开展促销活动或者提供顾客服务，可进一步划分为以下类型。

(1) 信息手册型网站。网站最基本的功能就是充当企业网上的宣传手册和产品目录，最早的网站大多属于这种类型。这种网站易于制作和维护，也非常实用，既可以介绍公司的产品和服务，也可以介绍公司的基本情况。同印刷的手册相比，网站更新容易，传播更广，并且费用相对低廉，但是信息手册型网站的目的并不在于取代手册，而是作为一个有用的补充。这样既可以节省编辑费用，又可以发挥两种媒体各自的优势，毕竟，印刷的手册画质更精良，并且携带方便，这都是网站所不具备的优点。

(2) 客户服务型网站。企业可以利用网站实现和客户的双向沟通，向客户提供技术支持服务，开办技术服务型的虚拟社区也有利于为客户提供增值服务，软件公司还经常利用网站为客户提供软件升级的机会。

(3) 虚拟社区型网站。这类网站的主要目的是支持虚拟社区，进而利用虚拟社区开展营销，如做市场调查或者发布促销信息。

公关网站可以办成宣传手册型网站，也可以办成虚拟社区型网站，还可以办成媒体型网站。另外，企业文化型网站也属于公关网站的一种形式。企业文化型网站的目的是改善企业的公众形象，例如，茶叶生产企业可以通过开办宣扬茶文化的网站来提升公司的形象。

营销网站的目的是推广公司的产品和服务，而交易网站则本身就提供增值服务，最有代表性的交易网站有电子商店型网站、服务型网站、媒体型网站、门户型网站、工具型网站和商务平台型网站等几种类型。

(1) 电子商店型网站。这种网站是企业的又一个分销渠道，可以作为其他分销渠道的补充，也可以独当一面地发挥作用。这类网站不仅制作不易，运营费用高，更涉及解决渠道冲突等一系列管理难题，所以目前这种网站比较少见，通常由纯网络公司或者零售企业开办。

(2) 服务型网站。与电子商店型网站在线销售产品不同，服务型网站靠在线提供某种服务取得收入。例如，虚拟银行的网站在线提供银行服务，游戏网站在线提供娱乐服务，数据库网站在线提供信息服务。

(3) 媒体型网站。这类网站把互联网作为一种新媒体来经营，它既可以是传统媒体的在线版本，也可以是全新的网络媒体。

(4) 门户型网站。通过提供搜索、新闻和免费电子邮件服务，网站可以被设为网络用户上网的入口网站，这类网站可以获得很大的访问量。

(5) 工具型网站。为访问者提供工具书查询、文件下载等服务的网站，如提供在线字典服务的www.onelook.com和www.dict.cn。

(6) 商务平台型网站。这种网站为交易的发生提供平台和支持服务，如电子商城类的网站或者拍卖网站。

6.1.3 网站的功能

网站是功能强大的营销工具，它可以实现多重营销功能，最重要的功能包括信息发布、信息收集、信息交流和网上直销，发挥这些功能可以促进公司销售、客户服务和公共关系目标的实现。

1. 企业网站最基本的功能为信息发布

用户访问网站的主要目的是为了对公司的基本情况、产品和服务进行深入的了解，企业网站可以利用文字、图片甚至多媒体向外发布这些信息。产品展示是信息发布的一种形式，但信息发布的范围不限于产品展示。网站是一个信息载体，在法律许可的范围内可以发布一切有利于企业形象、顾客服务以及促进销售的企业新闻、产品信息、各种促销信息、招标信息、合作信息甚至人员招聘信息等。因此，拥有一个网站就拥有了一个强有力的宣传工具。对于难以用网页展示的信息(如技术白皮书等)，也可以利用网站为用户提供文件下载。

2. 信息收集是网站另一个非常有用的功能

企业收集用户资料的一个最基本的方法是会员注册。公司可以利用注册页面主动收集顾客和潜在顾客的基本资料，即便对于没有注册为会员的用户，公司也可以结合网站的具体内容和结构通过签语块技术和网站访问日志分析了解用户的浏览习惯。此外，公司还可以把网站作为市场调查的工具，通过网站上的在线调查表，主动开展品牌、顾客满意度等市场调查，获取第一手的市场资料。最后，公司还可以通过提供免费邮件服务、免费下载软件或资料、开办或支持开办虚拟社区、订阅电子期刊等方式收集用户信息。

3. 利用网站可以实现与用户的信息交流

网络是一种支持双向沟通的工具，这对于客户服务和网上调查非常有用。企业可以利用聊天室回答客户咨询或者进行焦点小组访谈，如果使用语音聊天或者电视会议则效果更佳。当然，网站通过提供通讯地址、800电话号码、传真号码、电子邮件地址来支持其他联系方式的作用也是不容忽视的。

4. 网站可以成为企业促进销售的重要工具

网上销售是直接销售的一种高级形式，它在方便支付、有针对性地进行促销、提供增值服务等方面具有优势。当然，对于为避免渠道冲突而无法开展直接销售的企业，网站可以支持店面销售、目录销售、人员销售等其他销售方式。可以使用网站发布优惠券进行促销，也可以通过在线订货、店面取货的方式进行销售，在支持目录销售方面，顾客通常可以通过网站预定产品目录或预览产品目录；企业的一线销售人员经常需要许多多媒体资料的支持，有些资料随身携带很不方便，并且无法及时更新，这时，允许这些销售人员通过访问本公司网站获得这些资料就是非常有用的。

6.1.4 企业拥有网站的利弊

1. 拥有企业站点的益处

一些读者可能已经注意到，企业网站的绝大部分功能都可以通过无网站网络营销甚至是传统营销实现，那么，创建企业营销站点的意义究竟在哪里？实际上，网站的主要用途不在于做从前无法做到的事情，而在于把从前能做到的事情做得更快、更好、更省。

例如，就信息发布而言，虽然电子邮件、虚拟社区也可以作为公司向外发布消息的渠道，但只有网站可以充当公司对外宣传的永久据点。网站不仅给希望了解公司及其产品的人提供了获取信息的便利，而且还能节省公司大量的宣传费用。企业拥有营销网站还有以下好处：

① 可以利用服务器端程序完成与客户更大程度的互动。
② 可以有效收集访问者的资料。
③ 可以提供客户服务。
④ 可以对传播方式和交易过程拥有最大程度的控制权。
⑤ 可以实现整个交易过程的电子化。
⑥ 可以支持无网站网络营销和网络广告。

2. 拥有企业站点的弊端

并非每个企业都拥有网站，因为网站为企业带来的不全是利益，也会带来一些麻烦。

一方面，创建、维护和运营一个企业站点不仅需要数目可观的前期投资，而且还意味着持续不断的投入，而在相当长的一个时期内，它带来的利益可能无法反映在现金流入上。如果不对此有一个清醒的认识并做好充分的准备，那么网站的建设便常常是虎头蛇尾，因为后期投入缺乏，网站维护便日趋停顿，一个疏于维护的网站不仅不能实现原先预想的目标，还可能适得其反，使公司的形象受到损害。因此，为了能有效控制风险，提高网站项目成功的可能性，公司管理层有必要在项目启动前对项目进行投资收益(ROI)分析。

另一方面，企业站点还会成为一些对企业具有威胁性的利益相关者的目标，企业必须对此有充分的认识并能根据情况采取一些有针对性的措施，我们将在本章对此进行较深入的讨论。

企业网站的建设

● 6.2.1　企业网站建设的利益相关者分析

1. 问题的提出

现有的网站规划过于强调对网站直接目标的分析，认为只要弄清了设立网站的目标，企业网站的内容问题就可迎刃而解。这一考虑问题的方法过于简单，因为它忽视了企业内外错综复杂的联系，没有估计到网站的发布会产生一些始料不及的外部效应。例如，一个企业希望建设一个在线销售的网站，为扩大销售，企业在网站上为访问者提供了可以很容易检索的详尽的产品信息、周到的服务以及诱人的价格，但企业可能忽略了以下方面。首先是渠道冲突的问题，企业开展直接销售必然会影响经销商的业绩，从而引起经销商的不满，甚至会导致经销商对本企业产品的抵制。其次，企业的竞争对手也是企业网站的常客，网站日志的分析结果表明，竞争者光顾企业网站的频率甚至比企业最忠诚的顾客光顾的频率还要高许多。竞争者会对网站的内容巨细无遗地加以研究，从中搜罗有价值的竞争情报。这一观察在以下案例中得到说明：福建永春县蓬壶永光工艺蜡烛有限公司从事工艺蜡烛的生产已有10多年历史，客户遍布欧、亚、非20多个国家。工艺蜡烛的制造工艺并不复杂，产品的竞争力主要来自新颖别致的造型，一款精心设计的新品工艺蜡烛一旦被竞争对手看到，不出几个小时，竞争对手就会生产出同样的产品，而仅在同永春相邻的德化县，就有与永光公司类似的工艺蜡烛厂1000多家。因此，尽管永光工艺蜡烛有限公司非常希望通过网络销售更多的产品，但从来不敢把最新的产品搬上网。永光的担忧很有道理，因为研究竞争对手的网站毕竟是收集竞争情报的第一手段。

永光工艺蜡烛有限公司的案例有一定代表性，许多制造业、服务业的企业都有这样的顾虑。因为企业建设网站的最初考虑常常是支持市场营销、提供客户服务或者开展在线销售。依照目标分析的思路，国内企业网站在内容上往往偏重于企业的自我宣传，当然比较优秀的网站会把顾客需求放在头等重要的位置，但实际上，经常光顾企业网站的不但有企业的顾客和潜在顾客，还可能有形形色色的其他人群：股东、供应商、竞争者、所在社区的居民、员工、媒体等。这些人群抱着不同的目的光临网站，希望企业也考虑到他们的需求。这些人群被统称为企业的利益相关者(stakeholder，SH)。

2. 利益相关者理论概要

利益相关者的概念最早出现在20世纪30年代美国有关企业的社会责任问题的讨论中，这一概念几经沉浮,直到1984年爱德华·弗里曼(R. Edward Freeman)教授的《战略管理:利益相关者分析》一书出版后才被人们普遍接受。该书正式将利益相关者理论引入战略管理领域,引发了一场管理理论和公司治理理论的革命。

利益相关者是指所有能够影响公司的决定、政策和运作或者受公司的决定、政策和运作影响的个人或人群。从前,企业的利益相关者以及企业与利益相关者间的关系都还比较简单,IBM的主席老华生(Thomas J.Watson, Sr.)在20世纪50年代曾经把管理层的任务描述为平衡一个由员工、顾客和股东组成的"三条腿的板凳",员工、顾客和股东正是这一时期企业要考虑的利益相关者。但20世纪70年代以来,随着企业经营环境的不断变化,企业的利益相关者关系变得日益复杂。如今企业的直接利益相关者就包括员工、所有者或股东、顾客、供应商、竞争者、分销商以及债权人,间接利益相关者则包括所在社区、社会活动家、媒体、商业促进团体、外国政府、本国各级政府以及公众。更广泛意义上的利益相关者还包括其他物种、人类尚未降生的下一代,甚至还有恐怖分子。许多学者对把恐怖分子也包括在内视为笑谈,但恐怖分子通过"9·11"事件给这些人上了生动的一课,"9·11"事件在一段时间内影响了美国的空运,许多采用JIT生产方式的企业因此停工待料,深受其害。

企业不同的利益相关者对企业有着不同的期望,同时他们对企业施加影响的方式和力度也不同。企业如果能够处理好同利益相关者的关系,利益相关者就会表现为推动企业前进的力量,反之如果任何一个利益相关者对企业的期望得不到满足,它就会表现为一种破坏力,企业经营就会遇到麻烦。依照企业利益相关者表现为合作因素或者威胁因素的可能性大小,可以把企业的利益相关者分为以下4类。

(1) 支持型的利益相关者,他们倾向于与企业合作。
(2) 威胁型的利益相关者,他们倾向于对企业造成威胁。
(3) 混合型的利益相关者,他们同企业合作或者对企业造成威胁的可能性都大。
(4) 边缘型的利益相关者,他们同企业合作或者对企业造成威胁的可能性都不大。

利益相关者理论要求企业管理层在经营决策中妥善处理与不同利益相关者的关系,平衡他们正当的权益要求,抵制非分要求,争取利益相关者最大程度的合作以便实现企业的战略目标。

3. 企业网站的利益相关者分析

因为企业的经营思想和经营业绩关系到公司各利益相关者的切身利益,所以企业的利益相关者通常都会关注企业的经营活动,而企业网站作为企业在互联网上的窗口,自然会吸引企业的利益相关者频频来访。企业必须利用网站这一前沿阵地,运用各种可能的技术手段,来统筹兼顾不同利益相关者的正当需求,使利益相关者成为企业的推动力量。用利益相关者理论指导企业网站的建设可以分以下步骤实施。

(1) 识别企业的利益相关者。
(2) 分析各利益相关者的要求、判断它们的合法性并分析各利益相关者的类型。
(3) 判断将不利因素转变为有利因素的可能性,采取措施促进转变。
(4) 有优先、有平衡地满足各利益相关者的要求,争取利益相关者最大程度的支持。

我们用表6-1列出对企业网站最重要的利益相关者、他们访问企业网站的目的、影响企业的方式以及企业建设网站时对他们应该采取的态度和策略。

表6-1 成功企业网站必须考虑的利益相关者

SH类型	SH	SH访问企业网站的目的	SH影响企业的方式	企业对SH的态度和策略
支持型	所有者/股东	了解公司经营动向;为公司决策提建议	行使表决权和检查公司报表的权利	支持他们参与公司治理,利用网站给其提供充分支持
	员工	测试网站;在后台工作并取得支持	积极工作、散布消息、罢工或跳槽	为员工提供舒适的工作平台并利用内部网(Intranet)提供培训机会
	顾客	在产品周期阶段(需求、购置、保有、退役)取得支持;与其他顾客分享经验	传播购物体验、转向竞争对手或投诉	以生命期价值(LTV)分析为基础进行顾客管理,提供优质服务并承诺保护顾客隐私,解除顾客后顾之忧
	商业伙伴	进入外部网(Extranet)实现数据的即时共享	终止合作,转向与竞争者合作	精诚合作,通过供应链管理实现双赢
混合型	所在社区	了解公司动态和用人信息	中断往来,游说政府规范公司	为社区发展提供服务,与其建立友好关系,取得支持
	竞争对手	获取竞争情报;寻求合作机会	竞争或合作	防范和争取相结合,积极寻求合作机会
威胁型	网络黑客	盗取公司机密、获得非法经济利益、删改甚至损毁公司网站内容	非法侵入公司网站后台系统	采取安全措施,加强自我保护;采取措施降低网站对黑客的吸引力
边缘型	社会公众、媒体	偶然光顾,了解公司动态信息	媒体宣传、游说政府部门规范公司	和平共处,关注公众态度的重大变化

4. 利益相关者分析对企业网站建设的启发

从以上分析得知公司网站其实提供了公司与它的利益相关者联系沟通的一个界面,网站的好坏常常折射出公司内部经营管理的好坏。所以使网站成功的根本途径是加强包括战略管理和运作管理在内的内部管理,失败的公司不可能建设出优秀的网站,公司和公司网站间的关系正如我国古人所说的"皮"和"毛"的关系,毛必须附着在皮上才能生存。对网站的利益相关者分析可以从正确处理公司内部管理和网站建设关系的角度为改进网站建设提供借鉴。

(1) 公司网站应该围绕利益相关者的愿望制定建设方案,而不能仅考虑某一个利益相关者。2000年以来许多网络公司失败的案例告诉我们,许多网站失败的最重要或者说最直接的原因是失去了员工和投资者的支持,骨干员工跳槽以及投资者拒绝追加投资是网站失败最常见的原因。

(2) 不论网站采取哪种建设方案,都不能使全部的利益相关者同时感到满意。一种解决方案是同时建设若干相互链接甚至相互独立的网站服务于不同的利益相关者。美国一家从事保险业务的百年老店舒伯公司(Schubb Corp.)就为不同的利益团体开办了不同的网站。美国石油和天然气巨头彻弗龙公司(Chevron Corp.)甚至专门面向儿童开办了一个展示玩具车的网站以培养下一代用户对公司的好感。

(3) 对特殊的利益相关者群体采取特殊的策略,尤其注意对公司股东、公司竞争对手和网络黑客的策略。首先,公司股东是公司的依靠力量,那些长期持有公司股票的忠实投资者更是如此。公司网站应该给他们通过公司报表、阅读公司内刊了解公司经营现状的机会,并鼓励他们为公司发展出谋划策。问题的关键是为防止竞争对手轻易获得本公司的有关资料而需要对股东身份进行认证。其次,对公司的竞争对手要辨证地看待,公司同竞争对手也有可能结成有条件的战略联盟,战略联盟的形式包括合资公司、虚拟企业和价值链伙伴关系，所以对竞争对手首先要争取合作，同时采取措施不让自己的商业情报被对手轻易获取，这可以通过识别竞争对手的IP地址和浏览习惯进行有针对性的防范，如前文提到的永光厂就可以考虑将新品信息向国外的IP地址开放而对国内的IP地址封锁。最后，网络黑客是企业在互联网上的敌人，但公司应该以企业网站安全为重，采取以防守为主的策略进行自我保护，例如可以考虑采取降低网站对黑客吸引力的方法。国内曾经有一家家电上市公司以为自己的安全系统无懈可击，便悬重赏叫板黑客前来攻击，结果是搬起石头砸自己的脚，系统很快被黑客攻破，该上市公司不仅因此在业界颜面尽失，在消费者眼中的形象也大打折扣。

(4) WWW网站要和Intranet及Extranet配合才可以满足员工和商业伙伴的信息需求，而满足他们的愿望并得到他们的支持对企业的成功绝对是不可少的。因此企业建设网站的同时也要加强内部信息系统的建设并设法与商业伙伴共同发展外部网。

综上所述，利益相关者分析可以对企业建设网站的思路提供许多有益的借鉴，因此在对网站的评价标准中还应该再加上至关重要的一条：满足利益相关者的正当要求。

6.2.2 投资预算

随着信息技术的不断进步，网站开发的费用较从前已经大幅下降。1999年美国小企业建设网站的平均花费为7.8万美元，而建设顶级网站的费用则为200～500万美元，一些网站的花费甚至超过了1000万美元，如Kmart公司创办Bluelight.com网站就花费了多达1400万美元。如今，一个普通企业网站的建设费用和第一年的维护费用通常可以控制在5000美元以内。在中国，一个像样的企业网站的建设费用则可以控制在5000元人民币以内。不过，建设网站不是万维网营销的全部费用，网站推广和运营的花费比网站建设更多。信息技术的发展压低了软件和硬件的费用，但网站的推广和运营要花费大量的人力，而人力成本却一直是上升的。

由于网站在规模、性能和网站建设方案上存在着差异，网站建设的费用在绝对数值上可能会相差悬殊，不过，以下费用构成却具有普遍的参考意义[①](见图6-1)。

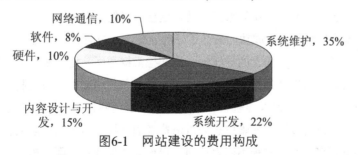

图6-1 网站建设的费用构成

6.2.3 网站的内容设计

网站的内容取决于网站的目标，企业需要为不同的利益相关者提供不同的内容，尽管网站的具体内容千变万化，但好的网站内容的标准却是基本一致的。评价网站内容的好坏一般有以下5条标准。

(1) 权威性(authority)。内容出自谁手？谁负责审核这些内容？审核的标准是什么？

---

① Kenneth C. Laudon, Carol Guercio Traver. E-commerce: business, technology, society. 8th ed., 2012.

(2) 客观性。建设网站的目标是什么？信息发布人是态度中立的还是有党派之见？网站的主要对象群体是哪些人？

(3) 背景。网站提供的信息全面吗？有没有提供信息的背景资料？与该网站链接的网站是哪些网站？

(4) 准确性。信息的来源有没有声明？信息的真实性能否验证？

(5) 时效性。信息是否反映了事态的最新发展？网站更新的频率如何？

因此，网站的内容编辑在制作内容时也必须考虑以上5个方面。

一般而言，由公司自己提供的有关本公司及其产品的信息是权威的，公司对于行业现状和前景的分析也会相当专业，问题在于访问者是否相信公司的网站会提供客观全面的信息，因为访问者通常都会怀疑公司的分析或者披露属于自我宣传或者具有自我标榜性质。

在编制网页内容时，还需要考虑搜索引擎优化的需要，以下内容策略有助于网页获得较好的排名。

① 围绕两到三个关键词短语安排内容，这样可以使页面内容在对这两三个关键词短语的搜索中得到较高的相关性评价，而相关性是决定页面搜索结果排名的最重要的因素。

② 使用一些软件工具或者特殊的网站(如www.wordtracker.com)来研究特定关键词被使用的频率，争取选择最有效的关键词，同时避免过于宽泛的关键词，如"解决方案"等。

③ 页面的长度应该至少在250个字以上，页面太短会使访问者很快离开该页面进入其他页面，这会降低访问者的满意度并且不利于访问者产生购买行为，不过，页面长度也不可太长，一般应该限制在两屏以内。

● 6.2.4 网站的结构和导航设计

在一个陌生的环境中，如果没有地图，游人一定会迷失方向，可以想象，一个大的购物中心如果没有了导购图会出现怎样的混乱情况。万维网空间是一个比平面网络更复杂的网络，访问者可以很容易地在页面内、页面间或者网站间来回跳转，这使得导航具有头等的重要性。因为不论网站的内容有多精彩，网站推广做得多么成功，离开了好的导航，那访问者也会迷失在网页的迷宫里。

网站的导航可以通过主要页面上的导航条、全文检索框和网站地图来实现。这三种方法各有优势，并且也不相互排斥，所以经常被结合起来使用。导航条使用起来最为便利，但因为空间关系，只有最重要的板块主页才可以列入导航条。全文搜索可以使网站访问者迅速定位自己感兴趣的内容，并且网站管理人员还可以通过搜索日志分析消费者的兴趣。但全文搜索很容易出现信息过载的情况，并且因为检索词可能存在多种不同表达而使得检索结果并不全面，最大的缺点是，通过搜索寻找特定内容还是无法使访问者从整体上把握网站的结构。在这种背景下，网站地图就成为网站改善导航性能的一个重要工具。

网站地图是用简洁的形式形象地展示网站总体信息结构的一个特殊页面，如图6-2所示。它可以使消费者在一个页面上就将网站的布局一览无余，还可以帮助搜索引擎的蜘蛛程序更好地完成对网站的索引，可见，网站地图可以帮助访问者更快地到达目的地，并且在网站中自由穿插而不会迷失方向，从而显著改善访问者的网站访问体验，同时提高网站的搜索引擎友好性。根据Jakob Nielsen在2002年所做的一次调查，超过45%的网站都使用了网站地图来帮助导航。

图6-2　易趣的网站地图页面

为了使网站地图发挥最大效果，网站地图应该成为导航条上的一个项目，并且简单地使用"网站地图"作为名称而不要去构思花里胡哨的其他名称。根据调查，63%有网站地图的网站使用了"网站地图"这一名称。网站地图页面要尽可能地避免使用动态元素，动态设计在这里只会干扰访问者判别方向。网站地图可以包含一个以上的层次，但是不应该过分冗长，有人建议网站地图的长度应该保持在两屏半的显示以内。

● 6.2.5　网站的美学设计

作为万维网基础的超文本标记语言具有强大的排版布局能力，这使早期的网站设计倾向于把平面美学效果作为中心任务之一。如今，多数人开始把注意力更多地投向了网站的信息内容、信息结构和网站的可用性。不过，网站的美学效果事实上超出了美学本身的意义，因为人对美的感受是比较主观的东西，所以如果一个企业能够在美学设计上领先，就可以通过这个差别化策略获得竞争优势。网站的美学设计主要涉及平面布局、字体效果、图形用色、动画效果等可见部分，也就是一般所说的网站视觉识别系统所包含的内容。不过，从广义上讲，如果网站使用了背景声音，则也应该考虑其美学效果。

美学设计应该注意以下几个原则。

(1) 系统原则。网站美学应该从整体上来考虑，绝不能将各部分割裂开来评价美丑，所以即便一个图片单独看起来再有惊艳之美，只要它与页面中的其他视觉元素不能很好地搭配，那么，设计师也要顾全大局，忍痛割爱。进一步讲，系统原则还要求网站的各个页面也要相互协调，用统一的风格在顾客心目中建立起统一的形象。

(2) 简洁原则。简洁的就是美的，在效果相同的条件下，要使系统中的视觉元素尽可能的少，因为复杂会引起疲劳，疲劳使人不悦，而且复杂的设计如果把握不好还容易给人支离破碎的感觉。经验表明，用于网站背景、表格背景、文字色彩、图片色系的标准色彩不宜超过3种，太多则让人眼花缭乱。标准色彩要用于网站的标志、标题、主菜单和主色块，给人以整体统一的感觉。标准色彩以外的其他色彩作为点缀和衬托，绝不能喧宾夺主。保持图形用色简洁还有一个附带的好处：可以通过大幅增加图像压缩比来减小文件，提高页面下载速度。

(3) 层次原则。在保持简洁的前提下，网站的动静、明亮、深浅、分辨率、曲直、字体等可以适度变化，使人保持一定的新鲜感，因为枯燥本身也会引起疲劳。

仔细观察近期经常访问的3个网站主页，对它们的美观与否进行排名并做一简单评述。

6.2.6 组建团队

网站建设和管理团队一般应由以下人员组成。

(1) 网站总监。在需求分析、目标分析和ROI分析的基础上负责网站的总体策划；在建设网站的过程中负责质量的控制和专业人员间的分工协调；负责运营计划的制订和监督实施。网站总监根据不同情况可以由具有不同背景的人选出任，但目前一般倾向于选择富有编辑工作经验的人。

(2) 程序员。负责以数据库应用为中心的程序编写。该工作虽然大部分集中在网站建设阶段，但网站运营过程中也需要持续的技术支持，修正新近发现的技术漏洞，或根据市场变化对网站功能做局部的调整。

(3) 网站管理员(webmaster)。负责网站服务器端的设置，保证网络的可靠连接，对网站内容定期做出备份，测试并优化网站的性能，并对系统的安全性承担主要责任。

(4) 信息结构设计师。信息结构设计师的职责包括以下内容：确定元数据，即内容页面的模板，确定内容页面上应该包括的项目，如发布日期、作者、摘要、关键字等；确定网站的浏览结构；确定网站的搜索性能；保证页面安排的可读性；保证页面的可用性。

(5) 图像设计人员。负责图片的获得、艺术效果和下载效果的处理。

(6) 网站内容编辑。负责网站内容的采集、创作、编辑排版、校对、日常发布、联系和管理作者群体、主持虚拟社区、联系网站访问者等。大的网站或者内容驱动的网站常常需要将网站内容编辑细分为编辑、校对人员、作者、制版和版面主持(版主)等不同工种。

在网站建设和管理团队中，网站总监的角色最为关键，因为计划的好坏是项目能否成功的关键。网站总监通常要由既懂管理又通晓网络技术的人来担任，所以网站总监最好有电子商务和编辑专业的背景。除总监外，其他人员对网站的重要性大体相当，目前普遍存在着一种重技术轻编辑的倾向，这是很有害的。因为信息发布是网站的最基本的功能，网站所发布的信息质量的高低对网站生死攸关，同时内容的编辑制作绝不是少数人想象中的简单劳动，它一样需要专业的训练、经验甚至天赋。以下是福建某公司对招聘网站内容编辑职位的资格要求。

电子商务专业学生的职业前景：某民营汽车管理服务公司招聘网站内容编辑

私家车项目部职位 网络编辑2013-08-12发布

工作所在地：厦门市

岗位职责：

1. 搜集、整理、撰写、编辑网站上的相关软文、介绍等；

2. 对网站配图进行相应的设计、处理；

3. 企业微博的日常更新和维护；

4. 市场信息调查、搜集和整理；

5. 其他对接工作。

岗位要求：

1. 2年及以上工作经验，全日制大专以上中文、新闻、设计、电子商务、计算机相关专业；

2. 熟练使用office、PS等办公、设计软件，有一定的初级设计基础；

3. 对网站源程序代码有一定的认识，有网站管理、网站编辑经验者更佳；

4. 对电子商务、网站、设计等相关行业有一定的认识和理解；

5. 做事细心、耐心，能承受一定的工作压力；

6. 有意在电子商务领域学习、发展的。

信息来源：前程无忧网

6.2.7 选择域名

域名是企业网上品牌的载体，选择域名必须慎之又慎。域名的重要性体现在以下方面：

(1) 好的域名意味着更多的访问量。如毫无意义、毫无内容的网站啦啦啦(www.lalala.com)仅仅凭借响亮的域名每天便有好几千人的访问量。

(2) 好的域名意味着更多的信任。因为好的域名通常会被最早上网的公司抢先注册到，而上网时间的早晚通常从一个侧面反映了公司的实力。例如，能注册到亚马逊(www.amazon.com)这样气势非凡域名的公司当然非同一般。

(3) 好的域名更容易被检索。如许多搜索引擎允许对域名和统一资源定位符(URL)进行搜索，这为使用有意义的域名的网站提供了更多的可见度。

好的域名一般满足以下条件。

① 易记难忘，如51job.com、alimama.com等。

② 有意义，如china.com、weibo.com等。

③ 简短，如91.com、z.cn等。

④ 考虑了公司业务发展需要。例如，当software.net公司的业务突破了软件领域后，把公司的域名由software.net改为了beyond.com；巴诺公司为了在网上实现多元化经营，把域名由Barnesandnoble.com改为了包容性更强的bn.com。

⑤ 有积极的联想，如amazon.com、8848.com、alibaba.com等。

⑥ 访问者可以根据公司名或者注册商标猜测到公司性质，如haier.com。

另外，企业注册域名时还需要在国际域名或者国别域名间做出选择。一般而言，受竞争情况影响，企业在国别域名下可以有更大的选择余地，并且，我国网络用户一般会认为，使用国别域名的网站较使用国际域名的网站有更高的信用。原因是国别域名在很长一段时间只向企业单位开放并且收取更高的管理费，而国际域名则因为具有较低的门槛吸引了一大批个人站点注册。

非常重要的一点是，域名一旦选定就不要轻易更改，一个原因是作为企业网上品牌载体的域名中所凝聚的无形资产很容易挥发，另一个原因是搜索引擎会给能长期保有和使用同一个域名的企业网站以更好的排名。

6.2.8 选择服务器

万维网服务器是网站的物质载体，服务器性能的好坏直接关系网站的可用性，选择服务器包括选择主机、选择操作系统软件、选择服务器软件等环节。

1. 选择主机

主机指运行服务器软件的计算机。选择主机主要应考虑计算机本身的性能，评价主机性能需要从运行速度、磁盘空间、容错能力、扩展能力、稳定性、持续性、检测性能甚至电源等多方面综合考虑。市面主流的服务器主机品牌有IBM、HP、Sun、SGI、Dell、Compaq等。不论使用什么品牌的主机，企业都可以选择是自己购置主机还是租用ISP的主机，是独立使用一台服务器还是与其他企业共享一台服务器。因为选择不同，企业的服务器解决方案可被区分为共享主机(shared hosting)、虚拟专属主机(VPS hosting, virtual private server hosting)、独立主机(dedicated hosting)、主机托管和专用主机等类型，分述如下。

(1) 共享主机。即多个网站共用一台服务器，同时共享互联网接入带宽。共用同一台服务器的网站会竞争性地使用主机资源，所以各个网站对外提供的万维网服务的质量都很难保证，安全性也较差，所以只适合对资源占用不多的网站使用，如个人网络日志站点。

(2) 虚拟专属主机。虚拟专属主机是使用一定的软硬件技术，把一台服务器主机分成一台台"虚拟"的主机，每一台虚拟主机都具有独立的域名和IP地址，具有完整的Internet服务器功能，用户有根目录权限，可以部署自己的应用。各个用户都拥有专属于自己的一部分系统资源(IP地址、文件存储空间、内存、CPU时间等)。虚拟专属主机的费用通常是共享主机的5~7倍，但它的服务更有保障，可以适用于中等流量的企业级网站。因此，企业建立网站大多采用虚拟专属主机方式。

(3) 独立主机。独立主机避免了共享主机和虚拟专属主机方式中多个用户对单个服务器的分享，使企业网站的带宽、安全、系统资源应用有了更大保障，但该方式费用远较虚拟专属主机昂贵，每年租金需花费数万元，还不包括日常的维护、管理等费用。

云主机(cloud hosting)是近几年随着云计算的兴起而发展起来的一种新的万维网服务器解决方案。虽然大多数云主机都是若干网站共享一台服务器，但云主机并不排斥一个网站专享一台服务器，前者叫做共享云主机(shared cloud hosting)，后者叫做专属云主机(dedicated cloud hosting)。虽然两者都能够在一个服务器阵列中平衡使用资源，但只有后者可以有保证地使用其专属服务器的资源。云主机具有运行更加稳定、可靠以及容易扩展的优点，而且价格也有竞争力，所以正在成为主流的服务器解决方案。

当然，企业也可以自行购置服务器，按照服务器放置地点和管理方式的不同，企业可以选择主机托管和专用主机两种不同的运作方式。

(1) 主机托管。企业把自己购置的主机放置在互联网服务提供商(ISP)的机房里，由ISP提供日常的硬件维护和网络接入维护。主机托管的花费也比较低廉，但企业需要自己负责软硬件的升级。

(2) 专用主机。企业把自己的主机放置在自己的机房中，ISP仅仅负责网络接入。这种方式要求公司有足够带宽的专线互联网连接，花费在各种方式中最为昂贵。

2. 选择操作系统软件

操作系统是计算机管理硬件和支持应用软件的基础软件，它提供如磁盘管理、内存管理、任务安排、用户界面、网络连接等基础服务，目前流行的个人机和服务器操作系统软件可分为两大阵营：Unix系和Windows系。

(1) Unix系操作系统软件。Unix系操作系统包括System V、BSD和Linux等相似但又有区别的版本，具有技术成熟、可靠性高和安全性好的特点，所以被广泛地用在工作站和服务器上。Linux操作系统是由世界各地以李纳斯·托瓦尔兹(Linus Torvalds)为代表的一批程序员开发的属于Unix家族的自由操作系统软件。许多著名公司的服务器都采用了Linux操作系统，如Oracle公司、Google公司等。

(2) Windows系操作系统软件。主要包括Windows NT/2000，尽管Windows系的操作系统软件在PC机上几乎是一统天下，但作为服务器平台软件却基本上局限在低端市场和一部分中间市场。

3. 选择服务器软件

Microsoft IIS(Internet Information Server)是Windows NT操作系统附带的服务器软件。它的特点是容易安装和管理，但同Unix系操作系统不兼容。Microsoft IIS在2013年7月的市场份额为19.65%。

(1) Apache HTTP服务器。市场占有率最高的万维网服务器软件，在2013年7月的市场份额为52.19%。Apache HTTP服务器可以运行在Unix系和Windows系的操作平台上，缺点是没有易用的图形用户界面，设置和维护时需要用命令行方式。

(2) Nginx服务器。Nginx的发音为"engine X"，是俄罗斯人Igor Sysoev编写的一款轻量级的开源HTTP服务器。Nginx具有很高的稳定性，能经受高负载的考验，能够支持高达50 000个的并发连接数。目前，Nginx服务器是市场占有率排名第三的主流服务器软件，在2013年7月的市场份额为13.6%。

其他的服务器软件包括开源服务器软件lighttpd、宙斯技术公司的Zeus服务器和Sun微系统公司的Sun ONE等。

4. 两种路线的选择

服务器相关软件的选择是相互关联的，即操作系统的选择会影响服务器软件和数据库软件的选择，这样，架设服务器的软件方案基本上就是在以下两种方案中进行选择。

(1) Windows NT/2000+ Microsoft IIS+ASP+SQL Server。

(2) Linux+Apache+PHP+MySQL。

两种方案代表了两种不同的路线，第一种可以称为是商业软件路线，第二种可以称为是自由软件路线。路线的选择对今后网站的运营会产生深远的影响。

许多技术人员或者管理人员可能会从感情上偏爱某一种路线，例如，出于对比尔·盖茨的崇拜而选择微软的产品，或者处于对微软垄断的义愤而不选择微软的产品。但经营企业要从战略和战术的角度作冷静分析，我们从以下几个方面对两种路线做一比较。

(1) 在性能上两者相差不大，可以说各有所长。不过，应当承认，微软产品的操作界面更加友好。

(2) 在成本方面各有优势，虽然自由软件免费而微软的注册软件价格不低，但从目前来看，熟悉微软产品的技术人员明显多于熟悉Linux等自由软件的技术人员。因此，选择微软产品的人员费用会低于选择自由软件产品。不过从长远看，这一趋势会逐步扭转。

(3) 在安全性上，Linux方案遥遥领先于微软方案，因为，Linux路线上的所有软件都是源代码开放的，软件中没有隐藏任何不安全的代码，也不会留有任何形式的后门。相反，微软的产品因为源代码严格保密，所以可能存在危险的代码，更可能存在尚不为人所知的漏洞，以往的案例已经表明这种担忧并非杞人忧天，实际上，微软产品的安全性问题已经引起了越来越多的关注。

(4) 在可移植性方面，Linux方案也优于微软方案，选择微软意味着将会被巨大的转移成本所锁定。

(5) 在二次开发的灵活性方面，自由软件占绝对优势，任何人都可以根据自己的要求对源代码做大量修改使其成为自己的产品。

(6) 在应用程序配套方面，两条路线各有所长，由于历史原因，商业软件目前有更丰富的应用程序配套，但开放源代码的开发模式吸引了全世界很多的软件开发人员，他们为Linux和Apache编写了很多应用模块，这些模块中有许多是非常有用的功能。

> **小诀窍**
>
> 利用www.netcraft.com网站的免费服务可以很快地测试一个站点运行的软件。例如，NETCRAFT的测试报告显示，华侨大学的网站在2010年使用的服务器软件是Zeus，2011年年初改用nginx，2011年年底又改为Apache，至今还在使用。

利用www.netcraft.com网站测试一下Amazon、Ebay、Taobao网站运行的软件。

● 6.2.9 选择虚拟主机服务商

国内目前有300余家虚拟主机服务商，国外的虚拟主机提供商则有30 000家以上，选择时应从以下方面对不同的虚拟主机服务商进行比较。

(1) 公司背景。应该优先选择那些较早成立、具有丰富从业经验并有一定知名度的大公司，这些公司通常具有更好的信用，能提供优质的客户服务，并且抵御市场风险的能力也比较强。跟小公司打交道的一个重大风险是：这些公司随时可能垮掉，所以在签订合同前要对虚拟主机提供商进行全面的考察。对于合格的公司而言，公司总部甚至机房的地理位置并不是特别重要，因为今后需要的一切操作都可以在网上来完成，所以完全可以在全国范围内挑选适合的公司，同时，提供800客户服务电话是提供优良客户服务的一个标志，所以对提供800客户服务电话的公司要给予特别的优先考虑。

(2) 空间。企业营销网站对存储空间的要求并不高，绝大部分企业网站占用的空间在1G以内，而目前大部分虚拟主机服务商提供的空间都在5G以上，所以提供空间的大小基本上已经成为了完全松弛的约束条件。

(3) 连接带宽。ISP接入互联网的总带宽反映了其规模和实力，也是该ISP所有客户共享带宽的上限。

(4) 负载量。即ISP虚拟主机客户的数量。负载量越大，每个客户分享到的资源便越有限，但该服务商的经营情况就越好，生存能力也就越强。

(5) 流量。有些服务商会对每月的数据传输流量做出限制，对超出限额的流量将另行收费，这时，企业就必须对网站的流量需求做出估计。对于普通的企业而言，如果每个页面大小为30KB，每个访问者平均浏览3个页面，而每月的访问量为10 000人次，则需求的流量就是900MB，这时可以选择流量限额为1GB或者3GB的服务包。

(6) 在线率。即一定时期内ISP正常工作时间占总时间的比率，该比率一般可以达到99%以上。

(7) 灵活度。即ISP提供定制服务的能力和意愿大小。

(8) 网站功能。即使企业暂时对网站的功能没有太多的要求，能否支持高级的电子商务网站仍然是企业选择服务商时需要重点考察的一个方面。因为随着业务的发展，企业随时可能会对原有的网站加以扩展，如果这时必须更换虚拟主机提供商则会非常麻烦。

(9) 提供电子邮件账号的个数和空间大小。企业对外一般需要有以自己域名为后缀的电子信箱，这样不仅可以树立良好的企业形象，还可以通过日常的电子邮件往来为网站吸引访问者。虚拟主机提供商最低限度会提供5个电子信箱，这对小企业来说是足够的，问题在于，企业需要判断每个信箱5M的容量限制是否能满足需求。在多数情况下，同客户联系的主信箱可能会需要稍大的信箱，所以最好能对信箱的大小分配拥有发言权。

(10) 价格。不同的虚拟主机提供商可能会采用不同的方式报价，这使得价格比较变得复杂化，所以在签订合同前必须仔细研究费用的结构、水平和收取方式。大部分报价都包括一次性的费用和持续的费用，持续的费用中又包括基于时间的收费和基于资源占用的收费，必须结合本企业的需求和未来的发展，选择最经济的服务。一些业务量不大的小企业甚至可以考虑一些免费的虚拟主机提供商，如FUNPIC(www.funpic.org)。

● 6.2.10 利用开源软件快速建站

随着开源运动在全世界的蓬勃开展，开源项目在数量和质量上都较以往有了长足的进步，这使得企业可以利用开源软件快速而经济地搭建起从简单的内容发布到全功能的电子商务在内的各类网站。

利用开源软件建站首先要搭建平台，搭建平台可以有LAMP和J2EE两种架构。LAMP架构具有价格低廉、性能稳定、易于部署、安全可靠、硬件要求低以及网络功能强大等优良特性，因而成为广大中小企业建设电子商务网站理想的选择。J2EE利用Java 2平台来简化电子商务解决方案，可用于大型应用系统的开发。J2EE架构虽然结构复杂，成本较高，但模式丰富、可复用性好、易维护，而且安全性高，发展前景较LAMP架构更加广阔。近年来，随着Java的普及而出现的另一种架构LAMJ(Linux+Apache+MySQL+Java)也有后来居上之势，进一步增强了开源软件相对于传统商业软件的竞争力。

在平台搭建起来之后，就可以按需要下载安装开源应用了。从国家开源软件资源库(yp.oss.org.cn)网站的分类中可以找到各种可以归入广义电子商务的软件类别：电子交易(EC)、内容管理系统(CMS)、社交网络系统(SNS)以及维基等，每一类软件中都有性能非常可靠的开源软件。安装开源应用的过程非常简单，不过有时候企业需要对开源软件进行定制，这就需要企业有一定的技术力量，有时可能还需要寻求专业软件公司或者开源软件社区的技术支持服务。如今，国内外许多为企业提供主机服务的虚拟主机提供商或者云主机提供商都提供了大量常用的开源软件应用供企业选择安装，这使得建站过程更为简单。

● 6.2.11 优秀网站的标准

一个优秀的网站需要满足以下标准。

(1) 能提供有价值的内容或者服务。为访问者提供价值是网站的立站之本，网站提供的内容和服务的价值是衡量网站价值的最重要的标准。

(2) 内容载入快。在现代社会，消费者已经适应了快节奏的生活，很少有人有耐心长时间等待网页的载入。如果一个网站提供的价值不是独一无二的，那么载入速度慢就等于是把送上门的顾客推给了竞争对手。即使存在能提供独一无二价值的网站，载入速度慢也会因为影响了顾客满意度而给潜在竞争对手的进入提供了切入点。

(3) 好的导航性。好的导航性意味着顾客在网站上可以快速找到需要的资料，这对网站成功也是重要的，经验批判主义的哲学家认为存在就是被感知的观点也许有些偏颇，但在消费者看来，存在必须能被找到。此外，好的导航性也是搜索引擎对网站提出的要求，导航性差的网站很难被搜索引擎及时全面地收录。

(4) 系统稳定可靠。网站的服务器必须稳定可靠，但可靠性并不完全取决于硬件的好坏，可靠性在很大程度上取决于程序本身设计的好坏。

(5) 交互性好。好的网站不仅能向访问者有效地传播信息，还能创造各种便利来鼓励访问者做出回应。

(6) 做工考究。做工考究可以增添网站的美感，更重要的是可以增加网站的可信度，很难想象，粗制滥造、漏洞百出的网站能赢得访问者的信任。

网站质量的具体评估方法将在下节详细讨论。

企业营销网站的测试和发布

网站的发布是瞬间就可以完成的事，但网站在发布前一定要经过专家测试和用户测试两道质量检测关口。前者指由专家针对网站功能进行的测试，测试的重点是设计和制作中容易出现技术问题的环节；后者则指由模拟顾客对网站的可用性进行的测试，测试的重点是顾客最经常用到或最容易引起注意的部分。在时间顺序上，专家测试一般早于用户测试，所以专家测试也称ALPHA测试，用户测试也称BETA测试。对于企业营销站点而言，BETA测试更为关键，这里着重介绍BETA测试的要点。

为使BETA测试有一个标准，公司一般都提供写有评判标准明细的检查表供测试人使用，让他们依表逐项考查网站的表现。标准包含客观标准和主观标准两类。

(1) 客观标准。包括可以度量的指标或者通过是否存在来评判的指标，如网站主页中能否找到跟公司联系的电子邮件地址。客观标准可以同时适用于许多网站。

(2) 主观标准。依赖于评判者个人品味的指标，如网站主页的整体美学效果。主观标准的特点是评判者没有统一的规则可遵循。

考查的标准涉及如下几个方面。

- ➢ 语言运用：包括网站所用语言是否规范、明白易懂、条理清晰等。
- ➢ 页面设计：页面的布局是否和谐、视觉效果是否美观等。
- ➢ 信息结构：网站信息的板块(栏目)划分、层次设计是否合理等。
- ➢ 用户界面：涉及导航条、搜索栏和网站地图等项目。

我们可以简单地把所考查的项目按照三个层次来评定等级：问题项目、普通项目和优势项目。问题项目是会给用户造成恶劣印象的项目，优势项目是会给用户留下美好印象的项目，普通项目则不会引起用户的特别注意。当然，在每个项目下还可以按程度再分为3等，这样就可以把网站在一个方面的表现分为9等。

企业在测试结束后需要根据测试结果对网站做出调整，调整时除了要考虑问题的性质(属于哪个等级)外，还要考虑做出调整所需要的投入。原则当然是用最小的花费收到最好的效果，例如，花费不多就可以解决的最严重的问题项目应该首先进行调整。

以下介绍一种网站评测的指标体系(见表6-2)。

表6-2　网站质量评测表

考评方面	具体考评内容	标准	问题性质	解决难易程度
语言运用	是否使用了侮辱性、嘲弄性或者冒犯性的语言？	否	严重问题	容易
	是否存在拼写和语法错误？	否	问题	容易
	是否使用了互联网上的特殊用语或者流行语，如大虾、菜鸟、斑竹之类？	否	普通	容易
页面设计	所使用的非标准颜色文字在不同背景颜色下的可读性如何？	好	严重问题	一般
	在800像素宽的显示屏上浏览网页是否需要水平滚动条？表格的宽度是否用相对宽度(占窗口的比例)来定义？	否 是	严重问题	一般
	网站本身的链接(特别是那些以动画、弹出窗口形式出现的链接)是否会被当成广告？	否	严重问题	一般
	超过30KB大小的图像是否必要？	是	普通问题	一般
	是否调用了其他站点的图像？	否	普通问题	一般
	表示段落起始的图形标志(bullets)是否运用得恰当？	是	普通问题	一般
	用于分栏的杠状图形是否运用得恰当？	是	普通问题	一般
	是否运用了闪烁、走马灯或者动画的文字效果？	否	轻微问题	容易
	是否对图像尺寸用HEIGHT和WIDTH标签做了定义？	是	轻微问题	一般
	访问者能否判断出需要使用竖直滚屏？	能	轻微问题	一般
	重要的图像是否有大小两种版本？	有	轻微优势	一般
	背景图案的大小是否小于15KB，与文字的反差是否足够？	是	轻微优势	一般
	一个页面图像的总大小是否小于50KB？	是	一般优势	一般
	图像是否有用ALT标签加注的文字说明？	是	一般优势	容易
	对于分割开的大的文档有没有准备适合打印或存储的完整文档？	是	一般优势	容易
	页面是否适合快速浏览？	是	一般优势	一般
信息结构	页面已有的URL是否有变更？	变更时应在原地址上建立新URL的指向	严重问题	一般
	页面标题离开上下文是否有意义？是否适合搜索引擎索引和用户收藏？	是	严重问题	一般
	页面标题是否与页面内容相符？	是	严重问题	复杂
	页面标题与正文标题是否相符？	是，但是无须一致	轻微问题	容易
	是否利用超文本结构使复杂内容结构化？	是	重要优势	中等
	用于建立链接的文字内容能否说明链接对象的主要内容？	是	重要优势	中等
	页面是否提供访问者反馈渠道(如电子邮件链接或者表单)？	是	一般优势	中等
	长的页面是否包含内容目录或者摘要？	是	一般优势	中等
	是否包含内容作者的背景信息？	是	一般优势	中等

(续表)

考评方面	具体考评内容	标准	问题性质	解决难易程度
用户界面	链接是否打开新的窗口？	不	普通问题	容易
	是否存在无效链接？	不	严重问题	容易
	服务器响应时间是否少于1秒？	是	严重问题	花费较大
	公司的名称和标志是否出现在每个页面上？公司标志是否可以链接到公司主页？	是	普通问题	容易
	页面是否包含更新日期的说明？	是	普通问题	容易
	热点图的可点击部分是否清楚可见？	是	普通问题	一般
	图形导航按钮有无文本标签？	是	普通问题	一般
	搜索特性是否允许用户指定搜索范围？	是	普通问题	一般
	链接颜色是否标准(默认)颜色？	是	轻微问题	容易
	超过100个页面的网站是否有搜索功能？	是	重要优势	花费较大
	链接是否使用了TITLE标签对链接属性加以说明？	是	一般优势	一般
	超过1屏半的页面下方是否有导航链接？	是	一般优势	一般
	包含多个部分的文件页面是否包含指向高一层次的链接？	是	一般优势	一般
	指向大文件的链接是否提供关于文件大小的说明？	是	轻微优势	容易
考评方面	具体考评内容	标准	问题性质	解决难易程度

依据表6-2做出的评测报告应该包括以下方面。

① 网站存在哪些问题需要纠正？

② 哪些优势项目尚未实施？

③ 哪些项目不适用于网站？

④ 对上述三方面问题的说明。

ALPHA测试重点要放在普通用户无法看到的项目上，如一些HTML源代码上的缺陷只有在某些浏览器上才会暴露出来，还有一些特性虽然不会影响页面的显示但会影响搜索引擎的行为，这都是ALPHA测试的重点，因为BETA测试通常会忽略掉这些问题。

一般而言，遵循以下原则对于网站设计质量的提高会有帮助。

① 遵循著名网站的设计规范。

② 切实做好发布前的测试和修正工作。

③ 使用WYSIWYG(所见即所得)设计工具和文件格式转换工具时要格外小心，这些工具虽然使用方便，但是因为软件本身所具有的缺陷，由此得到的网页不仅过于臃肿，而且经常不适用于某些浏览器。

④ 注意处理好文件内容的版权问题。

⑤ 通过各种渠道了解访问者的反馈情况并据此改进网站。

⑥ 网站的文字要经过专业编辑的审核。

6.4 测试站点的使用

在网站发布后，可以利用互联网上的一些测试站点对浏览器的兼容性、META标签的使用、下载速度、链接的有效性、HTML代码的句法等项目进行测试，以下简要介绍一些这样的站点。

(1) 华生大夫(http://watson.addy.com)。华生大夫是爱迪公司(Addy & Associates, Inc.)的一个子站点，它从20世纪90年代中期就开始提供网页制作和测试服务。只要输入要检测的网页地址，它就能够为公众免费检测出该网页的HTML句法、链接的有效性、下载速度、META标签和向内链接情况。

(2) 网络机修工(www.netmechanic.com)。网络机修工是一家提供网站建设、搜索引擎优化和网站维护的专业性公司，目前是世界上最大的网站工具独立提供商。它在销售网站工具的同时，也允许用户免费试用部分网站检测服务。免费检测的项目包括页面的浏览器兼容性、链接的有效性、单词拼写和HTML语法等。

表6-3是网络机修工对新浪主页测试的结果。

表6-3　网络机修工对新浪主页测试的结果

Tool	Rating	Summary
Link Check	★★★★★	0 bad links
Bad Links Summary Report	★★★★★	0 bad links
Remote Links Summary Report	★★★★★	0 bad links
HTML Check & Repair	★★★★★	0 errors
Browser Compatibility	★★★★☆	1 problem
Load Time	★★★☆☆	21.78 seconds, height/width problems
Spell Check	★★★★☆	4 possible errors

表6-4是网络机修工对新浪主页浏览器兼容性测试结果的详细报告。

表6-4　对新浪主页浏览器兼容性的测试结果

Tag	Attribute	Lines	Vi sitors Affected	Microsoft			Netscape		
				4	5	6	3	4	6
LINK	--	4	1.00 %	Y	Y	Y	N	Y	Y
LINK	HREF	4	1.00 %	Y	Y	Y	N	Y	Y
LINK	REL	4	1.00 %	Y	Y	Y	N	Y	Y
LINK	TYPE	4	1.00 %	Y	Y	Y	N	Y	Y
OBJECT	--	224	10.00 %	Y	Y	Y	N	N	Y
OBJECT	CLASSID	224	10.00 %	Y	Y	Y	N	N	Y
OBJECT	CODEBASE	224	10.00 %	Y	Y	Y	N	N	Y
OBJECT	HEIGHT	224	10.00 %	Y	Y	Y	N	N	Y
OBJECT	ID	224	10.00 %	Y	Y	Y	N	N	Y
OBJECT	WIDTH	224	10.00 %	Y	Y	Y	N	N	Y
SPAN	--	119, 250, 264, 266, 268, 270, 272, 274, 332	1.00 %	Y	Y	Y	N	Y	Y
SPAN	CLASS	119, 250, 264, 266, 268, 270, 272, 274, 332	1.00 %	Y	Y	Y	N	Y	Y
TABLE	VALIGN	130, 133, 231, 242, 245, 284	97.00 %	N	N	N	N	N	N

表6-4中关于受影响用户的比例是根据以下浏览器市场份额(见表6-5)来计算的,不过它允许用户根据自己公司网站用户的浏览器使用情况进行调整,并建议如果影响的范围超过10%则需要设法纠正。不过,需要提醒大家的是,网络机修工的免费检测服务因为长时间没有升级,其检测所使用的标准(如所依据的HTML语法以及所采用的浏览器版本)很多都已经过时,所以这些免费试用的服务如今只适合教学使用,读者在实践当中应考虑选择其他的工具。

表6-5 不同浏览器软件的市场占有率

浏览器类型	市场占有率/(%)
IE6	46
IE5	38
IE4	1
NETSCAPE6	2
NETSCAPE4	9
NETSCAPE3	1

 利用网络机修工网站测试一下您经常访问的一个网站的可用性。

(3) Mobilready(www.mobiready.com)。Mobiready是一个对网站的手机友好性进行测试的网站,它可以提供3种不同的测试:对网页的测试、对代码的测试以及对整个网站的测试。该网站不仅会提供一份关于测试结果的详细报告,也会为网站的综合表现给出一个从1到5的分数。随着移动互联网时代的来临,该工具的重要性显而易见。图6-2是该站点对新浪微博网站的测试结果。

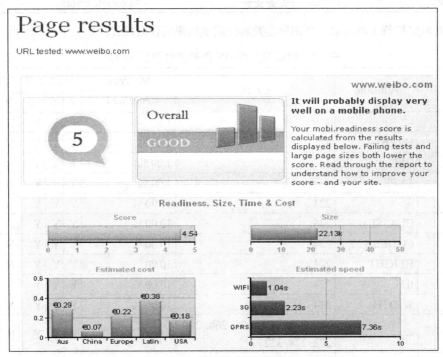

图6-2 Mobiready对新浪微博网站的测试结果

6.5 企业网站的推广与搜索引擎营销

网络推广是网络营销的一个重要任务,在许多人眼里,网络营销就是通过网站来做营销,而通过网站做营销的首要任务就是推广网站。这一观点当然有失偏颇,但是,以下说法却是完全合理的:大多数网站都需要强有力的推广,对这些网站而言,网站的访问量越大,网站的价值就越大。网站的推广包括吸引流量和保持流量两部分内容,其中吸引是前提,保持则是重点。对网站的推广而言,搜索引擎营销是最有效的工具。由于搜索引擎营销所具有的极端的重要性,本书将在吸引流量的策略和保留顾客的策略之后专门论述这一内容。

6.5.1 吸引流量的策略

吸引流量的过程就是吸引网络用户注意力、提高网站知晓度的过程,吸引流量可以从网上宣传和网下宣传两方面着手。

要有效地吸引用户访问网站,首先要弄清网络用户是如何发现网站的。根据佐治亚技术大学(Georgia Tech University)所做的一次调查,人们主要通过以下途径知晓新网站(见表6-6),因为调查目的是测量不同途径的热门程度,所以被调查对象可以选择多个选项。

表6-6 网络用户发现新网站的途径

方法	搜索引擎	其他网站的链接	印刷品	口碑	新闻组	电子邮件	电视	书籍	其他
提及率	87%	85%	63%	58%	32%	32%	32%	28%	28%

资料来源:Steffano Korper, Juanita Ellis. The E-Commerce Book:Building the E-Empire, p.23.

从表6-6可见,吸引人们访问网站的最有效的方法是以搜索引擎营销为代表的网上推广手段,当然,一些传统媒体(如印刷品)的作用也不容低估。

1.搜索引擎营销

搜索引擎营销(search engine marketing)或称搜索营销(search marketing),指通过搜索引擎登录、搜索引擎优化(Search Engine Optimization,SEO)以及搜索引擎广告进行网站推广进而实现特定营销目标的网络营销方式。本书将在6.5.3节对其进行详细论述。

2.链接和网站联盟

超链接是万维网的灵魂,可以毫不夸张地说,没有超链接就没有万维网,正是因为有了一个个超链接,一个个独立的页面才构成了统一的万维网。一个网页与其他网页间的链接恰似该网页连接外部的桥梁。因此,建立与其他网站的链接是网站推广的一个重要手段。

1)向内的单向链接

个人或者行业协会建立的资源列表经常会同意建立指向企业网站的单方向的链接。此外,许多网站还特别开辟有"新站登场(What's New)"的栏目,给新发布的站点提供难得的宣传机会。设有"新站登场"栏目的网站包括雅虎、网景这样的著名站点。如果有建立向内单向链接的机会,企业一定要好好把握。

2)交互链接

商业伙伴间经常存在相互交换链接的机会,交换链接的前提是交换双方网页的流量(或搜索引擎排名)大体相当,访问者群体相同,而且双方不存在业务上的竞争。

3) 网站联盟和Web环

网站联盟指具备交互链接条件的多个网站为了提高各自的热门程度和共享网站流量而组建的一个网站推广联盟,联盟中的每个成员都要在自己网站的特定位置加入指向其他成员网站的链接,网站联盟的成员数一般在10个左右。ShopperConnection就是网站联盟的一个例子。

ShopperConnection是一些网上零售商组成的联盟,成员中有一些耳熟能详的名字,如CDNow,eToys,Virtual Vineyards,Reel.com,PreviewTravel,PC Flowers等。每个成员站点上都有指向其他成员的链接,该联盟成功地提升了各成员的网上品牌。

Web环(Web Ring)是网站联盟的一种特殊形式,它是相互链接的一组内容和主题相似的网站。在最早的Web环中,各个网站仅有一个向内的链接和一个向外的链接,访问者通过点击"下一个网站"(或"前一个网站")的链接,可以访问一个新的网站,不断点击Web环成员网站上的"下一个网站"(或"前一个网站")的链接,访问者就可以回到最早出发的网站,Web环因此得名。不过现在的Web环一般允许用户同时查看Web环中的多个网站,网站间的链接关系也不再是线性的了。Web环不同于普通网站联盟的一个特点是环中网站的名单存储在一个中央服务器上,这就允许新的网站很便捷地加入到Web环中,也允许原有的成员随时退出。因此,Web环是一个很松散的网站联盟,它的成员很可能随时都在变化,一般而言,Web环的成员比普通网站联盟的成员多很多。在Web环组织(www.webring.org)的网站上,用户可以找到上万个主题的Web环。

Web环对网站推广而言是一把双刃剑,它既可以为网站带来流量,也可以把访问者分流到其他网站上,因此,在是否加入Web环的问题上,企业一定要慎重考虑。一般而言,流量小于平均水平而质量高于平均水平的网站可以放心地加入Web环。加入Web环对改善网站在搜索引擎上的排名有好处,但是好处几乎小到可以忽略不计。

4) 链接交易所

链接交易所(www.linkexchange.com)本来是一家从事网络广告交换的中介机构,因为它采用的商业模式非常新颖,而且有很好的回报,所以有许多模仿者也开始提供类似服务。这里所说的链接交易指的是通过中介交换网络广告的一种商业模式而不是发明该模式的公司。

链接交易所的工作方式如下。

企业可以"免费"申请使用链接交易所的网络广告交换服务,使用该服务的公司需要通过在自己的网站上显示其他使用者的广告(一般为旗帜广告)来积累信用点,这些信用点可以换取自己的广告被其他用户显示的机会。

不过,通过链接交易所进行的广告交换一般不会是一对一的交换,一个网站可能需要显示两次其他企业的广告才可以换取一次自己的网站被其他网站显示的机会,中间的差额就成了公司支付给中介公司的佣金,因此,前面提到的"免费"其实是无须支付现金的意思。显然,链接交易所也是网站扩大流量的一个杠杆。

在利用链接进行网站推广时,不论企业具体采用哪一种推广方式,都需要对指向公司的链接进行监视,利用搜索引擎可以很容易地监视网站的后链关系。例如,在Google上可以键入:link: www.abc.com来检查所有对网站www.abc.com的链接;在HotBot上,可以在搜索框中输入公司的URL,在"搜索"的下拉菜单中选择Links To This URL,点击搜索按钮查找有链接指向公司网站的网站。

3. 利用网络广告进行网站推广

各种形式的网络广告在网站推广方面比传统广告的效果更好，因为如果用户对广告推广的网站感兴趣，只需要点击鼠标就可以访问到做推广的网站。而传统广告则需要用户记忆或者至少是输入网站的地址，这在某些情况下是很困难的，第7章将详细讨论网络广告的细节问题。

4. 电子邮件和电子杂志

Forrester研究了8600个使用互联网的家庭，结果显示有38%的家庭是通过电子邮件知道了新的Web站点，这个比例仅次于搜索引擎的57%（Brenda Kienan，2001，p.122）。电子邮件在吸引新顾客和保留老顾客方面都有很好的效果，但吸引新顾客时要通过租用列表或者在他人的电子杂志上购买广告的方式进行，这已经属于网络广告的范畴。保留老顾客则可以利用原有客户的名录进行电子邮件营销。利用电子邮件推广网站的具体方法参见本书第5章和第7章中相应的内容。

5. 病毒营销

病毒营销(virus marketing)是口碑效应在网络时代的新应用。口碑宣传可以成为企业最好的广告，这倒不是因为通过朋友口耳相传得来的信息更加可信，而是因为口碑相传有倍增效应，可以在很短的时间内传播到很广的范围。病毒营销最妙的地方在于可以利用他人的关系网络甚至资源来传播自己的营销信息。

在互联网上有许多方法可以实施病毒营销，最简单的一种方法就是在网页上添加"分享到微博"的按钮，提醒和鼓励浏览者将此网页推荐给朋友。作为一个将共享做到极致的例子，新华网上几乎所有的新闻页面(news.xinhuanet.com)都设有一排按钮，点击这些按钮，访问者就能把这条新闻分享到新华微博、新浪微博、QQ空间、腾讯微博、人人网和爱分享。更令人叫绝的是，如果按最后一个十字按钮，访问者还有另外126个分享目的地选项，例如，网易微博、凤凰微博、开心网、飞信等。在某些特殊情况下，甚至连"分享到微博"的按钮都不需要就可以取得很好的效果，在这方面最突出的一个例子当然是Google。Google做网站推广时没有花费1分钱的广告费，完全凭借用户的口碑做成了全球第一的网络品牌。Google在1999年的净收入只有22万美元，2003年就增长到了9.62亿美元，而2013年前两个季度就完成了260.58亿美元。Google的例子让人再次想起了"桃李不言，下自成蹊"这条前营销时代的古语。

1) 病毒营销的分类

病毒营销可以分为两种不同的类别，一类是基于服务的病毒营销，一类是基于内容的病毒营销。

基于服务的病毒营销可以使用户在使用网站提供的一项服务时不知不觉地传播营销信息。它的特点是，用户只要注册成为一项服务的用户，那么使用服务的过程就是传播营销信息的过程，用户无须做出任何努力，当然也不会因此获得任何报酬。Hotmail是这类病毒营销的典型代表。所有通过Hotmail发送的电子邮件的末尾都会出现这样一句话："在www.hotmail.com取得您自己的免费信箱"。这样收信人就可能会考虑是否要再在Hotmail申请一个免费信箱。不用说，Hotmail的策略获得了极大成功，在短短一年半的时间中，Hotmail的注册用户就超过了1200万人，而Hotmail在这段时间营销支出仅仅为50万美元，平均获得一个用户的成本仅为大约4美分左右。

除了电子邮件服务提供商之外，一些提供其他服务的商家也可以使用病毒营销来推广他们的服务。例如，提供网络即时传信服务的公司以及可完成个人间电子支付的公司。目前有多种版本的网络即时传信软件，使用同一款网络即时传信软件的人可以相互间实时传递信息，而不同的网络即时传信软件间则无法互通，所以每个用户都希望他的朋友也使用同样的网络即时传信软件，因此他们会主动推广正使用的产品。历史上最成功的网络即时传信服务提供商是这一服务的开山鼻祖ICQ公司，这一公司的注册用户达到了1200万。AOL看中了这一庞大的用户群体，所以不惜花费3亿美金的巨资收购了ICQ公司。PayPal是一家为个人提供网上支付服务的公司，拥有PayPal账户的人可以很方便地在网上给任何拥有电子邮件信箱的人支付，接受这笔款项的人无需事先在PayPal开设账户，但接受了第一笔支付后开设账号可以获得10美元的奖励。在这一政策的作用下，PayPal的用户迅速增长，目前已成为世界上最成功的电子现金公司。

基于内容的病毒营销除了前面介绍的"分享到微博"按钮外，还有其他一些鼓励用户主动为公司招募新顾客的方法。有时候公司会根据用户招募顾客的数量对用户进行奖励，但也有许多公司并不许诺给用户任何回报。Emode公司(www.emode.com)是一家提供心理测试服务的公司，该公司邀请人们在线参加免费的心理测试，他们会免费提供测试分析报告的一部分内容，并且鼓励受测者订购完整的报告。同时，他们还会鼓励受测者邀请朋友参加同样的测试，以获取更多的销售机会。该公司其实是试图利用人们的社交网络来推广他们的服务，很显然，他们采用的是病毒营销的策略。

免费的电子书也可以成为企业从事基于内容的网络营销的工具，传统的电子书是一种用HTML文件做成的可执行文件，下载后电子书可以自己完成安装。电子书可以同互联网实现交互，书中可以嵌入链接、图像、表单、JAVA脚本、视频资料等元素，还可以支持全文搜索。随着高性能电子书阅读软件的普及，其他文件格式的电子书也开始被人们接受，如PDF格式的电子书或者Kindle电子书。电子书作为一种二进制文件，可以用多种形式进行传播，例如，从FTP站点上直接下载、通过P2P应用进行共享、作为附件通过电子邮件发送等。

目前，电子书是传播信息的最佳方式之一，企业可以利用电子书在向用户传播他们感兴趣的信息的同时附带传播企业的营销信息。这些信息可以同电子书一起被用户二次传播，免费电子书因此成为了病毒营销的一种载体。使用免费电子书实现病毒营销的要点如下。

① 电子书能给企业的目标受众提供有价值的信息，研究报告、培训资料都是很常见的电子书内容。

② 企业对电子书的内容拥有版权。

③ 广告内容要控制在一定的比例以内，不能喧宾夺主。

④ 通过多种渠道发行电子书，并鼓励读者传播该书。

2) 病毒营销的管理问题

病毒营销虽然是拓展市场的一种强有力的武器，但它并非万能，如果使用不当，还可能是危险的。

病毒营销主要用于以下情况：公司的产品或者服务是开创性的，最好是激动人心的产品。因为人们更喜欢传播新鲜的东西，所以模仿性的产品使用病毒营销通常不会取得好的效果。另外，产品或者服务必须容易被人理解，它的价值必须简单明了，就像PayPal的价值主张——在网上付款和接收付款的途径。最后，接纳产品必须是低成本的，这不仅意味着产品或者服务本身必须价格低廉，而且还意味着顾客没有高昂的转移成本和交易成本。电子商务的交易成本绝不能忽略不计，因为电子商务在降低了搜索成本的同时，却加大了顾客隐私被侵犯的风险成本，所以，企业提供的服务不能要求顾客登记与服务无关的资料。即使满足了以上条件，病毒营销仍然有一些必须控制的风险因素，列举如下。

(1) 品牌风险。病毒营销本质上是一种口碑营销，因为顾客在推荐一个公司或者产品的时候经常会增添上自己的理解，所以公司的营销信息在多次间接传递的过程上有可能会走样。在我国，一度有许多电子商务公司向公众提供免费的电子邮件服务，他们的营销策略就是病毒营销的策略，但是其中一部分公司本来打算仅仅在一段时期内免费提供服务，但是因为缺乏明确的说明，许多用户以为这些公司的电子邮件服务永远免费，结果，当公司对电子邮件收费时，这些用户被激怒了，他们在网上宣泄了不满情绪，这些公司的形象因此受到了很大的损害。

(2) 履约能力风险。病毒营销策略一旦成功实施，爆发力相当惊人，所以公司的业务有可能迅速扩大，公司必须对此做好一切准备，否则，一旦出现因为公司履约能力有限而不能按承诺提交服务的情况，公司的品牌就会受到损害。

(3) 死掰风险。病毒营销者必须利用用户的口碑效应，但公司对这些用户如何传播这些营销信息是缺乏控制的。在某种情况下，用户在传播公司的营销信息时，有可能会使用死掰方法。例如，在没有经过他人同意时向他人发送群发邮件，当公司承诺按照招募新顾客的业绩给推荐人提供奖励时，这种不道德的情况更容易出现，因为许多用户是在公司的名义下从事活动的，因此他们的不道德行为会给公司品牌带来负面影响。

(4) 失控风险。当传播超过了原先计划的范围就可能引发这种风险。例如，一个公司网站原本希望通过提供免费电子邮件服务来吸引潜在用户，但该消息的传播使许多不可能成为公司客户的人也来使用公司的免费电子邮件服务，结果不必要地占用了公司有限的资源，造成线路拥挤，影响了公司向真正有价值客户提供高质量的服务。

为了使病毒营销策略取得最好效果，营销者必须注意以下问题。

首先，慎重选择最初"感染病毒"的人，这些人会决定病毒传播的方向，选择的标准一要考虑这些人的影响力，二要考虑他们是否处在公司目标用户群的中心位置，即他们是不是公司最重要的顾客。

其次，要慎重设计计划传播的营销信息。信息必须简明易懂，切中要害。同时，为了保证在传播过程中信息不会失真走样，可以准备好用户可能会用到的信息供用户复制。

最后，要对传播的过程进行检测，最好能达到一定程度的控制。为了防止履约能力风险，有必要对信息传播的过程进行检测，随时准备扩充服务能力或者对传播"踩刹车"。这点可以通过巧妙的技术设计来实现，例如，在传播的图像中嵌入一个调用公司服务器资源的元素，那么，每天对服务器上该资源的调用情况进行分析就可以掌握最新的传播状况。

Google在2004年推出了1GB容量的免费电子邮箱服务Gmail，但是新用户的注册必须有原Gmail用户的推荐，说明Google这一做法的用意。

6. 利用离线方式进行网站推广

一般而言，在网站推广的效率方面，在线方式比离线方式更胜一筹，利用离线方式推广网站主要是考虑整合营销传播的效果。实际上，几乎不需要什么额外的花费，企业就可以让公司网站的URL出现在现实世界中的许多地方，包括公司的店面、信纸、信封、名片、纪念品、产品包装、公司车辆的车身和公司发布的各类广告上。第7章将更深入地讨论利用传统广告推广网站的问题。

7. 公共关系

公关活动也是企业进行网站推广的一种手段，网站正式发布时，企业可以安排特别的公关活动来吸引媒体和用户的关注，活动的方式可以从普通的开张大优惠到聘请名人到场助威。在平时，参加各种机构举办的竞赛和评比活动也是一种有效的网站推广手段。在竞赛和评比中获得奖项不仅可以提升自己的声誉,从最实用的观点讲,颁奖机构会建立到获奖站点的链接,这会提升企业站点的热门程度,为获奖网站带来相当的流量。

6.5.2 保留顾客的策略

俗话说,创业容易守业难。具体到网站推广方面,企业虽然有许多方法可以为网站吸引到新的访问者,但是,如果不设法留住顾客,吸引顾客的工作做得再多,到头来也只能是竹篮打水一场空。

1. 保留顾客的意义

从关系营销的角度看,保留顾客比争取新顾客更为重要,原因如下。

① 保留老顾客更有成本效率,争取一名新顾客的花费是保留一名老顾客的花费的5倍以上。

② 老顾客是好顾客,老顾客对公司有更高的信任度,因此,老顾客会从公司购买更多的商品和服务。

③ 老顾客可以带来新顾客,老顾客不仅自己经常光顾公司的网站,还可能会把网站以各种方式推荐给朋友。

④ 老顾客的数量是品牌价值的重要体现。

⑤ 顾客的总数取决于公司所在市场的规模和公司的市场占有率,新顾客的数量是极其有限的,企业的持续经营必须立足于为老顾客服务。

2. 保留顾客的策略

浏览器的一些小功能有助于企业争取更多的重复访问,如加入收藏夹、设为主页以及加入最喜欢的链接(favorites)。利用简单的脚本程序可以让顾客通过点击将企业的网站加入收藏夹、设为主页以及加入最喜欢的链接,这当然可以鼓励更多的顾客这样做。三者相比,加入收藏夹和加入最喜欢的链接更为重要,因为每个用户只能选择一个网站作为起始主页,而这很可能是他们所在单位的主页、自己的个人主页或者是空白页。

当然,浏览器的小功能只是为希望再次光临网站的访问者提供了一些便利,企业还必须采取切实的措施来为顾客提供一个回访网站的理由,在这方面,企业可以尝试以下策略。

(1) 虚拟社区策略。虚拟社区是企业留住顾客的一个极其有效的方法,通过虚拟社区,企业可以同顾客建立起社会层次上的关系。经验表明,开办有虚拟社区的网站会吸引更多的重复访问,而且还会延长访问者在网站上的停留时间,增加网站的粘性。

(2) 忠诚顾客计划。通过给老顾客提供现金回馈、折扣、礼品或者其他利益,忠诚顾客计划在保留老顾客方面也可以起到很明显的作用。忠诚顾客计划起作用的机制是通过引入转移成本(transformation cost)来达到锁定顾客(lock-in)的目标,这种方法有时也被称为频率营销(Frequency Marketing)。

(3) 推式技术。公司可以利用电子期刊、RSS伺服等推式技术来保持同顾客的关系,向顾客通报公司的最新动态,提醒顾客再次访问公司网站。例如,广告周刊网站(www.adweek.com)允许访问者下载一种被称为桌面自动收报机(desktop ticker)的程序,该程序可以自动把广告周刊网站的最新内容下载到用户的桌面,吸引用户回访,广告周刊的自动收报机程序就是推式技术在保留顾客方面的一个应用。

(4) 个性化网站技术。个性化网站技术是公司依据企业对顾客的了解向顾客提供个性化内容的技术,个性化技术不仅可以提高顾客的满意度,而且,要在其他网站获得同样的服务要求顾客向其他网站重新披露自己的相关信息,这会增加顾客隐私受侵犯的可能性。因此,提供个性化服务的网站更有机会留住顾客。

6.5.3 搜索引擎营销

搜索引擎营销从产生到现在不过10多年时间,在这短短的时间里,它不仅成为了一种主流的营销方式,而且还成为了最重要的一种网络营销方式。今天,搜索引擎营销的成长虽然已经趋缓,但仍然冲力十足,根据英国网络广告署(IABUK)在2008年4月发布的报告,英国搜索引擎营销市场在2007年成长了39%,较2006年的44%稍有降低,占到了网络广告总花费的57%。北美的搜索营销市场也仍然保持着快速成长的势头,SEMPO(Search Engine Marketing Professional Organization)发布的《SEMPO搜索营销现状报告2012》中预测,如果将北美搜索营销市场规模定义为北美地区广告主在竞价排名、付费收录、自然排名优化和搜索营销技术的投入总和,那么2013年北美搜索营销市场规模将达到268亿美元,较2012年增长约17%,而比2010年的规模扩大100多亿美元(见图6-3)。

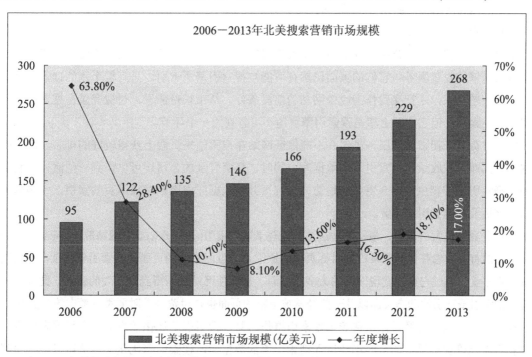

注:2012年数据为根据不完全数据推断,2013年数据为预测数据。

图6-3 北美搜索营销市场规模

资料来源:SEMPO搜索营销现状报告2012

根据艾瑞咨询集团在《2012—2013年中国搜索引擎行业年度监测报告》中所做的研究,2012年,中国搜索引擎营销市场的规模达到了281亿元,估计今后一段时间仍将保持较快的增长,到

2016年可以达到754亿元。

1. 搜索引擎营销的形式

搜索引擎营销包括免费登录、付费登录、搜索引擎优化、关键词广告、竞价排名以及网页内容定位广告等多种形式。《2012—2013年中国搜索引擎行业年度监测报告》显示，在2012年中国搜索引擎营销281亿元的营业收入中，搜索引擎广告收入达到了256亿元，占到了整个市场的91.1%。其他国家也有类似的情况，根据搜索引擎营销专家组织SEMPO在2008年3月发布的一项调查结果，2007年，在北美总规模为122亿美元的搜索引擎营销市场中，搜索引擎广告的份额最大，为87.4%；搜索引擎优化次之，为10.5%；付费登录占的份额很小，只有0.7%；其余的1.4%是对搜索引擎营销技术的投资。常见的搜索引擎营销方式具体如下。

1) 免费登录搜索引擎

向搜索引擎免费登录自己的网站是最传统的搜索引擎营销手段，目前，虽然很多搜索引擎开始对商业网站的登录收取费用，但仍有一些搜索引擎可以供商业网站免费登录。例如，大名鼎鼎的Google就一直坚持在网站登录到自己的索引数据库时不收取费用。

人们经常会忽视小的免费分类目录的作用，认为它们对增加网站流量的作用微不足道，这其实是非常错误的观念。原因有二：第一，勿以善小而不为，免费的推广机会没有理由放弃；第二，公关专家都明白一个道理，就是"小的可以带来大的"，被次要的搜索引擎收录可以增进网站的热门程度，从而提高网站在主要搜索引擎上的排名。

2) 付费登录搜索引擎(Paid Submission，Paid Inclusion)

如今，许多搜索引擎公司都提供与登录搜索引擎相关的收费服务。不过一般而言，即便网站不使用搜索引擎的收费服务，它们的页面仍然有可能被搜索引擎所索引。只有极个别的搜索引擎，特别是一些主题目录，才把交费作为收录网站的前提条件。从市场份额看，付费登录在搜索引擎营销中似乎无关紧要，但它实际上却是搜索引擎营销不可忽视的一个环节。

使用付费登录搜索引擎服务虽然并不能保证网站在搜索结果页面上获得较好的排名，但可以保证网站页面即刻被收录到搜索引擎的数据库。同时，交费登录的公司还可以得到一些额外的利益，例如，搜索引擎的爬虫程序会更频繁地访问该网页并在数据库中更新对该网页的索引，使得网页的更新能够更及时地被用户了解。

在付费登录搜索引擎时，最佳的做法是优先登录网站索引(site index)或者网站地图(sitemap)页面而不是网站的首页或者其他想要推广的目标页面，原因是一旦网站地图页面被搜索引擎收录，搜索引擎的蜘蛛程序就能通过它很快发现网站的大多数页面，从而使网站页面得到最有效的索引。此外，一些不易被搜索引擎索引的动态页面以及一些经常被更新的页面也是付费登录时要重点考虑的提交对象。

在实践中，人们还经常把付费登录搜索引擎作为测试搜索引擎优化效果的一个步骤来使用，因为付费登录能确保被提交的页面迅速进入搜索引擎的数据库，搜索引擎优化人员就可以很快检测到他们优化工作的效果。如果不配合使用付费登录，优化过的页面可能要几个星期甚至几个月后才会被搜索引擎收录，搜索引擎优化人员就无法及时知道他们优化工作的成效，这会大大延误搜索引擎优化的工期。

需要注意的是，像雅虎这样的大牌主题目录提交网站需要交纳费用，但是，交纳的费用只能使自己的网站被雅虎的编辑审查而不能保证自己的网站最终一定能被雅虎收录。对雅虎而言，网站的质量仍然是被收录的必要条件。

3) 搜索引擎优化

SEO是指根据目标搜索引擎的排名算法和网络用户的搜索行为模式，选定若干关键词，通过优化页面设计以及发展对内链接来提升页面在搜索引擎特定关键词搜索结果中的自然排名，最终为网页带来更多、更好的访问流量。SEO关注的焦点是页面标题、页面行文、向内的链接、向外的链接、元标签(meta tags)、提交技巧和死掰(spam)技巧。上一章我们曾经提到过的社会媒体优化也是一种搜索引擎优化方式。2002年8月，柯达为了提高打印数码相机照片等在线服务的知名度，在第一阶段开始实施SEO，对部分Web网页进行了改进，到了9月份，网页的访问量增加了约30%。索尼于2002年5月，在更新"bit-drive"网站的同时，尝试对该网站进行了SEO。这一行动使从Google上链接过来的对bit-drive的访问量增加到了原来的6倍。这一事例说明，搜索引擎优化可以取得令人意想不到的网站推广效果。本书将在稍后详细讨论搜索引擎优化的策略问题。

4) 关键词广告

关键词广告是在搜索引擎的搜索结果中发布广告的一种方式，关键词广告与一般网络广告的不同之处在于，关键词广告出现的位置不是固定在某些页面，而是当有用户检索到特定的关键词时，广告才会出现在搜索结果页面的显著位置上。不同的搜索引擎有不同的关键词广告显示方式，有的将付费关键词检索结果显示在搜索结果的最前面，有的则将它们显示在搜索结果页面的专用位置上(如右列)。当然，最恶劣的一种方式是将广告混杂在非广告当中，因为这可能会误导搜索用户，使他们误以为广告内容也是中立的非商业内容。

总的来说，关键词广告与搜索引擎优化有很大的差别，实质上属于网络广告的范畴，是网络广告的一种特殊形式。由于关键词广告具有较高的定位能力，可以提供即时的点击率报告，还允许用户随时修改关键词等有关设置，收费模式也更加合理，因此，关键词广告正逐渐成为搜索引擎营销的一种常用形式。

5) 竞价排名

竞价排名(paid placement，paid listings)是搜索引擎关键词广告的一种特殊形式，这种搜索引擎关键词广告按照"付费高者排名靠前"的原则，对购买了相同关键词组合的网站进行排名。竞价排名给了广告主对广告效果更多的控制，肯出大价钱的广告主可以保证他的网站出现在搜索结果的前列，所以竞价排名是很受广告主欢迎的一种搜索引擎营销方式。

关键词竞价排名最早由Overture推出，目前的市场领头羊是Google和Overture。如今，关键词竞价排名成为一些企业利用搜索引擎营销的主要方式。竞价排名的时效性强，非常适合发动短期的促销攻势。例如，一家企业需要通过其网站处理一批积压商品，这时，该企业完全无须做扎实的网站推广工作，一次短期的竞价排名广告就可以廉价而高效地实现目标。在我国，百度、中搜、搜狐、新浪等主要搜索引擎都推出了自己的竞价排名业务。

竞价排名广告的创意主要表现在参与排名的网页的标题和网站描述的措辞上，因为这是一个搜索用户在搜索结果页面中肯定能看到的内容。

当然，在竞价排名的具体操作中，关键词的选择也是关系广告成败的关键因素。许多专家建议，应该同时选择普通的关键词和专门的关键词参与排名，前者可以带来足够的印象数，后者则可以保证足够的转化率。

购买关键词可以有不同的方式，Overture和Google允许广告主指定三种匹配关键词短语的方式：标准方式、短语方式以及广义方式。

(1) 标准方式(standard match)。标准方式的关键词短语匹配允许短语中的单字以相反顺序、不同的数的形式出现，甚至还允许误拼。

(2) 短语方式(phrase match)。短语方式要求搜索结果中必须包含搜索的短语，不过搜索结果可以在搜索短语前后包含其他的成分。例如，以精确方式搜索"办公家具"允许"进口办公家具"和"金属办公家具"这样的结果出现。

(3) 广义方式(broad match)。广义方式只需要搜索结果中出现搜索短语中包含的所有单字，但出现的顺序可以不拘，这种方式可以使链接得到尽可能多的显示，这也是Google默认的方式。如以广义方式搜索"办公家具"可能会得到类似"办公室中的家具"这样的结果。该方式比较适合捕获非常具体的查询以及包含有若干产品特性的查询。但是，当主要的关键词有多种含义时，广义方式就可能会失去效率，如笔记本既可能是指便携式电脑，也可能指纸制的笔记本，那么在以笔记本做关键词时就最好使用标准方式而避免使用广义方式。一般而言，对大的关键字使用标准方式，而对精细的关键词则应使用广义方式或者短语方式。在Overture的系统中，广义方式的结果被排在标准方式之后，而Google则单纯按照相关性(点击率)来排序。

Google的AdWords是竞价排名的一种特殊形式，在这一模式中，排名不是单纯地考虑广告主出价的高低，而且还考虑到了网页的相关程度，即排名靠前的网页如果得不到足够的点击率，它的排名就会退后，把更好的位置让给可以为Google带来更大收入的网页。

6) 网页内容定位广告

基于网页内容定位的网络广告是搜索引擎营销模式的进一步延伸，广告载体不仅仅是搜索引擎的搜索结果网页，也延伸到搜索引擎公司合作伙伴的网页。Google于2003年3月12日开始正式推出按内容定位的广告。尽管目前国内的网页内容定位广告还没有进入实用阶段，但从国外搜索引擎营销的发展趋势来看，这种模式在我国的应用只是一个时间问题。

2. 搜索引擎营销的策略

搜索引擎营销策略主要包括关键词策略和搜索引擎优化策略，前者同时适用于搜索引擎登录、优化和搜索引擎广告。

1) 关键词策略

互联网上的搜索大部分是由用户在搜索框中键入的关键词触发的。关键词的管理是搜索引擎营销的一个中心任务，随着人们对关键词长尾开发兴趣的不断增长，公司管理的关键词个数达到了惊人的数量。根据朱比特研究公司的一份调查，年销售在100万美元以上的中等公司(占被调查公司总数的16%)管理的关键词数量介于1000到5000之间，而年销售在1500万美元的大公司(占被调查公司总数的14%)管理的关键词数量则超过了50 000个。网络趋势公司(WebTrends)对搜索引擎广告主的调查也得到了类似的调查结果，他们的调查结果显示，尽管有31%的被调查公司管理的关键词数量在1000个以内，有22%的被调查公司管理的关键次数量在1000到10 000个之间，但仍然有21%的被调查公司管理的关键数量超过了1万，部分公司管理的关键词数量甚至超过了20万。

关键词策略包括关键词的确定、关键词的使用和关键词的监测。

为网页确定关键词是搜索引擎营销的头等大事，确定关键词的过程就是确定企业网络营销目标市场的过程。首先，关键词的选择要少而精，一般在两个左右。关键词过多是搜索引擎优化的大忌，它会使网页内容失去中心，影响网页在任何一个关键词上的相关性。参与搜索引擎竞价排名可以选择更多的关键词，一般每个页面可以参与5到10个关键词的竞价排名，但这些关键词同样需要与网站内容相关，否则企业按点击付费换来的流量不能转化为实际交易，也是营销上的失败。

其次，选择关键词要避免单个的热门词汇，对于大多数企业而言，要在如"电脑"、"汽车"、"房地产"这类关键词的搜索结果中靠网页优化进入前20名几乎是件不可能完成的任务，在这些词汇上参与竞价也有很高的风险，因为企业在这些词汇上的竞争比较激烈，而且这些词汇吸引来的流量的相关程度并不高。因此，企业需要开动脑筋，选择能体现自己企业特色和优势的利基关键词，通常这类关键词都是通过在中心关键词的前后加上代表特定地方、特别的技术和工艺、特殊的服务等词汇的短语来构成。例如，"数码照相机"就比单独的"照相机"更有针对性，它可以为专门经营数码照相机的企业带来物美价廉的流量。不过，选择太偏僻的关键词短语也不是上策，这一方面是因为过于冷门的关键词即使可以获得较高的点击率，但是因为总的展示次数太少，所以使用冷门关键词很难达到预期效果。因此，选定关键词就是要在热门和冷门之间寻找一个最佳的平衡点。

在选定了关键词后，必须在各个环节部署关键词，这些环节包括页面内容的确定、页面标题的确定、页面结构的确定以及页面URL的确定等，要尽可能地让关键词在各个地方出现。自然，向搜索引擎或者主题目录登录网站时，不仅要在指定关键词的地方填入选定的关键词，在网站描述部分也要突出这些关键词。另外，许多网页使用表格来进行排版，这一技巧会对该页面的搜索排名产生影响，原因是人阅读表格时是按行阅读的，而搜索引擎索引表格时是按列进行索引的，如果忽视这一点，在关键词的位置这一标准上便可能吃亏。一般而言，关键词在页面中出现的频率越高便说明该页面与该关键词越相关，但关键词的密度[①]超过了8%则被认为是反常的。

最后，还要对选定的关键词进行长期的跟踪测试，了解每个关键词组合的热门程度和竞争情况，在必要时更换新的关键词。

2) 搜索引擎优化策略

搜索引擎优化是最重要的搜索引擎营销策略，正如一个网络营销实践者所说的，如果能使自己的网站在左边被搜索者发现(指SEO)，为什么要让它跑到右边(指使用搜索引擎广告)呢？

搜索引擎优化唯一重要的目标就是让公司的网站对于相关的关键词搜索排名在搜索结果页面的前列，即使这些相关的关键词是比较冷门的关键词，搜索引擎优化也仍然是值得的。企业通过传统营销传播手段无疑可以向更广泛的人群传播，但很难判断这群人中到底有多少会真正对公司的产品产生兴趣。搜索引擎优化则不然，虽然，搜索冷门关键词的人会比较少，但绝大部分通过搜索这些关键词找到公司网站的人都是对公司产品有浓厚兴趣的人。

搜索引擎优化工作通常由公司自主完成，不过，因为搜索引擎优化意味着大量的工作，所以，公司需要安排人员专门从事这项工作。如果在当地无法以合理的薪资雇到懂得搜索引擎优化的人才，那么把这项工作外包给专业公司也是一种选择。需要注意的是，切勿让缺乏基本知识的人拿公司网站做试验，因为公司网站如果因此被搜索引擎惩罚会得不偿失。

搜索引擎优化的传统技巧包括对元标签的优化，但因为元标签很容易被滥用，所以许多搜索引擎开始倾向于忽略元标签的内容。当前，最重要的元标签类型是描述标签，因为使用Inktomi数据的搜索引擎(如MSN)会将描述标签中的内容作为对该网站的描述显示在结果页面上。

---

① 关键词密度(keyword density)即一个页面上的关键词数量占该页面总字数的比例，用来判断该页面的关键词有没有被过度使用，合理的关键词密度应该在2%到8%之间。

根据SEOmoz.org在2008年2月对全球超过3000名搜索引擎营销专业人员所做的一次大规模的调查,人们目前常用的一些搜索引擎优化的方法如表6-7所示。

表6-7 专家们常用的搜索引擎优化方法

搜索引擎优化方法	百分比/(%)
编辑/优化标题标签	95.1
编辑/优化描述元标签	87.8
编辑/优化关键词元标签	70.8
编辑/优化段落标题标签	86.0
编辑/优化页面内关键词的使用	85.9
编辑/优化内部链接结构	83.4
页面内SEO手法	57.2

资料来源:www.seomoz.org

要有效地利用搜索引擎开展网络营销,必须弄清几个基本问题。

(1) 弄清使用一个搜索引擎的用户的特征。搜索引擎也像媒体一样,不仅有用户多寡(即市场占有率)的区分,用户也可能具有各自的特征。例如,Hitwise公司2004年对搜索引擎的一项研究表明,Google、Yahoo、MSN这三大搜索引擎相比,尽管Google的市场占有率稳居第一,但MSN在购物、分类广告、旅游和企业等主题目录的搜索方面,拥有更大的用户群,而这些用户群恰好是最有商业价值的用户群。

(2) 弄清用户使用搜索引擎的习惯。最早的搜索引擎优化和排名专业服务商iProspect(www.iprospect.com)在2004年发布的调查结果表明:75%以上的用户使用搜索引擎,56.6%的用户只看搜索结果前2页的内容,大约16%的用户只看搜索结果的前几条内容,只有23%的用户会查看第2页的内容,查看前3页的用户数量下降到10.3%,愿意查看3页以上内容的用户只有8.7%。不过,如果搜索结果不是数十页的话,差不多会有10%的用户可以看完全部结果。iProspect的调查还涉及用户对搜索引擎的忠诚情况:52.1%的用户通常使用同一个搜索引擎(或分类目录),35%的用户交叉使用几个不同的搜索引擎,只有13%的用户使用不同类型的搜索引擎。值得注意的是,尽管有45.9%的用户觉得他们的搜索一直都很成功,但是没有取得理想搜索结果时,27.2%的用户会转向使用其他搜索引擎,而不是用更精确的词汇来重新搜索,只有7.5%的用户会这么做。

利用搜索引擎进行网站推广的关键是在主要的搜索引擎上利用相关关键字进行查询时可以获得好的排名,一般要求排名在30名以内,即在搜索结果页的前3页。不同的搜索引擎有不同的返回搜索结果的排名算法,以下就搜索引擎优化的基本原则做一些讨论。

① 对主题目录类搜索引擎而言,起决定作用的是网站的质量,因为好的站点更可能获得好的评论。

② 最好不使用框架、热点地图来创建网页,因为搜索引擎无法索引这些页面元素。同样,对于利用数据库动态生成的网页,搜索引擎也很难处理。鉴于动态生成的网页对于高质量的网站是不可缺少的,最好利用专门的静态页面来补充和支持动态页面。

③ 优化页面的HTML设计,利用相关标签来增加提高排名的机会,这些标签包括META、ALT、TITLE、Hn等。研究在主要搜索引擎上获得好的排名网站的HTML设计,借鉴这些优秀网站的一些好的做法。

④ 对网站进行经常性的更新,这是获得好排名和吸引访问者回访的一举两得的方法。

⑤ 发展尽可能多的向内的链接(inbound links),提高自己站点的热门程度。这种作法对于网站推

广也具有事半功倍的效果,它既能通过后链提高访问量,又可以通过改进了在搜索引擎上的排名提高访问量。

⑥ 利用大家关心的热门事件,在网站上制作临时网页来吸引流量。例如,奥运会期间会涌现出一批热门的搜索词,如果不失时机地推出奥运会某个相关主题的临时网页,必定能吸引一批访问者。不过,要妥善处理临时网页和网站主题的相关性问题,否则,纵使临时页面可以为网站带来流量,这些增加的流量也是低质量的流量,因为它们的转化率势必很低。

⑦ 在向大的搜索引擎登录站点前,可以先在小的搜索引擎和专题目录上登录站点或者站点的部分页面,这可以建立站点的知名度,增加对大型搜索引擎的吸引力。

⑧ 不要在META标签中包含竞争对手的名称或者商标,尽管这可能会吸引潜在的访问者,但这样做是违反商业道德的,并且可能还会引发法律诉讼。但是,可以通过在页面正文中巧妙地提到竞争对手来获得少许额外的访问量。

⑨ 使用多个域名的网站不要同时提交内容相同而域名不同的页面,这会使页面的排名变得非常靠后,因为许多搜索引擎会把这当成是一种死掰行为。

⑩ 经常对自己网站在搜索引擎上的排名情况进行监测,采取措施改进和保持自己的排名。

⑪ 有条件的话可以考虑建设相应的博客网站来支持企业的主营销站点,博客站点是搜索引擎友好的站点,经常可以在搜索引擎上获得很好的排名,而博客站点如果有很高的知名度,则对主站点的访问量有直接的贡献,同时,随着博客站点排名的上升,主站点的排名也会随之上升。所以,有博客站点支援的站点就获取了明显的竞争优势。例如,努亚卡·克里克葡萄酒公司是位于俄克拉荷马州的一家葡萄酒企业,该企业的站点开设有相应的博客站点"俄克拉荷马州葡萄酒通讯"(*The Oklahoma Wine News*,www.nuyakacreek.com/blog/blogger.html),该站点的主要内容其实是努亚卡·克里克葡萄酒公司开办的一份电子杂志中的内容,主题是俄克拉荷马州的葡萄酒产业。当人们通过Google搜索关键词Oklahoma和wine时,博客站点"俄克拉荷马州葡萄酒通讯"排在首位,而整个检索返回的结果达37万多项。

3. 常见搜索引擎营销工具的使用

SEM是一种技术含量很高的营销方式,要开展高效率的搜索引擎营销就必须懂得常见搜索营销营销工具的使用。几乎一切搜索引擎营销的任务都可以借助工具来完成,所以SEM工具种类很多,可以把常见的SEM工具分为4类:关键词研究和分析工具、网站饱和度(saturation)和热门度(popularity)分析工具、后台工具(back end)以及其他工具。

1) 关键词研究和分析工具

百度指数(index.baidu.com)是一款基于百度网页搜索和百度新闻搜索数据库的关键词研究工具。百度指数的数据库每天都有更新,可以提供从2006年6月以来任意时间段的特定关键词的用户关注度和媒体关注度数据。不仅如此,百度还对这些数据做出了分析解读。首先,在时间轴上,百度选择一些与所查询的关键词有关的有代表性的新闻热点和历史事件作为分隔时间段的标志,研究者据此可以了解新闻事件对用户关注和媒体关注的影响。其次,百度还对用户关注的来源地区在地图上做出了标注,列出了用户关注度最高的10个城市的排名。最后,百度还会给出与该关键词相关的10个关键词以及用户关注度上升最快的10个关键词。另外,百度指数的高级功能还允许研究者对不同关键词、不同的时间段、不同的地区展开对比研究。由于百度在国内有极高的市场占有率,因此,百度指数对我国网络营销者而言是一种非常重要的研究工具。

谷歌趋势(www.google.com/trends)主要被网络营销者用来研究某特定关键词在某时间段内被搜索次数的变化趋势情况。谷歌趋势和百度指数的功能以及风格都非常类似，不同的是，因为谷歌是全球最大的搜索引擎，所以它可以支持对包括汉语在内的多种语言的关键字在不同国家的被搜索次数的研究，这对国际网络营销有特别重要的意义。同时，由于谷歌趋势投入运营的时间更早，它的数据开始于2004年1月，因此，如果要研究从2004年到2006年6月的历史数据，那么研究者就不能使用百度指数，而只能使用谷歌趋势。

Google Adwords关键词规划者(Google Adwords Keyword Planner)是谷歌公司向关键词广告用户免费提供的关键词研究工具，它可以帮助营销者为自己的谷歌搜索引擎广告找到恰当的关键词并对广告成本和效果做出估计。该工具的使用非常简单，用户只需给出所要查询的关键词，该工具就能根据Google数据库中的数据返回该关键词的使用信息，包括用户每月使用该关键词搜索的数量以及广告商在该关键词上的竞争程度，还会给出不同竞价下广告每月的显示次数和点击次数的范围。并且，谷歌还允许广告用户通过指定广告投向的目标地区来查看某关键词在特定地区的相关数据。另外，该工具还可以根据用户提供的多个关键词来为用户提出关键词组合的建议。当然，该工具的使用也有一些小的技巧，例如，可以使用负关键词(negative keywords)来排除掉无关的搜索，从而更准确地投放广告。

Spyfu (www.spyfu.com)是一款研究关键词的非常优秀的工具。Spyfu向免费用户提供两种服务，一个是关键词研究，另一个是关键词比拼。Spyfu的关键词研究针对用户输入的关键词提供大量有用的信息，如每月的搜索量、每次点击价格、每天花费、近3个月内的广告主数量、点击率、自然排名前50名的网站以及搜索引擎优化的难度等。单是每月的搜索量，Spyfu就会详尽地列出全球、全美(或者英国)使用标准、短语以及广义匹配方式对该关键词的搜索量。此外，Spyfu的关键词研究还会列出10个相关的关键词的搜索信息供用户参考。用户使用Spyfu的关键词比拼功能可以研究两家公司在搜索营销中使用关键词的情况，Spyfu会显示出用户所指定的两家企业各自使用了多少关键词开展搜索营销，其中相同的有多少，不同的又有多少。例如，使用Spyfu比较海尔和西门子在英国投放的搜索引擎广告时发现，西门子共使用了45 979个关键词，而海尔只使用了2146个关键词，这么多关键词中，两家公司同时使用的只有20个。

关键词发现工具(http://keyworddiscovery.com/search.html)可以依据一个包含有360亿次实际搜索的数据库为用户提供同某一指定关键词以及与其相关的100个常用关键词组合的搜索次数数据。如果使用增值服务，用户可以获得同该关键词相关的10 000个关键词组合的搜索数据。该工具还提供不同的搜索引擎对用户所查询的关键词的搜索份额，这个份额与各搜索引擎总的市场份额可能存在着显著差异，这一数据对用户选择准备投放广告的搜索引擎很有帮助。不过该工具目前没有提供中文关键词服务。关键词发现工具的注册版还有错字研究功能，可以为搜索引擎营销人员提示特定关键词的常见错误拼写形式，使他们能够通过在元标签中部署这些错误拼写的关键词来捕捉到额外的流量。例如，人们发现"accommodation(膳宿)"的一个常见误拼"accomodation"被使用的频率和正确拼写相差无几，这就意味着如果提供早餐和过夜服务的客店在进行搜索引擎营销时能把"accomodation"选为一个关键词，就可以使访问量显著提高。

2) 网站饱和度和热门度分析工具

网站饱和度分析工具可以测量搜索引擎总共收录了网站多少页面，网站热门度分析工具则能够测量网站一共有多少人从其他网站向内的链接。

Ahrefs (https://ahrefs.com)是最流行的链接分析工具之一,该工具功能强大,可以分析指向一个页面或者整个网站的链接情况,它对链接的性质、来源、类型、使用的锚链文字(anchor text)以及变化趋势都做出了分析,而且报告以图文并茂的方式来展示,可读性很强。

Majestic SEO(www.majesticseo.com)的链接分析工具和Ahrefs的类似,但对链接的价值做出了更为精细的评价。

网管工具箱网站(www.webmaster-toolkit.com)提供了多种搜索引擎营销工具,其中比较有特色的两个工具是链接吸引力评价工具(link appeal)和C类别检查器(C class checker)。前者可以评价从一个外部网站获得的向内链接的价值,后者则专门用来判断两个不同域名的网站的服务器主机是否属于同一个C类别域名段,来自不同C类别域名段主机上网站的链接会比来自相同C类别域名段主机上网站的链接更有价值。网管工具箱网站还提供了一种网页分析工具,它可以评价指定页面对特定关键词的搜索引擎优化情况。

Thumbshots排序工具(ranking.thumbshots.com)是一种专门比较不同搜索结果重叠情况的工具,它能进行两种比较。首先,它可以比较不同的搜索引擎(如Google和Yahoo)在搜索同一个关键词(如search agency)时所返回的前100个结果中,有多少重复出现的网站;此外,它还可以用来比较同一个搜索引擎(如Google或Yahoo)在搜索相近关键词(如search agency和search agencies)时所返回的前100个结果中,有多少个网站重复出现。比较的结果以图形显示出来,非常直观易读。当用户用鼠标接近任何一个结果时,他还会看到该网页的缩略图。Thumbshots排序工具还允许用户加亮显示他所关注的一个网页,该网页如果出现在前100位,它将在结果图上以红色圆点显示出来。

3) 后台工具

后台工具包括网站分析工具和标记语言审核工具(markup validators)。网站分析工具就是前面曾经介绍过的日志分析工具,这里不再赘述。标记语言审核工具主要用来检查网页的源代码是否符合语法规范,其中最权威的要数万维网联盟官方网站提供的标记语言审核服务(validator.w3.org)。不过,鉴于三大搜索引擎Google、Yahoo和MSN自身的主页都无法通过validator.w3.org的审查,因此有人认为,只要能通过IE和Firefox两大浏览器的测试,是否通过validator.w3.org审核对于搜索引擎营销就无关紧要。

4) 其他工具

在SEM的历史上,站点提交工具(submission tools)曾经辉煌一时,甚至直到今天仍然有很多机构在兜售这一类工具。不过,因为自动化的站点提交工具会妨碍搜索引擎的正常工作,所以这类工具的使用已经被多数搜索引擎确定为搜索引擎死辩。如今,使用这种工具不仅对网站在搜索引擎上的索引没有帮助,有时还会给自己带来不必要的麻烦。

跟站点提交工具命运类似的还有排名检查工具(position checking/tracking tools),该工具可以自动检查指定网页针对特定关键词在主要搜索引擎上的排名情况。同样,因为这样的工具妨碍了搜索引擎的正常工作,所以遭到了主要搜索引擎的抵制,目前市面上还在工作的此类工具(如www.netmechanic.com的搜索引擎跟踪工具)都只能检查个别搜索引擎前几页的排名情况。

4. 对搜索引擎营销的两点误解

因为搜索引擎营销是一个刚出现不久而又发展极其迅猛的网络营销新领域,所以当前有许多关于搜索引擎营销的误解,选取其中的两种分析点评如下。

误解1:使用号称可以同时向成千上万个搜索引擎提交网站的程序或服务可以提高效率。

首先,世界上并没有成千上万个搜索引擎,搜索引擎的数量估计不会超过500个,而其中最大的10个搜索引擎占据了搜索总量的绝大部分(根据不同的数据来源,这一比例在85%~98%之间)。相当一部分的搜索引擎登录程序或者服务会把一些搜集网址的站点当成是搜索引擎,而实际上,这些站点允许任何站点免费登录,但它们几乎不会给任何网站带来什么流量,相反,有一些网站还会利用企业提交给他们的电子邮件地址来滥发商业性的电子邮件。其次,因为利用程序登录的网站大多质量低劣,所以大的搜索引擎通常对利用程序登录网站非常反感,有的引擎甚至采取措施使这些提交无法奏效,因此,搜索引擎提交程序甚至不能保证网站被最重要的几个搜索引擎收录。

不过,同许多人的想法不同,使用这类程序或服务虽然效果不佳,但是,也并不会招致搜索引擎的惩罚性措施,原因在于搜索引擎不会因超出网站管理员管辖的事件惩罚一个站点,如果他们因为使用这类软件或者服务提交网站而惩罚被提交的站点,任何一个企业都可以很容易地使它的竞争对手受到惩罚,只需要通过上述软件或者服务提交竞争对手的网站即可。同理,一个网站不会因为被链接到一个受惩罚的站点而被惩罚,但可能会因为主动链接这类站点而受惩罚,原因在于后者是网站完全可以控制的行为,而前者不是。

因此,一定要谨慎对待那些号称能把网站提交给成千上万个搜索引擎的程序或者服务,在一般情况下还是少碰为上。

误解2:使用软件检查网站的搜索引擎排名会导致网站被惩罚。

使用软件检查网站的搜索引擎排名会给搜索引擎的广告服务制造很多麻烦,所以搜索引擎一般禁止这类作法。但是,搜索引擎的做法不是惩罚软件所查询的网站,因为同误解1中所阐明的一样,这么简单的做法很容易被人用来陷害竞争对手的网站。实际上,Google一旦发现有人试图通过软件检查某个网站的搜索引擎排名,那么运行该软件的计算机的IP就会被Google列入黑名单。此后,由该IP地址对Google发出的请求将不会被响应,但是,所查询网站的排名不会受到任何影响。

5. 搜索引擎营销的伦理问题

像其他的网络营销方式一样,搜索引擎营销也涉及伦理方面的问题。我们来看一个案例:

爱德·哈伍德(Ed Harwood)是英国一个优秀的广告创意人,不幸于2003年死于车祸。他的朋友迈克·格雷汉(Mike Grehan)为纪念亡友专门开办了一个个人网站,哈伍德的生前好友可以在这个网站上发表文字,寄托他们的哀思。但网站开办不久,就有人在该站点的留言板上发现了许多广告性质的帖子,这些帖子无一例外的都有指向一特定网站的链接,这使访问该站点的人们非常愤怒,认为这同在墓碑上涂写联系电话一样无耻。实际上,这些残酷无情的帖子都是出自程序之手,这些用于搜索引擎优化的程序可以在网上自动搜寻留言板或论坛,并在上面发布包含指向特定网站链接的帖子,目的是增加该网站在搜索引擎眼里的热门程度,以期获得更好的搜索排名。这一做法当然违背了基本的网络礼仪,也违背了基本的网络营销伦理。目前,一些搜索引擎已修正了自己的排名算法,仅赋予来自公开的留言板和论坛上的链接以很小的权重。

上例仅仅是搜索引擎死掰(Spam)问题[①]的一种表现,搜索引擎死掰指针对搜索引擎排序算法的

---

① 本例中的死掰行为同时也是新闻组死掰。

一些弱点，使用诸如偷梁换柱(Cloaking)[①]、镜像(Mirroring)、桥页(Doorway Pages，Gateway Pages，Bridge Pages，Entry Pages，Portal Pages)[②]之类的手段，依靠欺骗搜索引擎索引程序来获取较好排名的搜索引擎优化技巧。搜索引擎死掰行为会严重影响搜索引擎搜索的准确性，降低搜索用户的满意度，因此，搜索引擎公司对发现的死掰行为一般都加以惩罚甚至会彻底把死掰网页从数据库中清除出去。有关企业要不要使用死掰技巧进行网站推广的问题，读者可以在本书第9章找到答案。

使用Google查询自己感兴趣的一个关键词，比较搜索结果中排名在首页前5位的网站与末页后5位的网站，说明它们排名靠前(后)的原因。

在线销售(online marketing)指的是通过互联网向最终消费者销售有形商品或者服务。有时候，使用在线零售(online retailing)专指通过互联网向最终消费者销售有形商品。在线销售是电子商务的一个重要组成部分，根据Euromonitor提供的统计数字，2012年，全球的零售总额为145 871亿美元，而在线零售总额为5799亿美元，占到了零售总额的4%。不过，按不变价计算，2012年，全球零售总额较2011年只增长了2%，从2007年到2012年的年复合增长率只有0.9%，而在线零售总额则较2011年增长了17.7%，从2007年到2012年的年复合增长率也达到了14.8%，由此可见，在线零售在零售业中的比重还将继续上升。

近几年来，电子商务在我国的发展势头喜人，网上购物日趋普及，开始成为普通百姓日常生活的一部分。2012年，我国网络购物用户规模达到2.42亿，网络购物市场交易金额达到12 594亿元，较2011年猛增66.5%，占到了当年社会消费品零售总额的6.1%，一举超过美国成为世界第一网购大国，而在2007年，我国网络购物市场交易额占社会消费品零售总额的比例还只有0.6%。在美国，在线零售的发展虽然不如我国迅猛，但也连年保持着稳步增长的势头。根据美国商务部提供的数据，美国2011年实现在线零售1940亿美元，较2010年增长了16.4%，占当年商品零售总额的4.7%。2013年第2季度，美国在线零售收入为648亿美元，在同期商品零售额中所占的比例达到了5.8%。不过，从相对份额来讲，中国和美国都不算是网购最普及的国家，网购最普及的国家是我国的近邻韩国，2012年，韩国的在线零售占到了零售总额的12.7%。

在我国，数以千万计的人靠在线销售为生，中国电子商务研究中心2013年年初发布的《2012年度中国网络零售市场数据监测报告》显示，截至2012年12月，正在运营的个人网店数量达1365万家，其中很多是由职业卖家在经营，单是淘宝网上的职业卖家就有600多万。阿里巴巴的创始人马云对在线零售的前景非常看好，他在2012年中国经济人物颁奖典礼上公开和大连万达集团董事长王健林对赌1个亿，认定中国在线零售在2022年将达到社会零售总额的50%以上。从各个方面来看，研究网上零售的问题都是很有必要的。

[①] 偷梁换柱(cloaking)指为了骗取在搜索引擎上较好的排名，给搜索引擎提交一个与网络用户看到的网页不同的页面版本的策略。
[②] 指利用特殊的程序专门针对搜索引擎编制出的特殊页面，这些页面可以获得好的搜索引擎排名，但通常不适合浏览，通过搜索引擎到达该页面的访问者会被立即转送到真正的目标页面。

6.6.1 在线销售的产品

1994年,贝索斯(Jeff Bezos)在开始创办亚马逊时曾认真考虑过什么商品最适合在网上销售的问题,最后他从几十种可能的商品中选择了图书作为亚马逊在线零售的主营品种。2005年,当PPG上海服饰公司开始在网上销售衬衫时,国内网络营销界还在为服装到底是否适合在网上销售的问题而争论不休。今天,网购市场一片繁荣,从马桶、牧草种子到热带鱼,从茶叶、酱油到3D打印机,凡是消费者需要的,在网上几乎都可以买到;从香烟、啤酒到药品,凡是网店在售的,几乎都有成交的记录。有意思的是,不论是在中国还是在美国,服装都已经成为了网上销售最火爆的品种之一。的确,随着互联网的日益普及以及网络零售行业不断走向成熟,在线销售的商品种类已经超过了传统有形市场上销售的商品种类,再讨论什么产品适合网上销售已经意义不大了。

中国互联网络信息中心在2012年年底对中国网民在网上购买的商品种类进行了调查,结果见图6-4,图中商品类别对应的百分比是半年内曾经购买过这类商品的网购用户[①]的比例。

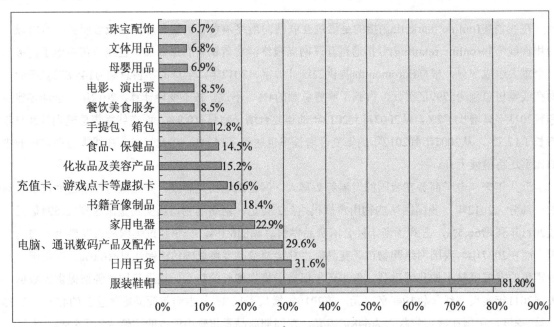

图6-4 2012年中国网民购买的商品种类

资料来源:CNNIC发布的《2012年中国网络购物市场研究报告》

对于如何选择在线销售的商品品种,汉森等人提出的iPACE框架[②]具有一定参考价值。iPACE的含义是:

(1) 信息(information)。即有关商品质量和性能的信息,这些信息应能反映消费者的需要和使用场合,而且还能方便消费者将其同其他商品的信息进行比较。

(2) 价格(price)。即商品的价格,包括促销价激发的冲动、天天平价以及低价保证条款的可行性。

(3) 品种(assortment)。即商品类别有多少以及每种类别下商品的花色品种有多少。

(4) 便利性(convenience)。即在营业时间、营业地点以及购物过程方面的方便程度。

(5) 娱乐性(entertainment)。即购物过程是否能带来乐趣。

---

① 报告中将网购用户定义为半年内曾经在网上购买过商品的网络用户。
② Ward Hanson, Kirthi Kalyanam. Internet Marketing & e-Commerce. pp.437-459

从信息的角度考虑，搜索商品(search goods)比体验商品(experience goods)更容易在网上销售，因为这些商品的质量和信息可以很容易用数字和文字来描述。飞机票就属于搜索商品，因为航班的最重要的信息——起飞和抵达时间、中转次数和时间、飞机机型和舱位情况都很容易描述；相反，食品和饮料的特征就很难描述。有些体验产品的特性虽然无法用语言描述，但可以通过试用来了解，如果试用可以通过网络来实现，则这类商品也可以在网上销售，如音乐、影像以及游戏。

从价格的角度考虑，网上销售商品的总价格除了包含商品本身的售价，还应该包含运输成本以及可能发生的退货成本，如果网上销售商品所带来的成本的节约(反映在售价上)足以补偿运输成本以及可能发生的退货成本，则这类商品适合在网上销售。数字产品运输成本最低，普通的有形产品(书籍、计算机、服装等)次之，易腐产品(蔬菜、肉类等)运输成本最高。

从花色品种的角度来考虑，网上商店销售的商品一般品种更多，但这种品种优势对某些商品表现得更加突出，这些商品包括图书、音像产品、计算机、服装等。

从便利性的角度考虑，网上购物一般会比通过传统渠道购物方便，因为消费者可以省去购物过程中的很多麻烦，包括抵达商店、在商店选择商品、排队付款、运回商品以及要遵守商店营业的时间。网上购买的麻烦主要表现在注册为用户、搜索和比较商品、判断商家的信用以及填写支付和发货信息。在一些购物密集的时间段，如西方的圣诞节期间以及中国的十一黄金周，从传统渠道购物会更加不方便，这时网上购物就更显出其优势。另外，初次购买和重复购买商品相比，在网上进行重复购买会省去很多麻烦(如无须填写信息和判断商家信用)，因此重复购买较多的商品会更适合在网上销售。

从娱乐性的角度考虑，网上购物带来的乐趣总体而言比不上传统购物。宽带网络的普及使得高保真的音频和视频传输成为了可能，这有助于提高网上购物的娱乐性。另外，虚拟社区的引入也会为网上购物增添乐趣，网上拍卖更是吸引了一批网上购物者。因此，如果某类商品可以成为虚拟社区的中心或者适合以拍卖的方式来交易，则这类商品适合在网上销售。

需要指出的是，iPACE框架是西方学者根据西方网络用户的消费者行为特点以及西方的社会经济发展状况提出的，中国的情况可能会更加复杂。因此建议：①在选择在线销售品种时，无需人为地划定界限，凡是我国法律法规许可经营的品种都应该纳入考察的范围以内。②与其相信理论，不如相信市场。选择的销售品种是否适当，应该由市场调查结果和试销结果来判定。

根据用户使用和购买香水的习惯判断香水是否适合在网上销售。

6.6.2 在线销售的定价模式

在线销售有两种基本的定价模式：固定价格模式和动态定价模式。固定价格模式就是传统商店中常见的明码标价的定价模式，这一定价方式具有操作简单、交易成本低以及形式上比较公平等优点，因此，该模式在在线销售中仍然被广泛采用。不过，在传统市场上日渐衰微的动态定价模式却又在网络市场上得到了复兴，原因如下。

首先，信息技术在网络市场上的广泛采用使得动态定价的成本大幅降低，这使得动态定价有了被广泛采用的可能。例如，集合议价的定价方式在传统的条件下几乎不可能实现，但在网络市场上可能只需要简短的一段程序就可以实现。

其次，网络市场环境使得商品价格信息相当透明，这使得采取固定价格策略的商家的利润空间大幅缩减。在这一背景下，许多商家开始在增加产品的差异化上寻找出路，有条件的厂家甚至开始利用其柔性制造技术以批量定制的方式来组织生产，这一新情况使得固定价格逐渐失去了原有的意义。

最后，相对固定价格的形式公平而言，动态定价有可能实现实质上的公平。实际上，对同样的商品索取同样的价格是基于生产成本的公平，它并没有考虑该商品对不同的顾客可能具有不同的效用。如果能根据顾客的支付意愿进行动态定价，这无疑可以使企业在占有更多消费者盈余的基础上获得更多的利润，也可以使因为经济条件差或者其他原因导致支付意愿不高的顾客能够以较低的价格获得商品。在网络市场的条件下，商家有可能了解更多的有关消费者支付意愿的信息，并根据这些信息进行动态定价。

当前，网上比较常见的动态定价方式有以下三种。

(1) 集合议价。商品或服务的最终定价取决于购买该商品或服务的顾客的数量多少，这一定价模式会规定一个最高定价和一个价格随顾客数量变化的函数。在一定时期内，顾客的数量越多，每位顾客需要支付的价格就会越低，letsbuyit.com就以集合议价为主要的定价方式。

(2) 拍卖定价。在这种定价模式下，商品的最终价格取决于买方竞争出价的具体过程，网上市场因为可以在一段较长的时期内组织拍卖，而且可以聚集大量的参与者，所以网上拍卖比传统拍卖的适用范围要广得多。在网上，拍卖已经不再局限于艺术品、收藏品和积压物资的销售，而是变成了一种普遍适用于大多数商品的主流销售方式，目前，采用拍卖方式销售商品的网站数量众多，其中最出名的是Ebay.com。

(3) 差别定价。根据不同顾客支付意愿的强弱为同样的商品或服务制定高低不一的价格，一般而言，商家会设法为对价格敏感的顾客提供比较优惠的价格。例如，通过价格比较网站进入网站的顾客可以被认为是对价格比较敏感的顾客，商家可以为他们提供一些优惠。另外，通过专门的折扣网站，如ebates.com，顾客可以购买到许多在线商家的商品，他们购买的价格会比直接从商家购买便宜几个百分点，这也是差别定价的一种方式。

除了固定价格模式和动态定价模式，网上还有一些比较特殊的交易方式，如易货交易方式和免费赠送方式。易货交易指的是在信息技术的帮助下，中介服务商具有极强的交易撮合能力，许多商家能够以自己希望销售的商品和服务交换自己所需的商品和服务，ubarter.com就是采用这一交易方式的一个网站。免费赠送方式是指一些商家为了吸引注意力而为顾客免费提供某种产品或者服务的经营方式，一般而言，免费赠送的产品或者服务都具有很低的可变成本，并且经常可以充当病毒营销的载体，因此，企业从免费赠送中仍然可以获得收益。

6.6.3 网站直销的利弊

1. 网站直销的优势

网站直销最大的优势并非是因为剔除了中间环节而节省了部分销售费用，而是可以让企业更准确、更及时地了解市场需求，从而能针对市场情况开发新产品或者制定营销策略。

网站直销的另一大好处是可以变推式供应链为拉式供应链，企业可以根据顾客的订货来采购原料和安排生产，大幅降低库存，提高库存周转率，这点对某些行业(如计算机行业)有决定性的意义。

2. 网站直销的弊端

网上直销最突出的问题是可能引起渠道冲突，一个企业如果主要通过渠道商来销售产品，那么企业的直接销售势必会影响渠道商的销量。所以生产企业的直销策略往往会受到渠道商的抵制，这一抵制对大部分企业而言可能是致命的，因此，生产企业在决定开展网上直销之前，必须认真思考渠道冲突的问题。

● 6.6.4 网上销售的赢利模式：戴尔和亚马逊的案例

下面将通过戴尔(Dell)和亚马逊(Amazon)两个公司的案例来具体考察网上直接销售的赢利模式。

1. 生产商直接销售——Dell

1984年，年仅19岁的商业奇才迈克尔·戴尔(Michael Dell)在得克萨斯州创建了戴尔计算机公司。公司最早的业务是通过电话直销的方式为顾客定制计算机，1985年，戴尔计算机公司的销售额为7000万美元，如今，戴尔公司每天在网上的销售已经超过5000万美元。

作为一个从事直接销售的制造商，戴尔计算机公司成功的秘诀在于以下两个方面。

一方面，戴尔计算机公司通过高效率的直接销售实现了生产和销售环节的无缝配合。通过将推式供应链再造为拉式供应链，戴尔计算机公司成功地实现了JIT的生产方式，这使得公司的库存周转降低到了13天。与此相比，同行业的库存周转是75～100天，这就使得戴尔公司的产品配置比同行新两个月，在摩尔定律的作用下，单此一项变革就使戴尔计算机公司的利润增长了6%。

另一方面，以互联网为工具，戴尔计算机公司面向企业用户开展了卓有成效的关系营销，创造了为管理学界津津乐道的三角形客户管理模式(被称为戴尔三角)。

戴尔公司把公司的顾客区分为5个层次，并为不同层次的顾客提供不同的服务。

第一层次：位于第一层次的是数量最多的普通顾客，这类顾客可以得到基本的服务，包括查询信息(包括产品信息、订货信息、投资信息、招聘信息等)、在线订货、定制计算机以及获得技术支持。

第二层次：位于第二层次的是注册顾客，任何普通顾客都可以自愿登记为注册顾客，注册顾客在获得上述服务外还可以收到戴尔公司的电子期刊。

第三层次：位于第三层次的是签约顾客，大的机构顾客可以成为戴尔公司的签约顾客，签约顾客可以查阅自己的订货历史，享受到戴尔公司提供的折扣价格，还可以通过专门的链接看到特别的营销信息。

第四层次：位于第四层次的是白金顾客，戴尔公司为这类顾客制作了专门的个性化网页。

第五层次：位于最高层次的是戴尔公司的合作伙伴，这类顾客和戴尔公司有EDI链接。

戴尔三角为公司创造了骄人的业绩，在财富500强公司中，戴尔产品的渗透率为25%；戴尔产品在财富5000强公司中的渗透率为10%；在员工数为200～2000的15 000家中型企业中，戴尔产品的渗透率为8%。在700万家中小企业中，戴尔的渗透率为5%。以上数据清楚地说明了戴尔抓大放小的经营思路。

此外，我们还注意到，戴尔公司从成立之初就以传统方式(如电话直销)从事直接销售，积累了大量的直销经验，这为戴尔从事网上直接销售打下了坚实的基础。因为有了丰富的直销经验，戴尔解决许多问题的方法都是令人称道的，例如，戴尔使用其他公司的客户服务网络(如Xerox的网络)来提供客户服务，这为戴尔节省了大量的费用。

2. Amazon网上直销的案例

亚马逊公司是一个典型的网络公司，由杰夫·贝索斯(Jeff Bezos)在1995年7月在西雅图创建。亚马逊公司在Books和巴诺书店(Barnesandnoble)等竞争对手的前后夹击下不断发展壮大，成为了当之无愧的网络零售第一品牌，该公司在2012年度的销售额达到了610.9亿美元。

亚马逊的成功要领主要有以下几点。

(1) 公司的成立占有天时地利。亚马逊开业的1995年正是万维网高速发展的开始阶段，当时在华尔街一家基金公司担任副总裁的贝索斯正是注意到当时互联网每月两位数的发展速度才决定在网上创业的。与亚马逊相比，Books的创立时间太早，它从1992年就开始利用BBS在网上卖书了，但是，在互联网商业化之前，网上市场还不具备经济规模。与Books相反，巴诺的行动则慢了半拍，作为最有实力的图书零售商，它开展网上业务的时间比亚马逊晚了近两年，这给了亚马逊足够的时间发展壮大。在营业地点上，贝索斯选择在西雅图开办公司是因为那里是美国最大的图书批发商Ingram总部的所在地，亚马逊的网上卖书业务离开了Ingram的合作是无法成功的。

(2) 亚马逊公司在网上创业时选择了合适的行业和产品。图书出版行业是一个集中程度很低的行业，美国最大的出版商的市场占有率也只有11%。在这样的市场上，供应商讨价还价的力量就比较有限，这为亚马逊公司的成长提供了广阔的发展空间。另外，图书是非常适合在网上经营的一个品种，这是贝索斯比较了20种较适合在网上经营的品种后选择出的最佳品种。

(3) 亚马逊公司率先引进并成功实施了联属网络营销策略。亚马逊公司在1996年夏推出了一种联属方案(associates program)，根据这一方案，任何网站都可以申请成为亚马逊网上书店的联属网站，在自己的网站上推介亚马逊书店经营的图书，并依据实际售出书籍的种类和已享折扣的高低获得5~15%的佣金。该方案一经推出，就在业界引起了轰动。当年加入联属营销计划的网站就超过了4000家，次年夏天突破了一万家，1998年夏天更达到了10万家。最新的数字显示，加入亚马逊书店联属营销计划的网站总数已经超过了50万家。正是这些联属网站使得亚马逊书店声名大振，成为网上零售的第一品牌。

(4) 亚马逊公司使用了个性化网站技术来开展数据库营销。在这方面，亚马逊公司锐意创新，发明了一系列新的概念和模式，如合作营销和一键式购物等。亚马逊还把一些重要创新注册成了业务方式专利，并利用这些专利来打击它的竞争对手。

(5) 亚马逊实施了平价策略来巩固市场份额。1998年后，亚马逊对经销的图书开始实施平价策略，不仅价格比传统书店中图书的价钱平均低一成以上，而且对于25美元以上的订单还免费发货，亚马逊每年支出的运费补贴就达2700万美元之多。亚马逊的平价策略有效地打击了竞争者，巩固了自己的市场地位。

(6) 亚马逊依靠经营多元化来保持高成长。亚马逊刚刚成立时只是一个网上书店，当它的品牌作为网上书店第一品牌而变得家喻户晓后，亚马逊开始了大规模的业务扩张，1998年，亚马逊将产品系列扩大到CD领域，并在短短数月内一举超越了CDNow成为了CD经营的网上第一品牌。同年开始了礼品经营，1999年3月，亚马逊推出了自己的拍卖服务，同年11月推出了自己的电子商城服务。就这样，亚马逊不断扩展其业务范围，2004年，亚马逊还推出了自己的搜索引擎www.a9.com。通过这种方式，亚马逊保持了销售额的持续高增长，也赢得了企业各种利益相关者对公司前景的信心，正是这些利益相关者帮助亚马逊闯过了一个个难关，从一个胜利走向了另一个胜利。

有人在比较了网上书店和传统书店的价值链后发现,网上书店的利润空间不足以负担其运营成本,并因此对亚马逊的前景表示担忧。你如何评价亚马逊的前景?

6.7 企业营销网站的运营

企业营销网站的发布开通是基于网站的网络营销的起点而不是终点,企业营销站点需要持续的运营和维护才能够完成它的功能,网站运营的日常工作包括技术性维护和网站的内容管理两方面的内容。

● 6.7.1 技术性维护

网站的技术性维护包括设备维护、数据备份、网页优化等。计算机硬件设备需要不断的维护,特别是检查易损部件的完好性,如CPU风扇、UPS、电缆等,保证网站的可靠运行。某一著名网站曾经出现过因老鼠咬断电缆而导致网络长时间中断的事故,该事故说明了硬件设备维护的重要性。随着网站访问量或者网站内容和功能的增加,网站访问速度会日趋下降,并且,随着新病毒和新的黑客手段的不断出现,网站的安全性也会不断下降。所以到了一定时候,企业必须考虑升级服务器的硬件和软件。出于成本效益方面的考虑,企业的安全策略都不会万无一失,在这种情况下,数据备份便是保证资料安全的最简便也是最可靠的方法。网页的优化包括文件大小的优化、功能的优化、内容的优化和结构的优化,因为互联网基础设施条件(如带宽条件)、消费者行为(如对隐私的态度)、应用软件功能(如内容过滤软件等)、政策环境等因素不断地变化,网站优化不是一件一劳永逸的事,而是一个持续的工作。在网页优化过程中,来自各方面利益相关者的反馈意见是一个重要的参考信息。

网站日志分析是监测网站运营状况的有力武器,通过分析站点访问日志可以了解网站运营的大体情况,如访问者的多寡、访问者的偏好等,还可以根据日志中暴露出的异常发现网站存在的问题,如错误的链接等。在反馈意见缺乏的情况下,网站管理人员可以按照网站日志的分析报告来更有针对性地开展工作。

● 6.7.2 网站的内容管理

对于大部分网站而言,内容管理的工作量远比技术性维护要大。从网站内容的来源看,一般企业网站喜欢从公司内部来创建网站的一切内容,但是一段时间过后,企业内部的创意往往会枯竭。这时,企业不得不大量转贴他人的作品,但这样做却可能带来版权上的纠纷。通过创建社区来获得社区成员的原创内容是个不错的想法,可是这些内容经常鱼龙混杂,质量参差不齐,在这种情况下,网站就需要有一个明确的内容管理政策。内容管理政策一般会涉及内容的获得、编辑、校对、发布、修正、更新、存档、版权等一系列问题,还应该包括对内部员工的创作进行补偿的具体规定。公司员工是企业网站内容最可靠的创作队伍,他们的创作不论在专业水准和舆论导向上都与公司的目标最吻合，而且还最容易管理。在网站发布初期，他们甚至是可以依赖的唯一内容来源。对员工的创作，企业必须给予一定的报酬，对专职的编辑人员，公司要把创作规定为他们工作职责的一部分。此外，公司还需要制订向自由职业撰稿人征稿的预算计划，通过向自由职业撰稿人征稿可以获得高质量的稿件，但这需要有充足的预算，所以向自由职业撰稿人征稿一般仅适用于较大的企业。大型网站还会希望通过合作来获得内容，通过合作获得内容是企业获得内容的最理想的解决方案，但这一策略只适合那些浏览量很大的网站采用，普通的网站是无法吸引到内容提供者的。

企业在获得内容时还可以考虑如下的内容合作方式。一些站点为增加访问量，向他人网站无偿投稿，作为交换，发布的稿件必须注明投稿人的姓名和其网站地址。这样，用稿方免费得到了有价值的资讯，对来访者有利，对提升站点的价值有利；同时，受稿网站的访问者在阅读文稿时，可能会点击投稿人宣传的网站地址(以超链接方式在稿件中出现)访问这些站点。投稿人通过为他人站点提供有价值的稿件，为自己的网站换来一些有针对性的访问。这是双赢的合作，投稿人和受稿站点需相互认可，也就是说投稿人要认可受稿站点及其访问者，受稿站点则要认可投稿人的人品及其文稿价值。投稿人的稿件可以发布在受稿站点中，也可随受稿站点的电子杂志/电子邮件发送给订阅者。

网站内容编辑工作包括编辑待发表的内容、复查已经发表的内容和修正错误的内容。编辑待发表的内容包括检查内容的格式、控制内容的质量和风格、检查内容的语法和拼写、把内容安排到适当的栏目和板块等。复查已发表的内容也是内容编辑的一项日常工作，陈旧过时或者有欠缺的内容是企业网站营销的大忌，网站编辑必须及时对网站的内容做出更新，删除过时的内容，并将有文献价值的内容整理存档。如果发现网站上发布的内容存在法律问题或者与事实有出入，就需要及时采取行动对错误之处进行修正，以免影响扩大。

6.8 提供个性化服务的企业网站

随着企业网站争夺顾客的竞争日趋激烈，许多网站开始考虑把提供个性化的内容当作网站竞争的一种策略。一些调查公司所做的研究证明了这一做法的合理性。

据赛博对话(Cyber Dialogue, www.cyberdialogue.com)所做的一项研究，重度网络消费者更喜欢在能够提供个性化服务的网站上购物。56%的被调查人声称他们更可能在可以提供个性化服务的网站上购物，63%的人则声称他们更可能注册成为能够提供个性化服务的网站的用户。同时，28%的主动使用个性化服务的用户2000年在网上的年均花费超过了2000美元，而非个性化服务用户中2000年在网上花费超过2000美元的只有17%。而且，主动使用个性化服务的用户也更可能在网上订阅内容。基于个性化技术的重要性，人们对个性化网站的问题进行了比较深入的研究。

6.8.1 个性化网站的适用范围

并非所有的网站都适合提供个性化服务，个性化服务在以下几种情况下最为有效。

(1) 顾客存在显著的差异性。公司网站的用户在生命期价值方面和需求方面必须存在足够大的差异，否则就没有必要为客户提供不同的服务。

(2) 顾客对个性化的服务敏感。公司煞费苦心地为顾客提供个性化的服务，顾客必须对此有所觉察并能从中获得更高的价值。如果某些网站的顾客不欣赏企业在网站个性化的努力，就没有必要提供个性化服务。

(3) 存在可行的个性化技术。不同的企业需要设计不同的个性化方案，这些方案必须在技术上和经济上是可行的。即使是处在同一行业的企业，因为企业规模的不同，企业个性化的路线也可能不同，所以同行有了成功的个性化案例不能代替企业对问题做独立的分析。一般而言，提供个性化的界面比较容易，但要想支持客户对产品的定制就需要企业拥有柔性的生产系统，而这恰是多数中小企业所缺乏的。有时候，个性化方案在技术上是可行的，问题仅仅是营销部门没有有效的方法获得必要的有关顾客的数据，这时，个性化仍然是不可行的。

(4) 企业组织对提供个性化服务具有良好的适应能力。提供个性化服务属于一项重大的管理变革，它要求企业文化和员工素质方面的配合，此外还需要有开明的管理层和充足的资金支持。

(5) 竞争态势有利。市场的竞争环境也是不容忽视的因素。企业在决定提供个性化服务之前，必须对市场的竞争环境有充分的认识。是否首先启动个性化服务以及竞争对手对公司的个性化策略做何种反应都会影响企业个性化服务策略的成败。

6.8.2 网站个性化的类型

提供个性化服务可以有两种不同的思路：公司主导型和用户主导型，前者称为个性化(personalization)，后者称为定制化(customization)。两者最主要的区别在于是公司还是用户拥有选择个性化服务的主导权。按照公司主导的思路，企业通过各种渠道收集和存储有关用户的资料，然后按照这些资料有针对性地开展营销，不论企业关于用户的资料是由用户主动提供还是企业通过对用户行为的记录获得，用户通常都无权改动甚至是浏览自己的信息。相反，按照用户主导的思路，公司给用户尽可能多的授权，用户可以随时浏览或者更新他们提供的资料，这使得公司拥有的关于用户的资料更有时效性。自然，用户比较喜欢用户主导型的个性化服务，按照《哈佛经济评论》2001年4月发表的文章《个性化？不，谢谢》所引用的一项调查结果，30%~50%的人希望能拥有定制网站的控制权，而只有5%~7%的人愿意接受完全由企业为他们定制的网站。这一调查结果被解释为目前的个性化算法过于粗糙，例如，如果某用户曾经在亚马逊书店购买过一本题目为《流行的解剖学》的书，那么下次当他登录到亚马逊书店时，书店便会自作聪明地向他推荐《格雷解剖学》一书，这正如有人向店员询问有没有《钢铁是怎样炼成的》一书时，店员却向这名顾客推荐《冶金学原理》。在目前，企业在使用个性化技术时，还是要谨慎从事，最好从定制化开始。

6.8.3 网站个性化中的管理问题

网站个性化所碰到的最大的管理问题是个性化的程度问题，中国有一句老话叫做"过犹不及"，如果个性化不能做到恰到好处，就会适得其反。在决定个性化程度时，企业需要考虑以下问题。

(1) 网站个性化的前提是要掌握网站访问者的背景信息，这些信息可能是访问者的注册信息，也可能是他们的网站访问和交易历史资料。对这些信息掌握过多会显示出对顾客隐私的侵犯，而过少则不能准确地进行个性化设置,这是企业要权衡的第一个问题。

(2) 过多的个性化信息会淡化企业的品牌,如果不同的顾客看到的是不同的营销信息,他们将获得不同的品牌体验,这会不利于统一的企业品牌形象的建立。

基于网站的网络营销与无网站网络营销的配合

● 6.9.1 与电子邮件营销的配合

电子邮件特别是HTML格式的电子邮件可以被看做是可以移动的网页,电子邮件与企业网站相互配合可以取得相得益彰的效果。

电子邮件特别是电子刊物能够给网站带来流量。电子刊物可以通过和网站访问者保持经常性的联系并向访问者通报网站重要的更新,鼓励访问者在适当的时候再次访问站点。网站上可以宣传电子刊物的好处,鼓励网站访问者订阅电子期刊,网站还可以通过提供电子期刊的样刊和过刊档案来吸引潜在订户,同时网站还可以利用FAQ页面来支持电子刊物的发行。网站众多的推广手段对发展电子期刊订户也很有帮助,甚至网站上的退订框都可以增进订户对企业的信任,订户会认为处处为用户着想的企业是值得信赖的企业。企业可以在网站尽可能多的页面上放置订阅框,首页上当然不能缺少订阅框,其他需要访问者输入电子邮件地址的页面上也要放置电子杂志订阅框。例如,访问者注册成为会员的表格上、申请其他服务的登记页面上等,这样顾客只要轻轻一点鼠标就可以订阅刊物,这无疑会增加电子杂志的发行量。实际上,企业可以将所有通过网站收集到的电子邮件地址通过选择退出的方式加入到自己的电子邮件列表中,以扩充电子邮件营销的顾客基础,通过网站收集电子邮件的接触点有意见反馈表单、留言簿、文件下载页面、论坛等。

网站与电子邮件的配合有时需要顾及一些细节问题的处理,例如,在网站的发往(mailto)链接中,指定默认的主题词可以使企业能够根据不同的关键词来自动分拣发来的邮件或者进行其他的自动化处理。指定默认主题词的HTML语句是:<A HREF="mailto:you@yourdomain.com?subject=Your_Subject">。

● 6.9.2 与虚拟社区营销的配合

网站与虚拟社区配合可以产生巨大的协同效益。一方面,网站可以为虚拟社区成员提供全方位交流的信息平台。虚拟社区的成员可以通过电子邮件、新闻组、电子公告板、聊天室、实时传信等多种方式彼此交流,这些交流方式都可以通过万维网一个平台来实现。因此,有网站支持的虚拟社区可以给成员提供更加便利的交流渠道,使虚拟社区更有活力。同时,网站诸多的推广手段有利于基于网站的虚拟社区更快地发展壮大。推广网站有许多成熟的方法,如Web环、搜索引擎营销、病毒营销等,而推广无网站虚拟社区的方法则比较缺乏,因此,有网站支持的虚拟社区可以有更多的手段推广自己,更快地发展壮大。另一方面,开设有虚拟社区的网站也可以获得多方面的优势。首先,虚拟社区可以产生合作经济,虚拟社区成员间的互动可以为网站增添大量新鲜的内容,增加网站的吸引力。其次，虚拟社区可以为网站带来更多的重复访问并延长访问者在网站上的停留时间，增加网站的粘性。最后，虚拟社区的存在有助于改进网站的搜索引擎排名，提高网站被新用户发现的机会。可见，网站和虚拟社区相辅相成，有可能会进入一个发展的良性循环。

6.10 基于网站的网络营销与传统营销的配合

6.10.1 案例1：思达普斯的多渠道销售

专营办公用品的零售商思达普斯吸引顾客的招牌长期是："是的，我们这儿有"。但为了强调多种营销渠道的整合，它重新提出了自己的口号："思达普斯，就是方便"。的确，顾客可以通过目录、店面和网站在思达普斯购物。

在思达普斯的商店走廊里装备有互联网终端，顾客可以通过这些终端访问到思达普斯的网站(www.staples.com)。在网站上订购商店缺货的品种，商店的销售人员和店面中的标志也会将找不到满意商品的顾客引向互联网终端，通过终端订购的顾客可以在商店的收银台付款并获得收据。在思达普斯的商店中顾客当然可以获得产品目录以便回家浏览，在思达普斯的网站上顾客也可以索取产品目录并找到附近思达普斯商店的位置。

在定价方面，产品目录上、网站上的价格和商店中的价格是一致的，当然，因为位置和竞争的关系，不同商店中的价格会有些微的不同。思达普斯对于50美元以上的订单提供免费配送，并且在线订购的商品可以就近在思达普斯的店面退货。在价格方面，思达普斯采取了"天天平价"的策略，在实际操作上，思达普斯推出了110%价格比拼保证，如果顾客在向思达普斯购买商品的14天内在别处发现了更便宜的同样商品，则思达普斯将保证110%给顾客弥补差价。思达普斯的商店仅仅同其他商店比价，而思达普斯的网站则可以同其他商店和网站比价。

思达普斯的整合策略取得了成功，思达普斯的商店主要用于销售小企业常用的高毛利产品，缺货的产品则可以通过店内的终端订购。在2003年2月结束的财务年度中，销售较3年前增长了30%，达到了116亿美元，网上销售由3年前的9400万美元大幅度增长到了16亿美元，通过店内互联网终端的销售则从一年前的2亿美元增加到了2.5亿美元。

目前有待解决的一个问题是：尽管思达普斯允许顾客在商店中退换从目录或网站上订购的产品，但退货后的处理基本上是手工进行的，效率比较低下，思达普斯目前正在开发能提高这一环节效率的物流系统。

6.10.2 案例2：Weetabix网站对销售促进的支持

Weetabix是英国市场占有率数一数二的速食麦片生产商，它最大的竞争对手是著名的Kellogg公司。两家企业旗鼓相当，市场占有率都在45%上下，经常为市场占有率第一的位置而激烈竞争。

为了同时达到提高销售量、重新定位品牌以及增进和顾客联系的目标，Weetabix精心策划了一次漂亮的网上网下同时出击的促销战。

促销的核心是总价值达1千万英镑的抽奖，但抽奖没有采用传统的刮刮卡，而是将顾客引向Weetabix精心设计的网页。网页用虚拟现实技术搭建了一个房屋，房屋的每个房间中都可能放置着令人惊喜的奖品。例如，住宅的厨房中可能放有微波炉和洗碗机，客厅中可能有电视机和DVD机，书房中可能藏有电脑，玩具室里可能有游戏机。如果访问者在这些房间一无所获的话，他还可以在棚屋中找到山地车和煤气烧烤架，甚至还有可能在停车库发现一辆汽车，这些奖品种类使每个家庭成员都有所期待。

促销的消息印在1500万袋麦片的包装上，在各个卖点的收银台上还放置有房屋造型的免费抽奖盒。同时，Weetabix还使用了广播广告和户外广告为这次促销活动造势。促销期间，每个Weetabix麦片的包装中均包含一个唯一的号码，顾客使用这个号码登录Weetabix特别设计的网页，获奖的顾客可以在某个房间中发现他得到的奖品，没有获奖的顾客则有机会看到所有的奖品，这些奖品用来激励他们再做一次尝试。对于还没有接入互联网的顾客，Weetabix公司允许他们使用特别开通的热线电话来参与活动。

此次促销取得了巨大的成功，除了Weetabix在200多个特定售点的"房屋"展示，有更多的经销点主动为这次促销安排了售点展示。促销期间有超过55万次的网站访问，Weetabix收集到了323 000个电子邮件地址，通过热线电话参与活动的人次也超过了20万。促销期间，销售数量增加了7%，而每次销售平均售出的数量也增加了7%，这说明不仅购买Weetabix产品的顾客数量有所增加，每位顾客认购的产品数量也增加了。

在这一案例中，Weetabix特别设计的网页发挥了重大作用，它实际上管理了兑奖的整个过程。首先根据顾客输入的号码判断顾客是否中奖，然后在中奖的条件下显示每种奖品剩余的数量并且安排顾客在不同的奖品中进行选择，顾客选择奖品后会得到一个中奖号码，顾客将此号码填入包装袋内的兑奖表格便可在14天内到指定地点领取奖品。与此相比，使用热线操作则必须有接线员的介入，顾客必须为此承担每分钟10便士的费用。

因为使用了互联网这一新型的媒体，Weetabix公司获得了广泛的关注，并支持了Weetabix公司在同期从"可靠并值得信赖"到"激动人心并领导潮流"的品牌广告，促进Weetabix完成品牌的重新定位。Weetabix的这一促销活动赢得了英国促销协会2003年"最佳促销活动"的大奖。

本章内容提要

基于网站的网络营销以及与其密切相关的搜索引擎营销是当前网络营销的核心领域。营销网站最基本的功能有信息发布、信息收集、信息交流和网上直销。网站建设从分析建站目标开始，利益相关者理论为分析建站目标提供了一个有用的理论框架。网站建设主要的花费在于人工成本，预算费用时对此要有充分考虑。网站设计还包括内容设计、结构设计、导航设计以及美学设计。网站域名是企业网络品牌的重要方面，选择时要慎之又慎。网站在发布之前，要经过ALPHA测试和BETA测试两道质量把关。网站的推广包括流量的吸引和保持两个方面。在吸引流量方面，搜索引擎营销、发展向内链接、网络广告、电子邮件营销、病毒营销和离线推广都非常有效。在保持流量方面，构建虚拟社区、推行忠诚顾客计划、推式技术和个性化网站技术的利用都是行之有效的技巧。开展网站销售首先要从选择适当的产品开始，进而选取合适的定价策略，最后还要解决渠道冲突问题。网站运营的日常工作包括技术性维护和内容管理。如果运用得当，提供个性化服务能够成为网站竞争的一种有效策略。电子邮件营销和虚拟社区营销与基于网站的网络营销相互配合可以产生协同效应，使营销效果最大化。

复习思考题

1. 举例说明网页和网站有什么区别和联系。
2. 对自己所在学校(如华侨大学)的网站(如www.hqu.edu.cn)进行一次利益相关者分析，并从这一角度说明该网站是否有可以改进的地方。
3. 搜索引擎营销是对网站营销还是对网页营销？
4. 花卉是否适合在网上销售？
5. 消费者什么时候会反感个性化服务？
6. 以汽车的销售为例，思考基于网站的营销和传统营销如何协同。

@ 网上资源

SEOmoz(www.seomoz.org)：是一个以搜索引擎营销网络日志为主的网站，该站被《搜索引擎》杂志评为2006年"最佳SEO网志站点"。除了SEM的网络日志，该网站上还有专业和免费的SEM工具、搜索引擎营销指导、SEM服务交易市场以及SEM商店。SEOmoz公司位于西雅图，公司汇集了一批搜索引擎营销的顶尖人才，这使得该网站的内容质量很高，而且内容更新很快，是学习SEM知识、提高SEM技能的很好的参考网站。

搜索引擎营销资源库(www.searchenginewiki.com)：该网站的目标是成为SEM的公共在线资源库，它的内容包括搜索引擎名录大全、SEM的词汇表、文章、招聘信息、网络日志、RSS伺服、常见问题、搜索行业会议信息以及搜索行业名人介绍。在决定把自己掌握的内容和公共共享之前，网站的创办人曾经投入了10年时间来搜索、整理搜索引擎营销方面的资料。虽然这个雄心勃勃的计划目前仍然在BETA测试阶段，但已经汇集了很多有用的信息，是一个值得关注的网站。

参考文献

1. Jensen J. Zhao. Web Design and Development for E-business. Upper Saddle River: Pearson Education, Inc., 2003
3. Sandeep Krishnamurthy. E-Commerce Management: Text and Cases(英文影印版). 北京：北京大学出版社，2003
4. Charles Dennis, Tino Fenech, Bill Merrilees. e-Retailing. New York: Routledge，2004
5. [美]加里·斯奈德，詹姆斯·佩里著. 成栋译. 电子商务(第2版). 北京：机械工业出版社，2002
6. Steffano Korper, Juanita Ellis. The E-Commerce Book:Building the E-Empire. San Diego: Academic Press 2000
7. 张靖. 网络营销. 北京：电子工业出版社. 2002
8. 刘向晖. 企业网站的利益相关者分析. 华侨大学学报(哲学社会科学版)，2003(02)
9. [美]弗里德莱因著. 李保庆等译. 网站项目管理：交付成功的商业网站. 北京：电子工业出版社，2002
10. 周一鹿. 电子商务网站建设与管理. 重庆：重庆大学出版社，2002

11. [英]凯西·埃斯. 有效的电子商务推广方案. 北京：中国经济出版社，2003

12. [美]菲尔·卡彭特著. 李真，李凯译. e品牌：快速建立自己的因特网业务. 北京：机械工业出版社，2001

13. [美]Heather Lutze著. 魏勇鹏译. 写给大家看的搜索引擎营销书. 北京：人民邮电出版社，2010

14. 周亮. 搜索引擎营销向导. 北京：电子工业出版社，2012

15. A. J. Slywotzky. Inside B-to-C Commerce on the Web(英文影印版). 北京：中国人民大学出版社，2002

16. Jan Zimmerman. Web Marketing for Dummies. Hoboken: Wiley Publishing, 2007

17. Ward Hanson, Kirthi Kalyanam. Internet Marketing and e-Commerce. Mason: Thomson South-Western, 2007

第7章 网络营销中的广告

> **本章学习目标**
>
> 在学过本章之后，你应该能够：
> - 了解网络广告的发展历史、现状和趋势。
> - 了解网络广告的基本概念和术语。
> - 熟悉网络广告的主要类型，了解联属网络营销和赞助广告的优势。
> - 熟悉网络广告的计费模式和应用情况。
> - 了解网络广告的优缺点和适用范围。
> - 了解网络广告的整个流程。
> - 熟悉网络广告的法律问题和伦理问题。

广告在营销活动中占据很重要的位置，对于许多公司而言，营销部门在广告上的预算也最多。互联网商业化以后，广告又有了一种新的媒体选择——互联网。目前，不论是在网上经营的网络企业还是在传统市场中开展业务的传统企业都不能不重视网络广告提供的巨大商机，其原因有以下几方面。

(1) 互联网用户数量的迅速增加。根据Internet world stats提供的数字，世界的互联网用户数量在2012年中期已经超过了240 552万，在人口中的渗透率达到了34.3%。在北美，互联网用户超过了人口总数的70%。

(2) 消费者使用媒体的习惯在发生变化。长期以来，电视一直是广告主青睐的传播媒体，但最近有研究表明，使用互联网正在大幅挤占人们看电视的时间。Forrester公司的统计资料显示，近年来美国成年人上网的时间在持续增加，而看电视和听广播的时间却持续缩短(见图7-1)。同一来源的数据表明，2007年，美国18~27岁的年轻人(Y一代)每周上网的时间平均为13.9小时，已经明显超过了每周用在看电视上的10.5小时和用在听广播上的7小时。近年来，随着智能手机日趋普及，人们移动上网的时间不断增加，使手机屏幕成为在电视屏幕、电脑屏幕之后的第三屏。Microsoft Tag的一项调查表明，2011年，86%的移动网络用户会在看电视的时候使用手机上网。这表明传统媒体广告的效果将变差，而网络作为广告媒体的重要性则与日俱增。

另一方面，电子商务的蓬勃发展并没有使传统的广告方式衰退，相反，众多网站特别是网络公司的出现扩大了人们对传统广告的需求。传统广告在建立在线品牌、提高网站流量方面具有重大的作用，而近来移动商务的蓬勃发展使带有二维码的印刷广告有了新的活力。

本章将首先讨论使用传统广告推广网站和在线业务的问题，然后将讨论网络广告在传统商务和电子商务中的应用。

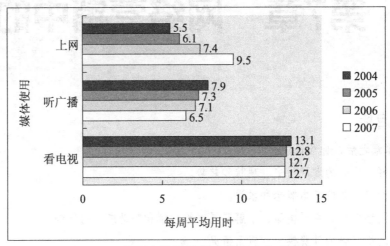

图7-1 美国人使用媒体的模式在发生变化

资料来源：Forrester's Consumer Technographics Benchmark Survey，2004-2007

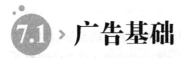 广告基础

● 7.1.1 广告的目的

企业做广告主要有3重目的：告知、劝说与提醒。一次广告攻势可以单纯服务于一个目的，也可以兼顾多个目的。一般而言，告知型广告(informative advertising)主要应用于产品引入阶段，提醒型广告(reminder advertising)主要应用于产品的成熟阶段到衰退阶段，而劝说型广告(persuasive advertising)则可以贯穿产品的整个生命周期。通过做广告，企业可以向消费者宣传产品的利益、增进顾客忠诚度、鼓励重复购买以及避免同竞争对手的价格战。不同的广告类型适合达到不同的目的，例如，电视广告特别适合劝说，广播和户外广告适合提醒，印刷广告和大部分网络广告则在告知方面更有优势，这也是企业要实施整合营销传播的一个理由。

● 7.1.2 受众对广告的态度

广告的受众对广告的态度存在着很大差别，为分析方便，专家们将广告受众分为4种类型：广告寻觅者、广告反应者、广告排斥者和广告忽略者。顾名思义，广告寻觅者就是主动去搜寻广告的人；广告反应者虽然不会主动寻找广告但对偶然看到的广告会有比较积极的反应；广告排斥者会主动回避广告甚至公开非难公告；广告忽略者则会对广告视而不见。除了以上的4分法，也有人采取了一种简单的二分法：广告寻觅者和非广告寻觅者。

使用以上概念时需要注意的一点是，这种对受众人群的划分是相对的，可能会随着产品的不同甚至广告方式的不同而改变。

7.1.3 广告作用的模型

在讨论广告的作用时，人们经常使用一种梯阶模型，即有效的广告可以沿以下6个梯阶推动受众转变。

(1) 梯阶1：知晓。广告最基本的功能就是使消费者知道一特定品牌的产品或者服务的存在。
(2) 梯阶2：理解。广告需要使消费者理解该品牌产品或服务的特色和优点。
(3) 梯阶3：接受。广告使消费者相信该品牌产品或服务能够满足他们的需要。
(4) 梯阶4：偏爱。广告必须能突显出广告主产品不可替代的特色，与竞争者的产品相区别。
(5) 梯阶5：购买。广告鼓励消费者采取购买行动。
(6) 梯阶6：强化。广告还具有使顾客确信他们选择无误的功能，这可以增进顾客对他们购买行为的满意度。

此外，人们还广泛采用AIDA模型和5段式模型，前者将广告的效果分为吸引注意(attention)、引起兴趣(interest)、激发需求(desire或demand)和唤起行动(action)4个阶段，后者则将广告效果分为知晓、了解、喜欢、偏爱和购买。这两种模型与6阶段模型大同小异。需要注意的是，以上的6阶段模型只适用于高投入(high-involvement)的商品类别，对于如日用消费品这类低投入产品(low-involvement)而言，6个梯阶的顺序将调整为知晓、理解、购买、强化、接受和偏爱。不同的广告形式在不同的梯阶上可能具有不同的效力，例如，电视广告在建立知晓度方面效果显著，但对增进理解帮助不大。而搜索引擎营销恰恰相反，它比较适合增进消费者对产品的理解，但不适合建立产品的知晓度。

除了以上梯阶模型，还有另一种描述广告工作的模型，它把广告区分为销售回应模式、劝说模式、卷入模式和突出模式。

(1) 销售回应模式。靠价格方面的优惠引发即刻购买的广告模式。
(2) 劝说模式。动之以情，晓之以理，以道理或情感使消费者信服品牌利益的广告方式。
(3) 卷入模式。引发消费者兴趣，使消费者陷入广告的场景中，产生对品牌的好感，这一模式特别适合于时尚类产品，如牛仔裤和干啤酒等。
(4) 突出模式。靠新奇、极端甚至有争议的品牌形象赢得消费者关注并引发尝试性购买的广告模式。

以上4种不同的模式适用于不同的人群，例如，对广告寻觅者而言销售回应模式和劝说模式的广告最为有效，而对广告反应者则适合采取卷入模式和突出模式的广告，对抵触者采用劝说模式和卷入模式比较奏效，而对忽略者则适合采取突出模式的广告。

7.1.4 四大传统广告媒体

电视、广播、报纸杂志和户外广告并称为四大传统广告媒体，它们各有所长，在实际应用中是相互补充而不是相互替代的关系。

1. 电视

电视是最重要的广告媒体，它主要包括有线电视和广播电视。电视最大的优点是其广泛的受众群体、强大的视觉冲击力、低廉的CPM和良好的品牌关联。电视广告的缺点是总花费大，对目标受众的选择性差。电视广告特别适合品牌广告。

2. 广播

广播最突出的优点是可以快速并且比较经济地建立品牌知名度并且使企业的价值主张深入人心。广播的缺点是表现力差。

广播通常拥有稳定的听众,按照国外的经验,随着生活节奏的加快和汽车使用的增加,人们听广播的时间会稳中有升。因此,作为一种支持性的广告媒体,广播的作用是不可忽视的。

3. 报纸和杂志

报纸广告和杂志广告统称为印刷广告,但两者各有特色。

报纸的优点是发行周期短,特别适合时效性强的地区性广告。对于中小企业而言,物美价廉的分类广告也是营销利器。

杂志广告以图像印刷精美见长,并且对目标受众的选择性也较强。

对于电子商务而言,印刷广告具有独特的优势,因为广告受众有充裕的时间记下公司的联系电话、电子邮箱和网址。对于促销广告而言,印刷广告具有的分发优惠券的能力也是其他类型的广告所不具备的。

结合使用二维码,印刷广告还可以在移动商务中发挥重要作用,智能手机用户可以通过扫描二维码访问特定页面、获得优惠券或者打折代码。

4. 户外广告

在各种传统广告形式中,户外广告的份额最小,但它的作用不容小觑。同广播广告一样,户外广告也非常适合充当辅助性的广告媒体。

7.2 利用传统广告推广电子商务

一般而言,在推广电子商务方面,网络广告比传统广告更有效率,但是,传统广告在建立品牌方面仍然占有优势,另外,传统广告与网络广告相配合,不仅可以提升品牌,而且还可以更有效地实现转化。这可以从以下两个案例中得到说明。

7.2.1 案例1:AOL利用传统广告推广其网络业务

2001年9月,为了推广其100小时免费试用服务,AOL在英国发动了一场广告攻势。该广告包括一个供用户索取免费CD的免费电话号码,广告的目标受众主要为互联网用户。在这场广告攻势中,AOL将三分之一的预算投放到了户外广告上。为了测试户外广告的效果,AOL在英国曼彻斯特、伦敦和纽卡斯尔等3个城市使用了不同的媒体组合。在曼彻斯特,单单使用户外广告;在纽卡斯尔,单独使用电视广告;在伦敦,则使用户外广告和电视广告的组合(见图7-2)。

测试结果表明,单独的户外广告可以用一半的花费实现与电视广告相同的知晓度。在曼彻斯特,在单独投放户外广告后,AOL的品牌知晓度上升到了73%。在伦敦,AOL的品牌知晓度在广告投放前为35%，同时投放了户外广告和电视广告后上升到了72%。在纽卡斯尔，AOL的品牌知晓度在广告投放前为23%，在单独投放了电视广告后上升到了55%。测试结果还表明，户外广告对电视广告有一定的支持作用。

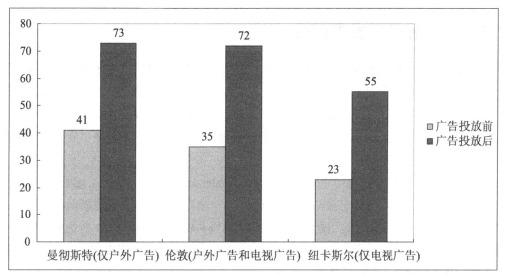

图7-2　广告投放效果的比较

7.2.2　案例2：QXL使用广播广告提升在线品牌并间接增加网站流量

QXL.com是英国最早也是最好的在线拍卖网站，1997年从B2C拍卖开始经营，到1998年年底将业务扩展到了C2C领域。该网络公司希望通过广告使人们知道该公司的存在、了解该公司提供的业务同他们的关联并且最好能来该公司网站参与拍卖，即广告的目标是提升品牌并且增加网站流量。

QXL.com的广播广告从1999年夏天开始，广告采取了密集投放战术，即在特定的时段唯一能听到的只有QXL.com的广告。可是广告的效果并不理想，网站的流量远没有增加到预期的水平，1999年年底，QXL.com推出了有奖竞赛、实时空中拍卖等促销手段来配合广播广告，这仍然没有能使公司收回促销花费。幸好，在广播广告之外，QXL.com还配合使用了旗帜广告、户外广告和直邮广告。QXL.com选择广播为广告主要媒体的考虑是广告可以快速并且有成本效率地覆盖互联网用户。

实际上，广播广告帮助QXL.com达到了以下目标。

① 通过QXL.com拍卖的企业在听到QXL.com的广告后增强了对该公司的信心，这是QXL.com建立品牌关键的一步。

② 广播广告投放后，QXL.com旗帜广告的点击率提高了100%，达到了同行业旗帜广告平均点击率的3～4倍，这应归功于广播广告对QXL.com品牌的提升效果。

可见，广播广告无法有效地直接提升网站的流量，原因是广播听众很难单凭收听广播就能记下公司的邮件地址和网址。但是，广播广告在建立品牌知名度方面是非常有效的，尤其是在网络用户中间建立知名度，它具有快捷而且便宜的优势。因此如果将广播广告配合旗帜广告、电子邮件广告、直邮广告、印刷媒体广告使用，就可以间接地提升网站流量。

7.3 网络广告概述

7.3.1 网络广告发展简史

1993年才创刊发行的美国杂志《连线》(wired)拥有一个叫做"热线"(hot wired)的网站，正是这家网站在1994年10月登出的全球第一个网络旗帜广告揭开了网络广告蓬勃发展的序幕。由热线网(www.wired.com)首先使用的旗帜广告这一网络广告形式至今仍充满活力。当时"热线"网参照杂志广告时间费率的定价方式，为第一个网络广告的定价为每月1万美元。不过最早的网络广告还可向前追溯。

1994年4月12日，美国一家律师事务所(Laurence Canter and Martha Siegel Legal Services)就雇佣程序员编写程序将自己的广告信息张贴到Usenet的每一个独立的新闻组，通过新闻组滥发广告为该律师事务所招揽了大量的生意，也引起了网民的极大愤慨和媒体的普遍关注。劳伦斯夫妇也因此成为了使用互联网发垃圾信息的鼻祖，不过严格地讲，劳伦斯夫妇的宣传因为完全免费所以不能被当成是广告而应该被看做是一种网络公关。

实际上，从1993年4月开始，《高等教育年鉴》(chronicle of higher education)的在线版本"本周学会"(academe this week)就开始刊登显示广告和分类广告了，考虑到互联网商业化的时间，该广告至少是世界上最早的网络广告之一。[①]

在电子商务革命的推动下，网络广告出现后即呈现出高速增长的势头，这一势头一直持续到2000年。2000年以后，伴随着NASDAQ网络股的"跳水"，网络广告也跌入了低谷。2002年后，随着电子商务的复苏，在搜索引擎广告的带动下，网络广告开始进入一个新的发展时期。

市场调研公司eMarketer在2013年1月发布的研究报告显示，2012年全球数字广告开支首次突破1000亿美元，达1028亿美元，相比2011年的872亿美元增长了17.8%。根据eMarketer公司预计，2013年全球数字广告开支将达1184亿美元。2012年，数字广告占总的广告市场份额小于20%，而2013年该比例有望突破20%，达到21.7%。

不论是传统媒体广告还是网络广告，美国都是全球最大的市场。根据普华永道公司(PricewaterhouseCoopers)在2013年4月发布的调查结果，美国网络广告在2012年实现销售366亿美元，相对于2003年的73亿美元相比，年复合增长率达到了19.7%，远远超过了同期美国实际GDP1.5%的增长率(见图7-3)。

我国大陆地区的第一个网络广告出现在1997年3月，比美国晚起步了大约4年时间。当时，Chinabyte的网站(www.chinabyte.com)上发布了英特尔公司的一个标准大小(468×60像素)的全幅旗帜广告。

网络广告被引入我国之后，发展极其迅猛。1998年中国网络广告支出仅为0.3亿元人民币，而在1999年则达到0.9亿元人民币，增幅达到200%，2000年更是达到了3.5亿元人民币，增幅为289%。此后，虽然中国网络广告市场规模的基数越来越大，但中国网络广告支出一直维持着高速增长的势

[①] Nancy Melin Nelson, John Gabriel. Moving from mystique to money: Flaming the Internet. Information Today. Medford: Jan 1994. Vol. 11, Iss. 1; pg. 11, 2 pgs

头。在2012年,中国网络广告支出达到了753.1亿元,较2011年增长了46.8%。图7-4是艾瑞公司提供的从2006年到2016年我国网络广告市场规模的调查和预测数据。根据尼尔森公司提供的数据,我国2012年4大传统媒体广告市场的规模是6528亿元人民币。据此推算,我国网络广告占整个广告市场的份额已经超过了10%,较2007年的5%有了明显的提高。考虑到中国网络广告市场目前成长的速度以及网络广告在其他国家和地区所显示出的巨大潜力,相信中国网络广告占整个广告市场的份额在未来几年还会不断提高。

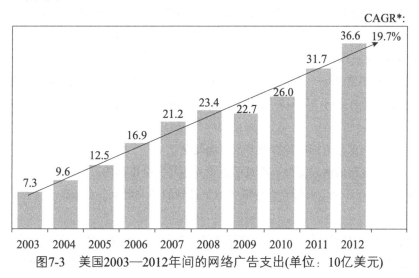

图7-3 美国2003—2012年间的网络广告支出(单位:10亿美元)

资料来源:美国商务部经济分析署

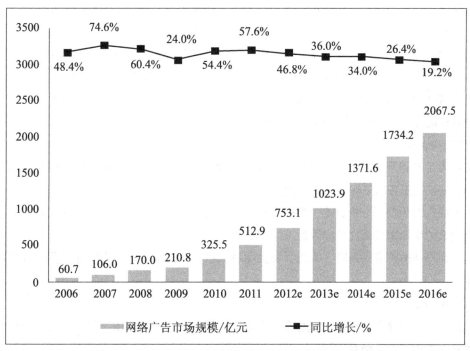

图7-4 2006—2016中国互联网广告市场规模及预测

资料来源:www.iresearch.com.cn

● 7.3.2 网络广告的基本概念和重要术语

网络广告客户在进行网络广告决策时必须了解网络媒体的访问信息，如访问量大小以及访问者的人口统计特征等。如果缺乏对访问统计指标的权威定义和度量标准，包括官方的标准和事实上的标准，网络广告的发展就会受到制约。1999年12月，中国互联网络信息中心联合17家网站推出一种网站访客流量度量标准——《网站访问统计术语和度量方法》[①]，该文件对网络广告中的常见术语做了定义并规定了相应的度量方法，目的是要建立一种具有可比性的、可被广泛接受的网站访问统计的标准。下面将根据这份文件介绍若干网络广告中的常见术语。

(1) 页面阅览(page view)

定义：一次页面阅览就是一次页面的下载，访问者应该可以在浏览器上完整地看到该页面。页读数、页面查看、阅览(view)、页面印象(page impression)、页面请求(page request)和页面阅览是同一术语。

度量方法：一次浏览器请求即可算做一次页面阅览。

评论：以一次浏览器的请求算做一次页面阅览并不是完全准确的，原因如下。

① 代理服务器缓存和浏览器缓存会使服务器记录到的请求数少于实际显示在访问者浏览器上的页面数。

② 在带宽小、响应时间长的情况下，访问者可能在页面完全显示之前就跳转至其他页面浏览，因此即使服务器记录了访问者的请求，但实际上页面内容可能并没有被访问者阅览到。

醒目页面(splash page)和空隙页面(interstitial)不应该被统计到页面阅览次数之中，如果记录则会夸大请求数量；动态的由程序生成的页面应该记入页面阅览次数中；含有帧(frame)的页面应该只被记录一次页面阅览，即使含有帧的页面会产生对多个文档的请求。

使用分析日志文件的方式进行统计时，醒目页面和空隙页面会被日志文件记录，在分析时应该扣除计算特定的醒目页面和空隙页面的部分。在日志文件中会记录对特定的程序(如CGI程序)的请求，因而由这些程序动态生成的页面也可以被计算。日志文件识别不出含有帧的页面，使用分析日志文件的方式进行统计，这个误差可以被接受。

(2) 请求(request)

定义：为了获得服务器上的一个资源(可以是文本、图像或任何可以被包含在页面内的元素)，浏览器和它连接的服务器之间进行的一次单一连接。

度量方法：对于使用分析日志文件的方式进行的统计，日志文件中一条记录就是一个请求，通过对这些记录的统计来获得度量的数据。

评论：命中(hit)和请求是同一术语。当页面请求指对HTML文档的请求时，页面请求是请求的一个子集。

(3) 点击(click)

定义：一次点击是指访问者的鼠标在一个超文本链接上的一次点击，目的是为了沿着它的链接获得更多访问者感兴趣的信息。

度量方法：只有使用分析日志文件的方式可以统计出对于某个超文本链接点击次数。

---

① 文件全文见http://www.cnnic.net.cn/trafficauth/standardindex.shtml。

评论：点击数量(click-through、clickthrough)和点击是同一术语。点击通常被用于网络广告的统计。

(4) 点击率(click rate)

定义：点击链接的百分比。

度量方法：点击数除以链接所在页面的请求数。

评论：收益(yield)和点击率是同一术语。点击率有多方面的价值，在网络广告中，它是广告有效性的表现，它表示访问者已到达广告客户的网站。

以上术语的定义和度量方法未必会被所有网络媒体网站接受，但可以成为广告主与广告商签订合同时的一个重要参考。合同可以对重要的术语进行重新定义，但要避免因为缺乏定义而引起的歧义。

7.3.3 了解网络用户

1997年10月，中国互联网络信息中心(CNNIC)发布了第一次《中国互联网络发展状况统计报告》，并从1998年7月开始定期发布新的统计报告。截至2013年7月，CNNIC已经完成了32次调查，调查的即时性和权威性已得到业界公认。CNNIC的统计数据对我们了解中国互联网的发展状况和中国网络用户的特征提供了很大便利。

根据《第32次中国互联网络发展状况统计报告》，截至2013年6月底，中国5.91亿网络用户中，男性网络用户占55.6%，女性网络用户占44.4%。

中国网络用户的年龄分布情况如下(见表7-1)。

表7-1 中国互联网络用户的年龄分布情况

年龄段	10岁以下	10～19岁	20～29岁	30～39岁	40～49岁	50～59岁	60岁以上
所占百分比/(%)	1.3	23.2	29.5	26.1	12.6	5.2	2.0

中国网络用户的收入情况分布如下(见表7-2)。

表7-2 中国互联网络用户的月收入分布情况

月收入	无收入	500元以下	501～1000元	1001～1500元	1501～2000元	2001～3000元	3001～5000元	5001～8000元	8000元以上
所占百分比/(%)	8.9	14.9	12.1	7.9	9.6	17.5	18.1	6.5	4.7

要了解中国网络用户的更多统计资料，读者可以到CNNIC的网站(www.cnnic.net.cn)上下载阅读最新的《中国互联网络发展状况统计报告》。

随着我国互联网渗透率的逐步提高，网络用户的人口统计特征正逐步与普通大众趋同，但就目前而言，中国50岁以上的网络用户的比例仍然明显偏低，这一状况估计还将持续较长的一段时间。

7.3.4 网络广告的主要类型

网络广告的形式丰富多彩，并且仍不断推陈出新，所以对网络广告分类就很有必要。

网络广告可以有不同的分类方法。朱比特研究公司则将网络广告分为分类广告、显示广告和搜索引擎广告3种。艾瑞咨询集团将网络广告分为搜索类广告、展示类广告以及其他类型广告，其中搜索类广告分为综合搜索和垂直搜索两类，展示类广告分为图形广告、视频广告、富媒体广告和固定文字链广告等类型，而其他广告主要包括电子邮件广告、分类广告和导航广告几种。普华永道公司则将网络广告分为搜索广告、显示广告、分类广告、移动广告、数字视频广告、线索推荐广告、赞助广告、富媒体广告以及电子邮件广告等类型。不同类型的网络广告的份额有很大不同。根据艾瑞咨询集团的研究结果，2012年，在中国753.1亿人民币的网络广告市场中各种类型的网络广告的份额分布如图7-5所示。

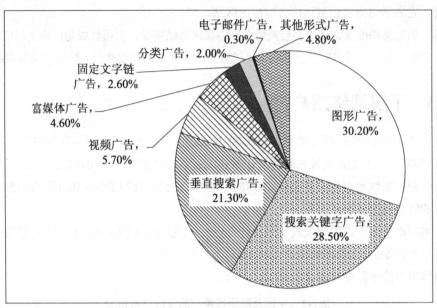

图7-5　2012年中国网络广告的类型分布

资料来源：艾瑞咨询集团发布的《2012—2013年中国网络广告行业年度监测报告》

根据普华永道公司的研究，2012年，在美国366亿美元的网络广告市场中各种类型的网络广告份额分布如图7-6所示。

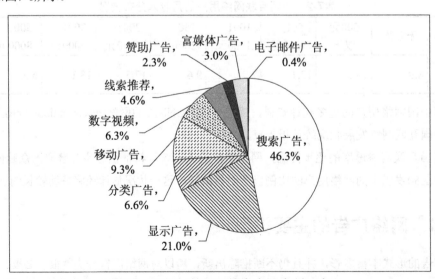

图7-6　2012年美国网络广告的类型分布

资料来源：普华永道公司为美国互动广告署(Interactive Advertising Bureau)提供的研究报告

对主要的网络广告类型分述如下。

1. 显示广告

显示广告(display ads)又称展示广告，其主要形式是旗帜广告。另外，桌面媒体广告、过渡页广告、间隙广告、声音广告、富媒体广告等按照朱比特研究公司的分类法也可以勉强算做显示广告。

1) 形形色色的旗帜广告

旗帜广告(banner)又被称为横幅广告，不过旗帜广告的提法可能更为确切，因为按照由美国广告支持下的信息和娱乐联盟(Coalition for Advertising Supported Information and Entertainment)及互联网广告局(Internet Advertising Bureau)共同颁布而为绝大多数公司所采用的网络广告标准，旗帜广告可以有多种尺寸，如表7-3所示，显然，旗帜广告并非都是横幅广告。

表7-3 旗帜广告的标准尺寸

类 型	尺 寸
全幅旗帜	468×60像素
半幅旗帜	234×60像素
立式旗帜	120×240像素
1型按钮	120×90像素
2型按钮	120×60像素
四方按钮	125×125像素
微型按钮	88×31像素

上表中，全幅旗帜是应用最广的类型，但四方按钮和微型按钮的使用也呈上升势头。

作为网络显示广告的主要形式，旗帜广告有许多不同的变种，例如，播放式旗帜、互动式旗帜、浮动旗帜、微站点广告、巨型广告、擎天柱广告、通栏广告、全屏广告以及画中画广告等。

(1) 擎天柱广告

擎天柱广告(skyscrapers tower)是利用网站页面左右两侧的竖式广告位置而设计的广告形式，该广告的规格为120×600像素或160×600像素。这种广告形式可以直接对客户的产品和产品特点进行详细的说明，也可以进行特定的市场调查或者举办有奖活动。这种广告位于页面左右两侧的狭长地带，不会产生换页盲区；同时，这种广告具有的位置独享和排他性，可以降低其他广告的干扰，更好地传达广告信息。

(2) 互动式旗帜广告

互动式旗帜广告(interactive banner)是新一代的旗帜广告，该广告表面上与普通的旗帜广告毫无二致，但它能够感知用户鼠标在网页上的位置，当鼠标移近时，该旗帜广告可以发生变化，在吸引访问者注意力的同时，展示更多的广告信息。例如，网上有这样一种互动式旗帜广告，乍看起来，旗帜广告像是铺满了树叶的一块石碑，浏览者鼠标移近时，树叶就会被鼠标清扫掉，显露出写在石碑上的图案和广告文字。

(3) 浮动旗帜广告

浮动旗帜广告(floating banner ads)的大小一般为120×60像素(见图7-7)，当访问者使用滚动条滚屏时，浮动旗帜会随之滚动，停留在显示屏右上方固定的位置上。通过浮动，广告可以停留在访问者的视野中，吸引更多的注意，但是会影响访问者的正常浏览。现在有一些浮动旗帜广告被设计成独立的窗口，访问者可以随时关闭或者最小化该窗口，这一设计的目的是减少对访问者的侵犯。

(4) 全屏广告

全屏广告(full-screen ads)是根据广告创意的要求,充分利用整个页面能够容许的最大空间来传递信息的广告方式。它在尺寸上突破了传统旗帜广告,当用户打开一个页面后,首页会出现一个全屏的广告,它可以是静态画面,也可以是动态的Flash效果。几秒钟后,广告自下而上逐渐缩小,最后停在页面上方,成为一个大的旗帜广告。此广告能够给网民造成很强的视觉冲击力,从而更完整地传达广告信息,给页面访问者留下深刻的印象。全屏广告最大的问题是下载时间慢的问题。

(5) 巨幅网络广告

巨幅网络广告又叫巨型广告,该广告的尺寸为360×300像素,几乎是一般的旗帜广告的4倍,约占全屏幕14%的面积。它色彩鲜明,图案生动,一般位于网页偏中间的位置。它的主要特征如下。

① 尺寸大。大尺寸的广告更引人注目,广告内容更加丰富,因此广告效果也更好。

② 采用Flash技术。巨幅网络广告一般都采用Flash技术,具有更强的表现力而且具备交互性。

③ 广告与文字绕排。巨型广告都是以绕排的形式出现在网页上的文字区域内,这样可以使得广告在用户的视线中停留的时间更长,用户在浏览绕排部分的文字时,根本不可能避开广告内容。

④ 具有微站点广告的特征。巨型广告也允许浏览者在不离开广告页面的条件下,直接获取丰富的广告信息,而不是通过点击进入一个新页面。因此,就可能有更多的浏览者接受广告的影响,广告主也就可以期待更好的广告效果。

(6) 播放式旗帜广告

播放式旗帜广告(rotate banner ads)是在一个广告位上按照设定的程序轮换展示不同的旗帜广告,在流量上进行控制,目的是避免固定旗帜广告单调乏味的状况,在视觉上使访问者产生新鲜的感觉。播放式旗帜广告的特点是访问者点击"刷新"按钮后将可以看到一个不同的旗帜广告。

(7) 微站点广告

微站点广告(microsite)是具有下拉菜单、复选框、表单或者搜索框的旗帜广告形式,访问者可以在广告上选择频道或者搜索内容,然后直接链入目标页面,从而最快地获得信息。访问者还可以在不切换页面的条件下输入自己的电子邮件地址,可见,这种广告的功能几乎相当于一个微型的网站,所以称为微站点广告。微站点广告可以简要地描述广告主网站的结构,使访问者可通过广告了解网站的布局。

(8) 通栏广告

通栏广告是一种尺寸超过两条标准旗帜广告的宽屏广告(见图7-7),它通常置于页面的中部,广告规格为600×100像素,可以在媒体网站的首页或频道页面刊登。这种广告由于被放置在网页的中间版位上,占据了上端页面与下端页面间的过渡地带,访客在浏览整个页面时无法错过广告,这提高了广告的有效曝光率。

(9) 画中画广告

画中画广告(picture in picture)一般大小为360×300像素,甚至可达到360×408像素,约占全屏幕的18%。画中画广告存在于关于某一类主题所有非图片新闻的最终页面,该广告通过新闻主题选择目标受众,大大提高了广告的命中率。

第7章 网络营销中的广告

图7-7 中华网上的通栏广告和浮动旗帜广告

2) 其他类型的显示广告

(1) 弹出式广告

弹出式广告(pop-up ads)指内容显示在弹出窗口中的广告,弹出窗口指的是在不经访问者请求的情况下在主浏览器窗口外弹出的一个独立窗口。弹出式广告的优点是点击率高,一般在2.5%以上,而普通旗帜广告的点击率只能在0.3%上下。弹出式广告的缺点是容易引起网站访问者反感,对广告主的品牌有一定杀伤力。弹出式广告的一种变体是附加式广告(pop-under ads),这种广告在后台载入,对浏览者的干扰要小得多。随着屏蔽弹出式广告软件的普及,弹出式广告的效果每况愈下,弹出式广告逐步让位于新一代的空隙广告和超级空隙广告。

(2) 空隙广告

空隙广告(interstitials)是内容页面载入时显现的Java广告,它幅面大,并且运用了表现力强的Flash技术,使访问者无法回避。但是,这种广告载入时间长,严重干扰了用户的正常访问,很容易引起用户反感,所以发展前景黯淡。

空隙广告的一种新形式是超级空隙广告(superstitials),它具有空隙广告的优点,但是它利用访问者阅读页面的计算机闲置时间从幕后载入广告,所以,并不需要用户长时间等待广告下载,相比空隙广告是一个明显的进步。Agency.com网络公司为英国航空公司(british airways)设计的一则超级空隙广告曾经创造过20%的惊人的点击率。

(3) 过渡页广告

所谓过渡页,是在用户访问网站的过程中,网站在不经用户明确请求的情况下,送给用户的页面。这种页面一般都提供一个链接(或者自动跳转),以便用户转到真正请求的目标页面上。而所谓的过渡页广告(transitional ads),就是指以过渡页为载体的网络广告。在过渡页内,几乎所有的视觉空间都可以用来表现广告内容。广告形式可以是图片、文字、视频流或一个互动的Flash小游戏。从尺寸上说,过渡页广告全部都是全屏广告,具备很强的视觉冲击力,其广告效果远非一般的旗帜广告甚至是最新的巨型广告可比。而且随着宽带的不断发展，其未来所能达到的广告效果完全可以赶上甚至于超过现在的电视广告。有人甚至预言，过渡页广告在不久的将来会成为网络广告的主流形式之一，但是，过渡页广告所具有的高入侵性也会引起网络用户反感，损害广告主的品牌形象。

(4) 桌面媒体广告

桌面媒体广告是在用户在线使用的软件的工作界面上播放广告内容的广告形式，这种带广告的软件通常是由软件公司免费提供给用户使用的，如带广告版的OICQ软件或者防火墙软件。在用户启动程序时，软件会自动插入广告。在用户使用软件的过程中，还会间断出现新的旗帜广告。这种广告形式的最大优势在于其定向能力。软件使用者在安装程序时会提供个人信息，软件将这些信息传送给广告商作为定向依据，这一广告形式的定向能力甚至可以同选择加入的E-mail营销媲美。

(5) 声音广告

声音广告(ads with audio)是同时运用视觉和听觉效果对用户进行说服的广告形式。只要网络用户打开网页时，音频文件便会自动载入，载入完成后无须用户点击，声音广告就会自动播放，向访问者灌输广告信息。

不过，因为音频文件载入较慢，也不是每个上网用户都配有或者开启音箱，而且声音广告会对访问者形成较大干扰，所以，这种广告形式并不常见。

(6) 富媒体广告

富媒体广告(rich media ads)指使用浏览器插件、Java语言或其他脚本语言编写的具有震撼视觉效果和复杂交互功能的网络广告形式，一般来说，富媒体比一般gif图片要占用更多的空间和网络传输带宽。但由于这种形式的广告集多媒体、交互性、电子商务于一身，广告能够包含大量的信息，可以诱导消费者深入了解广告内容，因而大大提升了广告效果。富媒体广告同时适用于品牌广告和直接回复广告。

访问新浪(www.sina.com.cn)和搜狐(www.sohu.com)两个网站的主页，确定主页上各网络广告的类别。

2. 电子邮件广告

电子邮件广告是指委托广告公司发动的电子邮件营销攻势或者在别人的电子杂志上购买广告空间的一种典型的定向广告形式。同点击率日趋下降的旗帜广告相比，根据产品的目标市场，有针对性地向潜在客户发送的电子邮件广告是一种既有效又有成本效率的网络广告方式。作为一种直复广告方式，电子邮件具有更强的定向性、可定制性和灵活性。电子邮件广告曾经是一种重要的网络广告形式，但电子邮件广告的销售额在近几年却停滞不前，甚至还有衰退的迹象。根据普华永道公司的统计，美国电子邮件广告的销售额在2003年超过了2亿美元，占当年网络广告份额的3%，但在2012年却只有1.56亿美元，只占当年网络广告份额的0.4%，而中国电子邮件广告的份额更低，在2012年只有0.3%。在电子杂志上购买广告空间的要点同在传统杂志上做广告类似，委托广告公司发动电子邮件攻势的要点已经在第5章做过讨论，这里不再赘述。值得再次强调的是，电子邮件营销并不擅长获得新顾客，正如在以下案例中所说明的。

一个医生在临床实践中发现许多病人都渴望了解一些基础的医疗知识，于是他编写了一本名为《您的个人医学顾问》的电子读物，这本书得到了有关人士的好评，考虑到这本读物可能有一定读者群，他希望利用互联网来自己发行这本电子书，他首先想到的方法是以每本书4.99美元的价格通过选择加入式(opt-in)的电子邮件广告方法来做许可营销，这名医生的想法是否可行？

虽然电子书本身的内容很有吸引力，但选择加入式的电子邮件广告却不是销售这本书的最佳方法。原因是产品的价格过低，销售额根本无法负担广告的费用。通常，选择加入式邮件广告的费用为每个地址0.05～0.30美元，能提供更低价格名单的人几乎肯定是垃圾邮件营销者。假定该医生得到的价格为每个地址0.10元，而邮件点击率为20%，转化率为3%，这意味着每本书的销售费用为16.67美元。因此，更好的方法可能是选择在一些健康方面的电子刊物上发广告，许多这类刊物的广告收费相当低廉，还可以考虑一些搜索引擎排名广告。

3. 搜索引擎广告

搜索引擎广告指通过向搜索引擎服务提供商支付费用，在用户搜索相关主题词时在结果页面的显著位置上显示广告内容(一般为网站简介及到网站的链接)的方法，包括搜索引擎排名、搜索引擎赞助、内容关联广告等不同形式。搜索引擎广告是搜索引擎营销的一个组成部分。

因为采用了按营销效果计费的收费模式，搜索引擎广告对广告主而言是性价比最好的一种网络广告形式。2002年以后，搜索引擎广告呈现出爆炸式的增长，2003年，英国搜索引擎广告的份额由2002年的5%大幅跃升到了36%，在美国也呈现出类似的趋势。根据朱比特研究公司(Jupiter Research)的数据，美国的搜索引擎广告在2003年有50%的增长，总销售达16亿美元，而同期以旗帜广告为主的网络显示广告的销售却减少了6%，为30亿美元。目前，搜索引擎广告已经成为了最重要的网络广告形式。在美国，搜索引擎广告的份额已趋于稳定，2012年的份额为46.3%，较2011年的46.5%甚至还略有下降。在中国，搜索广告更为重要，虽然2012年搜索广告在中国网络广告市场中的份额已经占到了49.8%，但仍然维持着强劲增长的势头，其销售在2012年达到了255.8亿元，较2011年增长了48.8%，其中垂直搜索广告[①]的增长更是达到了惊人的140%。艾瑞咨询公司预计，中国搜索广告的销售在2013年将达到347.6亿元，较2012年增长35.9%。

搜索引擎广告是搜索引擎公司获取利润的主要途径，毫不奇怪，各个搜索引擎公司都提供多种方式的广告服务，搜索引擎中的龙头企业占据着最大的市场份额。网络营销界甚至专门出现了专门经营Google搜索引擎广告的代理，研究Google搜索引擎广告的文章也层出不穷，形成了一个独特的搜索引擎营销分支——Google营销。以下就以Google营销为例对搜索引擎广告做一简单介绍。

1) Google AdWords广告简介

Google在2004年2月推出搜寻广告企划在线管理系统Google AdWords中文版，此套系统可帮助广告商自助创建Google AdWords中文广告，帮助广告商更有效地针对中文Google使用者进行销售活动。此套由Google AdWords所提供的在线广告平台，能够让各企业接触到正通过Google主动搜寻相关产品与服务的用户，并且经由Google AdWords系统，广告文案会呈现于相关搜索网页的上方与右方。目前全球约有15万的广告商使用Google AdWords，它是目前网络业中最大、成长最迅速的搜索广告企划平台。

Google AdWords广告按CPC(cost-per-click)模式收费，不仅会显示在Google的各种服务页面(包括搜索结果页面、论坛页面、主题目录浏览页面)上，也会出现在Google合作伙伴的站点上，Google的

---

① 按照艾瑞咨询公司的分类，垂直搜索广告指的是垂直搜索网站(如淘宝网、京东商城、去哪儿网)提供的搜索服务广告。

合作站点既包括像America Online、CompuServe、Netscape这样的知名站点，也包括一些名不见经传的小的内容站点。一个月的时间内，80%的网络用户会访问到一个或多个Google广告网络中的网站。Google AdWords广告甚至还会出现在一些电子期刊或者新闻组上。

Google AdWords的广告产品有许多独特之处，具体如下。

① 如果有多家企业购买了同一关键词的广告，广告显示的顺序取决于广告页面的点击率和企业愿意为每次点击支付的价格(竞价)的乘积，这样相关程度高的广告有可能排在出价更高的广告之前。

② 允许用户随时修改广告的参数(如关键词、出价、花费额度等)，给予了顾客完全的控制权。

③ 广告在提交后可以立即生效，不需要等待出版周期。

④ 可以从250个国家和14个语种中为广告选择目标受众。

⑤ 提供3种关键词匹配模式：广泛匹配(broad matches)、精确匹配(exact matches)和短语匹配(phrase matches)，这些模式兼顾了定位的准确性的传播的广泛性。另外，用户还可以指定负关键词(negative keywords)来更准确地定位受众。

⑥ 企业的出价为最高支付意愿，实际收费价格取决于排名后一位企业的出价，报价高的企业的实际出价只比报价低的企业的报价多1美分。

Google还为顾客提供了以下多种便捷服务。

① 帮助顾客选取合适的关键词组合。

② 一个关键词可以配对多种广告语，Google负责监控哪个效果最好。

③ 帮助顾客测算在每个关键词上可能的花费。

④ 向顾客提供详细的账户信息，如每日的点击数、平均出价、每日费用等。

⑤ 为顾客提供详细的广告效果数据，这些数据甚至还可以包括转化率数据。

⑥ 5美元就可以启动关键词广告，没有最低消费限制，还允许顾客指定每天的最高花费额度。

⑦ Google AdWords的操作非常简单，用户完全可以自助操作。用户首先需要在Google开设账号，提供有效的电子邮件地址和信用卡号码，激活账号。

不过，Google广告从本企业的经济利益出发也为用户设定了一些限制。例如，广告链接的页面不允许有弹出页面；广告只能包含3行文字，总字符数不能超过95个字符，显示的网址长度不能超过35个字符。目标网址(用户在点击广告后所访问的实际网页)最多可以包含1024个字符。

要了解Google AdWords广告的最新情况，读者可以访问www.google.com/adwords/。

2) 时代营销网的Google营销案例

时代营销网(www.emarketer.cn)于2003年6月6日正式发布，是由国内知名网络顾问公司时代财富(www.fortuneage.com)投资经营的网络营销专业门户网站，主要提供网络营销与电子商务等领域的咨询和代理服务。

从2003年8月26日起到10月25日止，时代营销网在Google投放了为期2个月的关键词广告，广告投放分为三个阶段。

第一阶段，时代营销网选择了2个关键词发动营销攻势，公司为每次点击设定的价格为0.06美元，该价格可以保证时代营销网站在所设定的关键词检索页面中排名第一。在这一阶段，时代营销网获得的平均点击率为1.2%。

第二阶段，时代营销网把关键词的个数增加到4个，对每个关键词的出价和平均点击率同第一阶段没有明显变化，不同的关键词获得的点击率则有一定差异，与网络营销密切相关的关键词点击率在1.0%～1.3%之间。

第三阶段，时代营销网把关键词的个数增加到6个，平均点击率仍然为1.2%，每次点击平均价格也仍然保持在0.06美元。不过，由于购买了更多关键词的缘故，时代营销网每天的平均点击数量较前两个阶段有所增长。

时代营销的Google营销说明了以下问题。

(1) 关键词广告点击率比旗帜广告高。利用Google关键词广告来进行网站推广是一种有效的方法，不仅操作简单，点击率较高，而且在没有点击的情况下，还可以做免费的形象展示，这点同按点击计费的旗帜广告类似。

(2) 关键词广告价格比较低廉。Google关键词广告是按照点击计费方式来计价的，考虑到较低的点击率，Google关键词广告折算成按每千印象计费的价格是比较低廉的。例如，按照时代营销网提供的数据，即1.2%的点击率和0.06美元的按点击计费的价格，则按每千印象计费的价格为0.72美元，这是极其便宜的。问题的关键是Google的搜索结果只能展示非常简要的网站信息，如果想利用这有限的空间进行充分的展示，则需要对显示部分做周密的计划。

(3) 企业对广告发布和广告费用拥有很强的控制。尽管国内一些Google代理商要求企业每月投放的广告必须超过一个最低限额，直接在Google上投放关键词广告却并没有"每月最低消费"的限制，企业也无须担心自己选择的关键词太热会使广告花费超过预算，因为Google关键词广告的每次点击费用和每天最高支出限额都可以由企业自主设定，而且该设置可以随时改变，广告主甚至可以要求暂停或终止广告活动。由于Google关键词广告的总花费很容易控制，这改变了网络广告只有大型企业才敢问津的状况，Google关键词广告因此成为颇受小型企业青睐的一种网络营销手段。

(4) 关键词广告与搜索引擎优化并不矛盾。一般的网站不可能通过搜索引擎优化使网站在所有相关的关键词上都能在Google检索结果中排名前列，这就需要用关键词广告来吸引一些关键词上的流量。可见，关键词广告是搜索引擎优化的一种补充，两者并不矛盾。

(5) 持续跟踪分析关键词广告效果是必要的。对广告活动进行持续的跟踪记录是必要的，这样便于及时发现问题，对于点击率过低的关键词应做出必要的调整，尽管Google会根据关键词最近出现的情况自动禁止点击率低于0.3%的关键词继续显示广告，但如果长期处于广告被禁止的状态会使企业贻误市场机会。如果点击率和点击数量都比较高，那么可能很快达到所设定的每日最高限额，广告便无法继续出现在Google的检索结果中，这时可根据财务状况决定是否调整每日限额，以在较短时间内获得理想的营销效果。

(6) 做Google关键词广告有一定的风险性。由于Google公司目前在国内没有任何经过正式注册的机构，它的网站是否会被我国政府再次屏蔽就成为人们担心的一个风险因素。一旦Google无法正常访问，企业通过Google投放的广告便彻底失败了。另外，Google关键词广告还存在着一些可能被不道德的营销者利用的漏洞。Google关键词广告的投放是实时完成的，Google所有的关键词和链接地址都由广告主自行设定并允许随时修改，虽然这大大提高了广告投放的效率，但也带来一定的弊端。例如，由于不存在审批和其他有效的人工控制，广告主可以使用一些无关的关键词甚至使用竞争对手的注册商标作为关键词，这可能会引发一些虚假广告甚至恶意广告的问题。

(7) 国内企业使用Google关键词广告有一定困难。在Google投放关键词广告的操作过程并不复杂，只要具备基本的英文阅读能力，任何人都可以在Google网站说明的引导下完成广告投放。国内企业主要面临两方面的困难：一是在线支付问题，Google关键词广告要求使用信用卡来支付美元，许多企业缺乏这一支付工具；二是Google无法开具我国财务认可的发票，这为正规企业财务做账带来了很大麻烦。Google的以上欠缺为国内一些所谓的"Google代理商"提供了生存空间，这些公司通过帮国内企业代理Google广告业务来获取收入，至少他们接受人民币支付并可以出具国内的发票。

(8) Google关键词广告不一定获得显著效果。综上所述，Google关键词广告既有许多优势，又有一定的局限性，并非每个企业都可以使用Google关键词广告获得显著的结果。有时，广告无法取得较高的点击率，有时即使获得较高的点击率，但由于广告显示总数较少，同样也不能在短期内获得明显的推广效果。时代营销的测试表明，如果与一般旗帜广告相比，1.2%的点击率应该算比较高了，但由于网络营销是一个相对专业的领域，每天实际的检索数量并不是很多，因此，点击率本身并不能说明最终效果，还应看点击数量。在时代营销本次测试活动中，设定了每天最高限额为10美元，但实际上每天点击所产生的费用远远不到10美元，这说明这次广告投放获得的最终效果并不是很显著，给网站带来的新流量微乎其微。从网站流量统计报告中也可以看出，在关键词广告投放期内，网站流量保持基本稳定，略有增长的访问量也并非都是Google关键词广告所产生。

4. 联属网络营销

联属网络营销(affiliate marketing)指一个网站的所有人在自己的网站(称为联属网站，affiliate)上推广另一个网站(称为主力网站，merchant)的服务和商品并取得佣金的网络营销方式。联属网络营销是内容网站和电子贸易网站间合作的一种新方式，具体做法是主力网站将旗帜广告或者文字链接放置在联属网站上并按照它们实现的销售给合作方支付佣金。

联属网络营销发端于亚马逊书店在1996年夏推出的一种联属方案(associates program)，根据这一方案，任何网站都可以申请成为亚马逊书店的联属网站，在自己的网站上推介亚马逊书店经营的图书，并依据实际售出书籍的种类和已享折扣的高低获得5%～15%的佣金。该方案一经推出，就在业界引起了轰动。当年加入联属营销计划的网站超过了4000家，次年夏天突破了10 000家，1998年夏天更达到了10万家。最新的数字显示，加入亚马逊书店联属营销计划的网站总数已经超过了50万家。正是这些联属网站使得亚马逊书店声名大振，成为网上零售的第一品牌。在亚马逊书店的带动下，网上零售业者纷起效尤，美国最大的连锁书店巴诺公司(Barnes & Noble)不仅推出了自己的联属网站系统(affiliate network)，还针对亚马逊书店联属营销计划的弱点进行了革新，该计划如此成功，结果迫使亚马逊书店修正了自己的联属加盟方案。在联属网络营销方面取得巨大成功的公司还包括电子港湾公司(eBay)和电子玩具公司(eToys)这样的知名网络零售企业。今天，联属网络营销的观念，已经普及到了在网络上发展的各个行业的各种规模的公司，在专门从事联属网络营销服务的网站(www.refer-it.com)上，人们可以找到超过6000家正在拓展联属网络的公司。

联属网络营销较传统的网络营销方式有着诸多优势，将其归纳如下。

首先，主力网站可以通过发展联属网络以较小的花费在较短的时间内树立自己的网上品牌，实现网上销售额的快速增长。通过吸引众多的网站加入自己的联属网络营销计划，主力网站公司可以将许多潜在的竞争对手转变为合作伙伴，这种合作避免了因为过度竞争引起的社会资源浪费，特别是营销费用上的无谓浪费，在联属网络营销方式下，企业间的竞争变成了企业联属网络间的竞争。

采用联属网络营销方式，主力网站仅仅给实际产生销售的网络广告支付广告费，使广告投入的效率显著提高，使获取新顾客的成本显著降低。

其次，联属网站可以通过加入联属网络营销计划从起点较低的内容网站迅速转变为电子商务网站，实现营业收入。许多内容网站都希望通过销售网络广告获得收入，但实际上只有那些真正的热门站点才有希望得到广告主的垂青。与普通网络广告相比，联属营销计划没有访问量门槛的限制，主力网站欢迎所有的网站加入计划，一个网站还可以同时加入多个联属营销计划，这为一些小网站提供了难得的获取收入的机会。

另外，网上消费者也能从联属网络营销中获得实惠。主力网站营销成本的降低导致了商品总成本的降低，主力网站就有更大的空间回馈顾客，给顾客提供物美价廉的商品。联属网站也因为有了资金支持，可以给网上消费者提供更多更好的内容。联属网络营销还使顾客有可能在浏览高质量内容时有更多机会发现中意的商品。

所以说，联属网络营销是一个主力网站、联属网站和消费者各方都能受益的网络营销方式，本质上是按照销售业绩计算费用的一种网络广告模式。

同欧美相比，受电子支付发展滞后的影响，我国的联属网络营销长期处于蛰伏状态，最早试水联属网络营销的My8848、当当书店等国内电子商务企业并没有取得很好的成效。2011年以后，第三方支付的繁荣推动了我国电子商务的大发展，催生了很多商务模式与联属网络营销类似的网站——返利网。同传统的联属网络营销相比，返利网具有以下特点。

① 返利网的收入主要来自联属网络营销的广告收入，但返利网会将这部分收入提取一定比例回馈给通过返利网购物的用户，并靠这种利益分享机制吸引用户再次通过返利网来购物。而传统的联属网络营销并不向购物者返还任何佣金，传统的联属网站是靠虚拟社区或者信息服务来吸引用户的。

② 传统联属网络营销的联属网站是内容网站，而返利网本身属于以赢利为目的的电子商务网站。

③ 传统的联属网站向网站访问者提供的价值是专业的购物建议，而返利网向买家提供的价值主要是价格折扣。

④ 传统的联属网站只推广与本网站内容密切相关的商品，而返利网则提供全系列产品的购物返利。

返利网的运营模式在中国备受质疑。一方面，价格敏感的网络购物者甘愿为了一点小利而从返利网进入商城购物，而面对残酷竞争的网店店主为了达成交易也不得不同意向返利网让利，所以返利网在中国很有市场。另一方面，返利网作为在线销售买卖双方的一个中介似乎并不创造真正的价值，它既没有为消费者提供购物建议，也没有为网店带来额外的流量，所以它的作用更像是电子折扣券。除了返利网，在我国风行一时的团购网的运营模式实际上采用的也是联属网络营销，在这种模式下，团购网扮演联属网站的角色，通过为参与商家(相当于主力网站)实现销售来获得佣金。和返利网不同的是，团购网服务的商家主要是在某一地区提供线下服务的商家，这些商家通过团购网实现了一种线上到线下的商务模式(online to offline，OTO)，即网上达成交易后在网下交付服务。不过，我国的团购并没有采取集合议价的定价方式，所以团购的"团"在这里只是一个噱头，商家真正想做的，是通过OTO优惠的价格把新顾客吸引到店里体验自己的服务，再设法通过提供更优惠的会员价格吸引用户加入他们的顾客忠诚计划。

需要注意的是，采用联属网络营销策略的主力网站必须慎重选择联属网站，切不可兼收并蓄，一味追求数量。按照美国的CAN-Spam法案，主力网站可能会因为联属网站的不法行为而受到追究，联属网站的每件垃圾邮件最高可以让主力网站付出250美元罚金的高昂代价，可见，选择联属网站不可不慎。

5. 赞助广告

作为一种传统的广告形式，赞助广告当然不限于在互联网上进行。从广泛的意义上讲，赞助广告就是公开支持有益的活动。网络赞助广告实际是传统赞助广告在网络上的移植，它主要赞助特定内容的发布。不过，网络赞助广告不限于对网站内容的赞助，它也包括对电子杂志、公告板、讨论组和电子论坛的赞助，对非营利组织网站的赞助则是网络赞助广告中一种比较特殊的形式。

网络赞助广告相对于其他形式的网络广告具有若干独特的优势，分述如下。

首先，网络赞助广告可以收到更好的营销传播效果。同旗帜广告相比，网络赞助广告在争取消费者偏爱方面有独到的优势。按照广告效果的分层次模型，广告的效果分为认知、情感和行为3个层次，广告的目标就是要使广告受众从了解公司开始，进而建立起对公司的好感和偏爱，最终选购该公司的产品。旗帜广告的效果主要体现在认知层次，并且主要集中于认知层次的第一阶段——知晓阶段。旗帜广告只有获得点击，才有机会向受众传播公司产品的详细资料，进入认知层次的第二阶段——了解阶段。但是众所周知，旗帜广告的点击率目前已经不足1%。网络赞助广告则不然，它通过支持受众认可的内容，引发受众理念和情感上的共鸣，博取受众的偏爱，所以赞助广告更侧重在情感层次起作用。当然，因为网络赞助广告也可以显示公司的品牌标志并吸引受众点击，所以它同时能起到建立知晓度和传递信息的作用。目前，人们对赤裸裸的广告普遍具有抵触心理，甚至还采取各种方式屏蔽扰人广告。例如，商业软件WebWasher的卖点就在于它可以屏蔽多种网络广告，3721科技有限公司(www.3721.com)免费发布的上网助手软件也可以屏蔽掉多种广告。但是，赞助广告能通过把广告信息放在受众需要信息的背景后的方式消除受众的戒心。而且因为受赞助内容本身的选择性，赞助广告具有很强的针对性，这也有助于增进广告效果。

其次，网络赞助广告还具有成本上的优势。网络赞助广告通常采用时间费率，即不论浏览网页的人数有多少，也不论浏览过广告的人对广告有什么反应，赞助商皆按照广告显示的时间支付广告费。一般而言，只要网络赞助广告的策略得当，时间费率会较按每千印象计算的费率划算得多。实际上，网络赞助广告还有多种更节省的交易方式，例如，企业可以通过为受助人提供软件、技术支持、服务器空间等资源的方式来提供赞助，这种交易方式可以使企业充分利用闲置的资源来开展营销。

最后，网络赞助广告的社会效益优于旗帜广告。网络赞助广告商在做广告的同时实际上赞助了同社会目标相符的事业，如学术自由、扶助弱势团体等。

企业在投放赞助广告时，需要注意以下问题。

① 要精心选择受助人。选择受助人的过程就是选择目标受众的过程，所以一定要非常慎重。

② 要注意含蓄参与，不可喧宾夺主。赞助广告一般只适合做品牌广告，不适合赤裸裸地推销产品，而且广告出现的频率要适度，喧宾夺主的广告很可能会引发受众的逆反心理。

③ 要同受助人长期合作。企业一旦找到理想的受助人，就要设法与受助人进行长期的合作，赞助广告起作用的方式是潜移默化式的而不是立竿见影式的。

④ 要注意对赞助做一定的宣传。企业赞助公益事业本身是一件光荣的事，因此，企业可以在其他营销传播活动中对公司的赞助活动加以宣传，扩大赞助的影响。

6. 分类广告

分类广告是按照主题加以编排的广告信息，网络分类广告可以出现在网站上也可以出现在新闻组里，它是最经济实惠的广告形式之一。网络分类广告收费低廉，有些甚至完全免费，但它可能会把信息传达给许多人，最重要的是，凡看到该分类广告的人，都是在积极寻找这类信息的人，所以分类广告的定向性非常好。

如果预算允许，广告主还可以选择在特定的主题分类下投放图片广告，这种广告兼有旗帜广告和分类广告的好处。相反，假如预算很紧，则可以优先考虑基于新闻组的分类广告，新闻组中的分类广告一般以 wanted、forsale、marketplace 为类别名，因为分类广告的地域性较强，所以应该选择区域性的新闻组来发布区域性的分类广告。例如，可以在新闻组chi.forsale来发布针对芝加哥地区的分类广告。

在各地的门户网站上通常也有免费的分类广告区，这也是投放分类广告的好地方，因为基于网站的分类广告较基于新闻组的分类广告具有更强的功能，如支持图片和多种查询方式。使用主题目录类的搜索引擎可以找到很多可以发布分类广告的网站。

访问当地门户网站的分类广告区，观察这一分类广告区分为多少个类别？这些类别有没有包括全部的商品和服务？

7. 移动广告

据美国互动广告署发布的数据，2012年，全球移动广告营收大增82.8%，从2011年的53亿美元增加到了89亿美元，占到了当年全球数字广告营收的8.7%。在移动广告的三种类型中，移动搜索广告增幅为88.8%；移动显示广告增幅为87.3%；移动信息广告的增幅最低，为40.2%。移动广告能够迅速崛起的原因有两方面：其一是手机的保有量不断增加，现在已远远超过电脑的保有量；其二是手机已经成为用户随身携带的装备，用户携带手机的时间要长于和电脑在一起的时间。当然，移动广告最大的优势还在于能够对用户的身份以及用户所在的地理位置进行准确识别，使广告更有针对性，并使得基于位置的营销成为可能。另外，智能手机支持条码扫描、GPS导航、移动支付等多种功能，便于用户看到广告后能即刻通过多种方式做出回应。已经有数据表明，移动广告的点击率和转化率较传统的网络广告有了明显提高，甚至超过了网络营销中转化率最高的搜索引擎广告。当然，移动广告的高速增长还要归功于国内外众多的移动广告平台，这些平台至少有十多家，包括Admob、优友、多盟(domob)、Momark、有米、亿动智道、百分互联、MobWIN、点入、赢告、微云、哇棒、天幕，这些平台的竞争与合作使得移动广告很快出现了较为成熟的商业模式。另外，拥有众多移动用户的社会媒体网站(如Facebook)也对移动广告的崛起起到了推波助澜的作用。美国证券交易委员会(Securities and Exchange Commission，SEC)公开的数据显示，2013年第2季度，在Facebook的全部广告收入中，来自移动广告的收入已经达到了41%(见图7-8)。

可以大胆预言，移动广告在数字广告中的份额还将继续攀升，移动广告会成为广告商争夺注意力的重要阵地，网络营销者对此必须做好准备。

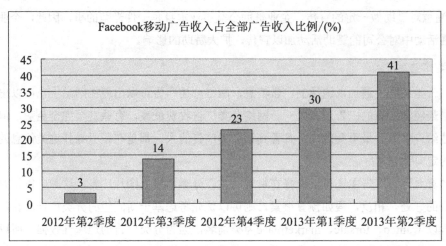

图7-8　Facebook移动广告收入占全部广告收入的比例

资料来源：美国证券交易委员会

7.3.5　网络广告的计费模式

不同的广告方式通常有不同的计费模式，对于网络广告而言，主要的计费模式分为4种：按每千印象计费、按每次行动计费、时间费率和混合方式计费。

1. 按每千印象计费

按每千印象计费(cost per thousand，CPM)是传统广告计费的常用手段之一，意思是将广告信息传播给1000个人所需要的费用。举例来说，如果某网络广告商对旗帜广告的报价为30元(CPM)的话，意思就是说，该旗帜广告每显示1000次，即旗帜广告所在的网页被访问1000次，不论访问者是否注意到该旗帜广告，更不论访问者对此广告是否有所反应，广告主都必须支付给广告商30元广告费。显然，CPM是最受广告商欢迎的计费方式，因为不论广告效果如何，只要该广告被播出，广告商就一定可以获得收入。这种计费方法目前也是网络广告最常用的计费方法。

需要注意的是，不同的媒体CPM有很大的区别，一般而言，媒体的针对性越强，CPM也会越高，所以1000和1000的价值是不一样的，最好的办法是将普通的CPM折算成将广告信息传递给1000个目标客户(而不是任意1000个人)的费用。

2. 按每次行动计费

与CPM只重显示数量不重显示质量的思路不同，按每次行动计费(cost per transaction，CPT)的方式只对有效的显示收取费用，所以CPT是按广告效果计费的方式。当然，受众对广告发生兴趣后可能有不同的反应，可能会找寻更多的信息，也可能是索取试用样品，还可能直接下订单购买。所以，根据反应行为的不同，按每次行动计费的方式又可细分为以下几种。

按点击计费(cost per click through，CPC)：在这种模式中，作为计费基数的行动是点击。此时，广告主只对那些看到网络广告后通过点击广告中的超链接了解更多信息的行为付费。这种计费模式主要用在搜索引擎广告中。

按行动计费(cost per action，CPA)：在这种模式中，作为计费基数的行动是除点击以外的其他事先约定的行动，如点击进入目标网站后注册为网站会员或者下载了软件的试用版。

按询盘计费(cost per lead，CPL)：在这种模式中，作为计费基数的行动是可能会实现销售的询盘。

按销售计费(cost per sale，CPS)：在这种广告计费模式下，广告主仅仅为那些通过点击网络广告进入电子商务网站并且实际发生购买的点击付费。这时，广告报价会像销售佣金一样以销售额的一个比例来表示。按销售计费是对广告主最有利的一种计费模式，广告主不但不用承担任何风险，而且还可以获得免费宣传品牌的好处。这一模式主要应用在联属网络营销中。

3. 时间费率

广告计费的基数是显示广告的时间，即时间费率(day rates)，这是最古老也最简单的一种计费方法。第一个旗帜广告就是以这种方式来计费的，赞助广告通常也以这种方式来计费。此外，网络分类广告也经常采用这种计费模式。

4. 混合方式计费

相比较而言，广告商偏爱CPM计费模式，而广告主则喜欢CPT模式(尤其是CPS模式)，时间模式则只限于前面提到的几种比较特殊的情形。因此，具体采用哪种费率经常取决于广告主和广告商的地位，优势的一方可以按自己的喜好决定计费模式。考虑到日益降低的点击率以及无点击网络广告仍然会具有的品牌效应，CPC是对广告商明显不利的一种计费方式，而且从道理上讲，广告的实际促销效果除了受传播质量的影响外，在很大程度上还会受到产品本身质量和市场条件的影响，让广告商来承担所有的广告风险是不公平的。虽然部分个人网站为获得有限的收入会被迫接受这种计费方式，但如果广告商和广告主在讨价还价时旗鼓相当，双方就可能会达成一种妥协方案，即CPM+CPA的方案，在这种方案中，广告费由两部分构成，一部分是CPM(通常较低)费率，一部分是CPA费率。

以上几种费率的优劣可以用薪酬发放方法打个比方，CPM相当于职务工资，CPA相当于绩效工资，时间费率相当于出勤工资，混合费率则是这几者的复合。

受传统广告计费方式的影响，长期以来，CPM一直是网络广告最经常采用的计费方式。不过，随着搜索引擎广告的崛起，CPT的份额不断上升并成为了占主导地位的网络广告计费方式。在理论上，混合费率是比较科学的计费方式，但实施起来比较麻烦，所以混合费率的使用在今天仍不多见。IAB在2013年发布的研究报告显示，美国网络广告市场上CPM的份额在2012年只有31%，而CPT的份额则有65%，采用混合费率的广告只有可怜的2%(见图7-9)。

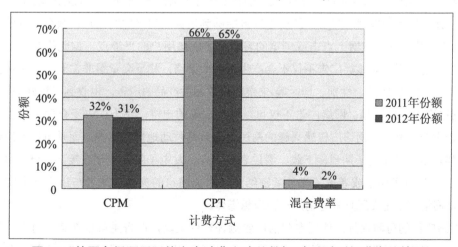

图7-9 美国市场不同网络广告计费方式的份额(未统计时间费率的情况)

需要注意的是，在多数情况下，如果掌握相应的数据，不同的付费模式间可以进行换算和比较。例如，采用时间费率的广告主一般都会要求广告商提供准确的网页浏览人数以便对广告效果进行评价，以时间费率除以以千人计算的该段时间内的网页访问量就可以得到该广告的CPM费率。

7.3.6 网络广告的优缺点

事物都是一分为二的，网络广告也不例外。一方面，网络广告有许多传统广告难以匹敌的优点，另一方面，网络广告也有诸多缺陷需要人们努力去完善。在实际应用当中，网络广告经常和传统广告配合使用，以便取长补短，取得协同效益。

1. 网络广告的优点

与传统媒体比较而言，网络广告有一些独特的优势。

(1) 基于互联网无远弗届的特性，网络广告尤其适合作为全球传播的手段，网络广告不仅可以覆盖广阔的地理范围，而且没有播出时间限制，因此产生广告效应的潜力十分巨大。

(2) 网络广告通常和网站配合使用，而网站能够容纳的信息量跟传统媒体相比几乎是无限的。网络广告的受众通过点击广告中的链接就可以进入广告主的网站，广告主在网站中可以轻易安排相当于数千页的广告信息和说明，把自己的公司以及公司的所有产品和服务(包括产品的性能、价格、型号、外观形态等方面的资料)巨细无遗地包括进来。除了巨大的信息存储空间，广告主可以利用网站来传递大量信息的一个重要原因还在于：网站访问者可以利用网站地图、导航条、检索框等功能很方便地查找信息。

(3) 网络广告发布周期短。网络广告的发布可以不受出版、播放周期的限制，在这里最有代表性的网络广告形式是搜索引擎广告，可以以自助的形式发布。例如，Google关键词广告在提交成功后5分钟后就可以开通使用，用户还可以随时更新广告攻势的特征参数，如关键词、每次点击花费等。

(4) 网络广告定向性好，针对性强。广告受众的准确定位一直是广告投放决策的一个难题，广告投放不准确不仅使广告主浪费了资金，而且还使许多无辜的非潜在顾客蒙受了无关信息的狂轰滥炸。利用特殊的软件，网络广告服务商可以选择特定人群作为广告播放对象，网络广告甚至可以把广告受众精确定位到个人(参考Double Click闭环营销的案例)。企业可以通过准确的市场细分和产品定位来有针对性地投放网络广告，从而使广告能够到达真正感兴趣的用户，获得更好的效果。例如，e龙就通过分析受众在网上点击或浏览的习惯来了解该用户的兴趣点，据此投放该用户感兴趣的产品广告，这样用户对该类广告不仅不会产生抵触的情绪，相反会觉得非常有用。再例如腾讯公司根据注册用户资料(年龄、性别、地区等)来定向投放相关产品的广告，也收到了较好的效果。

(5) 网络广告互动性强。网络广告不仅可以做到准确的定位，还为广告受众做出可以测量的反应提供了极大的便利。对网络广告感兴趣的网民不再只是被动地接受广告，而是可以及时地做出多种反应，如点击、订阅电子期刊、下载、通过表单留言、发电子邮件甚至直接下订单。这种优势使网络广告可以与电子娱乐或者电子商务紧密结合，增加用户的参与度或者与用户马上实现一个交易。所以，网络广告是实现直复营销的一种理想媒体。

(6) 网络广告的可测性好。使用专门的广告测评软件工具，广告主可以在第一时间获得准确的测评结果，即时了解广告投放的效果，然后根据广告效果对广告策略进行调整，而这在传统媒体是不可能实现的。例如，企业同时在几家报刊上做广告，但每家报刊广告的效果怎么样，企业不可能及时得到反馈，只能凭感觉或者事后的调查来推断。

(7) 网络广告在推广在线业务方面独具优势，网络用户在看到感兴趣的网络广告后，只须鼠标一点，就可以到达广告主网站，省去了传统广告场合下广告受众必须记忆网址的麻烦。

(8) 网络广告形式多样，各具优点，非常适合作为整合营销传播的一部分发挥作用。例如，互动广告有很大的创意空间，适合制作卷入模式和突出模式的广告；搜索引擎广告则非常适合广告寻觅者查找。

(9) 网络营销企业既是网络广告的需求者，又是网络广告的提供者，这使得网络营销企业有可能通过广告交换获得额外的广告机会，节省广告费用，Web环就是广告交换的一个例子。

> **小资料** 定向网络广告的一个案例——DoubleClick广告网的闭环营销
>
> DoubleClick拥有一个庞大的合作广告网，负责网络中所有网站的广告空间销售，对于售出的广告空间，DoubleClick负责安排广告。在安排广告的过程中，DoubleClick有机会向广告受众的计算机上写入自己的签语块，因为DoubleClick广告网拥有众多的加盟网站，所以DoubleClick可以收集大量网络用户上网习惯的资料，从中了解各个网络用户的偏好，并根据这一偏好有针对性地向其播放广告。DoubleClick实际上拥有在广告网中的不同网站上跟踪并且定位网络用户的能力，DoubleClick发明的这种营销方式也被称为闭环营销(closed loop marketing)，因为只要用户停留在这个环路(广告网)中的任何一个网站上，这种营销就可以发挥作用。

2. 网络广告的缺点

虽然网络广告有不少优点，但至少在目前，网络广告也存在着一些不容忽视的缺点。

首先，互联网的使用仍有待进一步普及。从全球范围看，2012年中期全球互联网用户估计不足25亿，仅占世界人口的34.3%。在我国，根据CNNIC发布的最新统计资料，我国截至2013年6月底的网络用户只有5.91亿，普及率只有人口的44.1%。另外，从上网人口的构成来看，中国网络用户特征与多数企业的目标用户往往还有一定差距。

其次，相对于其他媒体而言，网络媒体过于支离破碎，因此，网络广告很难在短时间内实现足够多的印象数。尽管我国的广播电视事业近年来有了迅猛的发展，但用户能接触到的电视台和广播电台不过几十种，而网络用户能访问的网站却数以百万计，传统报刊的种类也比电子期刊的种类少得多。因此，除了极个别的门户网站，大多数网站的访问量都是非常有限的；除了极个别的热门期刊，绝大多数电子期刊的订户都是非常有限的。典型的网络广告可以分为两部分，一部分是广告入口，另一部分才是要传递的目标信息。例如，对旗帜广告来说，因为旗帜的尺寸相当有限，不能负载大量的信息，一般只能起到识别广告商的作用，要想传递更多的信息，必须诱使访问者点击旗帜进入广告商的网站。非常遗憾的是，这一点击比例非常低，一般都在0.5%以下。对于电子邮件广告也一样，许多收件人会根据邮件主题决定是否要打开邮件，而主题传达的信息非常有限，并且一般的商业电子邮件为了控制篇幅，通常在正文部分只显示内容的提要，要看到更多内容，则要求收件人点击链接进入指定的网页，这种点击率也相当低。这样，网络广告经常只能完成一半任务，即展示广告商的品牌商标,能够成功地展示目标信息的广告非常少。

再次,互联网广告获得的信任程度较低。Nielsen公司在2013年对来自53个国家的29 000名销售者所做的一项调查表明,各种互联网广告是所有媒体广告中获得信任程度最低的一种,不仅低于电视广告、报纸广告、杂志广告和广播广告,而且也低于户外广告和电影广告(见表7-4)。Nielsen公司的调查结果还显示,同样是网络传播,自有媒体(owned media,如企业官方网站)和外部报道(earned media,如用户口碑、专家评论等)获得的信任程度也都高于网络广告。企业官网获得的信任度是69%,朋友的推荐意见获得的信任度为84%,陌生人的推荐意见得到的信任度也达到了70%。一家芬兰市场调查公司VTT于2013年在欧洲13个国家对700多名消费者所做的一个规模较小的调查也得出了消费者更信任传统媒体上的广告的结论。根据VTT的调查,印刷媒体(包括报纸和杂志)广告获得的信任程度最高,为63%,电视广告次之,为41%,而互联网广告只有25%。在影响消费者购买方面,接近90%的被调查者宣称直邮广告比社会媒体对他们的影响更大。

表7-4 消费者对不同广告类型的信任程度

广告类型	表示信任(或基本信任)的应答者比例/(%)
电视广告	62
报纸广告	61
杂志广告	60
户外广告	57
广播广告	57
电影广告	56
电子邮件广告	56
搜索广告	48
在线视频广告	48
社交网站上的广告	48
移动显示广告	45
网络旗帜广告	42
移动短信广告	37

资料来源: 2013 Nielsen.

最后,网络广告业的专业人才仍然匮乏,尤其是创意和制作人才尚未形成自己的专业团体,不像电视广告的从业者往往是影视导演或摄影专业的毕业生。他们做出的广告创意、镜头甚至比公映的电视剧镜头还要专业,而中国网站中的网络广告从业者通常分属两块:销售在销售人员,创意、制作在制作人员,二者之间往往缺乏沟通和配合,很难真正以顾客为导向设计广告。

3. 网络广告的适用范围

网络广告最适合于从事在线销售的公司使用,哈里斯互动公司(Harris Interactive)在2000年所做的一项研究表明传统广告对在线销售的贡献很小,只有6%的被调查者在电视、广播等传统广告的影响下上网查找广告宣传的产品。不过,网络广告的作用不限于推广电子商务,近年来,越来越多的传统公司开始成为网络广告的广告主,如宝洁公司、福特公司等。

网络广告可以被用来完成以下任务。

① 增加网站流量。网络广告在增加网站流量方面优于传统广告。

② 发布新产品。例如,2004年福特公司利用网络广告宣传其F-1500系列卡车产品,作法是在

AOL、MSN和Yahoo三大门户网站上密集投放24小时旗帜广告。

③ 提升销售业绩。网络广告在提升销售业绩上的潜力比人们想象得还要大，根据宝洁公司对55 000位购物者的跟踪调查，旗帜广告在16周的时间内使做广告的快餐食品的销量增加了19%，尽管该广告的点击率只有0.27%。

④ 建立对话。例如，marksandspencer.com通过许可E-mail营销同顾客建立对话。

⑤ 建立顾客数据库。例如，读者文摘公司借助网络广告建立直邮数据库。

⑥ 派发试用品，鼓励试用产品。例如，宝洁公司使用网络广告派发Pert Plus香波的试用品。

⑦ 提高顾客忠诚度。与顾客忠诚计划相结合的网络广告可以提高顾客忠诚度。

⑧ 覆盖网络用户群体。一些网虫级的网络用户很少使用其他媒体，向他们传播信息的最佳媒体就是互联网。

网络广告能否成功则取决于以下因素。

① 公司的目标市场的特性。公司的潜在客户群体是否与网络用户群体相匹配。

② 公司的品牌强度。公司品牌赢得的信任能否抵消掉用户对网络广告的不信任。

③ 公司的整合传播策略。公司是否使用了多种媒体来使传播效果最大化。

7.4 网络广告从创意到评价

7.4.1 网络广告的创意

在这个信息泛滥而注意力奇缺的时代，创意的好坏决定着广告的成败。好的创意可以引人注目并留下深刻印象，甚至使人口耳相传。

1. 基本原则

创意是一门艺术，好的创意经常来自灵光乍现。但是，创意也有一定的规律可循。

首先，广告创意一定要经过测试。广告艺术是商业艺术而不是纯艺术，所以广告创意的好坏归根结底要靠市场来评判。对广告而言，超越时代的作品可能是伟大的作品但绝不会是成功的作品。同样，创意适合用BETA测试而不是ALPHA测试来评价，在评价时还要注意有比较才有鉴别，所以广告主一定要同时拿出多个创意让准用户去评价。

其次，创意要同广告形式相匹配，有的广告形式允许较大的创意空间，有的广告形式的创意空间却极其有限，但不论创意空间大小，创意的重要性都是一样的。例如，不能因为电子邮件营销和搜索引擎营销缺乏创意的空间就忽视它们，因为受众的注意力仍然会被最好的创意所吸引。

最后，同传统广告相比，网络广告创意有几个独特的地方，网络广告的创意可以从广告的互动性和定向性方面去发掘潜力。其中显示广告更注重互动性方面的创意，而电子邮件广告和搜索引擎广告则更强调定向性方面的创意。

2. 互动广告创意实例

因为网络广告具有很强的互动性，它的创意空间比传统广告大很多，以下几例网络广告创意都是利用了网络广告的互动能力。

1) 锐步(Reebok)的侦探片广告

创意说明：为了同耐克争夺运动鞋市场，锐步在2003年推出了一场以网络广告为主的大规模广告攻势，锐步利用电视广告和印刷品广告为受众制造了一个悬念：4名NBA球员中，谁是误伤人命的凶手？广告鼓励受众访问锐步的广告站点去获得破案的线索，而破案的线索实际上是几种不同的运动鞋鞋印，成功破案的人可以参与有机会赢得一次观看全明星篮球赛旅行的抽奖。该广告获得了很好的效果，不仅锐步网站的流量大增，锐步产品的销量也有了明显增加。

2) Intel捡宝有"礼"

创意说明：不断移动UFO接住天上掉下来的金币，是一个很多人都熟悉的电子游戏，这一游戏也被Intel应用到了自己的网络广告中。观看广告的网民不仅可以免费体验到游戏的乐趣，还能获得Intel提供的许多超值优惠。这一好玩又实惠的广告吸引了许多人的点击回应。

3) 欧莱雅组装美女

创意说明："人造美女"是眼下社会上的一个热门话题，尽管爱美之心人皆有之，但并非所有人都有被人工改造的勇气。欧莱雅的一则广告就是利用了人们的这种心理，让人们根据自己的喜好"组装"自己的脸、眼睛、鼻子、嘴巴和头发，在虚拟世界实现第一人造美女的梦想。

4) 李宁快乐雪仗

创意说明：许多人喜欢打雪仗的浪漫，但是讨厌雪天的严寒，喜欢打中"敌人"的成就感，却讨厌自己被打中的狼狈相，李宁的一则互动广告正迎合了这些人的心理。在网上玩打雪仗的游戏，不论有没有打中屏幕上的雪人、小动物或者"敌人"，戴在"自己"手上的李宁牌手套都会给人留下难忘的印象。

7.4.2 网络广告的制作和发布

独具匠心的网络广告的创意需要通过精细的制作才能得到体现。好的制作不仅可以增加网络广告的吸引力，甚至还可以增加广告可信度，广告制作涉及比较专门的技术问题，这里不过多涉及，对此有兴趣的读者可以参阅本章参考文献中列出的相关著作。

企业发布广告可以采取自助发布和通过代理发布两种形式，这两种形式各有利弊，自助发布网络广告的优点是避免了同代理沟通导致的时间损失以及可能产生的意思误解，这样不仅可以更快速地发布和更新广告，而且还可以使内容更加忠实于广告主本意。当然，自助发布广告还可以节省代理费用。但是，自助发布无法享受到代理提供的一些专业服务，如广告设计、测试等。

7.4.3 网络广告的评价

对广告效果进行测评是广告管理中的关键一环。可测性好是网络广告同许多传统媒体广告相比所具有的优势之一。传统媒体广告效果的测评一般通过邀请部分消费者和专家座谈，调查媒体的收视(听)率、发行量或通过统计销售业绩分析促销效果等方式来实现。这些评价方式的结果不仅无法及时获得，而且获得的结果也会因为受主观因素影响和取样规模限制而出现较大误差，另外，对传统广告效果进行测评的费用也较高，所以许多广告主在无奈之下干脆不做广告效果的测评。但是，计算机强大的数据记录和处理能力以及网络广告的互动能力使及时、准确地测评网络广告变得切实可行。

1. 网络广告测评的模式

按照测评数据来源的不同，网络广告测评可以分为两种模式：以用户为中心的模式和以网络媒体为中心的模式。前者需要首先组织起有代表性的用户小组，通过安装在小组成员计算机上的特殊软件记录小组成员的网络浏览行为，最后将收集到的数据进行处理并推广到整个目标群体。后者则是依据网络媒体服务器端记录的网站访问日志数据对广告的效果进行测评，对日志进行分析可以由网络媒体借助专门的日志分析软件独立完成，也可以委托第三方审计机构来完成。两种模式各有利弊，以用户为中心的模式最大的优点在于可以通过对用户小组成员特征的了解推算出具有类似特征的目标群体对广告的反应。如可以根据100名退休公务员对广告的反应推断出整个退休公务员市场对广告的反应，如果测评方拥有的小组成员的数据比较可靠，小组成员的规模又足够大，使用这一模式推断出的数据是相当可靠的。另外，这种方法可以比较容易地实现对不同测评目标的比较研究，如对相互竞争的公司投放的旗帜广告的比较。

以用户为中心的模式的缺点也比较明显，首先，这种方法不适用于访问量较小的网站上的广告，原因是样本小组的规模通常比较小，在测评访问量不大的网络广告时会出现较大误差。其次，一些公司不允许在员工电脑上安装监测软件，而一些在公共场合(如网吧)使用的计算机虽然可以安装监测软件却又无法对应明确的用户群，这些都会导致测评误差的出现。最后，完成从样本到目标群体的推算需要掌握目标群体的统计数字，而这些数字本身也可能存在误差。

以网络媒体为中心的模式优点是可以适用于所有规模的网站，对广告印象数的测量数据比较准确，而且测评的费用也较低(在独立操作时尤其如此)。这一模式最大的缺点是无法合理地识别用户，目前服务器只能通过IP地址和签语块来识别用户，但两种方法都会引起较大的误差。因为一些用户每次上网都会有不同的IP地址(动态IP地址)，而另一些使用固定IP地址上网的计算机(如网吧的计算机)却对应着不同的用户，所以使用IP地址识别用户不是理想的方法；使用签语块的问题是部分用户不接受签语块或者定期清理签语块，这都会引起统计误差。此外，集体用户普遍使用的代理服务器具有的缓存功能，会使网络媒体端对访问量的统计小于实际数字，对大家频繁访问的热门网站而言，这种现象更加突出。

由此可见，两种模式各有优势也各有不足，具有很强的互补性，所以企业最理想的做法是使从两种模式得到的测评结果相互印证。如果资金等条件不允许这样做，那么大网站可以考虑优先使用以用户为中心的模式，而小网站可以优先考虑使用以网络媒体为中心的模式。

一家美国Web评级公司相关知识公司(Relevant Knowledge)开发了专门用来观察记录网络用户行为的软件安装在志愿者的电脑上，通过此软件相关知识公司可以直接通过互联网从用户的电脑收集追踪数据，了解用户对特定广告的反应。该公司采取的广告测评模式属于哪一种模式？该公司的测评方法会导致哪些误差？

2. 网络广告测评的阶段

按照实施的时间不同，可以把网络广告效果测评分为事前测评、事中测评和事后测评3种方式。具体的测评阶段和测评内容如下(见表7-5)。

表7-5 广告测评的阶段和任务

测 评 阶 段	测 评 内 容
事前测评	目标群体确定、广告内容确定、广告形式确定；媒体选择、成本收益估算
事中测评	广告效果与广告目标(用知名度、回忆度、理解度、接受度、美誉度等指标来衡量)的动态差距
事后测评	与预设广告目标的差异；销售/市场占有率

1) 事前测评

公司在大规模、大范围发布广告前，需要对广告的效力进行测试，测试的主要方法有专家测评法、消费者评定法和仪器测量法，事前测评的目的在于预测目标受众对广告的反应，以便在广告发布前进行优化设计。

对于传统广告，事前测评耗时耗力，并且误差较大，但因为网络媒体独有的窄播(narrowcast)和互动传播的特点，网络广告的事前测评可以在有限的预算下做得非常准确。唯一需要注意的就是广告的事前测评通常需要广告商的参与，而广告商有时候可能为达成交易会有意夸大广告效果，或者在测评效果不理想时强调测评误差的影响。这时，如果提供多种广告方案让广告商帮助选择其中的最佳方案，广告商可能会更有积极性地提供客观的结果。

另外，进行广告的事前测评时可能会涉及CPM、CPC等指标，广告主必须清楚使用各种指标的优点和限制，以便做出正确的选择。

2) 事中测评

传统广告在播出或刊登后，不论效果如何，通常都无法对广告的内容和形式在当期广告攻势中做出调整，但网络广告不同。因为大多数网络广告都没有发布周期限制，可以实时发布新的广告，所以，事中测评对网络广告尤为重要。网络广告发布后，广告主可以对广告的效果进行实时监测，动态跟踪，及时掌握第一手资料，根据监测结果来掌握广告攻势是否能达到预期效果，并在必要时及时做出调整或者出台备用方案。

例如，当企业发现按照已经观察到的请求数趋势，公司的旗帜广告的印象数将无法在期末达到预定指标时，企业就可以通过在其他网络媒体上投放广告来加以弥补，按照CPM的计费原则，这将不会增加公司的支出。

3) 事后测评

网络广告停止后，会引起产品销售量和品牌知名度不同程度的提高，对这一系列效果的测定即为事后测评。

事后测评是对网民看到广告后的反应的定量分析，需要注意的是，广告的不同效果是在不同的时期内通过不同渠道逐步体现出来的，所以，广告的事后测评也需要在一定的时期内完成，并将数据同上年同期数据、对照市场上的数据以及预定目标进行比较，对广告效果做出恰如其分的评价，以便提高今后类似广告攻势的决策和执行水平。应当注意的是，网络广告的影响不限于对网上销售的促进，网络广告可同时在多个销售渠道发挥作用。例如，根据2002年一项DoubleClick对电子邮件广告的研究，在基于许可的电子邮件影响下，68%的用户会在网上购物，59%的用户会在零售商店购物，39%的用户可能会通过邮购目录购物，甚至还会有34%的用户会通过呼叫中心购物，有20%的用户会通过直邮来购物。

网络广告的法律和伦理问题

广告是企业营销传播的主要途径，企业的广告行为直接影响该企业的品牌，一个企业在广告活动中不仅应该遵守相关的法律法规，而且还要考虑遵守相关的道德规范。

7.5.1 网络广告的法律问题

网络广告是一种新的广告形式，但它与传统广告的不同主要体现在技术层面，在商务本质上其实并没有什么区别。因此，网络广告需要遵守的法律法规主要来自两方面：规范传统广告的法律法规和规范电子商务的法律法规。

1. 规范传统广告的法律法规

出于保护消费者和防止市场失效的考虑，世界各国都制定了大量的规范企业广告行为的法律法规。在我国，规范广告行为的基本法律是《中华人民共和国广告法》(以下简称《广告法》)，但是，还有多种法律对广告行为做出了规定，如《中华人民共和国反不正当竞争法》、《中华人民共和国商标法》和《中华人民共和国消费者权益保护法》。广告监管部门颁布的行政法规数量更多，如《中华人民共和国印刷品广告管理办法》、《中华人民共和国广告管理条例》等。此外，特殊行业的广告行为还需要遵守更严格的法律制约，例如，烟草行业的广告必须符合《中华人民共和国烟草广告管理暂行办法》的规定，药品广告要遵守《中华人民共和国药品管理法》中的有关规定。在市场经济比较发达的国家，有关广告的法律法规比我国更加周密。在美国，联邦贸易委员会(Federal Trade Commission，FTC)是监管广告行为的主要机构，《威勒——李修正案》(Wheeler-Lee Amendments)赋予了FTC保护消费者不受欺骗性广告侵害的权利。FTC制定了内容极为详尽的各种指南对企业广告行为做出了规范，这些指南中对"免费"、"买一送一"等广告词的使用、广告的合同效力、抽奖促销活动、名人代言、夸大性广告等一系列问题做出了详尽的规定。同我国一样，一些专门的机构如食品和药品管理局(Food and Drug Administration，FDA)、酒精烟草和枪械专管局(Bureau of Alcohol，Tobacco，and Firearms Division，BATF)等负责对特殊行业的广告进行监管。另外，美国通过众多的高等法院判例对有关广告的法律法规也做出了详细的说明，它们几乎涉及广告的各个方面，如对企业形象广告的限制、对比较广告的限制、对专业服务广告的限制等，这与我国的情况不同。

要了解我国有关广告的法律法规，国家工商行政管理总局开办的中国广告监管网(ggs.saic.gov.cn/index.asp)是一个很值得访问的站点。

2. 规范电子商务的法律法规

电子商务比较发达的国家(如美国、德国、芬兰)都已经或者正在通过立法的途径制裁通过电子形式倾泻垃圾宣传品的行为，巴西、印度、捷克、南斯拉夫等国也在积极探索有关的解决方案。在这方面，欧盟的立法走在了世界的前列。欧盟的《电子商务指令》、《远程合同指令》及其他有关保护个人数据和隐私权的指令构成了完整的法律体系，使企图倾泻电子形式的垃圾宣传品的经营者无机可乘。该法不仅有力地保护了电子商务消费者的合法权益，而且还保护了更广泛的社会公众的利益，从而为电子商务的健康发展创造了良好的环境。美国国会在2003年年底通过并在2004年开始生效的《未经请求的色情和营销侵袭控制法案》(Controlling the Assault of Non-Solicited Pornography and Marketing Act，Can-Spam)被认为是一项垃圾邮件管制法案。

我国目前尚无专门针对垃圾邮件的立法。从我国现有的法律规定看，如果因大量发送垃圾电子邮件，干扰计算机信息系统功能，造成计算机信息系统不能正常运行，后果严重的，可以按照《中华人民共和国刑法》(以下简称《刑法》)第二百八十六条的规定处理，即"违反国家规定，对计算机信息系统功能进行删除、删改、增加、干扰，造成计算机信息系统不能正常运行，后果严重的，处5年以下有期徒刑或者拘役；后果特别严重的，处5年以上有期徒刑"。未构成犯罪的，违反了国务院颁布的《中华人民共和国计算机信息系统安全保护条例》及公安部颁布的《中华人民共和国计算机信息网络国际联网安全保护管理办法》的有关规定，应当受到行政处罚。对于我国目前存在的一批专门收集网民电子邮件信息并加以出售的网站，公安部公共信息网络安全监察局有关人员表示：这种行为已经违法，参照我国《刑法》、《中华人民共和国计算机信息系统安全保护条例》和《中华人民共和国民法通则》的有关规定，完全可以进行处理。

我国法律要求电子形式的广告宣传必须具有可识别性。我国《广告法》第十三条规定，广告应当具有可识别性，能够使消费者辨明其为广告。通过大众传播媒介发布的广告应当有广告标记，与其他非广告信息相区别，不得使消费者产生误解。我国《广告法》第二条规定，本法所称广告，是指商品经营者或者服务提供者承担费用，通过一定媒介和形式直接或者间接地介绍自己所推销的商品或者所提供的服务的商业广告。因此，通过计算机网络传播的大量电子形式的广告也属于我国《广告法》规范的广告，所以《广告法》的上述规定也适用于网络广告。因此，经营者发布的网络广告应当有明显的广告标记，对于那些消费者不期而至的电子邮件广告尤其应当如此，以便于消费者识别和及时清除。根据《广告法》第九条的规定，广告所介绍的商品或者服务应当清楚、明白，广告中表明折扣让利或附送赠品的，应当标明品种和数量。

7.5.2 网络广告的伦理问题

同网络调研一样，网络广告是不道德行为最集中、问题最突出的网络营销环节之一。传统广告中的不道德行为集中在欺骗性广告方面，而网络广告在此之外增加了干扰性广告和死掰的问题。

(1) 欺骗性广告。传统的欺骗性广告一般是在广告内容上误导受众，而欺骗性的网络广告又增添了一些花样。例如，为了增加旗帜广告的点击率，某些营销者针对网络用户的浏览习惯设计了一系列花招，如将广告伪装成计算机本身的系统提示，引诱访问者点击OK按钮来进入广告主网站。

(2) 干扰性广告(intrusive ads)。这类广告以弹出式广告为代表，但还有浮动旗帜、过渡页广告、空隙和超级空隙广告(interstitials/superstitials)等变体。这类广告强行出现在网络用户的视野里，为吸引眼球不惜打断用户正在从事的正常活动，这类广告的确会给广告受众留下印象，但往往是极其恶劣的印象。近来，许多企业因为干扰性广告代价大、效率低而停止了这种广告方式。

(3) 死掰类广告。死掰类广告包括但不限于垃圾邮件，它还包括新闻组(或者论坛)死掰以及搜索引擎死掰，前者是指在主题不相关的新闻组(或者论坛)滥发商业性帖子的行为，后者则是指利用搜索引擎排序算法的一些弱点，用诸如偷梁换柱、镜像、桥页之类的手段，靠欺骗搜索引擎索引程序来获取较好排名的搜索引擎优化技巧。虽然表现不同，但死掰类广告同干扰性广告一样都能占用网络用户的注意力,干扰网络用户的正常活动,其不道德的本质是一样的。

一些研究表明,部分欺骗性广告、干扰性广告和死掰类广告的成本效率好于合乎道德规范的广告,但同时又有许多调查表明,网民对于弹出广告、垃圾邮件之类的不道德广告极度厌恶,许多公司也开发出了专门的软件程序帮助网络用户屏蔽某些类别的干扰性网络广告。因此,网络营销企业要尽可能地避免使用不道德的网络广告方式(具体策略参见第9章)。实际上,一些网站已经主动停止了干扰性广告的使用。例如,美国女性社区网站IVillage.com从2002年9月起完全废止了其网站上的弹出广告,因为调查表明IVillage 92.5%的用户认为弹出广告是该网站最不受欢迎的内容。Teoma甚至走得更远,其拒绝在自己的站点上放置任何扰人视线的旗帜广告。其实拒绝旗帜广告并不是Teoma的创举,Google在这点上已经为Teoma做出了榜样。

7.6 案例分析:网络广告与传统广告整合

我们已经看到,网络广告和传统广告配合使用可以取得最大化的广告效果,在这方面,锐步公司的实践为我们提供了一个范例。

锐步公司是全球领先的运动鞋厂商,该公司因为成功地使用了网络媒体来进行广告宣传,被《广告周刊》(*Ad Week*)评选为年度最佳网络广告企业,《鞋业通讯》(*Footwear News*)则评选锐步为年度最佳营销企业,锐步的广告片甚至还在戛纳电影节上获得了金熊奖。

锐步公司以代言人泰瑞·泰特(Terry Tate)为主角的获奖广告片长达20分钟以上,用传统的电视广告播放如此长的广告片是根本不可能的,但是,将广告片放在网站上供用户下载却是完全可行的。于是,锐步公司采取了一个独特的媒体组合策略,其在2003年超级杯球赛转播中购买了一次60秒钟电视广告,该广告的目的主要是吸引人们访问锐步公司的站点并下载锐步公司制作的超长的广告片。这一策略取得了惊人的成功,锐步公司的站点记录到的广告片下载多达2000多万次,通过其他站点或渠道下载广告片的次数更是多得无法统计。同时,锐步公司在线商店的访问量增加了7倍,该广告片还使泰瑞·泰特成为了包括ESPN和CNN在内的各大著名媒体竞相邀请的名人,这进一步增强了广告的宣传效果。

在这个例子中,锐步公司充分发挥了电视广告传播面广以及网络广告信息量大的优点,克服了电视广告信息量小以及网络广告传播面窄的不足,实现了广告效果的最大化。

本章内容提要

在网络广告迅猛发展的同时,传统广告并没有衰退,传统广告有自身的优势,而且电子商务的发展也增加了对传统广告的需求。广告分为3种类型:告知型广告、提醒型广告和劝说型广告。广告的受众则有广告寻觅者和非广告寻觅者之分。广告的AIDA模型把广告的效果分为吸引注意、引起兴趣、激发需求和唤起行动4个阶段。

网络广告开始于1993年,今天已发展成为了一种主流的广告形式。网络广告可以分为搜索引擎广告、显示广告、分类广告、线索推荐广告、富媒体广告、电子邮件广告、视频广告等多种形式,其中又以搜索引擎广告、显示广告和分类广告最为重要。搜索引擎广告分为搜索引擎排名、搜索引擎赞助和内容关联广告几种形式，其中搜索引擎排名最为重要。联属网络营销本质上是一种按销售业绩计算费用的网络广告模式，该模式在我国实施有很多难题。分类广告经济实惠，在中小企业中有很大市场。网络广告的主要计费模式分为CPM、CPT、时间费率和混合费率4种，随着搜索引擎广告的迅猛崛起，CPT形式目前已经成为了最重要的计费模式。网络广告具有传播范围广、信息量大、发布周期短、定向性好、互动性强、可测性好、适合在线业务推广、形式多样、适合交换等众多优点，但又有覆盖人群不够广泛、网络媒体支离破碎、信任度低、人才缺乏等一些缺点。网络广告适合用来增加网站流量、发布新产品、提升销售、建立对话、建立顾客数据库、派发试用品、提高顾客忠诚度以及覆盖特殊群体。网络广告的成功与否取决于目标市场的特性、公司品牌强度以及公司的整合传播策略。

网络广告的测评是网络广告管理的重要一环，它有以用户为中心和以网络媒体为中心两种模式，按照实施时间不同可以分为事前测评、事中测评和事后测评3种方式。网络广告需要遵守广告和电子商务领域的法律法规，同时也要考虑伦理规范的影响。

复习思考题

1. 人们对网络广告可能会有哪些不同的反应？
2. 网络广告快速成长的原因有哪些？
3. 电子邮件广告和电子邮件营销有什么区别和联系？
4. 联属网络营销为什么在我国很难开展？
5. 分类广告的弱点是什么？
6. 网络营销者应如何对待移动广告的迅速增长？
7. 网络广告的收费模式由哪些因素决定？
8. 广告的创意应该如何评价？
9. 网络广告与传统广告的整合应该从哪些方面去考虑？

网上资源

美国互动广告署网站(www.iab.net)：美国互动广告署是网络广告、互动电视广告、电子邮件广告、无线广告行业的唯一一个企业协会。该站点上有大量的有关网络广告的新闻动态信息和调查研究报告，唯一遗憾的一点是其中一些最有价值的资料仅仅对注册会员开放。

广告时代(www.adage.com)：广告时代是创办于1930年的一份专业性周刊，广告时代网站收录有大量的广告方面的论文和统计资料。尽管这些资料仅仅对注册会员开放，但是，任何人都可以免费注册成为该网站的会员。

广告法(www.advertisinglaw.com)：广告法网站是位于美国华盛顿特区的爱伦特·福克斯专业有限责任公司开办的一个网站，该网站的主要内容包括美国广告法律法规、案例研究、新闻以及相关文章，其中也涉及网络广告的法律问题。

阿里妈妈(www.alimama.com)：阿里妈妈是阿里巴巴旗下的一个网上广告交易平台，号称是全球领先的中文网上交易市场。广告主可以通过这一平台购买网络广告，网站经营者则可以在这里出售自己站点上的广告位。

艾瑞广告先锋网(www.iresearchad.com)：艾瑞广告先锋网收集有大量各种类别的网络广告样例，包括搜索广告、旗帜广告、富媒体广告、视频广告、电子邮件广告等，每个广告样例不仅有广告的原样再现，而且还附有艾瑞的点评。访问该站点可以熟悉广告的不同类型，还可以在广告创意方面获得启发。

参考文献

1. Nicole Macdermott. Affiliate Marketing: A New Trend in Online Marketing. 见http://www.scapequest.com/0104pr.pdf

2. 刘一赐. 网络广告第一课. 北京：新华出版社，2000

3. 冯英健. Google中文关键词广告效果测试报告与问题分析. 时代营销网站，http://www.emarketer.cn/em/news/02/XW200310270915423759.htm

4. SCN Education B.V.(ed.). Webvertising: The Ultimate Internet Advertising Guide. Wiesbaden: Vieweg & Sohn Verlagsgesellschaft mbH，2000

5. 刘向晖. 联属网络营销初探. 企业经济，2003(04)

6. 陈绚. 广告道德与法律规范教程. 北京：中国人民大学出版社，2002

7. W. Ronald Lane, J. Thomas Russell. Advertising: A Framework(影印版). 北京：清华大学出版社，2004

8. [英]凯西·埃斯. 有效的电子商务推广方案. 北京：中国经济出版社，2003

9. Terence A. Shimp. Advertising & Promotion: Supplemental Aspects of Integrated Marketing Communications(5th ed.). Fort Worth: The Dryden Press，2000

10. 张建军. 网络广告实务. 南京：东南大学出版社，2002

11. 杨坚争，汪芳，李大鹏. 网络广告学. 北京：电子工业出版社，2002

12. 孙世圃，李小虎. 网络广告设计. 广州：岭南美术出版社，2004

13. [美]肯·萨可瑞著. 岳心怡译. 注意力行销. 汕头：汕头大学出版社，2003

第8章　网络营销公共关系

本章学习目标

在学过本章之后，你应该能够：
- 了解网络公共关系的概念及其与网络营销、网络广告的区别和联系。
- 了解互联网对公共关系带来的影响。
- 了解网络公共关系的内容和过程。
- 了解互联网支持下的事件营销的含义和方法。
- 了解互联网对危机管理的影响。
- 了解微博和网络水军在网络公关中的作用及可能存在的风险。

公共关系和营销有着非常密切的关系，科特勒曾经把公共关系列为同4P营销策略相并列的第5个P(public relations)，通用的营销学教科书也把公共关系当作促销的4大手段之一，与广告、人员销售、销售促进相并列。虽然许多人把公共关系视为与营销并列的一个学科领域，但几乎没有哪一本营销学著作会把公共关系排除在外。互联网的出现不仅改变了营销，也使公共关系出现了深刻的变化。本章将首先研究网络对公共关系的影响及其对营销的意义，然后会考察企业应该如何利用网络公共关系来支持本企业的网络营销。

8.1　网络公共关系的概念

虽然我们经常使用公共关系这一概念，但要给公共关系下一个准确的定义却非常困难，10本公共关系的著作往往会出现10种不同的定义。实际上，美国公共关系研究与教育基金会主席莱科思·哈娄(Rex Harlow)在1976年就收集到过472种不同的公共关系的定义。

下面这里简要罗列几种有代表性的定义。

美国公共关系学会给公共关系所下的官方定义是："公共关系帮助一个组织和它的公众彼此相互适应。"

西南师范大学秦启文的定义是："所谓公共关系，就是一个社会组织为了推进相关的内外公众对它的理解、信任、合作与支持，为了塑造组织形象，创造自身发展的最佳社会环境，利用传播、沟通等手段而努力采取的各种行动，以及由此产生的各种关系。"

网络营销学者孔伟成给出的定义是："公共关系是一个组织运用传播手段使组织与公众相互理解和相互适应，为提高组织知名度和美誉度，树立良好的组织形象，促进组织目标的实现，而进行的一种有组织的活动。"[①]

---

① 孔伟成，陈水芬.网络营销.北京：高等教育出版社，2002

公共关系的定义虽然各不相同，但不同的定义也包含了许多相同之处。

公共关系涉及组织、公众和传媒3个方面。这里的组织可以是企业，也可以是非营利组织或者政府机构，公众指组织的利益相关者，媒体则包括可以传播信息的各种载体。组织、公众和传媒三者利害相关，有共同追求的目标，但也有各自的利益，所以公共关系就是要妥善处理三者的利益关系。在三者当中，组织是最具能动性的方面，它能有计划地利用传媒影响它的利益相关者，最大程度地争取公众支持，以实现组织目标。公众虽然是公关的对象，但不是完全被动的信息接受者，公众不仅可以选择喜欢的媒体和信息，也有一定的发言权。传媒的作用也不容小觑，第三方传媒的最重要的作用是增加组织宣传的可信度，因为人们总是更相信中立方的意见，而不太相信组织的一面之词。有时候，组织可以委托专业的公共关系公司代理它的公关事务，这时就可能出现第4方——专业的公关人员，公关的专业化说明该领域受重视的程度和其中包含的技术含量。

公共关系是一种管理职能，虽然包含了许多具体的操作，但它主要是一种管理职能，这意味着成功的公共关系必须有组织领导层的大力支持，而且还需要细致的调查、周密的计划和有效的控制。

公共关系意味着交流或者双向传播。公共关系不仅仅是好的宣传，倾听公众也同样重要，实际上这两者是相辅相成的，没有宣传公众就无法知道组织的价值主张，没有倾听就无法了解公众关心的问题，宣传就可能是无的放矢，而且对于宣传的效果也无从得知。

公共关系必须承担社会责任。承担社会责任是组织同公众建立良好关系的基础，这是开展公关的前提条件。

与网络营销的名称类似，网络公共关系(Internet public relations)又叫在线公关(online public relations)或者电子公关(electronic public relations)，意思是利用互联网上的工具和资源开展的公关活动。不过严格来说，三者又有区别，具体区别可参考网络营销各种名称的区别。公关业认识到互联网的作用虽然比营销界略晚，但在我国，最晚在2000年，网络公关就成了公关行业的热门话题。

8.2 公共关系和营销的关系

公共关系和营销是两个不同但紧密相关的领域，有人将公共关系、广告和营销的关系用图8-1来说明。

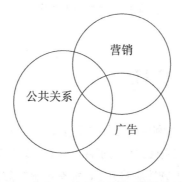

图8-1　广告、公共关系和营销的关系

从图8-1可以看出，有营销公共关系也有非营销公共关系，有营销广告也有公关广告，以下将主要讨论公共关系和营销的关系。

公共关系和营销的关系表现在以下几个方面。

公共关系的职能在许多方面和营销互相重叠，如在树立企业品牌方面和在建立、发展同顾客的长期关系方面。实际上，在建立企业品牌方面公共关系往往比营销更有效率，曾经有两位著名的营销咨询专家这样描述公共关系在建立品牌上的作用："品牌的诞生通常是靠公共关系来实现的，而不是广告。我们一贯的规则是公关第一，广告第二。公共关系好比钉子，广告好比锤子。公共关系提供了使广告可信的证明材料。"[①]人们常说，广告擅长的是推销公司的产品和服务，而公共关系擅长的是推销公司本身。同广告相比，公共关系不仅花费低，更重要的，公共宣传比广告会受到更多的注意，而且更加可信。即便是同样的信息，如果用广告的形式发布，可能会没有多少人去阅读，而如果用专栏文章的形式发布，则会拥有众多的读者。最后，不容忽视的一点是，公共宣传可能会被广泛地转载，而广告几乎没有被转载的可能性。在互动营销领域，企业获得的媒体曝光经常被分为三类，分别是自有媒体(owned media)、外部报道(earned media)以及付费宣传(paid media)。Nielsen公司在2013年的一次调查表明，就消费者的信任度而言，外部报道获得的信任度最高，自有媒体次之，付费宣传最差。公共关系主要使用外部报道和自有媒体做传播渠道，而营销则主要使用付费宣传和自有媒体做传播渠道。

公共关系可以为营销创造良好的内外部条件，为营销的顺利开展保驾护航。在内部环境方面，企业可以利用公共关系手段增进员工与组织间的理解，提高员工对组织的忠诚度。在外部环境方面，企业也可以利用公共关系手段改进同各外部利益相关者的关系，提高企业的竞争优势。实际上，许多企业的公关危机起源于不负责任的营销活动，这时，危机从营销活动中爆发出来，很快就会殃及企业同政府、社区、媒体、投资人等众多利益相关者的关系，这种危机需要靠公关活动去解决。

随着营销的侧重点从交易导向向关系导向的转移，公共关系和营销的关系越发密切，两个领域的专业人员在知识和技能方面日益融合，公共关系部门和营销部门经常会以整合营销传播、顾客关系管理或者整合品牌传播的名义协同工作，实现企业的总体目标。现在，人们经常用营销公共关系这一术语来表示以营销为目的面向目标市场开展的公关活动，营销公共关系主要在以下领域发挥作用。

① 推出新产品。
② 重新定位成熟产品。
③ 建立市场对特定产品系列的兴趣。
④ 影响特定的目标群体。
⑤ 改变对特定产品或者整个企业的偏见，树立企业形象。

8.3 公共关系的工具

公关人员在完成公关任务时可以利用的工具主要有以下几种。

(1) 新闻。公关人员可以策划有新闻价值的事件，并联络媒体对该事件进行报道。

(2) 讲话。企业如果拥有公共人物性质的员工，如有影响的企业家、科学家等，就可以以这些员工作为公司的发言人通过媒体向公众发表谈话，如果发言人没有公众影响，则媒体就不会感兴趣。

---

① Al Ries, Laura Ries. "First Do Some Publicity", Advertising Age, February 8, 1999, p.42.

(3) 特殊事件。企业可以利用特别的事件进行事件营销，本章中将会对互联网支持下的事件营销进行专门的讨论。

(4) 公共服务活动。企业可以通过参加服务于社会的活动来获得媒体关注。

(5) 网站。网站是网络公共关系的主要工具，利用网站可以快速、有效并且经济地与公众进行对话。

(6) 网志。网志是网络公关的另一种重要工具，利用网志企业可以快速全面地掌握公众对企业的看法，还可以利用网志发布企业对特定事件的解释和看法，同时，网志还是企业为媒体提供新闻背景资料的工具。可供企业利用的网志不仅有企业自己的博客站点，还有其他博客的站点，尤其是媒体记者的博客站点。

(7) 微博。作为一种最具代表性的社会媒体，微博兼有媒体和社交网络两重属性。一方面，微博是一种自媒体，企业可以从微博上获取信息，查看舆情，同时也能作为发布者，主动向公众进行公关传播。另一方面，微博用户通过关注别人和被别人关注构成一个个内容分享网络，信息在发布后可以通过转发和评论得到快速传播。由于具有这种双重属性，微博成为网络公关的又一种重要工具。

8.4 互联网对公共关系的影响

互联网已经成为世界上最大的信息源，它不仅内容丰富，而且查询方便，使用费用低廉，越来越多的人开始习惯于从互联网上来获取所需要的信息。因此，互联网日渐成为一种举足轻重的公关新媒体。

对公司不友善的意见在网上的大量传播也迫使公司必须在网上做出回应。这些不友善的意见可能来自于特殊的利益群体、非政府机构、意识形态群体。这些群体对互联网的运用往往很有效率。

此外，媒体工作者开始深度介入互联网，记者们已经把电子邮件看成了他们工作中一个不可缺少的重要通信工具。在采访时，他们使用电子邮件的机会和使用电话的机会几乎一样多，他们还使用网络来发现新闻线索和了解更多的新闻背景资料。许多媒体也开办了在线版本，这使得网络成为了人们发布新闻和获取新闻的一个重要渠道。

人们上网的一个重要活动就是获得新闻，对网上新闻搜索者而言，网上新闻的可信度不亚于通过其他渠道传播的新闻。也有一些公关专业人士认为全国性的报纸可信程度最高，地方报纸次之，然后是报纸的网站，最后才是电视台。

对于企业而言，互联网还提供了一个不经过传统媒体直接向目标公众说话的机会。调查发现，绝大多数公关人员(98%)认为互联网技术对他们的工作带来了巨大影响，并且多数人(86%)相信这会从积极方面影响他们与媒体的关系。大多数公关人员还认为互联网提升了他们的工作效率，可以和更多的人建立和发展关系。

公共关系是围绕对传媒的利用展开的，互联网作为一种革命性的媒体当然会给公共关系带来深刻的变化。

首先，网络媒体压缩了时空，使得消息可以在极短的时间内传播到世界各地。这对组织来说可以说是祸福相倚，因为不论是正面的宣传还是反面的报道都能迅速传播。可以肯定的一点是，这增添了公共关系的重要性和复杂性，忽视公共关系在从前可能不会有什么问题，但在网络时代却可能让公司付出惨重的代价。

其次，网络媒体在减低成本的同时还提高了公共关系的效率。数字革命最直接的效果就是降低了传播的成本、提高了传播的效率，而传播是公共关系的主要内容。不过，传播的改进并不能保证公共关系的成功，因为，对于公共关系的成功而言，好的计划比好的执行更重要。

再次，互联网打破了传统媒体对信息发布的垄断，任何人都有了发言的权利，企图通过控制传媒来垄断舆论变得非常困难。在这个意义上，互联网完全可以称得上是一场民主革命。组织不仅可以利用网络发布新闻，还可以利用网络倾听公众的声音。不过，在人人都有了发言权的同时，获得注意成了最大的困难。并且，对组织不满的利益相关者也可以对企业展开反面宣传，企业对此要特别注意。另外，在相互竞争的各种声音中，即使获得注意，也未必能获得信任，所以获得注意和信任是当前公共关系传播要解决的重要课题。不过，因为互联网是双向传播的媒体，任何人都可以利用网络发表言论。组织可以利用网络来收集公众的反馈，进而调整自己的传播策略。

最后，在网络环境下，公众的地位迅速上升。互联网是以拉动模式为主的媒体，即传播的受众在时间、地点、消息源、方式等方面有了选择权，媒体在发布消息时必须充分考虑受众的偏好。此外，受众借助网络组建了各种虚拟社区，形成了比较有组织的力量。由于网络的出现，传播的受众不再是一个个彼此隔绝的、被动的信息接收者。在虚拟社区里，人们很容易找到和自己观点相同的人作为盟友联合起来发表意见，使得他们的声音洪亮许多；他们甚至还可以团结起来采取某些行动，迫使组织和传播者无法忽略他们的存在。有了网络，传播活动中信息发布者在传播中的主导地位逐步向受众一方倾斜。

根据公共关系研究所在1997年11月对美国236位高级公共关系经理调查的结果，企业主要使用互联网从事以下公关活动(见表8-1)。被调查人所在的公司都是互联网的早期使用者，当时，98%的被调查人的公司均已建立了网站，80%的公司的公关部参与了企业站点的管理。

表8-1 互联网在公共关系上的应用

应用项目	持续或频繁使用的公关经理的比例/(%)
监视新闻	70
搜寻专业信息	66
调查研究	63
搜寻个人信息	60
使用电子邮件同公司外部联系	58
使用电子邮件同公司内部联系	54
管理企业网站公关部分的内容	50
监视竞争对手	44
同员工沟通	41
联系顾客	30
联系媒体	27
监视"恶意"站点	17
联系投资人	17
危机管理	15
联系公关协会	9
联系联邦、州或当地政府或议会	2

(续表)

应用项目	持续或频繁使用的公关经理的比例/(%)
招募公关部门员工	2
电视会议	0
参加新闻组	0
联系社区	0
参加聊天	0

资料来源：www.instituteforpr.com

这一调查结果已经有些过时，现在多数企业已经开始使用互联网来监视网络上各种利益相关者对本企业的评论(即监视可能的恶意站点)，而且当时的公关经理也尚未认识到互联网在危机管理方面的巨大作用。并且，在网络公关中显示出巨大作用的微博在当时尚未出现，当然还不可能被这些公关经理所注意。

8.5 网络公共关系的内容

公共关系包含相当丰富的内容，最重要的有同媒体的关系、同顾客的关系、同投资人的关系以及同员工的关系。

(1) 同媒体的关系。这里主要指同网络媒体的关系，网络媒体具有报道速度快、容量大的特点，所以越来越成为公众首选的消息来源。并且，网络媒体因为进入障碍低，所以竞争比传统媒体激烈，这为企业提供了发布信息的机会。同时，许多传统媒体也利用网络来发现新闻线索，所以也可以借助网络来发展和维护同传统媒体的关系。在许多重视网络公共关系的公司网站上，可以发现新闻发布这一板块，专门用来给新闻记者提供几近完成的新闻稿，这既包括文稿，也包括多媒体的新闻资料。

(2) 同顾客的关系。这是同营销交叉较多的一个领域。公司可以利用网络向顾客发布产品信息、提供客户服务及其他信息，还可以受理顾客投诉或获得其他顾客反馈。

(3) 同投资人的关系。这包括上市公司同股东的关系，也包括一般公司和股东的关系，企业可以利用网络向投资人及时披露公司经营状况。建立投资人的信心对于树立公司形象大有助益，很难想象，股票沦为了垃圾股的公司在公众眼里会有什么好的形象可言。

(4) 同员工的关系。企业可以使用互联网发布员工关心的各种政策变动信息、活动公告或者培训、竞聘机会等，这可以增进员工对企业的了解，提升企业的凝聚力。

8.6 网络公共关系的过程

西方的公共关系学教授为了帮助学生记忆公共关系的过程别出心裁地发明了一些简写，如RACE、ROSIE。前者表示调研(research)、行动(action)、传播(communication)和评价(evaluation)，后者则表示调研(research)、目标(objectives)、战略(strategies)、实施(implementation)和评价

(evaluation)。行动的含义是传播应该以公司的所作所为为前提,离开了善行,任何雄辩都无济于事。公共关系的过程一般包括调研、计划、执行和评价四个环节,分述如下。

8.6.1 调研

调研的目的在于识别目标公众、评价组织的内外部关系现状以及从环境变化中识别问题和机会,为提出和实施公共关系计划提供经验数据支持。

互联网为公共关系调研提供了非常便利的条件,企业不仅可以利用互联网查询二手数据,还可以利用互联网来收集原始数据。网络调研具体操作中的一些细节问题以前讨论过,这里只强调以下几点。

(1) 网络公关调研可以分为组织内部调研、公众调研、问题/机会调研和评价调研等类型。

(2) 网络公关调研不仅是网络公关的起点,而且贯穿网络公关的全过程,是决定网络公关成败的关键。

(3) 在开始阶段,调研可以为制定公关战略决策提供依据。例如某造纸厂考虑发动一场维护企业在环境保护方面形象的公关攻势,经过调查发现,主要公众对造纸行业在治理环境污染方面所做的努力是满意的,该调查使得企业及时取消了这场无必要的公关攻势。

(4) 在计划阶段,调研可以评价传播信息的效率高低。例如,某生产一氧化碳报警器的工厂原打算使用"我们的产品可以挽救您的生命"作为营销传播的主题,调研发现主要的目标公众并不了解一氧化碳的危害,所以该企业在大规模的广告攻势前,首先展开了介绍一氧化碳危害的公关宣传活动。

(5) 在实施阶段,调研本身甚至可以成为获得媒体宣传的素材,一般而言,有实质内容的调研发现会被媒体竞相采用和转载,成为树立企业专业形象的有力武器。同时,调研结果还是影响公众意见的法宝,所以发布调研结果本身可能成为公关攻势的中心任务。

(6) 在完成阶段,调研可以成为评价公关效果的工具。

企业可以利用专业的调研服务来提高调研效率。例如,电子剪报公司(E-Clips, www.universal-info.com)可以就某一个特定的公司、产品、主题提供最新的网上信息,这种服务是由受过专门训练的人员提供的。在http://www.universal-info.com/images/eclips.pdf这个网址读者可以看到电子剪报公司提供的一个样本报告。

8.6.2 计划

公共关系的成败在很大程度上取决于计划的好坏。一个好的公共关系计划必须包括以下几个要素。

(1) 具体的可以测量的目标。

(2) 采取的战术。这里将体现对网络的运用,但是一般而言,网上网下的协同作战会取得最佳的效果。

(3) 时间进度表。时间进度表规定各项工作开始和结束的时间,有些工作具有较大的不确定性,并且还可能超出企业可以控制的范围,这就要求企业在制订计划时要考虑各种不确定因素,早做安排,并预留出一定的机动时间。

(4) 费用预算表。企业应为各项公关活动准备充足的经费,保证各项工作顺利完成。

8.6.3 执行

在执行阶段，企业将把公共关系计划真正付诸实施，策划的活动将会被举办，编制的文稿将会被投递给媒体。公共关系计划的执行包含了许多技巧，如为网络媒体撰写文稿的技巧以及同媒体联系沟通的技巧等，对此不做深入探讨，不过，我们将会用一节的篇幅专门来讨论如何用互联网支持事件营销。

8.6.4 评价

评价阶段经常会被忽略，特别是当公关活动进展顺利的时候更会如此。实际上，不论公关活动成败如何，进行最终的评价都是非常重要的。评价是未来导向的活动，它能够为今后类似的活动积累经验。

评价实际上是将公关活动前后公司的状况进行比较，所以评价是以调研为基础的。显然，网络技术的使用可以为企业评价公关活动提供便利，例如，网上的新闻稿被转载的次数甚至每次转载被浏览的次数都可以精确统计，根据这些数据可以对新闻稿进行成本收益分析。

8.7 基于互联网的事件营销

互联网支持下的事件营销是网络公关的一种重要形式，它能比传统的事件营销起到更好的效果。

8.7.1 事件营销

事件营销(event marketing)有两重含义，一个是企业通过赞助事件推广企业的产品，另一个是推广事件本身。这两者密切相关，相辅相成，前者是后者的重要组成部分。这里讨论的事件营销是指营销者在不损害公众利益的前提下，自觉策划、组织、举行和利用具有新闻价值的活动，通过制造有"热点新闻"价值的事件吸引媒体和社会公众的兴趣和注意，以达到提高知名度、改善企业形象和促进产品、服务销售的目的。事件营销中的事件指的是能够制造"新闻效应"的事件，并非所有的企业活动都能够被称为事件，事件必须是人为制造的，而且能最大限度吸引公众注意，海尔公司张瑞敏的"砸机"事件就是一个典型的事件。

英国的GPJ公司(George P. Johnson Company)和MPI基金会(Meeting Professionals International Foundation)于2003年11月17日发布的一项调查显示，英国的传统广告正面临着比事件营销多出一倍的预算削减。这次调查的对象是123名英国大公司的营销主管，调查问题涉及事件营销的角色转变、投入水平以及效率等。调查显示20%的公司将缩减在印刷媒体与广播媒体上的广告预算，而仅有11%的公司预测将削减事件营销的预算。

当企业以营销为导向与消费者面对面互动时，事件就成了营销组合中的一个基本要素。研究表明，目前公司将超过了三分之一的营销预算拨给了事件营销，并且还会持续增加其份额。GPJ公司的研究显示，2002年只有48%的英国企业在营销组合中包含了事件营销，但到了2003年，这一比例上升到了85%。

GPJ的主管耐尔·琼斯(Neil Jones)认为,事件营销在市场计划中日趋重要的原因在于营销主管们对于事件营销投资回报率(ROI)的信心。事件营销在回报率方面仅次于直复营销,优于销售促进和传统的广告媒体和公共关系,网络广告的投资回报率被认为是最差的。这其实并不难理解,在软广告性质的公关宣传刚出现的时候,广大媒体受众比较容易相信软广告的内容。软广告成了一种常规的营销手段之后,越来越多的媒体受众开始能辨别出真正的新闻和软广告,他们就对软广告有了免疫力。由于对广告的潜在抵触心理,媒体受众对软性广告的反感也开始上升,现在的软广告已经明显没有从前的威力了。但是,事件营销却不会有这样的问题,因为成功的事件营销就是成功的新闻,而一个读者对新闻的接受程度是对广告接受程度的6倍。事件营销的优势体现在以下几方面。

(1) 消费者的信息接收障碍比较小。事件营销的传播最终体现在新闻上,受众按照对新闻的信任程度来接收信息,这就有效地避免了广告传播被人本能抵触的情况发生。

(2) 传播范围更广。一个事件如果成了热点,会成为人们津津乐道、口耳相传的话题,传播的范围不仅远远超出了亲身经历事件的群众的范围,而且也超出了通过新闻了解到该事件的人群,形成二次甚至是多次传播;相比之下,广告的传播一般只局限在直接看到或者听到了广告的人群范围内。

(3) 成本低。企业运用事件营销的手段取得的传播投资回报率,约为一般传统广告的3倍,能有效地帮助企业建立品牌形象,直接或间接地促进商品的销售。现在海外越来越多的企业在进行营销传播预算时,会削减部分广告开销,以加大事件营销的投入力度。资金实力有限的中小企业不可能从事大规模的广告宣传,事件营销就成了他们进行营销传播的理想方式。

8.7.2 基于互联网的事件营销

理想的事件营销往往能使顾客获得亲身参与的体验并使顾客自身成为推动事件发展的力量,但是要使事件营销的效果最大化,需要将创造参与顾客的体验与扩大这些顾客对于更大范围受众的影响力结合起来,而不能一味地追求参与度,互联网恰恰在这方面显示出了强大的威力。利用互联网扩大事件营销效果的方法如下。

1. 通过电子邮件在当地进行预推广

企业可以利用电子邮件在当地推广事件,引起公众关注。互联网使得事件营销企业能够很轻松地通过E-mail向当地顾客预发布事件的简要信息,考虑到口碑效应(病毒营销),这可能比四处派发传单更有成本效率。

2. 利用在线互动扩大事件的参与范围和参与度

从简单的图片到信息平台,从视频剪辑到在线聊天,在线互动为顾客提供了更加生动并且丰富的内容,立体地展示了事件各个方面的信息。如果运用得当,在线互动能够使那些无法亲身参与事件的顾客们获得身临其境的感觉。因为基于互联网的事件的受众范围更广,能使更多人参与进来,并且全程关注整个事件,所以,基于互联网的事件营销必须突出事件中有创意的独一无二的元素。对于一些事件而言,简单的在线直播就能收到很好的效果,就如一场在线播放的演唱会,可以使那些原本没有机会身临其境的观众能够感受到演唱会的气氛,感受越特别,上网观看的受众也就越多。而对于另外一些事件,或许就需要很好的计划并在事件推广人员与网络技术人员的共同协作下来完成。

3. 利用广告提供样品示范

样品的示范适用于一些通过事件营销来推广产品的企业。样品示范方法可以多种多样，如用Flash动画制作的示范或许就更能吸引顾客。又如2004年的G3演唱会，由三位世界级的吉他大师乔·萨特利亚尼(Joe Satriani)、斯台弗·瓦伊(Steve Vai)和英威·马尔姆斯亭(Yngwie Malmsteen)领衔，在这个演唱会DVD的推广中就有一些演唱会片段剪辑供网站访问者下载，在样品示范中大师们精湛的表演激发了顾客的购买欲。

4. 利用网络评测事件营销的成效

一个完整的事件营销需要包含对营销成果的测评，这样企业才能了解事件营销是否达到了预期的目标。通常成功的事件营销不仅能够吸引更大范围的顾客的注意，而且能够推动企业的产品销售进入一个更快、更长久的良性循环。而通过互联网这一手段，不仅能节省营销开支，而且能更有效地了解顾客的回馈，便于未来营销计划的改进。

8.8 危机管理

以上讨论的都是企业主动发起的公关活动，然而，一些公关活动却是企业被迫开展的，这就是公关人士常说的危机管理活动。

简单地说，危机指一种会危及生命或财产安全、对企业的正常运营造成严重影响、损害企业声誉并能使公司股票价格大幅下跌的处境。

《卓越公共关系与传播管理》的主要作者詹姆斯·格鲁尼格(James E. Grunig)是这样描述危机的："当矛盾产生的时候，公众对某个问题表示出强烈不满，而且将不满转变成抗议行为。各机构可以通过使用议题管理的手段来预测可能要发生的对公司不利的事件，并在公众抗议之前顺利解决问题。如果机构等到危机爆发才开始与其公众群体进行策略性的传播沟通，那么他们肯定措手不及，而只能采取权宜之计来解决危机。"

很明显，任何一个企业都不希望遭遇危机，而危机也的确不常出现，但问题在于，每个企业都可能会碰到它，而一旦对危机处理不当，危机将会给企业带来毁灭性的打击。所以正确的做法不是抱有侥幸心理，希望不会碰到危机，而是应当做好准备，以应对随时可能出现的危机。

在危机爆发后，公司通常会被迫在恶劣的环境下做出重大决定。环境的恶劣一般表现在以下几个方面。

① 高度的思想压力。
② 外界严密的监督。
③ 有限的时间。
④ 对各种情况缺乏一个清晰的了解。

互联网在危机管理中可以发挥重大作用。首先，互联网能使企业内部的有关人员保持联系，不论这些人员当时身在何处，通过互联网他们都能随时召开在线会议，研究解决危机的方法，在这里，无线上网可以发挥重要的支持作用。其次，企业可以利用互联网严密监视事态的最新进展，对情况有一个及时的、清晰的了解，这有助于企业管理层做出正确的决策。最后，互联网还可以提高企业的反应速度，这在危机发生的紧急关头具有极其重要的意义。

当然，最聪明的使用互联网解决公关危机的方法仍然是防患未然，亡羊补牢终究不如未雨绸缪，预防危机的一项重要工作就是流言控制。

1997年，有人在几个新闻组上发帖子批评时装设计师汤米·希非格(Tommy Hilfiger)。这些帖子宣称希非格在奥佩拉·文菲丽(Oprah Winfrey)的脱口秀电视节目上散布种族歧视言论，内容大体是如果他早知道某些种族的人这么喜欢他的时装，那么肯定不会设计得这么好。这些帖子还说文菲丽因为希非格的歧视言论而把他赶出了该节目。新闻组里一些不明真相的读者把该帖子转发到其他新闻组，还有人给自己的朋友们发电子邮件转告这件事情。很快，人们都把这个故事当作了真实的事情。其实这个故事纯属虚构。希非格不仅没有说过那些带有歧视性的话，而且他根本没有上过奥佩拉·文菲丽的节目。当希非格的公司发现该流言时已经太迟了，流言已经在网上广泛传播开去，并对希非格的公司产生了巨大的损害。即便希非格的公司采取措施力挽公众形象，几个月之后，仍然有许多网站在游说访问者抵制希非格的时装产品。这个事例说明了互联网的威力，既然网络给流言的传播提供了现代化的工具，那么对付流言在网上传播的方法只有一个，就是利用网络给予坚决回击。

要进行流言控制，一个公司首先必须做到对流言早发现、早防范。其次，公司需要提供有说服力的证据拆穿流言；最后，要使公司的回应比流言传播得还要广泛。

为了做到对流言早发现、早防范，网络公关人员必须了解流言传播的源头和途径，并对其进行严密的监视。互联网上关于一个公司的信息主要有两种：人们对该公司公关传播的反馈意见以及另有图谋的个人或者组织散发的关于该公司的信息。公司的网络公关人员需要将两者区别对待，对前者进行支持和正面的引导，对后者就需要及时采取针锋相对的措施。宝洁公司就因为行动及时避免了一场公关危机，有一次，宝洁公司的公关人员在网上发现了一种流言，宣称宝洁公司的Febreze品牌的除味剂产品对动物有害，不能用于有宠物的家庭。该流言一旦广为传播，将会严重影响该产品的市场销售。宝洁公司立即采取行动对该流言做出了回击，他们专门在网站上开辟了一个称为"宠物安全"的板块，以确凿的证据向消费者表明Febreze产品的安全性。

流言控制的一个要领是建立唯一权威的消息来源，互联网可以担此重任。

1998年9月，瑞士航空公司的一架客机在诺瓦斯科迪亚坠毁，这使瑞士航空公司陷入了危机。该公司启动了利用互联网的危机管理方案。在事故发生后的12个小时内，他们就在网站上发出了4条新闻稿。失事客机是从纽约出发飞往日内瓦的国际航班，坠毁的地点则位于加拿大境内，所以这次事故实际上涉及3个国家。通过瑞士航空公司的网站，全球的公众都可以及时了解关于事故的最新报道。瑞士航空公司的积极回应避免了流言的出现。

微博以及网络水军在网络公关中的运用

在这个社会媒体时代，公关人员和媒体的关系发生了转变。从前，公关传播必须依赖数量非常有限的传统媒体，媒体在与公关人员的关系中处于绝对强势的一方。如今，公关人员可以借助社会媒体平台展开公关传播，在很大程度上摆脱了对传统媒体的依赖。

作为一种最具代表性的社会媒体，微博兼有媒体和社交网络两重属性。一方面，微博是一种自媒体，微博用户可以作为受众，在微博上获取信息，查看舆情，同时也能作为发布者，提供内容供他人查看。另一方面，微博用户通过关注别人和被别人关注构成一个个内容分享网络，信息可以在分享网络上快速传播。正因为微博具有这种双重属性，所以它成为了很受网络公关人员喜爱的一种重要工具。

古人云：众口铄金，积毁销骨。在这个社会媒体盛行的时代，用户创建的内容如果能被广泛传播，就可能左右舆论导向，从而树立一个品牌或者搞垮一个企业，但企业要让自己创建的内容产生影响力却并非易事。作为媒体，网站具有很大的零散性，因为每个网站都是一家媒体，而微博的零散性更为显著，因为每个用户都是一家媒体。2012年，Twitter平均每天发布1.75亿条微博。2013年元旦来临的1分钟时间里，新浪微博用户发布了729 571条微博。要让自己的声音在如此纷乱的环境下被公众听到是一个巨大的挑战。为了应对这一挑战，企业当然可以想方设法练好内功，稳步扩大自己的影响力，为企业微博争取更多的"粉丝"[①]。但这通常是一个日积月累的过程，不能急于求成。企业如果要在官方微博还没有足够粉丝的时候进行有影响力的传播就必须另找途径，雇用网络水军助战就是一种常用的方法。

2013年8月，在网络上呼风唤雨的网络红人"秦火火"和"立二拆四"因涉嫌寻衅滋事罪和非法经营罪被北京警方依法拘留，引起了社会对网络水军的关注。网络水军的得名来自"灌水"这一网络用语，灌水指的是在论坛或者社会媒体上大量发布低价值、非原创的信息，实质是论坛死掰(forum spam)。为商业性目的而进行的灌水，通常会有成百上千人一起行动，以便在短时间内形成声势。那些受雇于网络公关公司、以发帖回帖为主要手段、为雇主进行网络造势的数量庞大的一群人，在行内被称为"网络水军"。网络水军有专职和兼职之分，一般来讲，网络公关公司长期聘用的专职水军的人数非常有限，水军中大部分人都是网络公关公司有了任务后才临时从网上征集来的兼职人员。

网络公关公司所承担的许多公关任务都有"网络水军"的参与，例如，为企业推广品牌、发布新产品、维护口碑以及开展危机公关等。借助"网络水军"完成公关任务主要有以下优越性。

(1) 容易对网络用户的态度产生影响。同社会媒体软件代理相比，网络水军是真实的网络用户，他们分散在全国甚至是世界各地，既有大学生，也有社会闲散人员。他们都使用自己专门的用户账号，因此，他们的灌水行为很容易被当成是普通网络用户的自觉自愿行为，而他们表达的意见也往往会被认为是民意，从而对网络用户的态度产生影响，还会引起真正普通用户的跟风效应。

(2) 能够显著影响特定页面的搜索引擎排名。搜索引擎的蜘蛛程序和排名算法无法将普通的网络用户和受雇用的网络水军区分开来，它会认定被广泛转发、评论、受赞、点击和链接的内容是真正受用户欢迎的内容，从而给这些内容很好的排名，同时也会认定粉丝多的用户是更有影响力更重要的用户。这就使得网络公关公司可以通过网络水军对搜索引擎排名进行一定的操纵。

(3) 可以产生一定的整合营销传播的效果。网络水军的公关行动都有网络公关公司的周密策划，网络水军在完成任务时讲究技巧和方法，并且各有分工，相互间还有协调和配合，所以能产生整合营销传播的效果。网络公关公司会精心策划发帖的内容，确定发帖的平台和发帖的时间，安排

[①] 网络用语，微博的粉丝指的是关注了该微博的网络用户。

不同的人去发帖、转帖、评论，相互策应，进行集团作战，从而产生最大化营销的效果。为了以假乱真，水军在发布帖子时，有时会有意使用一些错别字，或者故意犯一些语法错误，让普通用户相信这是真实的发帖人一字一句输入的内容。

(4) 费用相对低廉。当前，网络公关公司数量庞大，北京就有700多家，而中国的劳动力仍然比较廉价，因此，借助网络水军进行的网络公关的费用相当低廉。例如，靠发帖数量赚钱的网络公关公司发表一篇帖子的价格只有0.3~0.5元左右，这比搜索引擎营销中的一次点击费用廉价很多。

虽然网络水军曾经创造过不少成功的网络公关案例，但是，"水能载舟，亦能覆舟"，借助网络水军开展网络公关要特别注意防范法律和伦理方面的风险，否则，网络公关不仅无法达到预期效果，还有可能给企业品牌带来难以弥补的损失。

企业如果难以控制借用网络水军开展网络公关的风险，也可以采用微博有奖活动的方法达到类似的效果。在具体操作中，企业通过提供奖品来鼓励微博用户发布某个主题的微博，或者转发、评论相关主题的微博。微博有奖活动可以迅速扩大企业品牌的知名度，而且很大程度上消除了不可控的法律和伦理方面的风险。由于微博有奖活动可以采取抽奖的方式进行，甚至可以采用虚拟的产品(如新浪微博上的勋章)作为奖品，因此并不需要太多费用。不过，在微博有奖活动进行的过程中，企业所要传递的信息可能会变形，甚至出现公司所不希望出现的言论，企业对此必须有足够的准备。

案例分析　　　　童材网络公关公司

扎尼布雷尼玩具公司(Zany Brainy, Inc.)要发布它的网站，聘请童材公关公司(KidStuff PR)为其成功地策划了一次公关活动。公关活动是顾客可以通过扎尼布雷尼玩具公司的店铺或者网站用任何暴力导向的玩具免费换取扎尼布雷尼玩具公司的和平导向的玩具。童材公关公司只有3天时间策划整个公关宣传，在3天内，该公司创作了41种不同版本的新闻稿，还为扎尼布雷尼玩具公司的店铺经理确定了接受媒体采访时发言的脚本，新闻稿被发送给了3200家媒体。结果，该事件获得了195次电视报道和350次报纸报道。在活动举办的6个星期内，玩具公司共收回了6000件有暴力倾向的玩具。整个公关活动是在网上运作的，因为童材公关公司本身就是一家纯粹的网络公司，该公司只有8名员工，主要业务是为儿童市场上的企业提供公关服务。虽然公司位于威斯康星州，但公司的8个员工却在密苏里、华盛顿特区、宾夕法尼亚、俄勒冈、加州、佐治亚和威斯康星等7个不同的州办公，8个员工每周三上午利用聊天室来召开办公例会，讨论将要开始的项目、工作中的问题和新的创意。公司在聊天室召开例会的方法不但可以节省电话会议每小时360美元的费用，还可以获得完整的会议记录，供员工会后研究。

因为童材公关公司是一家网络公关公司，它比传统的公关公司拥有以下优势。

(1) 所有的员工都是自由职业者，企业的管理费用很低，这就使得该企业的服务具有了成本上的优势。

(2) 公司的员工分布在众多不同的地方，因此他们可以利用在本地的关系来开展当地的宣传，这就可以使宣传很容易扩展到较广的范围。

(3) 童材公关公司的员工习惯利用网络开展协作，这使得他们非常熟悉网络环境，可以更好地利用互联网来支持他们的公共关系工作。

本章内容提要

公共关系同营销有着密切的关系，互联网的出现改变了营销，也改变了公共关系。网络公共关系就是利用互联网上的工具和资源开展的公关活动。互联网给公共关系带来了深刻的变化，这表现在：网络媒体压缩了时空，使得消息可以在短时间内传播到世界各地；网络媒体在降低了公关成本的同时提高了公关效率；互联网打破了传统媒体对信息发布的垄断，提升了公众的地位。公共关系包括了调研、计划、执行和评价4个步骤，在每个阶段，互联网都可以发挥重要作用。互联网支持下的事件营销是网络公关的一种重要形式，它比传统的事件营销能起到更好的效果。互联网在危机管理中也可以发挥重大作用。

复习思考题

1. 营销、广告和公共关系有什么区别和联系？
2. Web 2.0的兴起对公共关系有什么影响？
3. 互联网可以怎样支持事件营销？
4. 如何利用互联网来改善危机管理？
5. 应该如何看待网络水军现象？在网络公关中使用水军是合乎伦理的吗？

网上资源

中国公关网(www.chinapr.com.cn)：由中国国际公共关系协会主办，是中国公共关系业中最权威的站点。除了对协会会员提供的服务外，部分信息服务也对公众开放，如行业要闻、协会公告、公关入门指南、研究论文、经典案例、培训信息以及推荐的网上资源。

公共关系研究所(www.instituteforpr.com)：是从事公共关系教育和研究的机构，该网站收录有大量内容丰富的高质量研究文章。

在线公共关系(www.online-pr.com)：汇集了数以百计的有关媒体、公关资源的主题目录链接，甚至还收录有公关人员可能用到的个人信息资源，如地图、旅游、天气方面的站点。

参考文献

1. 王晓晖. 浅析网络媒体对公共关系实践活动的影响. 国际关系学院学报. 2002
2. 秦启文. 现代公共关系学. 重庆：西南师范大学出版社，2001
3. Bill Carmody. Extending the Event Online, www.billcarmody.com/author/ articles/extending.pdf. 2002
4. [美]邵尔·霍兹著. 吴白雪，杨楠译. 网上公共关系. 上海：复旦大学出版社，2001
5. [英]凯西·埃斯. 有效的电子商务推广方案. 北京：中国经济出版社，2003
6. [美]迈克尔·李维纳著. 吴幸玲译. 企业游击公关：出奇制胜打赢低成本宣传战. 汕头：汕头大学出版社，2003

第9章 网络营销的伦理问题

本章学习目标

在学过本章之后,你应该能够:
- 认识网络营销伦理在宏观和微观层面的重要性。
- 了解网络营销伦理的理论源流。
- 了解网络营销企业的道德义务。
- 了解不道德网络营销行为的危害及其治理方法。
- 了解在线品牌和网络营销伦理的关系。
- 掌握网络营销伦理评价的两维模型,了解网络营销伦理水平与企业赢利的关系。
- 掌握不同的网络营销伦理战略选择及其适用条件。

9.1 网络营销伦理问题的重要性

我们正计划推出一个公司信息的数据库,所有的信息都来自企业在自己的网站上公开发布的信息,建立数据库的目的是希望为这些企业提供价值。我们希望向他们介绍我们的服务,邀请他们来查看数据库里保存的关于他们的信息,希望他们能认识到这一数据库的优点并订阅我们的服务。当我们向数据库中的企业准确的E-mail地址发送个性化的邮件时,我们并不认为我们在制造垃圾邮件。问题的关键在于企业界如何看待个人信件和不那么个人化的信件间的区别。希望有人能减轻我们的心理负担。

—— Dalene Stander<entco@cis.co.za>

以上是一名网络营销实践者在某论坛上发布的帖子,它反映了发帖人心中的道德困惑。这一例子很有普遍性,大多数企业并不想使用令人厌恶的垃圾邮件来传送营销信息,问题的关键在于垃圾邮件和普通商业邮件间有时并不存在明显的界限,网络营销伦理便在这样的场合走上了前台。

对网络营销的伦理问题的研究一直是我国网络营销学科发展的一个薄弱环节,造成这一现状的原因是人们普遍对网络营销伦理问题的重要性认识不足。实际上,网络营销伦理问题在网络营销的理论和实践中极其重要。

从宏观角度看,网络营销主要面向新兴的网上虚拟市场,新兴的虚拟市场在技术上为降低交易成本、提高市场效率提供了巨大的可能性,然而市场不仅需要有展示商品、撮合买卖的功能,而且还需要有保证交易顺利完成的一系列制度。新制度经济学的研究明白无误地告诉我们,没有合理制度的市场是无效率的市场,现今的虚拟市场却缺乏起码的制度保证,WWW因此还被业内人士戏称为"蛮荒西部角力(wild west wrestle)"。为了解决这一问题，法律界做出了巨大的努力，希望迅速健全有关法规。但是法律规范有巨大的社会成本，一方面法律程序的启动是高成本的，另一方面，过严的法律很容易扼杀新兴电子化市场的活力，过宽的法律则会留下大片对于合法性难以判断的灰色地带。所以，人们更希望通过道德规范的方法来解决问题，而提升企业网络营销伦理则是在虚拟市场上建立道德规范体系的关键。根据市场研究机构Forrester在2001年9月发布的研究报告，当年美国电子交易因消费者在个人隐私方面的顾虑而损失的收益可达到150亿美元，占同期电子交易总收益的27%。Jupiter公司在2002年6月发布的研究报告中曾预计因为对隐私的顾虑给电子交易带来的销售损失在2006年会达到245亿美元。考虑到消费者在个人隐私方面的顾虑仅仅是网络营销伦理问题的表现之一，我们可以想象出网络营销伦理问题对电子商务健康发展的重大影响。中国电子商务研究中心发布的《2012年度中国电子商务用户体验与投诉监测报告》显示，2012年度全国共收到各地用户的电子商务投诉93 600余起，与2011年基本持平。其中网络购物投诉最多，占55.40%，网络团购为21.32%，移动电子商务为5.36%，B2B网络贸易为2.53%，其他电子商务类投诉为15.39%。网络购物发生消费纠纷的主要起因有三大类：产品质量以次充好，侵害消费者合法权益；部分网络经营者夸大宣传，以虚假信息欺骗消费者；发货慢，售后服务差。难怪，缺乏"鼠标下的德性"被我国学者李伦称为同网络软件、硬件设施建设滞后相并列的制约我国电子商务发展的主要因素。可见，只有加强网络营销伦理研究和教育，将伦理引入网络营销实践，我国的电子商务才有可能得到健康发展，我国在电子商务基础设施方面的巨额投资才会产生应有的效益，我国通过法制规范电子商务的社会成本才可以得到有效控制。

　　从微观角度看，虚拟市场上企业的道德形象会直接影响企业可能的网络营销策略选择，企业网络营销的伦理战略将直接影响企业营销目标的实现并关系到企业在市场上的竞争力。有迹象表明，越是高效的营销方式，越需要高的伦理水平的支撑。联属网络营销(affiliate marketing)是国外最重要的网络营销方式之一，它完成的销售额占网络营销完成的总销售额的20%以上。亚马逊正是凭借联属网络营销打造了网上零售的第一品牌，但这种营销方式在我国却举步维艰；许可营销比普通的电子邮件营销的转化率高出许多倍，但在我国从事许可营销的企业却少之又少，而垃圾邮件营销却大行其道。这其中的原因不能不令我们深思。实际上，国内外许多从事网络营销的企业已经开始把网络营销伦理战略付诸实施，如阿里巴巴开展了"百万会员诚信通计划"，雅宝建立了"讲信用"专栏，易趣建立了信用公告版、信用升级榜及系列信用管理方法，更不用说成千上万的企业营销网站已经制定并发布了自己的隐私政策。当然，实践中也有一些企业因为在伦理策略决策上处理不当为我们充当了反面的教材。全球最知名的认证中心VeriSign在2002年年初给许多企业发送了"域名到期通知"，建议这些企业通过VeriSign办理续费，而收到通知的许多企业原先并未通过VeriSign注册域名，此事在业界引起了轩然大波。人们普遍认为VeriSign的此次营销活动是非常愚蠢的，因为它违背了VeriSign一贯标榜的"信任是一切关系的基础"的信条，直接损害了VeriSign的道德形象，而VeriSign的主营业务(颁发数字证书)直接依赖于VeriSign的道德形象。这次不成功的营销给VeriSign带来的损失是难以估量的。这一系列案例说明，网络营销伦理策略关系到企业的竞争优势，脱离开网络营销伦理谈网络营销战略必然是片面的。

　　可见，网络营销伦理不仅关系到虚拟市场整体运营的效率，而且还关系到每个从事网络营销企业营销效果的好坏，因此必须学习和研究网络营销伦理。

9.2 网络营销伦理的源流

网络营销伦理的重要性虽然是在网络营销迅猛发展的情况下被人们所认识的，但它并不是凭空产生的，而是有着脉络清晰的两条源流，其一是营销伦理，另一个是计算机伦理。

9.2.1 营销伦理概述

对营销伦理的关注始于19世纪末在美国兴起的消费者运动。1891年，纽约市成立了世界上第一个消费者联盟，1898年美国各地的消费者联盟联合起来组建了全美消费者联盟，消费者联盟在保障消费者权益方面开展了卓有成效的工作。在他们的努力下，美国在1906年通过了《纯粹食品法》。消费者运动时起时落，但在和平时期几乎从未间断过。最近的一次消费者运动浪潮形成于20世纪60年代并一直延续至今，这次运动取得了极为丰硕的成果并导致了企业伦理学的产生。

营销伦理学是对于如何将道德标准应用于营销的决策、行为和组织当中的系统研究，营销伦理的主要应用领域包括市场细分和产品定位、市场调研、产品开发、定价、分销、直复营销、广告和国际营销。

在不道德营销行为泛滥的情况下，我国在20世纪末加强了对营销伦理的研究。武汉大学甘碧群教授对营销伦理的研究受到了国家社会科学基金和自然科学基金的双重资助，北京的王淑芹、天津的寇小萱先后出版了营销伦理学的专著(见本章参考文献)。这些成果对开展网络营销伦理问题的研究做了很好的铺垫。

9.2.2 计算机伦理概述

计算机伦理学(computer ethics)是运用哲学、社会学、心理学等学科的原理和方法探讨计算机及信息技术应用对人类自身价值所产生的影响的学科。计算机伦理又被称为信息伦理(information ethics)。网络伦理(internet ethics)则是互联网出现后计算机伦理研究中的一个热点领域。计算机伦理主要研究以下问题。

(1) 工作场所的计算机对员工身心健康的影响。计算机在工作场所的应用会改变对员工技能的需求，使一部分技能过时，而使另外一些技能热门。计算机的不当使用还会给员工带来精神上的压力，甚至损害员工的身体健康，这会引发一系列同劳动保护有关的伦理问题。

(2) 计算机犯罪。计算机既可以表现为强大的生产力，也可以表现为强大的破坏力。随着计算机应用领域的不断拓展，人们利用计算机犯罪和网络犯罪也愈演愈烈，这使得计算机安全和网络安全成为计算机伦理关注的一个重要问题。

(3) 隐私和匿名。计算机强大的计算能力使得侵犯个人数据隐私的问题日趋严重。数据挖掘、数据匹配、在线监视等技术严重威胁了用户的隐私权。

(4) 知识产权。信息易复制的特性使得侵犯数字知识产权极其容易，人们几乎早已对侵犯数字知识产权的问题习以为常。软件知识产权保护在伦理上是一个存在着许多争议的问题，例如，许多人提倡知识权利属于一切人民，他们发起了声势浩大的自由软件运动。发起成立了自由软件基金会

(Free Software Foundation)的里查德·斯多尔曼(Richard Stallman)提出所有程序都应该允许被自由地复制、研究和改写，软件版权的支持者则认为这将会使人们失去开发软件的积极性。的确，从功利角度来分析，共享和保护各有理由，但一些软件版权保护者的做法却走向了极端。例如，他们不仅反对软件的购买者和朋友分享软件的使用权，而且还主张可以对一些程序的算法申请专利，这当然激起了普通老百姓和许多职业科学家的反对。我个人认为，从长远的眼光看，无论从功利角度或者义务角度，共享软件都比保护软件在道德上更可取，所以相信自由软件运动最终会在全世界胜利，人类社会会演进到一个信息社会主义的新阶段。

网络伦理的研究开始于20世纪90年代初，研究的重点是网络用户的个人行为对虚拟市场环境的影响。这与对网络伦理的单纯研究不同，后者可以追溯到更早的时候，至少在1989年，互联网的创始人之一文特·瑟夫(Vint Cerf)就发表过题为《伦理学和互联网》的论文。1993年年底，麦克勒媒体公司(Mecklermedia)在纽约主办了题为"互联网世界93"的会议，讨论了与互联网商业化相关的问题，参加会议的许多代表敏锐地提出了网络空间的伦理问题。当时提到的问题有电子邮件隐私问题、互联网接入权问题、色情内容问题、匿名问题、对其他网络用户的投诉能力问题、垃圾邮件问题、版权问题和网上性骚扰等。后来，对个人行为的研究扩展到对专业人士行为的研究，如对执业律师的网络营销行为道德性的研究。这类研究的主流方法论思想是詹姆斯·摩尔(James Moor)提出的"真空说"，即认为互联网的出现带来了规范性规则真空和解决问题概念框架的真空，网络伦理研究的任务就是填补这些真空。网络伦理方向的研究使人们更透彻地了解了互联网空间的特殊性，为电子商业伦理和网络营销伦理的研究奠定了另一方面的基础。

9.2.3 知识经济时代的营销伦理

营销伦理是历史的产物，随着人类文明的不断发展，伦理的评价标准也逐步走向完善。知识经济时代的营销者需要应对比从前更困难的伦理选择，因此现代营销伦理在内容上要比从前远为丰富和深刻。

1. 信息化对传统营销伦理的挑战

信息伦理学反映了信息时代人们在伦理观方面出现的模糊认识和矛盾心理。例如，人们有时搞不清楚公共知识和专有知识的界限在哪里，获取信息的自由和保护个人隐私的考虑也经常会出现冲突，另外，言论自由的权利和内容检查制度也会出现矛盾。

一般认为，信息伦理的提出与下列事实有关。

(1) 个人隐私权受到威胁。一个引人注目的案例是，描写法国前总统米特朗健康状况的《大秘密》一书被官方以"侵犯隐私权和国家机密"为由查禁后仅一星期，书中的内容就在互联网上发布而为全世界所共享。

(2) 侵犯知识产权现象的增多。信息技术的发展使人们可以轻而易举地复制和传播信息产品，伦理在知识产权方面的模棱两可是侵犯知识产权现象极其普遍的一个原因。

(3) 日益猖獗的计算机犯罪。目前计算机犯罪名目繁多，涉及出卖或窃取国家和商业机密、金融诈骗、偷漏税款、利用网络传播计算机病毒等。据统计，仅仅在美国，计算机及网络犯罪造成的损失每年就超过100亿美元。美国联邦调查局的一份报告显示，在美国硅谷，计算机犯罪正以每年400%的速度上升，而能被侦破的案件只有10%。

(4) 网络上的恶行，如利用互联网宣扬色情暴力、煽动种族歧视、对他人进行诽谤或人身攻击等。

2. 经济全球化对传统营销伦理的挑战

互联网无远弗届的特性使得许多企业希望借助网络营销开拓国际市场，因为历史原因，不同的地区虽然遵循相似的伦理原则，但在具体执行的标准上经常存在差异。

欧共体在1998年颁布的《数据隐私指导条例》中禁止向未达到它所规定的隐私保护条款的欧共体以外的国家输出个人数据。美国虽然在30多部联邦法规和上百部联邦州法规中有涉及信息隐私的内容，但因为在保护隐私方面的规定过于零散，因此，美国也被欧共体认为是保护隐私未达标的国家。为此，美国贸易部正在着手制定美国企业应该遵循的一套隐私保护规则，称为安全港原则。一个在全球市场上开展业务的公司就存在这样的疑问，在不同的地区是否可以应用不同的伦理标准？特别是公司所在国的伦理标准比市场所在国高的时候，企业可不可以降低他们的伦理标准？

3. 电子商务带来的伦理问题

电子商务带来的伦理问题表现在以下两个方面。

(1) 电子商务导致行为人与其利益相关者空间距离和心理距离拉大。电子商务的效率体现在利用信息跨越空间的传输提高商务活动的效率，电子商务的这种超距性拉开了行为人与该行为波及的利益相关者之间的空间距离和心理距离。在这种情况下，行为人经常就会忽略他们的行为对其他人利益的侵害，从而做出不道德的行为。

(2) 信息技术使潜在作恶的危害更大。信息技术本身是道德中性的，但它可以放大信息技术的使用者为善和作恶的能力，这种能力的方法效果常常会出乎行为人的意料。许多恶性病毒的编写者编写病毒仅仅是出自对编程的爱好，当他们想测试病毒的效果时，病毒传播的广泛和造成的危害是他们始料未及的。

网络营销伦理的内容

9.3.1 网络营销企业的道德义务

1. 诚信无欺

诚信无欺是历史上各个时期的各种文化都普遍接受的一条最基本的道德准则，该准则同样适用于网络环境。诚信无欺是建立顾客信任的唯一方法，而取得顾客的信任是开展网络营销的前提条件。网络市场比现实市场的环境更加复杂，诚信无欺的原则对企业提出了更高的要求。例如，许多消费者对信息技术缺乏了解，不懂得可以怎样更好地维护自己的利益。诚信无欺的原则要求商家不能利用部分消费者的知识缺欠来谋取利益，他们不仅不能隐瞒他们提供的产品或服务(或者营销活动)对消费者可能存在的不良影响，甚至还应该教育顾客识破网络市场上的不道德行为。在一个信任危机严重的时代，诚信无欺的道德显得尤为可贵，做到了这点的商家就有条件建立一个用户信任的品牌。

2. 保护信息隐私

美国自1997年以来的多次调查结果一再表明，信息隐私是网络用户最大的担忧。普华永道公司的一次调查结果显示，有81%的网络用户和79%的网上消费者对他们的个人隐私受到威胁感到担忧。更有说服力的是，有6%的网络用户和9%的网上消费者声称他们曾是侵犯隐私的受害者。在网上从事直邮广告业务的智能邮递公司(Intellipost)的一次调查表明，有75%的本来打算购物的消费者在被要求提供个人信息和信用卡信息时改变了主意。路易丝·哈里斯(Louis Harris)的调查则说明有61%的非网络用户不使用网络是出于对隐私的顾虑，而78%的网络用户承认隐私方面的顾虑使他们减少了网络的使用。

网络营销企业在保护消费者信息隐私方面做出的努力可以从以下5个方面去加以评判。

(1) 告知。明确告知消费者哪些信息会被收集；收集到的信息将作何使用；收集到的信息是否会透露给第三方以及是否使用签语块技术。

(2) 选择。顾客就企业的信息收集有没有选择余地。

(3) 访问。顾客能否访问到被收集的信息？顾客能不能审查和更正这些信息？

(4) 安全。在信息传输和存储中有没有安全保护措施。

(5) 联系。顾客能否就隐私保护问题通过某种途径提出问题或提出意见。

9.3.2 不道德网络营销的表现

不道德的网络营销行为表现得非常多样，并且花样不断翻新，布什(Victoria D. Bush)等人完成的一项调查中就提到了63种表现。[①]不道德行为最集中的网络营销环节是网络调研和网络广告，而对网络调研和网络广告中的伦理问题在相应的章节已经做过讨论，这里不再赘述。

9.3.3 不道德网络营销行为的危害

不道德的网络营销行为不仅会侵害消费者的利益，而且还会危害企业自身的长远利益，也会殃及行业和社会公众的利益，具体如下。

(1) 对消费者的危害。不道德的网络营销行为的直接受害者是广大网络消费者，这些行为通常会侵害消费者的隐私权，对消费者的正常生活形成滋扰，严重时这些行为还可能影响消费者的身心健康或者给消费者造成经济上的损失。例如，垃圾邮件会对收件人带来滋扰，话费陷阱会给用户造成巨额经济损失，色情内容的非法传播会危及青少年的健康成长。

(2) 对企业形象的危害。不道德的网络营销行为虽然会给一些企业带来短期的利益，但从长远来看，这些行为会杀伤企业的品牌，影响企业未来的赢利能力。对许多企业而言，不道德的网络营销行为总的效果是弊大于利。

(3) 对电子商务的危害。不道德的网络营销行为能引起人们对自己隐私权和交易安全性的普遍担忧，这些担忧是人们排斥电子商务最重要的原因。同时，不道德网络营销行为还会降低虚拟市场上的信任程度，增加虚拟市场上的交易成本，降低虚拟市场撮合交易的效率。

---

① Victoria D Bush; Beverly T Venable; Alan J Bush. Ethics and marketing on the Internet: Practitioners' perceptions of societal, industry and company concerns. Journal of Business Ethics; Dordrecht; Feb 2000

(4) 对社会的危害。不道德网络营销行为最终还会超越行业范围,对社会的总体福利造成不利影响。从小的方面讲,不道德的网络营销行为会非法占用宝贵的网络资源和注意力资源,就像垃圾邮件的泛滥成灾造成了对大量带宽资源的占用,搜索引擎死掰使信息超载的问题更加尖锐;从大的方面讲,不道德的网络营销行为还会引发企业间的不公平竞争,导致市场失效,最终导致社会资源的不合理配置。

9.3.4 网络营销伦理的复杂性

网络营销伦理涉及网络技术、政府规范、行业自律、企业文化、营销战略等多个层面的问题,所以表现出了前所未有的复杂性。个人和企业大多以一种很矛盾的心理来看待网络营销伦理。

在个人方面,多数人对网上隐私问题感到担忧,但同时又不愿意阅读公司网站上的隐私政策,并且可以为了一些蝇头小利披露自己的敏感数据。美国的朱比特公司(Jupiter Media Metrix)于2002年6月3日公布的一项调查结果显示,"虽然大约70%的美国消费者对于网上隐私表示担忧,但是只有40%的用户在WWW网站输入个人信息之前阅读隐私政策",只有30%的用户回答"WWW网站的隐私政策容易理解"。而有82%的网上用户回答"可以以100美元左右的代价向在线购物网站提供个人信息",在提供的个人信息时最不犹豫的是电子邮件地址(61%)和姓名(49%),最不愿意提供的信息则是年收入(18%)和电话号码(19%)。

在企业方面,大部分企业家都认可主流的道德规范,问题在于在法律允许的范围内通过企业活动为社会创造价值也是善,因此,企业家有时无法判断,是不是应该或者可以采用不被主流道德规范接受但完全合乎法律规定的营销手段,特别是这些手段看起来能给企业创造客观的利润或者节省大量的成本时就更是如此。所有的人都希望对善的追求和对利的追求可以统一起来,一些研究似乎也说明了义和利的统一性。遗憾的是,实际上义利背离的情况似乎是一种普遍情况,在这里,企业就需要自己选择使用什么样的伦理定位,下面将在网络营销的伦理战略一节展开对这一问题的讨论。

9.3.5 网络营销中不道德行为的治理

遏制同网络有关的不道德行为可以有许多方案,如技术方案、法律方案和教育方案等,但对遏制网络营销中的不道德行为而言,建立起有效的行业自律机制才是最根本的途径。

1. 技术方案

技术方案最简单明了,如旨在保护消费者数据安全的安全套接层技术(SSL)以及旨在包括未成年人的内容过滤器(content filter)技术。然而单纯技术解决方案的缺陷是非常明显的,如内容过滤器技术,专家们曾经指出内容过滤器技术的十大缺陷,其中一半以上都是致命的缺陷,如任何一个内容过滤器如果不屏蔽掉互联网上的绝大多数信息就无法屏蔽互联网上哪怕是10%的色情信息。专家们明确地指出,内容过滤器效率低下的原因是人类语言和思维内在的复杂性而不是简单的屏蔽技术落后的问题。另外,技术本身是道德中性的,技术的发展可能会解决原有的道德难题,但同时可能会带来更多的道德难题。实际上,在技术的正当使用和非正当使用方面一直存在着一个竞赛,例如,先有计算机病毒,而后有杀灭这种病毒的杀毒软件出现,但很快就有新的更厉害的计算机病毒出现,后来又有杀毒软件的新版本出现,如此周而复始,对此,每个计算机用户可能都已经习以为常了。

2. 法律方案

法律方案的问题首先是相关法律的出台往往滞后于互联网技术的发展，其次是通过法律来规范网上行为很容易会因为管制过严，而使互联网丧失应有的活力。通过法律规范还会产生在某些情况下法律责任难以准确界定的问题。总之，法律同道德不能混为一谈，法律规范不能代替道德规范。

3. 教育方案

教育方案是一个可行的方案，它可以有效提高网络使用者的道德意识，提高消费者对不道德网络营销行为的鉴别能力。我国中小学中已经出现的"争当网络文明小使者"的活动就是一个很好的开展网络道德教育的尝试。在美国大学的网络营销教材中通常都有网络营销伦理学的章节，甚至有些学校专门开设了网络营销伦理学课程，这些事实说明了教育方案在遏制网络营销中不道德行为上的作用，我国在这方面则需要加强。教育方案的缺陷在于它是针对个人进行的，对组织的行为作用有限。

4. 自律方案

自律方案可以分为企业自律和行业自律两个方面。

企业自律指企业主动制定企业的网络营销伦理守则或者在已有的企业伦理守则中写入网络营销行为规范方面的内容。2002年，拥有40万注册用户的斯托克豪斯(www.stockhouse.ca)是加拿大最大的投资网站之一，该网站在通过对用户的调查中发现弹出式广告是网络用户最讨厌的东西后决定彻底废止弹出式广告。集团公司下属信息系统公司的CEO马库斯·纽(Marcus New)这样说："我们倾听用户的声音，很明显他们厌恶弹出式广告，而我们不希望用户难过。"斯托克豪斯因此成为了加拿大第一个主动废止了弹出式广告的大型网站。该公司的自律行为得到了舆论界的一致好评。

建立并完善行业自律机制是遏制不道德网络营销行为最为有效的方法。具体做法是由行业内最有影响、最有号召力的企业牵头组建行业协会，协会会员单位的义务和权利通过协会章程明确地加以规定。章程的义务条款中明确规定协会成员不允许出现不道德的营销行为，协会受理消费者投诉时，一旦发现成员单位有违反规定的不道德营销行为，则立即将其开除出会。这样该协会确立的行业行为规范就会在行业中树起一面旗帜，协会也因此成为同不道德的网上营销行为斗争的一个堡垒。在这一做法中，行业内占有最多份额的市场领导者肯定受益最多，因为行业内恶性竞争对它的损害最大，所以它最有积极性。对会员单位而言，因为协会外企业的不道德竞争行为将不会对协会成员的信誉产生恶劣影响，消费者逐渐会认识到协会会员单位有更好的信誉保证，会员企业的业务会蒸蒸日上，越做越好，从而享受到入会的好处。非会员单位这时也会要求入会，主动停止不符合行业规范的营销行为。美国广告机构协会(American Association of Advertising Agencies)在20世纪上半叶成功地实现了行业自律，非常有效地制止了广告行业的不规范行为，该协会的实践为行业自律树立了一个很好的典范。美国营销协会(American Marketing Association)也制定有会员单位应该遵守的行业道德规范，其中包括网上营销规范，非常值得我国学习借鉴。我国在同假冒伪劣产品作斗争的过程中曾经开展过的"百城万店无假货"活动也曾经收到很好的效果，成为行业自律的成功案例。

5. 综合治理的方案

显而易见，多种手段并用对不道德网络营销行为进行综合治理会比单一使用任何方法都更有效率。

9.4 网络营销伦理战略

我国学者对网络营销中的种种战略问题向来比较偏爱,王汝林在其《网络营销战略》中提到的一级战略就多达15种,如运用反向思维进行网站建设战略、无网站网络营销战略、网络营销的市场调查战略、网络营销的信息搜索战略、网络营销的信息发布战略、网络营销的资源整合战略、网络营销的品牌战略、网络营销的市场拓展战略、网络营销的价格战略、网络营销的网站竞争战略、网络营销的客户关系管理战略、网络营销的交易风险控制战略、网络营销的人力资源战略、网络营销的安全战略、跨国网络营销战略等。许多一级战略还包含多个次级战略,例如,网络营销的品牌战略就包含震撼力战略、价格造势战略、品牌整合战略、品牌延伸战略等4种次级战略;网络营销的网站竞争战略则包含得更多,共有6种:抢占快车道战略、反第一定位战略、专一化战略、隐形进攻战略、从不定式中寻找定式战略、整合聚才战略。非常奇怪的是,网络营销伦理战略至今还从来没有人研究过。然而种种迹象表明,伦理战略会影响企业的经营业绩,例如,有研究表明,76%的顾客将会转向更关注伦理和社会问题的商家和品牌 (Cone/Roper, 1997),88%的顾客更倾向于向对社会负责的公司购买产品或服务(Walker Research, 1998)。

在战略管理的教科书中,所谓战略就是经理人为实现组织目标而选择的决策和行动的特定模式。美国经营战略泰斗的迈克尔·波特在其名著《竞争的战略》一书的开头就写道:"所谓竞争战略,就是公司为加强自身的市场地位而寻求更好的竞争方法。然而竞争战略毫无例外地不能忽视到社会承认的对竞争行为制定的游戏规则。该游戏规则是由社会道德基准和公共政策所决定的。"很显然,在经营战略这一层次,重视竞争优势的战略被纳入社会伦理的框架。按照这一概念,可以先对网络营销伦理战略的含义做一界定。网络营销伦理战略是经理人为实现企业整体营销目标以及获取竞争优势,依据市场环境和企业自身特质对企业在网络营销活动中必须达到的道德水平加以管理的决策和行为模式。虽然人们很少明确提出网络营销伦理战略这一概念,但许多企业在他们的网络营销伦理实践中却已经不自觉地实施了这类战略。例如,许多企业在网站上公布了旨在包括消费者隐私的隐私声明,当然,也经常会看到许多小企业或者个人企业使用群发商业邮件(BCE)来推广自己产品。企业的网络营销行为可以反映出企业网络营销伦理境界的高低,并且会给企业网络营销的成果带来不同影响。因此,有必要对网络营销伦理战略做一系统的研究,帮助企业自觉地使用这一战略来提升自己网络营销的效果。

9.4.1 网络营销伦理和在线品牌

品牌在网络营销中占有中心地位。网络营销的对象可以是产品或者服务,也可以是人物、地点、事件、组织或者理念,但不论这一对象具体是什么,网络营销的主要任务都只有一个:建立品牌。虽然,少数企业仍然把眼光盯在产品的销售上,但目前大多数的营销传播其实是在品牌水平上展开的。

根据美国营销协会的定义:品牌是一个名称、术语、标记、符号或设计,或是它们的组合,用于把一个或一群销售者的产品或者服务与竞争对手的产品或服务区别开来。然而品牌的外延比这一表述还要丰富,实际上,一切机构及他们的产品都可以被看做品牌。需要注意的是,品牌不仅仅是机构或者产品的标识,品牌的作用是帮助消费者进行购买决策,品牌的价值则在于它能给品牌的拥有者带来收入,因此品牌是一种资本,这种资本习惯上称为品牌资产。品牌之所以能给品牌的拥有者带来收入,原因是品牌拥有一定的知晓度、美誉度和忠诚度。品牌资产可以用该品牌的知晓度、美誉度和忠诚度来衡量,品牌的知晓度可以使用广告等营销传播手段迅速提升,但品牌的美誉度和忠诚度却要以企业的产品质量和服务质量为基础。高标准的网络营销伦理是建立在线品牌的关键。

1. 在线品牌的特征

在线品牌是在虚拟市场上将一个公司(或者一种产品或服务)与其他公司(或者一种产品或服务)相区别的名称、术语、标记、符号、设计或者这些要素的组合。同传统品牌相比,在线品牌要更加重要,原因是消费者在虚拟市场上可以接触到更多的公司和产品,品牌要达到与竞争者相区分的目标就必须具有更多的独到之处。同时,消费者在网上交易要承受比在线下更多的风险,所以,在线品牌也必须具有更高的强度,以获取消费者更大程度上的信任。尽管许多营销学者认为在线建立品牌的方法同离线的情况并无二致,并且许多企业成功地将他们的传统品牌移植到了网上,但是,在许多相似点之外,在线品牌的确具有若干不同于传统品牌的特点,对此分析如下。

(1) 知晓度方面。在线品牌和离线品牌都离不开知晓度,但两者的要求并不一样。衡量知晓度的大小通常用到3个等级:品牌再认、品牌回忆、品牌浮现。品牌再认强度最弱,它意味着消费者需要提示才能记起该等级的品牌;品牌回忆则意味着更高的知晓度,消费者无须提示便可以独立地回忆起这一等级的品牌;品牌浮现是品牌知晓的最高境界,只要提起某一类产品,消费者便可以条件反射般地联想起这一等级的品牌。对于在线品牌而言,可见度是一个重要的指标,网络空间具有强大的搜索和导航系统,除了少数几个门户网站,多数人访问网站并不是通过直接从地址栏中键入统一资源标识符的方式来实现,而是通过搜索引擎或者指向该网站的链接来进入网站的。

(2) 美誉度方面。品牌的美誉度一般用品牌联想的内容和属性来评价。对离线品牌而言,品牌联想可以分为与产品相关的联想以及与产品无关的联想,前者包括产品的颜色、尺寸、款式等,后者则包括价位、包装、用户形象等。而对于在线品牌而言,品牌联想则需要包括消费者对企业在线传播渠道的体验和评价,如网站运行的可靠性、用户界面的友好性、网站功能的可用性、对不同用户平台的兼容性等。

(3) 忠诚度方面。在线品牌可以达到比离线品牌更高的忠诚度,原因有两个方面,其一是因为虚拟市场较传统市场蕴涵着更大的不确定性,转换品牌意味着更大的风险;另一方面的原因是在线企业可以有更多的手段实现对消费者的锁定,如个性化网页技术、一键式购物系统等。这意味着投资在线品牌可以有更高的回报。

(4) 品牌利益方面。品牌利益包含功能利益、符号利益和体验利益3个要素。对离线品牌而言,功能利益是产品满足消费者需要的基本利益,但有时功能利益在消费前很难判断,这时,直接诉诸消费者感觉的体验利益便走上了前台。在功能利益和体验利益同竞争的品牌轩轾难分时,诉诸消费者精神需求的符号利益就发挥了作用。对在线品牌而言,这三个要素仍然存在,体验利益因为包含了用户在企业网站上的体验而变得更加重要,同时品牌的可信性成了在线品牌的另一个要素。品牌的可信性源自消费者这样的信念:品牌的拥有人不会做可能会伤害其品牌的任何事情。

2. 建立在线品牌的要领

建立在线品牌最关键的是建立品牌的可信性,它源自企业至死不渝地奉行客户至上的经营理念。为了经济利益在经营中可以不择手段的企业永远不可能赢得消费者的信任。在这里，高标准的网络营销伦理是建立品牌可信的唯一方法。

并非每一个从事网络营销的企业都需要建立在线品牌，但一旦企业决定建立一个在线品牌，便需要从开始就严格坚持高标准的网络营销伦理。即使不道德的行为只出现过一次，企业的品牌也会抹上永远擦不掉的污点。所以，建立品牌最忌讳的事情便是轻易许诺然后出尔反尔，例如，2000年前后，我国很多企业为了迅速扩大用户群，许诺给用户提供终生免费的电子信箱。但随着时间推移，这些企业相信这些免费电子邮件用户不能再为他们带来利益时，便单方面停止了免费电子邮件服务，给许多客户造成了很多不便，同时也给这些企业的品牌造成了极大的危害。

希望把领先同行的伦理水平作为品牌特性的企业而言，关键的一个问题是要使无形的道德有形化。消费者无法看透企业管理者的内心世界，通常也不会去研究一个企业的伦理守则，这时就要注意消费者可感知的行为的道德含量，从每一个细节上追求卓越的伦理，在每一个细节上体现出领先同行的道德追求。例如，及时通过电子邮件回复顾客的咨询以及不折不扣地兑现企业在广告中对顾客的承诺。

域名是在线品牌的载体，但是好的域名并不意味着好的品牌，并且好的域名也不是在线品牌获得成功的必要条件。大名鼎鼎的雅虎(Yahoo)的原意是"懵懂无知的野人"，搜索引擎中的后起之秀Teoma的名字则没有任何实际意义。对于大多数企业而言，他们的离线品牌可能已经被其他人抢先注册，因此不得不选择一个全新的在线品牌名从头开始经营。这时企业的处境便非常类似一个新成立的网络公司，他们的网络营销伦理将决定他们品牌的前途命运。不过，如果有可能，网上品牌同离线品牌应保持统一，这样企业既可以避免管理两个品牌的复杂性和高成本，也可以利用离线品牌使在线品牌起飞，同时利用在线品牌为离线品牌注入新的活力。有时，为了使网上品牌和离线品牌相一致，一些公司不惜改变离线品牌的名称，这样做的一个好处是可以利用名称变更的机会对品牌进行重新定位。

9.4.2 网络营销伦理水平的评价

制定和实施企业的网络营销伦理战略的一个前提，就是对企业的网络营销伦理水平做出科学的评价。从理论上讲，企业的网络营销伦理水平可以归结为企业管理层和企业员工个人的伦理水平，但实际上，评价企业的网络营销伦理水平比评价个人的伦理水平要相对简单一些，原因是企业行为是单纯的经营行为，而且许多企业还制定有成文的伦理准则。一般而言，企业的伦理准则规定得非常具体，正如德·乔治所说："伦理准则应该是具体而真实的，不仅应该接受监督并且应具备接受监督的素质。"[①]这些准则使得对企业伦理水平的评价更加方便。具体到网络营销而言，企业的网络营销伦理水平一般会以非常具体的形式表现出来，如网站上是否有隐私声明、是否使用垃圾邮件等。鉴于网络营销伦理包含信息伦理和营销伦理两方面的内容，可以从这两方面企业所做的承诺和实际的所作所为来综合评价企业的网络营销伦理。

企业的营销伦理水平主要体现在市场细分和产品定位、市场调研、产品开发、定价、分销、直复营销、广告和国际营销等营销环节上，而企业的信息伦理水平主要体现在信息技术的使用、隐

---

① De George, R. T. (1982). Business Ethics. New York: Macmillan

私保护和知识产权保护方面，两者在很大程度上是相互独立的，即高的营销伦理水平不保证高的信息伦理水平，低的营销伦理水平也不排斥高的信息伦理水平，反之亦然。同时，企业网络营销伦理水平的最终裁决者不是专家学者，而是以消费者为主体、以媒体为舆论领袖的企业的利益相关者群体。而消费者和媒体在进行道德评价时一般都有一个特点，即对低道德水平的敏感程度要高于对高道德水平的敏感程度。这个特点决定了在网络营销伦理水平的两维模型中，等道德水平线(或可称为无差异道德水平线)呈双曲线形态(见图9-1)。意思是企业的营销道德水平低下时，必须要用高得多的信息道德水平来补偿，反之亦然。图中，曲线越靠近原点，就表示企业的网络营销伦理水平越低，而同一曲线上不同的点表示同样的道德水平，最受关注的两条等道德水平线为较高位置上的道德模范线及较低位置上的道德底线，道德水平高于道德模范线的企业和道德水平低于道德底线的企业都会受到企业利益相关者的关注，道德水平介于两条线之间的企业则通常会被利益相关者忽视。

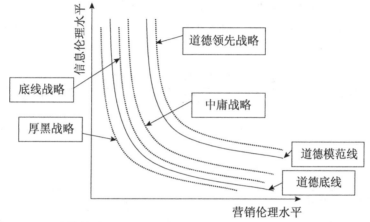

图9-1　网络营销伦理的两维模型和企业的网络营销伦理战略的选择

实际上，企业的营销伦理水平和信息伦理水平都构成一个阶梯，可以根据企业制定的道德准则和企业的具体营销行为把一个具体企业放在这个阶梯的恰当的梯阶上。鉴于隐私问题在网络营销伦理中无与伦比的重要性，下面将以企业在尊重消费者隐私权方面的实践为例来考察对企业网络营销伦理水平的评价方法。

企业对消费者隐私的态度按照伦理水平的高低构成一个阶梯，依据卡尔南(Mary J. Culnan)1999年对100个顶级公司网站在隐私保护方面的实证研究，可以从以下方面来评价企业的隐私保护实践。

(1) 是否有公开的隐私声明。1999年约有81%的网站发布了完整的隐私声明(privacy policy notice，PPN)，另有12%的网站有涉及隐私保护的比较零散的说明。在有PPN的网站中，有85.2%可以通过主页上的链接看到PPN，有71.6%可以通过某个收集信息的页面上的链接看到。

(2) 是否告知消费者所要收集的信息的种类和用途。1999年在有隐私声明的网站当中，约有93.5%对消费者提供了至少一部分信息。在告知方面，可以依据告知内容的完整程度对企业的伦理水平做进一步细分，如告知内容是否包含有收集信息的种类、方式、用途以及所收集的信息是否会在今后被用于其他营销目的或者向第三方披露等。

(3) 是否为消费者提供不披露信息或者拒绝某类营销传播的选择。1999年在有隐私声明的网站当中，约有83.1%给消费者提供了一种以上的选择。

(4) 是否让消费者浏览以及修订有关自己的信息。1999年在有隐私声明的网站当中,约有50.5%允许消费者对本人提供的信息进行某种程度的控制。

(5) 是否对消费者的信息提供安全保障。1999年在有隐私声明的网站当中,约有51.6%对消费者信息提供了某种形式的安全保护。

(6) 是否允许消费者对事关隐私的问题向公司投诉。1999年在有隐私声明的网站当中,约有59.1%为消费者提供了反馈渠道。

值得注意的是,1999年在有隐私声明的网站当中,只有20.4%全面考虑了消费者在知情、选择、修订、保全、申诉方面的权利。

可以看出,企业在对消费者隐私保护的问题上存在各种不同的作法,这些作法可以按照伦理学中的正义原则和义务原则进行相当准确的评价,确定企业在隐私保护方面的伦理水平。实际上,卡尔南在1999年稍早的一次调查因为包含了更多的网站,所以得到的各个数字都明显低于第二次调查,说明前100名顶级网站在保护消费者隐私方面明显处于较高的伦理水平上(见表9-1)。同样,在网络营销伦理的其他方面,也可以进行类似的评价,例如,对网络广告的侵犯性就可以使用类似的方法进行评价。

表9-1 两类网站隐私保护实践的比较

比较指标	前100名网站/(%)	361个前7500名网站/(%)
有PPN或零星隐私陈述	93	65.9
对消费者进行部分告知	93.5	89.8
为消费者提供选择	83.1	61.9
允许消费者对数据进行某种控制	50.5	40.3
对消费者信息提供某种安全保护	51.6	45.8
有反馈渠道	59.1	48.7
考虑到知情权、选择权等所有5方面	20.4	13.6

(以上数据中除第一行外,均为在有隐私声明的网站中所占的比例。)

9.4.3 网络营销伦理水平和企业赢利水平

企业的网络营销伦理战略会影响企业的经营业绩和竞争优势,这是毫无疑问的事实。问题在于,这种影响是否会像某些人所认为的那样是单向的影响,即高的伦理水平是否一定会给企业带来竞争优势,也就是人们所说的好的企业是否一定是优的企业。实际上,企业伦理学界对这一问题一直存在着争论。

持肯定看法的人包括英国的艾兰·斯提纳(Alan Stainer)和劳瑞斯·斯提纳(Lorice Stainer)、我国的寇晓萱、美国的罗斯(D. Ross)等一批学者。这派的学者认为,道德从本质上而言是一种长期的投资,道德因素是构成企业竞争力的一个重要方面,"为了获得竞争优势,企业有必要保证自己的道德标准高于竞争对手"[1]。这一观点也同多数人的直觉相符,罗斯曾经就美国企业的道德准则问题调查过上千名的公司主管、商学院院长和国会议员,有63%的人认为企业坚持道德高标准能够增强企业的竞争力[2]。

---

[1] 寇小萱. 企业营销中的伦理问题研究. 天津:天津人民出版社,2001
[2] 寇小萱. 企业营销中的伦理问题研究. 天津:天津人民出版社,2001

持否定看法的代表人物有美国的普拉卡什·塞蒂(S. Prakash Sethi)和托马斯·施内外斯(Thomas Schneeweis)等人。这派学者认为，如果伦理水平和业绩水平是一致的，所有的企业都会自动地提升自己的伦理水平，那就没有谈论企业伦理的必要了，而这与实际观察不符。部分实证研究中伦理水平和业绩水平的正相关性被解释为业绩好的企业更有条件追求更高的伦理水平。

两派的观点各有道理，所以毫不奇怪，许多人持一种折中的观点。例如，《公司与社会》的作者们提出应该在长期利润和短期利润、最优利润和最大利润以及股东利益和其他利益相关者利益的框架下讨论问题[①]。比较而言，第三种观点更为可取，但考虑到讨论伦理战略的需要，借助成本和收益分析对这一观点做进一步的发挥是很有意义的。

一方面，高的网络营销伦理水平对企业意味着更高的成本。这种额外的成本源自两个方面：企业实施伦理管理的费用以及因为营销手段的选择受到限制而带来的成本增加。高的伦理水平不会自动出现，企业需要建立相应的机构(如伦理委员会)或者至少设置相应的人员(如首席伦理官)对企业的伦理水平进行管理，同时，企业还需要开办伦理培训项目和举办以伦理为主题的研讨会。这些都是直接发生的成本。比较而言，因为坚持较高的伦理标准而间接产生的费用可能更高，例如，坚持道德原则的企业不会在公开的论坛上滥发广告性质的帖子，这就意味着他们必须付出更多的成本去做网络广告。

另一方面，高的网络营销伦理水平也会为企业带来潜在的收益，这种收益主要表现在获得企业利益相关者的信任上。信任的建立可以降低同该企业进行交易的风险和交易成本，也可以使企业的其他利益相关者继续向该企业注入投资、信贷、担保等资源。

两者相比，成本的发生是确定的，并且会在短期内影响公司的财务表现；收益的获得是不确定的，并且只有在较长的时期内才见效果。不过，令人欣慰的是，收益的潜力是十分巨大的。高的伦理水平有助于企业商誉的建立和顾客忠诚度的增加，此两项可以为企业节省大量的营销费用。例如，反映顾客忠诚度的指标顾客背离率若降低5%，则公司从每位顾客实现的赢利就可以提高25%～85%。具体数值取决于该公司所处的行业，如信用卡行业为75%，计算机软件行业为35%。[②]

案例分析　　阿里巴巴的排名算法鼓励诚信

阿里巴巴是我国著名的B2B电子商务公司，主要业务是为中小企业提供一个发布供求信息寻找商业机会的平台。该公司在2002年3月推出了"诚信通"服务，该服务的推出不仅使阿里巴巴在鼓励诚信方面走在国内众多同行前列，改善了公司的企业形象，而且该服务的推出还给阿里巴巴开辟了一个可靠的收入来源，从产业划分的角度看，阿里巴巴的业务在信息服务之外增添了道德服务的成分。

2004年3月，阿里巴巴推出了商业搜索引擎服务，该服务最引人注目的是它采用的排名算法，阿里巴巴利用其网站上记录到的商家的"诚信通"会员数据，以企业诚信度高低作为搜索结果排名前后的依据，就是说，诚信企业的信息会被优先显示。

从理论上讲，阿里巴巴的排名算法有助于实现"义利"的统一，鼓励企业讲诚信，但是，因为"诚信通"是收费服务，所以，"诚信通"服务对企业诚信的评级能否被普遍接受就成了一个问题。作为企业一项收费服务的"诚信通"能够担负起给企业信用评级的重任？毕竟，没

---

① 詹姆斯·E.波斯特，威廉姆·C.弗雷德里克等.公司与社会(英文第8版).北京：机械工业出版社，1998
② Charles W. L. Hill, Gareth R. Jones. Strategic Management Theory. Boston: Houghton Mifflin Company

有给阿里巴巴交费注册成"诚信通"会员的企业就没有了讲诚信的资格,这是不合情理的。因此,阿里巴巴的排名算法虽然是一件很有伦理意义的创举,但如果阿里巴巴的排名算法使用的不是"诚信通"的数据而是由一个可信的第三方提供的数据,那将会是一个真正的可以提高社会诚信度的行为。

9.4.4　网络营销伦理的战略选择

按照企业对其网络营销伦理水平的不同定位,可以把常见的网络营销伦理战略区分为以下6种。

(1) 伦理领先战略。采取这一战略的公司会把企业的网络营销伦理锁定在堪称业界楷模的高度,以此建立强有力的在线品牌。容易理解,永远都只能有少数实力超群的企业能够成功地实施这一战略,采取这一策略的公司的增多会提高社会对企业营销伦理水平的预期,其结果只能是加剧企业间在道德行为上的竞争。目前熟知的一些知名企业都是这一战略的实践者,如迪斯尼公司、惠普公司、IBM公司等。需要注意,并非所有的大公司都适合采取这一战略,一般而言,采取差异化竞争战略的公司比采取成本领先的公司更适合这一战略。

采取伦理领先战略的公司还会通过消费者教育来提升消费者的道德鉴别能力和对企业的道德预期,这样可以强化伦理领先企业基于伦理的差别优势,因此,采纳伦理领先战略的公司事实上是行业道德标准的制定者。

(2) 中庸战略。采取这一战略的公司会有意识地把本企业的网络营销伦理保持在行业的平均水平附近,既不会企求通过超出人们预期的道德行为博取舆论赞誉,也绝不会成为道德上的问题企业而受人唾骂。这一战略适合多数企业采用,它的优点是对企业的伦理管理没有太多要求,并且可以支持企业长期的稳健经营;缺点是稍显保守,一贯采取这一战略会形成企业在战略选择上的惰性,丧失捕捉市场变化带来的商机的能力。

(3) 底线战略。采取这一战略的公司通常会小心翼翼地把本企业的网络营销伦理保持在可以被社会接受的道德底线附近,该战略的目的是在不让公众捕捉到企业营销道德上的把柄的同时,可以比较自由地采取一些当时在道德方面尚存争议的营销手段。

(4) 厚黑战略。采取这一战略的企业在实施网络营销方面完全可以用不择手段来描述,这种类型的企业是社会舆论鞭挞的重点。采取这种战略的企业通常是一些无名且短寿的个人小企业,在社会上可见度较低,经营者的唯一目标是快速致富。这种企业主要针对新网民或者自我防卫意识淡薄的群体(如老年人、文盲等)发动交易营销攻势。采取这一战略的风险之一是一些企业的行为不仅不道德,而且还可能因为触犯了有关法律而受到追究。

(5) 浪子战略。这是一种非常规的战略,意思是曾经因为道德方面的问题获得媒体曝光的企业,把伦理水平大幅提高到道德模范线以上的高度,再次获得媒体关注,在公众面前塑造一个类似于浪子回头的形象。在这一战略中,公司前期的低道德营销可以是有意计划的,但更大的可能是企业针对突然爆发的道德丑闻不得已而发动的危机公关行为。亚马逊公司2000年的差别定价试验的失败及其补救可以被看成是后者的一个例子,因为亚马逊对其差别定价的道德后果完全没有思想准备,更不用提事先的计划了。

(6) 虚无战略和其他可能的选择。虚无战略是一种没有战略的网络营销伦理战略。一些企业完全无视网络营销伦理的重要性,对企业的网络营销活动不做任何道德方面的考虑。但是,尊重规律的人跟随规律走，不尊重规律的人被规律牵着走，企业可以对自己的营销行为不做道德上的考虑，但营销伦理仍然会对企业的营销成果造成重大影响。应当注意，这一类别同厚黑战略不同，没有实施网络营销伦理战略的企业可能是在道德水平上反复无常的企业，也可能是保持了营销道德的高水准但却对这一投入不懂得使用的企业。此外，还有人提出一种可以被称为伦理歧视的战略，意思是企业按照消费者对伦理问题的敏感程度不同对消费者进行细分，然后在不同的细分市场上开展伦理水平不同的网络营销，这一设想貌似合理，但不论在理论上和现实中都不成立。首先，从理论上讲，伦理学的道德评价可以有功利主义、义务论和正义论三种方法，伦理歧视只在功利主义的前提下成立，而按照义务论和正义的主张，伦理原则是不可以因人而异的。在这一情况下，各个细分市场上的多数消费者都不会认为采取伦理歧视的企业是一个可以信赖的企业，这必然导致伦理歧视战略的失败。其次，从实际操作中看，曾经有过一些发达国家的企业在其在发展中国家的分支机构中采取了较本土为低的道德标准，这种做法引起了舆论的普遍谴责，传统市场上尚且如此，在信息更完备的虚拟市场上，伦理歧视当然更行不通。

与许多人想当然的看法不同，网络营销伦理战略并没有绝对的优劣之分。适合财富500强公司采用的网络营销伦理战略未必适合在本地开展业务的小企业采用，适合包装食品生产商采用的策略也未必适合提供商业服务的公司采用。一句话，网络营销的伦理水平需要适当而不是一味求高。

● 9.4.5　影响企业网络营销伦理战略选择的因素

实施网络营销伦理战略的目的是更好地实现组织的营销目标，这一目标通常是用财务指标来衡量的。一个企业究竟选择什么样的网络营销伦理战略，取决于以下各个因素。

(1) 企业的市场地位。市场占有率高的企业适合采取对应着高伦理水平的战略，如伦理领先策略和浪子战略，反之，则可以采取对应着中低伦理水平的战略，如中庸战略或底线战略。厚黑战略只适用于那些没有持续经营打算的企业，因为伦理水平对一个行业而言具有公共财产的性质，而市场占有率高的企业担负着维持行业伦理水平的主要责任。行业形象好，大企业是主要受益者，形象不好，大企业也会是主要的受害者。实际上，行业协会往往由该行业中的若干大企业发起，该协会会致力于在行业中倡导同公众期望相称的伦理水平。需要注意的是，对于多渠道经营的商家而言，网络营销伦理战略会同时影响这些商家的在线业务和离线业务，所以，这些商家需要全面评价他们的市场份额。

(2) 企业的竞争战略。将差异化作为主要竞争战略的企业适合采取对应着高伦理水平的战略，而将成本领先作为主要竞争战略的企业则适合采取对应着较低伦理水平的战略。

(3) 企业的财务状况。财务状况好的企业适合采取对应着高伦理水平的战略，反之，则适合采取对应着较低伦理水平的战略。提高网络营销伦理水平是对商誉的一种投资，要求企业具有相应的财力。实际上，除了上面提到的两种成本外，要使企业在伦理上的投入发挥最大效益，还需要一定的配套资金，以支持企业公共关系活动的同步开展。

(4) 企业的伦理文化。企业伦理文化基础好的企业适合采取对应着高伦理水平的战略，反之，则适合采取对应着较低伦理水平的战略。对于有着优秀企业伦理传统的企业，因为本来就拥有促进企业伦理的机构和人员，所以这类企业为进行网络营销伦理的管理需要额外投入的资源就相对较少，因此对其他采取同类战略的企业就可以拥有一定的竞争优势。

(5) 企业的行业属性。处在体验行业以及服务行业的企业，较处在普通制造行业以及大宗商品制造行业的企业更适合采取对应着高伦理水平的战略。此外，如果企业的主要产品的质量属于信誉质量或者体验质量时，就比产品质量属于搜索质量的企业更适合采取对应着高伦理水平的战略。并且，对产品质量的安全性和可靠性要求高的行业中的企业，较对产品价格要求高的行业中的企业更适合采取对应着高伦理水平的战略。

9.4.6 案例1：惠普公司的伦理领先战略

惠普公司一直是一家以坚持高标准的企业伦理而闻名的企业，它曾经创立了为企业伦理学界津津乐道的惠普方式(HP way)，是一个比较典型的伦理领先战略的实践者。

惠普公司的伦理实践是全方位的，并且具有以德为先的优良传统，所以当惠普公司在实施网络营销时采取伦理领先战略可以说是顺理成章的。惠普公司的伦理领先战略具有以下特点。

(1) 惠普公司在网络营销上的伦理领先战略是其全面伦理领先战略的一个侧面，这样，惠普公司在伦理管理上的各项措施可以相互策应，提高伦理管理的成本效率。可以说，惠普公司网络营销的伦理策略是惠普方式在网络营销方面的延伸。惠普公司既在《财富》杂志评定的"全球最受人尊敬的公司"中排名第6，也是消费者敬重组织(The Customer Respect Group)评定的"最受在线消费者敬重的高科技公司"的第一名。前者的主要评定标准之一是企业在承担社会责任方面的表现，而后者的主要评定标准则是企业对待在线消费者的方式。惠普公司经常会推出一些引人注目的倡导先进经营道德理念的营销举措。例如，作为一家硬件设备制造商，惠普公司一直非常关注对报废硬件产品的回收处理问题，因为这关系到企业对环境保护和可持续发展问题的关注。惠普公司从1991年就启动了对激光打印机配件的再生利用项目，目前已经将回收处理产品的范围扩大到了台式机、笔记本电脑、显示器、数字助理、通用网络设备、喷墨打印机等项目，每年回收的设备达到了600万磅。2004年3月30日，惠普公司推出的一项在线营销的促销活动就充分显示了该公司卓越的伦理管理能力。惠普公司的这项计划宣称，为了纪念地球日，在4月份使用惠普的在线回收服务项目的美国消费者均可以通过电子邮件得到最高为100美元的电子优惠券，这一电子优惠券面值是平时的两倍，可以用来在惠普网上商城(www.hpshopping.com)购买新产品。该措施不仅提高了用户对参与废旧设备再生利用活动的积极性，而且还促进了惠普公司的在线销售，更可贵的是通过新闻发布，惠普公司获得了又一次强化自身伦理领先者形象的机会。

(2) 惠普公司网络营销的伦理领先战略有积极有效的公共关系活动做配合，使公司在伦理上的立场和行动能最大程度地被公众了解。惠普公司常用的公关方式包括网上新闻发布、高层管理人员接受采访、事件营销等。惠普公司还非常重视同各种非营利组织合作开展公益活动，这样合作双方不仅可以分担活动发生的费用和人力投入，而且有非营利组织参与的活动更容易获得媒体报道，更有助于惠普公司树立良好的公众形象。例如，惠普公司近3年来同魔术师约翰逊基金会等非营利组织联合在亚特兰大、芝加哥、休斯敦、迈阿密、纽约、华盛顿、西雅图、费城等地建立了十多个称为魔术师约翰逊—惠普发明家中心的机构，为社会弱势群体提供计算机技能的培训，帮助社会克服数字鸿沟问题。这一花费了惠普公司不过140万美元的项目拉近了惠普公司同公众的距离，要知道，所有培训中心的设备都是由惠普公司提供的，所以社会福利性质的培训实际上是惠普公司提供的顾客教育的组成部分。

(3) 惠普公司在网络营销上的伦理领先战略的核心是对消费者隐私问题的强烈关注。惠普公司拥有内容完整的隐私声明，并且该声明的链接出现在惠普公司及其附属网站的每一个页面上。此外，惠普公司还是良善企业局隐私计划理事会(Council of Better Business Bureau's BBBOnLine Privacy Program)的发起人之一，该计划遵循的是业内最权威的隐私认证标准。当然，惠普公司达到了这一标准，所以惠普公司的网站上有良善企业局颁发的隐私认证戳记。作为一个跨国公司，惠普公司的隐私保护实践还符合美国—欧盟商定的安全港原则的所有规定。

惠普公司的隐私声明分为以下部分。

① 惠普公司网站收集信息的类型。为支持企业的各项营销策略，惠普公司网站非常注重收集消费者信息。例如，惠普公司开设有一项被叫做电子名片的服务(www.ecardfile.com)，鼓励顾客提供自己的业务范围和联系信息。惠普公司收集的信息可分为个人信息和非个人信息。前者指可以识别出个人身份的信息，包括姓名、地址、电话号码、电子邮件地址、用户名、密码、支付信息、发货信息等，主要用来开展关系营销；后者是同个人身份无关的信息，如网站访问日志中记录到的浏览器类型或者IP地址等信息。这类信息主要通过惠普公司网站、惠普公司投放的网络广告以及发送的超文本格式的电子邮件中使用签语块和网络信号灯(即专门用于发签语块的单像素图像)来收集，主要用来评价网站的可用性和了解消费者的浏览习惯，以改善网站的内容管理并为消费者提供更好的浏览体验。惠普公司还将在线收集的消费者信息与其通过传统途径收集到的信息进行综合分析，以获取对消费者行为更深入的了解。收集信息的传统途径包括产品注册、客户呼叫中心、展会以及报告会。

② 惠普公司所收集信息的使用范围。惠普公司使用所收集的信息来完成交易、同顾客联系、提供服务和技术支持、通知更新、进行个性化的促销以及实现部分网站的个性化。有时候，惠普公司还使用所收集的信息来跟顾客联系，邀请他们参与有关惠普产品或者服务的市场调查。顾客对大部分的信息交流都可以选择加入。顾客的信用卡信息仅用于支付处理和欺诈防范目的，敏感的个人信息则用于为顾客向金融机构申请信贷。这些信息一般会在一次使用后清除，除非顾客要求惠普公司为今后的交易保存这些信息。

③ 惠普公司所收集到的信息的共享范围。惠普公司承诺不向他人出售或者出租顾客的个人信息，除非履行订单需要，也不与第三方共享顾客的个人信息，履行订单需要时会实现征求顾客许可。为履行惠普公司订单而得到惠普顾客个人信息的第三方公司将对惠普顾客的信息负保密责任并且不把它们用于履行订单以外的目的。在因企业购并而需要同其他公司共享用户的个人信息时，惠普公司会尽力通知有关顾客。

④ 消费者拥有的选择。惠普公司给予顾客是否要接收产品和服务信息的选择，顾客可以选择是否要接收新产品信息、促销信息以及市场调查的邀请，顾客还可以选择接收这些信息的方式，如电子邮件或电话。当然，顾客随时可以更改已经做出的选择。

⑤ 查阅和修订本人信息。为保证顾客信息的准确性和时效性，惠普公司允许顾客查阅和修订本人的个人信息，这一过程需通过用户名和密码对用户身份进行认证。

⑥ 对顾客信息的保全措施。惠普公司使用了一系列技术措施和管理措施来保证顾客信息不被泄露或更改。惠普公司使用安全套接层协议来加密顾客传递的敏感信息。为防止信用卡诈骗，惠普公司还使用了第三方的欺诈管理服务。

⑦ 惠普公司对儿童隐私的保护。惠普公司承诺在知情的情况下不收集13岁以下儿童的信息，并且也不瞄准13岁以下的儿童客户。

⑧ 隐私政策的更改。惠普公司的隐私政策后附有修订日期，这使顾客可以及时了解隐私政策的变动情况，并且，惠普公司还承诺在隐私政策有重要变动时，会通知有关顾客。

⑨ 联系信息。如果顾客对惠普公司的隐私政策有任何疑问或者评论，都可以通过在线或者使用传统信件同惠普公司的隐私办公室联系。

(4) 惠普公司网络营销的伦理领先战略有强大的技术支撑。惠普公司采用了惠普护照(HP passport)技术来实现对消费者隐私的管理，惠普护照以加密的方式存储消费者的个人资料，消费者可以通过修改惠普护照中的数据来一次设定同惠普公司所属所有网站的交流偏好。此外，惠普公司的许多页面还支持由万维网联盟(W3C)开发的隐私偏好平台(P3P)技术，该技术允许网络用户直接通过自己的浏览器(IE6以上版本)来设定自己的隐私偏好。这些技术简化了惠普公司的顾客隐私管理成本，也提高了网站的可用性和消费者的满意度。

可见，惠普公司满足实施伦理领先策略的一切条件：处在提供高科技产品和服务的行业；公司主要产品的市场份额明显处于行业领先位置；依靠技术创新、品牌营销和伦理领先实施差异化的竞争战略；公司的财务状况极佳；企业拥有优秀的伦理传统。这一切决定了惠普最适合采取网络营销的伦理领先战略，该战略的实施把惠普公司引向了更大的成功。

9.4.7 案例2：亚马逊公司一次失败的差别定价试验

差别定价被认为是网络营销的一种基本的定价策略，一些作者甚至提出在网络营销中要"始终坚持差别定价"①，然而，没有什么经营策略可以在市场上无往不胜，差别定价虽然在理论上很好，但在实施过程中却存在着诸多困难，正如以下案例所告诉我们的那样。

1. 亚马逊公司实施差别定价试验的背景

2000年，亚马逊已经成为互联网上最大的图书、唱片和影视碟片的零售商，但是，亚马逊的经营也暴露出不小的问题。虽然亚马逊的业务在快速扩张，亏损额却也在不断增加。在2000年头一个季度中，亚马逊完成的销售额为5.74亿美元，较前一年同期增长95%；第二季度的销售额为5.78亿，较前一年同期增长了84%。但是，亚马逊第一季度的总亏损达到了1.22亿美元，相当于每股亏损0.35美元，而前一年同期的总亏损仅为3600万美元，相当于每股亏损0.12美元。在业务扩张方面，亚马逊也开始遭遇到了一些老牌门户网站——如美国在线、雅虎等的有力竞争。在这一背景下，亚马逊迫切需要实现赢利，而最可靠的赢利项目是它经营最久的图书、唱片和影视碟片，实际上，在2000年第二季度亚马逊就已经从这三种商品上获得了1000万美元的营业利润。

2. 亚马逊公司的差别定价试验

作为一个缺少行业背景的新兴的网络零售商，亚马逊不具有巴诺(Barnes & Noble)公司那样卓越的物流能力，也不具备像雅虎等门户网站那样大的访问流量，亚马逊最有价值的资产就是它拥有的2300万注册用户，亚马逊必须设法从这些注册用户身上实现尽可能多的利润。因为网上销售并不能增加市场对产品总的需求量，为提高在主营产品上的赢利，亚马逊在2000年9月中旬选择了68种DVD碟片进行动态定价试验。试验当中，亚马逊根据潜在客户的统计资料、在亚马逊的购物历史、上网行为以及上网使用的软件系统确定对这68种碟片的报价水平。例如，名为《泰特斯》(*Titus*)的

---

① 李兵. 论网络营销的定价策略. 商业研究，2001(09)

碟片对新顾客的报价为22.74美元，而对那些对该碟片表现出兴趣的老顾客的报价则为26.24美元。通过这一定价策略，部分顾客付出了比其他顾客更高的价格，亚马逊因此提高了销售的毛利率。但是好景不长，这一差别定价策略实施不到一个月，就有细心的消费者发现了这一秘密，通过在名为DVDTalk(www.dvdtalk.com)的音乐爱好者社区的交流，成百上千的DVD消费者知道了此事。那些付出高价的顾客当然怨声载道，纷纷在网上以激烈的言辞对亚马逊的做法进行口诛笔伐，有人甚至公开表示以后绝不会在亚马逊购买任何东西。更不巧的是，由于亚马逊前不久才公布了它对消费者在网站上的购物习惯和行为进行了跟踪和记录，因此，这次事件曝光后，消费者和媒体开始怀疑亚马逊是否利用其收集的消费者资料作为其价格调整的依据，这样的猜测让亚马逊的价格事件与敏感的网络隐私问题联系在了一起。

为挽回日益凸显的不利影响，亚马逊的首席执行官贝佐斯只好亲自出马做危机公关。他指出亚马逊的价格调整是随机进行的，与消费者是谁没有关系，价格试验的目的仅仅是为测试消费者对不同折扣的反应，亚马逊"无论是过去、现在或未来，都不会利用消费者的人口资料进行动态定价"。[①] 贝佐斯为这次事件给消费者造成的困扰向消费者公开表示了道歉。不仅如此，亚马逊还试图用实际行动挽回人心，亚马逊答应给所有在价格测试期间购买这68部DVD的消费者以最大的折扣，据不完全统计，至少有6896名没有以最低折扣价购得DVD的顾客，获得了亚马逊退还的差价。

至此，亚马逊价格试验以完全失败而告终，亚马逊不仅在经济上蒙受了损失，而且它的声誉也受到了严重的损害。

3. 亚马逊差别定价试验失败的原因

亚马逊的管理层在投资人要求迅速实现赢利的压力下开始了这次有问题的差别定价试验，结果很快便以全面失败而告终，那么，亚马逊差别定价策略失败的原因究竟何在？现分述如下。

(1) 战略制定方面

首先，亚马逊的差别定价策略同其一贯的价值主张相违背。在亚马逊公司的网页上，亚马逊明确表述了它的使命：要成为世界上最能以顾客为中心的公司。在差别定价试验前，亚马逊在顾客中有着很好的口碑，许多顾客想当然地认为亚马逊不仅提供了最多的商品选择，还提供了最好的价格和最好的服务。亚马逊的定价试验彻底损害了它的形象，即使亚马逊为挽回影响进行了及时的危机公关，但亚马逊在消费者心目中已经不会像从前那样值得信赖了，至少，人们会觉得亚马逊是善变的，并且会为了利益而放弃原则。

其次，亚马逊的差别定价策略侵害了顾客隐私，有违基本的网络营销伦理。亚马逊在差别定价的过程中利用了顾客购物历史、人口统计学数据等资料，但是它在收集这些资料时是以为了向顾客提供更好的个性化的服务为幌子获得顾客同意的，显然，将这些资料用于顾客没有认可的目的是侵犯顾客隐私的行为。即便美国当时尚无严格的保护信息隐私方面的法规，但亚马逊的行为显然违背了基本的商业道德。

此外，亚马逊的行为同其市场地位不相符合。按照本人对网络营销不道德行为影响的分析[②]，亚马逊违背商业伦理的行为曝光后，不仅它自己的声誉会受到影响，整个网络零售行业都会受到牵

[①] David Streifield. On the web, price tags blur: What you pay could depend on who you are[N]. The Washington Post, Sep 27, 2000
[②] 刘向晖. 不道德网络营销活动及其治理. 商业研究，2003(12)

连。但因为亚马逊本身就是网上零售的市场领导者，占有最大的市场份额，所以它无疑会从行业信任危机中受到最大的打击，由此可见，亚马逊的策略是极不明智的。

综上，亚马逊差别定价策略从战略管理角度看有着诸多的先天不足，这从一开始就注定了它的"试验"将会以失败而告终。

(2) 具体实施方面

亚马逊的差别定价试验在策略上存在着严重问题，这决定了此次试验最终失败的结局，但实施上的重大错误是导致它迅速失败的直接原因。

首先，从微观经济学理论的角度看，差别定价未必会损害社会总体的福利水平，甚至有可能导致帕累托更优的结果。因此，法律对差别定价的规范可以说相当宽松，规定只有当差别定价的对象是存在相互竞争关系的用户时才被认为是违法的。但同时，基本的经济学理论认为一个公司的差别定价策略只有满足以下三个条件时才是可行的。[①]

① 企业是价格的制定者而不是市场价格的接受者。

② 企业可以对市场细分并且阻止套利。

③ 不同的细分市场对商品的需求弹性不同。

DVD市场的分散程度很高，而亚马逊不过是众多经销商中的一个，所以从严格意义上讲，亚马逊不是DVD价格的制定者。但是，假如考虑到亚马逊是一个知名的网上零售品牌，以及亚马逊的DVD售价低于主要的竞争对手，所以，亚马逊在制定价格上有一定的回旋余地。当然，消费者对DVD产品的需求弹性存在着巨大的差别，所以亚马逊可以按照一定的标准对消费者进行细分，但问题的关键是，亚马逊的细分方案在防止套利方面存在着严重的缺陷。亚马逊的定价方案试图通过给新顾客提供更优惠价格的方法来吸引新的消费者，但它忽略的一点是：基于亚马逊已经掌握的顾客资料，虽然新顾客很难伪装成老顾客，但老顾客却可以轻而易举地通过重新登录伪装成新顾客实现套利。至于根据顾客使用的浏览器类别来定价的方法同样无法防止套利，因为网景浏览器和微软的IE浏览器基本上都可以免费获得，使用网景浏览器的消费者几乎不需要什么额外的成本就可以通过使用IE浏览器来获得更低报价。因为无法阻止套利，所以从长远角度看，亚马逊的差别定价策略根本无法有效提高赢利水平。

其次，亚马逊歧视老顾客的差别定价方案同关系营销的理论相背离，亚马逊的销售主要来自老顾客的重复购买，重复购买在总订单中的比例在1999年第一季度为66%，一年后这一比例上升到了76%。亚马逊的策略实际上惩罚了对其利润贡献最大的老顾客，但它又没有有效的方法锁定老顾客，其结果必然是老顾客的流失和销售与盈利的减少。

最后，亚马逊还忽略了虚拟社区在促进消费者信息交流方面的巨大作用，消费者通过信息共享显著提升了其市场力量。的确，大多数消费者可能并不会特别留意亚马逊产品百分之几的价格差距，但从事网络营销研究的学者、主持经济专栏的作家以及竞争对手公司中的市场情报人员会对亚马逊的定价策略明察秋毫，他们可能会把他们的发现通过虚拟社区等渠道广泛传播，这样，亚马逊自以为很隐秘的策略很快就在虚拟社区中露了底，并且迅速引起了传媒的注意。

比较而言，在亚马逊的这次差别定价试验中，战略上的失误是导致"试验"失败的根本原因，而实施上的诸多问题则是导致其惨败和速败的直接原因。

---

① B.彼得·巴西简.价格理论(英文版·第二版).北京：机械工业出版社，1998

4. 结论：亚马逊差别定价试验的启示

亚马逊的这次差别定价试验是电子商务发展史上的一个经典案例，这不仅是因为亚马逊公司本身是网络零售行业的一面旗帜，还因为这是电子商务史上第一次大规模的差别定价试验，并且在很短的时间内就以惨败告终。我们从中能获得哪些启示呢？

首先，差别定价策略存在着巨大的风险，一旦失败，它不仅会直接影响产品的销售，而且可能会对公司经营造成全方位的负面影响，公司失去的可能不仅是最终消费者的信任，而且还会有渠道伙伴的信任，可谓"一招不慎，满盘皆输"。所以，实施差别定价必须慎之又慎，尤其是当公司管理层面临短期目标压力时更应如此。具体分析时，要从公司的整体发展战略、与行业中主流营销伦理的符合程度以及公司的市场地位等方面进行全面的分析。

其次，一旦决定实施差别定价，那么选择适当的差别定价方法就非常关键。这不仅意味着要满足微观经济学提出的三个基本条件，而且更重要的是要使用各种方法造成产品的差别化，力争避免赤裸裸的差别定价。常见的做法有以下几种。

(1) 通过增加产品附加服务的含量来使产品差别化。营销学意义上的商品通常包含着一定的服务，这些附加服务可以使核心产品更具个性化，同时，服务含量的增加还可以有效地防止套利。

(2) 同批量订制的产品策略相结合。订制弱化了产品间的可比性，并且可以强化企业价格制定者的地位。

(3) 采用捆绑定价的做法。捆绑定价是一种极其有效的二级差别定价方法，捆绑同时还有创造新产品的功能，可以弱化产品间的可比性，在深度销售方面也能发挥积极作用。

(4) 将产品分为不同的版本。该方法对于固定生产成本极高、边际生产成本很低的信息类产品更加有效，而这类产品恰好也是网上零售的主要品种。

当然，为有效控制风险，有时在开始大规模实施差别定价策略前还要进行真正意义上的试验，具体操作上不仅要像亚马逊那样限制进行试验的商品品种，而且更重要的是要限制参与试验的顾客人数，借助于个性化的网络传播手段，做到这点是不难的。

实际上，正如贝佐斯向公众所保证过的，亚马逊此后再也没有做过类似的差别定价试验，结果，依靠成本领先的平价策略，亚马逊后来终于在2001年第四季度实现了单季度净赢利，在2002年实现了主营业务全年赢利。

本章内容提要

网络营销伦理是网络营销领域的一个很重要的课题，它不仅关系虚拟市场整体运营的效率，而且还关系每个网络营销企业营销效果的好坏。网络营销伦理有两个理论源流，一个是营销伦理，另一个是计算机伦理。网络营销企业最重要的道德义务是诚信无欺与保护信息隐私，不道德的网络营销行为会给消费者、企业、行业电子商务以及社会带来危害。治理不道德的网络营销行为可以从技术、法律、教育、行业自律等方面入手。高标准的网络营销伦理是在线品牌的基础，但是高的网络营销伦理水平未必会给企业带来丰厚的赢利。企业可以有很多种不同的网络营销伦理战略选择，必须从自己的市场地位、竞争战略、财务状况、伦理文化以及行业属性方面考虑自己的战略选择。

复习思考题

1. 好的(道德水准高的)企业一定是赢利丰厚的企业吗？试着说明伦理水平和赢利水平的关系。
2. 网络营销伦理问题为什么复杂？
3. 知名度高的企业一定是好的企业吗？
4. 适合大多数网络营销企业采用的网络营销伦理战略是哪种？为什么？

参考文献

1. Victoria D Bush; Beverly T Venable; Alan J Bush. Ethics and marketing on the Internet: Practitioners' perceptions of societal, industry and company concerns. Journal of Business Ethics; Dordrecht; Feb 2000

2. Gauzente, Claire and Ashok Ranchhod. Ethical Marketing for Competitive Advantage on the Internet. Academy of Marketing Science Review. 2001(10)

3. Available online at: www.amsreview.org/amsrev/forum/gauzente10-01.html

4. Singer, M., S. Mitchell and J. Turner. Consideration of Moral Intensity in Ethicality Judgements: Its Relationship with WhistleBlowing and Need-for-Cognition, Journal of Business Ethics 1998(5 (Part 1)), 527-541

5. Mary J. Culnan. Privacy and the Top 100 Web Sites: Report to the Federal Trade Commission

6. Available online at: http://www.msb.edu/faculty/culnanm/gippshome.html

7. Mary J. Culnan. Georgetown Internet Privacy Policy Survey: Report to the Federal Commission

8. Available online at: http://www.msb.edu/faculty/culnanm/gippshome.html

9. 沙勇忠，王怀诗. 信息伦理论纲. 情报科学，1998(06)

10. 王正平. 计算机伦理：信息与网络时代的基本道德. 道德与文明，2001(01)

11. Paul R. Prabhaker. Who Owns the Online Consumer. Journal of Consumer Marketing, 2000, Vol.17(02)

12. 王汝林. 网络营销战略. 北京：清华大学出版社，2002

13. 王淑芹. 市场营销伦理. 北京：首都师范大学出版社，1999

14. 寇小萱. 企业营销中伦理问题的研究. 天津：天津人民出版社，2001

15. 李伦. 鼠标下的德性. 南昌：江西人民出版社，2002

16. 刘向晖. 网络营销差别定价策略的一个案例分析. 价格理论与实践，2003(07)

17. 刘向晖. 不道德网络营销活动及其治理. 商业研究，2003(12)

18. Joel Reedy, Shauna Schullo, Kenneth Zimmerman. Electronic Marketing: Integrating Electronic Resources into the Marketing Process. Fort Worth: The Dryden Press, 2000

19. Ian Cocoran. The Art of Digital Branding. New York: Allworth Press, 2007

第三篇 应用篇

网络上的行销,理论上很棒,但实务上却存在诸多困难……

——郑家钟

你要有知识,你就得参加变革现实的实践。

——毛泽东

第10章　企业间的网络营销

B2B市场的规模比B2C市场大好多倍,并且企业用户的互联网普及程度也比个人用户高。根据电子商务交易及B2B交易所(E-Commerce Trade & B2B Exchanges)于2003年年初发布的研究报告,2003年全球的B2B交易额将达到1.4万亿美元;有70%的美国公司参与网上采购活动,完成的采购额接近总采购额的10%;韩国计划于2005年在网上完成30%的企业采购;欧洲公司通过B2B交易所完成交易平均可以节省22.9%的处理成本。实际上,大部分企业都希望能通过网络找到理想的供应商。根据从事企业采购咨询服务的Thomas Register公司在2002年的一项研究,91%的企业用户通过访问供应商的网站来获取信息,企业采购指南公司(The Industrial Purchasing Barometer)的研究结果与此类似,有90%的企业用户希望在网上找到供应商的价格、订货和发货信息,80%的用户更愿意同能够在网上提供信息的公司交易。在这一背景下,利用互联网面向企业客户开展营销就非常重要,本章将讨论B2B网络营销的特点和策略,还将特别介绍B2B虚拟市场的有关问题。

B2B网络营销的特点

B2B市场同消费者市场有许多不同,这就要求B2B市场上的营销者采取一种不同的营销策略,同样,B2B网络营销同B2C网络营销相比也有自己的特点,具体如下。

(1) 企业客户中互联网的普及程度比个人用户高,企业客户使用的网络装备也较个人用户更为精良。因此,同等条件下,B2B市场对网络营销的接受程度更高,而且,在向企业客户展开网络营销时,可大胆使用一些对资源占用要求较高的方法,如多媒体。

(2) 企业客户的信用基础普遍较个人用户好。同B2C领域流行的现金交易模式不同,大部分B2B交易长期以来就一直建立在信用的基础上,这种基于信用的交易比较容易通过互联网来实现,这也是B2B电子商务较B2C电子商务更为发达的一个原因。这一特点决定了B2B交易一旦达成,就有更大的潜力来节省营销成本,因此,B2B网络营销可以使用费用更高的营销方法。

(3) B2B网络营销是关系营销。B2B的客户数量一般比较少,但每个客户的价值又比较高,所以B2B营销比B2C营销更适合以关系营销的理念来开展。这一特点决定了虚拟社区在B2B网络营销中将会发挥重要的作用。

B2B电子邮件营销

10.2.1　列表策略

经验表明,电子邮件营销同电话营销一样,成功的决定性因素是目标对象选择、产品以及执行,而这三者的相对重要性是6∶3∶1,这说明了选择列表的极端重要性。

1. 自建列表

和B2C营销相比,B2B营销的客户数量少,而每个客户相对来讲就更加重要,这就决定了B2B营销比B2C营销更值得在建立高质量的列表上投入。所以B2B电子邮件营销应该把使用自建列表作为第一选择,对于大企业客户,绝不可以使用廉价购买或租来的列表来群发邮件。建立自建列表可以使用以下方法。

① 鼓励网站访问者提供联系信息。
② 依靠销售人员个别收集。
③ 参加行业展会。
④ 参加虚拟社区活动。
⑤ 浏览企业网站。
⑥ 开展公关活动。

收集邮件地址时要尽可能多地收集到信箱使用者的信息,这些信息至少应该包括邮箱拥有者的姓名、服务机构、所在部门以及拥有的头衔,最好还能包括电话、邮政地址这样的联系信息。诸如webmaster@business.com这样的通用邮件地址的价值较低,因为无法使用这些地址发出个性化的商业函件,这就会使回复率大打折扣。

另外,B2B列表中的地址一般是办公地址,这种地址因人员流动而发生变化的可能性很大,因此,使用自建列表要特别注意对列表的更新。

2. 购买或租用列表

租用列表的价值体现在它能够快速接触到新的客户,所以经常被用来开拓新市场、发动B2B营销攻势或者用来扩展企业的自建列表。

在B2B电子邮件营销中购买或者租用第三方列表时要慎之又慎,贪图便宜购买低劣的列表很可能会损坏公司的声誉,使公司永远失去一些潜在的顾客。例如,有家公司以200元的价格销售包含18万个国内企业的分类电子邮件地址,附带赠送群发软件,该公司还给用户提供地址升级服务,即每天可以下载到最新修改或者增加的电子邮件地址。这种列表质量可想而知,选择加入该列表的企业肯定微乎其微。实际上,这家公司本身就是靠垃圾邮件来兜售这一企业电子邮件列表的,在他们的网站上可以看到,该产品已经被浏览过46 433次,而最终达成的交易只有区区78宗,该公司的这一业绩是通过发送8200万封垃圾邮件来取得的。好的列表通常是相当昂贵的,如汤姆逊名录公司(Thomson Directories)的每个邮件地址的报价是28便士,这在英国的邮件列表服务公司的报价中还只是中等水平。在购买列表前,最好能先要求少量样本对列表的质量进行测试,以决定是否要购买整个列表。

有的列表提供商为了监视退订率会以自己的名义发出邮件,这未必是一件坏事,这取决于列表提供商的信誉情况。当用户收到以列表提供商名义发送的邮件时,他们可以根据自己熟悉的商家品牌识别出该邮件是许可邮件。在列表提供商以自己的名义发出邮件时,企业应该根据信件的样本研究信件的信头和信尾是否合乎要求,例如,是否给收件人提供选择退出的机会等。

10.2.2 目标锁定和跟踪

锁定目标市场可以使企业在不同细分市场实施更有针对性的营销策略。例如,思科公司的无线网络服务的潜在客户群分布在医疗卫生、建筑、零售等不同行业。为促进无线网络服务的销售，思科公司发动了一次基于电子邮件的主题为"争取自由"的传播攻势，尽管销售的服务相同，但思科公司在设计电子邮件版式时仍然针对不同市场的具体情况做了调整。例如，尽管所有电子邮件中均包含有一双被铁链束缚的脚，但在发往医疗卫生界的邮件中这双脚上穿着医院中常见的绿色裤子和一次性鞋子，而在发往建筑行业的邮件中，这双脚则穿着沾满了泥土的靴子，这个很细微的个性化调整旨在拉进营销企业和潜在客户的距离。

自然，在邮件发出后，营销企业要对客户回应进行密切的跟踪，这一跟踪从收件人收到邮件后的开信情况开始，涵盖了点击、询问以及成交等各个环节，通过对各个环节的转化率进行记录和评估，积累电子邮件营销的经验，并及时调整营销方案。

B2B电子邮件营销的回复率一般较B2C营销的高，早期的B2B电子邮件的回复率可以达到两位数，随着更多的商家采用了电子邮件营销，回复率降低到了5%左右。思科公司的B2B电子邮件攻势的追踪数据显示，他们发给技术部门负责人的电子邮件的回复率达到了13%，给企业负责人的电子邮件的回复率为3%。

● 10.2.3 电话营销支持的电子邮件营销

许多公司的经验表明，在B2B的场合，以电话营销做配合，电子邮件营销可以更有效率。一般而言，电话营销费用较高，但企业客户的价值也较高，所以完全可以用电话营销来配合电子邮件营销。这种做法有以下好处：首先，现成的电子邮件列表往往缺乏收录的公司客户的细节信息，公司需要通过电话来询问。其次，购买电话号码簿比购买邮件列表便宜，所以，一些公司宁愿通过打电话来询问对方的电子邮件地址。这样做看起来是费时费力，其实，打电话询问电子邮件地址的过程正是获得许可的过程，这样制成的列表当然有更高的质量，更有可能得到高的回复率。考虑到列表的长期价值，电话营销的花费是很值得的。最后，通过电话营销制作的列表是独一无二的，企业同竞争对手使用同一个邮件列表的可能性基本上可以被排除。网络联盟公司(Network Associates)是一家向企业供应网络安全产品的公司，该公司每年都要购买大量的列表来开展电子邮件营销，为了提高电子邮件营销的效率，网络联盟公司专门委托了一家营销服务公司来使用电话营销的方法对公司的列表进行精炼。通过电话营销，这家公司最后将列表中的地址精简到了原来的一半规模，但将收件人明确为愿意接受网络联盟公司邮件的拥有20台以上计算机的企业的IT部门经理。电话营销还根据企业规模、使用杀毒软件的行为特征等参数将潜在客户群细分为4个部分，这可以使网络联盟公司有针对性地为每个子群体制定不同的营销信息，就这样，网络联盟公司的电话营销大大提高了电子邮件营销的准确性和成功率，而且减少了因滥发邮件对企业形象造成的损害。

实际上，电话营销并不一定要在电子邮件营销之前进行，一项研究发现，在电子邮件发出后通过电话来核实可以提高40%的回复率。

● 10.2.4 赞助行业电子杂志

一些小的企业可能无力创办自己的电子杂志，这时，可以选择赞助行业电子杂志的方法来开展电子邮件营销。有一家向企业供应饮料的公司，就成功地实施了一次这样的赞助。该公司通过赞助

《员工利益》和《人力资源通讯》两份电子周刊以及《后勤经理通讯》电子月刊,开展了一次旨在了解企业员工咖啡饮用习惯的调查。包含有指向在线调查页面链接的电子杂志被发送给了将近3万名人力资源经理和3000多名后勤经理,前者的回复率达到了3.59%,后者的回复率也达到了1.5%,调查得到的数据为该企业制定销售战略提供了宝贵的数据。

10.2.5 给订户选择权

给收件人选择退出的自由是许可营销的基本要求,不过企业其实可以考虑给收件人更多的选择。例如,允许收件人在休假时暂停接收营销邮件,甚至允许他们随时修改自己的个人资料,如服务的机构名称、职位等。以上考虑可以增进服务的质量,降低顾客的背离率。

10.2.6 内容策略

1. 标题行的选择

好的标题行对提高电子邮件的开信率意义重大,对B2B电子邮件而言,好的标题行具有以下特征。

(1) 赠品和折扣依然有效。向企业顾客免费赠送刻有最新研究报告的光盘或者向顾客提供特别的折扣仍然能促使顾客打开信件。

(2) 承诺提供日常问题的解决方案。针对企业顾客面临的日常问题提出解决之道可以迅速拉近同顾客的距离。

(3) 从热门的行业动态入手。企业顾客通常会很关心所在行业的发展动态及未来趋势,他们会愿意了解他人对行业动态的评论。

(4) 点评读者可能关心的"十大"话题,如点评2004年度的10大科技新闻。人们通常对事物的排行比较感兴趣,企业客户也不例外,而且企业客户的时间通常比较有限。因此,如果主题能通过"十大"之类的标记传达出内容的篇幅和质量信息,就可以提高开信率。

2. 格式的选择

企业用户的互联网接入带宽较个人用户要高,使用的软硬件设备也更先进,因此,向企业客户发送电子邮件时可以优先考虑使用HTML格式的邮件,并且可以嵌入较多的多媒体元素。这些多媒体元素可以使枯燥的工业产品变得生动,刺激顾客的行动欲望。

在布局上,邮件应该"头重脚轻",把重要的内容集中放在滚动条以上的地方,以吸引读者的注意力,同时,用粗体字等手段对重要的部分加以强调,方便读者略读。邮件可以使用水平的横幅图像来标识企业品牌,并鼓励用户点击进入企业网站相应页面,用竖直的图文框来突出最主要的卖点。

3. 邮件写作技巧

B2B电子邮件是一种特殊的应用文体,使用一些写作技巧可以提高电子邮件的转化率,这些技巧主要有以下几点。

(1) 强调行动的迫切性。具体的做法可以是明确一个截止日期,也可以强调形势的迫切和机会的稍纵即逝,还可以把产品或者服务同当前的一个事件联系在一起。

(2) 用研究结果和顾客证词来支持重要的观点。使用外部的或者是企业自己的调查结果都可以增加可信性。使用顾客的证词也可以支持企业的宣传。企业客户非常重视其他客户对企业产品或者服务的评价，因此，恰当使用顾客证词可以加强说服力。

(3) 具体描述产品解决问题的过程和方法。具体的说明比笼统的说明更加可信。

(4) 在信件中包含企业的价值主张或者道德追求，这可以增进顾客对企业的了解和信任。

(5) 说明购买企业产品的收益超过成本。企业用户对于投资的兴趣要超过对支出的兴趣。

(6) 使用采访的文体。对业界名人、学者、顾客甚至本企业高级管理人员的采访会是顾客非常感兴趣的内容。不过，采访需要认真编排，将最关键的部分放在最前面，而无须考虑对话实际发生的先后顺序。

(7) 研究竞争对手的电子邮件内容，并对其进行定点超越。

10.3 B2B虚拟市场

B2B虚拟市场是企业间网络营销的一个重要阵地，学会运用B2B虚拟市场能够在很大程度上扩展企业的B2B营销能力。B2B虚拟市场是由供应商、企业客户、分销商、商业服务提供商、基础设施提供商共同组成的交换信息和达成交易的网上市场。

10.3.1 B2B虚拟市场的优缺点

在虚拟市场上开展B2B交易可以为买方节省时间和费用，同时企业经常访问B2B市场可以获得最新的市场信息，以及发现新的商业伙伴。

不过，B2B市场也有一些不尽如人意的地方，如企业有时需要缴纳一定的费用；企业原有的一些重要的商业伙伴没有参加特定的虚拟市场；同原有的采购或者销售流程发生冲突等。

10.3.2 B2B虚拟市场的商务功能

B2B虚拟市场支持的商务功能可以分为以下4类。

(1) 目录汇总。这是B2C电子商务中常见的一种网站功能，在B2B中常见于MRO产品或者其他批量购买的低价标准化产品，这一模式通常会在产品展示之外，支持网上订购、网上支付、网上客户服务的过程。这一过程的弊病是采用了固定价格模式，所以一般只适合多次发生的常规交易。

(2) 拍卖。拍卖是广泛适用于B2C、C2C和B2B的商务方式，但在B2B商务中可能最为常见。拍卖可以分为30多种不同的方式，但以普通的英式拍卖和反向拍卖最为常见。拍卖可以公开进行，也可以在特别邀请的小圈子内进行。拍卖的对象非常广泛，可以是直接用于生产的原材料和配件，也可以是属于运营投入的水和电，还可以是服务合同。积压库存产品可以通过拍卖来处理，新产品也一样可以通过拍卖来销售。

(3) 谈判。实行谈判模式商务的市场主要靠发布供求信息来促进交易的实现，谈判模式特别适合比较复杂的产品的交易和寻找新的商业伙伴。

(4) 交易所模式。这一类型的市场类似于现实中的商品交易所，主要交易大宗的初级商品，交易的方式是匿名的双向拍卖方式，为保证成交业务的顺利交割，这类市场一般会提供支持性的金融和物流服务。

10.3.3 B2B虚拟市场的分类

根据不同标准可以对B2B虚拟市场进行分类，比较流行的一种简单的分类方法是把B2B虚拟市场分为公共虚拟市场、行业虚拟市场和专有虚拟市场。

公共虚拟市场对所有商家开放，但因为这类市场缺乏经营的重点，难以提供高质量的信息支持，所以很难引起商家的兴趣，目前这类市场主要存在于大宗商品交易领域。

行业虚拟市场是由一个行业中多个主要企业联合发起的虚拟市场，目前这类市场是B2B虚拟市场的主流形式。一些企业认为参加这样的市场不足以建立竞争优势，原因是他们的竞争对手也可以参加这些市场，但是，反过来看，因为竞争对手参加所以企业不参加这样的市场绝对是一个竞争劣势。行业虚拟市场又可以分为垂直行业市场和水平行业市场，但这一分界已日趋模糊。

专有虚拟市场是由一个大的买家或卖家为方便自己的采购业务和销售业务而开办的虚拟市场，开办和运营这样的市场需要高昂的费用，所以普通企业一般只是这类市场的参与者。

卡普兰(S. Kaplan)和索内(M. Sawhney)根据商品类别和交易方式的不同将B2B虚拟市场分为以下4种，如表12-1所示。

表12-1 虚拟市场的类型

交易方式 \ 商品类别	运营投入	生产投入
长期需求	MRO中心 如：Ariba, MRO.com	目录中心 如：Chemdex, PlasticsNet.com
偶发需求	产品管理者 如：Youtilities.com	交易所 如：PaperExchange.com

资料来源：哈佛商学案例精选集：B-to-B Commerce on the Web. 北京：中国人民大学出版社，2002

按照市场的所有人不同可以将B2B虚拟市场划分为独立的虚拟市场、产业龙头俱乐部式的虚拟市场和政府开办的虚拟市场。

独立的虚拟市场通常是由风险投资支持的一家网络公司或者技术公司开办的，这类市场通常是水平行业市场或者是补缺性行业市场，如咖啡相关产品的市场www.Procoffee.com。这类市场的开办者通常并不直接参与虚拟市场上的交易活动，所以比较中立，但通常实力比较薄弱，并且行业的专业知识也稍显不足。

产业龙头俱乐部式的虚拟市场是由大的跨国公司联合其商业伙伴甚至竞争对手开办的行业性B2B市场，如著名的Covisint(www.covisint.com)就是汽车行业的几个巨头共同开办的。同独立的虚拟市场相比，这类市场经济实力雄厚，有很深的行业背景，但是因为市场的主办者直接参与市场交易，所以对非开办者可能会不够公平。在这种考虑下，与开办者实力相当的企业集团可能会选择另起炉灶另外开办一个类似的市场。

企业开办的电子市场通常都会把创办企业的利益放在头等重要的位置上，这对一些小企业可能是不公平的。幸好，由政府开办的采购网站和旨在促进地区电子商务发展的虚拟市场可以弥补这一缺憾，由武汉市商务局主办的武汉服务外包公共服务平台(ec.wuhansourcing.gov.cn)就是一例。

10.3.4 企业选择B2B虚拟市场的标准

斯托克戴尔(Rosemary Stockdale)和斯但丁(Craig Standing)曾经对企业选择B2B虚拟市场的标准做了研究。他们认为，企业内部因素、市场因素、市场收费模式、市场持续经营的能力是其中最重要的几个因素，对此分述如下。

1. 企业内部因素

企业内部因素包括企业加入虚拟市场的主要动机和企业的资源优势。

企业参与虚拟市场的动机可以多种多样，可能是因为担心竞争对手抢先而被迫加入，也可能是为维持与重要的商业伙伴的关系而跟随该商业伙伴进入虚拟市场，还可能是基于增加销售和控制采购成本的考虑而进入市场，显然，只有最后一类企业才需要认真考虑虚拟市场的选择问题。

影响企业虚拟市场选择的最重要的资源因素是企业的市场范围，在全球营销的企业应该选择全球性的虚拟市场(如Freemarkets, www.freemarkets.com)，反之则应该选择地区性的虚拟市场(如RetailXchange, www.retailXchange.com)。此外，企业的技术能力和管理水平也会影响企业的虚拟市场选择，技术能力和管理水平偏低的企业应该首先选择那些提供了比较全面的技术和管理支持的市场。

2. 市场因素

市场提供的增值服务会成为企业选择市场时需要考虑的一个重要因素。内容是大多数行业性市场都会提供的增值服务，市场最经常提供的内容服务包括行业新闻、研究报告、知识资源、求职招聘信息等。其他的增值服务还可能有文书帮助、交易状态跟踪、信用调查等，有些全球性的虚拟市场还会提供语言选择、货币兑换、进出口服务等。当然，建立一个虚拟社区必备的各种通讯手段是每个市场所不可缺少的，这些通讯手段一般包括论坛、邮件列表、聊天室等。

交易双方的关系水平也会影响企业的市场选择，对于关系水平低的交易，可以考虑加入面向交易的市场，反之，则应该考虑加入以虚拟社区为中心的市场。此外，有的市场的主要目的是维持和巩固原有的商业伙伴关系，另一些市场则侧重发展新的伙伴关系。一般而言，前一种市场比后者更常见，如Ford带领商业伙伴建立的Covisint(www.covisint.com)就是前者的一个例子。

3. 市场的收费模式

虚拟市场的收费主要有三种，一种是针对会员资格的收费，一种是针对交易的收费，最后一种是针对服务的收费。因为虚拟市场间的竞争，单纯的会员费目前已比较少见，多数的会员费其实是一套一揽子服务的收费，针对交易的收费一般向卖方收取，不过，交易收费也有向服务收费转变的趋势。

现代虚拟市场的主要收入来源是针对服务的收费，如提供咨询的费用和支持营销的费用等。不同的收费模式对参与企业意味着不同的成本，在同等条件下，企业当然要选择成本最低的虚拟市场加入。

4. 市场的持续经营能力

市场的持续经营能力对市场的参与者至关紧要，市场的持续经营能力可以从以下几方面来评价。

(1) 市场规模。市场最重要的功能是以可以接受的效率撮合交易，而交易效率主要取决于市场参与者的多寡，参与者多，则市场可以保持一定的竞争水平，反之则可能因为垄断因素而导致市场失效。所以企业选择市场时一定要认真考察已经进入市场的企业用户的规模有多大，这些企业中有多少是企业的目标客户。除了参加者数量之外，市场撮合完成的交易量也是衡量市场规模的重要指标。

(2) 赢利模式。虚拟市场收入的根源是市场为参与者提供的价值，在数量上则取决于市场的规模和具体的收费模式。

(3) 安全性。安全性主要包括技术安全、财务安全和法律安全，安全性问题也是企业选择虚拟市场时要考虑的重要内容。一般而言，企业判断技术安全性比较困难，一般只能从虚拟市场公布的安全责任声明以及为之提供安全服务的公司的品牌等来间接判断。

(4) 虚拟社区的活力。依存于虚拟市场的虚拟社区的活力是反映该市场活力的一个非常有用的指标，虚拟社区的活力主要体现在社区的参与程度、社区中的信任程度以及社区的舆论导向。

(5) 市场的品牌。市场创办者的品牌、市场存续的时间、名牌企业的支持和推荐等都可以反映出该市场的品牌强弱。

(6) 市场的类别。独立市场、巨头俱乐部市场和政府开办的市场这三者相比，独立市场的持续经营能力最差，政府开办的市场次之，持续经营能力最强的是巨头俱乐部市场。

10.3.5 企业参与虚拟市场的最佳数量

企业一般会选择同时参加多个虚拟市场，以便满足不同的营销需求，不过，参与虚拟市场的数量也并非多多益善，这取决于以下因素。

(1) 企业的营销需求。如果营销的重点是获得新顾客，则适合同时加入多个虚拟市场，反过来，如果营销的重点是维持老顾客，则需要减少参加虚拟市场的数量。

(2) 企业的营销资源。实力雄厚的大型企业有条件参加更多的虚拟市场，中小企业则应当集中资源在少数市场上保持活跃。

(3) 虚拟市场的差异性。现有虚拟市场的差异化程度越高，企业就越有必要参加多个虚拟市场。

(4) 虚拟市场的成熟程度。虚拟市场越是成熟，企业就越没有必要参加多个虚拟市场，相反，如果虚拟市场随时面临重新洗牌的可能性，企业就需要参加多个市场以分散风险。

一个企业参与虚拟市场的具体数量需要企业在实践中摸索，方法是不断对参与每个市场的投入产出进行评价。

10.3.6 阿里巴巴的B2B虚拟市场简介

阿里巴巴的B2B虚拟市场1688.com(见图10-1)是全球最大在线采购批发平台之一。阿里巴巴以B2B起家，它开创的企业间电子商务平台被电子商务界称为与Yahoo、Amazon、eBay相并列的第四种互联网商业模式。今天，虽然阿里巴巴的业务已经覆盖了包括B2C、C2C、团购、垂直搜索引擎、网上支付、云计算、无线应用、手机操作系统、互联网电视等在内的众多领域，但B2B仍然是阿里巴巴的一项核心业务。阿里巴巴的B2B虚拟市场最初是一个以发布供求与合作信息为主的信息平台，从2012年开始向在线交易平台转型。2013年6月，阿里巴巴的B2B虚拟市场1688.com的注册会员数突破了1亿。目前，在1688平台上交易的商品有数亿种之多，覆盖了40个大行业，5000多个三级行业,每天通过1688平台采购、批发的客户接近900万。数据显示,2012年,1688.com为300多万家企业提供了在线交易服务,其中在1688.com上进货的淘宝卖家就有将近100万。1688.com在2012年实现的线上交易额比2011年增长超过3.3倍,2013年,1688.com实现的线上交易额继续增长,9月4日单日就有23万买家发出了252万笔订单,在线交易额突破了41.9亿元,创造了B2B行业的全球交易纪录,估计1688.com在2013年将实现1000亿以上的线上交易额。

图10-1　阿里巴巴的1688平台主页

除了阿里巴巴以外,国内比较有代表性的B2B网站还有慧聪网(www.hc360.com)、必途网(www.b2b.cn)、中国进出口商品网(www.cantonfairtrading.com)、一呼百应网(www.youboy.com)等。这些网站主要为企业提供供求与合作信息发布与查询服务,由于很多服务都是免费提供,所以企业不妨考虑同时加入多个这类网站。

10.4　B2B网站营销

B2B网站比纯粹的B2C网站更容易取得成功,在最成功的10个网站中,只有2个是纯粹的B2C网站——亚马逊和美国在线,其他的8个网站都以B2B业务为主,如思科、戴尔和联邦快递。[①]B2B网站营销与B2C网站营销比较类似,著名的戴尔三角为B2B网站营销提供了一个精彩的案例(参见6.6.4节案例1),以下将通过中国纺织商务网的案例来说明B2B网站的营销特点。

　　　　　　　　　**中国纺织商务网**

中国纺织商务网(www.cntexnet.com)由北京市万网高科信息技术有限公司、中国丝绸工业总公司、中国化纤工业总公司、中国服装工业总公司、北京华源亚太科技发展有限公司等公司共同组建而成,网站的日常运营由北京市万网高科信息技术有限公司全权负责。

---

① D. Chaffey, R. Mayer, K. Johnston and F. Ellis-Chadwick, Internet Marketing (Englewood Cliffs, NJ: Pearson Education Limited, 2000).

为了更好地为国内的纺织行业提供全面深入的电子商务服务，中国纺织商务网与国内的中纺商务网(www.echinatex.com)、《中国纺织报》、《中国服饰报》达成全面合作协议，利用对方在纺织资讯和传统媒体方面的优势，结合中国纺织商务网在技术和贸易服务方面的专长，优势互补，为纺织企业提供最全面有效的服务。

中国纺织商务网在国际合作方面远远地走在了国内同行的前面。在许多国家，中国纺织商务网已作为代表中国纺织网站的门户站点给业内人士留下了深刻的印象。韩国纱布网(www.ingrey.com)、印度布料网(www.eyefabrics.com)、印度纺织网(www.texnett.com)、土耳其纺织网(www.textileonly.com)、美国国际纤维杂志(www.ifj.com)均称中国纺织商务网是中国最大的纺织门户网站，意大利服装网(www.italiamoda.com)则称中国纺织商务网是中国最优秀的纺织专业站点。在日本、韩国、美国、英国、德国、法国、比利时、加拿大、荷兰等国家，纺织行业中访问率较高的网站都与中国纺织商务网建立了线上线下的友好合作。中国纺织商务网与意大利服装网开通的中意频道，首开中国专业网站与国外网站合作的记录，反响相当好。2000年11月9日的《经济日报》，在信息时空栏目中对此给予了肯定，意大利日报、意大利经济报等当地媒体也多次予以报道，而且意大利报刊对中国纺织商务网的服务也给予了充分的肯定。

中国纺织商务网是国内乃至亚太地区较早利用互联网向企业级客户提供收费增值服务的专业门户网站。在过去几年的经营活动过程中，先后为中国三毛集团、上海恒源祥集团、哈尔滨亚麻集团、中国华西村股份、山东万杰集团、安徽飞亚纺织集团、河北宁纺集团、四川南充六合丝绸集团等大型集团构建了企业网站，并提供了相应的网站推广和贸易撮合服务。同时，中国纺织商务网也为近千家中小纺织企业构建了网站。

在中国纺织商务网采用的网站营销策略中，哪些是B2B网站营销特有的策略？哪些策略B2C网站也可以采用？

B2B广告和公共关系

B2B网络广告的形式与普通网络广告差别不大，它的独特之处在于B2B广告需要慎重选择投放广告的媒体。例如，在门户站点上投放B2B的旗帜广告就很难有好的结果，门户站点虽然访问量很大，在那里投放广告可以有足够的印象数，但是在门户站点的访问者当中很少有人是企业购买中心的成员，因此，在门户站点投放B2B旗帜广告不仅花费不菲，而且效果很差。B2B广告应该选择在行业门户站点、管理类内容站点和行业协会站点上投放，这样广告的转化率就能大大提高。投放电子邮件广告时也需要慎重选择电子杂志，投放在专业杂志、管理类杂志上的B2B广告会有更好的效果。不过，对搜索引擎营销而言，B2B和B2C则没有什么区别，因为搜索中使用的关键词会自动起到区分顾客群的作用。

在传统营销中，黄页广告是B2B的一个特色，这一特色在网络上也有反映。一些黄页服务同时发行网上和网下两个版本，企业客户可以以比较优惠的价钱被两个版本的黄页收录。不过，有企业反映黄页广告的效果不很理想,所以企业在决定登录黄页前要仔细评估使用该黄页用户的数量多少以及基本的使用习惯。

除了商业广告,企业在B2B营销中还应该充分利用营销公共关系的作用,实际上,许多专业门户网站每天都在为如何获得新鲜的内容而发愁,企业可以踊跃地向这类网络媒体投稿,这不仅有助于提高企业的知名度,而且还可以塑造公司的专家形象。

10.6 白皮书营销

白皮书营销(white paper marketing)是B2B营销的一种特殊形式,它非常适合通过网络来实施,原因是一个企业很容易通过网络来发布企业自己编制的白皮书。

白皮书最初用来指描述未来政策和服务的政府文件,现在则通常用来表示企业发布的详细的具有重要意义的研究报告、案例材料或技术文档。

企业顾客对白皮书的内容都会很有兴趣,因此,企业可以利用编写白皮书的机会向顾客宣传企业的产品和服务,达到教育顾客的目的。另外,企业还可以利用顾客对白皮书的好奇将注册个人信息作为下载白皮书的一个条件,这种做法可以使企业收集到大量的潜在客户信息,充实顾客数据库资料。

根据赛尔·豪洛威茨(Shel Horowitz)的经验,白皮书营销的成本收益率可以达到1∶8。不过,下载企业白皮书的人中肯定少不了企业的竞争对手,企业对此需要有清醒的认识,避免商业秘密无意中通过白皮书被泄露出去。

10.7 政府采购

政府市场是B2B市场的一个重要组成部分,所以从事B2B营销的企业必须了解政府是如何利用互联网进行采购的。政府网上采购通常有两种方式,一种是同普通企业一样,主动从互联网上寻找供应商,然后同中意的供应商洽谈采购事宜,最后从线上或者线下完成采购;另一种方式是利用专门的采购网站面向社会进行公开的招投标,最后同中标的企业完成交易。因为前一种方式与面向普通企业的营销大同小异,这里不再赘述,本节主要介绍政府采购的后一种形式。

10.7.1 政府采购的特点

政府采购具有以下特点。

(1) 产品规格的说明非常详尽。政府采购的产品通常对质量标准规定得非常精确,例如,有人曾经注意到,美国国防部对所要采购的水果甜饼的质量说明长达18页。这使得供应商可以比较准确地核算出成本,然后根据成本进行投标。

(2) 采购时间有规律可循。政府的经费来源比较单一,所以采购时间经常受经费到账时间和结账时间的影响。例如，许多政府部门的采购经常在第四季度进行，戴尔公司和Gateway公司都曾经注意到，联邦政府向他们采购的产品有40%发生在第四季度。

(3) 对本地供应商有一定优惠。考虑到本地企业对就业和财政收入的贡献，政府对本地供应商的产品和服务一般会优先采购。例如，俄亥俄州政府规定，政府采购时可以给予本地企业5%的价格优惠。如果采购关系到国防安全，政府经常还会规定采购产品必须达到的国产化比例。

(4) 面向全社会采购。根据WTO的有关规定，所有参加了《政府采购协定》的国家都必须将政府采购中的大中型项目通过网络向全社会公开招标，而且招标信息公布的时间不得少于4周。

● 10.7.2 政府采购的程序

政府采购通常遵循比较固定的操作程序，一个典型的政府采购程序包括以下环节。
(1) 向社会公开发布招标公告。
(2) 在规定的时间内接受供应商投标。
(3) 政府组织专家进行评标，并接受监督机构监督。
(4) 向投标人反馈评标结果。
(5) 跟中标企业签订供货合同。

● 10.7.3 成功投标政府采购的要点

政府采购是一个巨大的市场，越来越多的企业想要进入这一市场，要想在众多的潜在供应商中脱颖而出，企业需要注意以下两方面的问题。

(1) 做好竞标前的分析工作。竞标需要花费大量的时间和金钱，因此，企业绝不能在不了解情况的时候贸然投标，而要在参加投标前做好细致扎实的分析工作，力争对投标价值做出准确的评估。为此，企业需要组织人员仔细研究招标说明。一般而言，企业可能会同时拥有多个投标机会，这时就要正确评价每个投标机会的价值，这要求营销人员要全面考虑如企业的生产加工能力、投标的竞争对手、交付条件和利润等因素。

(2) 做出最有利的投标。在选定了最有价值的投标机会后，企业就要提出自己的投标方案，投标中最关键的项目就是报价，报价太高则中标机会不大，报价过低则企业获利不多。为了确定最有利的报价，企业需要收集大量的资料，对决策最有用的资料包括类似项目已公开的授标信息和贸易协会或者统计局公布的产业利润率及生产能力利用信息。

可见，成功投标政府采购的关键是富有成效的信息收集和分析，在掌握了充分信息的基础上，企业就可以积极参与政府采购，随着经验的积累，企业一定可以投到好的政府采购项目。

● 10.7.4 主要政府采购网站简介

政府采购网站是政府发布采购信息和接受网上投标的门户，上至联合国，下至地方政府，各类各级政府部门都可能开办自己的采购网站，这里仅介绍有代表性的几家。

(1) 联合国采购网站。联合国及其附属机构通过其采购部的网站进行采购，采购部网站的网址为www.un.org/depts/ptd。要了解如何参与联合国采购的详细情况，读者可以到该网站下载中文版的联合国供应商指南。

(2) 美国政府采购网站。美国政府每年的采购额达到了20 000亿美元，是世界上最大的客户。《美国政府采购法》规定凡金额超过25 000美元的政府采购必须在政府网站上发布，这就使企业可以利用网络发现大量的投标机会。不过，因为发布政府招标信息的网站数量很多，企业追踪起来非常不易，因此，最好的方法是利用信息中介网站。政府招标搜索器和通知系统公司(www.findrfp.com)就是这样一家网站，企业通过订阅该网站的通知服务可以在第一时间获知最有潜力的投标机会信息。当然，该网站也提供免费的查询服务，不过，免费服务只提供最基本的查询功能。

(3) 中国采购与招标网。中国采购与招标网(www.chinabidding.gov.cn)是2000年7月1日国家计委根据国务院授权指定的发布政府招标公告的唯一一家网络媒体。

(4) 中国政府采购网。中国政府采购网(www.ccgp.gov.cn)是中国财政部主办的主要负责中央政府采购项目的网站。该网站不仅是投标中央政府部门采购项目的目的地网站，还是了解政府采购有关知识的最佳网站。该网站上还有国内外大量政府采购网站的链接。

10.8 案例分析：美国国家半导体公司针对一线工程师的网络营销

美国国家半导体公司是一家生产半导体元器件的全球性公司，很显然，该公司的客户主要是使用半导体器件生产电子产品的企业，因此，该公司的营销是比较典型的企业间营销。美国国家半导体公司早在1994年就建立了自己的网站(www.national.com)，这一方面有助于展现该公司作为高科技公司对技术的敏感性，另一个更现实的原因是因为该公司的企业顾客大多都是第一批接入互联网的企业，利用互联网美国国家半导体公司可以更有成本效率地同公司的客户进行联系。

企业购买半导体元器件也需要一个购买中心来集体决策，购买中心的人员包括最终使用产品设计的工程师，也包括企业里专门负责采购的专家，当然还有企业高层管理人员和财务部门的人员。我国有句俗话，叫做"众口难调"，企业的营销要同时满足采购中心里不同人员的需求相当困难，常常是顾此失彼，解决问题的关键就是抓主要矛盾，要获得决策中心中最核心成员的最大满意。在美国国家半导体公司的例子中，负责产品设计的工程师是最重要的决策人，如果这些工程师把特定功能的器件设计到了产品中，公司通常没有理由在采购时选购其他的器件。美国国家半导体公司正是围绕设计工程师的需求展开营销的。

设计工程师最关心的是产品的性能指标以及设计时恰当运用器件的技巧，因此，要赢得设计工程师的称许，就需要提高强大的产品搜索功能和技术支持功能。相对而言，前者的实现比较容易，要实现第二个目标就需要在设计上费一番苦心。

美国国家半导体公司的网站提供了4种查找产品的方法。

(1) 全文查询。如果知道产品的准确名称或者参数，这一方法自然最为快捷。

(2) 分类查询。如果只知道产品的大类，那么通过分类查询也能快速定位产品。

(3) 产品树查询。美国国家半导体公司的产品按照相互关系被组织成了树状的数据结构，可以顺着树干，经过树枝，最终找到产品。这一方法和分类查询的方法比较接近。但在最后一层如果还有多个产品,那么访问者可以看到这些产品显示在一个表格中,表格中列举了关于产品本身和产品销售方面的数据,用户可以根据对每种数据(如价格高低)对产品进行重新组织,这无疑可以方便用户的查询。

(4) 地图查询。这一方法实际上是把分类查询整个放在一个网页上供用户选择,优点是可以减少浏览网页的个数,缺点是单个页面上的资料过于繁杂。

以上查询方法中的后三种其实非常类似,但美国国家半导体公司之所以提供不同的选择,完全是为了照顾不同类型顾客的偏好,使各种顾客都可以达到最大的满意。例如,对于那些对网站使用较多、对网站内容非常熟悉的重度用户,第四种方法就优于第二种方法。相反,新用户则会喜欢使用第二种方法。

通过这种在网站制作上精益求精的态度,美国国家半导体公司给用户带来的方便在一个数据上得到了很好的体现。1995年,网站访问日志的统计结果显示多数用户进入网站后都要浏览七八个页面,而两年后,随着网站结构和功能的不断改进,多数用户只需要浏览两三个页面便可以解决问题。

美国国家半导体公司通过以下方法为设计工程师提供技术支持。

(1) 知识库。知识库是方便工程师查询有关背景知识的在线手册。
(2) 模拟大学(示意图参见图10-2)。工程师可以在这里通过参加在线研讨会来接受权威专家的培训。
(3) 设计社区。即为工程师提供一个同行交流的场所。

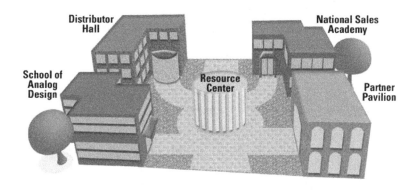

图10-2 美国国家半导体公司的模拟大学示意图

以上功能得到了大多数工程师的认同,在国家半导体公司网站运行的头两年中,网站的独立访问者人数达到了50万,这占到了全世界用半导体设计产品的工程师总数的1/3。在这50万人当中,有40%的人将网站加入书签,成为了该网站的忠诚客户。

@ 网上资源

今日B2B(www.b2btoday.com):作为最早创办的B2B网络资源网站之一,今日B2B一直在谋求成为B2B的垂直门户网站。该网站目前提供有B2B网站和在线服务的目录,还为有代表性的B2B网站和服务撰写评论文章,阅读这些文章可以了解B2B的发展动态和趋势。

B2B国际(www.b2binternational.com):B2B国际是一家专门从事B2B调研的咨询公司开办的网站,该网站收集了很多B2B市场调研的文章、工具、书目、白皮书和案例。书目中包含有若干免费的电子图书,有的还附有音频版本。

参考文献

1. 杨坚争. 电子商务营销案例. 北京：中国人民大学出版社，2002

2. [美]D.纳拉扬达斯等. B-to-B电子商务(英文影印版). 北京：中国人民大学出版社，2002

3. [美]E. G.布莱尔蒂等著. 李雪峰等译. 商务营销. 第3版. 北京：清华大学出版社，2000

4. [美]华伦·雷奇著. 李东贤等译. 电子市场：B2B电子商务的成功策略. 北京：清华大学出版社，2003

5. [美]唐·佩珀斯，马莎·罗杰斯著. 屈陆民译. 一对一B2B：企业对企业世界的客户发展战略. 北京：华文出版社，2003

6. [美]阿瑟·斯加利，威廉·伍兹著. 刘薇译. B2B交易场：电子商务第三次浪潮. 北京：现代出版社，2001

7. Rosemary Stockdale, Craig Standing. A framework for the selection of electronic marketplaces: A content analysis approach. Internet Research. Bradford: 2002. Vol. 12, Iss. 3

第11章 服务行业的网络营销案例

相对于原料生产和产品制造业而言,服务行业是一个范围极其广泛的行业,从街头的饮食大排档,到国家歌剧院的演出,从水管修理到神舟5号的研发,都可以归入服务行业的领域。

随着电子商务的蓬勃开展,越来越多的服务行业的企业开始从事网络营销活动,这不仅包括像迪斯尼(www.disney.com)这样的著名品牌,也包括了修鞋店这样的小企业。本章将通过6个案例来介绍网络营销在服务行业的应用。

案例1:鞋匠兵败赛博空间

鞋匠公司创立于1985年,是一家专门从事皮鞋修理和养护的小公司,它在1997年11月建立了自己的网站——鞋匠网(www.shoeguy.com)。鞋匠网不仅在线出售皮鞋护理的用品,还在线接受皮鞋修理和保养的订单。该网站的运作流程如下。

(1) 顾客在线填写订单,鞋匠网在收到订单后邮寄给顾客一个快运盒。
(2) 顾客填写好快运盒中的修理单,打电话给UPS来上门收取装在快运盒中需要修理的鞋。
(3) 鞋匠公司修理好鞋子后再次通过UPS将鞋子发送给顾客。

以上整个过程的完成仅需要1个星期。

鞋匠网创始人的想法是要将传统的修鞋擦鞋工艺和现代化的商务手段结合起来,凭借卓越的公关宣传,这一新奇大胆的想法很快引起了人们的普遍关注。实际上,该网站在发布不久就获得了1998年由www.2ask.com网站主办的"地球最佳选择奖",该网站还被一些网络营销书籍选为传统企业上网的精彩案例。

鞋匠公司的总裁吉姆·莱斯(Jim Rice)曾经宣称要把有关传统营销和广告的一切知识扔到垃圾堆里,这显然是一个过于极端的观点。该公司通过网站获得的收入曾经一度达到了10万美元,占到了总销售的三分之一,并且在网络世界一直坚持了数年之久。不过,纵然吉姆·莱斯壮志凌云,市场规律总是无情的。今天,Shoeguy的域名已经被转卖他人,成了一家经销女鞋的网店。

上网查看是否有修鞋的网上服务存在,思考它能够存在或者无法存在的原因。

案例2:浪漫红虾——海鲜餐馆的网络体验营销

红虾海鲜餐馆是世界上最大的海鲜餐饮连锁企业,它在美国和加拿大有670个餐馆,员工达到了65 000多人,2003年的销售额达到了24亿美元,接待的客人达到了1.44亿人次。

红虾海鲜餐馆素以考究的选料、整洁的厨房设施、独特的烹调理念和适中的价格在消费者中间享有很好的口碑,但红虾海鲜餐馆却没有把自己当作一个普通的餐饮服务公司来定位,它选择"爱要分享(Share the Love)"作为其品牌的核心概念。显然,红虾海鲜餐馆给自己的定位是体验行业,"爱要分享"的概念在它的新版网站(www.redlobster.com)上也得到了很好的体现。

红虾海鲜餐馆用眼下比较新潮的Flash技术来装扮自己的网站主页,通过精美的Flash,访问者不仅可以欣赏到海滨的迷人画卷,而且还可以听到海浪拍打礁石的声音和海鸟的叫声,获得一种身临其境的感觉。当然,这些多媒体文件经过了精心的构思和优化处理,可以快速下载,丝毫不需要等待。除了让人留下深刻印象的主页,红虾海鲜餐馆的网站还有专门的节目让顾客享受到休闲的感觉,在"开心地带"这一栏目中,顾客可以欣赏到海浪的声音,海鸥、海豹的声音,汽笛的声音,鲸鱼的声音,还有深水中气泡的声音等。如果有心情,还有一个项目是测试人的品格和哪一种海洋生物接近,此外,还有其他的包含海洋生物角色的游戏。

不用说,红虾海鲜餐馆的网站还有在线销售的功能,网站访问者可以在线购买活虾和其他海鲜。

除了在线销售,红虾海鲜餐馆还使用电子邮件营销向顾客促销。红虾海鲜餐馆网站的访问者可以在线加入名叫"同舟俱乐部(overboard club)"的会员组织,加入该组织的成员可以通过E-mail收到附近的红虾海鲜餐馆的促销信息,这样便可能得到"花钱更省,分量更足"的实惠。不仅如此,会员还可以参加红虾海鲜餐馆每月一次的抽奖,奖品是一次可供两人享用的免费聚餐或者是可以送货上门的龙虾。

互动厨房是红虾海鲜餐馆网站提供的一个有趣的功能,访问者在这个虚拟的厨房中不但可以阅读到制作海鲜大餐的菜谱和海鲜烹调手册,学习选料、配料、烹饪的知识,还可以自己动手选择主料、配料和烹饪方法来烹制一份虚拟的海鲜大餐。网站会给出对该道菜的评价,这可以使访问者迅速掌握海鲜的烹饪方法。

红虾海鲜餐馆网站还向顾客提供了多种便利功能,例如,顾客一旦注册成为同舟俱乐部的会员,就可以在红虾海鲜餐馆的网站上存储亲密朋友的资料,在需要时,可以通过该网站比较方便地邀请这些朋友到红虾海鲜餐馆或者到自己家中聚餐。

红虾海鲜餐馆网站还提供个性化的网站和电子期刊内容。"萝卜白菜,各有所爱"这句俗话道出了人们在饮食偏好上的区别,与此相对应,餐馆的营销信息也要因人而异。红虾海鲜餐馆正是这么做的,首先,红虾海鲜餐馆网站可以根据访问者的口味偏好、地理位置和人口统计资料为访问者定制个性化的页面内容。另外,该餐馆向俱乐部成员发送的期刊也并非千篇一律,而是根据每个成员的偏好准备了适合的内容。

上网找一家中国餐饮企业的网站,比较该网站与红虾海鲜餐馆网站在网络营销手法上的异同。

11.3 案例3:匹兹堡物流系统公司依据7P来设计网站

服务的营销组合比产品的营销组合要复杂一些,服务营销要考虑服务的过程、服务的有形证据和服务的人员,这些因素在服务企业的网站上应该得到体现。一个比较典型的例子是匹兹堡物流系统公司从事平板卡车运输的部门的网站——电子平板卡车网站(www.eflatbed.com)。

匹兹堡物流系统公司成立于1991年，是一家主要为金属材料行业提供第三方物流服务的专业公司，它主要的运输作业是靠平板卡车来完成的。电子平板卡车网站的主要任务是利用加盟平板卡车运输企业的运力为金属材料行业、木材行业和建筑材料行业的客户提供运输服务。

电子平板卡车的网站具有以下特点。

(1) 给顾客留下良好的第一印象。当访问者在浏览器的地址栏中输入电子平板车的网址www.eflatbed.com试图访问该站点时，他首先会看到一个提示，"即将通过安全连接查看网页"。原来该网站使用了安全套接层技术为顾客提供安全的访问，给顾客留下一个安全可靠的第一印象。这一印象将通过网站首页上的安全规定、安全手册等内容得到进一步加强。

(2) 网站最醒目位置的几个栏目分别为：技术、过程和人。过程和人显然是服务营销组合中的两个项目，而技术则试图为用户提供建立信心的有形证据。

电子平板卡车网站的服务质量通过蕴藏在其服务中的技术含量得到反映。首先，该公司使用的软件都是以安全可靠而闻名的品牌，如Sun、Apache、Web Logic、Oracle等。其次，电子平板卡车公司还展示了允许用户实时查询货物状态的显示屏，并且声称该技术是行业中独一无二的。最后，电子平板卡车公司的实力还体现在其庞大的加盟运输车队上，该公司的加盟运输车队接近了2000个。

电子平板车公司要求服务人员必须具备丰富的行业工作经验和先进的信息技术知识，在网站的人员栏目下，访问者可以看到人员履历、人员培训项目以及服务人员必须达到的标准。

电子平板车公司通过一套科学的作业流程来发挥专业人员的才干和先进技术的潜力，作业流程包括3个重要的方面，选择加盟车队、通过协议书为顾客安排运输方案和指派专门的人员来监督每个运输项目并处理可能出现的意外情况。

电子平板车公司正是从过程、人员和有形证据等几方面比较系统地向潜在客户传递该企业服务质量的信息。

通过搜索引擎找到3个与电子平板车公司类似的公司，考察他们的网站如何向潜在客户传递服务质量的信息，不同的网站设计各有什么长处和不足。

11.4 案例4：捷旅公司的搜索引擎营销

捷旅公司(Travelocity.com)创办于1996年，是世界上第一家在线旅行社，目前，该公司代理包括数百家航空公司的机票、几千家酒店宾馆的房间预订在内的多种旅游产品。目前，该公司的注册用户达到了4000万人，成为了美国第6大旅行社，它还是美国在线、网景、雅虎等网站的独家旅游预订服务提供商。2002年年初，在山脉在线媒体公司(Range Online Media)的帮助下，捷旅公司利用Google开展了搜索引擎营销，并取得惊人的成功。

山脉在线媒体公司首先调整了捷旅公司在搜索引擎营销中使用的关键词，在山脉在线媒体公司介入前，捷旅公司一直使用"野营"、"供应早餐的旅店(B&B)"、"舱位"作为关键词，但是搜索这些关键词的网络用户使用捷旅公司服务的可能性并不大。山脉在线媒体公司将关键词购买集中在旅游热门地点(如佛罗里达、意大利)、旅游旺季(如暑假、春假)和同旅游密切相关的事件(如蜜月)方面,为了更准确地定位潜在顾客,山脉在线媒体公司还利用Google的特别服务把关键词同对航班、地区和度假的查询捆绑起来。营销团队还分地区、时间段严密监视搜索引擎营销的进展情况,以便在情况不理想时随时修改搜索引擎营销的参数。

这次搜索引擎营销取得了惊人的成功,在发布搜索引擎广告的前3个月,捷旅公司的转化率提高了32%。在投放广告后的第2个季度,转化率又提高了一倍以上,达到了令人惊讶的71.5%,在2002年度,捷旅公司的注册用户增加了700万人。进一步的测评显示,这次搜索引擎营销大大降低了每次预订的成本。在这次成功的搜索引擎营销后,捷旅公司大幅度增加了在搜索引擎营销上的投入。

案例5:迪斯尼在线的网络营销之道

● 11.5.1 迪斯尼在线简介

迪斯尼在线(www.disney.com)不仅是网上最受青少年欢迎的娱乐站点,它其实还是一个为家庭所有成员提供全方位服务的综合性站点。在它的站点阵列中包含有电影(www.movies.com)、漫画城(www.toontown.com)、迪斯尼收费频道(www.disneyblast.com)、迪斯尼商城、迪斯尼目的地、迪斯尼游乐场、儿童岛、迪斯尼知情人、全家乐等。

● 11.5.2 迪斯尼公司的联合品牌策略

联合品牌策略指的是两个拥有知名品牌的公司联合向市场推出一种新产品,这一新产品使用由原来两个品牌衍生出的新品牌,这一新品牌因为继承了父母品牌的优良特性,所以对于新产品的销售可以起到绝好的促进作用。在传统营销中的一个联合品牌的例子是Compaq和Fisher-Price联合推出的玩具计算机。Compaq是计算机生产领域的顶尖品牌,代表着卓越的品质和高超的技术,而后者是高质量的玩具生产商,在家长中拥有很好的口碑,联合品牌因此代表着适合儿童使用的高品质的玩具计算机。

作为全球最有价值的一个品牌的拥有者,迪斯尼公司当然很善于使用联合品牌策略,而且,该公司还将这一策略成功地用在了互联网上。迪斯尼公司拥有一大批人们熟知的卡通明星,这些是制作富有情趣的贺卡的绝佳题材,而美利坚问候公司(americangreetings.com)则是美国首屈一指的电子贺卡网站,他们拥有庞大的电子贺卡用户群和专业的贺卡制作人才,设想一下,如果迪斯尼公司和美利坚的问候公司联合推出以迪斯尼明星为题材的电子贺卡将会收到怎样的效果。

迪斯尼公司从1996年起就开始通过电子贺卡来开展病毒营销了,但是,迪斯尼公司自己制作的贺卡款式较少,使用的技术也比较简单,因此,用户群并不是很大。2003年年底,迪斯尼在线和美利坚问候公司联合推出了以迪斯尼动画明星为题材的电子贺卡和可以印刷的贺卡。这些贺卡式样繁多,适合于各种不同的节日和场合,这些贺卡通过美利坚问候公司、蓝山公司(www.bluemountain.com)的网站传播,当然,在迪斯尼的网站上也能找到这些贺卡。当网络用户使用这些被称为"迪卡"(D-Cards)的贺卡来传递他们的问候时,迪斯尼的品牌在他们的心中又增添了一些美好的联想。

因为"迪卡"中的卡通形象中不仅有经典的米老鼠和唐老鸭,而且还有迪斯尼近期推出的卡通片中的形象,这样,通过电子贺卡的传播,迪斯尼还能增加这些卡通片的发行。

11.5.3 迪斯尼在线的网络营销伦理战略

以少年儿童为目标市场的营销活动是营销伦理的警戒地带,许多国家都有法律法规专门从保护少年儿童的目的出发对这类活动施加了诸多限制,营销公司稍有不慎,就可能惹上事端。作为主要向少年儿童提供服务的知名企业,迪斯尼公司当然要制定出在业界领先的道德标准。

实际上,迪斯尼的策略非常成功,2004年,迪斯尼在线网站群中,就有3个获得了"父母之选基金会"颁发的奖项,这3个网站分别是全家乐(www.familyfun.com)、斯外尔岛漫游(www.surfswellisland.com)和迪斯尼在线(www.disney.com)。父母之选奖项的主要依据是企业产品中所蕴涵的企业在少年儿童面前坚持的道德标准。

特别值得一提的是斯外尔岛漫游网站,众所周知,家长对少年儿童上网通常都存有顾忌,主要担心孩子们沉迷于不健康网站或者被一些不法分子所利用。斯外尔岛漫游网站就是针对家长们的这一顾虑而开办的,该网站为孩子们提供了生动有趣、寓教于乐的上网课程,提高了孩子们的辨别能力和自我保护意识。此外,该网站还准备了可以用于监督子女上网的软件工具供家长下载,这一网站自然受到了家长们的大力欢迎,迪斯尼在线因此成为家长认可的少儿网站。考虑到家长经常陪同孩子们上网的情况,迪斯尼在线还特别为家长准备了一些精彩的内容,这些内容主要集中在全家乐网站上,最受家长欢迎的板块叫做"为您解忧",它包括"家教"、"菜谱"和"手工"等栏目。

11.6 案例6:网络游戏的营销策略

20世纪80年代的PC革命和90年代的互联网商业化为游戏产业的发展提供了前所未有的大好机遇,2000年后韩国游戏产业的崛起更使世界重新认识了游戏产业的巨大潜力。根据IDC、Jupiter Media Matrix、Forrester Research 和IDSA等著名机构的研究,世界游戏市场在2005年的规模将达到436亿美元,其中网络游戏将达到106亿美元(见表11-1),这一数据没有包含无线游戏的数据,据In-Stat/MDR的研究,无线游戏的市场规模在2006年将达到28亿美元。

表11-1 2001—2005年游戏市场的规模(单位:10亿美元)

项目\年度	2001年	2002年	2003年	2004年	2005年	2001—2005年的综合增长率/(%)
游戏	21.2	25	30.8	36.3	43.6	19.7
网络游戏	2.2	3.3	4.9	7	10.6	48.1
单机游戏	3.4	3.8	3.9	4.2	4.6	8.2
电视游戏	15.6	18	22.1	25	28.3	16

资料来源:大众软件,2004(03)

在我国,游戏市场近年也呈现出强劲增长的势头,根据《大众软件》发布的《2003中国电脑游戏产业报告》,我国2003年电脑游戏(没有包括电视游戏和无线游戏)的市场规模为37.8亿元,其中网络游戏达到了34.8亿元。该报告还预测我国网络游戏市场的规模将以76%的高速度增长,在2004

年达到61.2亿元。至于中国目前网络游戏玩家的数量，最保守的估计也在2000万人[①]，这些人中的16.8%每月在网络游戏上的花费超过了60元。可见，网络游戏不论在我国还是在全球，都是一个巨大的市场。

然而，网络游戏的营销并非轻而易举，网络游戏市场实际上是一个竞争异常激烈的市场。2003年，中国收费的网络游戏有62款，而最流行的《传奇》、《奇迹》、《大话西游2》、《魔力宝贝》4款游戏占据了近50%的份额。除了收费的62款游戏外，还有52款处在免费测试阶段，随时可能正式推出。无数的例子已经证明，在激烈的市场竞争中，没有好的营销策略，网络游戏产品就必然会在市场上失败。

11.6.1 对网络游戏产品属性的认识

网络游戏本质上是可以数字化的服务，网络游戏的营销首先要遵守服务营销的规律。同时，因为网络游戏的消费一定要在网上完成，它的用户100%是网络用户，因此网络游戏是网络营销非常理想的对象。

网络游戏是体验产品。网络玩家之所以在网络游戏上投入大量的时间和金钱，完全是因为网络游戏可以为他们提供一种超越现实的愉悦体验，网络游戏的好坏只能通过亲身尝试才可以判断。

网络游戏产品具有显著的网络效应(需求方规模效益)。网络游戏作为网络在娱乐领域的一种应用具有显著的网络效应，就是说，同样内容的游戏，现有的玩家越多，该游戏便越有吸引力。

网络游戏产品的产业链相当复杂。网络游戏的产业链包括游戏开发商、发行商、代理商、运营商、媒体、门户网站、网吧、电信服务商、互联网服务商、硬件提供商等许多参与方，这些参与方之间既有合作，也有利益冲突，因此，处理好与产业链上商业伙伴的关系便成为关系营销成败的大事。

网络游戏具有明显的产品生命周期：导入期、成长期、成熟期和衰退期。一个产品再成功也无法摆脱因陈旧过时而被玩家抛弃的命运，而且，像高科技产品一样，并非每种游戏都能成功地跨越出现在产品成长期的断层。

网络游戏具有比较特殊的成本结构。首先，它高昂的制作成本会表现为沉积成本，其次，在游戏制作完成后，发行游戏和运营游戏仍然需要不菲的花费，这部分成本一部分为不变成本，另一部分为可变成本。网络游戏特殊的成本结构决定了网络游戏产业具有显著的供给方规模效益。

网络游戏具有明显的锁定效应。玩家在玩一个游戏的过程中，通过长时间的练习会积累大量的经验，而且还会获得一定的级别称号，积累一些象征着财富和力量的装备，如果更换新的游戏，这些玩家就需要从头开始，这些对游戏玩家构成了巨大的转移成本。锁定效应会提高行业的集中度，形成一种接近赢家通吃的局面。

11.6.2 网络游戏的营销策略

1. 预期管理

预期管理就是企业运用自己的品牌魅力，通过主流媒体对准备推出的产品进行预发布，向市场

[①] 根据第一届中国游戏产业年会发布的数据，2004年年底，中国网络游戏用户达到了2633万人，占网民总数(9400万)的28%。

显示新产品的优势和公司推广该产品的决心，使市场相信该产品将会成为网络游戏市场上的新秀。如果开发公司缺乏品牌，就需要设法借助运营公司的品牌，如果运营公司也缺乏品牌，就要设法利用营销公司的品牌。如果这一切都没有的话，那么营销的重点就只能放在游戏故事的品牌上，综观成功的网络游戏，大多都以一个非常著名的小说、传说、童话、电影为原本。例如，著名的《三国演义》、《西游记》、《水浒传》都被改编成了游戏，有的还有许多个版本。这些故事的广泛流传可以使游戏玩家对游戏的未来前景产生一个正面的预期。这一正面预期将会促使游戏玩家的数量较快地达到临界数量，进入良性循环。

2. 促销

网络游戏促销的重点是鼓励用户试玩新的网络游戏，网络游戏在成为收费游戏前一般都要经过一段时间的公开测试。这一通常为两个月的测试期名义上是让用户测试游戏的性能并对发现的缺陷提出意见，实际上，公测实际上相当于传统商品的样品试用，这对体验产品的营销具有绝对重要的意义。表11-2列举了一些流行网络游戏的公测期数据。

表11-2 2003年部分流行网络游戏的公测期

游戏名称	游戏类型	制作公司	运营公司	公测时间	收费时间
传奇3	魔幻型	韩国Wemade	光通娱乐	2003年5月	2003年7月
无尽的任务EverQuest	魔幻型	北美SOE	上海育碧	2003年1月	2003年5月
天堂	魔幻型	韩国NCSOFT	新浪乐谷	2003年1月	2003年4月
星云战记MK	科幻型	法国CryoNetworks	世博广联	2001年9月	2002年11月
征服	武侠型	天晴数码	网龙(中国)	2003年4月	2003年9月
幻灵游侠	童话型	天晴数码	天晴数码	2001年12月	2002年3月
疯狂坦克Ⅱ	休闲型	韩国CCR	盛大网络	2002年7月	2003年3月

资料来源：2003中国电脑游戏产业报告

注意力经济的概念至少给商家一个警示，顾客的注意力是有限的，不能想当然地认为，只要是免费试玩的游戏，就一定能招引大批玩家蜂拥而至。实际上，市面上供玩家试玩的网络游戏很多，没有特殊的激励，多数玩家不会放弃一直在玩的游戏。因此，商家需要在鼓励玩家试玩方面加大投入，进行广泛的促销广告宣传，除了广告，有奖活动也是常用的手段之一。

需要注意的是，游戏运营商需要把尽可能多的试用客户转变为交费客户，这就需要注意保留公测期玩家的资料，为这些玩家转变为交费客户提供平稳的过渡，这些玩家在公测期获得的成绩可以保留到游戏收费后的一段时间，甚至可以长期保留，以便今后恢复流失的顾客。

3. 公共关系

网络游戏涉及复杂的产业链，而且网络游戏的发展还依赖于政府积极的政策扶持，因此，同诸多利益相关者建立并发展良好的关系就成为在市场取得成功的关键因素之一。就网络游戏而言，比较特殊的一种公关手段是游戏小说。

游戏小说是近年来才在网络上兴起的一种小说形式，它是游戏玩家依靠丰富的想象，将游戏中体验到的多样化人生进一步发挥而形成的一种特殊类型的小说。最近，游戏小说甚至脱离开了网络，以印刷体的形式公开发行，这足以说明游戏小说已经拥有了自己广大的读者群体。游戏小说对游戏的市场销售至少有两个作用：提升部分忠实玩家的游戏体验和提高该游戏的知名度。

4. 其他营销手段

(1) 合作营销

同其他企业共同推广一个游戏品牌是取得一定市场份额形成规模效益的有效方法。一个典型的游戏通常由研发公司、运营公司、营销顾问公司、经销商共同经营。例如，闻名世界的角色扮演游戏《魔兽世界》(world of warcraft，WOW)是由美国暴雪娱乐公司开发，但该游戏在中国的运营完全由第九城市代理。暴雪娱乐公司相信第九城市的介入可以为该游戏增添一些比较中国化的东西，而且第九城市还可以给中国游戏玩家提供更好的客户服务。

网络游戏企业还可以利用合作营销来开展促销活动，世界最大的网络游戏公司NCsoft公司与可口可乐公司从2003年12月开始的合作是网络游戏企业与消费品生产企业合作促销的一个经典案例。在这次合作中，NCsoft公司出品的《天堂Ⅱ》中的游戏人物被印上了可口可乐的包装罐，双方以游戏玩家常去的网吧为重点在韩国发售这种特殊包装的可乐。结果，不仅可乐受到了市场追捧，《天堂Ⅱ》的游戏人气大增，韩国各大媒体也竞相报道这两大行业巨头间的合作，NCsoft公司与可口可乐公司在市场上大获全胜。在我国，天晴数码娱乐公司在2004年春同著名的方便面企业福州统一企业有限公司合作，推广天晴数码的主要游戏产品《征服》和《幻灵游侠》。在活动期间，凡购买统一方便面的顾客都可以获赠一张天晴数码娱乐的游戏时间卡，玩家可以凭时间卡免费玩30小时《征服》游戏和7天《幻灵游侠》游戏。

(2) 标准营销

2003年11月18日，我国国家体委宣布将电子竞技正式列为第99个体育项目，国家体委将游戏分为3类：国标、竞技和娱乐。可以预见，各种级别的电子竞技运动会将会成为媒体和大众关注的焦点，使公司的产品进入电子竞技运动会，进而成为一定规模比赛的标准项目，无疑是网络游戏营销的至高境界。

(3) 深度营销

游戏的成熟期是游戏运营商获利最丰厚的时期，这时，营销投入最少，而销售收入最大，但是，这也意味着该游戏将从此走向衰落。运营商只有居安思危、及时开展深度营销，才有可能通过游戏延伸产品和周边产品销售的增长，弥补主要产品的衰退，延长一个游戏产品的成熟期，使利润最大化。游戏的延伸产品主要指原游戏的升级换代产品，这些产品或者会逐步取代原产品，或者会与原产品长期共存，构成一个产品系列。例如，游戏玩家熟知的《天堂Ⅱ》、《传奇3》就是原产品的延伸产品，它们的用户主要是原来天堂和传奇的用户。游戏周边产品则指相关的出版物、纪念币、文化衫、工艺品等文化产品。延伸产品与周边产品并不冲突，游戏商完全可以双管齐下，提升销售。

☀ 参考文献

1. Rent One Online Company. How Travelocity converted 71 percent more travel buyers [DB/OL]. http://www.rent1online.com/resources/files/TravelocityCaseStudy.pdf
2. [美]菲利普·科特勒，托马斯·海著.俞利军译.专业服务营销(第2版).北京：中信出版社，2003
3. [美]詹姆斯·A.菲茨西蒙斯.服务管理(英文版).北京：机械工业出版社，1998
4. [美]克里斯托弗·H.洛夫洛克.服务营销.北京：中国人民大学出版社，2001
5. 杨坚争.电子商务营销案例.北京：中国人民大学出版社，2002

第12章 国际和全球网络营销

 全球网络营销的意义

  1999年的时候,美国的网上零售已经达到了366亿美元,而此时欧洲只有35亿美元,亚太地区只有28亿美元,美国绝对是全球电子商务的中心,所以美国的企业似乎只要抓住美国市场就可以了。但是,其他国家的企业还是要考虑在全球市场上营销,即便对美国公司而言,在国内市场上安卧也是不明智的选择,美国在电子商务方面一马绝尘的局面不会旷日持久,包括中国、印度在内的一些新兴经济体正在大步赶上。对我国企业而言,不论是从前还是在今后,都应该认真考虑进军世界市场的问题。企业在全球范围开展网络营销可以得到以下利益。

  (1) 进入全球市场才能够实现规模经济。综观世界市场,财富500强公司没有一个不是跨国公司,规模经济是企业在成本上取得竞争优势的最重要的手段,技术创新带来的效益也需要通过大规模生产来实现,研发等固定成本更需要在规模的基础上得到分摊。流通行业的规模效益也不容小觑,墨西哥一家地方性百货公司的经理曾经说过的一句话让人印象深刻:"我们采购2万件塑料玩具,沃尔玛采购2000万件,您认为谁买的价钱更便宜呢?"在网络经济时代,规模效益不仅表现在供给方面,需求方的规模效益有时更为重要。

  (2) 全球市场上存在更多有吸引力的补缺市场。许多企业特别是许多中小企业把聚焦战略作为主要的竞争战略,他们主要服务于一个非常专门的市场。全球市场对于这类企业有着特别的吸引力,因为市场越大,存在的有经济价值的补缺市场就会越多。互联网上已经存在的专门经营猫狗玩具的商家(www.dogtoys.com, www.cattoys.com)就是服务于全球补缺市场的一个极端的例子。Google是一家典型的全球营销的企业,它目前使用了上百种语言(或方言)以及112个国际域名(如www.google.co.uk, www.google.com.au, www.google.de等)来提供服务,在2008年的第三个季度中,来自国外的收入占到了Google总收入的51%。

  (3) 网络营销使进入全球市场的门槛大幅度降低。互联网的许多应用都有超距性,使用互联网服务的费用也同信息传输的距离没有关系,这样,中小企业能够轻易地将营销信息传播到世界各地,对于提供可以数字化的产品或者服务的企业而言,这些企业还能轻易地把产品发送到世界各地。当然,这并不是说企业可以像服务于国内市场一样向全球市场提供服务,许多因素仍然制约着企业开展业务的范围,这些因素包括产品属性、法律限制、运输成本和语言限制。

  艾瑞咨询的统计数据显示,2012年中国跨境电商进出口交易额为2.3万亿元,同比增长31.5%,但相较于中国进出口贸易总额,占比仍处于较低水平,仅占9.5%。艾瑞咨询预测,中国跨境电商交易规模将维持高速增长,在中国进出口贸易中的比重将会越来越大,到2016年将会达到18.5%,届时跨境电商交易规模将达到6.4万亿元。

12.2 全球网络营销的问题

12.2.1 语言障碍问题

各种方式的营销传播都离不开特定的语言,问题是世界市场并没有统一的语言,互联网市场上也不例外。截至2011年5月,互联网上占统治地位的十大语言是英语、汉语、西班牙语、日语、法语、德语、阿拉伯语、葡萄牙语、韩语和意大利语,这从使用这些语言为第一语言的网络用户的数量就可以清楚地看出(见表12-1)。

表12-1　2011年网络用户所使用的语言

语　言	使用该语言的网络用户的数量/百万
英语	565.0
汉语	510.0
西班牙语	165.0
日语	99.2
葡萄牙语	82.6
德语	75.4
阿拉伯语	65.4
法语	59.8
俄语	59.7
韩语	39.4
其他语言	350.6

资料来源：Internet World Stats，2011

从表12-1可以看出,英语仍然是互联网上的最强势语言,这反映了美国在电子商务和经济总规模上的优势。毫不奇怪,世界上许多非英语国家的网站的域名使用的都是英文单词,如冰岛航空公司的域名就是www.icelandair.com,有时候这些国家网站的主页也主要使用英语,如中国香港从事办公用品销售的企业www.bigboxx.com。一些人因此把英语称为电子商务中的普通话,但是跟英语相关的错误在非英语国家是相当普遍的。

12.2.2 互联网发展水平问题

不同国家和地区的互联网发展水平存在着显著的差异,特别是发达国家和发展中国家之间数字鸿沟的问题仍然非常突出,因此针对国外市场开展网络营销首先要了解当地市场的互联网发展情况。一般而言,发达国家的互联网普及程度都明显高于我国,所以企业可以优先考虑发达国家的市场,但同时,随着互联网经济的加速发展,还要注意正在崛起的新兴市场。表12-2中的数据显示了世界上15个网络用户数量最多的国家在2012年6月互联网普及率的数据。

表12-2　互联网用户最多的15个国家的网络用户数量及普及率

国　家	网络用户数量/百万	互联网在人口中的普及率/(%)
中国	538.0	40.1
美国	245.2	78.1
印度	137.0	11.4
日本	101.2	79.5
巴西	88.5	45.6
俄国	68.0	47.7
德国	67.5	83.0
印度尼西亚	55.0	22.1
英国	52.7	83.6
法国	52.2	79.6
尼日利亚	48.4	28.4
墨西哥	42.0	36.5
伊朗	42.0	53.3
韩国	40.3	82.5
土耳其	36.5	45.7
全世界	2405.5	34.3

资料来源：Internet World Stats，2012

12.2.3　文化差异的问题

不同国家的人民有不同的文化传统，因此就有了不同的价值观和行为方式。这种文化差异有时要求营销者要入乡随俗地调整企业在国外市场上的营销策略。在全球范围内开展网络营销的营销者除了要面临传统国际营销中的一般性问题外，还面临着一些特殊的问题，如隐私问题。各国人民对隐私问题可能持不同的态度。一般而言，西方人比东方人更重视隐私的价值，而欧洲人又比美洲人更重视隐私保护。文化差异问题会影响一系列网络营销策略的全球化，如隐私政策的制定和伦理策略的选择等。

12.2.4　市场基础设施问题

不同国家的市场基础设施有不同的发展水平，这会影响企业全球营销策略的选择，例如，各国国情的差别决定了企业在网上销售时必须考虑在不同国家的付款方式问题。在美国，人们喜欢使用信用卡在网上实现支付。在德国，人们则更习惯使用支票来进行资金转移。电子现金受到了各国网上消费者的普遍欢迎，但一些国家仍然缺乏电子现金的标准，随着一些国际知名的电子现金提供商(如英国的WorldPay、美国的PayPal)跨国业务的不断拓展，使用电子现金完成国际支付将成为一个不错的选择。我国的电子支付近几年虽然有了长足的发展，但"货到付款"仍然是我国很多网上消费者最喜欢的支付方式。

12.2.5　法律问题

法律环境是网络营销环境的一个重要方面，而不同国家的法律环境不同则是全球营销理论和实践面临的一个很现实的问题。一些国家对网络内容有着比较严格的检查制度，某些被认为不适当的内容很可能会被屏蔽掉。在一些国家，在线赌博是完全合法的，另一些国家只允许经过国家授权的公司可以经营，还有一些国家在线赌博则完全是非法的。此外，各国的广告法、税法也会有很大差别，这些都会直接影响全球营销战略的制定和实施。

全球网络营销的要点

12.3.1　全球网络营销调研

营销调研对于计划在国外发展业务的公司而言具有比单纯服务于国内市场的公司更重要的意义，原因如下。

(1) 国外市场跟公司所在国市场可能存在着巨大差异，营销者难以通过经验或者直觉来推断国外市场的情况。

(2) 在国外市场发展业务需要投入更大的资源，也存在着更大的风险。

(3) 对国外市场进行调研的手段比较有限，并且耗资更大，需要更周密的安排。

因此，利用互联网对国外市场展开调研就成了企业必然的选择。查找一个特定国家的资料时，最好使用专门为当地服务的搜索引擎，而不是使用通用的国际性的搜索引擎，这样找到的资料更为全面。

12.3.2　多语言电子邮件营销

在国外市场上使用电子邮件营销，企业不仅要将邮件内容翻译成目标国的语言，更重要的还要了解当地对电子邮件营销的法律规定和礼仪习惯，否则很难收到预期的效果。在国外开展电子邮件营销时，一定要确保地址列表来源的合法性，在市场经济不是很发达的国家，市面上会有一些很便宜的邮件地址。例如，在每千个企业邮件地址的国际市场价格是25到75美元间的时候，如果一些地址以每万个1美元的价格销售，这一价格本身就说明了这些地址的来源不明，这些地址非常可能是以不道德的甚至是违法的方式获得的。使用这些邮件地址不仅无法获得预期的效果，还可能因为垃圾邮件问题而使企业信誉受损。一种比较安全的方法是通过电子杂志广告来建立自己的列表。一般而言，在一个垃圾邮件列表泛滥成灾的地区，电子杂志广告的价格会比较便宜，而且因为缺乏竞争，还可以商谈更好的条件，如广告的位置、更细致的分析报告等。同时，因为电子杂志的广告比较少，这些广告会受到更多的注意。电子杂志广告最好委托目标市场所在国的专业人员来创作，并且还要准备好电子杂志广告中链接指向页面的多语言版本，将广告点击最大程度地转化为顾客基础。

在日本开展电子邮件营销时，还要考虑到邮件内容对移动设备的友好性，因为，大量的日本用户通过移动设备来接收电子邮件。

12.3.3 基于网站的全球网络营销

1. 国际站点的建立

面向国际市场的企业在建立网站时首先面临的一个问题就是建立多语言站点的问题。最经常使用的3种国际语言是英语、法语和西班牙语，但是考虑到特定目标市场的语言环境，有时候网站还需要提供其他语言的版本，如德语、日语等。

建立多语言站点的首要问题是外语使用的规范性，不规范的语言会给访问者留下不专业的印象，影响潜在用户对企业的信任水平，有时候甚至还会引起误解或者成为笑柄。另外，语言水平的稳定性也是影响访问者体验的重要因素，这要求不论是主页的内容还是深层页面的内容都要有同等水准的翻译质量，对于次要的内容宁可不在多语言文本中提供，也不可草率行事。对于一次性的内容，公司很容易委托给专业的翻译公司来完成外语版的文本内容，但对于经常要更新的项目，公司就要考虑聘用语言方面的专家来完成这一任务。

企业在提供多语言站点时，要尽可能地通过自动识别用户的IP地址来向访问者展示特定语言的页面。其次，可以考虑使用英语等国际语言的文本来提供语言选项，要尽量避免使用国旗标志来作为选择语言的按钮，因为国旗并不严格对应语言，南美许多使用西班牙语的国家的访问者未必会熟悉西班牙的国旗图案，非洲广大使用法语的国家的网络用户也未必都熟悉法国的国旗。

建立国际站点还需要考虑目标市场用户的上网习惯，例如，企业在建设日语站点时必须考虑到站点对于无线上网设备的友好性，因为日本的无线上网比世界其他地区发达，许多企业管理人员习惯于在通勤火车上上网。

除此之外，建立国际站点可能还要考虑网站的风格是否适合目标市场的文化特征，例如，人们发现，不同的颜色在不同的文化中可能代表不同的含义，因此，国际网站的主色调可能就要选择与国内网站不同的主色调。入乡随俗在这里仍然具有指导意义，选择网站色调可以从研究目标市场国同类网站的色调开始。

面向国外市场的站点需要经过更严格的测试，特别要注意测试站点对目标市场上访问者的下载速度，国外市场不仅会有不同的互联网基础设施，而且，网站在国外的下载速度还取决于两国之间的连接带宽、两国的时差等因素。因此，最好的方法是邀请目标市场上的准用户对网站下载速度进行BETA测试，然后根据测试结果采取相应的措施。例如，在下载速度过慢的时候，可以考虑减少网站上的多媒体元素，也可以考虑把国际网站放在目标国的服务器上。

2. 多语言站点的域名选择

多语言网站尤其是具有平行结构的多语言网站，其不同语言版本的域名应该有相似的结构，这就意味着要在网页URL的类似位置部署表示语言版本的字符。在部署的位置上，多语种网站有三种方案，一种方案是采用顶级国别域名来表示不同的网站版本，另一种方案是采用三级或者更低级的子域名来区分不同版本，还有一种方案是采用文件目录的方式来表示不同的网站版本。采用第一种方案可以彰显公司实力，而且很容易实现网站内容的本地化，但这种方案只适合在目标国有注册机构的跨国公司采用，原因是国别域名一般只对本国的个人和组织开放。即便是对跨国公司，采用国别顶级域名更多的是意味着瞄准了国别市场而不是语言市场，这两个一般并不重合。例如，谷歌的加拿大网站(www.google.ca)对应了英语和法语两种版本的网站，用户可以自行选择语言。低级子域名的解决方案适用于各种规模的公司,如fr.yahoo.com对应的是雅虎的法语网站,而de.yahoo.com则对应的是雅虎的德文网站,采用这一方法要求组织对域名服务器(DNS)拥有控制权,同时要求组织的网管熟悉DNS的设置。使用特定文件目录表示不同语言版本的方法具有简单易行的优点,这一方法非常适合小型的网站采用,但如果网站规模较大,这样的安排就很可能会引起内容维护上的困难。另外,准备建设多语种网站的组织最好从一开始就对网站的域名系统有一个全面的考虑,一次性地解决多语种网站的域名选择问题。在现实当中,很多组织都是在建立了单语种网站一段时间后才决定建设多语种网站的,如果这些组织在最初注册域名时缺乏一个长远考虑,他们就会在需要时才临时制定多语种网站的域名战略。这时,由于整个域名战略会受已有的域名安排的制约,战略选择会受到很大的限制,这就很难使整个域名系统达到最优。

3. 多语言站点的推广

多语种的站点需要在相应目标市场上做推广,在全球性的搜索引擎上做营销是最有效的推广方式。在全球范围做搜索引擎优化时要注意以下几点。

(1) 要了解目标国使用搜索引擎的习惯以及主要搜索引擎在目标国的市场占有率情况。虽然Google、Yahoo是全球性的搜索引擎,但在一些市场上,某些地方性的搜索引擎也不容忽视。例如,搜索汉语时百度的市场份额不容忽视;很多法国人习惯使用Voila.fr来搜索;在搜索德语网页方面,Web.de、Abacho.de和FireBall.de的市场份额不容忽视;而在日本,Dragon.co.jp、Goo.ne.jp和navi.ocn.ne.jp是很重要的搜索引擎。

(2) 要翻译多个页面在搜索引擎上登录,原则上,搜索引擎接受一个页面的登录,但是,随着竞争的激烈,单个页面的网站会被认为质量比较低劣而被搜索引擎忽视。至少,应该翻译3~5个页面,这些页面组成一个包含了两三个层次的小网站,这是保证被搜索引擎收录的最低标准。

(3) 有些地方性的搜索引擎在收录一个网站前需要人工审核,要保证网站被这些搜索引擎收录,就需要手工提交网站。这时最好委托当地的专业人士来提交网站,因为手工提交网站需要一定的技巧,至少,当地的专业人士不会在提交网站摘要时犯语法错误。

12.3.4 通过全球速卖通外销产品

2010年4月,阿里巴巴斥资1亿美元打造的外贸小单在线交易市场全球速卖通(www.aliexpress.com)正式上线,经过3年多的迅猛发展,全球速卖通在2013年8月已经覆盖全球220多个国家和地区的海外买家,每天海外买家的流量已经超过5000万,峰值达到1亿,成为全球最大的跨境交易平台。全球速卖通融订单、支付、物流、第三方信用担保服务于一体,可以帮助中小企业接触全球终端批发零售商,实现小批量多批次快速销售。

全球速卖通最大的优势在于通过减少外贸环节中的进口商渠道,将以往传统外贸中进口商所获取的巨额利润,返还到国内工厂及贸易商,同时降低了海外零售商的采购成本,从而达到消费者获利的目的。适合通过全球速卖通对外销售的商品最好满足以下条件:

① 体积较小,便于以快递方式运输,节省国际物流成本。
② 附加值较高,使得相对于商品价值的物流成本处于合理水平。
③ 独具特色,避免同国外类似商品展开价格竞争。
④ 在国际市场上具有价格优势。

满足以上条件,目前在全球速卖通上销售较好的商品主要包括首饰、数码产品、电脑硬件、手机及配件、服饰、玩具、工艺品、体育与旅游用品等。

中国用户可以免费使用全球速卖通这一国际在线交易平台对外销售,但一旦成交,阿里巴巴将收取交易费的5%作为佣金。因此,全球速卖通特别适合中小企业在国际市场上试销产品,一旦企业确定产品能够被海外市场接受,就可以转向阿里巴巴国际站、敦煌网或者用其他方式直接跟国外采购商联系。因此,全球速卖通为中小企业开拓国际市场提供了一条新的途径。

案例分析　　　电子港湾(Ebay)建立全球品牌

在2008年全球最有价值的100大品牌(Interbrand's Top 100)排名中,电子港湾位居第46位,它的品牌价值被估计为80亿美元,超过了排在第58位的亚马逊(64亿)和第65位的雅虎(55亿)。这主要归功于电子港湾在全球拥有的8400万活跃用户,如此大的用户基础使2007年在电子港湾交易平台上成交的销售额达到了近600亿美元,这意味着每秒钟成交1900美元。电子港湾没有采用传统的方法来建立品牌,其全球品牌的建立首先要归功于它强大的虚拟社区,而这又是同它的公共关系策略是密不可分的。

电子港湾庞大的用户群使它的虚拟社区拥有惊人的网络效应,这是它的竞争对手难以匹敌的。英国的拍卖站点QXL(www.qxl.com)尽管在营销上使出了浑身解数同电子港湾竞争,但因为QXL的用户群集中在英国,这就使拍卖的参加者数量远远不及电子港湾,而拍卖参与者的数量直接关系到拍卖的成败。同沃尔玛在地面上的扩张一样,电子港湾在网络世界的全球化进程几乎无法阻挡,不同之处仅仅在于前者只凭借了供应方的规模效益,而后者的规模效益包括了供应方规模效益和需求方规模效益两方面。电子港湾所到之处,它的口碑效应都会给它鸣锣开道,电子港湾的一些忠实用户甚至把在电子港湾上交易当成了谋生手段,一个经营厨房用品的英国用户这样描述在电子港湾上交易的好处:"电子港湾把我带到了一个全球化的市场,而从前我们只能靠两家店铺在曼彻斯特经营。有了通过电子港湾向全球销售的机会,我们甚至没有必要再建设自己的网站了。"2008年,电子港湾已经进入了全球39个市场,并且海外市场上实现的销售收入已经可以和在美国国内实现的收入基本持平。

电子港湾的巨大用户群不是在一天里拥有的,电子港湾为了获得和维持这一用户群也投放了大量的广告,即使在2003年,电子港湾的广告花费也有3.21亿美元,这远远超过了亚马逊当年在广告上花费的1.09亿美元。电子港湾的广告不限于网络广告,在电视广告、印刷广告上都有巨大的投入。

参考文献

1. Paul Jackson, Lisa Harris, Peter M. Eckersley. E-Business Fundamentals. London: Routledge,2003

2. Marilyn A.Stone, J.B.McCall. International Strategic Marketing: A European Perspective. London: Taylor & Francis Group,2004

3. Judy Strauss, Adel El-Ansary, Raymond Frost. E-Marketing(3rd ed.). 北京:中国人民大学出版社,2004

4. [美]沃伦·J.基坎,马克·C.格林著.傅惠芬等译.全球营销原理.北京:中国人民大学出版社,2002

5. 王海忠.全球营销:规则、指南与案例.北京:企业管理出版社,2003

第13章　非传统网络营销实例：城市网络营销

非传统营销包括人物营销、地方营销、理念营销(善因营销)、事件营销和机构营销。本章将以地方营销中的城市营销为例，说明网络营销在非传统营销中的应用。

13.1　城市营销的概念

城市营销就是利用市场营销的理念和方法经营城市，它将城市的现状和未来发展作为产品，分析它的内部和外部环境，揭示它在全球性竞争中的优势、劣势以及面临的机遇和威胁，确定它的目标市场(包括目标区域、目标人口、目标产业)，并针对目标市场进行价值的创造、传播和让渡。城市营销的目的是为城市区域发展吸引人才、资金，扩大城市旅游业、教育业、房地产业等产业的对外销售，同时让本地居民对所在地感到满意并为之产生自豪感。在营销学文献中，城市营销通常被作为地方营销(place marketing)或者目的地营销(destination marketing)的一个分支，除城市营销外，地方营销还包括国家营销、州省营销、区域营销、社区营销等。在旅游学文献中，城市营销则是目的地营销的一个分支。

城市营销可以分为城市品牌营销和城市促销两个层面，前者的目标是建立一个具有长期生命力的强大的城市品牌，后者的目标是通过若干具体的促销活动在短期内为城市吸引到更多的资金、人才或者游客。比较而言，城市品牌营销着眼于城市长期竞争力的培育，而城市促销则侧重城市短期的收益；城市品牌营销可以增强城市在各个市场上的竞争力，而城市促销的效果却只能在开展促销的市场上得到体现，所以虽然城市促销对于城市营销而言也必不可少，但城市品牌营销却无疑更为根本。

13.1.1　城市营销的历史发展

许多人相信，地方营销的实践可以追溯到19世纪50年代的美国，当时的美国政府为吸引人们开发西部而对西部地区开展了促销。20世纪早期，法国和英国的一些滨海名胜区为吸引游客也曾经大量使用了广告手段。一个比较极端的说法还认为城市营销开始于文艺复兴时期的意大利。不过，早期的地方营销都还只能被称为地方销售，因为它们主要是以广告为主的一些促销操作。如今，地方营销已经演变为地区发展的主流方式，科特勒说："地方发展就是为了保养和发展一个地区的天然和潜在特色而制定系统和长期的营销战略。"[①]

2000年，昆明借举办世界园林博览会之机在我国首开城市营销的先河。2002年，城市营销在中国已经演化为广告大战，央视调查公司提供的一组电视广告监测数据显示：在2002年4月24日央

---

① Kotler, P. & Hamlin, M. A. & Rein, I. & Haider D. H.. Marketing Asian Places. Singapore：John Wiley & Sons (Asia)

视国际台的全天候节目中,81个广告中就有14个广告为省市旅游形象和活动广告,它们分别是义乌中国小商品城、中国枫溪第二届陶瓷交易会、中国桂林、中国河南、中国江北水城(聊城)文化旅游节、中国荣成成山头、中国攀枝花国际长江漂流节、中国优秀旅游城市辽宁鞍山、中国东营、山东蓬莱、湖南旅游、济南高新区招商局等。今天,城市营销的概念在我国已变得非常普及,而且已经出现了一批以城市营销为题的专著,如谭昆智主编的《城市营销》以及赵中生和李勇编著的《中国城市营销实战》等。对互联网在城市营销中应用的研究有望把城市营销带入网络营销时代。

13.1.2 城市营销的意义

任何一个城市都只拥有发展所需的部分资源而缺少另外一些资源,例如,有的城市缺乏发展资金,有的城市缺乏土地资源,有的城市甚至缺少淡水资源等。资源的匮乏会成为制约一个城市发展的因素,但是城市可以通过与其他地区交换打破资源限制的瓶颈,交换能否正常进行,城市在交换中会遭受损失还是获得收益,这都取决于城市营销的好坏。通过城市营销,城市可以建立起自己的品牌,城市品牌能够像商品品牌一样带来超额利益,城市的品牌利益可以体现在许多方面,如城市的房地产价格、城市每年吸引游客的数量、城市吸引资金的条件、城市吸引人才的条件、城市吸引会展的条件、城市吸引社团机构入驻的条件等。在同等条件下,一个拥有强势品牌的城市可以吸引更多的游客,可以以更低的成本吸引资金、人才、会展和社团机构,该市的房地产价格也会高到与其品牌相称的水平。因此,城市营销会给城市带来巨大的经济效益。

实际上,城市营销的意义还不限于增加对外部资源的吸引力,对城市内部的利益相关者而言,城市营销可以增进市民的自豪感和对生活的满意度,从而增强市民的爱乡主义观念,提高城市的凝聚力和号召力,鼓舞市民以更高的热情投入到家乡建设中去。

13.2 城市营销的挑战和对策

成功的企业市场营销已属不易,要成功地开展城市营销更是要面对各种各样的挑战。

13.2.1 经费问题

城市营销面临的最大问题是经费不足的问题。城市营销的目标市场非常广泛,许多城市要在全球范围内开展营销,这要求有充足的经费做支持。考虑到当前城市间的竞争日趋白热化,如果营销经费明显少于竞争对手,那就很难在竞争中脱颖而出。况且,在吸引人们注意力方面,城市不仅要和其他城市竞争,还要和其他营销者进行竞争,而一般而言,企业的营销经费要更加充足。

地方营销从政府部门的财政预算中取得的经费通常是很有限的,根据世界旅游组织公布的数字,1997年,国家旅游管理部门在广告方面投入最多的国家是澳大利亚,为3000万美元,而索尼公司当年在广告方面的投入就达到了3亿美元。

解决经费不足问题要从开源和节流两方面考虑。开源就是要在政府财政预算外动员地区其他资金的投入,例如,与美国首都华盛顿市隔河相望的弗吉尼亚州的亚利山大市1999年在城市营销方面的预算只有60万美元,而这一经费到2000年则大幅增加到了130万美元,增加的经费主要来源于该市对酒店住宿征收了每晚1美元的特别税费。该市的酒店行业愿意分担这笔费用,因为理解城市营销对他们的重要性。加拿大举世闻名的旅游小镇班夫(Banff)的开源方案要更胜一筹,该镇主要的门户站点(如www.banff.com)可以通过专业化的网络营销成为外界了解该镇信息和服务的真正门户,从而可以通过网络广告来获得收入。

节流的意思是要对掌握的经费进行精打细算,使有限的资金发挥最大的效益。实现节流的最主要的方法就是按照整合营销的理念实施城市的最大化营销,即不仅动用传统营销工具,也要动用基于互联网的营销新工具,并且要使这些不同的媒体产生协同效益。

13.2.2 城市产品的复杂性

城市营销的对象是城市产品,它不仅包括城市的历史文化积淀以及现有的政策、基础设施、自然条件、自然人文景观、文化娱乐生活等,还包括人们对城市未来发展的预期。城市营销者对城市产品的控制力是非常有限的。许多特征在中短期是无法改变的,另一些特征则根本无法改变。前者主要包括城市的基础设施,后者则包括城市的自然禀赋和历史文化遗产。当然,城市的一些特征是营销者可以设法改进的,如目标市场上对城市的误解可以通过有效的营销传播去消除,一些不利于城市发展的政策也可以通过特定渠道去改变,市民的整体素质可以通过教育来提高。

城市产品的复杂性决定了城市营销的重点不是产品的设计,而是产品价值的发掘、包装和传播。

13.2.3 城市营销传播的复杂性

城市营销的传播渠道非常散乱,它既包括有组织有计划的官方传播,也包括有组织无计划(指宏观计划)的民间机构传播,还包括无组织无计划的民间个人传播。传播渠道的广泛性使得传播的信息很难口径统一,这就会在目标市场上形成破碎的城市形象,大大降低传播的效率。

口头传播对城市营销而言具有极端的重要性,一个城市有几百万甚至上千万的居民,每个人都可能会传递有关城市的信息。此外,许多城市还有数量可观的游客、外来工人和其他流动人口,这些人也会在各自的圈子中传播该城市的信息。例如,在外创业发展的温州人的网络规模惊人,据有关资料统计,在海外发展的温州人有40多万,在国内发展的温州人则有上百万,这些人的作用非同小可。根据本人在2003年年底所做的一次大规模的调查,口头传播是建立城市知名度最有效的传播途径之一。在我调查的三个城市中,两个城市口头传播排名第一,另一个城市口头传播的排名也仅次于电视位居第二。可见,如果能对口头传播加以引导,可以为城市营销节省大量营销费用。但是,如果对口头传播不加管理,口头传播也可能会成为城市营销的噪音,不仅达不到节省费用的效果,还会带来反面的效果。

城市营销的大量受众为广告寻觅者。旅游者经常会在出游前进行周密的计划,对不同的出游方案进行仔细的比较,所以旅游服务的购买者中广告寻觅者的比例较其他产品或服务类别为高(见表13-1)。城市营销的其他目标群体,如潜在的投资者和就业者,更是要在决策前进行周密的调查,所以广告寻觅者的比例更高。这一特征决定了城市营销应当优先选择高信息容量的媒体,从前,印刷媒体是城市营销最重要的媒体,如今,互联网则异军突起,成为城市营销的主力媒体。

表13-1 不同产品市场上广告寻觅者的比例

广告产品	广告寻觅者占消费者的比例/(%)
旅游线路	24
食品	18
机动车	14
干啤	10
巧克力	8

资料来源：Advertising in Tourism and Leisure.

13.2.4 政治问题

城市营销可以分为城市品牌营销和城市促销两个层面，城市品牌营销着眼于城市的长期的竞争力，可以给城市带来全方位的利益；而城市促销则侧重城市短期的收益，并且促销的效果通常集中在一个方面，如吸引游客方面。

城市营销的主体包括城市居民、城市中的企事业单位和机关团体，但在城市营销中起决定作用的一支力量还是市政当局，市长、旅游局局长、招商局局长、人事局局长等政府官员都可以在城市营销中发挥重大作用。在我国目前的体制下，所有这些政府官员都有一个任期，官员在任职期满后很可能会调往其他部门甚至其他地区，因此，政府官员为了拼政绩都会把更多的精力放在任期内可以收到明显效果的项目上。显然，城市促销项目更容易受到有关领导重视，只有具有长远发展眼光的领导才能看到城市品牌营销的重要性，只有大公无私的领导才肯下大力气创建城市品牌，而这样的领导通常是可遇而不可求的。

幸好，政府任期和品牌营销的矛盾可以通过以下方法得到部分解决，即建立一个专门从事城市营销的非营利组织。该组织属于事业编制，可以不受政府换届的影响，国外的城市营销通常也都是由政府委托给专门的事业机构去做的。

13.2.5 差别化问题

商品品牌建立的前提是商品之间存在着差异，同样，城市间的差异也是城市品牌建立的前提条件。

作为一个地区经济、政治和文化的中心，城市都具有同样的基本功能，然而城市的数量成千上万，如何能同其他城市进行有意义的区分就成了建立城市品牌的一大难题。

实际上，每一个城市都是唯一的，城市的唯一性不仅表现在它的地理位置上，而且还表现在它的历史、文化、自然资源禀赋和人力资源方面。如果再考虑到一个城市在人居环境、市民素质等方面还有很大的可塑性，对城市确定一个独特的定位就完全是可能的，在对城市定位时要注意以下方面。

(1) 要考虑定位的区域性。因为语言、民族、气候等方面的原因，绝大部分城市都是区域的城市而不是全球的城市，因此，城市在定位时应立足该城市辐射力可及的区域。例如，中国西部中心城市离开了区域，定位就不可能准确，更不可能产生最大的效益。

(2) 要考虑定位的长期性。城市定位确定之后必须长期保持不变，因为品牌的建立本来就需要一个长期经营的过程，因此，对城市定位需要一定的前瞻性，要避免受一些来去匆匆的时尚的影响。例如，现在街舞非常流行，如果一个城市借此大做文章，靠资助街舞俱乐部和举办街舞大赛，把城市定位为街舞之都,这种努力即使成功,但却会有很大风险,因为街舞不再流行的时候,这个城市还是一无所有。

(3) 要考虑城市的垄断性资源。城市如果有独占的资源,就可以围绕这些资源做文章,这样可以有效地回避竞争,使资源发挥最大的效益。

(4) 要考虑城市竞争对手的情况。城市在定位时要考虑未来可能遇到的竞争,例如,洛阳因牡丹闻名,但洛阳牡丹节有了一定影响后,陕西西安、山东菏泽也都打出了牡丹牌,这几个城市必然会展开对观赏牡丹的游客的竞争,结果是城市营销成本上升而收益被分流。

(5) 要考虑城市定位的创新性。一些城市为回避竞争,经常在城市自身的历史中挖掘卖点,这种思路固然无可厚非,但如果把城市定位同历史紧密地联系在一起,客观上就会封杀城市的品牌想象空间,对城市未来发展形成制约。例如,山东滨州借历史名人孙武之光将城市定位为"兵圣之都",这虽然对扩大城市知名度有一定帮助,但这一过分单薄的定位对城市吸引人才、资金、游客都帮助不大。与此相比,河南巩义就没有把自己定位为"诗圣故里"或者"唐三彩之乡",而是面向未来,在城市营销中强调自己是中部唯一的百强县。这个定位足以显示巩义经济的活力,而且可以引起人们的好奇,让人们去思考巩义经济成功的原因。

13.3 城市网络营销

13.3.1 城市品牌的建立

城市营销必须以品牌营销为核心,实际上,不论一个城市有没有意识到或者愿不愿意,每一个城市本身都是一个品牌。世界上只有一个纽约,也只有一个泉州,但是,每个城市的自然条件、经济社会发展状况、文化传统都不相同,因此城市的知名度和美誉度也不相同。城市品牌是外界认识一个城市的捷径,一个城市要获得成功,就必须认真经营好自己的品牌。

13.3.2 无网站的城市网络营销

无网站的城市营销以电子邮件营销和虚拟社区营销为主,它主要面向以城市居民为主的城市内部市场。因为无网站的网络营销擅长关系的维持,而有意和城市建立长期关系的群体当首推城市居民群体。

1. 电子邮件营销

城市可以利用提供免费邮箱服务的方法和各种离线方法建立适用于城市营销的邮件列表。

城市电子邮件营销的主要目的是提高城市居民的满意度,所以电子期刊应当以宣传城市建设成就、发布政府公告和提供活动信息为主要内容。2004年9月1日是泉州市第一次"学习节",包括科技馆、海外交通史博物馆、华侨历史博物馆在内的公共教育设施和文化场馆当天都会向社会免费开放,这本来是开展城市内部营销的一次很好的机会,但前提是要有很好的组织。这件事如果大肆宣传,不仅花费巨大,而且传播效果事先难以估计,有可能会导致几个热门场馆人满为患,如果小范围通知,则可能使公共设施利用不足,达不到调动市民学习热情的效果。这种情况下,最好的做法就是利用电子邮件发布消息,电子邮件具有点对点传播的特性,可控性非常强,如果计划得当,甚至可以为市民安排参观不同场馆的时间。

另外,开通市长信箱也是城市从事电子邮件营销的一个方面,市长信箱可以鼓励市民反映社情民意,帮助政府发现行政管理方面的问题。但是,市长信箱开通后,一定要保证对群众反映的问题及时回复,否则,反映问题的群众反倒会滋长不满情绪,最终将无人使用市长信箱反映问题,使市长信箱形同虚设。

2. 虚拟社区营销

一般而言,地理距离邻近的城市居民可以组建很多类型的虚拟社区,如二手市场形式的交易社区、交友社区、参政议政社区、学习社区等。国内外许多城市都把建设虚拟社区当作数字城市建设的一项主要内容。

深圳是我国城市发展史上的一个奇迹,深圳的崛起得益于其优越的地理位置和中央政府的一系列扶持政策,但也同样得益于来自全国各地的精英人才的打拼奉献。深圳之所以能成为无数年轻人心目中的创业乐园,深圳的包容精神扮演了重要的角色。在深圳的两个门户网站深圳之窗(www.sz.net.cn)和深圳热线(www.szonline.net)上,虚拟社区都是重要的组成部分,每个网站的虚拟社区又都开设有各地同乡会这样的关系社区。例如,深圳之窗上的虚拟同乡会就包括了"中原儿女"、"西北风情"、"湘聚鹏城"等20个分会,这些虚拟同乡会不仅使各地来深圳创业的人都能找到家的感觉,而且还像磁石一样吸引着打算来深圳发展的各地人才。可见,深圳门户网站的虚拟社区在为深圳吸引人才方面发挥着积极的作用,为深圳的城市营销做出了一定贡献。

13.3.3 城市的微博营销

社会媒体时代的到来使微博成为了城市营销的一大利器。利用微博开展城市营销可以发挥城市营销参与主体范围广泛的优势,开展政府部门主导、地方企事业单位以及广大热心市民积极参与的人民营销(people marketing)。

旅游一直是微博用户最为关注的话题之一,在5.3亿新浪微博用户(截至2013年8月)中,经常讨论旅游的用户就超过了6200万,这使得新浪微博成为了各地开展目的地营销的一个重要工具。泉州市旅游局就多次与新浪微博合作,开展了卓有成效的城市微博营销。

2013年5月,在"5·19"中国旅游日到来之际,泉州市旅游局隆重推出了"穿越宋元·寻宝泉州"大型微博营销活动,借助这次节日庆典活动对外宣传了泉州市作为历史文化名城的深厚底蕴,同时推介了泉州旅游精品线路。泉州旅游局首先通过网络面向全国征集了33位微博旅游达人,邀请他们以角色扮演的方式畅游泉州,身临其境地体验泉州鼎盛时期的文明。5月19日到20日,来自全国各地的微博达人身着古装,扮演成达官贵人、富家小姐、印度商人或者历史名人(如马可·波罗),穿越宋元,穿梭于泉州的大街小巷,体验泉州特色美食,边走边拍,用微博直播了这段穿越之旅的全过程,在微博上掀起一阵穿越风。在活动的两天里,相关的微博就超过了17 000条。由于这次活动大胆采用了微博达人穿越时空的旅游推介方式,在国内属于首创,自然活动也获得了众多媒体特别是网络媒体的大量报道,营销取得了很好的效果。

2013年8月12日,在旅游黄金季即将到来之际,新浪微博启动了一场名为"带着微博去旅行"

的大型在线活动。在从8月12日开始到10月8日结束的这段时间里，新浪微博用户只需发布"带着微博去旅行"或者"带着微博去某地"等指定旅行类话题的微博，分享旅行愿望或见闻，就有机会赢得价值千万的奖品，还能获得去南极、中国香港、马尔代夫等60个国内外旅游目的地免费旅游的机会。此外，点"赞"、评论、转发他人的旅行见闻或梦想，也有机会获得相应城市提供的礼品。"带着微博去旅游"的活动一经推出，立刻受到了网友的热捧，活动开始仅4个小时，已有超过91万网友参与。这次活动也吸引了众多旅游目的地的参与，其中也不乏一些著名的旅游城市，泉州市就是其中之一。

福建省的政务微博有很好的基础，旅游局系统更是走在前面，从省旅游局到各市、县、区旅游局都开通了新浪微博，这就为泉州市旅游局开展微博营销奠定了基础。"带着微博去泉州"活动的牵头单位是泉州市旅游局，但参与这个活动的却并非泉州市旅游局一个单位，泉州下属的各市、县、区旅游局以及泉州境内几个主要的风景名胜区管委会全都参与其中。因此，运作这次微博营销的不是一个账号，而是由泉州市旅游局、晋江市旅游局、南安市旅游局、石狮科技文体旅游局、泉州鲤城区文体旅游局、泉州崇武古城景区、泉州清源山景区、惠安县旅游局、安溪县旅游局、德化县旅游局等18个微博账号共同组成的微博方阵。泉州市的这次微博营销表现出了以下几个亮点：

(1) 线上线下立体作战，实施整合营销传播。为了配合"带着微博去泉州"的微博营销活动，泉州市旅游局不仅在各网络媒体上大力宣传这次活动，也多次通过泉州电视台、泉州晚报等地方主流传统媒体开展宣传。很多泉州市民都是通过报纸和电视知道了这次活动参与其中的，而后成为了这次宣传推介泉州旅游的主力。

(2) 有线上网和移动上网并举。考虑到许多用户是通过手机使用微博的，泉州市旅游局在开展微博营销时专门针对这部分用户通过新浪发布了移动广告。8月29日，"带着微博去泉州"活动的主题图片成为了新浪微博手机客户端的启动页面，这一平面广告让数以亿计的使用手机登录新浪微博的用户看到了泉州的风景名胜，提升了泉州的知名度和吸引力。

泉州市旅游局抓住近几年社会媒体迅速普及的大好机会大力开展城市的微博营销，以微博为主阵地，以传统媒体为策应，频繁发起微博活动，使得泉州旅游局旗下各个微博账号的粉丝数量不断增加，同时也积累了宝贵的微博营销的经验。

从泉州微博营销的例子我们可以看到微博在城市营销中的威力，因此，毫不奇怪，国内外许多城市都在他们的整合营销策略中将微博营销作为主攻方向。古城西安2011年的微博营销创意"古城钟楼"曾经轰动一时，引起姚晨、蔡康永等众多名人转发，取得了一夜之间获得17万粉丝的辉煌战绩。我们希望，在西安、泉州之外，有更多的中国城市能够通过微博营销城市，创造更多的成功案例。

● 13.3.4 基于网站的城市营销

1. 城市营销网站的分类

具有城市营销功能的网站按照网站所有人不同可以分为政府网站、企业网站、非营利组织网站和个人网站等类别；按照内容又可分为对内门户网站、对外门户网站、专业门户网站等类别，具体如下。

(1) 政府网站。在我国，这类网站一般由市政府办公室主办，市信息中心提供技术支持。在域名选择上，一般采用www.城市名.gov.cn的模式，如"中国上海"政府门户网站(www.shanghai.gov.

cn)、汕头市人民政府门户网站(www.shantou.gov.cn)和潮州市人民政府公众信息网(www.chaozhou.gov.cn)等。国外的情况则相对比较复杂,从域名上看,既有伦敦(www.cityoflondon.gov.uk)和悉尼(www.cityofsydney.gov.au)这样典型的官方机构域名,也有法兰克福(www.frankfurt.de)这样的通用域名。从运营方式看,国外城市经常把政府网站委托给企业去运作管理。"中国上海"政府门户网站的网站说明如表13-2所示。

表13-2 上海市政府门户网站的说明

关 于 我 们

(2003年5月9日)

"中国上海"政府门户网站于2001年9月28试开通,2002年1月1日正式开通。"中国上海"政府门户网站是上海市人民政府各部门在互联网上信息发布和提供在线服务的总平台,是上海市人民政府各部门和区县政府子网站与公众联络和交流的总窗口。

"中国上海"政府门户网站的主要任务:以互联网为载体,传递、发布上海本地政府信息;利用网络建立政府和市民、企事业单位联系互通的信息渠道;通过电子手段提供政府为民、便民、利民以及行政事项审批等网络在线服务。

"中国上海"政府门户网站的服务宗旨:开辟市民参政议政新途径、增强政府工作透明度和保障公民知情权;通过网络通讯应用和信息技术,提供政府在线服务、在线办公的有效方式,方便市民、企业等办理有关事务,推动政府业务流程再造,提高政府行政效率;在本市推进建设适应经济、社会发展需要的行政管理体制中,加强与本市专网、内网建设的相互关联性;在电子政务协同办公、在线事务处理和电子邮件应用推广进程中,对本市的电子政务起带动性作用。

"中国上海"政府门户网站的主要内容:政务新闻、市长之窗、网上办事、为民服务项目、网上评议、重点热点专题、上海概览、政府部门办事指南、网上咨询投诉、政府部门网站链接、服务性网站导航等。

"中国上海"政府门户网站工作部门:"中国上海"政府门户网站编辑部(下简称"编辑部")。编辑部主要职能是:承担"中国上海"政府门户网站的信息发布、日常维护和运行管理工作,负责市政府各部门和区县政府子网站的业务联系、指导和协调。

"中国上海"政府门户网站编辑部联系方式:

主任:孙松涛,全面负责"中国上海"政府门户网站编辑部工作。

E-Mail: stsun@shanghai.gov.cn

联系电话: (021)63212810-3872   (021)63580071

副主任:尚子敏,协助主任负责"中国上海"政府门户网站编辑部日常工作。

E-Mail: zmshang@shanghai.gov.cn

联系电话: (021)63212810-3873

地址: 上海市人民大道200号

邮政编码: 200003

(2) 企业网站。在政府网站之外,大部分城市都拥有一个以上的由企业创办的门户网站,在我国这类网站通常由电信公司开办,部分地方媒体也开办有门户性质的网站,个别互联网服务企业也开办有城市门户网站,但多数为专业门户网站。电信公司开办的城市门户网站的域名一般采用www.城市.省.cn,例如,泉州信息超市(www.quanzhou.fj.cn)、潮州热线(www.chaozhou.gd.cn)、汕头信息港(www.shantou.gd.cn)等。

(3) 非营利组织网站。一些同所在城市关系密切的非营利组织开办的网站也会有大量旨在推广所在城市的内容,如福建三明市是客家人的发祥地之一,因此三明市客家联谊会的网站(www.smhakka.com)就担负着向分散在世界各地的根在三明的客家人介绍三明近况的任务,该网站因此成为了三明的一个对外门户网站。

(4) 个人网站。在政府网站和企业网站外，还存在大量的与城市营销有关的个人网站。例如，美国的潘威廉博士(William Brown)夫妇以他们喜爱的第二故乡厦门为主题建立了个人网站，叫做魅力厦门(www.amoymagic.com)。

(5) 对内门户网站。这类网站主要面向城市内的利益相关者提供信息服务，典型的如"我的曼彻斯特"网(www.mymanchester.net)，该网站的定位是曼彻斯特的社区网，因此人们不仅可以通过互联网访问该网站，还可以通过设在曼彻斯特市内的许多个触摸屏终端访问该网站，这极大地方便了身在曼彻斯特市的人们，这既包括居民，也包括旅行者。

(6) 对外门户网站。这类网站主要为城市外的利益相关者提供服务，如拉斯维加斯网站(www.lasvegas.com)主要为访问提供拉斯维加斯的游客提供酒店预订、演出预订等各种服务。

(7) 专业门户网站。专业门户网站指专门向一类利益相关者提供综合服务的网站，这类网站以旅游信息网站为最多。例如，阿姆斯特丹专门面向旅游者的网站"访问阿姆斯特丹"(www.visitamsterdam.com)和渥太华的类似网站"渥太华旅游"(www.ottawatourism.com)等。

2. 网站的推广

与普通企业网站不同，城市门户网站最大的流量来自于直接访问，即用户直接在地址栏输入城市门户网站的URL，当然，这也包括用户将该城市收藏到书签或者设置为主页而实现的访问。这一网站访问习惯要求城市营销网站首先要选择好的域名方便用户直接访问，其次要提供精彩的内容促使用户将城市网站加入书签，当然，在首页上加入"加入书签"的按钮也可以算是一个好主意。另外，城市门户网站直接访问量大也说明离线宣传的重要性，电视、报纸杂志、广播和户外广告都是推广城市网站的上佳媒体，不过，简明易记的网址对电视、广播和户外广告具有重要意义。

城市网站流量的另一重要来源是各类搜索引擎，自然，当使用搜索引擎搜索一个特定的城市名时，该城市的门户网站肯定会出现在搜索结果的前3位。但是，考虑到城市间存在的激烈竞争，城市不应该满足于此，城市门户网站要争取在构成城市品牌特点的关键词搜索中名列前茅。例如，泉州营销的卖点在海丝文化和花园城市，那么就要力争在搜索"海丝"和"花园城市"时位居前列，但非常遗憾，泉州虽然在前一搜索中占据了有利位置，但在更重要的"花园城市"的搜索中名落孙山，使得泉州好不容易才争取到的"国际花园城市"称号的效益大打折扣。

城市网站流量的第三个重要来源是各类向内的链接。对于尚未建立全国知名度的地区性小城市而言，同地区的中心城市建立链接是为城市门户网站带来流量的重要手段。目前，我国的大部分县级市都可以考虑将他们的门户网站与所属的地级市的门户网站建立链接，而一些地级市的门户网站则可以考虑同相临的更有影响的省会城市、直辖市、特区城市的网站建立链接。同时，城市门户网站还可以同相关的专业门户站点建立链接，如河北的城市网站就可以和中国河北招商网(www.hebiic.gov.cn)建立链接，当然，条件是这些行业站点有专业的网络营销支持，本身有足够的流量。

3. 基于网站的城市营销的经典案例

1) 新奥尔良在线(www.neworleans.com)

新奥尔良在线(见图13-1)是由旅游营销公司主办的新奥尔良市城市营销的官方站点，该站点获得了2004年的"最佳消费者站点爱迪奖"(2004 Addy for Best Consumer Website)。新奥尔良在线的基于网站的网络营销有以下特征。

(1) 新奥尔良在线以旅游者为主要对象,兼顾投资人和移民的需求。

(2) 新奥尔良在线充分利用了多媒体手段进行传播,访问者在新奥尔良在线的站点上不仅可以看到该市制作的城市营销的电视广告,而且还可以通过新奥尔良在线广播电台收听到该市引以为荣的爵士音乐。

(3) 新奥尔良在线网站具有电子商务能力,访问者可以在线查询和预订酒店房间。

(4) 新奥尔良在线重视网站的推广。鼓励访问者通过该站点给朋友发送新奥尔良题材的电子明信片,这是一种典型的病毒营销手段。

(5) 新奥尔良在线还利用优惠券来刺激游客在新奥尔良的消费,访问者必须凭新奥尔良以外地区的驾驶执照来使用优惠券,这些可以在站点上下载的优惠券价值在2000美元以上,覆盖了包括住店、娱乐、游览、饮食在内的诸多消费领域。

图13-1　新奥尔良在线网站的首页

2) 成都市的搜索引擎营销

随着中国城市间的竞争愈演愈烈,各个城市对市场的争夺也从传统有形市场扩展到了网上虚拟市场。2008年8月初,成都市运用Google在全球范围展开了一次大规模的搜索引擎营销攻势。

本次营销的目的在于提升成都城市旅游品牌形象,宣传成都地区的旅游目的地资源,同时推广相关旅游产品。负责此次城市营销的机构是成都文化旅游发展集团(以下简称"文旅集团"),鉴于此次营销面向全球市场,文旅集团选择以英文网络用户为主攻目标,将"支持四川灾后重建、参与成都文化旅游"的主题广告和"亲临熊猫故乡、感受中国的中国——成都"等内容以图片广告方式投放到美国、澳大利亚、英国、新加坡等全球12个主要客源国家和地区的谷歌内容联盟网站中。这些网站包括美国世界旅游指南网、澳洲孤独星球网、新加坡360网等。同时,文旅集团还针对欧、美、亚洲主要客源国家以及我国港台地区在Google投放了英文、中文繁体、中文简体关键词广告,进行旅游产品推广,文旅集团共投放了748个关键词。2008年8月仅一个月时间,成都的主题广告页面的展示量就超过了2000万次,有效点击也达到了近10万次。根据访问量分布来看,点击广告的用户来自全球72个国家和地区,其中又以德国、英国、澳大利亚、美国、荷兰五国最多,占到了全部点击的70%以上,德国、英国、澳大利亚用户的点击率比平均水平高出了50%以上。在成都投放的诸多关键词中,境外网络用户搜索最多的是:China info(中国信息)、China tourism(中国旅游)、

China map(中国地图)、earthquake(地震)等，关键词广告的着陆页面为成都文旅集团网站的相关页面。虽然很难对这次营销的投资收益情况进行准确的判断，但文旅集团对营销的效果非常满意，认为达到了预期目的。

成都市的这次搜索引擎营销攻势被认为是中国城市开展全球网络营销的第一例，它的以下做法值得其他城市借鉴。

(1) 本次营销有明确的营销主体。成都为了做好城市营销特地在2007年组建了成都文化旅游发展集团，负责全市文化与旅游资源的开发和营销。成都文化旅游发展集团的组建使得成都的大规模营销成为了可能。

(2) 本次营销的时机选择比较得当。受四川地震和北京奥运会的影响，中国在2008年受到了全世界的普遍关注。很多人计划在这一年访问中国，成都选择这一时间开展搜索引擎营销攻势可以说非常明智，营销对品牌的建立和旅游产品的推广都能起到最大的推动作用。

(3) 搜索引擎内容广告和关键词广告相结合，前者主要在品牌营销方面发挥作用，而后者则主要在销售促进上发挥作用。

(4) 本次引入了善因营销的元素。本次营销将到成都旅游和支持四川地震灾后重建联系在了一起，无疑有巨大的号召力。很多海外华人和国际友人看到这一广告信息后可能会产生到成都旅游一次的冲动，毕竟这和救援灾区这一高尚目的(善因)联系在一起。

4. 网络营销人的职业前景：里查德森夫妇的城市门户站点

弗雷德·里查德森(Fred Richardson)和爱莲·里查德森(Eileen Richardson)夫妇在2002年年底联合创办了圣菲市的第3个门户站点www.thesantafesite.com(见图13-2)，他们网站的竞争对手有市旅游局开办的www.santafe.org和另一家私人开办的站点www.santafe.com。里查德森利用了他们在网络营销方面的专业知识来取得竞争优势。

图13-2　里查德森夫妇的圣菲门户网站首页

里查德森的站点具有强大的多媒体能力，他们通过数码照片和录像来展现旅馆的设施，不用说，录像还伴随着里查德森精心挑选的古典音乐。

弗雷德·里查德森非常重视利用搜索引擎营销来推广站点，通过搜索引擎优化，他们的网站在alexa.com这个Amazon拥有的搜索引擎上排到了"圣菲旅游"查询下的第一名。如今，他们网站每天的独立访问者人数达到了1400人，而根据他们的估计，他们能够争取到的最大市场份额是1500～2000个独立访问者，该数字是根据每天通过搜索引擎查找"圣菲"的人数算出的。

《失衡》(*Off Balance*)的作者爱莲·里查德森是一个颇有才华的作家，网站上的大多数文章都是她的原创作品。她每月都会在网站上增添新的文章，文章大多是一些有关圣菲的游记和散文，如《精打细算游圣菲》和《圣菲的浪漫和性》等，这些不断增添的文章不仅延长了访问者在网站上停留的时间，也有助于改进网站在搜索引擎上的排名。可以想象，如果没有了爱莲·里查德森的文章，网站将会失去许多活力和灵气，而且肯定也达不到500页以上的规模。

里查德森的站点主要靠广告获得收入，他们提供多种形式的网络广告服务。例如，利用Flash制作的旗帜广告、附送一个微型网页的网站黄页、视频广告片或者一段800字的推荐文章。不同的广告形式价格差别很大，被附送一个微型网页的网站黄页收录的价格是每月50美元。

里查德森的站点甚至还提供按照点击计费(CPC模式)的旗帜广告服务，该站点轮换展示不同广告主的旗帜广告，广告主需要为每次点击支付给里查德森的站点35美分。

2003年8月，有42家企业在里查德森的站点上发布网络广告，不论这些企业购买哪种形式的广告，里查德森都会为他们按月提供广告效果的统计资料，内容包括有多少人浏览了广告、停留了多长时间以及最后有没有进入广告主的站点等。

里查德森夫妇还制作了推介圣菲和他们的广告主的光盘，将光盘发送给提供旅游信息的机构，这些机构中包括美国旅游业协会。他们还在eBay上开设了商店出售这些光盘，当然eBay上的商店和他们的圣菲门户站点间有一个链接，这有助于提升两者的热门度。

里查德森夫妇的努力不仅为他们自己带来了可观的收入，而且在客观上起到了营销圣菲的作用。

 里查德森夫妇近来为他们的站点增添了这样的内容——艺术家黄页，他们动员新墨西哥州的画家在他们的站点上建立一个页面，页面内容包括画家作品的影像和画家的简介，当然该页面同画家个人的网页间有一个链接。他们向这些画家只一次性地收取50美元的设置费(而不是像企业黄页那样每月50美元的广告费)，你对里查德森夫妇的这一做法怎么看？这一做法有什么意义？

参考文献

1. Nigel Morgan, Annette Pritchard. Advertising in Tourism and Leisure. Oxford: Linacre House，2000

2. 谭昆智. 营销城市. 广州：中山大学出版社，2004

3. P. Kotler, M. A. Hamlin, I. Rein, D. H. Haider. Marketing Asian Places. Singapore：John Wiley & Sons (Asia)

4. 卢泰宏. 行销中国：2002中国行销报告. 成都：四川人民出版社，2002

5. Louis E. Boone, David L. Kurtz. Contemporary Marketing (11th ed., 英文影印版). 北京：北京大学出版社，2004

第14章 网络营销助力创新型创业

网络经济时代是一个伟大的时代，它充满挑战，同时也充满机遇。对因循守旧的人而言，网络经济时代意味着市场环境的变化无常以及无处不在的激烈竞争；对于心怀梦想勇于创新的人而言，网络经济时代又意味着无处不在的白手起家创建商业帝国的机会。创新工场的董事长李开复认为，随着21世纪进入第二个十年，我们正进入一个创业的黄金时代。

对于那些有志于创业的人士，网络营销可以提供许多帮助。本章主要讨论网络营销如何帮助成长中的企业家识别创业机会、测试创业概念、获得创业融资以及控制营销成本。

14.1 创业的基本概念

今天，不断加速的技术进步和全球经济一体化使各个国家普遍感觉到刺激经济增长和创造就业机会的压力，而创业恰巧是能在实现经济增长的同时又能创造就业机会的商业活动。因此，近年来，各个国家都纷纷启动了各种促进和扶持创业的政策。相应的，许多高等院校也在培养计划中添入了创业教育的内容。

虽然创业在今天俨然已经成为了一个时髦的词汇，但很多人对创业的概念、创业的过程仍然不甚了解，以为创业就是当老板、网络创业就是在淘宝上开店的还大有人在。因此，有必要首先澄清有关创业的一些基本概念。

> **案例分析**
>
> **扎克伯格(Mark Zuckerberg)创办Facebook**
>
> 2004年2月，时年19岁的哈佛大学二年级学生马克·扎克伯格开设了一个网站，该网站可以让哈佛大学的学生发布他们的个人资料以及共享照片。扎克伯格始料未及的是，仅仅用了两个星期，哈佛大学就有三分之二的学生注册为网站用户。扎克伯格意识到这里蕴藏着巨大的商业机会。在接下来的一个月，网站开始面向哥伦比亚大学、斯坦福大学以及耶鲁大学的学生开放。继而，扎克伯格开始全职创业。Facebook的成长令人目眩，2004年年底，Facebook的月活跃用户数(monthly active users，MAUs)为100万。在2013年6月，Facebook的MAUs已经达到了11.55亿，增加了1154倍(见图14-1)。2004年，Facebook总的营业收入只有可怜的38.2万美元，2012年，公司已经实现了16.94亿美元的净利润，而2013年上半年的净利润就达到了22.46亿美元。如今，Facebook已经成为了美国最大、最成功的社交媒体网站。
>
> 2014年1月30日，Facebook股价创下61美元历史新高，市值达1500亿美元。扎克伯格拥有约5亿股公司股票，以每股61美元计算，他的股权价值310亿美元。
>
> 因此，扎克伯格在创建了Facebook后的十年间赚了310亿美元，每年收入超过了30亿美元。

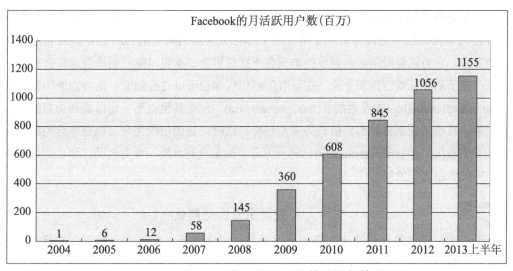

图14-1 Facebook每月活跃用户数的增长情况

小资料

中国梦VS美国梦

所谓"美国梦"指的是穷小子在美国白手起家改变命运之梦,许多美国孩子可能会梦想到好莱坞当明星或者到NBA打篮球,但是对多数人而言,从车库开始创业打造商业帝国是更现实的美国梦。的确,美国的创业环境之优让人羡慕不已,成就了比尔·盖茨、拉里·佩奇、杰夫·贝索斯、马克·扎克伯格等一批商业巨子,让他们年纪轻轻就成为亿万富翁。不过,我们要说,今天的中国梦比起美国梦来毫不逊色,中国梦既是国家富强、民族复兴的强国梦,也是每个年轻人都有机会创建基业的发家梦。相对美国而言,中国经济发展程度低,所以具有后发优势,可以借鉴发达国家的经验,进行模仿创新;中国经济增长速度快,国内市场规模不断壮大,所以提供的商业机会更多;同时,中国人均拥有的资源少,面临的生存压力大,所以中国人对创业的风险更加没有畏惧,更富于创业精神。因此,虽然我们不能说今天的中国遍地黄金,但当前的中国确实是年轻人追逐梦想的一方热土。马云、李彦宏、马化腾等人已经为中国的年轻人树立了榜样,特别是马云,创造了中国版阿里巴巴敲开财富之门的神话。孟加拉银行家、经济学家、诺贝尔和平奖获得者穆罕默德·尤纳斯曾经说过:"每个人都是企业家,只是很多人没机会发现这一点。"在今天的中国,年轻人拥有这样的机会。

14.1.1 创业的概念和分类

1. 创业的概念

要了解什么是创业(entrepreneurship),首先要弄清楚什么是企业家(entrepreneur)。企业家是创业的主体,也就是创业者,企业家不同于职业经理人,职业经理人所从事的是一种职业,而企业家却是在开创一个事业。企业家能够敏锐地识别机会,果断地把握机会,面对未来的不确定性不惜承担风险,通过创建企业和整合资源来实现利润和增长。著名经济学家熊彼特对企业家的作用给予了高度评价,他认为企业家是推动社会进步的主要力量。

简单地说,创业是创业者对自己拥有的资源以及通过努力能够获取的资源进行优化整合,从而创造出更大经济或社会价值的过程。

不少人把创业等同于创建新企业，这种认识是片面的。与其说创业是创建新企业，还不如说创业是开创新事业。创业是具有企业家精神的个体与有价值的商业机会的结合。创业是一种思考和行动的方式，它为机会所驱动，创业的本质在于把握机会、承担风险、创造性地整合资源。创业其实并不一定要从头开始创建新企业，在原有的组织内部也可以进行创业，这种创业叫做公司创业(corporate entrepreneurship)或者内创业(Intrapreneurship)。创业甚至也不一定以赢利为目的，创业完全可以把解决社会问题创造社会价值作为主要目标，这时创建的组织完全可以是非营利组织，这种创业叫社会创业(social entrepreneurship)。另一方面，如果没有风险，没有创新，那么即使创办了新企业，也不能算是真正的创业。

小资料

在淘宝开店是创业吗?

基于淘宝在网络零售领域所占据的统治地位，很多人想当然地认为在淘宝开店就是做电子商务，全职经营淘宝网店就是创业，甚至还有人将在淘宝开店与网络创业划上了等号。实际上，在淘宝开店是不是创业首先取决于对创业的理解，如果所说的创业是广义的创业，包含了生存型创业和模仿型创业，那么在淘宝开店无疑也是创业，正如在这种意义上摆地摊和开小饭馆也都是创业一样。相反，如果所说的创业只包含创新型创业，那么，在淘宝开店本身就不算创业，除非店主在淘宝店的经营中引入了某种创新。过去，经营电子商店很容易在产品、目标市场、促销、广告、配送方式、顾客服务等方面有所创新，实现与竞争对手的差异化。但如今，单是中国大陆的网店就超过了一千万家，这时再有所创新就非常困难，而要做出真正有价值而又难于模仿的创新更是难上加难。有时候这样的创新机会甚至是可遇而不可求的，因此如果这样的机会被你碰上了，一定要牢牢地抓住它。

2. 创业的分类

创业可以按创业动机分为生存型创业和机会型创业两种。生存型创业为生存驱动，即创业者因为没有工作或工作没有好的发展机会而不得不创业。机会型创业为机遇驱动，即创业者因为意识到市场上出现了某种开创事业的机会而创业。在经济发展的早期阶段或者在经济欠发达地区，生存型创业居多，随着经济发展水平不断提高，机会型创业逐步增多，成为创业的主要形式。根据浙江省中小企业局2005年千家工业小企业问卷调查结果，浙江省民众近70%的创业为机会型创业，而生存型创业仅占30%左右。

另外，创业还可以按创业方式分为模仿型创业和创新型创业两种。一般而言，由于一个创新型企业会被很多企业模仿，模仿型创业的数量要远远高于创新型创业。同模仿型创业相比，创新型创业更具商业价值和社会价值。国际经验表明，创新型创业虽然不到创业总数的1%，但却具有较大的成长潜力，对推动区域经济增长和就业更为重要。值得注意的是，模仿和创新之间并没有绝对的界线，我们经常用模仿性创新、创新型模仿、模仿创新这些字眼来表示既有模仿又有创新、在模仿中创新的活动。创新并不要求有全新的创意，把前人曾经提出但没有实现的创意做成功一样是创新，把在国外做成功的创意成功地移植到国内(copy to china)也是创新。两相比较，原始创新固然有先发优势，可以抢占战略制高点，但模仿创新也有后发优势，可以少走弯路，降低风险。不过，需要指出的一点是，单纯的创造发明还不足以被称为创新，按照熊彼特对创新的定义，创造发明只有被用于生产实践之中并且实现了商业利润才能够被算做创新。

一些新技术的出现会彻底改变原有的生活方式和生产方式，带来许多重大商机，这样的技术被称为颠覆性技术(disruptive technology)，互联网就是这样的一种技术。互联网的产生与发展造就了一批创新型企业，很多企业家利用互联网带来的商机开创了自己的事业。有时候，我们把利用互联网技术带来的商机、协调资源、创建组织以开展新业务的商业活动称做网络创业。从定义看，网络创业总体上属于机会型创业和创新型创业，在这个意义上，在淘宝上开店很可能不是网络创业。除了互联网，高科技领域近年来还出现了其他一些颠覆性技术，如3D打印、纳米技术、光伏电池等，这些技术同样为创新型创业提供了众多的机会。网络营销除了能为网络创业提供强有力的支撑，也能为其他创新型创业提供支撑。

3. 创业者的资质

创业者是否需要具备一定的资质，或者说是否具备了某些特征的创业者更容易成功？对这一问题人们目前还没有确切的答案。

成功的创业者中有不同年龄、收入、性别和种族的人，他们的学历和资历也不相同。但研究人员发现，的确有些品质对成功创业大有帮助，如思想开放、工作勤奋、锲而不舍、灵活变通、擅长领导、富有激情和"精明"。

(1) 思想开放意味着喜欢学习，能够打破常规思考问题。思想开放的企业家会有更多推动产生新产品、服务或经营模式的灵感，更善于识别机会，也更善于创新。

(2) 勤奋工作。创业者有时候需要每天工作12个小时以上，有时候甚至还需要一周工作7天，在创业的初始阶段更是如此。天才的创意和周详的计划都需要汗水浇灌才能生根发芽，最终开花结果。

(3) 锲而不舍。创业者一定要有对成功的强烈渴望，要有韧性和百折不挠的精神。锲而不舍意味着创业者在九次碰壁之后仍要做第十次努力。

(4) 灵活变通。创业者需要针对不断变化的外部环境迅速做出反应，就是说，创业者既要执着于理想，又要顾及市场现实，绝不能拘泥于既定计划。

(5) 擅长领导。创业者要领导创业团队以及整个企业克服困难，走向成功，所以必须要能提出愿景、制定规章、确立目标以及激励员工，而且还要能确保规章得到遵守、目标得以实现。

(6) 富有激情。激情是推动创业者努力工作的力量，它还使企业家能够感染别人，获得信任。

(7) "精明"是指既有常识判断力，又有在相关领域经营或创业的知识和经验。常识使人具备良好的直觉，知识和经验则意味着懂行。学历、生活和工作经历都会使人变得"精明"。

此外，很多创业者还具有其他一些特征，如自信、守时、诚实、善于沟通、喜欢交往、追求效率以及富有合作精神。现实当中，很少有人能具备以上提到的所有品质，缺少以上一种或几种品质是会给创业带来一定困难，但是，补救的方法仍然存在。首先，以上有些特征属于可以通过学习而获得或者加强的行为方式、技能，创业者可以通过训练来开发自己这方面的潜能。另外，创业者还可以聘用有特长的人组成团队来弥补自己的不足。最重要的一点是，创业者要了解自己人格特征的长处和短处，力争在工作中做到扬长避短。

成功的创业者往往具备一些共同的人格特征，有一些在线人格测试可以帮助你了解你的人格特征是否适合创业，访问theentrepreneurnextdoor.com/tests/entrepreneurial_pers.html并参加测试，看看自己的人格是否适合创业。

4. 创业的动机

创业者创业会有各种不同的动机：养家糊口、发家致富、享受自由或者实现自我。

杰夫·贝索斯放弃了令人羡慕的华尔街基金公司副总裁的职位毅然决然地创建了亚马逊，是因为他从互联网爆炸般的增长中看到了一个亘古未见的商机。如同贝索斯这样的机会型创业者的创业动机一般是实现自我。一些人讨厌替别人干活、反感所在组织的人事制度或者对组织中的官僚作风或人事关系感到失望，这类人创业的主要动机是为了享受自由的生活。

当然，也有很多人创业是为形势所逼，纯粹是为了能够在找不到合适工作的时候能够继续生活，不过这类生存型创业不在本书讨论范围以内。

不论创业是出于何种动机，强烈的创业欲望会为企业家提供前行的动力，愿意为企业付出辛勤的努力，面对困难不会退缩，那么就更有可能取得成功。

14.1.2 创新型创业的一般过程

创新型创业往往是从灵光一闪的创意开始，创业者追踪这一创意，从中看到了商业机会，经过对商业机会的缜密论证，形成商业计划。创业者依据商业计划组建创业团队，寻找天使投资，把产品推向市场。之后，创业者根据运营需要，经过在金融市场上再次融资，招募更多人才加盟，使企业发展壮大。这就是创新型创业的一般过程，这一过程可以分为以下6个步骤。

(1) 获得商业创意。
(2) 识别商业机会。
(3) 撰写商业计划书。
(4) 组建创业团队。
(5) 为创业企业争取投资。
(6) 使创业企业发展壮大。

真实的创业未必会遵循以上步骤进行，有时候，创业者会根据自己拥有的资源(如技术、团队或者资金)来寻找创业机会，甚至有的创业者没有撰写过商业计划书。提出以上步骤的目的一方面是更便于分析创业过程，但更重要的是，按照以上步骤进行创业管理多少会有助于提高创业的成功率。

14.1.3 创业的机会与风险

我们处在一个创业的黄金时代，创业机会很多，只要创业者思想开放、不断学习、处处留心，就能识别这些机会，找到创业的切入点。

创业者面对的风险主要有两种：一种是财务风险，即创业者在创业失败后在财务上会遭受损失；另一种是声誉风险，即创业失败后创业者的能力会受到人们的怀疑。

创业者在开始创业前必须对面临的机会和风险进行全面的评估。

很多人是抱着快速致富的想法开始创业的，但真正能实现高成长的创业企业其实并不多见，根据全球创业观察协会(GEM)在2011年发布的研究报告，只有3%的企业家能在10年当中实现20%以上的年均增长率。

相反，创业失败的可能性却不容低估，按照《企业家周刊》在2013年7月发布的调查结果，创业企业在3年之内倒闭的达到了44%。美国中小企业局提供的统计数字则表明，有大约三分之一的创业企业会在两年内宣告失败。

因此，创业者在行动前必须非常慎重，一旦下定决心，就要准备坚持到底。很多创业者是在多次失败后才取得成功的，如福特汽车的创始人亨利·福特在创立了福特百年基业之前就曾经5次破产。英国最大的社交网站Bebo的创始人保罗·伯奇在创办Bebo之前也曾5次创业，其中3次一败涂地，另两次也乏善可陈。辩证地看，失败是成功之母，创业者从失败中可以学到很多宝贵的东西，积累经验，这些将提高下次创业成功的可能性。

14.2 创业过程中的网络营销

创业不是一次性的活动，而是一个过程。从获得创意开始一直到进入成长阶段后进行第N轮融资，网络营销可以为创新型创业提供全程的支持。

14.2.1 创业机会的识别与测试

创业机会指的是有可能以低于市场可接受价格的成本生产出某种新产品或者提供某种新服务的情况。创新型创业始于创业机会的识别，而创业机会又往往来源于一个好的创意。

1. 创意的获得

创业始于对创业机会的识别，在这个过程中创业者的眼力起着至关重要的作用。英文中专门有一个词汇，叫做serendipity，意思是发现意外财宝的运气和鉴别意外财宝的能力。毫无疑问，机会型创业者需要有发现意外财宝的才能，但同样重要的是，创业者必须到有机会出现的地方去寻找机会。网络营销工具可以帮助创业者找到商机。

研究者发现，一种潮流(trend)会带来很多商机，如果企业家在潮流刚开始出现的时候就能把握潮流走向，则很有可能从中捕捉到商机。有很多网络营销工具可以帮助我们及时发现社会潮流，如搜索引擎工具中的百度指数(index.baidu.com)和谷歌趋势(trends.google.com)都能让我们了解到搜索引擎用户以及媒体对某事物的关注情况，帮助我们识别潮流。例如，图14-2是利用百度指数查询大规模开放在线课程(massive open online courses，MOOCs)的情况。从中可以发现，人们对MOOCs的关注开始于2013年3月，而从10月开始关注度大增，这说明，MOOCs可能会成为未来一段时间的一种潮流。社会媒体网站中的一些功能也有助于发现潮流，如新浪微博中的"热门微博"和"热门话题"两种功能都能让我们了解近期人们关注的热点是什么。

新专利是很多新产品以及新工艺的源头，关注新授予的专利、公示中的专利以及过期的专利都有助于了解一个领域的技术动态。需要注意的是，创业者不仅要了解本国的专利情况，还需要了解其他主要国家的专利情况。我国国家知识产权局网站(www.sipo.gov.cn)便是查询国内外专利的一个有用的入口网站。

另外，创意共享组织网站(creativecommons.org)也是企业家可以搜寻创意的好地方，特别是对于音乐、图片、文本以及编码一类的知识产品，创业者甚至能找到可以直接进行商业开发的素材。

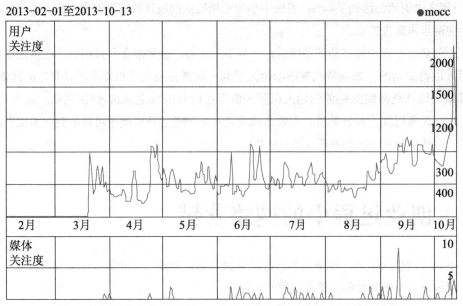

图14-2　百度指数显示的MOOCs自2013年3月以来受关注情况

另外，经常访问类似于36氪(36Kr.com)、青年创业网(qncye.com)这样的创业网站也有助于创业者从别人的创意和项目中获得灵感，查看国外项目的创意还有可能找到可以移植到国内的项目，进行模仿创新型创业。

2. 定性和定量研究

识别和评价创意的创业机会需要对创意做定性和定量的研究。定性研究一般使用对专家和用户进行访谈的方法进行，而定量研究则通常要进行问卷调查。相关领域的虚拟社区(包括行业社区、同城社区以及创业社区)是开展访谈的好地方，当然，如果需要深度访谈，还可以在网上访谈之后约请面谈。定量研究所要做的问卷调查根据情况也可以选择在网上进行，在问卷星网站(www.sojump.com)上就有很多有关创业和市场的调查问卷。创业者可以参考这些问卷建立自己的问卷，最关键的是要通过奖品等手段吸引合格的被调查对象来填写问卷，这是创业者需要重点解决的问题。有时候，你会幸运地发现你想做的调查已经有人做过，这时你不仅可以免费查看调查的部分结果，而且只要向问卷星支付很少一笔费用(通常是20元)就可以获得完整结果。

3. 通过试销和试用来测试创意

创业者可以通过试销和试用来对创意进行实际测试，这种测试的结果比最好的调研都更有说服力。通过试销和试用测试创意的关键是要对试销和试用的结果做出准确的度量，很明显，直复营销是完成这一任务的理想手段。在网络营销中，电子邮件营销、直复网络广告营销、在线销售都可以达到直复营销的目的。对于软件产品或者服务类产品，则可以进行内测和公测。不论是哪种情况，在测试创意时要注意以下几点。

(1) 测试前产品或服务在质量和性能上要接近最终产品，当然，由于缺乏规模经济，生产成本可以高于试销价格。

(2) 严格控制试销和试用的范围，避免失败的测试影响品牌。

(3) 可以对多种款式、多种版本同时进行测试。

(4) 要对结果进行测量和分析。

(5) 可能要经过多轮测试，直到成功。

4. 简单就是美：一个创意的例子

互联网时代充满了创新与创意，有时候一个非常简单的创意也可以获得巨大的成功。一个依靠创意取得成功的经典例子是百万美元主页(http://www.milliondollarhomepage.com)的创意(见图14-3)，该创意是一个时年21岁的英国学生Alex Tew为筹措学费而想出的。该网站的主页是一个百万像素的图片，创业者将这100万像素划分成10 000个10×10像素大小的广告位按每像素1美元的价格出售，供广告商放置他们公司的LOGO。网站首页上还有一个导航条，导航条上除了百万美元主页自己的标识，还有一个显示已经售出像素数的计数器，以及若干个指向内部页面的文字链接。该网站于2005年8月26日上线，上线后的第三天就售出了第一块广告位。买主是Tew的一位朋友，他用400美元买了块20×20像素的广告位；仅仅用了2个月，百万像素广告位已经售出一半。最后1000像素于2006年1月1日放在eBay上拍卖，1月11日，这1000像素以38 100美元的价格被卖出，到此，创业者的百万像素广告位被全部售出，为创业者带来了上百万的收入。而Tew搭建这个网站的费用仅为50英镑，扣除其他营销费用、税收以及对基金会捐款，Tew的纯收入估计在65～70万美元之间。这个创意出奇的简单，同时又十足的异想天开，很快就受到了全世界众多媒体的广泛关注。根据不完全统计，从2005年9月开始截至2006年1月，百万美元主页受到了包括英国、美国、德国、中国、俄国、印度等在内的36个国家和地区的数百家媒体的报道，其中不乏《华尔街杂志》、《中国日报》、《BBC在线》、《广告时代》等知名媒体。在这些媒体报道的帮助下，百万美元主页的访问量大增，在2006年元旦，百万美元主页每小时的访问量为25 000独立访问者，在Alexa网站排名中排到了全世界第127位。如此巨大的访问量使许多购买了像素的广告商都获得了丰厚的回报。

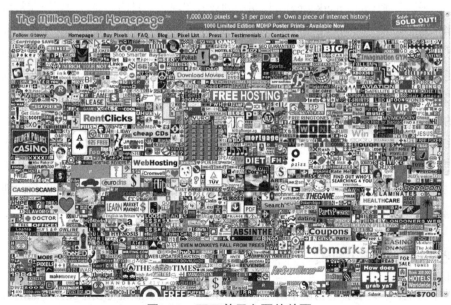

图14-3　百万美元主页的首页

需要注意的是，后来世界上有许多人想要模仿Tew的创意，但都没有成功。的确，Tew的创意创造了一段历史，而他的成功是无法复制的，原因在于Tew的成功在很大程度上归功于媒体的关注,而媒体之所以关注这个创意,是因为当时这个创意是独一无二的。Tew的成功充分说明了创意的价值。

14.2.2 撰写商业计划书

1. 撰写商业计划书的意义

撰写商业计划书是每个当代创业者必做的功课。商业计划书的重要意义主要有以下几个方面:

(1) 对创业者自己,撰写商业计划书是一个把行动方案条理化的过程。

(2) 对潜在投资者,商业计划书是评价投资项目的第一印象。

(3) 对创业团队,商业计划书是创业团队所达成共识的一个书面表达。

需要注意的是,尽管商业计划书非常重要,但是对其也不能陷入迷信。商业计划书只是一个最初的设想,随着时间推移,商业计划书中的很多假设都会被推翻。创业团队要保持灵活性,绝不能拘泥于最初的商业计划书,而要准备对其不断做出修正。

2. 商业计划书的模板

商业计划书是一种应用文体,有固定的格式可循,一些有关创业的教科书、提供创业咨询服务的网站以及一些风险投资公司会为创业者提供一些推荐使用的商业计划书的模板。

14.2.3 组建创业团队

组建创业团队最大的好处有两个,一个是分担创业风险,另一个是靠团队优势弥补个人在人格、知识和能力乃至社会网络上的不足。组建创业团队的本质是要让潜在的合伙人信服创业者提出的创业概念,善因营销(cause marketing)可以帮助创业者实现这一目的,而善因营销非常适合通过虚拟社区营销来进行。创业者可以创建自己的虚拟社区,可以是QQ群、微信群或者新浪微群,到大的专业社区、创业社区或者同城社区邀请潜在的合伙人参加。当然,最理想的情况是,创业者从一开始就不是独自一个人在行动,而是已经在线下找到了若干合伙人,这几个合伙人在寻找其他合伙人时可以相互配合,以产生协同效果。

潜在的合伙人加入了创业者为创业专门创建的社区,只是组建创业团队的开始,创业者应该通过塑造社区文化等手段来逐步建立彼此的信任,进而约请成员进行面对面的沟通,最终形成创业团队。

组建包含多名成员的成功创业团队的一个好的做法是从一开始就通过人格测试来判断团队成员彼此的个性是否能融洽相处,同时测量团队中的每个成员是否适合在团队环境下工作,创业团队的凝聚力和战斗力对创业的成败非常重要。

14.2.4 创业的融资

创业的本质是在缺乏资源的情况下追逐机会,故此,获得资金是把创意变为产品的关键一步,对许多创业者而言也是最难的一步。的确,为创业企业融资一直非常困难,但电子商务的发展为创业融资提供了一些新的可能。

获得融资的关键在于把精心完成的商业计划书交到潜在的投资人手上。

过去为创业企业争取投资非常困难,但现在只要有很好的创意,像创新工场这类早期投资机构或者像kickstarter这样的众筹网站就可以帮助创业者获得资金。

1. 寻找商业天使

为创业企业争取到风险投资甚至是天使投资之所以困难,其中的一个原因是创业者很少有机会获得潜在投资人的注意。天使投资行业有一个不成文的规矩,就是"不熟不投",因此,创业者争取投资的关键一步便是和潜在的投资人交朋友,而通过SNS应用加入创业者与投资人社区是一个捷径。

商业天使(business angel)是为早期创业公司提供投资的个人,他们投资的原因经常是多元的,相比获得超常回报而言,他们关注更多的可能是从投资新企业以及帮助新一代企业家成长中所获得的乐趣。因此,虽然商业天使一般对创业企业的投资额并不高,但他们会为创业者在战略规划、人员招聘等方面提供建议、咨询甚至人脉上的帮助,对创业者而言,这类投资者确实像天使般珍贵。早期的商业天使喜欢独自投资项目,而今天商业天使通常都会以团体的形式来活动,这种团体被称做天使团(angel group)。

国际上许多著名的公司都得到过商业天使的帮助,谷歌获得的第一笔投资是Sun公司创始人之一Andy Bechtolsheim的10万美元的天使投资,Facebook则得到过PayPal创始人Peter Thiel提供的约50万美金的天使投资。这些公司的创始人非常幸运的是有机会直接接触到具有眼光的商业天使,如果没有这样的机会,就需要通过熟人辗转推荐,Linkedin就有这样的功能。如果通过Linkedin这样的社交平台仍然难以找到商业天使,众筹融资就成为非常值得一试的融资途径。

2. 众筹融资

近年来,网络上出现了一种新的筹融资形式:众筹。众筹的英文crowdfunding原意是大众筹资或群众筹资,香港地区将其译作"群众集资",而台湾地区则译作"群众募资"。在业务流程上,众筹实质上是利用团购与预购相结合的形式向网友募集项目资金,是传统银行业务的非居间化(disintermediation)和再居间化(reintermediation)。众筹以互联网为平台,利用SNS的传播特性,让艺术家、设计师或者创业者向公众展示他们的创意,争取大家的关注和支持,进而获得所需要的资金投入。

相对于传统的融资方式,众筹更为开放,项目能否获得资金不再单纯地由项目的商业价值决定。受众多网友喜爱的项目,更有可能通过众筹方式获得项目启动资金,众筹为许多打破传统的奇思妙想提供了实现的可能。

"众筹"是由公众筹集资金来实现一个创新创业计划的融资方式,它的兴起要归功于低成本的网络融资平台的问世。世界上最早出现的一个众筹网站是2009年4月上线的Kickstarter.com,Kickstarter平台允许网友为艺术项目和非营利事业捐募资金,这些项目范围广泛,可能是在纽约举办一场个人画展,或者在底特律树立一座艺术雕像,也可能是由一个草根电影工作室拍摄一部微电影。作为回报,捐款者获得的可能是一件艺术复制品、一件专门设计的文化T恤衫、一块纪念牌,或仅仅是与人为善的愉悦之情。众筹这一新颖的筹款形式一经出现,便迅速在欧美流行开来,并且从文艺领域扩展到了商业领域。在Kickstarter之后,其他像Crowdfunder(www.crowdfunder.com)、Bloom Venture Catalyst(www.bloomvc.com)等一批众筹网站迅速成长起来,越来越多的企业和个人开始参与到众筹领域,寻找互利共赢的机会。中国最早的众筹网站是2011年5月上线的点名时间(www.demohour.com)。此后,追梦网(www.dreamore.com)、淘梦网(www.tmeng.cn)、众筹网(www.zhongchou.cn)等一批国内众筹网站相继成立。

2012年4月,美国《创业企业扶助法》(Jumpstart Our Business Startups Act)的发布确保了众筹的合法地位。该项法案中最具革命性的一项条款便是:允许公司通过"众筹"方式筹集资金,众筹参与者可以获取公司股权或债权。这一法案的革命意义在于将众筹的参与者从捐款者转变为投资者,从而催生了一个新的"公民投资者"(citizen investors)群体。在《创业企业扶助法》的推动下,众筹成为了欧美地区在2012年秋季最流行的一个词汇,有人甚至将其誉为"拯救美国经济的最佳创新工具"。的确,由于众筹允许任何人为文艺创作、科技创新、商业创意乃至一项公益事业提供小额资金,因而社会上的每个人都有可能在创新创业中有所作为。众筹这一新的筹资方式将更多的民间资本引入了创新创业领域,从而使得民间各种有利于创新创业的源泉充分涌流。根据Kickstarter在2014年2月4日发布的统计数字,已经有557万多人通过Kickstarter向55 770个项目投入了9.66亿美元的资金,使得这些项目得以实施[①]。在中国,虽然类似于《创业企业扶助法》这样的法规尚未出台,但在中国梦的鼓舞下,众筹在中国的发展仍然是有声有色,在成功筹资项目数、总筹资额、单项筹资额、众筹参与者人数等指标上屡创新高。今天,人们已不再怀疑,众筹网站可以为中国的创业者搭建一个概念测试和产品推广的平台,帮助他们获得项目启动资金,甚至还能帮助他们寻找到更多的志同道合者,共同把创意转化为产品。

作为天使投资的一种替代融资方式,众筹的目的虽然也是为创新和创业提供融资,但它又具有同天使投资不同的特点。

(1) 天使投资人数量少,每人投资额相对较大,一般都在5万以上。众筹的参与者人数众多,每人出资额一般较少,最低出资可以是1元,平均出资也不过100~200元。

(2) 天使投资人大多是成功的企业家、自由职业者或者相关领域的专家(律师、教授、会计师等),众筹的参与者则来自社会各个阶层。

(3) 天使投资人一般集中分布在少数经济发达地区,而众筹参与者则分散在广大地区中的许多不同的城市与乡村。

(4) 天使投资人热衷投资本地的创业企业,众筹参与者则没有这样的限制。

(5) 天使投资人一般投资自己熟悉的行业,众筹参与者则投资自己喜欢的行业,因此在投资领域上更为广泛。

(6) 天使投资人会为企业提供一些资金以外的帮助,如咨询、人脉关系等,而众筹参与者则能够直接为项目提供最初的客户基础。

我们从以上比较可以看出,众筹是初创企业获得资金的另一种渠道,它与天使投资具有很强的互补性。经验表明,有些项目虽然难以获得天使投资人的青睐,但在众筹网站上却很受欢迎,为发起人迅速筹集到了启动项目所需要的资金。

案例分析 波西米亚吉他公司的众筹融资

波西米亚吉他公司(Bohemian Guitars LLC)位于美国佐治亚州,该公司由亚当·李和肖恩·李两兄弟创办。公司的主要产品是用汽油罐手工制作而成的吉他,每把售价在250美元以上,属于专供吉他发烧友的小众产品。由于很少有投资人属于吉他发烧友,所以他们很难理解汽油罐吉他这一商业创意的价值,因此,李氏兄弟很难通过传统的方式为他们的新建企业找到

---

① Kickstarter每日都会更新该统计数据,最新数据见http://www.kickstarter.com/help/stats?ref=footer。

投资人。就在这时,佐治亚州开始允许企业通过众筹的方式募集资金。由于众筹的方式能够让李氏兄弟直接接触到有兴趣投资的吉他发烧友,众筹成为了比寻找天使投资更可行的融资途径。最终,李氏兄弟成功地通过众筹方式筹集到了12.6万美元的资金,这不仅足够他们制作1000把汽油罐吉他,而且还有剩余资金可以用于公司的运营和产品的营销。不过,亚当表示,通过众筹融资的过程也并不容易,并非只要把项目发布在众筹网站上,投资人就会蜂拥而至。亚当花费了6个多星期的时间用于和家人、朋友以及本地投资者见面,了解他们的想法,向他们灌输众筹的概念、运作以及税收上的优点,让他们了解波西米亚吉他公司的发展前景,首先在他们中间发展创业项目最初的众筹投资人。万事开头难,众筹项目一旦有了这些最初的投资人,后面的投资者就比较容易跟进。

14.2.5 创业中营销成本的控制

在创业初期,企业的资金往往非常有限,企业家必须在为企业寻求资金支持的同时,想方设法控制运营成本,而营销成本是其中很大的一块,网络营销为创业者提供了低成本营销的可能。对创业企业而言,劳动投入、创造性、时间都可以成为资金的替代品,同时,按销售额计算花费的网络广告对创业企业而言风险很低,可以大规模采用。

创业者在为新公司建立网站时可以聘请专业公司,也可以自己动手,但需要注意的是,绝不能为了节省费用而牺牲了网站的感知质量,影响了用户对企业所经营的产品的信任感。在建设网站方面可以大胆使用的节省费用的方法是使用云计算平台,这一解决方案的最大好处在于按实际使用计算费用,而且服务的可伸缩性很强,非常适合创业企业应对市场的不确定性。积极进取的创业者也可以在网站建设时大胆使用有一定用户基础的开源软件,这类软件的质量可靠,而且可以节省不少费用。

引入整合营销传播,实施最大化营销,可以提高营销传播效率,降低平均营销费用。例如,在推广网站时,传统营销手段就要和网络营销手段配合使用。一个网站的网址可以印在名片、信笺信封和宣传册等一切与新公司有关的用品上,企业的官方微博账号也可以印在相关人员的名片上。创业者还可以付费在非竞争性网站(如经营相关配套产品的网站)上做显示广告,当然,使用CPS计费模式的搜索营销以及联属网络营销更是要充分利用。

对于创业企业而言,营销公关非常重要,而对于大学生创业者而言,参加各种比赛是一种很好的公关手段。参加各种创业大赛不仅可以结交朋友,同其他创业者相互学习,还可以获得资深创业导师点评,并且参加比赛还是一个自我展示、自我推广的机会,一旦获奖,对今后争取天使投资也有帮助。"挑战杯"中国大学生创业计划竞赛(简称"小挑")、"挑战杯"全国大学生课外学术科技作品竞赛(简称"大挑")以及中国互联网创新创业大赛都是我国同创业有关的重大赛事,大学生创业者可以积极参与。

案例分析　　　开源软件帮助乐器企业内部创业

2008年席卷全球的金融危机直接威胁到了我国很多出口导向的小企业的生存,然而江苏的一家乐器企业却能激流勇进,利用开源电子商务带来的商机,创出了一片新天地。

泰兴复鸣乐器有限公司位于江苏泰兴的一个小镇,虽然公司有着近十年的提琴乐器生产历史,但一直没上规模。除了几个提琴师傅外,其余工人都是周边乡镇的农民,公司的主要产品是各种小提琴以及提琴配件。长期以来,泰兴复鸣乐器有限公司借助各个外贸公司,为国外乐器企业进行代工生产,借助中国廉价劳动力,进行对外贸易。但是,2008年的经济危机使外贸订单显著减少,工厂也慢慢出现问题,陷入困境。

是关门大吉,任由农民兄弟继续回家种地,还是寻求突破,减少或化解危机带来的问题,这是企业管理层需要迫切做出的一个重大决策。经济危机带来的出口下滑是全行业性的,不只是一两家工厂的问题,复鸣乐器有限公司只是个很小的缩影。复鸣乐器有限公司经过半年多的摸索,终于找出一条适合中小乐器企业,乃至各种制造业企业的突围之路:充分运用开源软件进行信息化改造与电子商务运营,提升企业的竞争力。通过转型,复鸣乐器不仅救活了自己,还带动了周边数家乐器制造企业转型。

复鸣乐器有限公司采用开源软件进行了全面的企业信息化改造,在Linux操作系统、Php语言和Mysql数据库的基础之上,搭建起了小提琴吉他网上直销平台、在线协同办公系统、CRM客户管理系统以及ERP系统。在线小提琴吉他销售平台的服务器使用的是CentOS Linux系统,网站开发则选用国外成熟的开源电子商务系统PrestaShop,进行本地化定制而成。直销平台使得公司生产的小提琴等产品可以直接在线销售,复鸣乐器有限公司还与财付通、网银在线等网络支付公司合作,为直销网站开通了在线支付渠道,与邮政EMS等快递公司合作开通了乐器产品配送渠道,省去各种中间环节,直接让利给消费者。

复鸣乐器直销网站在试运行的一个多月时间里就带来了过万的直接销售收入,这大大增强了企业的信心,并吸引了周边数家乐器企业加盟,大家共同进退,互相分工合作,完善了整个小提琴、吉他、提琴配件和吉他配件的产品线。直销网站也逐渐发展成为泰兴地区乐器企业的网上统一销售渠道。为解决业务人员长期在外、难以管理以及效率低下等问题,公司又进一步部署了开源客户管理系统vTiger CRM,用以对业务人员进行相关日常管理。系统记录还可作为日后的绩效考核依据,同时该系统还实现了与复鸣乐器商城(在线产品销售平台)的对接。客户通过网站进行的留言、注册和提交订单等事件都能及时反馈到CRM系统之中,极大地缩短了客户服务的响应时间,提高了客户满意度。目前,公司正在对各个开源ERP系统进行评估筛选,准备在近期实施,还准备在公司业务增长到一定规模后,再引入开源呼叫中心系统,建立一个完全的开源软件支撑的乐器企业。

公司之所以能在困难的时候进军电子商务,是因为基于开源软件的电子商务系统只需要很少的资金投入。除去人力投入,公司对开源电子商务系统的投入近乎为零。公司的直销网站架构采用了Linux操作系统、Apache服务器和Mysql数据库,免去了采用商业软件所需的大笔授权费。在直销网站上尝到甜头以后,公司又一鼓作气着手部署旨在提高公司运营效率的开源的CRM和ERP系统,这些系统也都可以从网上免费下载,而同类商业软件的价格动辄就要好几万元。不过,部署开源电子商务系统最重要的是要拥有掌握相关技术的人才,而懂得开源软件的技术人才的工资也是一笔花费。泰兴复鸣乐器有限公司通过实行技术入股吸引了技术人员的加入,这一方案不仅缓解了公司短期的成本压力,降低了财务风险,还极大地调动了相应技术人员的积极性,对公司开源项目的成功发挥了重要作用。

根据泰兴复鸣乐器有限公司的体会,节省费用仅仅是开源项目优越性的一个体现,开源项目更重要的优点是它的灵活性。由于公司自己的技术人员可以看到软件的源代码，公司就可以通过研究了解所部署的软件的工作原理，这就使自己动手查错、修改、优化以及二次开发成为可能。对泰兴复鸣乐器有限公司而言，如果没有二次开发，公司就无法实现网店系统与CRM系统的集成。

以下是泰兴复鸣乐器有限公司在如何选择开源软件方面总结出的一些经验：

(1) 目标软件目前的功能和它的开发方向满足公司当前和未来对软件系统的功能需求。

(2) 尽量选择同一架构中的软件。如一旦确定选择了LAMP体系的软件，那么就不要再去考虑.NET架构下的软件，哪怕那个.NET软件本身也很成熟，性能也很优秀。

(3) 软件具有良好的生态系统。软件的生态系统决定了开源项目的活跃度和可持续性，这可以从开源项目的开发人员数量、代码库的更新频率以及论坛的活跃程度得到体现。一般情况下，公司的技术人员也需要参与到相应的软件社区，以便更好地获得来自开源社区的支持。

(4) 要优先选择符合所在领域国际规范的软件。选择符合规范的软件会给系统集成、二次开发等带来便利。

从泰兴复鸣乐器有限公司的经验看，对于企业级电子商务系统和互联网应用而言，采用开源软件不仅可以降低成本，更重要的是公司自有技术人员能够真正了解软件的内部工作机制，所以有可能对系统进行增强和定制，还可以从开源软件中借鉴到很多好的设计和实现。作为开源软件运动的受益者，泰兴复鸣乐器有限公司表示会继续积极参与开源运动，努力为开源的发展做出自己应有的贡献。同时也希望能有更多的国内企业在使用开源软件的同时，也能开源自身的一些软件，或者成为开源软件运动的贡献者。

14.2.6 互联网创业的两大机会

在互联网领域创业，有两种特殊的创业机会需要特别关注。

1. 开源软件领域的创业

开源软件的崛起是互联网经济发展的一大潮流，它为创业者提供了特殊的创业机会。主要表现在两个方面。

(1) 在开源软件的基础上做二次开发，获得的软件作为商业软件发售。开源软件包含了很多种许可协议，一些协议(如BSD协议)允许用户对开源软件进行二次开发，获得的软件无需采用同样协议，即可以作为闭源软件发售。

(2) 为开源软件提供技术支持服务。开源软件的技术支持主要有两种方式。一种是免费的，即在开源社区中获得支持，对于商业企业而言，这种方式缺乏保障；另一种是由软件服务公司提供技术支持，这些支持包括软件的安装、升级、定制以及故障排除等。创业者可以创建提供这类开源软件技术支持的软件服务公司来创业。

以上两种创业机会的一个好处是行业受到了国家政策扶持，另一个好处是可以利用前人或者社区的成果，启动容易，风险较小。唯一的局限在于创业者要了解开源软件技术或者至少要能在本地招募到熟悉开源软件开发的人才。

2. 使用开放平台创业

开放平台是当今互联网服务领域的一个重要趋势，近年来，中外各大互联网巨头纷纷开放了他们的应用平台。2011年4月12日，百度应用平台正式全面开放；6月15日，腾讯宣布开放八大平台；7月28日，新浪微博开放平台正式上线；9月19日阿里巴巴旗下淘宝商城宣布开放平台战略。2011年中国互联网大企业纷纷宣布开放平台战略，改变了企业间原有的产业运营模式与竞争格局，竞争格局正向竞合转变。所谓的开放平台，其实是一个应用程序接口对外开放的成熟的网络服务。开放的目的是鼓励外部开发者为该平台开发新的应用。Facebook开放平台后，世界各地有超过40万开发者在为其开发应用程序，每天都有140个左右的应用上线，现今已有超过24 000个应用。开放平台为软件公司提供了很好的商机。使用开发平台开发应用的好处如下。

(1) 简化了开发过程。软件公司无需从头开发基础的功能，而可以在平台所拥有的基础功能之上进行开发。

(2) 可以利用开放平台原有的用户基础，这将节省大量的营销开支。例如，Zynga通过Facebook、Myspace以及腾讯平台发布的一款游戏9天时间就达到了魔兽世界用了6年时间才获得的用户数量。芬兰公司Rovio推出的基于开放平台的游戏"愤怒的小鸟"10天就获得了1000万用户。

不过，利用开放平台创业也有一些风险，而最大的风险是创业者会形成对开放平台的依赖，被自己所做的交易专用投资(transaction specific investment，TSI)所锁定，而当创业者的应用依赖某单一平台时，这种风险就更为显著。这一风险在以下案例中得到了充分体现。

案例分析　　"暗恋通知书"的创业教训

暗恋通知书的创意来自Facebook上的类似应用"暗恋通知器"，该应用可以帮助互相暗恋的用户表白，当A告诉应用自己暗恋B，而B也告诉应用自己暗恋A，那么应用就会给A和B都发送一条消息，告诉他们两个互相喜欢。2011年4月底，腾讯平台刚刚开始开放，应用非常缺乏，考虑到"暗恋通知器"在Facebook上受欢迎的程度，在腾讯平台上创建类似应用获得成功的可能性很大。

朱念洋具有敏锐的商业嗅觉，他在看到了这一明显商机后立即行动，同一个朋友合作，自己负责后台开发，朋友负责前台开发，布局参考"豆瓣"的布局，只用了一个周末的时间就把整个应用开发完毕。之后找到另一个朋友为应用设计了标识，该应用很快就通过了腾讯的审核，发布在腾讯应用平台上。依靠腾讯巨大的用户基础，虽然只是上线了用户相对较少的朋友平台，"暗恋通知书"这一应用的下载安装数量也很快就超过了200万，而每天活跃的用户就达到了1.5万人左右，这一发展速度是创业者始料未及的。

虽然有如此之多的用户，但创业者在把流量转化为收入方面遇到了难题，创业者先后尝试了几种赢利模式，包括付费表白、付费送礼物等，但是赢利状况都不是很好，而由于腾讯平台一直在限制向外的链接，创业者也无法通过参与Google Adsense这样的网络来获得广告收入。

由于没有足够的现金流，创业者不得不寻求外部投资来维持运营，创业者先后在36Kr等多个创业融资平台上发布过融资申请，虽然几个投资人都对项目有兴趣，并且与创业者进行过沟通，但因为各种原因，项目最终没有获得投资。就在此时，腾讯的服务器试用期结束，开始按照对服务器资源的占用对应用收费，由于"暗恋通知书"的用户量非常大，每月的服务器成本对当时处境窘迫的创业者而言就是一个不小的数目。为了节省费用，创业者忍痛做出了一个有疑问的决定：拒绝上线QQ空间。如果上线QQ空间，"暗恋通知书"的用户就可能会再增长10倍以上，那应用的服务器成本也将增加十多倍，如果项目还是无法赢利，那就很难维持。后来，由于腾讯平台的应用不断增多，加上"暗恋通知书"没有上线QQ空间，用户增长开始放缓,创业者也一直没有找到合适的赢利模式,2012年6月,创业者将"暗恋通知书"项目出售,这次创业宣告收场。

创业者朱念洋为我们分享的教训是:"一定要有自己的用户,一定要挣脱平台的束缚形成自己的品牌。那些所谓开放平台导给你的用户,并不真的是你的用户。即使初期由于发展需要不得不与平台合作,也要在做起来之后,尽快将依赖变小。"因此,基于开放平台创业的企业家要避免对单一平台的依赖,要开发跨平台的应用,同时,还要通过微博等社会媒体应用来建立真正属于自己的用户基础。

14.3 创业的网上资源

网上有非常多的资源可供企业家在创业过程中利用,其中相当一部分还是免费资源。这些资源主要包括信息资源和网络工具,举例如下。

(1) 开放课程。斯坦福大学的创业角(ecorner.stanford.edu)储存了大量的著名企业家关于创业的视频报告,观看这些视频可以学到宝贵的创业经验,还有可能从这些成功企业的创业史中获得启发,得到自己的创业点子。

(2) 开源软件。根据谷歌网络爬虫获得的数据,在2011年4月,网络上至少存在着3000万个开源项目,已经编写完成的代码则大约有20亿行[①]。这些项目涵盖了几乎所有的应用,如内容管理、电子商务等,其中很多软件经过众多的用户测试,具有可靠的性能和来自社区的技术支持。

(3) 众多的网络营销工具。这些工具涉及网络营销的各个领域,如在线调查、搜索引擎营销、社会媒体营销、电子邮件营销等,很多工具可以免费试用或者有免费的版本,创业企业应该充分利用这些工具。

(4) 开放平台。即使创业企业不打算为开放平台开发应用,单纯了解这些应用的功能对创业企业获取创意也大有帮助。

除了以上这些,以下的网站对创业者也极具参考价值。

全球创业观察(www.gemconsortium.org)为全球最大同时也是最权威的创业研究项目,该项目由美国的巴布森学院和英国的伦敦商学院在1999年联合发起,如今参与该项目的国家已经超过了69个。全球创业观察的独特之处在于它研究的重点不是新创办的企业,而是个人的创业行为。该项目每年出版年度全球创业观察报告、分国别的参与国创业观察报告以及一些特定主题的研究报告。这些报告为我们了解创业行为提供了可靠的资料,也为政府部门制定相关政策提供了支持。

36氪(36Kr.com)于2010年年底正式上线,名称源于元素周期表的第36号元素"氪",元素符号为Kr,电影《超人》中氪星是超人的故乡。36Kr.com是中国领先的科技新媒体,主要报道最新的互联网科技新闻以及最有潜力的互联网创业企业,尤其关注国内外互联网创业模式和企业案例。截至2012年10月,每月有数百万的读者访问36氪网站获取资讯。在新浪微博、腾讯微博和各大阅读平台上,36Kr.com的读者粉丝和订阅用户数也超过了百万。

---

① Ferdinand Thommes. Google zählt weit über 30 Millionen Open-Source-Projekte. 见PC Magazin,2011年4月4日

中国天使联盟网(www.chinaangel.org)是中国技术创业协会天使投资联盟(CBAA)的官方网站，CBAA的宗旨是为种子期、早期阶段的创业者及天使投资人提供一个合作交流、资源分享与共同发展的平台。中国天使联盟网最精华的内容是资讯动态、研究出版、创业孵化、学子创业专栏以及智慧社区。其中研究出版栏目汇集了CBAA自2012年11月以来出版的《中国创业天使投资每周动态资讯》电子期刊，学子创业专栏汇集了众多的大学生创业案例，智慧社区则汇编了创业者必备的相关知识。

创新工场(www.chuangxin.com)由李开复创办于2009年9月，旨在帮助中国青年成功创业。创新工场是一家早期投资机构，同时为创业者提供全方位的创业服务。创新工场的基金来自全球投资者，其中既包括顶尖的专业投资机构和战略性投资者，也包括知名家族和个人。他们愿为创业者提供有力支持，共同打造世界级的创业公司。作为国内一流的创业平台，创新工场不仅提供创业所需的资金，而且还提供创业早期企业所需的商业、技术、产品、市场、人力、法律事务、财务等领域的创业服务，旨在帮助早期阶段的创业公司顺利启动和快速成长。创新工场主要投资于最热门的IT领域：移动互联网、消费互联网和云计算等，涉足的投资阶段主要为种子轮、天使轮和A轮。

28商机网(www.28.com)是纳斯达克上市公司中网在线旗下子公司，成立于2004年，是国内知名的行业招商门户网站。28商机网依托上市公司的雄厚背景，以严格的审核流程确保创业项目安全可靠，以多、广、全、精的项目集合满足创业者的不同创业需求。网站日均有效访问量超过250万，留言咨询量每天高达25 000条，日均提供超过一万个投资需求。

天使资源学院(www.angelresourceinstitute.org)是一家致力于向创业者、投资人、创业促进机构、政策制定者、研究人员提供相关调查数据以及教育培训的公益性机构。该机构由世界上创业领域最大的慈善基金会考夫曼基金会(Ewing Marion Kauffman Foundation)所创立，创业者在天使资源学院的网站上可以找到研究报告、指导手册，这些对创业者找到天使投资很有帮助。

青年创业网(www.qncye.com)是2004年建立的创业门户网站，旨在为中国的创业者(特别是中小创业者)提供创业项目、创业机会、创业资讯、创业指导、创业分享等信息，为广大青年创业者提供创业资源和指导，该网站是目前创业网中相对比较规范的一个。青年创业网每天都有数百条的内容更新，还设有青年创业论坛，方便创业者相互交流。

参考文献

1. [美]Steven Rogers, Roza Makonner著. 谷海洁等译. 创业者的经营与金融战略. 北京：机械工业出版社，2011
2. Barry H. Cohen, Michael Rybarski. Start-up Smarts: The Thinking Entrepreneur's Guide to Starting and Growing Your Business. Avon: Adams Business, 2010
3. Jonathan Yates. Freesourcing: How to Start a Business with No Money. West Sussex: Capstone Publishing Ltd., 2009
4. Robert D. Hisrich, Michael P. Peters, Dean A. Shepherd. Entrepreneurship, 8th edition. New York: McGraw-Hill Companies, 2010
5. 戴建中. 网络营销与创业. 北京：清华大学出版社，2008
6. 陈飞，彭文芳. 网上开店与创业. 北京：清华大学出版社，2009

又是一年秋季，我再一次完成了《网络营销导论》的改版。

在本版书行将付印的时候，我对以下一些人和机构充满了感激之情。首先，清华出版社的编辑对书的改版给予了大力支持，没有她们耐心细致的编辑工作，本书会无比简陋。她们对我的理解与鼓励使我能够在遇到困难、情绪低落的时候重新振作，把书的改版坚持下去；其次，华侨大学从来自不同学科的多种优秀教材中推荐本书申报普通高等教育"十二五"国家级规划立项，使本书成为全国首批获得立项的唯一一本网络营销教材，使我备受鼓舞。我校电子商务专业的教学改革获得"福建省本科高校专业综合改革试点"立项对本书的改版也起到了明显的推动作用。另外，在我为本书采编案例的过程中，一些企业家无私地提供了他们宝贵的实践经验，让我们在课堂上能了解到真实的企业运作。最后还想说明的一点是，在本书改版的过程中，我的妻子不仅时时给我精神上的鼓励，而且还不辞辛劳地承担了一些枯燥乏味的图表整理和校核工作，让书的改版可以更快完成。

书的改版是一个持续改进的过程，一版一版改下去，书的质量必定会逐步提高。我欣喜地看到，近几年我国第3版、4版以上的教材已经越来越多，显示出我国高等教育在不断进步，但同时我们也看到，现在我国5版、6版以上的教材还比较少见，本人愿意和其他同行一道，共同为打造中国的经典教材而努力。我也希望广大读者朋友能一如既往地支持本书，你们的批评指正将会帮助我们把下一版完成得更好。

刘向晖
2013年10月